Lo.Gerhard

Als Lausbub zwischen Krieg & Frieden

< Von Schlesien nach Bayern >

Korrektur: Sonja Gerhard

V. Auflage

ALS LAUSBUB ZWISCHEN KRIEG + FRIEDEN!

-Von Schlesien nach Bayern-

Lo. Gerhard

Re Di Roma - Verlag

Bibliografische Information der Deutschen Nationalbibliothek:
Die Deutsche Nationalbibliothek verzeichnet diese Publikation in der deutschen Nationalbibliografie; detaillierte bibliografische Daten sind im Internet über http://dnb.ddb.de abrufbar.

ISBN 978-3-86870-569-0

www.rediroma-verlag.de
21,90 Euro (D)

*"Geschichten zu schreiben ist eine Art,
sich das Vergangene vom Hals zu schaffen!"*

J.W. von Goethe.

Vorwort:

Zu Beginn des Buches möchte ich nicht versäumen all jenen zu danken, die mich bestärkt haben, dieses Buch zu schreiben. Wenn es auch 18 Jahre gedauert hat, bin ich doch froh, den Lebensabschnitt von 1937 bis 1959 aufgezeichnet zu haben! Das Wissen über diese, zwar erst seit einigen Jahrzehnten vergangene und doch so ganz andere Epoche, soll meiner Familie, sowie der Nachwelt erhalten bleiben.
Meine erlebte Geschichte möchte ich deshalb nicht nur als Roman, sondern auch als Zeitdokument, mit allen Facetten der Sitten und Gebräuche verstanden wissen! Vor allem in der Phase unserer Flucht, des Weges zwischen Krieg und Frieden. In der dunkelsten Zeit unseres Vaterlandes, wo so viele Leid und Elend erleiden mussten, bedurfte es einer Menge von Schutzengeln um sie so zu überwinden!
Weshalb ich vor allem, den dankbaren Blick zum Himmel nicht vergesse!

L.G.

I. Zuhause

1937: Den meisten Deutschen geht es gut, noch herrscht tiefer Frieden, doch erste dunkle Wolken zeigen sich am Horizont. Wehrpflicht besteht seit 1935 und wurde 1936 auf zwei Jahre verlängert, die Rüstung läuft auf Hochtouren. Adolf Hitler und die Nationalsozialisten regieren das Land getragen von der Mehrheit des deutschen Volkes, sie sind auf der Spitze ihrer Macht. Österreich sucht den Anschluss ans Reich, Vollbeschäftigung herrscht und es gibt nur eine Million Arbeitslose in Deutschland. Die "Nürnberger Gesetze" gelten seit 1935, Propaganda und der spürbare Antisemitismus veranlassen auch hier viele jüdische Bürger, dem neuen Deutschland den Rücken zu kehren. Noch können sie ihren Besitz relativ gut verkaufen und in andere Länder emigrieren.

BRESLAU*, geistiges und kulturelles Zentrum des deutschen Ostens mit wertvollen mittelalterlichen und barocken Bauten, in der fruchtbaren mittelschlesischen Ebene beiderseits der Oder an der Mündung der Ohle gelegen.
Geschichte: Stadt mit Burganlage des böhmischen Herzogs "Wratislaw" seit 1163 Sitz von Piasten-Herzögen - 1261 deutsches Stadtrecht - 1335 fällt sie an Böhmen - 1526 habsburgerische Hansestadt - 1742 fällt sie an Preußen - 1813 Ausgangspunkt der Befreiungsbewegung. 1937 - ist Breslau mit 630000 Einwohnern die Hauptstadt von Niederschlesien.

*Entnommen Bertelsmann Lexikon-Verlag, Gütersloh

Heute, am Mittwoch den 22. Dezember 1937, bereiten sich die Bürger der Stadt auf das Weihnachtsfest vor. Dicke Schneeflocken fallen, die Luft ist klar und kalt, es weht ein eisiger Ostwind.

*

Claire Gerhard, von ihren Eltern zärtlich „Clairchen“ gerufen, ist am 25. September 27 Jahre alt geworden und kam vor einigen Jahren aus ihrem Geburtsort Hindenburg mit ihrem Mann Henry nach Breslau. Ihre Eltern hatten dort einen Gemischtwarenladen, wo sie ihn als Handelsreisenden kennenlernte.
Claire nicht groß, aber schlank mit dunklem Haar und braunen Augen, die wohl in Erwartung leuchteten, als sie gegen 16 Uhr die Entbindungsstation des Kreiskrankenhauses "Betanien" betrat. Durch einen Türspalt sah sie den Christbaum der Schwesternstation leuchten und hoffte auf ein gutes Gelingen der anstehenden Geburt. Vor vier Jahren hatte sie einen Sohn vorzeitig verloren, doch diesmal war sie schon 14 Tage über der Zeit.
Henry Gerhard, der sie mit dem Auto zur Station brachte, war ein stattlicher Mann. Geboren am 5. 8.1906 in Gleiwitz, 1,80 Meter groß, etwa 90 kg schwer, hatte blonde, stark naturgewellte Haare und unternehmungslustige graublaue Augen. Im Jahr 1937 das Idealbild eines Mannes, fast wie Hans Albers aussehend, ein Frauentraum, der darum wusste und die schönen Dinge des Lebens wie Wein, Weib und Gesang von Herzen liebte!
Mit einem „Guten Abend, Henry und Claire!“ begrüßte der behandelnde Arzt Dr. Metz, ein Freund und Nachbar, die beiden herzlich und sprach der werdenden Mutter Mut zu. Unterbrochen von der Hebamme, die sie nun in das Entbindungszimmer brachte. Henry verabschiedete sich, wechselte noch einige Worte mit dem Arzt, der ihn beruhigte: *„Mach dir keine Sorgen, Claire ist in den besten Händen, wir rufen dich sofort an, wenn es soweit ist, am besten du fährst jetzt heim und versuchst zu schlafen.“*
Während der angehende Vater das Krankenhaus verließ, in seinen Wanderer stieg und in die Winternacht hinaus fuhr, ließen seine Gedanken die letzten Jahre Revue passieren. Wie schnell doch die Zeit vergeht! War es denn wirklich schon so lange her, seit er beim Juden Blumenschein Kaufmann gelernt hatte? Leicht war es damals nicht gewesen, bis heute fehlte ihm das Verständnis für die Schikanen, die er zu ertragen hatte. Warum gerade der Lehrling Henry ständig die Nachtgeschirre des Chefs zu leeren hatte und wieso ihn sein Chef oft als verfluchten Arier beschimpfte, nur weil er groß und blond war, verstand er erst später! Jedenfalls wechselte er sofort nach Ende seiner Lehrzeit zur Firma „Manneberg & Knoche“, Eisenwarengroßhandel in Hindenburg, ebenfalls eine jüdische Firma. Doch da hatte der alte Knoche einen Narren an ihm gefressen und Henry wurde bald der beste Vertreter und Vertrauter des Chefs, der sogenannte „Schabbes Goj“, wobei ihm natürlich auch sein großer jiddischer Wortschatz half.
Er bereiste ganz Schlesien, erst mit der Bahn und später sogar mit dem Auto, hierbei kam er oft nach Breslau, lernte diese schöne Stadt schätzen und lieben. Zu seiner ständigen Tour gehörte ebenfalls die Nachbarstadt Gleiwitz, wo er

eines Tages beim Gemischtwarenhändler "Larisch", sein Clairchen kennenlernte. Ein solches Geschäft führte neben Lebensmitteln, Dinge des täglichen Bedarfs, auch Töpfe, Pfannen, Eimer und vieles mehr.
Bald schon kam der gut aussehende Mann öfter als nötig, denn die hübschen Beine von Clairchen hatten es ihm angetan, vor allem wenn sie auf der Leiter stand.
Irgendwie verschlechterte sich im Laufe der Zeit das Betriebsklima, nun ja, der junge Herr liebte es, so manch guten Tropfen mit speziellen Kunden zu trinken. Der Chef zeigte für seinen sehr selbstständig arbeitenden Vertreter immer weniger Verständnis. Obwohl der alte Knoche selbst kein Kostverächter, gab eines Tages ein Wort das andere und plötzlich war Henry zwar sehr verliebt, jedoch leider arbeitslos! Dennoch dauerte es nicht lange, bis er sich ein Herz fasste und bei den Eltern um die Hand der einzigen Tochter anhielt. Im Jahre 1929 wurde geheiratet und alsbald der Gedanke geboren, sich mit Schwiegervaters Hilfe selbstständig zu machen. Ein inneres Gespür, sowie die Branchenkenntnis als Vertreter, ließen ihn auf die fortschreitende Elektrifizierung des Landes aufmerksam werden.
Aus seiner Breslauerzeit kannte er die Firma "EBA", die sich auf die Regeneration von Glühbirnen spezialisiert hatte, ein Novum zu dieser Zeit. Man sammelte die Alten, öffnete sie, erneuerte den Glühfaden, zog die Luft heraus, verschweißte das Ganze und schon waren es fast neuwertige, jedoch weit billigere Birnen! Der Verkauf lief prächtig, vor allem im aufstrebenden Breslau, wo das Gaslicht immer mehr verschwand, Geld wurde verdient, wichtig für den freischaffenden Vertreter Gerhard.
Henry kaufte das erste Auto, mietete eine Wohnung in der Stadt, der erste bescheidene Wohlstand zog ein! Ein Lächeln glitt über sein Gesicht, als er an den ersten Lagerraum, dann Laden dachte, den sie in der "Taschenstraße" gemietet hatten: In einer nicht gerade vornehmen Gegend, darüber befand sich ein "Puff". Durch die trennende Bretterwand im Flur konnte man Komplimente oder Preisverhandlungen der Damen und Herren gut verstehen, was natürlich immer wieder zu allerlei Späßen Anlass gab.
Doch jetzt, im Jahr 1937 ging alles Schlag auf Schlag: Durch eine Zeitungsannonce hatte er 1936 vom Verkauf des großen Elektrogeschäftes "BBI" in der Taunzienstraße (Parterre und erster Stock) sowie der Leuchtenfiliale in der Kaiser-Wilhelm-Allee erfahren. Er bewarb sich darum, nachdem er mit der Bank und den beiden Elternpaaren gesprochen hatte, denn alles verfügbare Geld wurde gebraucht. Eine Summe von 90.000 RM wurde genannt, sehr viel Geld in dieser Zeit, doch leider lagen außer seinem noch drei weitere Angebote vor! Etliche Verhandlungen folgten, dann lange Zeit Stille. Er hörte nichts mehr von der jüdischen Inhaberin Frau Licht, deren Familie auswandern wollte, sodass er sich schon als Verlierer wähnte. Dann endlich, im Frühjahr 1937, erfuhr er nicht

nur vom baldigen Nachwuchs, sondern erhielt auch den Zuschlag als Käufer der Geschäfte, nebst dem Einverständnis der Gebäudevermieter.
Als erstes stand eine große Inventur an: Alle Leuchten, Geräte und das Inventar wurden aufgenommen und verglichen, dann folgte die Lauferei um Genehmigungen, Einschreibung, Bürgschaften etc. Es kostete ihn etliche schlaflose Nächte, bis endlich das Geld übergeben und man den Kaufvertrag unterschrieben hatte. Nun war er Inhaber von drei Geschäften, zwei der "Breslauer-Beleuchtungs-Industrie" kurz "BBI" genannt, das eigene eingefügt, dessen alter Name "Glühlampe" erhalten blieb und Glück bringen sollte! Als Übernahme- und Eröffnungstermin wurde der 1. 1.1938 angesetzt.
Nun wurde es aber ganz schön knapp, Claire wurde dringend im Geschäft gebraucht, weshalb man gleich in die Nähe des neuen Hauptgeschäftes umzog. Ein Kindermädchen stand ebenfalls schon bereit, vorerst allerdings nur leihweise von Dr. Metz, dessen Frau ebenfalls in einigen Wochen niederkam.
Es kam halt alles auf einmal, so musste teilweise neues Personal eingestellt werden. Dabei machte sein Herz einen Sprung, wenn er zum Beispiel an seine neue Kassiererin Fräulein Maier dachte, die ihm sein bester Freund "Maxe" Wabnitz vermittelt hatte. Die echte Breslauerin war hübsch anzuschauen, 21 Jahre jung, eine tolle 40er Figur mit großer Oberweite und man hatte den Eindruck, Else war von ihrem neuen Chef ebenfalls begeistert: Vorher im Kaufhaus Wertheim beschäftigt, nun für die Kasse im Hauptgeschäft in seiner Nähe wie geschaffen.
Das bisherige Geschäft, die "Glühlampe", sollte Claire übernehmen, die elegante Filiale in der Kaiser-Wilhelmstraße der Vater Fritz Gerhard, rüstig, gut aussehend, das richtige Aushängeschild für diese Gegend, das Hauptgeschäft wollte er selbst führen!
Während diese Gedanken durch seinen Kopf zogen, hatte er die Taunzienstraße erreicht, stellte sein Auto ab und ging zu Fuß an den fünf Schaufenstern seines großen neuen Ladens vorbei.
„Was es wohl wird“, schoss ihm durch den Kopf. „Junge oder Mädchen?“ Junge wäre nicht schlecht, wegen des Nachwuchses, er wusste auch schon, wie er ihn formen würde: Lothar sollte er heißen, ein passender Mädchenname fiel ihm momentan nicht ein.
Irgendwie brannte zu wenig Licht in den Fenstern, die Dekoration war auch nicht besonders, alles sah etwas trübe und verstaubt aus, das musste alles anders werden. Als erstes wollte er seinen Namen groß und beleuchtet über allen Geschäften sehen, denn jeder sollte wissen, dass er es geschafft hatte und der neue Inhaber der "BBI" nun Henry Gerhard heißt!
Nachts vier Uhr, laut schrillt die Glocke des Telefons, er schreckt auf und reißt schlaftrunken den Hörer von der Gabel. *„Guten Morgen, Henry! Gratuliere, du bist eben Vater eines fast acht Pfund schweren, gesunden Sohnes geworden!*

Mutter und Kind sind wohl auf. Schlaf weiter, wenn du kannst, ich seh dich später", sprach lachend Dr. Metz und legte auf.

So begann's, mit einem kräftigen Schrei bin ich auf dieser Welt gelandet, rechtzeitig, ja fast als Christkind, aber eben nur fast, wie andere später oft bemerkten!

Einige Tage später kamen wir nach Hause. „Ein braves Kind ist er", hieß es. Denn nach gestilltem Hunger an Mutters Brust schlief ich stets ruhig in den Tag hinein und merkte wenig von den Veränderungen um mich herum. Meine Eltern arbeiteten fleißig in der neuen Firma, die sich gut anließ. Claire übernahm langsam die Leitung der "Glühlampe". Wenn sie nicht zu Haus war, wurde ich vom Kindermädchen betreut, so vergingen schnell die ersten Wochen. In den Geschäften war der Teufel los, denn es war Hauptsaison und so knurrte Vater öfters, wenn Mutter nicht zur Stelle war, weil sie wieder mal den Sohn stillen musste. Zu allem Überfluss sollte auch noch ein neues Kindermädchen eingeführt werden, denn Marion war nur ausgeliehen und wurde nun von Dr. Metz gebraucht, dessen Frau selbst Nachwuchs erwartete.
Schnell nahte der Tag meiner Taufe. Am Abend vorher hatte mein Vater mit einigen Burschen der Studentenverbindung "Neoselesen", deren Ehrenmitglied er war, kräftig einen gehoben! Mit seinem besten Freund, genannt "Schnäpsl", zog er danach durch die Breslauer Altstadt, wo sie versumpften. In irgendeiner Kneipe geschah es dann, beim Gang auf die Toilette rempelte er einen anderen Zecher etwas rüde an, Worte fielen, worauf dieser, nicht faul, ihm mit zwei Faustschlägen beide Augen schloss!
Spät nachts klopfte es am Haustor unserer Wohnung, als Claire hinuntereilte und öffnete, fiel ihr ein Mann doppelt blau in die Arme, den sie erst beim zweiten Hinsehen als den Eigenen erkannte!

6. Januar1938: Da stand sie nun, meine ganze Verwandtschaft, vor der evangelischen "Nikolai-Kirche" aufgereiht und wartend auf unser Erscheinen.
Allen voran mein Großpapa, Fritz Gerhard, geboren am 9. 9. 1879 in Kattowitz, noch keine sechzig Jahre, 1,70 Meter groß, leicht untersetzt und sehr vital. Seine guten humorvollen Augen glänzten hinter einer runden Nickelbrille, die vielen kleinen Lachfalten konnten eine Menge Geschichten erzählen, einige sind überliefert, über die wird noch heute gelacht!
Er wuchs in einer kinderreichen Musikerfamilie auf und musste unter dem strengen Vater, welcher die ganze Familie als Kapelle leitete, schon als Kind bei Tanzveranstaltungen oder Hochzeiten spielen. So zog es ihn, kaum dass er alt genug war, zum Militär.

Dort diente er bei den Totenkopfhusaren im "Preußischen Leibhusaren- Regiment dessen Ehrenoberst glaube ich, die Tochter des Kaisers, Viktoria-Luise war.
Durch sein gutes Spielen auf dem Piston avancierte er bald zum "Stabs- Trompeter". Seine Aufgabe war es, im Gefecht neben dem Kommandeur zu reiten und dessen Befehle in Signale umzusetzen.
Bei einem der großen Manöver soll er einmal die Signale verwechselt haben, statt "Schwadron, links- schwenk" blies er "rechts- schwenk", wodurch die ganze Truppe in ein reifes Kornfeld galoppierte! Dieser Ausrutscher kostete ihn den Rang und einige Tage "Bau".
Doch er hatte Glück: Die Kronprinzessin besuchte kurz darauf das Regiment und es sollte zum Tanz aufgespielt werden, da brauchte man den Fritz natürlich wieder! Die Kapelle spielte damals üblicherweise auf einem verdeckten Balkon, so konnte man sie zwar im Kasino hören, die Musiker sahen jedoch nicht, was unten geschah! Nach einem Solostück von Fritz verlangte Viktoria-Luise den Musiker zu sehen. Als er sich vorschriftsmäßig meldete, fragte sie ihn, ob er das Lied "Zwei Mädchenaugen" spielen könne, Fritz konnte, nahm das Piston und gab sein Bestes. Sie war zu Tränen gerührt, vermutlich verband die Prinzessin damit eine besondere Erinnerung? Jedenfalls hatte der Sergeant Gerhard seinen alten Dienstgrad wieder und die Haft war ihm erlassen.
Einen Monat später erhielt er ein versiegeltes Päckchen, in dem sich ein vergoldetes "Zigarettenetui" befand, mit der eingravierten Widmung "Für Fritz Gerhard zur Erinnerung: Viktoria-Luise". Dieses Etui lag fortan für alle sichtbar auf seinem, später Vaters Kaminsims, bis es den Bomben auf Breslau zum Opfer fiel.
Lange hielt die Belobigung allerdings nicht an, denn der Fritze, wie ihn seine Kameraden nannten, hatte immer allerlei Streiche auf Lager. So saß er eines Nachts, nicht mehr ganz nüchtern, in voller Montur oben auf dem Arm des "Gabel-Jürgen", des "Neptun" Brunnens mitten in Gleiwitz und spielte ein Lied nebst einigen Signalen auf seinem Piston! Leider wohnte just zu dieser Zeit, ein humorloser Rittmeister im nahegelegenen Hotel, welcher den Vorfall prompt meldete. Wer sich dann noch vorstellt, dass der Gerhard einige Tage später in der Kaserne auch noch einem ungeliebten Vorgesetzten aus dem oberen Stockwerk mit heruntergelassener Hose, frei am Fensterkreuz hängend auf die Blumenkästen schiss, kann sich unschwer die Verstimmung des Blumenliebhabers vorstellen, welcher jeden Morgen am offenen Fenster das würzige Aroma seiner Pflanzen genoss... Leider hatte die Aktion verräterische Spuren auf der Wand hinterlassen, die auf den darüber wohnenden Täter hinwiesen und der war danach natürlich wieder überfällig!
Nun, es focht ihn wenig an, denn bald war wieder Manöver- oder Offiziersball und der "F.G" war nun mal der beste, beliebteste Trompeter des Bataillons. Er

wurde erst später durch Kriegsteilnahme, Heirat, Familie etwas ruhiger. Bevor der Fritz jedoch seine Braut, die Anni, heiratete, schrieben sie sich eine Menge Liebesbriefe oder Karten, in deutscher Schrift. Diese befinden sich, als kleines Bündel von meinem Vater im Fluchtgepäck mitgeschleppt, noch heute als Zeitdokument in unserem Besitz!
Anni hatte einen schüchternen Verehrer, welcher auch später, lange nach der Hochzeit, oft sonntags zum Kaffee kam, sodass er meinem Großvater allmählich auf den Wecker ging. Vor allem, weil er ständig mit übertriebenen Komplimenten um sich warf und damit wohlwollendes Gehör fand! So lauerte Fritz auf eine Möglichkeit, ihn los zu werden. Die ergab sich, als Karl wieder einmal kräftig kauend, über die Maßen den köstlichen Kuchen lobte, aus dem er die wunderbaren Hände der Hausfrau schmecken könne! Anni lachte verlegen, Fritz wartete schmunzelnd, bis er ihn verzehrt hatte, um dann, auf dem Höhepunkt seines Lobgesanges, zu eröffnen, dass der Kuchen vom dicken Bäcker an der Ecke stammte. Welcher sich, mit seinen großen Pranken, sicher über dieses Kompliment freuen würde. Errötend bis in die Haarspitzen sprang der so Gefoppte auf, stammelte eine Entschuldigung, verabschiedete sich eilends und wart fortan nicht mehr gesehen.
Nach vielen Jahren verließ Fritz Gerhard hoch dekoriert die Armee, wurde als "24ender" in den Staatsdienst übernommen, bildete sich weiter und hatte bis jetzt das Amt eines Oberinspektors im Finanzamt bekleidet.
Neben ihm stand Großmama, geboren am 20.8.1882, drei Jahre jünger, jedoch schon gezeichnet von ihrer schweren Herzkrankheit. Anni, fast 1,75 groß, schlank, blond, mit blauen Augen, streng erzogen, sehr standesbewusst! Sie war eine geborene Thiele, stammte aus Peine, der Vater Werkmeister einer großen Gießerei in Bismarckhütte, welcher seine Arbeiter noch mit dem Stock zur schnelleren Arbeit antrieb! Sie nannten ihn den "Eisernen". Als sein Ende nahte, soll er zwei Tage und Nächte am Fenster gestanden, dabei mit dem Stock aufgestampft und immer wieder gesagt haben: *„...Und mich bekommst du nicht!“* Als sich Urgroßvater endlich am dritten Tag hinlegte, starb er sofort!
Seine Tochter schonte sich auch nicht, erwartete viel von den anderen und besaß selbst eine gute Portion Zivilcourage. So erschien sie in einem der Kriegsjahre (1914/18), als heimliche Verehrerin des englischen Königshauses, eines Tages in der Schule und verlangte mit Erfolg, dass der Name ihres Sohnes, nicht wie vom Lehrer ausgeführt "Heinrich", sondern wie getauft "Henry" und zwar mit "y" zu schreiben sei!
Nichts zu lachen hatten ihre meist polnischen Dienstmädchen, denn sie war eine strenge dogmatische Herrin, welche sogar von ihrer Schwiegertochter verlangte, ihr zum Abschied den Rocksaum zu küssen und beim Hinausgehen der "Mama" niemals den Rücken zuzuwenden!

Ein Stück neben den beiden standen Opa und Oma Larisch, die Eltern meiner Mutter, beide von rundlicher Figur, sie sahen sehr gemütlich aus, wenn da nicht Theodors listige Augen gewesen wären, denn auch er hatte seine Geschichten.
Ab und zu erkrankte Theo an Reisefieber, dann fuhr er am liebsten mit der Bahn nach Paris. Dort kannte er sich gut aus, vor allem am Montmartre, Montparnasse sowie in den verschiedenen Amüsiervierteln der Stadt. Seine Lieben bekamen nach einigen Tagen überraschend Post aus der Ferne, mit einer Entschuldigung. Packte ihn das Fernweh, dann musste er sofort reisen, von einer Stunde auf die andere, und erst wenn das Geld alle war, kehrte Theo reumütig zurück. Die schon vorher gekaufte Rückfahrkarte hatte er sicherheitshalber im Schuh deponiert!
Vater erzählte später, meist gegen den lautstarken Protest meiner Mutter, Theo hätte auch sein kleines Taschenbuch dabeigehabt, welches die gesamte Buchhaltung des Ladens, nebst Schuldenbuch (früher ließ man anschreiben) beinhaltete!
Bescheiden hielt sich Larissa halb hinter ihm versteckt, sie war eine gute, einfache Seele, die ihren Mann bewunderte und liebte. Sprach sie jemand auf die Kapriolen ihres Mannes an, meinte sie nur: *„Lass nur den Papele, der weiß schon ...!“* Besonders stolz war sie heute, dass der schöne Henry ihr Clairchen geheiratet hatte und sie nun Oma war.
Als Letzter der Runde stand noch Opas Bruder, der Onkel Theodor bei ihnen, der eigentlich Isidor hieß, doch der neue Zeitgeist in Deutschland hatte ihm wohl einen Namenswechsel empfohlen.
Die vereinbarte Zeit war schon mehr als eine halbe Stunde überschritten, das Kirchenportal öffnete sich und mit strafendem Blick schaute der Pastor auf die Wartenden, im gleichen Moment näherte sich endlich der Wagen, hielt hart an der Bordsteinkante, wir stiegen aus. Eiligen Schrittes bewegten sich alle in die Kirche zum Taufbecken. Ruhig lag ich im Arm meiner Mutter, wie verabredet Opa Fritz und Onkel Theodor auf ihren Plätzen als Paten. Der Herr Pfarrer wollte gerade beginnen, als er erschrocken das veränderte Gesicht meines Vaters bemerkte. Wie sah das denn aus? Geschwollen, die Augen fast geschlossen und blau wie zwei Veilchen veranlassten ihn dann doch zu der Frage: *„Sind Sieee der Vater?“* Als Henry schuldbewusst nickte, fuhr er leicht irritiert mit der Zeremonie fort und taufte mich auf den Namen: Lothar, Fritz, Theodor -Gerhard!
Wieso eigentlich **Gerhard**, wird sich der informierte Leser fragen? In Oberschlesien, wo meine Eltern herkamen, hieß man ganz anders zum Beispiel Batetzko, Bartoschek, Mundrzik, Podolski oder so ähnlich!
Natürlich musste auch mein Vater nachforschen, denn in dieser Zeit war ein arischer Abstammungsnachweis sehr wichtig! Dabei stellte sich heraus, dass etwa im Jahre 1812/13 ein verwundeter Soldat Napoleons mit Namen "G'erard", von Moskau aus nach Frankreich zurückmarschierte. Irgendwo im Osten Preußens fand er bei einem Schuster Pflege und Unterkunft. Später zog die Familie

nach Ohlau, er heiratete die Tochter und da der junge Mann selbst diesen Beruf gelernt hatte, übernahm er eines Tages die Schusterei. Um dort bleiben zu können, wurde sein Name eingedeutscht in "Gerhard" und so war wohl ein Franzose der Stammvater unserer Familie!
Die Geschichte des Namens erzählte mir später mein Vater, Papiere dazu gingen im Krieg verloren, sodass sich der Wahrheitsgehalt nicht ganz belegen lässt!

Aus "Preußische Totenkopfhusaren" G.Fetissoff

[illegible]

Urlaubs-Bescheinigung.

Vorzeiger dieses, d[illegible] Gerhard v. Schm[illegible]

von der 1u.5 ten Eskadron Ulanen-Regiments von Katzler (Schlesisches) Nr. 2

wird hiermit auf 2 Tage, vom 31 August bis einschl. 1. September 1907

nach Kattowitz Kreis ——— beurlaubt.

Alle resp. Militär- und Zivilbehörden werden ersucht, denselben ungehindert passieren zu lassen.

Gleiwitz, den 31 August 1907

Rittmeister und Eskadron-Chef.

No. 19 Carl Müller, Breslau II. Palmstraße 5.

Großvater mit 27 Jahren bei den Leibhusaren. Kronprinzessin Victoria-Luise.
Urlaubsschein von 1907 (zeitweise Überstellung zu den Ulanen).

*

Die ersten Jahre meines Lebens vergingen fast im Schlaf. Von mir ganz unbemerkt starb, als ich zwei Jahre alt war an ihrem schweren Herzleiden "Großmama". Ich musste sie so nennen, auch später, wenn von ihr die Rede war!
Meine ersten bruchstückhaften Erinnerungen setzen bei Urlaubsreisen ein, welche ich, jeweils im Sommer mit meiner Mutter und dem Kindermädchen Ruth erlebte. Wir fuhren regelmäßig nach Velden am Wörthersee oder nach Bad Schachen. Vater war fast nie dabei, scheinbar ging er, was wohl wichtiger war, seinen Geschäften nach. Ich vermisste ihn auch nicht sehr, denn es war sehr angenehm selbst Mittelpunkt zu sein und im Hotel oder am Strand von allen Seiten verwöhnt zu werden.
Ruth hatte ich fest ins Herz geschlossen, denn sie war immer bei mir, konnte soo schön schmusen, und wenn sie mich ins Bett brachte, streichelte sie mich singend, bis ich ganz ruhig einschlief. Möglicherweise war sie die erste große Liebe meines Lebens, soweit ein kleiner Kerl schon etwas davon versteht.

Aus späteren Erzählungen, Bildern und Filmen: Mein Vater besaß eine der ersten 2x8-Filmkameras, außerdem weiß ich, dass wir 1939 in eine große Wohnung an der Hohenzollern-Straße umzogen. Es war eine sehr schöne Gegend von Breslau, in der vorwiegend große Stadthäuser mit breiten Gehsteigen von wohlhabenden Bürgern standen. Ruhig gelegen in der Nähe des Südparks, von dem aus man mit der Straßenbahn direkt in die Stadtmitte fahren konnte.
Die meisten Jugendstilhäuser waren so wie unseres gebaut, unten im Souterrain die Hausmeisterwohnung mit eigenem Eingang, zwei Wohnungen im Hochparterre und zwei im ersten Stock. Ein großes, schweres, doppelflügeliges Haustor führte auf die breite Steintreppe, welche rechts und links von schmiedeeisernen Geländern begrenzt war und über die man auf den ersten großen Vorplatz gelangte. Unsere Wohnung befand sich auf der rechten Seite, weiter hinten führte eine etwas kleinere schwere Holztreppe in den ersten Stock.
Durch eine große Wohnungstür betrat man die sehr hohen Räume, fast alle Türen waren im oberen Teil mit mehreren schmalen farbigen Gläsern versehen und hatten Messingklinken.
Nach Betreten der großen Diele folgte man einem langen Gang, wo sich zur Rechten Schlaf-, Herren- und Speisezimmer, am Kopfende das Kinderzimmer, zur Linken Toilette, Bad, sowie das Fremden- neben dem Personalzimmer befanden.
Alle Räume waren mit gediegenen Möbeln ausgestattet, das Esszimmer zum Beispiel in Chippendale mit einem großen Flügel und Glasvitrinen, in denen mich besonders die Sammlung von Hummelfiguren meiner Mutter faszinierte. Das Herrenzimmer hatte immer etwas Geheimnisvolles: Wuchtige Ledersessel

und dunkle Eichenmöbel rochen nach Opas Zigarren, noch lange, nachdem er zu Besuch war.
Immer wieder wollte ich hochgehoben werden, um die bronzene Hitlerbüste oben auf dem Bücherschrank an der Nase zu ziehen.
Die letzteren beiden Zimmer konnten durch Zusammenfalten der Trennwand in einen großen Raum, fast Saal, verwandelt werden. Hier wurden oft Gäste empfangen und Feste gefeiert! Vater war sehr großzügig, gesellig und lebenslustig, führte einen achtbaren Haushalt und gehörte zu den beliebten Kaufleuten der Stadt. Natürlich hatte man das Hauspersonal erweitert, neben Ruth gab es noch das Dienstmädchen Klara.
Mein Lieblingsort war jedoch nicht etwa das Kinder-, sondern das Fremdenzimmer, es war im Bauernstil eingerichtet mit Vorhängen, auf denen lauter kleine braune Rehe waren. An der Wand hing, in einem großen Bilderrahmen, ein von meiner Mutter gesticktes Segelschiff. Doch das Höchste war das Himmelbett, welches sich rundherum mit einem Vorhang zuziehen ließ, was beim Schlafen ein Gefühl der Geborgenheit vermittelte und sich bestens zum Verstecken oder Beobachten eignete.
In der Küche befand sich neben dem Balkon der Personaleingang, von welchem es über eine Wendeltreppe in den Garten beziehungsweise Innenhof ging. Meine ersten Ausflüge, die mich stets an der Speisekammer vorbei führten, begannen dort. Allerdings nicht ohne mich vorher an der verbotenen Maggiflasche zu stärken, immer auf der Hut vor Klara oder Ruth!
Eines Tages, ich war mittlerweile etwa drei Jahre alt, hörte ich eben in diesem Versteck ein starkes Husten aus der Küche! Leise öffnete ich die Tür, spähte hinaus und erschrak fürchterlich - da stand mein Kindermädchen übers Waschbecken gebeugt und übergab sich! Lauter Blut kam aus ihrem Mund, alles war schon vollgespritzt, die Wand, das Becken, der Boden. Ich fing an zu weinen, nun bemerkte sie mich, wischte hastig das Gesicht ab, hielt sich das Handtuch vor den Mund und brachte mich schnell in mein Zimmer.
Später kam sie wieder, sah aus wie immer und beschwor mich, nichts zu verraten, doch ich träumte davon und hatte entsetzliche Angst. So erzählte ich endlich, nach einigen Tagen alles meinem Vater. Er und meine Mutter waren auf einmal sehr aufgeregt, stellten das Mädchen zur Rede und brachten uns beide zum Arzt. Tags darauf war ich sehr traurig, denn ich durfte meine geliebte Ruth nie wieder sehen - sie hatte offene TBC!
Die Zeit heilt Wunden sagt man, so war es auch bei mir, langsam wurde ich älter, vergaß die Bindung an meine Kindermädchen, derweil mich neue Erlebnisse beschäftigten.
Eines Tages bekam ich einen originalen Matrosenanzug mit kurzer Hose und einer richtigen, mit langen Bändern versehenen Mütze. Leider durfte ich ihn nur zu besonderen Gelegenheiten, oder wenn Gäste kamen anziehen. Ich musste

dann, bevor es ins Bett ging, an der Hand des Mädchens als kleiner Matrose im Salon erscheinen, wo mich Vater allen vorstellte. Ich musste dann brav herumgehen, dabei jedem die Hand geben, sowie die Herren mit einem Diener, die Damen mit einem Handkuss begrüßen. Alle sagten, das sei ein ganz wohlerzogener Junge, woraufhin meine Eltern nebst Kindermädchen strahlten. Die Damen drückten mich und gaben mir einen fetten Kuss, was mir meist sehr zuwider war. Jedoch einer Tante, so mussten alle Frauen genannt werden, konnte man, wenn sie sich herunterbeugte, ins füllige Dekolleté schauen, was mich seltsamerweise sehr interessierte, sodass ich mich stets darauf konzentrierte.
Oft kam Großpapa zu Besuch, den ich sehr lieb hatte, wir spielten oder gingen spazieren. Im Winter zog er mich mit dem Schlitten durch den Südpark, dabei fochten wir manche Schneeballschlacht aus oder er begeisterte mich mit selbst gebauten Schneemännern. Zu Hause angekommen, nahm er mich auf den Schoß, ließ mich "Hoppe-Reiter" machen oder erzählte mir allerlei spannende, erfundene Lügengeschichten. Dabei rauchte er und blies große Ringe in die Luft, welche aus einer dicken Zigarre kamen, deren Geruch ich so gern mochte.
Mein Vater nahm mich häufig im Auto mit und zeigte mir unsere Geschäfte, da durfte ich an seinem Schreibtisch sitzen und bekam was zum Malen. Meistens sehr langweilig, weil man ausharren musste, bis er fertig war. Doch einmal, sehr interessant, fuhren wir zu Onkel Ernesto, einem drolligen, kleinen, sizilianischen Obsthändler mit schwarzen, öligen Haaren, welcher Papi seinen neuen Tresor zeigen wollte, während er stolz, die Vorzüge erklärend, lässig am eisernen Schrank lümmelte, den Arm obenauf gelegt, die Hand hing hinunter.
Irgendwann schloss, unbemerkt von ihm, die schwere Tür, dabei wurde sein kleiner Finger eingequetscht, woraufhin er mit bleichem Gesicht, ganz langsam, ohnmächtig, zu Boden sank… Das sah sehr lustig aus, allerdings scheinbar so nur von mir empfunden.
Ab und zu kam Onkel Max, Vaters bester Freund zu uns, mit ihm verstand ich mich blendend und erwartete ihn sehnsüchtig. Max Wabnitz war ein großer, dicker Mann mit lustigem Gesicht, der außerdem ständig zu Späßen aufgelegt war. Manchmal gingen wir mit Papi zum Jahrmarkt, Onkel Max fuhr überall mit, ließ mich alles tun, sagte nie „nein“ und Vater filmte uns dabei. Zu dieser Zeit ein Novum, er filmte schon seit 1939/40, es waren 2x8-Zelluloidfilme, welche ich heute noch besitze und die eine eigene Geschichte erzählen könnten! Man sieht darauf unter anderem meinen Großvater, welcher ganz plötzlich im Jahre 1941, mit gerade einmal 62 Jahren verstarb!
Ein sehr kurzes Vergnügen bereitete mir in Breslau, der Besuch des Kindergartens, war es doch mein erster längerer Kontakt zu anderen Kindern. Aus irgendwelchen Gründen, die ich nicht mehr weiß, war der Aufenthalt dort nur kurz. In Erinnerung blieb mir aber, dass alle Kinder ihr Frühstück in einer kleinen Umhängetasche trugen, welche vorne am Bauch getragen wurde, nur ich brauchte

so etwas laut Vaters Ansicht nicht. Nach ständigem Gejammer und Gebettel schenkte mir Mami dann später doch eine! Die trug ich lange bei jeder Gelegenheit stolz herum, gefüllt mit allem Möglichen, denn es war meine erste eigene Ledertasche!

*

Deutschland begann seine ersten Kriegshandlungen, die meisten Männer waren, oder wurden eingezogen oder standen bereits irgendwo in anderen Ländern als Soldaten ihren Mann. Die noch zu Haus Verbliebenen wurden von jedermann schräg angeschaut, vor allem wenn sie so gut und kräftig aussahen wie Henry Gerhard! Mein Vater hatte jedoch wie Großmutter einen starken Herzklappenfehler. Er war deshalb nicht nur untauglich, sondern außerdem unabkömmlich, vorerst an die Heimatfront abgestellt. Außerdem war er unter anderem für Zulieferungen von Elektromaterial an Heer und Luftwaffe im Großraum Breslau verantwortlich.

Egal, eines Tages meldete er sich trotzdem freiwillig, um beim ständigen Siegen dabei zu sein. Nach einigem Hin und Her wurde er dann endlich zu den Pionieren eingezogen. Doch Vater hatte sich das alles irgendwie anders, viel lustiger vorgestellt! Doch der Reihe nach: Am Gestellungstag ließ sich der angehende Rekrut von seinem Chauffeur zur Bahn bringen, der große Schweinslederkoffer wurde im Abteil der ersten Klasse verstaut und nach großem Abschied von allen Bewunderern ging es los in Richtung Heydebreck.

Dort angekommen, herrschte gleich ein ganz anderer Ton, Hektik und Gebrüll: *„Aussteigen, aussteigen - neue Rekruten mit Gepäck vor dem Bahnhof in Linie antreten - Tempo, Tempo!“* Der große Henry schleppte schwer an seinem Riesenkoffer und war das erste Mal fix und fertig, als er endlich an seinem Platz stand. Doch damit nicht genug, es musste nun zehn Kilometer bis zur Kaserne gelaufen werden.

Unterwegs, ein mitleidvoller Ausbilder: *„Na Säckl, haste woll 'n bischen zu viel mitgenommen, was? Hahaha!“* Als man die Kaserne, deren Gebäude hauptsächlich aus Baracken bestand, endlich erreichte, musste als erstes Quartier gemacht werden. Später beim Waschen sahen seine Kameraden, einige das erste

Mal in ihrem Leben, sein Reisenecessaire! Damals noch eine Seltenheit in Leder, was einen zu folgendem Ausruf veranlasste: *„Guckt mal, was der Gerhard da für silberne Dosen dabei hat!“* So galt er gleich als etwas sonderlicher Vogel. Das nächste Problem bei der Einkleidung: Henry hatte Schuhgröße 45, zu der Zeit eine selten große Nummer! Prompt waren keine Stiefel für ihn da, jedoch von irgendeinem Freund vorgewarnt, hatte er eigene handgearbeitete Langschäfter dabei. Was seinen Zugführer beim ersten Antreten zu dem Ausruf veranlasste:

„Was ist den dass für ein Kerl da! Der hat ja Stiefel wie der Führer an!“

Damit war er schon mal unangenehm aufgefallen und sehr froh, als er nach der Voruntersuchung vom Truppenarzt erst mal nur zum Innendienst freigegeben wurde.

Als Rekrut Gerhard sich später beim Spieß meldete, fragte ihn dieser, in Kenntnis seiner Personalakte, ob er für das Unteroffizierskorps wohl einige Kästen Bier spendieren könne? Als er bejahte, wurde er zum "Oberheizer" ernannt und musste fortan die Kanonenöfen der Ausbilderbaracken in Schwung halten.

Das Ganze dauerte nur bis zur Hauptuntersuchung, dann wurde Vater wieder nach Hause geschickt. Vor der Auskleidung begab er sich natürlich erst zum Fotografen, so entstand das Bild vom Pionier Gerhard, das seine erfahrenen Freunde immer wieder zu Späßen animierte! Denn erstens fehlte der mittlere Knopf der Jacke, oder war nicht zu und zweitens diese Stiefel:

„Zzh, zzh, wie der Führer!“

*

Als kleiner Knirps pendelte ich oft mit meiner Mutter von Breslau nach Gleiwitz, wir besuchten dort Oma und Opa Larisch, sie wohnten im Außenbezirk der Stadt in einem Bergarbeiterviertel. Dort reihte sich meist einstöckig Haus an Haus, fast alle an einer schmalen, unbefestigten Straße gelegen mit einem großen Tor in der Mitte. Oma und Opa wohnten in einer netten kleinen Wohnung im ersten Stock, deren Küche sich genau über dieser Einfahrt befand. Das Fenster ging nach hinten raus, an dem, ich erinnere mich noch gut, waren schöne Spitzenvorhänge angebracht und man konnte von dort alles gut übersehen.
Schritt man durch das Tor, kam dahinter ein großer Hof, der ähnlich wie der eines Kleinbauern aussah. Rundum waren allerlei Hütten und Schuppen an die Hofmauern gebaut. Mitten darin tummelten sich Hühner, Enten und Gänse, in kleinen Ställen Tauben und Kaninchen. Der ideale Spielplatz für Kinder und ganz besonders interessant für solche aus der Stadt.
Mir gefiel es sehr gut bei den Großeltern, vor allem weil sie immer Zeit für mich hatten und ihrem Enkel jeden Wunsch von den Augen ablasen. Mit den Kindern konnte ich ganz ungezwungen spielen, derweil es keine besondere Kleidervorschrift - wie in Breslau gab! Trotzdem war ich der Star, vorwiegend die Mädchen bewunderten den immer gut angezogenen Jungen aus der Großstadt, der so schöne und spannende Geschichten erzählen konnte.
Eines Tages saß ich wieder einmal im Hof auf einer Kiste und erzählte den staunenden, um mich herum sitzenden Zuhörern von meinem kürzlichen Besuch beim "Zirkus Busch" in Breslau. Ich beschrieb die Clowns, den ansehnlichen, gescheiten Bajazzo mit seinem glitzernden Gewand, der soo schön auf der Trompete spielte. Außerdem vom großen Zauberer mit seinen tollen Kunststücken, besonders den Trick mit den Tauben, welche ihm beim Hochwerfen eines Tuches aus der Hand flogen, das wollte ich gleich selbst vorführen! Kurzerhand griff ich mir ein gerade vorbeilaufendes "Pieberl", wickelte es in mein Taschentuch, stieg auf die Kiste, zeigte es herum, sprach "Hokuspokus" und warf es in die Luft, es flatterte ein wenig... Doch was war das? Anstatt zu fliegen, stürzte es zu Boden und blieb regungslos liegen. Die Hofkinder hatten sofort begriffen, was los war und verschwanden blitzschnell im Haus. Ich stieg von meiner Kiste und fühlte mich gar nicht wohl in meiner Haut, denn das Tierchen lag regungslos am Boden. So zog auch ich es vor, zwar erschüttert, doch ebenfalls schnell abzuhauen.
Ein paar Stunden später läutete eine Nachbarin an der Tür meiner Großeltern und schimpfte lautstark über den bösen Stadtjungen, der ihr kleines Hühnchen so brutal umgebracht hatte. Meine Mutter entschuldigte sich tausendmal und ersetzte wohl den Schaden, danach ließ sie sich alles von mir erzählen, sie verstand, dass es keine böse Absicht war und verzieh mir. Jedenfalls hatte ich im Haus meinen ersten schlechten Ruf weg und einige Kinder gingen mir aus dem

Weg. Die größeren Mädchen aus den Nachbarhäusern schien das aber nicht zu stören, im Gegenteil, sie spielten gern mit mir und zeigten dem Neuen sogar ihr heimliches Versteck: Einen kleinen verfallenen Schuppen, in dem eine alte Couch und ein Schrank standen.
An einem regnerischen Tag nahmen sie mich mit, um mir etwas Besonderes zu zeigen. Auf der Couch lag ein etwas älteres Mädchen, das sollte eine kranke Frau sein, sie war auch schon mit einer alten Decke zugedeckt und hatte Schüttelfrost. Die anderen Mädchen standen daneben streichelten und bejammerten sie und ich sollte nun den Onkel Doktor spielen. Sie drückten mir ein kleines Stöckchen als Thermometer in die Hand und sagten ich müsse bei der Patientin zwischen den Beinen Fieber messen. Die Kranke schob die Decke weg... Doch was war das? Mit Erschrecken sah ich, dass sie nackt war... Und wollte nur noch schnell hinaus. Der Ausgang war jedoch mit einem Riegel versperrt, erst nach kräftigem Rütteln sprang die Tür auf. Eiligst lief ich, leicht verschreckt und irritiert, nach Hause.
Längere Zeit bekamen mich die Mädchen nicht mehr zu sehen, ich ging ihnen beschämt aus dem Weg und war froh, als wir eines Tages wieder zurück nach Breslau fuhren.

*

Schon länger kannte ich Peter, den Sohn des Nachbarn Rechtsanwalt Schmid, ein Langweiler. Mit ihm, so die Anordnung von oben, sollte ich spielen, er durfte in unsere Wohnung und ich zu ihm, ansonsten hatte ich keine Freunde, denn Vater achtete auf guten Umgang.
Doch eines Tages, als ich mit Klara im Hof war, tratschte sie mit dem Nachbarmädchen und ließ mich aus den Augen, da lernte ich den Hausmeistersohn Peter Thekla kennen. Schon seine Bekleidung war für mich etwas Neues und ganz erstaunlich. Er hatte die abgeschnittenen Hosen seines älteren Bruders an, die zu langen Ärmel des weiten Hemdes waren aufgekrempelt, er war braun gebrannt und hatte helle Augen. Wir waren uns sofort sympathisch. Warum er mich mochte, weiß ich nicht. Mir jedenfalls imponierte sein Dialekt, seine praktische, nur mäßig saubere Kleidung, seine Ortskenntnis, sowie ein Lichtel, eine schwarz umrandete „Rotzglock'n", die er stets unter der Nase trug. Er lernte mir gleich, wie man sich ohne Taschentuch schnäuzt, um es für wichtigere Dinge, zum Beispiel als Verband oder Putzlappen zu nutzen. Gern erzählte Peter Kriegsgeschichten von seinem Vater, der zurzeit irgendwo bei den siegreichen deutschen Truppen war. Seine Mutter, eine resolute korpulente Frau, führte jetzt die mehrköpfige Familie allein und war Hausmeister und Luftschutzwart zugleich. Wenn

es niemand sah, brachte Peter ihren Schutzhelm mit in den Hof, wir setzten ihn dann abwechselnd auf, schlichen durch die Büsche der Gärten und spielten Soldaten. Wenn wir Peter Schmid sahen, versteckten wir uns, denn ihn hielten wir für einen Petzer. Leider gelangen diese Ausflüge selten: Nur wenn Klara im Hof ein Schwätzchen hielt und bei uns niemand zu Hause war, gelang es mir mit dem Hausmeister Peter abzuhauen.
Der Innenbereich unseres Viertels war sehr groß, etwa vier bis sechs einstöckige Häuser bildeten jeweils eine Seite. Hinter jedem kam erst ein gepflasterter Hof, bespannt mit etlichen Wäscheleinen, danach ein niedriger Zaun und hieran schlossen sich, durch Wege miteinander verbunden, verschiedene kleine Gärten. Auf der Vorderseite dieser Anwesen befand sich ein sehr breites Trottoire mit einer großen Straße, welche aber nur selten befahren wurde.
Zu Weihnachten bekam ich von meinen Eltern ein sehr schönes rotes Tretauto, über einen Meter lang, etwa einen halben breit und, wie ein richtiges Auto, ganz aus Blech gebaut. Neben der Plexiglas-Frontscheibe besaß es Winker, Ballonhupe, kleine Tür mit Klinke und echte Scheinwerfer, welche mit Strom aus einer eingebauten Batterie brannten.
Wir schreiben das Jahr 1941 und es war sicher schwierig, in Kriegszeiten so etwas zu bekommen! Deshalb durfte ich am Anfang erst nur in der Wohnung, dann unter Aufsicht und später höchstens in Sichtweite auf dem Gehsteig fahren. Von den anderen Buben beneidet, durfte als besondere Gunst hie und da einer chauffieren, am meisten natürlich mein neuer Freund.
Wie zu erwarten dauerte es nicht lange, bis uns einige verbotene Ausflüge ums Viertel gelangen. Wir fanden auch bald ein hochinteressantes Objekt in Form eines großen Gebäudes, vor dem ein großer schwarz gekleideter Soldat neben einem Schilderhäuschen Wache stand. Näherte sich ein Auto, kontrollierte er, salutierte und öffnete den Schlagbaum zur Einfahrt. Kamen Autos mit einer kleinen Fahne an der Seite, präsentierte er sein Gewehr und sie durften gleich hinein! Peter klärte mich sofort fachmännisch auf, dass es sich hier um einen SS-Mann handelt, von denen jeder ein Held und unheimlich stark sei. Das wollte ich genau wissen, wir kamen also öfter vorbei und sahen den Posten immer dort stehen. Da alle gleich aussahen, glaubten wir, es wäre derselbe! „Er wacht bei Tag und Nacht ohne Schlaf und Essen“, meinte Peter. Er wusste es von seinem älteren Bruder und der hatte es im Kino gesehen, ich war beeindruckt!
Irgendwann im Frühjahr 1943 fuhr ich mit Vater nach Striegau, eine Kleinstadt mit etwa 14 Tausend Einwohnern, 57 Kilometer südwestlich von Breslau gelegen, wo er vor einiger Zeit ein großes Haus gekauft hatte.
Aufgeregt und hoch erfreut saß ich neben ihm im "Wanderer", als es losging. Schnell ließen wir die Stadt hinter uns und fuhren einen kleinen Umweg über das erste Stück neu gebauter Autobahn in Richtung Berlin, dass er mir unbedingt zeigen wollte. Während der Wagen auf der fast leeren Piste dahinfuhr,

Vater und Sohn sich über jedes entgegenkommende Auto freuten, musste mir Papi tausend Fragen beantworten, dennoch entging mir nichts. Auf einmal sah ich in der Ferne, auf der anderen Straßenseite, einen großen, wankenden Heuwagen entgegen kommen! Vater sah ihn auch und hielt an, wir stiegen aus, um zu sehen, was jetzt geschieht. Schnell näherte sich das Fuhrwerk, gezogen von zwei schweren, großen, durchgehenden Pferden, sie waren schweißnass und jagten wie blind dahin. Zu unserem Erschrecken sahen wir vorn über der Deichsel einen Mann hängen, scheinbar wollte er die Tiere aufhalten und war so in diese missliche Lage geraten.
Die andere Straßenseite war ein Stück weiter unten gesperrt, ein großer Balken lag schräg über der Straße auf einem Sandhaufen. Prompt rasten die Gäule dorthinein. Es staubte knirschte und krachte fürchterlich, der Bauersmann flog durch die Luft in einen Graben, das eine Pferd stürzte und rutschte unter den Wagen, der wankend zum Stehen kam, das andere blieb im zerrissenen Geschirr hängen. Schlagartig war es still. *„Du bleibst beim Auto!“*, rief mein Vater. Eine Minute später rannte er los zu dem Bauern und half ihm taumelnd auf die Beine. Dieser jammerte, schimpfte und hinkte zu seinem Gefährt. Noch während sich die beiden ratlos den Schaden besahen, kam ein kleiner Fiat-Toppolino angefahren, hielt mit quietschenden Bremsen, ein SA-Mann in Uniform sprang heraus und lief zum Unfallort. Auch er schaute sich alles an, sprach länger auf die beiden ein, wovon ich leider nichts verstehen konnte. Dann nahm er, ganz unerwartet, die Pistole aus der Tasche, zog daran hielt sie nach unten und erschoss das am Boden liegende Tier! Ich war erstarrt, konnte meinen Blick nicht von dem Geschehen wenden, bis Vater wiederkam und mich aufforderte, einzusteigen. Er legte seinen Arm um mich. *„Es musste sein, Lothar. Das Pferd hatte beide Beine gebrochen, bei Tieren heilt es nicht, deshalb ...“*. Schweigsam und erschüttert fuhren wir weiter.
Mittlerweile war es früher Nachmittag, die Sonne stand noch hoch, als wir uns Striegau näherten. Es war eine kleine, nicht besonders schöne Stadt mit etlichen Fabriken, einer schönen alten Kirche, großen und kleinen Häusern, zwischen denen die Hauptstraße hin zum "Striegauer-Wasser" führte. Am Rande dieses Flüsschens befand sich unser Haus, es war das größte Wohnhaus in dieser Häuserzeile. Zweistöckig, circa 40 Meter lang, mit einem großen Tor in der Mitte, unten befand sich ein Gasthof mit Biergarten und Kegelbahn. Vor dem Gebäude mit Katzenkopfsteinen gepflastert, die Straße, dann eine kleine Kaimauer und dahinter der Fluss. Nur wenige Leute waren unterwegs, als wir uns dem Ziel näherten, doch wie wir um die letzte Kurve bogen, sahen wir drei lange Kolonnen Sträflinge vor uns. Männer in gestreiften Anzügen zogen müde dahin, bewacht von einigen Soldaten, die Stahlhelme aufhatten, waren mit langen Mänteln bekleidet und hielten schussbereite Gewehre in den Händen. Sie marschierten auf der linken Seite, mein Vater überholte rechts und wartete bei der zweiten

Kolonne, um in die Toreinfahrt des Hauses zu fahren. Da trat ein Soldat der Wachmannschaft zu uns, beugte sich herab und sah zum Fenster herein. Ich bemerkte, dass er ganz grau, unrasiert und müde aussah. Mit rauer Stimme sagte er: *„Fahr 'n Se doch rein in die Schweine, dann ham mer wenigstens ein Paar wen'ger!"* Mein Vater schwieg, dann fuhr er in der Lücke zwischen den Abteilungen in die Hofeinfahrt hinein.
Kaum ausgestiegen, wurden wir vom Wirt auf das Herzlichste begrüßt, als überraschend das Peitschen von Schüssen und laute Rufe draußen erklangen. Wir liefen auf die Straße zurück und sahen wie einige Soldaten einen Gefangenen aus dem Nachbarhaus zerrten, um ihn wieder in die weitermarschierende Schar zu stoßen. Ein höherer Uniformierter schimpfte und brüllte auf eine Frau ein und schrieb etwas auf, dann zog er mit den anderen weiter.
Wir begaben uns zu der Gemaßregelten, die mit anderen Frauen vor der Tür stand und schluchzte. *„Er wollte doch nur etwas Wasser und ich hab es ihm gegeben", jammerte sie. „Der Herr Leutnant hat mich so beschimpft und aufgeschrieben, hoffentlich erfährt mein Mann nichts!"* Nach einer Weile schlichen wir bedrückt zum Gasthof zurück, es war genug für diesen Tag.
Papi erledigte seine Besprechungen, während ich im großen Biergarten herumspazierte, bis wir heimfuhren. Unterwegs erzählte er dann, dass Haus, Biergarten, Kegelbahn, mit allem drum herum, nun uns gehört und daraus ein schönes Wohnhaus entstehen soll. Viel mehr bekam ich nicht mit. „Wie schade um die schöne Kegelbahn", ging mir noch durch den Kopf, dann schlief ich übermüdet auf dem Hintersitz ein.

*

Aus Erzählungen meines Vaters und seiner Freunde:
Es war im Juni 1942, als Vater wieder einmal den Ruf zur Fahne verspürte. Ein Freund gab ihm den Tip, dass es die Marine nicht so genau mit den Krankheiten nahm, man dort nicht laufen oder schwer tragen musste, weil ja schließlich zur See gefahren wurde!
H.G. meldete sich also kurzerhand zu den Fahrensmännern nach Kiel, natürlich fuhr er mit der Bahn, diesmal allerdings mit weniger Gepäck und hatte dabei gleich sein erstes scharfes Erlebnis:
Auf einem größeren Bahnhof, wo man umsteigen und deshalb warten musste, standen gleich ihm einige Hundert Soldaten mit ihrem Gepäck herum. Eine Frauenstimme gab mit flottem Ton die nächsten Anschlusszüge durch, nichts Besonderes, während des Krieges hatte man sich daran gewöhnt, dass Männerposten von Frauen übernommen wurden.

Doch auf einmal drang lustvolles Gestöhne über die Lautsprecher: *„Aaaah, aaaah, aaahaa, ja schön, bitte, bitte weiter ja, ja ...!“* Die Landser sprangen auf, johlten, lachten und schlugen sich gegenseitig auf die Schultern und riefen: *„Ja, feste, feste, gib's ihr!“*
Leider war der Spuk schnell zu Ende, des Rätsels Lösung: Irgendein Soldat hatte offensichtlich die Ansagerin in ihrem Büro vernascht. War es Zufall oder Absicht? Jedenfalls wurde das Mikrofon eingeschaltet und so für die aufmunternde Einlage auf allen Bahnsteigen gesorgt!
<u>Marine Kommandantur Kiel:</u> Dort angekommen traf H.G. auf einen sehr verständnisvollen Stabsarzt. Wir wissen, Henry sah recht gut aus und veranlasste so den Arzt beim Betreten des Raumes, in dem er alleine stand zu der Bemerkung: *„Hier soll doch ein Herzkranker sein, ja wo ist er denn? Soll'n Sieee das etwa sein?“* Kurz und gut, nach der Voruntersuchung, schickte er meinen Vater zu den Minensuchern auf die umgebaute Barkasse "Eule".
Das mit wenigen Männern besetzte Boot, welche alle durch ein Leiden gestraft waren, fuhr als echter Seelenverkäufer hinaus aufs Meer. Geführt von dem einarmigen "Kaleu Ratgens", ein ehemaliger Oberbootsmann und nun Tapferkeitsoffizier.
<u>Ihre Aufgabe:</u> Die Entfernung von abgeworfenen, feindlichen Ankertauminen, die einige Meter unter der Oberfläche schwammen, um so möglichst schwere Schiffe mit großem Tiefgang zu zerstören. Die Minen waren mittels Kette oder Tau befestigt, welches wiederum an einem Anker oder Betonklotz hing. Mehrere Stoßkappen, meist vier, an der oberen Hälfte der Mine, bewirkten bei Bruch die Explosion.
<u>Die Beseitigung:</u> Ein "Himmelfahrts-Kommando", denn die Barkasse musste mit ihrem geringen Tiefgang erst über die Minen schippern, ein Stück hinter sich schleppte sie das sogenannte "Räumgeschirr". Man hatte in Ermangelung von Besseren an zwei schweren Ketten eine Eisenbahnschiene montiert. Das Ganze sah aus wie ein langes Dreieck, mit diesem wurden die Dinger abgerissen und nach dem Auftauchen mit einem schweren MG so lange beschossen, bis sie explodierten!
Ein bunt gewürfelter Haufen befand sich an Bord, alte, junge, Behinderte oder Invaliden. Der Schlimmste von ihnen war der alte "Maat Schulze". Sein Ehrgeiz, alle Neuen durch Erzählen von Sauereien, möglichst unterstützt vom Seegang, zum Kotzen zu bringen! Das ging so lange gut, bis eines Tages ein erfahrener Matrose an Bord kam, welcher, als sich einer übergab, dem Maat nur still in die Augen sah, und sich dabei Stück für Stück des Erbrochenen in den Mund schob! Daraufhin wurde "Schulze" selbst wohl das erste Mal schlecht, fortan jedenfalls ließ er die Männer in Ruhe.
Einige Wochen auf See verliefen so recht spannend, bis der "Matrose Gerhard" zur Hauptuntersuchung musste, welche wiederum mit dem Attest "NKV", nicht

kriegsverwendungsfähig, endete. Als er am nächsten Tag zum Boot zurückkehren wollte, um sich abzumelden, wartete er vergebens am Kai. Eine zu hoch gehängte, oder einzelne Treibmine war seinen Kameraden zum Verhängnis geworden.
So kam Vater wiederum nach Hause und sollte fortan auch da bleiben, um seine nunmehr kriegswichtigen Betriebe weiter zu führen! Denn alle anderen leitenden Kräfte waren derweil schon eingezogen.

*

Von mir völlig unbemerkt, ließen sich die Eltern 1943 scheiden. Etwa Mitte desselben Jahres zog ich mit meiner Mutter nach Gleiwitz, sie hatte dort ein kleines Elektrogeschäft eröffnet, in dem auch Opa Larisch mitwirkte. In Hindenburg wurde meine Einschulung vollzogen, ich erinnere mich noch gut, wie die Leute auf den Kleinen mit seiner großen Schultüte schauten, der das erste Mal als Schüler Straßenbahn fuhr. Einen Weg, den wir danach jeden Tag zweimal zurücklegten.
Nach etwa einem halben Jahr kam ich aus mir unbekannten Gründen wieder nach Breslau, um dort weiter die Schule zu besuchen.
Bei Papi wohnte inzwischen seine neue Freundin, es war die schon erwähnte Kassiererin aus dem Hauptgeschäft, Fräulein Maier! Erst in späteren Jahren erfuhr man, dass sie vorher mit einem gutaussehenden Frontkämpfer und Oberleutnant namens Schuhmann verheiratet war, von welchem sie sich aber nach einem Jahr fernscheiden ließ, was für Vater beinahe böse Folgen gehabt hätte, denn Frauen von Frontkämpfern sollten für andere Männer Tabu sein!
Tante Else, so musste sie von mir genannt werden, war ganz nett. Eines Abends, ich lag schon im Bett, als wir uns *"Gute Nacht"* sagten, bemerkte sie beim Wenden der Zudecke, dass ich mein kleines Glied zwischen die Beine geklemmt hatte. Wenn man nämlich dabei die Schenkel im Rhythmus anspannte, war das ein sehr angenehmes Gefühl! Prompt erzählte sie es Vater, der kam gleich ins Kinderzimmer gestürzt und fragte wirsch: *„Was machst du da?“* – *„Ich spiele feine Dame"*, war die Antwort. Hatte ich doch auf seinem Schreibtisch das Bild einer eleganten nackten Frau entdeckt, die unten auch nichts hatte! Er schimpfte jedoch fürchterlich, hielt mir eine lange Strafpredigt über unanständige Schweinerei, ohne jede Erklärung. Er drohte sogar mit Schlägen, ich musste versprechen, es nie wieder zu tun! Da es aber gut tat, passte ich zukünftig halt besser auf und machte es unbemerkt wieder.

In allen Häusern wurden an jedem Fenster hässliche schwarze Rollos angebracht. Bevor man abends Licht machte, mussten damit die Fenster verdunkelt werden. X-mal bekamen es alle eingetrichtert, nirgends durfte Licht zu sehen sein, wegen der Fliegerangriffe. Die Luftschutzleute wachten streng darüber, wer es versäumte, wurde angezeigt und bestraft.
„Damit die feindlichen Flugzeuge die Stadt nicht finden, denn ein Licht sieht man im Dunkeln kilometerweit“, erklärte die Lehrerin in der Schule.
Eines Nachts, ich durfte ausnahmsweise im Himmelbett des Fremdenzimmers schlafen, wurden wir durch Sirenengeheul geweckt. Vater war nicht zu Hause, Tante Else kam ganz aufgeregt angelaufen und half mir in die Kleider, schlaftrunken stiegen wir die Treppen hinab zum Luftschutzkeller. Dort stand schon gewichtig die Hausmeisterin, sie hatte ihren Helm auf und bellte unfreundlich: *„Los, los Beeilung! Sie sind die letzten, das muss in Zukunft aber besser klappen!“* Als wir den Keller betraten, saßen da schon die anderen Hausbewohner mit verängstigten Gesichtern, zwischen Kohlen, Kartoffeln und Eingemachtem. Wir fanden einen Platz auf einer der umlaufenden Bänke, die Luft warm und stickig, es roch nach Schweiß. In der Mitte des Raumes verbreitete eine einzelne Lampe trübes Licht, keiner sprach ein Wort, alle horchten auf eventuelle Bombeneinschläge, es war unheimlich still... Fast wäre ich wieder eingeschlafen, als eine dreiviertel Stunde später wieder die Sirene heulte. Frau Thekla sagte, dass sei Entwarnung und wir könnten nun wieder nach oben gehen.
Es war mein erster Fliegeralarm, am nächsten Tag hieß es, die feindlichen Flugzeuge seien woanders hingeflogen. Dennoch gab das Ganze scheinbar den letzten Ausschlag für meine sofortige Evakuierung. Zwar sollten von Staatswegen aus sowieso alle Kleinkinder durch die sogenannte "Kinderland-Verschickung", wegen Bomben, aus den großen Städten in Heime aufs Land gebracht werden, doch Vater wollte lieber selbst dafür sorgen. Ein paar Tage später packte er mich deshalb mit einigen Sachen ins Auto, um zu Tante Lissi ins 120 Kilometer entfernte Neugersdorf im Glatzer-Bergland zu fahren.

*

Das Glatzer-Bergland* etwa 100 km südlich von Breslau.
Teil der mittleren Sudeten. Ein von Heuscheuer, Habelschwerter Kamm, Glatzer Gebirge (Schneeberg 1425m), Reichensteiner und Eulengebirge Umschlossener Kessel.
Mit Erz u. Kohlenlagern sowie zahlreichen Mineralquellen in Bad Kudowa, Reinerz u. Landeck.
Das gegen Böhmen vorspringende wichtige Durchgangsland, ist eine ehem. Grafschaft mit der Hauptstadt Glatz an der Neiße.
(25 tsd. Einw.- ehemalige Festung 1275 gegr., 1534 österr., 1742 preuß.)
Neugersdorf (Kr. Glatz): auf der Landstraße, nochmals 34 km südlich, Letztes kleines Dorf, am Gebirgsbach "Biele" und an der äußersten Spitze des Kessels gelegen.

*Entnommen Bertelsmann Lexikon-Verlag, Gütersloh

"Haus-Schurike" war eine nette kleine Pension für Stammgäste, die im Winter Skifahrer, im Sommer Angler und Wanderer beherbergte. Das einstöckige Haus hatte in der Mitte ein kleines Erkertürmchen, welches durch Fachwerk verziert war. Ansonsten fügte es sich mit der Vorderseite westwärts ins Tal gerichtet, liebevoll begrünt und bepflanzt, in einen Berghang unterhalb des Waldes. Auf der Südseite hatte man eine Terrasse angelegt, auf der im Sommer gefrühstückt wurde. Im Norden befand sich ein kleines Feld mit großem Gemüsegarten, der in dieser schlechten Zeit besonders wichtig für die Selbstversorgung war! Vom Eingang führte ein kleiner Pfad im leichten Bogen etwa fünfzig Meter hinab zum Gebirgsbach "Biele" und bildete über eine Bohlenbrücke, die einzige Verbindung zur vorbeiführenden Chaussee. Letztere war beidseitig mit großen Bäumen bewachsen und schlängelte sich entlang des Flusses, zum etwa drei Kilometer entfernten Neugersdorf. Etwas versetzt auf der gegenüberliegenden Seite, gab es bis zum Ort, außer Feldern, nur noch die alte Dorfschmiede.
Inhaber der Pension war das kinderlose Ehepaar Schurike. Während Hans irgendwo im Krieg war, führte Elisabeth das Haus mit fester Hand. Sie war eine resolute burschikose Frau, schlank, mittelgroß, Mitte vierzig, mit dunklen meist hochgesteckten Haaren. In ihrem Gesicht konnte man beim genauen Hinsehen, den leichten Anflug eines Schnurrbarts erkennen.
Es war ein wunderschöner Frühlingstag, als wir uns dem Haus näherten. "Tante Lissi", wie ich sie nennen musste und die ich schon von früheren Besuchen kannte, sah man schon von Weitem winkend, mit ihrem schwarzen Dackel "Lumpi" oben am Berg stehen.
Wenig später kam unser Auto polternd auf der Brücke zum Stehen, wir nahmen unsere Sachen und trugen sie den Berg hinauf. Der Fußweg führte direkt zum Haus, ansonsten gab es nach oben, nur einen Waldweg vom Ort aus. Vater be-

grüßte Lissi herzlich mit einer angedeuteten Umarmung, mir schüttelte sie kräftig die Hand, dann folgten wir ihr ins Haus.
Durch einen langen, dunklen Flur kam man in ein urgemütliches Wohnzimmer. Die kleinen Fenster waren mit Häkelstores versehen und feste rustikale Möbel aus Fichtenholz, wie im Gebirge üblich. Alles gruppierte sich um einen schönen großen Kachelofen, welcher eine umlaufende Bank besaß und vom Flur aus beheizt wurde. Der braune Bohlenfußboden wurde fast vollständig von selbstgemachten Fleckerlteppichen bedeckt, worauf ein schwerer großer Tisch stand. Drumherum reihten sich kräftige Stühle mit Herz-Lehne, deren bunte Sitzkissen zur bestickten Tischdecke passten.
Kaffee und Kuchen standen schon bereit, als wir freudig Platz nahmen. Nach ein paar besorgten Erzählungen der neuesten Kriegsereignisse, kam Vater zur Sache: *„Die Lage ist sehr ernst, Lissi, deshalb bringe ich dir Lothar. Wie am Telefon besprochen, soll er vorerst hier bleiben, bis man sieht, wie's weitergeht. Die Breslauer Kinder werden alle irgendwohin evakuiert, aber ich möchte Lothar lieber unter eigener Verantwortung haben. Es werden wohl bald noch mehr Bomben fallen, man munkelt bereits etwas von "Festungsstadt"! Mit dem mir verbliebenen weiblichen Personal mussten wir schon Schützengräben ausheben!“*
„Hier hört man nur wenig von allem, es gibt genug zu essen und zu trinken, nur an Kaffee, Zigaretten und Kosmetik fehlt es. Auf den meisten Höfen arbeiten Fremdarbeiter unter den Bäuerinnen oder den alten Bauern. Die Jungen sind alle im Krieg! Fast jede Woche ist irgendwo ein Gefallener zu beklagen, aber wir deutschen Frauen halten fest zusammen und helfen uns gegenseitig, wie es der Führer von uns erwartet! Hans ist zurzeit in Polen beim Nachschub, es geht ihm gut, er schreibt jede Woche und kommt vielleicht bald auf Urlaub! ... Etwas gegen den Kummer gibt es auch bei uns, einige brennen heimlich schwarz, man darf sich nur nicht erwischen lassen, es drohen drastische Strafen! Du kannst gern etwas mit nach Breslau nehmen, Henry, zurzeit haben wir einen ganz guten Kartoffelschnaps, den musst du unbedingt versuchen!“ Sie stand auf, holte eine versteckte Flasche ohne Etikett hinter dem Schrank hervor, schenkte zwei Gläser randvoll, welche die beiden mit einem Schluck hinunterkippten. Leicht schaudernd wischte sich Henry danach die Lippen. Lissi lachte und schenkte sogleich erneut ein, so ging es noch eine ganze Weile, immer lustiger werdend weiter, dabei erzählten sie und erzählten.
Mir wurde es langsam langweilig, vor allem weil ich schon sehr auf mein neues Domizil gespannt war. So freute ich mich, als Papi sich endlich, mit einer Tüte voll Flaschen im Arm verabschiedete, nicht ohne mir nochmals absolute Folgsamkeit einzuschärfen. Wir begleiteten ihn bis zum Auto, vor dem Abfahren versprach er, sobald wie möglich wieder zu kommen. Mit gemischten Gefühlen sah ich, an der Hand von Tante Lissi, sein Auto in der Ferne verschwinden. Sie

ließ jedoch erst gar keine Traurigkeit aufkommen und meinte: "*Wer als Erster oben am Haus ist, bekommt ein Stück Schokolade. Danach räumen wir dein Zimmer ein!*" Das ließ ich mir nicht zweimal sagen und gewann, sogar noch vor Lumpi, den Lauf!
Oben angekommen, nahmen wir meine Sachen und gelangten über Gang und Treppe zu einem kleinen Zimmer. Das Fenster stand offen, draußen zwitscherten die Vögel, zwei bunte Vorhänge flatterten im Wind und man konnte seitlich zum Berg schauen. Einfache weiße Möbel, wie Bett, Tisch, Stuhl und Schrank bildeten die Einrichtung, beim Öffnen des Letzteren schlug mir starker Mottengeruch entgegen. Zu meiner großen Verblüffung musste ich unter ihrer Anleitung meine Sachen selbst einräumen. Was ich sonst nicht zu machen brauchte, ging mir nicht leicht von der Hand, jedoch sollte das nicht die letzte Überraschung sein! Im Gegenteil, es folgten viele in den nächsten Tagen. Schlag auf Schlag wurde mein Tagesablauf, ja mein ganzes bisheriges Leben völlig umgekrempelt! Was mir später noch oft helfen sollte, von Tante Lissi bekam ich meine ersten Lektionen in Sachen "Selbständigkeit".
Doch der Reihe nach: Wir hatten sonst immer anders gewohnt, deshalb erstaunte mich der Besuch im oberen Etagenbad nebst Toilette. Ersteres war kleiner als ich es von Breslau gewohnt war, so waren die Wände nur mit Ölfarbe gestrichen, anstatt gekachelt. Ein sehr kleines Waschbecken, darüber ein Spiegel inklusive Ablage. Seitlich befand sich die eiserne Badewanne, vor der ein großer, runder, mit Holz oder Kohle beheizbarer Badeofen stand. Klares, frisches, aber nur eiskaltes Wasser kam aus den Hähnen, was Schlimmes für die frühe oder abendliche Waschzeremonie befürchten ließ! So wusch ich mir nur schnell die Hände und erkundete die weit interessantere Toilette im Freien, welche man durch eine Tür am anderen Ende des Ganges erreichen konnte. In einem schmalen Häuschen mit winzigem Fenster hatte man eine hohe Bank von einer Wand zur anderen, ähnlich einer Kiste, gebaut. In deren Mitte befand sich ein großes Loch, verschlossen durch einen Deckel mit breitem Griff. Hob man ihn auf, fiel der Blick sogleich in die stinkende Tiefe, es war ein sogenanntes "Plumpsklo". Wenn man darauf saß, zog immer ein unangenehmer kalter Wind von unten durch die Öffnung, der ein unnötiges Verweilen nach der Benutzung von Vornherein vereitelte - obwohl zugeschnittene Zeitungsseiten mit Bildern auf einem Haken aufgespießt dazu einluden!
Jedenfalls sollte gegen den Gestank hinterher etwas Wasser aus einer Kanne, danach ein wenig Chlor aus einer durchlöcherten Büchse nachgeschüttet werden. Kurz, alles war erstaunlich neu und interessant für mich, ganz anders als zu Hause.
So vergingen die ersten Tage wie im Flug, aufgestanden wurde um sieben Uhr früh. Unter den strengen Augen der Tante musste man sich mit nacktem Oberkörper waschen und selbst anziehen, allerdings nicht so fein wie in Breslau.

Hose nebst Hemd wurden eine Woche, die Unterwäsche mit Strümpfen länger getragen.
Bei den Schuhen wartete ich, bis sie wie zu Hause gebunden würden. *„Was, so ein großer Junge kann noch keine Schleife?“*, worauf sie es einige Male vormachte, allerdings irgendwie verkehrt herum und so schnür ich sie noch heute!
Nach dem Aufstehen ging es zum Frühstück, sie wies mir einen ständigen Platz am großen Tisch zu, an dem es mehrere freie Stühle gab, welche jedoch für Urlaubsgäste freibleiben sollten. Als erstes musste ich beim Tischdecken helfen. Es gab Schwarzbrot, leicht salzige Butter vom Bauern, selbst gemachte Marmelade, dazu Malzkaffee oder warme Milch und ab und zu ein Ei. Nach dem Abräumen gingen wir ums Haus, mit großen Augen betrachtete ich die Tante, als sie eröffnete, dass ein junges Leben nicht nur aus Spiel und Spaß besteht. Ein jeder hätte, vor allem in der jetzt so schweren Zeit, seinen Teil an Arbeit zu leisten! Ohne Schule ist also jeden Vormittag eine Arbeit zu verrichten und erst nach dem Essen sei "Spielzeit" angesagt. Während dieser Erklärung waren wir hinter dem Haus angelangt, wo ein großer Haufen gehackten Brennholzes lag. Nun bekam ich kurz gezeigt, wie man Scheite richtig an der Hauswand stapelt und abstützt, damit nichts umfällt. Während sie ganz nebenbei noch die tägliche Kontrolle erwähnte, blickte auch Lumpi, welcher ständig mitlief, gewichtig drein, bevor mich beide mit der Arbeit allein ließen.
Ich begann also mit einem Korb das Holz zur Wand zu schleppen, um es aufzustapeln wie mir geheißen. Doch als ich endlich auf Brusthöhe angelangt war, fiel alles wieder zusammen und gleich noch ein weiteres Stück dazu. Das geschah dann drei oder vier Mal. Mittlerweile waren die Hände voll Harz und aufgerissen. Halb verzweifelt, den Tränen nah, begann ich alles zu hassen, wollte am liebsten wieder nach Hause. Doch irgendwann gelang mir der erste Erfolg in Statik, das Zeug blieb stehen!
Als mich Tante Lissi dann auch noch lobte, mir nach dem Entfernen einiger Spreißel sogar ein Stück Schokolade schenkte, war ich richtig stolz, vergaß zu Hause und schlief in meinem neuen Zimmer wie ein Murmeltier.
Das Mittagessen verlief ganz anders als daheim, womit ich mich nur sehr schwer abfinden konnte, denn ich war nicht nur verwöhnt, sondern ein schlechter Esser obendrein. Die Tante bewältigte meine wenig positiven Gewohnheiten ganz einfach, ich musste etwa eine Stunde vor meinem Teller sitzen bleiben. Was ich in dieser Zeit nicht aufaß, gab es abends oder am nächsten Tag aufgewärmt noch einmal!
Nachmittags ging sie oft mit mir ins Dorf, um etwas zu erledigen, so lernte ich bald meine Umgebung und die Nachbarn kennen. Nach einigen Tagen war ich von Neugierde getrieben, selbst unterwegs, um von ihr ermuntert oder auf eigene Faust die Gegend zu erkunden. Das alles war nicht nur aufregend, sondern auch ganz neu für mich.

Eines Tages erforschte ich auch die alte Schmiede auf der anderen Seite. Dicht an der Straße stand sie mit kleinen Fenstern in den niedrigen Wänden. Ein mächtiger Kamin wuchs aus dem steilen, tiefgezogenen Dach, welches auf einer Seite von zwei dicken Balken gestützt, etwa ein Viertel überstand. Dadurch entstand ein freier, trockener Unterstand für Arbeiten an Wagen, Gerät oder zum Beschlagen der Pferde.
Unter diesem Überbau stehend, konnte man wie in eine schwarze Höhle mitten ins Innere der Schmiede sehen, zumal auf dieser Seite die Wand fehlte. Mitten darin fauchte das Schmiedefeuer. Verbunden mit einem großen Blasebalg, den der Gehilfe, ein rußgeschwärzter hagerer Geselle, ein polnischer Gefangener, kräftig auf und niedertreten musste, um so die nötige Luft ins Feuer zu bringen.
Die übrige Werkstatt, angefüllt mit Hämmern, Zangen nebst weiterem Werkzeug, das an den Wänden hing. Ansonsten Werkbank, allerlei Gerätschaften, Kohle, Eisenstangen, Rohre und Bleche belegen den Rest. Eine offene Treppe führte in den ebenso angefüllten Dachstuhl darüber. Alles war schwarz von Ruß und Kohlenstaub, die Wände und die Decke ebenso, wie der aus Lehm gestampfte Fußboden.
„Na Jungchen, willste uns nich 'n bissl helfen?", fragte der alte Schmied mit heiserer Stimme. Er mochte wohl mehr als 65 Jahre alt sein, eisgrau, schwarz meliertes Haar umrahmte das rußige Gesicht, sein Körper ziemlich nach vorn gebeugt, geschützt durch einen langen Lederschurz. So stand er am Amboss, zwinkert mir mit verschmitzten Augen zu, während seine sehnige, aderndurchfurchte schwarze Hand mit dem schweren Hammer auf ein Funken stiebendes Stück Eisen einschlägt. Ich hielt den Atem an, denn sein flackernder Schatten an der Wand ließ ihn wie den Riesen aus einem Märchen erscheinen!
Von diesem Tag an besuchte ich fasziniert die Schmiede, verlor meine Scheu und durfte schon mal den Blasebalg treten, wenn er den Gehilfen für andere Arbeiten brauchte.
Besonders gern sah ich zu, wenn Pferde neu beschlagen wurden, meist schwere Kaltblüter, welche oft nicht leicht zu halten waren. Da gab es viel zu bestaunen, noch heute fallen mir heikle Situationen von damals ein, wenn ich sehe wie ein Reitpferd beschlagen wird!
Tante Lissi gefielen manche meiner Ausflüge nicht besonders, kam der Lothar meist recht schmutzig, manchmal auch zu spät zum Abendessen, worauf natürlich eine Strafpredigt folgte. Manchmal leicht geknickt, mit etwas Heimweh im Herzen, bekam ich eines Tages Trost von einem neuen Freund, dem Langhaardackel Lumpi. Erst fiel er mir nur unbewusst auf, da er stets wie ein Schatten an der Tante hing.
Ihren Kontrollgängen folgte er auf Schritt und Tritt, wie ein Feldwebel seinem Hauptmann. Gab es etwas zu bemängeln, setzte er ein hochmütiges Dackelgesicht auf, zeigte damit seine Verachtung, um gleich darauf hinter seinem Frau-

chen von dannen zu schwänzeln. Ab irgendeinem Tag jedoch war der Dackel plötzlich stets bei mir, erst dachte ich, er wollte mich beobachten, doch dann merkte ich, dass ihm meine Ausflüge gefielen. Bald waren wir ein Herz und eine Seele, wohin ich auch ging, er wich nicht mehr von mir, sobald ich das Grundstück verließ, war Lumpi stets dabei.
So vergingen rasch die ersten Wochen, ohne dass ich es bemerkte, als plötzlich Papi und Tante Else auftauchten. Meine Freude war groß, hatten sie doch einiges an Spielzeug mitgebracht. Es wurde laut und lustig, das Haus füllte sich mit Leben, weil sich außerdem noch andere Gäste übers Wochenende einquartierten. Am nächsten Tag wurden Essen, Trinken, Badesachen mit Handtüchern in Körbe gepackt und los ging die Wanderung zum Wehr im Wald. Nach einer guten halben Stunde, teils auf der Chaussee, teils durch den sonnendurchfluteten Mischwald, gelangten wir auf eine Lichtung, die wie auf einer Postkarte aussah. Umrahmt von Laub und Nadelbäumen, durchteilte die Biele eine abfallende große, saftige Wiese. In der Mitte war eine etwa mannshohe Betonmauer eingezogen, welche den Bergbach aufstaute, bevor er sich mit rauschendem Schwall darüber ergoß. Ein Wasserfall bildete sich, hinter dem man sogar gebückt hindurchgehen konnte! Das oben aufgestaute Wasser, in dem sich Forellen und andere Fische tummelten, bildete einen kleinen kristallklaren See, zum Baden bestens geeignet.
Alle zogen ihre Badesachen an und hinein ging es unter lautem *„Huch!“* und *„Ach!“* ins kühle Nass. Das wollte mir nun gar nicht gefallen, erstens war ich etwas wasserscheu, konnte nicht schwimmen und zweitens war das Wasser eiskalt! Es half nichts, widerwillig mit lautem Gezeter, musste ich mich fügen und dem zwingenden Griff meines Vaters folgen! Kurzerhand hob er mich auf die Schultern, stellte sich, nach einigen unsicheren Schritten auf glitschigen Steinen, rückwärts an die Stauwand, damit sich das Wasser mit starkem Strahl über uns ergoss.
Danach wurde noch schwimmen gelehrt. Während er im aufgestauten Wasser stand, mich von unten stützte, musste ich auf das Kommando: *„Eins, zwei, drei - eins, zwei, ...“* Schwimmbewegungen ausführen. Nach dreimal Wasser schlucken war's vorbei. Nach lautem Protestgeschrei, endlich ans Ufer gesetzt, beruhigte ich mich erst, als die angenehme Wärme der frischen Durchblutung auf der Haut zu fühlen war. Gegen Abend ging es dann, lustig lachend, fröhlich singend, wieder nach Hause.
Nächster Tag: Das Haus wirkte viel dunkler und still, auf einmal waren alle fort, etwas traurig blieben wir zurück.

Der Sommer schritt fort, es war Ferienzeit und langsam füllte sich das Haus "Schurike" wieder: Eine ältere Dame, ein junges Mädchen namens Sonja und

ein Leidensgenosse, der Hans Mathura hieß. Er stammte irgendwo aus Schlesien, sprach hochdeutsch, war gut angezogen, hatte eine Menge Bücher im Gepäck und sein Vater war Arzt. Nach der gegenseitigen Vorstellung betrachteten wir uns misstrauisch. Doch da auch seine Eltern nur übers Wochenende blieben, wir aber im Haus die einzigen Jungs waren, mussten wir wohl oder übel Freundschaft schließen. Zwei bis drei Jahre älter war Hans und sehr belesen, "Karl May" hieß die bevorzugte Lektüre. An einem schönen Sommertag zog er, zu meiner großen Überraschung, ein mitgebrachtes Zelt heraus, für welches ihm die Tante einen Platz am Hang zuwies. Voller Begeisterung war ich beim Aufbau behilflich, handelte es sich doch um ein Bogenzelt, so was hatte ich noch nie gesehen. An ein etwa zwei Meter langes Mittelstück, das zwischen zwei zusammengesteckte Rohrbogen, wie eine halbe Tonne, gespannt wurde, kamen vorn und hinten halb kegelförmige Spitzen, mit Eingang beziehungsweise Fenster versehen. Das Ganze musste mit Abspannseilen in der Mitte und Heringen seitwärts verspannt und befestigt sein. Hinten noch ein Ablaufgraben sowie als krönender Abschluss vor den Eingang ein extra Stab mit Hakenkreuzfahne - fertig! Ich war fasziniert, musste mich jedoch immer den Anweisungen von Hans fügen, wie: „Betreten nur mit Erlaubnis, Schuhe ausziehen, linke Seite benutzen, täglich ausfegen“, sonst durfte ich nicht hinein.
Fortan war es unser liebster Spielplatz, Hans las mir aus "Winnetou" vor, oder wir lagen bei schönem Wetter auf dem Rücken vorm Zelt und betrachteten verträumt die Wolkenbilder, welche wir zu deuten versuchten. Manchmal zogen hoch oben kleine silberne Flugzeuge in Formationen vorbei, schön anzuschauen, sie schrieben lange Kondensstreifen in den blauen Himmel. "Feindliche Bomber" auf dem Weg, wieder eine deutsche Stadt zu bombardieren! Wir konnten uns darunter nichts vorstellen, machten uns auch weiter keine Gedanken, noch war der Krieg soweit weg, noch! Gott sei Dank.
Allmählich wurden wir gute Freunde, dabei gestand er mir, noch nie eine nackte Frau gesehen zu haben, nun hielt ich es an der Zeit, ihn in mein Geheimnis einzuweihen. *„Komm mit, wir schleichen uns zum Kackhäusl!“* Hinter dem Haus befand sich das bereits beschriebene Plumpsklo für die Gäste. Es wurde geräumt, indem man talwärts ein Brett aufzog, einen Schlauch hinein steckte, um mit einer Pumpe in ein Odelfass die Grube zu entleeren. Öffnete man nun dieses Brett, hielt sich die Nase zu und beugte sich vorsichtig nach vorn, zeigte sich in zwei Meter Höhe der Hintern und die Muschi der Benutzerin. Kurz darauf musste man sich schnell in Sicherheit bringen, bevor der Segen von oben kam. Gesagt getan, wir beobachteten nun öfters heimlich die weiblichen Gäste und kamen so zum ersten Anschauungsunterricht in Sachen Weiblichkeit.

Ansonsten schlichen wir auf Indianerart im Wald herum, spähten alles aus und legten Munitionslager mit Steinen an, denn Hans besaß eine, allerdings schlecht

gemachte Schleuder. Der laienhaft befestigte Gummi hielt nicht, die richtige Bauart lernte ich bei anderer Gelegenheit, doch davon später.
Zu schnell verging die Ferienzeit mit den unangenehmen Sonntagen, an welchen ich stets je einen Brief an Papi oder Mami schreiben musste. Die Tante nahm sie nur im einigermaßen ordentlichen Zustand, in Wort und Schrift ab. Manchmal gelang das erst beim zweiten oder gar dritten Mal. Die Schreiben begannen meist mit den Worten „Wie geht es Euch? Mir geht es gut!“ oder „Bei uns ist das Wetter schön! Wie ist es bei Euch?“
An einem Montag, Hans musste unerwartet in die Schule, blieb ich, weil ich in Neugersdorf noch nicht angemeldet war, allein zu Haus! Tante Lissi sah sich das genau drei Tage an, dann nahm sie mich bei der Hand und brachte den Knaben Lothar ohne Vaters Wissen in die Dorfschule. Da half kein Zetern und kein Maulen, ich musste in die gemischte erste, zweite beziehungsweise dritte Klasse.
Doch wie es da zuging war ganz neu für mich, mehrere Klassen befanden sich in einem Raum und wurden nur von einer Lehrerin unterrichtet! Es handelte sich um so eine Art "Notschule". Die meisten Lehrer waren an der Front, deshalb unterrichtete uns eine Frau Lehrerin, an welche ich mich aber nicht mehr erinnere. Schon eher an ein paar Rotznasen in meinem Alter, welche mich erst äußerst skeptisch betrachteten, schließlich aber doch in ihren Kreis aufnahmen.
Als erstes staunte ich über ihre öftere Abwesenheit vom Unterricht, der Grund: Ich sah sie mal bei einer Beerdigung, ein andermal während der Messe in der Kirche! Einer schwang einen rauchenden silbernen Behälter, während der andere eine mehrteilige Glocke schüttelte, worauf sich alles verneigte. Die Burschen waren mit weißem, bestickten langem Hemd über einem farbigen Rock bekleidet, eben als Ministranten. Der Volksmund nennt sie nicht umsonst "Die Lausbuben Gottes"!
Das Ganze gefiel mir ausnehmend gut, deshalb führten sie mich schnurstracks zum Herrn Pfarrer. Nach einigem Hin und Her erklärte mir dieser, dass ich den falschen Glauben hätte und er mich deshalb als "Lutherischen" leider nicht brauchen könne. Traurig bedauerte ich, nicht katholisch zu sein, was mir zumindest im Lausbubenalter später noch öfters stinken sollte. In dieser Kirche erschien mir alles viel schmucker, interessanter, geheimnisvoller, als bei den Evangelischen.
Zum Glück klärten mich meine neuen Freunde auf, dass "katholisch" zu sein auch nicht der Weisheit letzter Schluss sei, sie jedenfalls wären lieber bei der "H.J" doch dafür seien wir leider noch zu jung! Völlig unwissend fragte ich: *„Was ist das denn die H.J?“*

Hitlerjugend*, HJ Seit 1936 einzige Jugendorganisation in Deutschland. Kenntlich gemacht durch einheitliche Jugend-Uniform mit Halstuch, Braunhemd, Schulterriemen, Koppel u. Fahrtenmesser, ähnlich wie z.B.: die Pfadfinder anderer Staaten.
Aufgabe war: "Die gesamte Jugend im Sinne des Nationalsozialismus zu erziehen". So hatte z.B. Nichtmitgliedschaft oft Nachteile in Schule oder Beruf zur Folge.
Oberster Chef ist der, sogenannte Kreisjugendführer von ihm wurde zentral die HJ-Erziehungstätigkeit geleitet!
Erst kamen die 10 - 14 jährigen Knaben (Pimpfe) zum deutschen Jungvolk,die 14 - 18 Jährigen zur Hitler- Jugend.
(Bzw. Mädchen zu deutsche Jungmädel später Bund d. Mädchen/BDM).
Das Ziel der Erziehung sollte, der sportlich trainierte, wehrtüchtige, kampfesfreudige, blind gehorchende und nationalistisch denkende deutsche Junge sein. Entsprechend auch die Dienstpläne: Sport, vormilitärische Ausbildung, wandern, marschieren, singen, schießen, Geländespiele, Lagerleben, weltanschauliche Schulungen, Motorenkunde, Segelfliegen, Boot fahren etc. Erzogen nach dem bekannten Spruch des Führers, so wie er die deutsche Jugend haben wollte:
"Hart wie Kruppstahl, zäh wie Leder und flink wie die Windhunde!"

*Teile entnommen Bertelsmann Lexikon-Verlag, Gütersloh

Paul der Vorlauteste sagte nur kopfschüttelnd: *"Mir nach, kommt wir besuchen meinen Vetter!"* Nach zehn Minuten Fußmarsch gelangten wir zu einem ehemaligen Gutshof, eine hohe Mauer umschloss die Gebäude, unterbrochen nur durch eine große Toreinfahrt.
Hier befand sich das "H.J. Schulungslager" Neugersdorf.
Vor dem Tor standen zwei Jungens, etwas älter als wir auf Posten, sauber angezogen mit einer prima Uniform, die uns mächtig imponierte. Einer fragte gleich herablassend mit scharfer Stimme *"Na, was wollt ihr Knirpse denn hier, he?"* Eingeschüchtert erklärte Paul, dass der Oberbannführer "Stemmer" sein Vetter sei und wir ihn besuchen wollen! Wie verwandelt, waren die beiden plötzlich ganz freundlich, der andere forderte uns sogar gleich auf, ihm zu folgen! Etwas eingeschüchtert durchschritten wir im Gänsemarsch den großen Hof des Anwesens.
Kommandos hallten durch die Luft - man sah eine Menge Jungens in mehreren Gruppen verschiedene Arbeiten verrichten. Die Einen banden irgendwelche Hölzer mit Stricken zusammen, andere arbeiteten an einem Steg, der zwischen großen Pflöcken hing, während eine dritte Gruppe gerade einen Beobachtungsturm aufgestellt hatte. Vielmehr konnten wir leider nicht erkennen, denn wir

liefen schnell und ehrfürchtig über den Hof, zu einer Tür, auf welcher "Oberbannführer" stand. "Nock, Nock" unser Begleiter hatte angeklopft *"Ja - reinkommen!",* brüllte drinnen eine Stimme, wir traten ein, unser Begleiter grüßte schneidig und machte Meldung.
An einem großen Tisch bedeckt mit Plänen und Schriftstücken stand ein großer Junge mit kurzen blonden Haaren, einer scharfen Hakennase. Ebenfalls in Uniform, jedoch mit mehreren Abzeichen auf der Brust sowie anderen Schulterstücken. *"Na Jungs, was gibt's denn so Wichtiges?",* fragte er gönnerhaft. Aufgeregt sprachen wir alle zugleich *"Halt, halt, halt",* meinte er lachend. *"Ihr stellt euch jetzt erst mal in einer Reihe auf, dann redet einer nach dem anderen, der Linke beginnt, also los!" - "Hmm hmm, ja nun, wir möchten hier gern mitmachen"*, meinte keck unser Kleinster, denn er stand am weitesten links. *"Alles schön und gut, aber wie alt seid ihr denn?",* fragte er *"Na, ja",* meinte nun Paul, der als Zweiter da stand. *"Du weißt ja, ich bin acht, die anderen sieben und der Kleine ist sechs!"* Der Oberbannführer wiegte sein Haupt hin und her *"Leider haben wir hier keine Anfangsgruppe für Pimpfe, da müsst ihr wohl noch ein paar Jahre warten, leider!"* Es war also nichts mit "HJ-Junge" werden, mit gesengtem Kopf schlichen wir von dannen, nicht ohne beim Hinausgehen neidvoll auf die Aktiven zu schauen. Während wir den Hof passierten, stellten letztere sich gerade in Marschordnung auf, Pauls Vetter trat aus der Tür, ein anderer großer Junge lief zu ihm, stand stramm und meldete den Zug abmarschbereit. Kommandos ertönten, die Jungs drehten sich nach rechts, und los ging es, im Gleichschritt durchs Tor hinaus. Ein Stück weiter stimmten sie ein Lied an, das ergriff mich mächtig. Nun hielt mich nichts mehr, ich lief ihnen nach, um mit staksigen Schritten im gebührenden Abstand mit zu marschieren! Zu meinem Glück bewegte sich die Kolonne in meine Richtung, sodass ich wenigstens rechtzeitig zum Essen daheim war.
Von nun an wartete ich fast jeden Tag nach der Schule auf den Auszug der "HJ-Truppe". Wenn sie den Weg auf der Landstraße nach Glatz einschlugen, marschierte ich stets hinterdrein bis zum Haus "Schurike"
Bald kannte mich "Karl" der Anführer persönlich, auffallend freundlich fragte er immer nach unserer Sonja, die etwa 21 Jahre alt sein mochte, bei uns im Haus wohnte und irgendwo als Hilfsschwester arbeitete. Eines Tages traf ich ihn im Wald, er hockte oberhalb des Hauses auf einem Stein und sagte: *"Setz dich her Lothar und erzähl mir was über euch."* Während wir uns unterhielten, zeigte er wie man eine richtig gute Schleuder baut, diese Kenntnis sollte mir in späteren Jahren noch einigen Ärger einbringen!!

Die Schleuder eine der ältesten Waffen - Vorrichtung zum zielgenauen Verschießen von Steinen oder Kugeln durch Muskelkraft!
Als erstes schneidet man von einem Baum mit elastischem Holz eine saubere ca.1-2cm starke Astgabelung ab, die auf etwa 15-20cm Länge halb Stiel, halb Gabel, zugeschnitten wird. Wenn die Schnittstellen abgerundet sind und oben an der Gabelseite ein 1cm breiter Streifen aus der Rinde entfernt ist, bildet sie das Handstück. Als Nächstes werden aus einem alten Auto.- oder Fahrradschlauch zwei 1cm breite und ca.20cm lange Streifen geschnitten, von welchen jeweils das eine Ende um die Einkerbungen gelegt wird, während die andere Seite durch ein Lederstück von 6x3cm mit zwei ausgeschnittenen Löchern kommt.
Die kurzen Enden werden nun an die beiden langen Seiten durch festes Umwickeln mit Bindfaden fixiert! Fertig ist ein wirkungsvolles, aber auch sehr gefährliches Schussgerät!

...Spannend zu sehen, wie seine geschickten Hände die Teile zusammenfügten! Derweil erzählte ich ihm bereitwillig von mir, von uns und nach immer wieder bohrenden Fragen, auch alles, was ich von Sonja wusste, unter anderem von ihrem Geburtstag - Übermorgen!
Zu meiner großen Freude erschien bei uns vorm Haus, an diesem bewussten Tag eine Abteilung der "HJ-Truppe". Sauber raus geputzt, Karl befahl *"Halbkreis"*, sofort stellten sich alle Jungens, vor dem Fenster des Mädchens auf. Dann erklang ein fröhliches Lied, in dessen Refrain, immer wieder deutlich der Name "Sonja, Sonja" zu hören war!
Nach einer Weile erschien die so Geehrte, lächelnd am Fenster und hörte huldvoll zu! Am Ende wurde Karl von Tante Lissi zum Kaffee herein gebeten, während an seine Sänger Limonade verteilt wurde.
Die Zeit lief weiter, es wurde Herbst "44", plötzlich über Nacht war das Lager verweist, die "HJ" verschwunden, keiner wusste wohin! Nie mehr haben wir etwas gehört oder jemals einen von ihnen wieder gesehen!
Mit Hans hatte ich nach den Ferien nicht mehr so viel Kontakt, er ging woanders zur Schule und hatte wohl auch mehr zu lernen.
Zu mir kam immer wieder mal Papi mit Tante Else übers Wochenende auf Besuch, wobei ich zu meinem Leidwesen die Fortschritte in der Schule beweisen und mit Vater tüchtig üben musste.
So verging der Sommer, der Herbst, die Hausgäste verschwanden, es wurde kalt und regnerisch. Abends saßen wir um den großen blubbernden Kachelofen im Wohnzimmer, denn Heizmaterial musste besonders in den letzten Kriegsjahren gespart werden, weshalb alle anderen Räume kalt blieben!

Wir Jungs mussten sticken lernen "jawohl" von der Tante eingewiesen, bekam jeder einen Stickrahmen mit aufgespannten vorgefertigten Deckchen und musste dieses als Weihnachtsgeschenk für die Eltern, selbst besticken. Mit ungelenken Fingern, stets leise vor uns hin schimpfend, machten wir uns an die Arbeit. Doch nicht nur hierbei, bewies sich die Tante als Sklaventreiberin, bei fehlender oder schlechter Arbeit jeder Art, wurde einfach der beliebte warme Stein fürs Bett gestrichen!
Im Fach des Ofens wurde nämlich für jeden ein Ziegelstein erwärmt, danach in eine Decke gewickelt und einige Zeit vor dem Schlafengehen in das eiskalte Bett gelegt. Bei Entzug des Wärmespenders fror man wie ein Schneider, während der Schlaf auf sich warten ließ!
Also bemühten wir uns redlich, leider gingen unsere Kunstwerke später verloren, sodass ein heutiges Bewundern leider entfallen muss.
Hans Mathura wurde irgendwann, ohne groß Abschied zu nehmen, von seinen Eltern abgeholt.
Ende Oktober fiel der erste Schnee, ob Ski oder Schlitten, alles war vorhanden. Meine Schnürschuhe waren immer, selbst im Sommer dabei, derweil meine Fußgelenke, nicht die besten waren! Als Kleinkind hatte ich sogar so starke Knickfüße, sodass beim Barfußlaufen, die Knöchel fast den Boden berührten! Dank diverser Einlagen sowie der Kunst des Orthopäden wurde es ab dem zweiten Lebensjahr besser!
Die Skier zu dieser Zeit waren aus Holz, meist Esche oder Birke, zehn bis 15cm breit mit hoch gezogenen Spitzen, an deren oberen Ende sich eine Nase mit Loch befand. Es diente dazu, die Brettl im Sommer über zwei Holzklötzen so zu spannen, dass die mittlere Wölbung erhalten blieb. Vor dem Fahren musste gut gewachst werden, denn künstlichen Belag oder gar Stahlkanten, gab es damals noch nicht. Die vordere Halterung bestand aus zwei Winkelblechen mit Schlitzen, die am Fußteil mit Schrauben und oben durch einen Lederriemen verstellbar angebracht waren. Man musste den Schuh kräftig dazwischen stoßen, dann einen seitlich befestigten Riemen über den Absatz legen und mittels eines Spannschlosses festziehen. Wer ganz gut ausgerüstet war, hatte schon eine Rille an der Hacke, die ein Abrutschen der Bindung verhinderte. So ausgestattet konnte man mit ein und denselben Skiern, nicht nur Abfahren, sondern auch Wandern oder Langlaufen.
Am abenteuerlichsten gegen heute, war die Bekleidung, Skihosen waren ganz normale Stoffhosen, welche durch Hosenträger gehalten wurden, meine hatten sogar schon einen unteren Bund mit Bindesteg gegen Rausrutschen. Darüber wurden dicke Socken gezogen und über den Schuh gestülpt! Obenherum angetan mit Pullover, normalem Mantel oder geknöpfter Winterjacke nebst Schal und dazu selbst gestrickte Handschuhe. Auf dem Kopf thronte bei mir, eine pelzgefütterte Motorradmütze aus Leder. Trotz des verwegenen Aufzuges war

diese Ausrüstung weit besser als die der übrigen Dorfjungend! Jedenfalls stand ich, gefördert durch die Tante, vom ersten Schneetag an auf den Brettern und lernte so, wenn auch nach vielen kleinen Stürzen, mit oder ohne Pobremse, ohne Schaden meinen eigenen Stil.
Mit dem fortschreitenden Winter kamen auch wieder einige Gäste ins Haus, groß deshalb meine Freude, als auch Mami eintraf!
An einem sonnigen Sonntag ward unter der Leitung der Pensionswirtin, eine größere Skiwanderung angesetzt. Durch den verschneiten Winterwald der wunderschönen "Grafschaft Glatz", eine Tour zu fünft, über Hügel und Täler, durch Wald und Flur. Vor irgendeinem steilen Hang hielten die Damen an, um zu überlegen, wie man mich am besten da hinunterbringt? Während sie noch beratschlagten "ein erstaunter Ruf", denn ich war schon im Schuss an ihnen vorbei, mitten im Hang und sie hatten nun alle Mühe, mir zu folgen! Freudig nahm ich das Lob der Tante entgegen, von da an durfte ich immer mit, um den Gästen beste Wege und Abfahrten zu zeigen!
Mami musste leider nach wenigen Tagen wieder heim, nach Hindenburg zu den Großeltern. Beim herzlichen, traurigen Abschied ahnte keiner von uns, wieviel Zeit bis zum nächsten Wiedersehen vergehen und was bis dahin Dramatisches geschehen sollte!
Weihnachten verging, Neujahr kam, das Schicksalsjahr "1945" begann, wie immer wechselte schlechtes und schönes Winterwetter. Am Wochenende kamen, jetzt auch nur noch vereinzelt, nur Frauen als Gäste, meine Eltern fast nicht mehr!
So war meine Freude groß, als ich eines Tages, nach der Schule, neuen Hausgästen, einer älteren Dame mit Enkeltochter "Erika" vorgestellt wurde. Sie war sehr hübsch mit braunem Haar und dunklen Augen etwa sieben Jahre alt. Scheinbar gefiel auch ich ihr recht gut, denn sie folgte mir auf Schritt und Tritt. Um ihr zu imponieren, versuchte ich gleich, sie für meine tolle Schlittenbahn zu begeistern. Vom Haus führte die Strecke, serpentinenartig mit zwei Kurven, hinunter zum Fluss, über eine Holzbrücke bis zur Straße. Die beiden Geländer der Brücke fehlten, die Balken waren im Herbst zur Reparatur abgenommen und noch nicht wieder montiert worden! Eigentlich der Fußweg, zum Haus, mit Rundhölzern als Stufen versehen, doch ähnlich einer Bobbahn, konnte man, die 50 Meter lange Strecke mit etwa 40° Gefälle, vortrefflich mit dem Schlitten hinunter brausen!
Es kostete mich meine ganze Überredungskunst Erika dazu zu bringen, hinter mir sitzend die Abfahrt zu wagen. Kurz entschlossen nach einigem Hin und Her, zog ich sie einfach auf den Schlitten, ab ging's. Mit quiekendem Angstgeschrei, ihren klammernden Griff an der Hüfte, sausten wir mit schneller Fahrt nach unten, dann polternd der Auslauf über die Bohlen, bis wir auf der Straße zum Stehen kamen! Nun lachte sie wieder und versprach während des Aufstieges,

jetzt immer mitzufahren. Wieder oben wollte sie freilich davon nichts mehr wissen, ich hieß sie feige und drohte die Freundschaft zu kündigen, da ließ sich Erika noch einmal überreden.

Diesmal stieß ich mich besonders stark ab, mit einem Affenzahn ging es hinunter, nach der ersten Kurve in die Gerade, hopsend über die verschneiten Stufen, dann in die linke Biegung zum Übergang! "Verflixt", wir waren zu schnell, der Schlitten reagierte nicht mehr auf den steuernden Hacken, fegte im spitzen Winkel bis zur Brückenmitte, dann ein Riesensatz und im hohen Bogen ging es aus zweieinhalb Meter Höhe, in die eiskalte "Biele". Kopfüber dem Schlitten voraus, schlug ich krachend auf - bummm - Dunkelheit, Ohnmacht war das mein Ende?!

Die "Biele" ein Gebirgsbach führte diesen Winter, "Gott sei Dank" nur etwa fünfzig Zentimeter Wasser, das zwischen großen und kleinen Geröllsteinen dahin schoss.

Nach ein paar Minuten wachte ich auf, schluckend, hustend und prustend kam ich hoch. Wasser gurgelte um mich herum, es zog an meinen Kleidern. Instinktiv packte ich den nächsten Stein und zog mich hoch. Endlich Luft, Dunkelheit umgab mich, ich konnte nichts mehr sehen. Taumelnd versuchte ich in Richtung Ufer zu waten, unsicher stapfend setzte ich einen Fuß vor den anderen, bis ich schließlich Äste der Böschung spürte. Nun bemerkte ich, dass meine Fellmütze über die Augen gerutscht war, schob sie zurück und sah wieder. Doch alles war rot, Blut lief über mein Gesicht! Während ich die Böschung hinauf kroch, fiel mir Erika ein! In panischer Angst torkelte ich auf die Brücke fiel auf die Knie und starrte in den Fluss. Vor mir tropfte Blut in den Schnee, da hörte ich plötzlich rufen: *"Lothar - Lothar, nicht aufstehen, bleib liegen!"* Aufgeregte Stimmen von Tante Lissi und Erika, beide kamen den Berg mehr rutschend als laufend herunter und hielten mich fest, damit ich nicht wieder ins Wasser stürzte.

Erika ließ sich, wie ich später erfuhr, vorher vom Schlitten fallen und hatte sofort, als sie meinen Unfall sah, das ganze Haus alarmiert.

Nun zogen mich beide, jede an einer Hand, mühevoll den Hang hinauf. *"Der Schlitten - der Schlitten",* jammerte ich immer wieder, in meinem Inneren fürchtete ich die Schelte, wenn er weg war. *"Ja, ja"*, meinten sie. *"Ist schon in Ordnung, den holen wir später!"* Schwerfällig erreichten wir schließlich das Haus. Langsam wurde mir schummerig, Blut lief mir stetig, warm über die Backen - irgendwo hingelegt - angenehme Dunkelheit - weg war ich.

Nach einiger Zeit wachte ich auf und sah weiß, - eine weiße Frau, die sich als Rotkreuz-Schwester entpuppte und meinen Kopf verband! Hörte sie sagen: *"Der muss sofort nach Glatz ins Krankenhaus zum Nähen, in der Kopfhaut ist ein großer Riß!"* Wieder schlief ich ein, Schütteln und Motorengebrumm weckte mich auf, ich lag auf dem Hintersitz, den Kopf in Tante Lissis Schoß, sie streichelte mich, zum ersten Mal, es war ganz eigenartig!

Wie sie es angestellt haben in dieser Zeit noch ein Auto für die Fahrt zur 34 Kilometer entfernten Kreisstadt aufzutreiben, weiß ich nicht!
Dann OP-Saal, freundlicher alter Arzt, quälende Stimmen, die mich ständig zum Zählen auffordern, der Geruch von Äther *"10 11 - 12 --"* Weit, weit weg - - aus. Ehe ich alles begriff, war es vorbei - Erwachen - ich war wieder zu Hause, lag auf einer Couch, welche seltsamerweise im Wohnzimmer neben dem Ofen stand. Die Sonne schien zum Fenster herein und ich hatte großen Hunger. Tante Lissi fragte voll Freude, was ich gerne hätte und brachte mir einen Spiegel, damit ich meinen Turban betrachten konnte. Der Anblick war wirklich lustig, sah aus, fast wie ein Pascha im Märchen aus.
Leider hatte keiner bemerkt, dass sich außerdem der vierte Lendenwirbel verschoben hatte, "Schlagtrauma" hieß es später, ein Schaden, der sich ab vierzig als Gleitwirbel erst richtig schmerzhaft bemerkbar machen sollte!!
Einige Wochen vergingen die Kopfwunde verheilte, noch ein paarmal kam die Schwester, um danach zu sehen. Beim letzten Mal zog sie die Fäden und legte einen leichteren Verband an, den ich voll Stolz trug, als wenn er von einer Kriegsverwundung wäre. Meine Geschichte war natürlich Gesprächsstoff im ganzen Dorf, ich musste sie zigmal erzählen und sonnte mich in der Bewunderung meiner Zuhörer!
An einem Wochentag beim Mittagessen hörten wir Lumpi ständig bellen, aber nicht von seinem Lieblingsplatz oben am Fußweg, sondern unten an der Brücke, er schien etwas zu wittern, irgendwas stimmte da nicht. Ich lief ebenfalls hinunter und sah schon von Weitem einige Soldaten die Straße entlang kommen, weiter hinten kamen noch mehr und ganz in der Ferne auch Fahrzeuge, ich setzte mich zum Hund auf die letzte Bohle um den Vorbeimarsch anzusehen, doch was war das? Kein Gleichschritt, keine Ordnung, teilweise schlurfend mit müden Gesichtern, verdreckt und abgerissen, manche ohne Waffen mit Verbänden, in Decken eingewickelt, humpelnd auf Krücken oder gestützt von Kameraden, furchtbar, es wurden jedenfalls immer mehr.
Ich weiß nicht mehr wie lange ich ungläubig, fasziniert und erschrocken den stetig anschwellenden Strom von Menschen, Fuhrwerken und Kraftfahrzeugen beobachtete, es fehlen mir noch heute die Worte, um dieses Szenario vollkommen zu beschreiben!
Es kamen beladene Fuhrwerke, Lastwagen voll mit Kisten und Gerät obenauf Verwundete dazwischen fuhren überladene schmutzige Personenwagen teilweise mit Stander, die sich immer wieder hupend, einen Weg durch die Marschierer und Fahrzeuge erzwangen, oder einfach überholend durch die flachen Straßengräben fuhren. Allmählich, Matsch und Dreck überall, die Abgase legten sich wie ein würgender Schleier über das Tal. Motorengeräusch, Knarren, Klappern und Stimmengewirr ließen Lumpi neben mir erzittern, winselnd drückte er sich an mich, da fiel mir die Tante ein, ich sprang auf und lief mit ihm nach oben.

Auf halben Weg kam sie mir mit Sonja entgegen, beide schleppten eine dampfende Milchkanne *"Komm, Lothar, wir verteilen Tee an die Soldaten",* sagte sie mit traurigem Unterton in der Stimme, ich nahm ihnen Kelle und Brot ab, das sie unter den Armen trugen und ging wieder mit nach unten.
Kaum hatten sich die Frauen am Ende der Brücke aufgestellt, kamen schon die ersten Soldaten herbei und ließen sich ein Stück Brot geben, das Kochgeschirr oder die Feldflasche mit Tee füllen - ein heiseres Danke - Kopfnicken dann zogen sie weiter. Die Stimmung war sehr gedrückt, kaum jemand sprach oder lachte, langsam wurden es immer mehr, Lissi und Sonja schleppten Kanne um Kanne herbei, während zwei Nachbarinnen im Haus ein Menge Tee kochten.
Es war ein langer trauriger, grauer tausendfüßiger Wurm, der so dahinzog, bis in den späten Abend hinein, ich musste hinauf in mein Bett, verfolgt von dem Geräusch der Straße. Weil es auch nachts nicht abriß, schlief ich, irgendein Unheil fürchtend, irgendwann ein.
Am Morgen, ganz ungewöhnlich, war niemand am Frühstückstisch, im kalten Wohnzimmer stand schmutziges Geschirr herum, ich schnappte mir schnell ein Brot und lief nach unten. Das Bild war anders als gestern, zwar kamen immer noch Kolonnen abgerissener Soldaten, doch jetzt dazwischen mehr Fuhrwerke, gefahren von Bäuerinnen, alten Männern oder Kindern. Hoch beladen mit Kisten, Koffern, Truhen, Möbeln, Ballen, Hausrat, dazwischen saßen weitere Frauen oft mit kleinen Kindern im Arm. Manche Wagen waren mit Planen überspannt, hinter einigen liefen, an einem Strick befestigt, Kälber oder Fohlen mit.
Die Frauen verteilten immer noch Getränke und Brotscheiben, schon bildete sich eine Menschenschlange vor ihnen. Da sah ich die Tante das erste Mal weinen, sie war ganz verzweifelt, schüttelte immer wieder den Kopf und meinte. *"Ich hab ja nichts mehr - ich hab ja nichts mehr, ach könnte ich doch besser helfen!"*
Mein Blick fiel zufällig aufs Wasser, da schwamm ein Helm, dort noch einer, weiter oberhalb des Flusses, - was war denn das?? Ich traute meinen Augen nicht: Warfen doch einige Soldaten, Helme, Gewehre, Koppel und andere Dinge einfach in die "Biele", zutiefst erschüttert, verstand ich die Welt nicht mehr!
Etwa in diesem Moment kam ein großer Soldat auf mich zu, der gerade noch etwas Milch erhalten hatte, nahm sein Verwundetenabzeichen von der Brust, legte mir seine Hand auf die Schulter und sagte, mit einem Dialekt, den ich vorher noch nie gehört hatte. *"Da Kleiner steck's an - passt zu deinem Kopfverband",* sagte er, zwinkerte mir aus hellen verschmitzten Augen zu und ging weiter. Von da an legte ich das Abzeichen nicht mehr ab, zeigte es jedem und lief ständig damit herum, bis ich es eines Tages irgendwo verlor!
Nach etwa fünf, sechs Tagen, ebbte die Kolonne ab, nur vereinzelt kamen jetzt noch Flüchtlingsfuhrwerke oder Fußgänger mit Handwagen und Rucksack vorbei.

Die Stimmung der Erwachsenen war nach diesen Tagen sehr gedrückt, aus Gesprächen, Erzählungen oder Andeutungen hatten wir mitbekommen, dass die Heimat von Russen bedroht wurde. Noch glaubte jeder die tapferen deutschen Soldaten, halten sie irgendwie auf. Wir Jungen stellten uns "Russkis" wie eine Horde "Kolenklau's" vor, ähnlich wie sie auf den herumhängenden Plakaten, zu sehen waren. Schwarze Männer eben, die man leicht verjagen konnte, wenn man nur mutig genug war und das glaubten wir wohl zu sein!
Mit Hans, der plötzlich wieder da war, fischten wir heimlich Helme, Bajonette, Munition, Gewehre und andere Ausrüstungsteile aus der Biele. Zwar irgendwie wissend, dass wir etwas Verbotenes taten, versteckten wir doch heimlich alles im Wald, denn "Häuptling Hans" wusste aus seinen Indianerbüchern, dass man zur Verteidigung an wichtigen Punkten, Waffenlager anlegen muss! Zu unserem Glück fehlte uns die Erfahrung die Waffen zu benutzen, erste Versuche misslangen, deshalb blieb es beim Sammeln, Verstecken und Tarnen. Auf einer Skizze trugen wir alles sorgfältig ein! Hans beschrieb alle Orte mit Geheimtinte, welche nicht sichtbar wurde. Erst wenn man das Blatt über eine Kerze hielt und es leicht ansengte, traten die Buchstaben deutlich hervor! Das Rezept für den geheimen Stoff hatte er aus dem Chemiekasten eines älteren Schulfreundes abgeschrieben und verriet es auch mir nicht.
Eines Morgens sah ich überrascht unseren "DKW-Lieferwagen" auf der Brücke stehen. Aufgeregt lief ich nach unten, da saß Papi mit Tante Else und Lissi im ernsten Gespräch beim Frühstück, mit innigen Umarmungen begrüßte ich sie freudig!
Vater erklärte mir, dass die Russen immer näher kämen, weshalb man Breslau zur Festung erklärt hatte! Das hieß, die stationierten und rückflutenden Soldaten verschanzten sich in der Stadt, alle Straßen wurden mit Panzersperren und Mienen verriegelt, sodass niemand mehr hinein oder herauskam! Diese Situation sollte solange bestehenbleiben, bis nachrückende deutsche Truppen den Verteidigern zu Hilfe kämen. (So glaubte man jedenfalls!!!)
"Wir Gerhards können also nichts mehr von unserem Besitz holen und müssen nach Westen fliehen, erst mal zum eigenen Haus in Striegau!"
"Ansonsten sind nur noch solche Sachen unser Eigen, die wir entweder am Körper tragen oder sich im Lieferwagen bzw. Stoewer befinden!" Vaters zweitem Auto, das wir in den nächsten Tagen, an einem vereinbarten Ort etliche Kilometer von hier, treffen sollten!

*

Der "Stoewer-Sedina" war ein schönes, großes, schweres, Fünfsitzer Cabriolet. Ein Statuswagen würde man heute sagen! Elfenbeinfarbene Seiten, braune Kotflügel, Ledersitze, Chromstoßstangen, Armaturenbrett in Nussbaum, schwarzes Stoffverdeck mit außenliegenden Ziergelenken.

Techn. Daten*: **"Stoewer-Sedina"** (Stoewer- Werke AG Stettin)
Maße: L=4,7 m B=1,7 m H=1,67 m/ Gewicht: 1480 kg/ Belastung: 460 kg/
4 Zylinder-viertakter/ Hubraum: 2390 cm³/ Leistung: 55 PS/
Geschwindigkeit: 120 km/Std./ Baujahr: 1939/ Listenpreis: 6296,25RM

*Entnommen Originalpapiere "Stoewer"

Während des Krieges wurden alle Privatwagen, bis auf die wichtigsten Firmenautos (z. B. unser DKW-Lieferwagen) eingezogen, gegen Quittung versteht sich!!! ---

Techn. Daten*: **"DKW-F8-700-Lieferwagen"** (AUTO-UNION AG Zwickau)
Maße: L=4,0 m B=1,48 m H=1,57 m/ Gewicht: 770 kg/ Belastung: 520 kg/
2 Zylinder-zweitakter/ Hubraum: 690cm³/ Leistung: 20 PS/
Geschwindigkeit: 75 km/Std./ Baujahr: 1941/ Listenpreis: 2438,44RM

*Entnommen Originalpapieren "DKW F8 700"

Mein Vater der Autonarr, hatte vor der Beschlagnahme durch das Militär etwa zehn Autos in der Garage stehen! Weil er, beim Kauf eines neuen Fahrzeugs, nie ein altes zurückgab!
Bis heute weiß jedoch niemand genau, wie es ihm gelang, ausgerechnet sein Lieblingsauto, eben jenen Stoewer, abgemeldet bis zum Schluss zu verstecken und am "25.01.45" noch eine Notzulassung zur Umsiedlung nach Striegau zu bekommen!? Vermutlich war der Wagen selbst der Wehrmacht zu elegant und aufdringlich! Ganz sicher jedoch spielten seine Beziehungen als Großlieferant der "Breslauer-Kommandantur" eine gewichtige Rolle. Nebenbei waren auch seine Feste, allen Leuten der Stadt, mit Rang und Namen bekannt! Über einige der letzten "Untergangsgelage" wurde von Bekannten, anerkennend noch nach dem Krieg berichtet.
Einmal soll Vater mit seinem Freund, dem Chirurg "Oberstabsarzt Dr. Bona", einigen weiteren hohen Offizieren sowie den als Gastgeber fungierenden Brüdern, in den Katakomben des Klosters ein Fest abgezogen haben. Bei welchem, selbst während eines Luftangriffs, jede Menge "Messwein" gesoffen wurde!
Spät nachts dann, alle sangen, waren voll süßen Weins, die Fackeln brannten, stockdunkel zwischen den Sarkophagen. Da plötzlich wollte ihn, ein großer kräftiger Bruder, in einer Gewölbeecke, mit Gewalt vernaschen! Henry, der laut

um Hilfe rief, konnte nur durch den beherzten Einsatz einiger Kumpane aus der mißlichen Lage befreit werden.
Das Fest war zu hören, wurde letztlich, mit einer Prügelei aller Anwesenden, zwischen Steinsärgen, in Weinpfützen mit Scherben, im totalen Chaos beendet!
Ein anderes Mal, es muss in den letzten Wochen, bevor Breslau Festung wurde, gewesen sein, saßen die illusteren Herren wieder zusammen! Man trank selbstgemachten "Bärenfang", ein Schnaps aus Honig mit 96ziger (96% Alkohol) gemischt. Das eigenartige an diesem Gebräu, der Kopf blieb längere Zeit halbwegs klar, während die Beine ihren Dienst versagten.
Die meisten der Anwesenden besaßen natürlich eine Waffe, damit wurde ab und zu im Raum rumgeballert! Durch Zufall ??!! traf jemand den Bronzekopf des Führers, der auf dem Wohnzimmerschrank stand.
Ein Gast, es soll ein hoher "Parteibonze" gewesen sein, schrie: *"Das mach ich nich mit, ich lass Euch alle verhaftnn, woho ist das Telefon?"* Dabei versuchte er mehrmals aufzuspringen, doch der Bärenfang tat seine Wirkung und hielt ihn fest im Sessel. Nach mehreren Versuchen, gab er auf, fiel um und schlief ein!
"Gott Lob", wollte oder konnte sich der Saufkumpan am nächsten Tag an nichts mehr erinnern, sonst wäre es der Gesellschaft sicher schlecht ergangen!!!

*

Verstehen konnte ich nicht so recht, was Vater mir da erzählte von Festung, Russen und Flucht oder was es überhaupt für die Familie zu bedeuten hatte, ich freute mich einfach auf die bevorstehende Autofahrt.
Beim Mittagessen sagte er Tante Else leise was ins Ohr, zog seinen Mantel an und verschwand. Sie hatten sehr geheimnisvoll getan, was sogleich meine Neugierde erweckte. Schnell die Treppe hinauf, um aus dem oberen Gangfenster zu spähen! Da sah ich Vater auch schon schnellen Schrittes dem Wald zustreben, das war ja interessant. Flugs die Jacke anziehen und auf Indianerart hinterher schleichen, war eins. Dort die Abkürzung den Hang hinauf, dann zwischen die Büsche gekauert, da sah ich ihn schon den Weg herauf kommen. Er ging an mir vorbei ohne mich zu bemerken, obwohl er sich ständig nach allen Seiten umblickte! Plötzlich war er etwas weiter oberhalb, zwischen den Bäumen verschwunden! Während ich noch die nächste Umleitung bedachte, kam er schon wieder zurück, ging Richtung Haus, seltsam, was er da wohl gemacht hatte? Ich lief zu der Stelle verlor aber die Spur, aufmerksam durchstreiften meine Blicke das Gebiet und da lag etwas, ein Päckchen unter einem Busch, das musste jemand verloren haben?! Ich hob es auf, etwas Hartes war in Wachspapier eingewickelt und mit fester Schnur zugebunden, es gelang mir eine Ecke freizube-

kommen sowie den Inhalt heraus zu ziehen, erst kam ein Öllappen dann eine schöne schwarz schimmernde Pistole und zum Schluss noch zwei Magazine zum Vorschein. Mein Fund sah ganz neu aus, deshalb lief ich nach Hause, um voll Freude alles meinem Vater zu zeigen. Der aber wurde ganz bleich, nahm mir die Sachen böse vor sich hin schimpfend aus der Hand. Schwer beleidigt schwor ich mir daraufhin, niemals mehr, einem Erwachsenen Geheimnisse oder einen Schatz anzuvertrauen.
Natürlich handelte es sich bei der gefundenen Pistole um seine Privatwaffe, deren er sich, bevor die Russen kamen entledigen wollte. Sein langes Gesicht bei der Rückgabe durch seinen Sohn kann man sich gut vorstellen!!
Am nächsten Tag, es war der 21. 3. 1945, lief er noch einmal durch den Wald ins Dorf, um Geld (99 RM) abzuheben, wie aus dem noch vorhandenem Postsparbuch ersichtlich!
Auf der Straße vor dem Haus schwoll inzwischen der Flüchtlingstreck wieder an. Als Vater zurückkam, hörte er mit Tante Lissi heimlich Radio im Klo, ich glaube irgendeinen verbotenen fremden Sender! Daraufhin eilte es auf einmal, Hans und ich mussten unsere Zudecken aus den Zimmern holen, die Koffer waren bereits am Vortag im DKW verladen worden, nun kamen die Betten darüber, worauf wir liegen durften, das war ein Spaß!
Unser Lieferwagen hatte außerdem einen mit Kisten und Ersatzreifen vollbepackten Dachträger, innen im Laderaum roch es stark nach Benzin, aus den dort zwischen allen möglichen Sachen, verstauten Kanistern. Letztere waren wertvoll wie Gold, versteckt mussten sie sein, denn überflüssiger Treibstoff wurde bei Straßenkontrollen sofort beschlagnahmt! Kurz gesagt, unser Auto war durch die vielen Sachen total überladen und hing hinten tief am Boden.
Für Hans und mich begann ein tolles Abenteuer, - so dachten - wir, kurzer Abschied von der Tante, die uns traurig über den Kopf strich, doch schon im nächsten Augenblick lagen wir bequem und feixend bäuchlings auf der Ladung. Tante Else hatte schon auf dem Beifahrersitz Platz genommen, Papi schlug die Hecktür zu klemmte sich hinter das Steuer, der Motor sprang an, zum Abschied winkend und knatternd mit blauer Abgasfahne fuhren wir von dannen.
Die Tränen von Tante Lissi sahen wir nicht mehr, eventuell ahnte sie, dass wir uns niemals wiedersehen sollten.
Damit begann unsere Flucht vor den anrückenden Russen, es war eine Odyssee, die fast ein Jahr dauerte und uns durch den östlichen Teil Deutschland bis nach Bayern führen sollte!!

Das große Geschäft in Breslau, unser Esszimmer. Großvater als Husar.
Vaters bekanntes Stiefelbild! Großeltern - Wanderer. Mami mit mir u. älter.

Geschäft Opa Larisch ~1925. Vaters erstes Geschäft in Breslau ~1935.

II. Die Flucht

Ereignisse des Jahres 1945 im Ausschnitt*: (Soweit als Hintergrund nötig)

Jan: Beginn der sowjetischen Offensive im Mittelabschnitt der Ostfront.
Rücktransporte von Flüchtlingen und Soldaten aus Ostpreußen.
Sowjetische Truppen erreichen die Oder bei Frankfurt/O - Küstrin.
Feb: Schwerer US-Luftangriff auf Berlin; RAF-Luftangriffe auf Dresden
Breslau wird von sowjetischen Truppen eingeschlossen.
März: Die Alliierten überschreiten die Brücke bei Remagen.
Sowjetische Offensive in Ostpreußen - Sowjets erobern Danzig.
April: Die Amerikaner erobern Magdeburg u. Leipzig.
Präsident Roosevelt stirbt.
Sowjetische Offensive in Schlesien - Ziel Berlin.
Bei Torgau treffen sich Amerikaner u. Russen -
das deutsche Territorium wird zweigeteilt.
Hitler begeht Selbstmord - Dönitz wird Nachfolger.
Mai: 02.05.45 Berlin kapituliert
04.05.45 Kapitulation der nordwestdeutschen Streitkräfte.
06.05.45 Die **Festung-Breslau** kapituliert.
07.05.45 Gesamtkapitulation der deutschen Wehrmacht.
23.05.45 Dönitz und sein Kabinett wird in Flensburg verhaftet.
Juni: Teile von Mecklenburg/ Thüringen/ Sachsen -
werden von den Amerikanern an die Russen übergeben.

*Entnommen aus verschiedenen Berichten.

*

Der DKW-Lieferwagen besaß eine Zwischenwand, welche den Fahrerraum komplett vom Ladekasten trennte. Ein kleines Schiebefenster etwa 30x15 cm nur zum Orientieren nach rückwärts gedacht, war nun unser einziger Durchblick nach vorn, zusätzlich eingeschränkt vom tiefgezogenen Dach. Deshalb konnten wir stets nur einen Ausschnitt des Geschehens auf der Straße erspähen. Weshalb sich ein ständiges Gerangel mit Hans ergab, wem der größere Teil des Durchblicks zustand. Diesmal blieb ich Sieger, denn schließlich war es ja unser Auto! Oft genug hatte er in der Vergangenheit eingeteilt wer, was zu beanspruchen hatte.

Währenddessen fuhr unser Wagen, holpernd und ratternd auf der ungeteerten Chaussee dahin. Die klappernde Hintertür ließ Staub und Abgas herein, was uns nicht weiter störte, auf dem Bauch liegend sahen wir interessiert zu, wie Vater immer wieder Kolonnen von Flüchtlingswagen, Soldaten, Karren oder Lastwa-

gen überholte. Manchmal mussten wir runter von der Straße, auf Feldwege, durch Wiesen oder leichte Gräben, um überholen zu können. Oftmals von der Angst begleitet, eventuell umzukippen! Nicht selten gab es wütende Faustschläge auf die Seitenwand, oder herbe Schimpfworte zu hören, wenn wir uns vorbeidrängelnd, mit einer langen blauen Rauchfahne davonmachten. Aber es fanden sich auch helfende Hände, wenn unser DKW einmal steckenblieb!
Papi kannte die Gegend gut, versuchte deshalb auf Routen auszuweichen, welche vom großen Flüchtlingstreck nicht benutzt wurden. So erreichten wir endlich gegen Abend den vereinbarten Ort bzw. den Hof, auf dem wir Hans abliefern sollten. Sehnlichst von den Verwandten erwartet, stieg er aus, Bettzeug und Koffer folgten, sowie eine kurze Information zur Lage. Wir bekamen ein Paket belegte Brote, dann *"Alles Gute - auf Wiedersehen"* und weiter ging's, endlich hatte ich den Fensterplatz für mich allein.
Auf Schleichwegen fuhren wir in die Nacht hinein, ab und zu an versteckten Stellen angehalten, um uns zu erleichtern. Vater kontrollierte dabei ständig das Auto von allen Seiten, vor allem die Reifen machten ihm Sorgen *"Hoffentlich fahren wir keinen Platten"* war sein ständiger Stoßseufzer. In größeren Abständen grub er einen der versteckten Kanister aus den Klamotten und füllte mittels eines Trichters das "Zweitaktergemisch" in den Tank, welcher sich über der Maschine befand. "Vorsichtig" damit nichts daneben ging oder gar über den heißen Motor laufen konnte!
Müde schlief ich ein, an die monotonen Geräusche und den Geruch hatte ich mich längst gewöhnt, so ging es weiter auf Umwegen dem verabredeten Punkt entgegen. Dort sollten wir die Frau von "Oberstabsarzt Dr. Bona" Edda, eine bekannte "Opernsängerin" vom Breslauer-Theater treffen, sie kam mit unserem vollbepackten "Stöwer" ebenfalls zu diesem Treffpunkt.
Plötzlich weckte mich irgendetwas, es waren die aufgeregten Stimmen der beiden vor mir, außerdem stank es fürchterlich nach Benzin, ich sah nach vorn und begriff bald das Malheur! Auf der Beifahrerseite vorne im Fußraum befand sich ein kleiner Benzinhahn, wie bei einem Motorrad. Man konnte ihn je nach Bedarf, abdrehen, auf Reserve oder Normal stellen. Dieser Hahn war oben an den Tank montiert und unten mittels eines kleinen, mit Drahtgewebe verstärkten Schlauches, mit der Benzinleitung zum Motor verbunden. Eben dieser war aufgeplatzt, Benzin floss ins Wageninnere, anstatt zum Motor. Tante Else versuchte nun während der Fahrt, verzweifelt mit Hand und Taschentuch, das Leck zu dichten, was natürlich nicht lange gut gehen konnte! Else jammerte denn sie musste vorgebeugt, mit dem Kopf am schlagenden Armaturenbrett fahren. Vater gab ständig nicht sehr freundliche Anweisungen und fuhr, was die Karre hergab, um in den nächsten Ort zu gelangen.
Eine bange Stunde voller Anspannung verging, bis endlich irgendwo außerhalb eines Dorfes, im Scheinwerferlicht, eine Werkstatt auftauchte. Daneben ein

Platz mit demolierten Fahrzeugen, unter anderem, "DKW-Personenwagen"! Also eine Art Autofriedhof, welcher allerdings mit hohem Maschendraht umgeben war. Vater fuhr an dem verschlossenen Tor vorbei, stellte den Motor ab, löschte das Licht und schloss den Benzinhahn.
Aus den Gesprächen der beiden bekam ich mit, dass die Besitzer möglicherweise schon geflohen seien und Fremdarbeiter, meist gefangene Polen, welche man während des Krieges als Helfer eingesetzt hatte, nun alles bewachten, um es nach dem Einmarsch der Russen behalten zu können! Deshalb wollte Vater, um auf keinen Fall selbst ausgeraubt zu werden, nicht läuten oder fragen, sondern gleich über den Zaun steigen, um mittels Taschenlampe und Zange den entsprechenden Schlauch zu organisieren, (sprich klauen)! Wie recht er vermutet hatte, sollte sich bald herausstellen!
Er verschwand in der Nacht, mit Herzklopfen blieben wir zurück, der Zaun klapperte viel zu laut, dann war Stille -------.
Da plötzlich Hundegebell, Licht, ausländische Worte, Schimpfen, Papi wieder am Zaun - sprang drüber, fiel hin, rappelte sich hoch und kam mit zerrissener Hose angerannt. Weiter unten flog das Einfahrtstor auf, ein großer Hund lief auf uns zu, zwei Männer hinterher! Vater sprang ins Auto, schrie *"Mach den Hahn auf!",* dann versuchte er zu starten.
"Grrrrr, grrrrr" machte der Anlasser, doch der Motor wollte nicht!
Der Hund bellte, fletschend entblößte er seine langen Zähne, ich hatte Angst. Die Männer kamen vorsichtig näher, sie wussten ja nicht, wer, wie viele, oder ob wir bewaffnet waren?!
Schließlich sprang er an, die Tante hatte vor Schreck das Leck losgelassen, Benzin lief aus, mit Vollgas schlingernd, knapp an einem Baum vorbei, fuhren wir davon. Jetzt fingen die Männer an zu laufen, wütend krachte der Hund gegen die Hecktür, endlich hatte Else den Schlauch wieder in der Hand, wir nahmen Fahrt auf und entkamen.
Nach ein paar Kilometern versteckten wir uns auf einer Lichtung und Vater wechselte mit zitternden und blutigen Fingern im Schein der Taschenlampe, den neuen Benzinschlauch, welchen er aus einem der abgestellten Autos ausgebaut hatte.
Zurück zur Hauptstraße, weiter, durch die Nacht, bis zu einem Platz, auf welchem eine Menge Flüchtlingswagen, Pferde, Hunde und andere angebundene Tiere standen. Soldaten lagen oder saßen um ein Feuer, hier glaubten auch wir uns in Sicherheit, parkten am Rand und schliefen ein.
Hundegebell, Kindergeschrei, allerlei Geräusche weckten mich, das Lager erwachte. Vater lief schon Kreise im Dauerlauf, dabei schlug er die Arme an den Körper um sich, zu erwärmen. Tante Else öffnete die Hecktür, half mir aus Decken, Betten und Kissen, bevor sie unsere Verpflegungstasche suchte. Irgendwoher hatten sie Wasser in einer Waschschüssel besorgt, zu meinem Ärger

musste man sich auch hier waschen und Zähne putzen, *"Brrrr"* es war kalt - eiskalt und neblig, erst recht zum austreten.
Vom Wald zurück, gab es zu kalter Milch ein Marmeladenbrot, dann ging es weiter. Wieder Nebenstraßen, Tante Else hielt ständig die Karte auf den Knien, den Finger immer auf der Stelle, wo wir uns gerade befanden, so fuhren wir dem verabredeten Punkt entgegen. Vater sagte immer wieder aufgeregt *"Hoffentlich kommt die Hedda durch und findet den Hof!"*
So kurvten wir weiter über Hügel und Flüsse, durch Wälder, Täler und verlassene Dörfer. Ich weiß nicht, wie oft ich dazwischen geschlafen hatte, als der Wagen plötzlich nach einigen Rumplern anhielt: Wir waren in einem größeren Ort im Stau von Flüchtlingswagen steckengeblieben. Vater gelang es noch ein paar Seitenstraßen zu benutzen, die fürchterlich aussahen, Steine, Dachziegel, Scherben, Holzstücke, Möbel und Gerätschaften lagen auf der Fahrbahn herum, die er im Zickzack Kurs umfahren musste. Rauch lag in der Luft, als vor uns winkend ein alter Mann mit Gewehr und Armbinde aus den Trümmern auftauchte! *"Halt! Hier geht's niech weiter!",* rief er, ohne dabei die Pfeife aus dem Mund zu nehmen. - Wir hörten Schüsse und MG-Feuer in der Ferne. *"Die Straße führt übera freies Gelände, drieben überm Fluss sind Russen - Feindeinsicht!!",* schnarrte er. Vater setzte etwas zurück, stellte den Motor ab und stieg aus.
Mittlerweile wurden es mehr Leute und Flüchtlingswagen, die hinter uns warteten. Immer wieder knallte es, mal näher, dann wieder weiter weg.
Wie lange wir warteten, weiß ich nicht, als plötzlich irgendwie Unruhe in die wartenden Menschen kam. Da hörten wir es auch - Quietschen, Klirren, tiefes Dröhnen, Motorengebrumm - Panzer!! Deutsche oder Russen?? Erschreckt hielt alles inne, selbst das Knattern und Knallen der Schüsse verstummte.
Da - Rufen, Hupen, ein Kradmelder in eine Staubwolke gehüllt, kam winkend um die Häuserecke gebraust, Gott sei Dank, Deutsche!
"Vorwärts Leute, aufsitzen, weiterfahren, Beeilung, wir halten die Straße frei!"
Wie zur Untermalung seiner Worte krachte es zweimal fürchterlich! Sofort kam Bewegung in die Kolonne, alles schob und drängelte nach vorn. Wir standen gut, ruckend kam unser DKW auf Touren, rum um die Ecke, es donnerte wieder und da sahen wir sie stehen: Zwei "Tigerpanzer". Einer stand weiter rechts vorn und hatte gerade gefeuert, der andere stand mit hängenden Abschleppseilen auf der Straße *"Der hat wohl Motorschaden oder keinen Sprit mehr!"* und *"Mein Gott, sind die jung!"* meinte Vater. Langsam fuhren wir vorbei, aus dem Hinterfenster beobachtete ich staunend die Besatzung, welche aus den offenen Luken schaute oder um die Panzer herum lief. Das taktische "Runen" Zeichen wies sie als SS-Einheit aus. Verstaubte junge Soldaten, deren Bewegungen und wache Augen jedoch kaum Müdigkeit erkennen ließen! Zusammen mit dem Kradmelder, trieben sie die Flüchtlinge an, legten hier und da selbst Hand an oder räumten Hindernisse aus dem Weg, um die Durchfahrt zu erleichtern. Solange ich

konnte, behielt ich sie bewundernd im Auge, ein Bild, das sich tief in mein Jungenherz eingrub, wenn ich malen könnte, würde ich es noch heute zu Papier bringen!
Vater versuchte weiter voranzukommen, immer wieder zog er die Karte zurate, fand neue Schleichwege, die Angst und die Gefahr auf Russen zu stoßen wuchs ständig! Unzählige Male mögen wir uns wohl im Niemandsland (Deutsche waren schon weg, Russen noch nicht da) befunden haben.
In der Ferne hörte man ständig, wie den Donner von einem fernen Gewitter, das Gerummel der Front!
Etliche Kilometer weiter verstellten erneut Fahrzeuge die Straße. Eine Menge Menschen liefen wie Ameisen in eine große Halle und kamen bepackt mit Säcken, Eimern, Packen oder Kartons wieder heraus. Papi hielt an, um zu Sehen was da passiert, nach einigem Bitten durfte ich mit, Tante Else blieb als Wache im Auto.
An den Wagen vorbei bahnten wir uns den Weg durch die Menschen, bis zum Tor der Halle, welches schief in den Angeln hing. Ein älterer Mann mit Volkssturm-Armbinde kam uns entgegen. *"Meister was ist denn hier los?"* fragte Vater *"Nu das isn Vorratslager, bis gestern wars noch bewacht, erscht wolltn ses anzindn, ober s hat nich gebrennt, dann sinse abgehaun und nu plinderns die Leite, da kenn mer och nischt machen!"* meinte er und ging achselzuckend weiter.
Wir betraten das Gebäude, sofort schlug uns, neben dem lauten Stimmengewirr, ein stechender Geruch, von verkohltem Holz vermischt mit Waschmittelduft entgegen. Ein paar Schritte weiter, sah man ein so fürchterliches Durcheinander, wie ich es vorher noch nie gesehen hatte.
Die Halle war etwa 20 x 40 Meter groß, vollgestellt mit Regalen, diese angefüllt bis oben mit aufgerissenen Packungen aus denen Jacken, Hemden und Strümpfe hervorquollen, weiter hinten, standen oder lagen aufgerissene Mehlsäcke, Waschmittelpakete, aufgeplatzte Ölkanister, Schmalz und Marmeladeneimer. Alle diese Dinge bedeckten aber auch den Boden, mit einer schmierigen klebrigen Masse, über die sämtliche Leute hasteten. Jeder versuchte etwas zu ergattern, Behältnisse deren Inhalte nicht gleich zu erkennen waren, wurden aufgerissen, Unbrauchbares einfach wieder weggeworfen. Einige Frauen zogen gleichzeitig an irgendwelchen Eimern, sodass es fast zu einer Schlägerei kam. Geschrei, krachen, quietschen, rumpeln erfüllte die Luft - - - !
Eine Weile standen wir sprachlos da und schauten zu, bis Vater kopfschüttelnd sagte: *"Komm das ist nichts für uns, wir fahren weiter"*. So verließen wir diesen unwirklichen Ort und kehrten zu unserem Auto zurück.
Weiter ging die Fahrt in Richtung Westen, bei schönem Wetter, auf teils menschenleeren Straßen, durchquerten wir den südlichsten Zipfel Schlesiens.

Monotones Fahrgeräusch hatte mich eingeschläfert, als ich durch Hupen und Gejohle aus der Fahrerkabine erwachte. Da konnte ich auch den Grund schon sehen, auf einer kleinen Anhöhe vor einem Bauernhof, stand winkend eine Walküre. Blondes Haar, langer Schal, der offene Pelzmantel umschlang die große massige Figur, beeindruckend, es war "Hedda Bona", Opernsängerin und Frau von Henry's Freund Humbert! Bei ihr standen zwei Frauen ihre Haushälterin klein, zierlich und unscheinbar im Hintergrund die Bäuerin des Anwesens.
Wir hielten an, sprangen aus dem Auto, wurden mit einem trällernden Wortschwall von Hedda begrüßt, abgedrückt, fette feuchte Küsse, viel Schmuck, starker Parfümgeruch, das blieb mir in Erinnerung. Wie wir später erfuhren, waren die beiden schon am Vortag eingetroffen und hatten im Haus genächtigt.
Im Innenhof, von außen nicht zu sehen, stand unser Stoewer, mit offenem Verdeck, vollgepackt mit Koffer und Ballen, tief in den Federn hängend, von oben bis unten völlig verdreckt. Mit traurigem Gesicht schlich Papi um sein Lieblingsauto, fuhr mit der Hand fast streichelnd über den verschmutzten Lack. Besichtigte missbilligend ein paar frische Beulen und klopfte mit dem Fuß an die Reifen um die Luft zu prüfen. Während Hedda um ihn herumtänzelte, dabei gestenreich, fast singend, von ihren vorzüglichen Fahrkünsten berichtete.
Doch zum langen Trauern blieb keine Zeit, etwas Waschen, Toilette, die Bäuerin drückte Tante Else noch Essbares in die Hand. Vater erklärte die Route, Hedda klemmte sich hinter das Steuer, betätigte den Anlasser jedoch erst, nachdem die Haushälterin ihr den Schal modisch drapiert hatte!
Der Motor sprang an, krachend fand sie den ersten Gang, hüpfend und qualmend verließ der Stoewer den Hof, während Vater nach oben blickend die Fäuste ballte und fluchend hinterher fuhr.
Nach einigen Stunden Fahrzeit erreichten wir den Kurort "Bad Reinerz", unser Etappenziel. Auf einem mit Wagen und Autos überfüllten Platz fanden wir, neben einem großen vollbepackten grauen Taxi, gerade noch Platz.

Bad Reinerz*, Badeort in Schlesien im Glazer Bergland
Etwa 90 km Süd/West/südlich von Breslau gelegen.
Vor dem Krieg ca.6000 Einwohner.
Alkalisch-erdige Eisensäuerlinge, Moorbäder.

*Entnommen Bertelsmann Lexikon-Verlag, Gütersloh

Kaum ausgestiegen kam Vater, sogleich mit dem Fahrer ins Gespräch, jener kam ebenfalls aus Breslau und kannte das Geschäft in der Taunzienstraße. Fasziniert beobachtete ich ihn derweil beim Hantieren an einem großen schwarzen Kessel, welcher hinten wie ein Rucksack auf sein Auto gebaut war. Er kniete auf dem Boden, entfernte mit einem kleinen Haken, etwas rauchende Asche aus einer Klappe. Neugierig fasste ich an das schwarze Ding "Autsch" es war heiß, sein Warnruf kam zu spät. Wissbegierig fragte ich, was das sei, sie erklärten

mir, dass es sich hier um einen "Holzgaser" handelt, der aus Holz - Gas macht, mit welchem dann das Auto, fast wie mit Benzin, fahren kann!
Diese Dinger sollten mir in den nächsten Jahren noch öfter begegnen. Zu jener Zeit waren sie (wegen Benzinmangel) in allen Größen, oft auf abenteuerliche Weise, an den verschiedensten Last- oder Personenwagen, vorn hinten oder seitlich angebaut!

Der Holzgaser*: (Holzvergaser).
In einem Kessel (bei Personenwagen etwa 50 cm D. und 160 cm H.) wird unter Luftabschluss, am besten Buchenholz verkohlt, so entsteht Holzgas (Kohlenmonoxid u. Methan), das dem Motor über Kühler und Leitungen zugeführt wird!
(2,5 kg Holz stehen etwa für einen Liter Benzin.)

*Entnommen Bertelsmann Lexikon-Verlag, Gütersloh

Vater besprach mit dem vierschrötigen Chauffeur, der noch immer seine nach hinten geschobene lederne Taximütze trug, den weiteren Fluchtweg. Über Umwege und vermutlich freie Straßen wollte man, in den nächsten Tagen, gemeinsam nach Striegau fahren. Beide beugten sich kumpelhaft über eine Straßenkarte, welche auf der Motorhaube lag. Eine Flasche kreiste, - Vater hätte den Rothaarigen besser gemieden, was sich später noch herausstellen sollte!
Tante Else war sauer, musste sie doch währenddessen mit mir alleine, Koffer schleppen und im Hotel nach dem Zimmer suchen, welches für uns reserviert war. Tatsächlich bekamen wir eines im zweiten Stock, unser Gesangstar wurde "Gott sei Dank", wo anders einquartiert, denn Hedda war schwer zu ertragen, besonders ihr ständiges Trällern und angefangene gesungene Wortspiele, zum trainieren ihrer Stimme, hallten durchs Haus und nervten alle Mitbewohner. Wir glaubten eher, alles Angabe - Frau "Kammersängerin"!
Das Hotel summte wie ein Bienenstock, war überfüllt mit Flüchtlingen, vor allem Frauen, nur wenige ältere Männer, dafür eine Menge Kinder, welche auf den Gängen herumtollten. Schon bald unternahm ich mit zwei gewitzten, gleichaltrigen Buben, die ersten Streifzüge, durch die verschiedenen Gebäude und Gärten.
Alles war hochinteressant, so entdeckten wir unter anderem, in einem Nebengebäude eine alte Brauerei, mit großen kupfernen Kesseln, Rohren, allerlei Geräten, vielen Flaschen und einigen uns unbekannten Maschinen. Daneben gab es noch ein paar Hotel- bzw. Wirtschaftsgebäude, in denen ein ständiges Kommen und Gehen, herrschte. Auf der kleinen Straße vor der Hotelanlage zogen ständig Flüchtlinge vorbei, manche hielten an, um zu rasten, andere lagerten auf den Wiesen oder unter den Bäumen. So gab es immer etwas Neues zum Anstellen oder Beobachten. Unser eigenes Quartier war sehr einfach, ein nüchternes Zimmer vollgestopft mit Kartons, Körben und Koffern, über die wir ständig klettern

mussten. Hier stand das meiste unserer Habe, der Rest lagerte in den Fahrzeugen.
Wenn wir eine feste Bleibe hatten, schlief ich auf der sogenannten Besucherspalte, die Ritze zwischen den Ehebetten! Wobei, das Herumstrolchen den ganzen Tag meist für einen guten Schlaf sorgte. Hauptsache, ich hatte meinen Schlafgefährten dabei, einen von Papi stilisierten Hasen aus einer weißen Serviette mit zwei Hauptknoten in der Mitte und vier kleinen Knoten an jedem Ende gebastelt, damals mein einziges Spielzeug!
Eines Nachts wachte ich dann doch auf, Vater kam angesäuselt, laut schimpfend und aufgeregt in unser Zimmer gestolpert. Aus seinen Erzählungen, die mich aufgeweckt hatten, erfuhren wir, dass sie sich mit dem roten Fahrer schwer gestritten hatten. Erst saßen sie zu fünft in der Brauerei zwischen leeren Flaschen und Maschinen beim Zocken. Schnaps und Bier flossen in Strömen, als Politik in das eskalierende Gespräch kam, zog der Taxifahrer plötzlich seine Pistole aus der Tasche, schoss erst in die Decke um dann die Spieler zu bedrohen, worauf alle schleunigst das Weite suchten.
Papi konnte sich lange nicht beruhigen, verteilte Alkohol- nebst Zigarettendunst im Zimmer, fiel nach einer Weile schnarchend in den Tiefschlaf, welcher bei mir jedoch, noch lange auf sich warten ließ!
Am nächsten Morgen war ich sehr zeitig auf den Beinen, Motorengeräusch, knatternde Schüsse in der Ferne hatten mich geweckt. Die meisten schliefen noch. Heimliche Katzenwäsche, anziehen und schon war ich unten im Flur, wo meine neuen Freunde nebst einigen Erwachsenen schon aufgeregt umherliefen!
Im ganzen unteren Stockwerk hatte man alle Fenster ebenso wie die Türen mit Bohlen, Brettern, Balken sowie diversen Möbeln verbarrikadiert, um ein Eindringen von herumstreunenden Fremdarbeitern, befreiten Gefangenen oder ersten feindlichen Soldaten zu verhindern!
Schnell waren ein paar mutige, neugierige Jungens gefunden, die mit nach unten durch den langen, mit allerlei Gerümpel angefüllten Keller schlichen, von wo aus, man über einen kleinen Schacht, in den hinteren Garten gelangen konnte. Draußen kündigten die ersten Sonnenstrahlen einen schönen Tag an. Wie die Wiesel liefen wir geduckt von Baum zu Baum, durch den großen Garten bis in die Nähe der Straße. Die dort lagernden Flüchtlinge vom Vortag waren seltsamerweise verschwunden, unsere Fahrzeuge, das wussten wir, waren neben den Häusern, in Schuppen, hinter Verschlägen, unter Ästen oder im Buschwerk verborgen.
Staub, vermischt mit Abgasgestank lag in der Luft -- da! Wieder Motorengeräusch, - Schüsse - schnell versteckten wir uns, einige unter den Sträuchern, wir anderen auf den Bäumen!
Da kamen welche mit Vollgas angebraust, deutsche Soldaten total verdreckt, voraus ein verbeulter Personenwagen, danach ein offener Lastwagen mit Ver-

wundeten auf der Ladefläche, deren weiß leuchtende Verbände deutlich zu sehen waren. Drei vier überladene Kräder mit schwerbewaffneten Landsern, zum Schluss ein Kübelwagen mit nach hinten gerichtetem MG. --- "Brrrrrn" - vorbei, - Fahrlärm verebbte in der Ferne, danach herrschte eigenartige unheimliche Stille.
Irgendwas ließ uns unbeweglich verharren - zwanzig, dreißig Minuten mochten vergangen sein, auf einmal sahen wir sie kommen! Geduckt, links und rechts der Straße, erdfarbene fremdartige Gestalten mit seltsamen Helmen und zusammengerollten Decken schräg über den gesteppten Jacken. In den Händen hielten sie drohend kurze Gewehre, an denen flache Büchsen quer befestigt waren, wir wagten nicht zu atmen, ungewohnte Laute drangen an unser Ohr - "RUSSEN" - nun waren sie da!!!
Lange Zeit trauten wir uns nicht, uns zu rühren, aber es wurden immer mehr grünbraune Männer, die vorbeizogen. Als die Kolonne dann endlich einmal abriss, liefen wir so schnell es ging, voller Angst zurück ins Haus.
Dort war inzwischen alles in heller Aufregung, unser Fehlen war scheinbar noch nicht bemerkt worden! Die alten Männer spähten durch die Fensterritzen um die Straße zu beobachten, die jungen Mädchen und Frauen hatten sich alle mit langen Kleidern, Schürzen und Kopftüchern in unansehnliche alte Weiber verwandelt. Sie glaubten sich so, vor Belästigungen oder Schlimmeren durch die fremden Soldaten schützen zu können, wie mir erklärt wurde, ohne dass ich es verstand. Die meisten Bewohner standen auf den Gängen oder im Treppenhaus herum, redeten sehr aufgeregt durcheinander und beratschlagten, was als Nächstes zu tun sei. Einige versuchten sogar russische Worte, die irgendjemand kannte zu lernen, um später eventuell, erste Kontakte herzustellen.
So vergingen einige Tage in trügerischer Ruhe, die "Russkis" interessierten sich offensichtlich noch nicht für die etwas abgelegene Hotelanlage.
Wir Kinder dagegen standen neugierig am Straßenrand um die, immer wieder mal in Kolonnen vorbeiziehenden, fremden Soldaten zu beobachten. Diese sahen ganz anders aus als unsere, hauptsächlich waren sie klein, untersetzt, mit breiten Mongolengesichtern und Schlitzaugen. Viele hatten ihre großen Schiffchen oder Tellermützen weit ins Genick geschoben, bekleidet waren sie mit grünbraunen Tuch- oder gesteppten Jacken. Darüber geschnallte Koppel, dazu weite Hosen aus filzigem Stoff, die in klobigen Stiefeln steckten. Vorn auf der Brust hing in der Regel, griffbereit eine Kalaschnikow, wie wir erfuhren. Sie marschierten zu Fuß, saßen auf unterschiedlichsten Pferdewagen oder fuhren auf ausländischen oder erbeuteten Last- bzw. Personenwagen vorbei. Ansonsten waren die feindlichen Soldaten fröhlich, sangen fremdartige Lieder, winkten einem zu, oder warfen manchmal sogar ein paar Bonbons in die Gegend, welche einige von uns aufhoben, jedoch nur, wenn es keiner sah!

Nach ein paar Tagen öffneten unsere Leute, nun wieder etwas mutiger geworden, zumindest am Tage die Eingangstür.
Etliche zogen weiter und verschwanden bei Nacht und Nebel, auch Vater wollte bald wieder starten.
Meine Freunde und ich erkundeten inzwischen immer weitere Gebiete um das Hotel, so auch die verlassene, höchst interessante Brauerei. Hier standen und lagen in einem wüsten Durcheinander etliche Bier-, Wein- und Schnapsflaschen herum. Da kam mir eine großartige Idee!!!
Ich forderte die anderen auf, mir Bierflaschen, in denen noch Reste waren, zu bringen. Diese Neigen füllten wir, in eine noch sauber aussehende Schnapsflasche, als diese dann dreiviertel voll war, wurde sie kräftig verkorkt.
"Mir nach", sagte ich und lief zur Straße, einige folgten mir neugierig, aber mit Abstand. Gerade kam ein einzelner Panjewagen (kleiner Pferdewagen) mit zwei jungen Soldaten angefahren, nun kam mein Auftritt!
"Towarisch - Wodka", rief ich und hielt die Flasche hoch, der Kutscher auf der anderen Seite parierte die Pferde durch, der Russe auf meiner Seite riss mir ungestüm, vom Sitzbrett aus die Flasche aus der Hand. Mit einem Messer popelte er den etwas vorstehenden Korken heraus, setzte die Flasche senkrecht nach oben an und tat einen gierigen Zug.
Spätestens jetzt kam mir die Erleuchtung, ich nahm meine Füße in die Hand und fing an zu laufen. Hinter mir ein lauter Wutschrei, husten, spucken, laute zornige Worte, die Flasche schlug dumpf neben mir auf! Dann hörte ich ihn schnaufen, im Zickzack lief ich wie ein Hase, wir näherten uns dem ersten Haus, der Russki kam immer näher. Da war der Eingang "Schwups" war ich zwischen den alten Männern hindurch, welche zufällig in der Tür standen, mich durchließen, aber ihm den Weg versperrten. Der Russe bremste ab, kam schnaufend zum Stehen, griff an die Brust nach seiner Waffe und ---- griff ins Leere, denn die, lag auf dem Wagen!
Minutenlang starrten sie sich in die Augen der junge Russe voller Wut, die alten Männer angstvoll und doch beständig.
Da löste lautes Rufen von der Straße die Spannung *"Serge, Serge dawaj bystreje, nam nado dalsche!"* (Schnell, es geht weiter!). Der junge Soldat stutzte, spukte den Alten vor die Füße, ging einige Schritte rückwärts, wandte sich um und lief schimpfend zur Straße zurück.
Das Nächste, woran ich mich erinnere, ist die größte Tracht Prügel, die ich jemals von meinem Vater erhielt, er schlug auf mich ein, bis ihm Tante Else in den Arm fiel. Tage später, Russen zogen nur noch vereinzelt auf der kleinen Straße vorbei, blieben aber den Gebäuden fern, Papi meinte es sei nun Zeit, weiter zu ziehen, denn wir wollten zu unserem Haus nach Striegau.
Die in Seitenwegen versteckten Autos wurden am Abend herausgeholt und enttarnt, denn im Morgengrauen sollte es losgehen.

Frühmorgens, 5 Uhr: Hedda und die anderen Frauen packten alles zusammen, wir schleppten Koffer und Ballen nach unten. Als erstes wurde der Stoewer aus dem Versteck geschoben und das Verdeck geöffnet, um alles leichter verstauen zu können, dann wurde planmäßig beladen.
Wir waren fast fertig, der Motor tuckerte schon, um warmzulaufen, als plötzlich, wie aus dem Boden gewachsen, vier Russen am Auto standen! *"Dawaj, dawaj Towarisch wychodi!!"* (Los, los, Freundchen aussteigen!) sagte einer von ihnen und machte nicht mal unfreundlich, die entsprechende Handbewegung dazu. Sein Nebenmann allerdings drückte Papi gleich unmissverständlich, die Kalaschnikow ins Genick, worauf dieser wie von der Tarantel gestochen heraussprang, um im Reflex gleich, mit zitternden Fingern die Wagenpapiere zu zeigen! Während sich die anderen maulend zwischen die Koffer klemmten, klopfte ihm der erste auf die Schulter und meinte *"Charascho, charascho"* (gut, gut) und in gebrochenem Deutsch *"Papier Scheiße",* wozu er laut lachend nickte! Dann schwang er sich neben den Fahrer, schlug die Tür zu, während letzterer krachend irgendeinen Gang hinein würgte, worauf sich der Wagen ruckend, hopsend in Bewegung setzte.
Vater lief aufgeregt hinterher und rief *"Unsere Sachen, bitte unsere Sachen".* Die Hupe erklang zum Abschied. Ich glaube nicht, dass sie ihn verstanden hatten, doch wahrscheinlich störten die Koffer beim Sitzen. Jedenfalls warfen sie, unter lautem Gelächter, alles in hohem Bogen auf die Straße! Koffer platzten auf Klamotten, Bilder, Besteck, Papiere und tausend andere Dinge kugelten auf dem Asphalt herum, - ich musste ebenfalls lachen, was mir einen sehr derben Rempler von Tante Else einbrachte!!
Winkend, hupend, johlend fuhren die Russkis, im Schlingerkurs um die nächste Ecke und verschwanden wie ein böser Traum.
In der Ferne hörten wir noch den Motor heulen, ein paarmal krachendes Schalten, dann kehrte Stille ein, als wenn nichts gewesen wäre!
Kreidebleich kam Vater zurück, mit bebenden Lippen forderte er uns auf, die weggeworfenen Sachen einzusammeln, verschwand selbst mit gesengtem Kopf und ward spätabends erst wieder gesehen.
Gefasst berichtete er dann, dass Hedda bleiben wolle, um auf eigene Faust weiter zu kommen. Wir aber schleunigst mit dem DKW weiterfahren müssten, da ein Durchkommen nach Striegau von Tag zu Tag schwieriger und gefährlicher würde. Ungewisse Parolen und Nachrichten, die einige abgehört haben wollten, seien auch nicht glaubhaft! Angeblich seien die Russen wieder zurückgewichen und nun stehe eine sowjetische Großoffensive in ganz Schlesien bevor! Andere erzählten von deutschen Wunderwaffen oder gar, dass sich deutsche Truppen mit den Amerikanern vereinigen, um dann gemeinsam gegen die Sowjets zu kämpfen.

Wir jedenfalls mussten nochmals die letzte Habe reduzieren, der Rest blieb einfach liegen oder wurde verschenkt. Verladen werden sollte diesmal in der Nacht, um sofort beim ersten Tageslicht zu starten. Ein Fahren mit Licht war wegen der großen Gefahr entdeckt zu werden, unmöglich! Schleichwege hatte uns eine Flüchtlingsfrau aus jener Gegend, in die Karte gezeichnet.
Gesagt, getan: Die halbe Nacht wurde umgepackt und verstaut, Hedda half uns unter Tränen. Der Morgen graute, - Abschied für immer? --- Nebel kam auf, schlaftrunken kroch ich auf meinen nun noch engeren Lagerplatz. Der Motor sprang an, mit tief hängenden Wagenfedern schlichen wir uns aus Bad Reinerz, Richtung Striegau.

Geschichtlicher Abriss 1945*: (Soweit für unsere Geschichte relevant!)

Januar:	Russen erreichen Schlesien,
Februar:	Breslau ist eingekesselt.
April:	Sowjetische Offensive in Schlesien.
	Russen und Amerikaner erreichen Torgau.
	Hitler begeht Selbstmord.
Mai:	Letzte Regierung Dönitz in Flensburg.
	Breslau kapituliert.
	Deutschland kapituliert.
Juni/ Juli:	Amerikaner verlegen aus Thüringen und Sachsen!
	Die Russen rücken nach.

*Entnommen aus verschiedenen Berichten.

In ständiger Angst, was wohl hinter der nächsten Kurve kommt, ging es nach Nordwesten. Über Straßen, Feldwege, durch Wälder, stets getrieben von dem Gedanken, "Weg von den Russen"! Auch größere Ortschaften wurden gemieden! Wir fuhren den ganzen Tag, dazwischen, nur kurze Stopps zum Austreten oder Nachtanken aus dem Kanister. Soldaten sahen wir nicht, nur immer wieder Flüchtlingstrecks. Essen oder etwas zum Trinken verteilte Tante Else unterwegs. Mir war übel, die meiste Zeit schlief ich übermüdet und halb benommen inmitten der Ladung. Schaukeln des Fahrzeuges, Staub, Abgase vom Zweitakter, welche durch Ritzen und Spalten der klappernden Hecktür drangen, taten ihr Übriges.
Zweimal gab es eine Reifenpanne, doch Vater setzte alles auf eine Karte und flickte nicht, sondern nahm die Ersatzräder vom Dach. Ein Platter mehr hätte uns vielleicht an einer ungünstigen Stelle zum Stehen gebracht und wir wären womöglich in die Hände von Russen, flüchtenden Fremdarbeitern oder ausgebrochenen Sträflingen gefallen. Doch mit viel Glück passierten wir endlich spät abends, die ersten Häuser von Striegau!

Striegau*, Stadt in Schlesien am Striegauer - Wasser.

Etwa 57 km westlich von Breslau gelegen. Vor dem Krieg ca.14200 Einwohner. Gotische Kirche aus dem 14.Jh. Wirtschaft: Steinbrüche, Maschinen, Papier, Textilindustrie, KZ: Groß Rosen

*Entnommen Bertelsmann Lexikon-Verlag, Gütersloh

Ich war fest eingeschlafen, hatte gar nichts mehr mitbekommen, als mich Tante Else streichelnd mit liebevollen Worten weckte. Draußen war es dunkel, wir standen in irgendeinem Hof, eine freundliche Frau mit schlesischem Dialekt, Kerzenlicht und ein hergerichtetes eigenes Bett, das war alles, was ich wahrnahm, bevor ich in Tiefschlaf fiel.
Wir waren bei Frau Weis gelandet, welche unser Mietshaus in Striegau betreute. Ihr Mann ein selbständiger Brunnenbauer war vermisst, sein alter Vater führte inzwischen den Betrieb weiter.
Das Zweifamilienhaus, in dem wir uns nun aufhielten, befand sich in einer kleinen Seitenstraße. Von hinten zugewachsen und versteckt, durch den großen Biergarten unseres Hauses.
Vater war zum Glück, in der Dunkelheit, erst zu der Hausmeisterin gefahren um nach irgendeinem freien Quartier zu fragen. Dabei stellte sich heraus, dass unser eigenes Gebäude durch Straßenkämpfe an der Hauptstraße, nicht nur beschädigt, sondern sogar unbewohnbar war! Bei Frau Weis dagegen stand zum Glück, eine leere Wohnung zur Verfügung. Die vorher dort lebende Familie war nicht nur geflohen, sondern hatte auch die Möbel da gelassen, sodass wir gleich, in eingerichteten Räumen unterkamen!
In den nächsten Tagen plagte mich Übelkeit, Erbrechen und Kopfschmerzen, vermutlich eine Abgasvergiftung. Die Tante versuchte mir Tee oder Suppe einzuflößen, denn Milch war nicht zu bekommen, Papi saß immer wieder an meinem Bett und erzählte Geschichten. Doch nichts half, apathisch vor mich hin dösend verweigerte ich das Essen, wollte nur noch schlafen. Weil man aber zurzeit, weder einen Arzt noch irgendwelche Medikamente auftreiben konnte, machten sich alle große Sorgen!
Endlich, etwa nach einer Woche, die Sonne schien ins Zimmer, bemerkte ich, wie immer wieder zwei Kinder interessiert zum Fenster herein grinsten. Sonnenschein nebst Neugierde förderten deshalb schneller die Genesung! So lernte ich alsbald "Franz" und "Liesl" Weis, beide etwa in meinem Alter, nebst ihrem Großvater kennen.
"Opa Weis", wie ihn alle nannten, war ein netter alter Handwerker. Von seiner Werkstatt wollte er nicht weg, seine Meinung war: *"Wer auch immer hier das Sagen hat, egal, Brunnen werden immer gebraucht!"*
Zu dem Haus gehörte ein großer gepflasterter Hof, unser Spielplatz, den wir nicht verlassen durften. Angefüllt mit Stangen, zugesägten Stämmen, Werk-

zeugschuppen, einem Amboss mit überdachter Esse und einer Wellblechgarage, in welcher wir unter altem Gerümpel unseren DKW versteckt hatten.
Alles gruppierte sich um eine freie Fläche, wo auf einigen Arbeitsböcken mit Krampen befestigt, zwei dicke ausgebohrte, geschälte Baumstämme, ruhten. Späne bedeckten den ganzen Boden, denn diese Holzrohre waren gerade in Arbeit.
Von den Weis-Kindern konnte man lernen, dass es sich hier um prima Turngeräte handelte, leider bemerkten sie wiederum schnell, die mir fehlende Geschicklichkeit. Erstens musste ich wegen meiner Knickfüße immer hohe Schnürstiefel tragen, während sie meist barfuß liefen. Zweitens konnten sie, durch lange Übung geschult, wie die Seiltänzer über die Stämme laufen! Mindestens einmal muss es vorher jedoch daneben gegangen sein, was Karls Gipsarm bewies! So versuchte ich wenigstens sitzend die Hindernisse zu überwinden, was mir regelmäßig zerrissene Hosen, Gelächter und Spreißel im Hintern einbrachte.
Zwei, drei Wochen nach unserer Ankunft, als Vater wieder einmal unser Haus inspizierte, durfte ich mit. Durch die hinteren Büsche ging es in den Biergarten, vorsichtig näherten wir uns dem Gebäude, von Weitem sah man schon, auf dem Hof verstreut, allerlei Hausrat, Stofffetzen, Scherben, Holz und Steine liegen. Die meisten Fenster waren zerborsten, Vorhänge bewegten sich gespenstisch und lautlos im Wind. Unheimliche Stille, niemand war zu sehen, kein freundlicher Wirt begrüßte uns. Was für ein Unterschied zum ersten Besuch vor einigen Jahren!
Die Schritte knirschten quietschend, als wir schleichend die große Toreinfahrt betraten. Durch das schräg in den Angeln hängende Tor konnte man einen Blick auf die Straße werfen, dort allerdings sah es sehr schlimm aus!
Vor dem Haus hatte man, aus Balken, Brettern, Türen, Tischen und sogar einem großen Kochherd, eine teilweise wieder zusammengefallene Panzersperre errichtet. Links von uns waren die meisten Häuser ausgebrannt, Steinbrocken und tausend andere Dinge lagen verstreut auf der Straße herum. Weiter unten, wo damals die Frau dem Gefangenen Wasser gegeben hatte, stand ein abgeschlossener russischer Panzer, das Geschützrohr noch immer drohend auf die andere Flussseite gerichtet.
Vorsichtig nach allen Seiten Ausschau haltend, gingen wir über die Straße bis zur Flussmauer. Von dort aus konnten wir die Schäden an unserem Haus genau betrachten. Im ersten Stock, in der Mitte der Außenwand, zwischen zwei Fenstern, klaffte ein etwa zwei Meter großes Einschlagloch, sonst jedoch schien, bis auf die zerstörten Fensterscheiben, alles in Ordnung zu sein. Unbeschädigt wirkte auch, das Nebengebäude mit den verschlossenen Läden.
Zu sehen war kein Mensch, so zogen wir uns schnell zurück in die Einfahrt, um von dort aus, durch eine zerbrochene Tür, in das linke Treppenhaus zu gelangen.

Hier zog es fürchterlich, außerdem lagen Trümmer herum, Eisenstücke, Glas, Holz, Töpfe, Teile des Geländers, alles war mit einer dicken Schicht aus Sand und Staub bedeckt. Ein Blick nach oben ließ die Ursache schnell erkennen, die Innenwand des oberen Flures war teilweise eingestürzt. Die große Steintreppe bestand auf einigen Metern nur noch zur Hälfte, von dem Geländer fehlte noch ein größeres Stück, wobei die meisten Wohnungstüren offen standen. Der Schaden stammte von einer Granate, welche scheinbar durch einige Mauern geflogen war, um dann im Treppenhaus zu detonieren!
Papi sagte: *"Du wartest hier"*, während er vorsichtig bis zu der zerstörten Stelle kletterte. Das wollte mir gar nicht gefallen, vor Angst fing ich an zu zetern, bis er endlich wieder umkehrte und meinte: *"Ja ja, schon gut, dort oben geht es nicht weiter, es ist zu gefährlich, eventuell stürzt die Treppe ein?! Wir werden es ein anderes Mal mit einer Leiter versuchen!"*
Daraufhin verließen wir den ungastlichen Ort und gingen weiter durch den Garten um die Kegelbahn zu inspizieren.
"O weh", in dem langen Bau, war alles zerschlagen, Gartenstühle, Tische, Kegel und allerlei Unrat bildeten ein wüstes Durcheinander, außerdem stank es entsetzlich. Mich ekelte es, Vater würgte: *"Hier haben die Schweine alles vollgekackt, Pfui Deibel noch mal!"* Mit zugehaltener Nase stöberte er noch etwas herum, bis wir endlich durch die Büsche wieder zur Wohnung zurückkehrten.
Diese ersten Wochen in Striegau genoss ich sehr, keine Schule, nur ab und zu ein paar Hausaufgaben, nette Spielkameraden und jeden Tag etwas Neues zu entdecken. Abends erzählte Papi selbst erfundene Geistergeschichten, da saßen wir alle zusammen am Küchentisch beim Kerzenschein, denn Strom gab es schon lange nicht mehr. Frieren brauchten wir jedoch nicht, Heizmaterial wie Holzstücke oder Späne lagen ausreichend, als Abfallprodukt auf dem Hof herum. Leichtes Hungern waren wir schon gewöhnt, meistens gab es in der Früh Malzkaffee (aus gerösteten Gersten-Malz), selbstgebackenes Brot mit Marmelade. Mittags dann Wassersuppe mit Kartoffeln oder Rüben, verfeinert durch Zutaten aus dem Garten, manchmal mit einigen Fettaugen oder selten etwas eingewecktes Fleisch und abends Hagebutten-Tee, dazu Brot, gelegentlich mit etwas Schmalz.
Essen war für mich sowieso Nebensache, lieber hungern, bevor fettes, sehniges oder zerriges Fleisch meinen heiklen Gaumen erreichte. Unter Zwang gestellt, übergab ich mich oder schob alles in die Backen, um es später auszuspucken.
Im großen Ganzen, waren wir Kinder fast glücklich, nur die Erwachsenen vermissten schmerzlich ihren verlorenen Besitz, lebten in ständiger Angst vor Russen, Plünderern oder wieder aufflammenden Kampfhandlungen. Jeden Abend wurden Fenster und Türen im Innenbereich mit Brettern und gekreuzten an der Mauer abgestützten Balken verrammelt, der verbarrikadierte Außenbereich des Hauses, glich auch am Tage einer immer geschlossenen Festung.

Wochen vergingen, es war Frühling, wir tobten überall herum, spielten Verstecken oder Räuber und Gendarmen. Schon kannte ich die nähere Umgebung des Grundstückes wie meine Hosentasche, als eines Tages, ein etwas älterer Junge zu uns stieß, dessen Namen ich nicht mehr weiß.
"Kommts mit, i kenn en Platz dawo en toter Russki liegt, den schau mer uns an" eröffnete er uns sein Geheimnis! Nachdem wir die Mädchen verjagt hatten, musste dass natürlich sofort erkundet werden. Vorsichtig vom Schuppendach in den leeren Hof blickend, wussten wir, dass uns die nächste Zeit niemand vermissen würde! Erst taten wir noch so, als wenn wir irgendetwas spielen würden, dann setzten wir uns langsam in der angegebenen Richtung ab.
Durch verschiedene Gärten vorbei an teilweise zerstörten Lauben huschend, weiter durch Gestrüpp und hohes Gras, dass hier teilweise Mienen liegen könnten, wussten oder bemerkten wir "Gott sei Dank" nicht.
Nach einem weiteren Stück ging es durch einen Zaun, dessen Latten nur oben angenagelt waren, wodurch sie bei Bedarf einen sonst unsichtbaren Durchgang freigaben.
Auf dem Bauch krochen wir in den Furchen eines Kartoffelackers weiter, da verpestete süßlicher, ekelerregender Gestank die Luft. Plötzlich rief jemand *"Halt ihr Knirpse, was wollts denn hier, hauts ab, das ist unser Revier!"* Vorsichtig den Kopf hebend, konnte man, einen größeren Jungen erkennen, der auf einer Kiste saß und eine Zigarette rauchte. Etwas weiter links von ihm, lag ein lebloser runder Körper prall mit einer erdfarbenen Uniform bekleidet, dessen Kopf aber nicht zu sehen war!
"Ihr könnts mal ziehen, aba dann hauts ab und haltet ja's Maul, sonst setzt's was!" - "Dass hier isch unser Russki ihr Hunde", quakte die Stimme eines anderen, den man nicht sehen konnte.
Eine beißend stinkende lange Zigarette aus Zeitungspapier wurde herumgereicht, eine Seite total glitschig, nass und bekatscht. Keiner wollte ein Feigling sein jeder zog daran, worauf nicht nur ich mich hustend, beinah übergeben hätte.
"Bindet eich die Hosen zu Scheißer, Abmarsch, sonst machen wir eich Bene" ertönte es lachend. Schnell drehten wir uns, um zu verschwinden, zurückblickend konnte man sehen, wie gerade einer von ihnen, dem toten Russen in der Tasche kramte, vermutlich um sich eine neue Zigarette zu drehen!
Murrend machten wir uns auf den Heimweg, jedoch nicht ohne zu schwören, ein anderes Mal alleine den grässlichen Fund zu untersuchen, doch dazu sollte es zum Glück nicht mehr kommen!

*

Tage später, irgendetwas lag in der Luft, die Erwachsenen standen oft zusammen und redeten heftig, aufgeregt, bis es irgendwann damit endete, dass sich alle in den Armen lagen und weinten. Vater erklärte mir, dass der Krieg jetzt aus sei, wir Deutschen aber verloren hätten!

Einerseits waren alle erleichtert, andrerseits wusste keiner, wie es nun weiter gehen sollte? Alle Bewohner saßen im Hof zusammen, auch einige Fremde kamen von irgendwo, hitzige Diskussionen erschallten bis in die späte Nacht hinein.

Nun war es da: "Das Ende Deutschlands - der Führer tot - die Kapitulation!" Die meisten Männer vermisst gefallen oder in Gefangenschaft, viele Städte zerstört, die Heimat von feindlichen Soldaten besetzt. *"Was wird jetzt aus uns, was sollen wir nun tun?"* lautete fortan die bange Frage!!

Mein Vater würde nicht Henry Gerhard geheißen haben, wenn er als Unternehmer nicht unter den Ersten sein wollte, die selbst unter diesen Umständen noch etwas unternahmen! Es hielt ihn nicht länger in Striegau, er wollte unbedingt sehen, was mit unserem Besitz in Breslau geschehen war.

Mit Hilfe von Opa Weis bastelten sie aus mehreren Teilen ein zwar unansehnliches, aber funktionstüchtiges Fahrrad zusammen. Eine alte Decke, ein alter Rucksack mit etwas Nahrung und den wichtigsten Utensilien, kam auf den Gepäckträger. Vater selbst verwandelte sich in einen französischen Fremdarbeiter auf dem Weg zurück in die Heimat.

Angetan mit einem alten schwarzen Anzug, die aufgenähte blau- weiß- rote Trikolore am Revers, schlecht rasiert und als krönenden Abschluss eine Baskenmütze, auf das allerdings leider blond gelockte Haar gedrückt.

Diese Verkleidung gab ihm einen verwegenen Ausdruck, an welchen er die Hoffnung knüpfte, unter Verwendung seines Sprachschatzes von zwanzig Worten Französisch, den Russen einen echten Franzosen vorspielen zu können! Zum Abschied gab es noch wichtige Anweisungen, Ermahnungen sowie etliche Ratschläge, danach drückte er uns tröstend zum Abschied und verschwand wie ein Schatten, in der heraufziehenden Nacht!

*

Breslau*, 1945 Zentrum der erbittert geführten Endkämpfe in Schlesien. Am 21.1.45 erreichten die Sowjets die Oder nördlich und südlich von Breslau. Am 8.2 begann die 6.Armee von Norden, die 5.Garde-Armee von Süden mit der Einkesselung der Stadt, die am 15.2 beendet war. In der Festung verteidigten sich die deutschen Truppen mit nur 200 Geschützen sowie 7 Panzern bis zur Kapitulation am 6.5.45. Die Stadt wurde zu 68% zerstört.

*Teile entnommen aus: Der zweite Weltkrieg - John Jahn Verlag Hamburg

Die russische Armee, welche sich zuerst an den wichtigsten Hauptstraßen und Kreuzungen in Striegau festsetzte, schoss im Anfang auf alles, was sich bewegte. Dann besetzten sie Kasernen, Versorgungsanlagen sowie intakte größere Gebäude. In den Nebenstraßen ließen sich die Besatzer, zumindest alleine, außer bei Patrouillenfahrten nicht sehen, deshalb spielte sich das Leben der deutschen Bevölkerung hauptsächlich hier ab.
Als erstes hingen innerhalb kürzester Zeit, Plakate mit der Aufschrift „Ausgangssperre" herum. Ab 18 Uhr glaube ich, durfte niemand mehr auf der Straße sein, wer später noch unterwegs war, wurde verhaftet oder womöglich erschossen! Schüsse, Schreie und lautes trunkenes Grölen, hörte man immer ängstlicher werdend, fast jede Nacht!
Bei uns ging inzwischen der sogenannte Alltag, der Versuch möglichst unbeschädigt zu überleben, weiter.
Natürlich wollte sich keiner, bei irgendetwas oder irgendwo erwischen lassen! Weder von Russen, den neuen Besatzern, deren Reaktionen oder Verhalten niemand einschätzen konnte! Jedoch erst recht nicht, von freigelassenen Fremdarbeitern, Gefangenen, Zuchthäuslern, Sträflingen oder anderen, welche teilweise plündernd durch die Gegend zogen und bei denen ein Menschenleben wenig, ein deutsches schon gar nichts galt!
In dieser gesetzlosen Zeit hausten die Einwohner unter ständiger Angst, in verbarrikadierten Häusern, Ruinen, Baracken, Gartenhäusern, Schuppen oder Kellern, wie Tiere in ihren Höhlen.
Trotzdem hieß das, vor allem für die Frauen und Mütter, ständig irgendwie dafür zu sorgen, dass die Kinder und Alten am Leben blieben. Also war ständig etwas zum Essen, Trinken, Rauchen, Heizen oder Anziehen zu besorgen, zu tauschen gegen Sachen, die man besaß. Zigaretten, Schnaps oder Schmuck, waren die einzigen Währungen, für die man zu dieser Zeit noch etwas organisieren konnte. Die noch gültige deutsche Reichsmark wollte verständlicherweise, keiner mehr haben!
Manchmal fanden sich ein paar Gläser mit eingemachtem Gemüse, Obst, Fett oder irgendetwas anderes zum Essen beziehungsweise Trinken, in den Kellern von verlassenen oder zerstörten Häusern. Wer Glück hatte, besaß oder wusste

einen herrenlosen Garten oder ein Feld mit ein paar Rüben, Kartoffeln oder irgendetwas Essbarem. Keiner war mehr wählerisch nach acht vorangegangenen Kriegsjahren.
Wie die Mäuse huschte man möglichst schnell über Nebenstraßen, Hinterhöfe oder durch Ruinen zu seinem Ziel, ohne sich unnötig lange im Freien aufzuhalten. Das meiste tat man sowieso am Tage, denn Strom oder Wasser gab es schon lange nicht mehr, wer Glück hatte wie wir, besaß wenigstens Wasser aus der Gartenpumpe sowie Holz zum Heizen oder Kochen.
Nachdem mein Vater weg war, ließ bei mir der ständige Druck, verursacht durch Befehl und Gehorsam etwas nach. Mit der Tante verstand ich mich gut, besondere Schularbeiten, die er sich sonst immer ausdachte, wurden jedenfalls wesentlich leichter.
Auch das gab es, plötzlich war frisches duftendes Brot da, es schmeckte herrlich, viel besser als die alten trockenen, schlecht gewürzten in Abständen selbstgebackenen Laibe! Und eines Tages besuchten wir ihn, den polnischen Bäcker, der seine Backstube ganz in unserer Nähe auf einem Hinterhof betrieb.
Die Einheimischen, kannten ihn, der frühere Gehilfe oder Fremdarbeiter, hatte jetzt die Bäckerei seines Chefs übernommen. Der eigentliche Inhaber war längst als Soldat vermisst, die übrige Familie irgendwohin geflohen.
Durch seinen Status als ehemals gefangener Pole bekam er sein Material auf unbekannten Wegen wohl auch von den Russen, wie das lief, wusste aber keiner genau!
Ein freundlicher kleiner rundlicher Mann, mit breitem fleischigem Gesicht, war er, dessen verschmitzte Schweinsäuglein, stets wohlgefällig die üppigen Formen der Tante betrachteten.
"So Bubele könnt ja schon gut an Gehilfen brauchen, mechst mer wohl a bisserl helfen, na werds immer a Brot haben?!", meinte er mit freundlichem Grinsen.
So kam ich zu einer kurzen "Bäckerausbildung", unser Haus zu Brot und er zu ständigen Flirts mit Else!
Täglich beim Morgengrauen huschte ich über ein paar Hinterhöfe zu der Backstube, wo einige kleine und größere Arbeiten auf mich warteten.
Da war Holz für den Ofen zu holen, Wasser zu pumpen und vom Garten rein zu schleppen, beim Kneten zu helfen oder aufzukehren. Außer mir halfen noch ein paar Frauen, meistens waren wir zu viert.
Schnell lernte ich, wie wertvoll Mehl sein kann! Reste auf der Kehrschaufel zum Beispiel wurden nicht etwa weggeworfen, sondern nur von Besenhaaren, grobem Schmutz oder schwarzen Käfern getrennt. Dann, auch wenn etwas grau, wanderte, das so Gewonnene wieder in die Mehltruhe. Diese, wie eine Schatztruhe bewachte große Kiste, wurde jeden Mittag zur Vorsicht, zusätzlich mit einem großen Vorhangschloss gesichert.

Meine liebste Tätigkeit war jedoch, die frischen Laibe mit Gabelstichen zu entlüften oder denselben, mit einem Wasserpinsel den letzten Glanz zu verschaffen. Einen Laden hatten wir nicht, die fertigen Brote schob man einfach in Regale, wo sie nicht lange lagen, denn kaum waren ein paar fertig, verschwanden sie, versteckt unter der Kleidung des Kunden, blitzschnell durch die Hintertür. Bezahlt wurde nur in Sachwerten, die der Meister, wie er sich gerne nennen ließ, selbst begutachtete.

Das Ganze lief eine ganze Weile recht gut, bis eines Morgens die Bäckerei plötzlich zu, unser Pole verschwunden war! Von den Russen verhaftet hieß es, warum wusste niemand, das Haus blieb verschlossen, ihn sah man nie wieder.

Wir Kinder hatten unsere täglichen Aufgaben, wie Hof und Haus kehren, Holz stapeln oder Wäsche aufhängen, doch durch die nun lockere Führung bei mir zu Hause, konnte ich mehr Zeit als sonst, für abenteuerliche Erkundungen verwenden.

Am liebsten inspizierten wir unser demoliertes Haus, die halb zerstörte Treppe war längst kein Hindernis mehr, deshalb wurden jetzt sämtliche Räume durchstöbert. Nachdem die Wohnungen erst ein paar Monate vorher meist fluchtartig verlassen wurden, gab es hier ein schier unerschöpfliches Reservoir der unglaublichsten Dinge zu sehen, mit denen man sich gelegentlich sogar nützlich machen konnte. So fanden wir zum Beispiel in einem Kinderzimmer ein großes Puppenhaus, mit einem richtigen Herd und kleinen Töpfen. Schon war der Gedanke geboren, alte Wachsstummel zu schmelzen und daraus neue Kerzen zu fertigen! Handelte es sich hierbei doch um einen wichtigen Mangelartikel, zumal alle Bewohner, nach Einbruch der Dämmerung, nur bei Kerzenlicht irgendetwas tun konnten. Das zerstörte Elektrizitätswerk nebst defektem Leitungsnetz würde sicher in nächster Zeit noch keinen Strom liefern.

Zuerst schmolz ich alle Wachs- oder Kerzenreste, deren wir habhaft werden konnten in einem größeren Topf. Bastelte dann aus Einbänden alter Schulhefte etliche, zugebundene Röhren, in deren Mitte ein Wollfaden zwischen Bodenstück und einem kleinen Stöckchen gespannt wurde. Als nächstes, füllte ich, mit einer kleinen Kanne aus der Puppenküche, flüssiges Wachs in die Röhre. Nach leichtem Abkühlen wurde die Pappe aufgerollt das Innere etwas versäubert und fertig war, eine schmutziggraue Kerze!

Die Dinger brannten nicht besonders, weil der Docht aus dem falschen Material war, doch erfüllten sie halbwegs ihren Zweck. Ja fanden sogar reißenden Absatz, sodass ich mit etwas Übertreibung, von einer ersten Serienproduktion sprechen könnte.

Opa Weis war mir so dankbar, dass er mir einen kleinen Panzer bastelte, um den mich die anderen beneideten.

In den Rand einer einfachen leeren hölzernen Zwirnrolle wurden Kerben geschnitzt und eine glatte Seite mit Wachs beträufelt. Dann schlug er in die andere

einen kleinen Nagel ein, an dem ein Gummiring hing, welchen er vorher durch das Loch geführt hatte. Letztlich wurde ein bleistiftgroßes Stöckchen durch das andere Ende gesteckt, fertig! Wenn man nun mit dem Stift den Gummi aufzog, danach, das Gefährt auf den Boden setzte, kletterte es eine Weile über ganz beachtliche Steigungen!
Bestens verstand ich mich mit den anderen Kindern, beachteten sie doch meine Vorrangstellung, beim Besuch unseres Hauses. Stets war ich der Anführer unserer kleinen Bande, die mittlerweile aus drei Buben und der Liesl Weis bestand, welche mich sowieso verehrte. Mittlerweile wussten alle, um neue Einfälle, vor allem während seines Vaters Abwesenheit, war der Lothar nie verlegen.
An einen schönen warmen Sommertag erinnere ich mich besonders gut, diesmal waren nur wir drei Jungen auf Tour um Neuland zu entdecken.
Vom obersten Stockwerk führte nochmals eine schmale Treppe in den Speicher, ein großer Raum mit Wäscheleinen durchzogen. Fünf halbhohe, jetzt zerborstene Fenster, gaben den Blick weit über den Fluss auf das andere Ufer frei und nach unten auf die Straße, direkt vor die Panzersperre.
Eigentlich war hier oben nichts Außergewöhnliches zu entdecken, wenn nicht einer von uns, über eine lange zusammengerollte verstaubte Tuchrolle gestolpert wäre, welche unser Interesse erregte. Beim näheren Hinsehen entpuppte sie sich, als große Hakenkreuzfahne für den Hausschmuck. Befestigt an einer dicken, etwa fünf Meter langen Holzstange. Oben verziert mit einer schön gedrechselten, goldglänzenden Spitze. Sofort kam der Gedanke auf, dieses Ding durchs Fenster nach unten zu werfen, das müsste doch ein toller Spaß sein.
Gesagt getan, wir schleppten die aufgerollte Fahne zum Fenster, ich legte die Spitze auf den Fensterrahmen, meine Freunde wollten gerade weiterschieben, da sah ich ihn kommen, weiter vorn, einen einzelnen Erdbraunen! *"Halt, halt wartet, da kommt ein Russki, den verjagen wir!"* rief ich, und als er unter uns war: *"jeeetzt"*!!
Wir schufteten, knirschend rutschte die Stange immer schneller werdend durch das Fenster, rotes Tuch flatterte ein letztes Mal im freien Fall, dann zersplitterte der Schaft krachend auf der Straße. - - Peng - --
Wir blickten durchs Fenster, den Russen hatten wir zum Glück verfehlt, doch sicherlich hatten wir ihm den Schrecken seines Lebens eingejagt!
Er lief wie ein Hase, im Zickzack-Kurs, die Straße hinauf, um dann an der nächsten Ecke unseren Blicken zu entschwinden.
Fröhlich lachend stießen wir uns gegenseitig an, hüpften auf dem Speicher herum, bis einer meinte, der Russe könnte eventuell mit anderen wiederkommen, um die Missetäter zu suchen! Das leuchtete ein, blitzschnell waren wir unten, raus aus dem Haus und flugs saßen wir, hoch oben in den Kastanienbäumen des Biergartens, unserem Lieblingsversteck.

Es dauerte wirklich nicht lange, da hörte man Motorengeräusch, Bremsen quietschen, Klappern, Kommandos und schon kam ein ganzer Haufen sowjetischer Soldaten. Sich gegenseitig sichernd, durchforsteten sie das Haus, von oben bis unten.
Nicht auszudenken, was mit uns Kindern passiert wäre, wenn man uns erwischt hätte! Doch so gaben sich die Soldaten nach längerem Suchen zufrieden, brachen das Tor auf, fuhren rückwärts mit einem Lastwagen in die Einfahrt und trugen danach, alles, was nicht niet- und nagelfest war, aus dem Haus! Nach etwa einer Stunde nebst einem weiteren Lastwagen war alles ausgeplündert! Laut debattierend verschwand die Horde wie ein Spuk, ohne den Garten auch nur durchsucht zu haben!
Mit weichen Knien, ganz leise, kletterten wir etwas später aus unserem Versteck: *"Keiner verrät es, großes Ehrenwort",* war das letzte geflüsterte Versprechen, bevor ein jeder zusah, möglichst schnell nach Hause zukommen.
Mein Glück, das Vater nicht zu Hause war, er hätte sicher etwas bemerkt und mir eine anständige Tracht Prügel verpasst.
Wenn man bedenkt: Die Russen hätten ja nur in den hinteren Teil des Gartens kommen müssen, dann hätten sie den Durchgang zum "Haus Weis" gefunden. Plünderung, Vergewaltigungen einschließlich Verhaftungen wären sicher damit einhergegangen.
Noch heute lässt mich diese Vorstellung erschauern, womöglich gäbe es unsere ganze Familie nicht mehr, oder ich könnte dieses Buch womöglich nur auf Russisch schreiben!

Vaters Erzählungen, nach seiner Rückkehr:

Nur auf Feld- oder Waldwegen und das meistens nachts wanderte bzw. radelte er Richtung Breslau. Tagsüber wurde versteckt in Scheunen oder Ställen mit mehreren Ausgängen geschlafen, um schnell verschwinden zu können, falls bei den dazugehörigen Häusern plötzlich Gesindel oder fremde Soldaten auftauchen sollten. Wasser gab's aus Pumpen oder Bächen, Nahrung fand er in verlassenen Bauernhöfen, wo oft genug auch zurückgelassenes Vieh herumlief. In einigen Tagesmärschen überwand er so, die ca. 50 km nach Breslau! Zweimal geriet er trotzdem ungewollt, in russische Straßenkontrollen und gab sich als freigelassenen, französischen Fremdarbeiter aus! Mit breitem Grinsen, fuchtelnden Armen und lautem Schreien, die eigene Angst übertönend, rief er schon von Weitem seine eingeübten Sätze: *"Bonjour mon ami, - toutes mes félicitation, - bon chance, - victoire - victoire, - Paris - Paris! - Aurevoir mon ami!"* Der Bluff gelang, die russischen Posten winkten, ließen ihn lachend passieren!

Die einst blühende Metropole "Breslau" bot dagegen ein schreckliches Bild, im Zentrum, der vom Krieg zerstörten sowie durch Straßenkämpfe geschundenen Stadt, stand kein unbeschädigtes Haus mehr.
Nur unter größten Schwierigkeiten fand Vater zwischen Ruinen und verschütteten Straßen, die Häuserreste der ehemaligen Geschäfte wieder. Bis auf ein paar Mauern und einen ausgebrannten Flügel des Hauptbetriebes lag alles in Schutt und Asche! Wehmütig zog er weiter, in die etwas weniger zerstörten Außenbezirke, um unsere Wohnung zu suchen. Doch wie eine Zahnlücke, fehlte in der Häuserzeile am Südpark ein einziges Haus, genau das Unsere! Traurig stand er davor, blickte nach oben und stutzte, hing dort an der Wand wie zum Hohn, doch wirklich unser großer Kühlschrank!! (KS. wurden damals an der Wand befestigt!).
Einige Stadtteile weiter, fand er dann doch noch in einem Ruinenkeller, Tante Elses Schwester Klara mit ihrem Sohn, welche auf den im Krieg vermissten Mann bzw. Vater warteten! Ihnen gab Papi unsere Adresse, damit sie sich nach Striegau durchschlagen konnten, was sie später auch taten. Er selbst suchte weiter vergeblich nach Freunden und Bekannten, bevor es wieder zurückging.
Sein Trick brachte ihn abermals durch die ersten Straßensperren, bis dann bei der vierten ein echter Franzose stand, der den Schwindel merkte! Nach einem barschen Wortwechsel wurde er verprügelt, ausgeraubt und ins Spritzenhaus gesperrt, wo sich schon fünf andere, teils in Zivil gekleidete deutsche Soldaten befanden.
Drei Tage verbrachten sie dort, bekamen sogar Wasser, Brot und eine undefinierbare Rüben-Knoblauch-Bohnensuppe, wahrscheinlich Borschtsch. Geschlafen wurde auf Feuerwehrschläuchen, mit denen sie sich mittels Balken, passable Schlafstellen gebaut hatten.
Am vierten Abend erschienen einige bis an die Zähne bewaffnete Russen, welche sie, mit unmissverständlichem Winken ihrer Kalaschnikows aufforderten, einen Armeelastwagen zu besteigen, auf welchem sich bereits weitere Gefangene befanden. Das Verdeck wurde geschlossen, Finsternis umgab sie, die Fahrt ins Ungewisse begann.
Apathisch, dem Schicksal ergeben, döste man vor sich hin, während der Laster holpernd durch die Nacht fuhr.
Einige Stunden mögen so vergangen sein, Abgase, Staub und Kälte drang durch die Ritzen des Verdecks, als plötzlich angehalten wurde. Grölende Stimmen, Gelächter, Rufe auf Russisch, verhießen nichts Gutes und ließen die Männer angespannt verharren. Durch einen Riss der Plane konnten sie einen aufgebrochenen Lagerschuppen sehen, vor dem eine Horde Russen um ein Feuer saßen und irgendwelchen Alkohol aus Flaschen mit abgeschlagenen Hälsen tranken! Der Motor wurde abgestellt, ein Wortwechsel mit den Fahrern begann, schein-

bar kannten sich die Soldaten, weshalb einer versuchte sie ans Feuer zu locken, was auch nach einigem Hin und Her gelang!
Angst überkam die Gefangenen, denn entweder sangen die Russen irgendwelche Kampflieder, oder sie schossen auf herumstehende Flaschen.
So vergingen einige Stunden, nach denen sich der Fahrer scheinbar aufmachen wollte, um seine total betrunkenen Kameraden zu holen. Denen gefiel es jedoch offensichtlich am Feuer besser, sie umarmten ihren Genossen, zogen ihn an ihre Seite, um ihm grölend Schnaps einzuflößen.
Nochmals verging Zeit, ein Teil der Soldaten war eingeschlafen, dass Feuer niedergebrannt, die Gefangenen wurden unruhig. Der Laster stand etwa zehn Meter vom Lagerplatz und vierhundert Meter vom Wald entfernt. Plötzlich fiel das Wort "Abhauen", ein Mutiger hatte den Schlitz im Verdeck schon vergrößert, während einige noch ängstlich debattierten, war der schon ins Freie geschlüpft! Vater nebst zwei ehemaligen Soldaten hielten sich ebenfalls nicht lange mit Vorreden auf, man vergrößerte schnell das Loch, ein mutiger Sprung, hart war der Boden, sie rannten um ihr Leben! Jeder in eine andere Richtung, Vater erreichte, mit jagendem Puls die schützende Dunkelheit, stolperte in den Wald, Äste, Zweige, Dornen zerrten an seinen Kleidern, Wurzeln brachten ihn zu Fall egal, nur weiter, weiter, weiter.
Er wusste nicht wie weit, als ihn die Kräfte verließen warf er sich total erschöpft ins Unterholz. Am Boden liegend, sich eingrabend, unter Büschen und Zweigen, "verkriechen", war sein letzter Gedanke vor einem halbwachen Erschöpfungsschlaf.
Längere Zeit verging, da in der Ferne Schüsse, Geschrei, das schreckte ihn auf, der Morgen graute, doch sie kamen nicht! Aus Furcht entdeckt zu werden, blieb er den ganzen Tag nahezu bewegungslos liegen, erst in der nächsten Nacht ging es weiter. Wobei man darauf achten musste, nicht im Kreis zu laufen, sondern die grobe Richtung "Heimat" einzuschlagen! Zum Glück gab es den Mond als Orientierung.
Irgendwann, kaum zu glauben, erreichte er unbehelligt, ein ihm dem Namen nach bekanntes Dorf, auf einer Nebenstraße nach Striegau. Dort fand sich sogar Wasser nebst etwas Essbaren. Nach weiteren Nachtmärschen gelangte er dann endlich, abgerissen, verwahrlost, hungrig aber glücklich wieder bei uns!
Tante Else freute sich sehr über Papis Rückkehr, für mich jedoch hieß es wieder, mehr rechnen oder lesen lernen und weniger Zeit zum herumzigeunern zu haben.
An einem schönen Sommertag, wir spielten gerade Räuber und Gendarm, tauchte plötzlich Mami (meine Mutter) mit einem Mann bei uns auf, einem Polen, wie ich später erfuhr.

Ich wurde gerufen und musste mich allein zu ihr, auf ein Brunnenrohr im Hof setzen. Sie fragte alles Mögliche, erzählte von Oma und Opa Larisch, wobei sie mich ständig an sich drückte oder küsste.
Der Fremde stand abwartend abseits, manchmal sagte er etwas auf Polnisch zu ihr, es wurde unbehaglich. Meine Spielkameraden äugten auch schon feixend herüber, und als mir der "Polski" auch noch über den Kopf strich, suchte ich schleunigst das Weite.
Etwas später rief mich Papi ins Haus, ging mit mir ins Schlafzimmer, wo ich mich neben ihn aufs Bett setzen musste. Mit ernstem Gesicht, wie ich es selten gesehen hatte, nahm er meine Hände. *"Lothar hör mir jetzt gut zu, Mami und ihr Bekannter wollen dich mit nach Hindenburg nehmen, entscheide selbst, ob du mitgehen, oder lieber bei uns bleiben willst?"*
"Hmm" gut gefragt, ich war gerade sieben Jahre alt und mir war überhaupt nicht bewusst, wie schicksalshaft für mich diese Antwort sein konnte!
Im entscheidenden Moment, hörte ich jedoch die Kinder *"Wo ist den der Lothar?"* fragen. Schlagartig wurde mir klar, dass ich in erster Linie jetzt weiter spielen wollte. Ich sagte ohne lange zu überlegen *"Hierbleiben"* und war schon an der Tür. Die freudige Erleichterung in Vaters Gesicht signalisierte mir, etwas Gutes getan zu haben, denn Mutters Tränen sah ich nicht.
Erst Jahrzehnte später wurde mir bewusst, wie anders mein Leben, mit der gegenteiligen Entscheidung, eventuell verlaufen wäre. Ich könnte heute Pole, bestenfalls Spätaussiedler, auch verschleppt, umgekommen oder irgendwo verschollen sein, alles wäre möglich!
Doch zurück zu Papi, er berichtete von meinem Entschluss, worauf sie selbst nochmals versuchte, mich weinend zu überzeugen. Aber meine Entscheidung stand fest, das Getue vor den anderen war mir sowieso schon peinlich.
Traurig zog Mami mit ihrem polnischen Freund von dannen, zwei, drei Stunden war sie bei uns gewesen. Was keiner ahnte, es sollten elf Jahre vergehen, bis wir uns wieder sahen!
Ein paar Tage später, Vater hielt es nicht mehr vor Ort, die Ungewissheit wie es weitergehen sollte zerrte an seinen Nerven. Auch mit der Familie Weis, den Hausbesitzern, gab es erste Reibereien wegen der Wohnung.
Bei den Russen wollten wir auf keinen Fall bleiben, von denen erwartete niemand etwas Gutes. Vaters Meinung nach konnte man nur bei den Amerikanern, die bis nach Sachsen vorgedrungen waren, wieder etwas aufbauen und besser leben!
Seit einigen Jahren hatte er Geschäftsbeziehungen mit einer Firma "Dämmich" in Wurzen (Sachsen) gepflegt und dort, in den letzten Kriegsmonaten, ein kleines Elektrolager angelegt mit Ware, welche uns gehörte.
Also zog er, trotz des Ausgehverbotes im Schutze der Nacht wieder los, um eine Transportmöglichkeit für uns, nebst der letzten Habe zu ergattern, außerdem in

Wurzen alles für die Umsiedlung vorzubereiten. Beim Abschied vereinbarten die beiden noch ein Erkennungswort, damit der eine wusste ob Nachricht oder Person wirklich vom anderen geschickt wurde, dann machte sich Vater zu Fuß auf den Weg ins Unbekannte.
Wir konnten inzwischen nur ausharren, bis irgendetwas geschah. Das allerdings ließ nicht lange auf sich warten, sah jedoch ganz anders aus, als wir es gedacht hatten!

*

Früh morgens "fünf Uhr", starkes Klopfen, Rütteln, an der verrammelten vorderen Eingangstür zur Straßenseite! *"Öffnen, öffnen sofort, Milicja, Milicja, aufmachen sofort!!"* Tönte es laut in gebrochenem Deutsch, die Stimmen wurden durch wuchtige Hiebe gegen die Tür unterstrichen, erstes Holz splitterte, Mörtel rieselte!
Wir schreckten hoch und zogen uns schnell etwas an, dann begannen wir die Balken wegzuzerren, welche als Einbruchsicherung dort verkeilt waren. Tante Else rief aufgeregt *"Ja, ja wir öffnen ja schon!"* - *"Öffnen, öffnen sofort, hier polnische Milicja"* brüllte es wieder von draußen, dann flog die Tür mit einem lauten Krachen gegen die Wand.
Drei oder vier Männer stürmten herein, schoben uns zur Seite und marschierten schnurstracks in unsere Wohnung, wo sie Schubladen heraus und Schränke aufrissen. Kleider, Bücher, alle möglichen Sachen flogen durch die Luft, ich war sprachlos, die Tante schlug die Hände vors Gesicht und weinte.
Während die grobschlächtigen, abgerissenen Männer weiter alles durchwühlten, erschien ein schlanker, großer polnischer Offizier im Türrahmen. Der olive Uniformrock mit Breecheshose, sauber gebügelt, Stiefel, Schulterriemen mit Koppel glänzten in mattem Schwarz, schräg auf dem dunklen Haar saß eine eckige Mütze. Vervollständigte so, das Bild eines etwas hochnäsigen aber gutaussehenden Mannes. Er ging auf Tante Else zu und sagte in gutem Deutsch. *"Bitte nicht weinen schöne Frau, kommen bitte mit zur Kommandantur, ihnen geschieht nichts, wenn mir alle Fragen beantworten"*, dabei schlug er sich ständig mit zusammengefalteten Handschuhen in die andere geöffnete Hand.
Er ging vor uns nach draußen, wo ein großer flacher Wagen stand, vor den zwei kräftige dunkle Pferde gespannt waren. Seine Männer waren inzwischen damit beschäftigt, scheinbar wahllos Möbel, Klamotten und andere Dinge zu verladen, die uns teilweise nicht einmal gehörten, doch irgendetwas schienen sie zu suchen.
"Sagen Sie mir, wo haben Geld, Gold, Schmuck versteckt?", ließ sich plötzlich der Offizier vernehmen. *"Wir haben doch nichts, wir haben doch nichts mehr"*

versicherte weinend die Tante. - - *"Gut dann alle mitkommen zur Kommandantur, dort wir werden weiter sehen!"*
Sprach's, nahm mich bei der Hand, versuchte sogar etwas Lustiges zu sagen, auch war er freundlich, sah gut aus und ohne es zu wollen, gefiel er mir sogar. Obwohl es ja seine Männer waren, die alles raubten oder zerschlugen, konnte ich ihn nicht hassen. Warum??
In der Zwischenzeit hatten die anderen unsere Habseligkeiten aufgeladen, da ein lauter Ruf, nun hatten sie auch noch unseren versteckten DKW gefunden! Weil der Motor nicht mehr ansprang, schoben sie den Lieferwagen auf die Straße und banden ihn hinten an das Fuhrwerk.
Auf *"Hüoäh"* zogen die Pferde an und die seltsame Prozession mit uns am Ende, setzte sich in Bewegung. Vorbei an zerstörten Häusern, Richtung Stadtmitte, Ziel war die sogenannte "Kommandantur".
Auf einem weiten Platz, ein großes weniger zerstörtes Haus, in dem ein ständiges Kommen und Gehen herrschte, auf den Gängen wimmelte es von Flüchtlingen, durch die sich Uniformierte fluchend einen Weg bahnten. Unser Pole, scheinbar etwas Besseres, denn er ging mit uns ein Stockwerk höher in ein ruhiges Büro. Verschüchtert standen wir in einer Ecke.
"Nun sagen mir endlich, wo Gold, Schmuck versteckt, wäre schade um schene Frau", redete er auf die immer noch schluchzende Else ein. *"Nicht weinen, sie gleich wieder frei, wenn mir sagen, wo ist, wenn nicht, ein Wort von mir und mitfahren bei Transport in Arbeitslager!"* Dabei zeigte er aus dem Fenster, unten am Hof konnte man einen offenen Lastwagen sehen, auf welchen ständig Frauen und Männer gestoßen wurden.
Später hörten wir von solchen Transporten die Menschen zur Zwangsarbeit brachten, viele wurden erschlagen oder verhungerten, nur wenige kehrten von dort zurück.
„Du draußen warten, bis dich rufen", sagte er auf einmal streng zu mir und schob mich hinaus auf eine Bank vor der Tür.
Fast eine Stunde verging, langsam kroch Angst in mir hoch, als endlich die Tante aufgelöst, zerzaust, mit rotem Gesicht auftauchte, mich wortlos bei der Hand nahm, um durch die verschiedenen Gänge, die verwüsteten Straßen, bis in unser leeres Haus zu eilen. Niemand erfuhr, mit welchem Einsatz sie, uns dort ohne Gold, rausgehauen hatte, aber man kann es sich denken!
In der Wohnung sah es fürchterlich aus, Hausrat, Wäsche, Socken, Bücher, Bilder, Briefe lagen teilweise zerrissen, zertreten achtlos am Boden verstreut. Als erstes begannen wir alles Brauchbare wieder einzusammeln, denn unser Besitz bestand jetzt nur noch aus Sachen, welche die Plünderer übriggelassen hatten. Außer was wir am Körper trugen, sowie geheim, einige Mäntel mit im Futter eingenähtem Schmuck, welche von den beiden gut versteckt unter Kohlen ver-

graben lagen! Else hatte, sehr, sehr mutig, diese allerletzten Reserven selbst unter Druck nicht verraten!
Frau Weis gingen wir von jetzt an aus dem Weg, denn scheinbar hatte sie uns an die Polen verraten, wohl um die eigene Haut zu retten, doch für wie lange mag das gelungen sein?
Aus verlassenen Nachbarhäusern schleppten wir Matratzen, Tisch, Stühle nebst einigem Hausrat zusammen, schliefen unter ein paar alten Decken und lebten so in ständiger Angst irgendwie weiter!
Etwa eine Woche verging, als plötzlich Schwester „Klara" mit ihrem Sohn, vor der Tür stand. Ein Flüchtlingswagen hatte sie mit einigen Koffern beim Gasthof abgeladen. Striegau, "Norddeutscher Hof" war vermutlich mit Vater irgendwann als Treffpunkt vereinbart worden.
Ihr Sohn Lothar, er hieß genauso wie ich, war ein Jahr älter und ein stiller, braver, strebsamer Knabe, was sich zu meinem Unmut, erst später herausstellte!
Klara Rathmann, mittelgroß, schlank mit blonder Gretchenfrisur, war die Älteste von Elses sieben Geschwistern und eine herzensgute, bescheidene, einfache, fleißige Frau, deren Mann in Russland vermisst wurde. Mit ihrem strohblonden Sohn jedenfalls konnten wir Kinder uns nicht anfreunden, weil er ständig unsere Streiche, verpetzte oder verriet!
Die Frauen fingen an, sich inzwischen große Sorgen zu machen, weil sie länger nichts von Vater gehört hatten. Spannung lag in der Luft, jeden Tag hofften wir, abgeholt zu werden. Alle verbliebenen Sachen waren verpackt, wir mussten nur noch das Kellerversteck räumen, dann konnte es losgehen. Besonders schön fand ich das Ganze nicht, verlangte doch Else von mir, dass ich in ständiger Rufweite bleiben musste.
Tage, Wochen vergingen, es wurde langsam Herbst, als eines Nachts mit lautem Motor ein Armeelaster direkt vor unserem Haus anhielt. Zitternd, den Geräuschen lauschend dachten wir erst, die Polen kommen wieder, um sich noch einmal zu bedienen.
Da klopfte es fünfmal hart an die Tür: *„Towarisch, gut Freund, kommen von Heiniri, dawei, dawei, schnell aufmachen, müssen mitkommen"*, russische Worte und das "Erkennungswort" fiel.
Mit klopfendem Herzen räumten wir schnell einige Balken weg, um die Tür einen kleinen Spalt zu öffnen, doch sie wurde von außen kräftig aufgedrückt. Im Schein der Petroleumlampe schob sich ein kleiner drahtiger, O-beiniger russischer Soldat herein. Mit verschmitzt lachendem, freundlichem Gesicht, das Schiffchen ins Genick geschoben, verbreitete er neben dem Licht aus einer großen Taschenlampe, starken Benzingeruch! Hielt sich jedoch nicht lange auf, ergriff den ersten Packen und lief hinaus um ihn auf die Ladefläche zuwerfen.

„Wassili" so hieß unser Russe, trieb zur Eile, sein Fahrer, saß in Bereitschaft hinterm Steuer eines großen Ami-Dreiachsers, wie ihn damals alle Besatzungstruppen besaßen.
Das hintere Drittel des Lasters war mit Kanistern vollgestellt, auf denen zusätzlich noch Ersatzräder und Planen lagen.
„Dawei, dawei, müssen weg hier, serr gefährlich für alle, müssen Wurzwen fahren, dawei!" Wassili feuerte uns an, er selbst kletterte auf den Wagen, nahm Gepäck entgegen um es einfach im hohen Bogen nach hinten zu werfen. Tante Else lief noch in den Keller um die verborgenen Mäntel mit den eingenähten Wertsachen zu holen, danach war sie wesentlich dicker denn nun hatte sie drei und ich zwei Mäntel an!
Kaum war das letzte Stück verstaut stand der Russe schon wieder unten, packte uns bei den Hüften, die Frauen lachend mit Mittelgriff am Hintern, um so alle auf den Wagen zu wuchten.
Die ganze Aktion hatte keine halbe Stunde gedauert, während wir uns noch unsicher auf die Ladefläche tasteten, wurde schon die Plane dichtgemacht, der Motor angelassen, schwankend begann die Reise ins Ungewisse.
Die ersten Kurven kamen, ich fiel von einer Seite auf die andere, hielt mich an den Kanistern fest und kroch langsam nach vorn. Dunkelheit, Gestank von Benzin, Staub und Abgasen umgab mich, mit gegenseitiger Hilfe erreichten wir endlich unser Gepäck. Tastend versuchten wir nun bei schlingernder Fahrt die Sachen etwas zu ordnen, um uns vorn bei der Fahrerkabine ein Lager einzurichten. Da, ein leiser Aufschrei, Worte, Rufe, erst jetzt stellten wir erschreckend fest, dass noch weitere Personen auf der Ladefläche kauerten. Wir versuchten also so gut es ging mehr in der Mitte zu bleiben und legten uns auf die Gepäckstücke.
Stunden vergingen, manchmal wurde an irgendwelchen Kontrollpunkten gestoppt, Scheinwerferlicht fiel durch die Ritzen, Angst kam auf, wir durften aber immer unbehelligt weiterfahren, scheinbar hatte unsere Besatzung die richtigen Papiere.
Trotz Angst, Gestank, Schmutz, Geschaukel und Finsternis war ich irgendwann eingeschlafen und wachte erst auf, als unser Laster hielt. Frische kalte Luft strömte herein, das Verdeck war offen, draußen war es dunkel, mit seiner Taschenlampe leuchtete Wassili herein. *„Alles karascho, raus kommen, raus kommen, vielleicht müssen kak, kak machen?"*
Wer weiß, woher er sein Deutsch hatte, es war jedenfalls ein sehr guter Einfall. Gehorsam schälte sich alles aus Decken und Mänteln, um über Koffer, Kisten, Ballen, Kanister und Bordwand endlich wieder einmal ins Freie zu gelangen.
Strecken, recken durchatmen, dann suchte sich jeder hastig einen Platz, nicht weit versteht sich, verlassen wollte sich niemand auf die Russen, womöglich würden sie auch ohne den einen oder anderen weiterfahren!

Erstmals sahen wir auch schattenhaft unsere drei Mitfahrerinnen, zwei ältere Frauen und ein scheues junges Mädchen, sie sprachen wenig, denn in dieser Zeit traute keiner dem anderen. Man war heilfroh selbst mitgenommen zu werden, keiner wollte weitersagen, wie er es geschafft hatte, hier dabei zu sein.
Nachdem alle wieder aufgesessen waren, Tante Else wurde als letzte hinauf gewuchtet, hatten die Russen noch einen lautstarken Wortwechsel. Unser stiller Fahrer tat scheinbar alles, was ihm Wassili befahl, Letzterer lachte immer noch meckernd, als er sich diesmal, seltsamerweise, selbst auf die Ladung schwang und die jetzt hochgezogene Plane offenließ.
Weiter, immer weiter ging die Fahrt, sie schien nicht enden zu wollen. Das Rütteln, Schütteln und die Dunkelheit wirkte einschläfernd.
Else, wohl irgendetwas ahnend zog mich an einer unbequemen Stelle näher zu sich, das war nicht angenehm, mir fehlte das Verständnis, denn unseren Russen fand ich recht sympathisch, vor allem, weil er immer Spaß mit uns machte.
Während der Fahrt saß er diesmal ganz hinten nahe der Ladeklappe, für mehrere Sekunden sah man immer wieder sein slawisches Gesicht im Schein der Zigarettenglut aufleuchten, wobei sich sein Körper wie ein Scherenschnitt gegen den Nachthimmel abhob. Manchmal sang er leise, fremdartige traurige Lieder, vor sich hin.
Ich erwachte durch seine näherkommende Stimme, flüsternd aber eindringlich hörte ich *„Elsa, Elsa du schene Frau komm, komm zu mirr!“* Sie zog mich ängstlich fester an sich und meinte ich sollte unbedingt bei ihr bleiben, was ich nicht verstand.
Rauch und Alkoholdunst verströmend kam Wassili langsam immer näher gekrochen, dabei lockte er mit leiser Stimme *„Elsa, Elsa komm, ich dir libben“*, - *„Leise, leise mein Kind schläft“*, antwortete sie mit belegter Stimme. Er antwortete noch etwas, als plötzlich unser Lastwagen scharf bremste, während der Motor abstarb, rief der Fahrer aufgeregte Worte nach hinten, woraufhin Wassili fluchend, wie von der Tarantel gestochen aufsprang, nach hinten stolperte und hinaus sprang, dabei warf er das Verdeck zu und verschloss es.
Anspannung lag in der Luft, wir verhielten uns still vor Angst, als unser Wagen endlich wieder weiter fuhr. Jedoch nicht lange, auf einmal, lautes Rufen, russische Worte, suchendes Licht fiel durch die Plane, man konnte harte fragende Wortfetzen hören, wie *„Kommandant, -- Dokument“*, schon versuchte jemand, das Verdeck zu öffnen.
Wir duckten uns noch tiefer hinter die Ladung, da hörten wir die laut schimpfende, fluchende Stimme Wassilis, kurz darauf heulte der Motor wieder auf und scharf ruckend setzten wir uns wieder in Bewegung.
Die Zeit verging, müde fiel ich in einen unruhigen Halbschlaf, immer wieder wachgerüttelt, durch die unruhige Fahrerei, es holperte, ächzte, krachte, schwankend suchte sich unser Laster seinen Weg durch die Nacht.

Irgendwann ging es über eine Holzbrücke, die Bohlen klapperten, dazu russisches Geschrei, Staub, Gestank, Kälte, langsam graute der Morgen. Plötzlich Stille, die Ladeklappe flog auf, das Verdeck wurde hochgezurrt, ängstlich klammerten wir uns noch fester aneinander. Wassili tauchte auf, gar nicht mehr so freundlich, bellte er die Tante an *„Dawei, dawei, los, los alle runter, gib mir jetzt Uhr!“* ----
Da, auf einmal tauchte Papis Kopf an der Ladefläche auf, nun wurde alles gut, wir waren endlich am Ziel.
Ich taumelte ihm entgegen, umarmte ihn, wurde auf den Arm genommen und bekam nichts mehr mit. Irgendwo ging es dann an dunklen Häusern vorbei, Straßengeräusche, ein Hausflur, ein Zimmer, ein Bett, ich schlief sofort ein, denn Vater war da, herrlich.
Zu guter Letzt, nach etwa 350 km und vielen Strapazen, waren wir doch noch angekommen, an unserem neuen Wohnort in Wurzen (Sachsen).

Wurzen*, sächsische Kleinstadt (ca. 25km östlich von Leipzig) an der Mulde, 24 tsd. Einw. Burg aus dem 10 Jh., Dom 12 Jh., Schloss 15 Jh. ehemaliger Sitz der Bischöfe von Meißen.
Erzeugung von Maschinen, Keksen, Lampen, Leder, Teppichen.

*Entnommen Bertelsmann Lexikon-Verlag, Gütersloh

In den nächsten Tagen gab es viel zu sehen, sehr skeptisch betrachteten wir die verwinkelten, trist grauen Straßen, Gassen und Plätze unseres neuen Wohnortes, im Oktober 45. Hier sollten wir nun bleiben? Ich fand es keineswegs schön, der Ort war viel kleiner als Breslau, zwar größer als Striegau aber nicht so grün wie in Neugersdorf, außerdem war es kalt und unfreundlich.
In der Innenstadt tummelten sich viele Russen mit verschiedenen Fahrzeugen, Panzern und allerlei Kriegsgerät. An einigen Ecken hatten sie Kontrollpunkte eingerichtet. Scheu huschten die Deutschen durch die Straßen, jeder versuchte sich möglichst weit, von den Truppen und ihrem Gerät fernzuhalten.
Sehr befremdend fiel uns Jungens auf, dass die meisten russischen Soldaten, anders als die deutschen, stets ihre Mützen ganz in den Nacken geschoben hatten!
Manchmal sah man einige von ihnen, johlend auf gestohlenen Fahrrädern herum wackeln, ohne richtig fahren zu können. Scheinbar kannten sie so etwas von zu Hause nicht!

Trotz des Elends machte damals, folgender Witz die Runde *"Ein Russe versuchte sich verzweifelt, schwankend auf einem gestohlenen, tollen, neuen, ballonbereiften Fahrrad zu halten, als ihm pfeifend ein deutscher Junge freihändig fahrend, auf einem rostigen Drahtesel ohne Reifen, entgegenkam! Der Russe hielt ihn barsch an, entriss ihm das Fahrrad und drückte ihm seins dafür in die Hand!"* (Er glaubte wohl, es läge am Radl!)

Die Amerikaner hatten sich schon im Juli aus Sachsen und Thüringen zurückgezogen und den Russen alles überlassen, was Vater sehr bedauerte, hatte er doch gehofft unter ihrer Herrschaft, irgendein Geschäft beginnen zu können!
Für mich ergab sich die erste große Enttäuschung, als ich mit Tante Klara und ihrem Sohn bei einer alten Frau in Untermiete in einem Zimmer wohnen musste, während Papi mit Tante Else in einer kleinen Wohnung, etliche Häuser weiter, untergekommen waren. Dort blieben sie auch die meiste Zeit unter sich, welches Tante Klara des Öfteren zu spitzen Bemerkungen, wie „die Turteltauben, die Feineren“ und Ähnliches veranlasste!
In dieser Zeit fühlte ich mich recht einsam, denn erstens hielt ich in meinem Inneren zu den beiden und zweitens bevorzugte die Tante bei tausend Kleinigkeiten, ihren eigenen Sohn.
Papi nebst Tante Else, trafen wir oft nur zum Mittagessen, welches in einem kleinen einfachen Lokal eingenommen wurde. Die Wirtin kochte für einige wenige Gäste, denn es gab kaum etwas, weshalb das Essen meistens aus Wassersuppe bestand, darin enthalten, entweder aus eigenem Garten "Majoran" mit Kartoffeln oder Kartoffeln mit "Majoran". Die Fettaugen konnte man zählen, was schon fast zum Sport wurde, wenn jemand eins entdeckte, wurde es den anderen frotzelnd mitgeteilt.
Bei dem Waggon bestückt mit Leuchten, Gläsern, Lampen nebst Kabel, welchen Vater in den letzten Kriegsmonaten nach Wurzen geschickt hatte, um etwas Sicherheitskapital weiter westlich zu haben, hatte er scheinbar, die Rechnung ohne den Wirt gemacht! Der alte Inhaber der Firma Dämmich behauptete steif und fest nichts bekommen zu haben, was Vater natürlich in diesem Fall hilflos wütend, kurz stinksauer machte.
Sein altes Organisationstalent, ließ ihn jedoch nicht im Stich und bald, ich weiß nicht, wie er es geschafft hatte, fuhr er mit einem alten "Opel P4" - Lieferwagen durch die Gegend.
Wieder einmal lästerte Tante Klara über die beiden anderen, denen es wohl besser ging als uns, plötzlich waren sie sogar verheiratet und keiner von uns hatte es bemerkt, so kam es, dass ich fortan, anstatt Tante Else, immer „Mutti" sagen musste, was mir eigentlich egal war!
Härter traf mich schon, dass Lothar und ich in Wurzen zur Schule gehen mussten, der mich als Älterer mitzunehmen und wieder nach Hause zu bringen hatte, was mir überhaupt nicht behagte. Die Schule selbst war nichts Besonderes, meine Anwesenheit währte nicht allzulange, sodass ich keine nennenswerte Erinnerung mehr daran habe!

Manchmal gab es sogar schon wieder das eine oder andere zu kaufen. Nie vergesse ich ein Schreibwarengeschäft auf unserem Schulweg, in dessen Schaufenster mich bunte Abziehbilder faszinierten. Bis dahin hatte ich nur ein bis zweimal eines besessen. Immer wieder standen wir vor der Auslage, leider ohne Geld, denn keiner von uns besaß einen Pfennig Taschengeld, zu Hause brauchten wir auch nicht zu fragen, weil es überall am Notwendigsten fehlte.
Eines Tages wurde es mir zuviel, ich lief meinem Aufpasser davon, marschierte mit einem fröhlichen Gruß in den Laden und entnahm unter den Augen der Verkäuferin einen der heißbegehrten Abziehbögen, drehte mich flugs um und verschwand! Nach anfänglichem Staunen nebst einigen Schrecksekunden kam mir die Verkäuferin laut rufend hinterher, ich aber lief ganz schnell einfach davon – also Diebstahl!
Lothar, der inzwischen weitergegangen war, bekam trotzdem alles mit, erzählte es seiner Mutter, die wiederum berichtete weiter über Mutti zu Vater. Der schimpfte fürchterlich, legte mich übers Knie, hielt eine Strafpredigt und zwang mich im bewussten Geschäft mit einer Entschuldigung die Abziehbilder zurückzugeben, was ich unter Tränen tat!
Es wurde Winter, langsam tropften die Tage dahin, im trostlosen Wurzen. Kalt war's in der winzigen Wohnung, an einer kleinen Tischecke erledigten wir unsere Schularbeiten. Strom gab es nur stundenweise, geheizt wurde nur die Küche, in der man sich abends bei Kerzenschein nicht lange aufhielt! Ansonsten überall feuchte Muffigkeit, ich hasste den Gestank von Kohl und schalem Essen, der durch das ganze Haus zog, man konnte sagen, hier lebten oder vegetierten wir. Weihnachten kam, es war sicher das Trostloseste in meinem Leben, weshalb ich die Erinnerung verdrängt habe!
Etwa Mitte Januar 1946 meinte Vater, dessen Versuche wohl scheiterten, es hätte keinen Sinn unter den Russen etwas zu beginnen. Also machte er sich mit einigen anderen wieder auf den Weg, den „Amis" hinterher, um für uns, ein besseres Domizil zu suchen, wo es mehr zu essen gab, man besser leben konnte, sowie die Chance für eine neue Existenzgründung bestand.
Wie recht er hatte und wie diese Entscheidung unser ganzes Leben bis heute bestimmte, veränderte, sollten wir erst später merken!
Doch nun warteten wir alle, wieder einmal mit Angst im Herzen, auf ein Lebenszeichen von Papi. Tante Else, nun „Mutti" weilte nun öfters bei uns, mir gefiel das wesentlich besser, denn Tante Klara verstand sich natürlich besser, mit ihrem eigenen Sohn! Außerdem war ihr die Aufsicht über mich, den andauernden Lausbuben, sowieso ein ewiger Graus.

*

(Datum durch Impfpass bekannt, "Typhus-Impfung" 21.02.1946.Wurzen.)

Endlich Ende "Februar 46", hatte Vater unterwegs einen Fuhrunternehmer ausfindig gemacht, welcher uns mit dem Rest der Habe, weiter nach Westen bringen sollte. Tante Klara verblieb derweil mit ihrem Sohn in der Wohnung, wo sie auf ihren vermissten Mann warten wollte.
Die Flucht nebst der bereits einsetzenden Vertreibung war bekanntlich eine halbe Völkerwanderung von Ost nach West. Transportunternehmen, sofern es überhaupt schon wieder welche gab, hatten in dieser Zeit einen immensen Zulauf! Loks, Waggons, Schienen waren zum Großteil zerstört, nur irgendwann zu unregelmäßigen Zeiten verkehrten total überfüllte Züge. Eine große Menge Menschen lagerten deshalb tagelang wartend, auf den Bahnhöfen.
Bei uns jedoch erschien wie ein Wunder, an einem grauen Wintertag, ein alter "Holzvergaser-Laster" mit größerem zweirädrigem Anhänger!
Motorisiert konnten Deutsche, bestenfalls mit Holz fahren, Kraftstoff gab es nur für Besatzungsmächte oder auf dem Schwarzmarkt!
Total überladen, mit weiteren Flüchtlingen, welche ebenfalls weg wollten, fanden wir beide, mit unseren drei Koffern nebst zwei Rucksäcken, gerade noch auf dem Anhänger Platz! Die Fahrt sollte über Leipzig, Berlin zum Auffanglager-Friedland gehen. Das Wetter zeigte sich ebenfalls von seiner schlechten Seite, eiskalt, Schneeregen fiel und der Fahrtwind blies unbarmherzig durch die zerschlissene Plane. Neben Mutti lag ich fest aneinander gedrückt auf unseren Koffern, tief geduckt und zugedeckt mit allem Erreichbaren.
Auch dieser Teil der Flucht ist mir unvergesslich, oftmals ging es nur im Schritttempo weiter, immer wieder wurde die Fahrt zum Holz nachlegen oder durch Reifenpannen unterbrochen, extra zum Austreten wurde nie angehalten. Manche Hindernisse schaffte unser vollgeladener Laster nicht, dann hieß es für alle absitzen und schieben, so lernten wir mit der Zeit auch die anderen Flüchtlinge kennen!
Wenn es dann mal flüssig weiterging, offenbarte die Aussicht nach hinten das ganze Dilemma des verlorenen Krieges, zerstörte verbrannte Orte, allenthalben ausgebranntes Kriegsgerät am Straßenrand, dazwischen dahinziehende Flüchtlingskolonnen mit und ohne Pferdewagen.
Immer wieder zwangen uns zerstörte Straßen, Brücken oder alte, noch nicht beseitigte Panzersperren auf provisorische Umwege, sodass wir für die etwa 180 Kilometer bis zu den ersten Vororten von Berlin, mehrere Tage benötigten. Versorgen mit Tee, Broten oder sonstigem Essbaren musste sich jeder selbst!
Einmal hatten wir zu früh aufgeatmet, als es im flotteren Tempo über intakte Straßen weiterging. Plötzlich ein hässliches Krachen, schwankend taumelte unser Anhänger dahin, bevor er zur Seite kippte. Eine lange Funkenbahn hinter-

herziehend, sausten wir schlingernd weiter, Bremsen kreischten, aneinander geklammert erwarteten wir den Aufprall, als das Gespann endlich zum Stehen kam.
Unser mürrischer, humpelnder Fahrer tauchte auf, besah sich den Schaden, und stellte "Achsenbruch" fest! Mit einem Achselzucken teilte er uns mit, dass wir nun leider hierbleiben müssten, derweil ja die übrigen weiter müssten! Nach einigen Tagen käme er jedoch zurück, um uns hier abzuholen!
-- Konnte man das wirklich glauben, doch, was blieb uns übrig?!?--
An der Tür des vorderen Hauses sollten wir eine Nachricht mit Adresse anheften, er würde uns dann schon finden!
Solche Nachrichtenübermittlung war damals üblich, an jeder zweiten Haustür, vor allem von zerstörten Häusern, waren Zettel mit Nachrichten oder Adressen angebracht, damit vermisste Verwandte, Flüchtlinge oder heimkehrende Soldaten ihre Familien oder Freunde wiederfinden konnten.
Ziemlich belämmert, den Tränen nah, standen wir mit unseren Sachen im Nieselregen am Straßenrand.
Das Restgepäck der anderen wurde hoch oben auf den Laster geschichtet, der entladene defekte Anhänger mit vereinten Kräften in einen Hinterhof bugsiert. Mit einem schwachen Winken der übrigen verschwand wie in einem Alptraum, der Laster hinter der nächsten Kurve!
Was nun? Doch "Else G.", jetzt auch noch Mutti, jung und furchtlos, machte sich in einem mit Menschen überfüllten, halb zerstörten Vorort von Berlin, auf den Weg um ein Quartier zu suchen. Während ihr Stiefsohn "Lothar" das Gepäck bewachte!
Heute sicher ein schlimmeres Unterfangen, aber zu dieser Zeit, waren viele Deutschen in Not und wo man helfen oder teilen konnte, wurde es getan, vor allem, in den vom Krieg geschundenen Städten!
"Unbehaglich" ist milde ausgedrückt, um die Stimmung zu beschreiben, in der ich mich befand. Bei tristem Wetter, in einer fremden Stadt, allein auf unseren Klamotten sitzend, fiel mir ein recht großer Stein vom Herzen, als Mutti endlich, nach längerer Zeit, mit zwei älteren Frauen zurückkehrte.
Es war ihr wirklich gelungen, in einem unbeschädigten Mietshaus für ein paar Tage Unterschlupf bei zwei älteren Damen zu finden, wobei die beiden sogar halfen, unsere Sachen in den zweiten Stock zu schleppen!
Die Wohnung war zwar klein, roch nach Mottenpulver und muffigen Klamotten, aber wir bekamen das Zimmer, welches sie für ihre aus dem Krieg heimkommenden Männer frei hielten.
Ein paar Tage später tauchte wirklich unser hinkender Fahrer wieder auf, da einer von uns ständig am Fenster Wache hielt, sahen wir ihn schon von Weitem kommen. Er hatte seine erste Fuhre abgeliefert, den alten Hänger reparieren lassen, um uns wie versprochen, abzuholen!

Schnell war alles verladen, die Frauen winkten zum Abschied, während wir uns anschickten, diesmal sogar im Fahrerhaus, die letzten etwa 160 Kilometer hinter uns zu bringen!
Von üblichen Reifenpannen, Umwegen, sowie den laufenden Pausen zum Nachschüren des Holzvergasers abgesehen, ging die Fahrt relativ flüssig vonstatten, sodass wir gegen Abend wohlbehalten, das „Auffanglager Friedland“ erreichten. Binnen kurzer Zeit war auch Vater gefunden, der uns ebenfalls schon voll Ungeduld erwartete und den wir überglücklich in die Arme schlossen!
Er selbst sprühte vor Unternehmungsgeist, hatte inzwischen Freundschaft mit einem korpulenten Mann, namens "Hans M." genannt "Hanek" geschlossen. Ihnen war es gelungen, in einem gemeinsamen Barackenraum, zwei zusätzliche Stockbetten zu belegen. Nach einem hungrig verzehrten Abendbrot fiel ich in tiefen, zufriedenen Schlaf, in dem mich auch, die bis in die Nacht dauernden Erzählungen der anderen, nicht mehr störten!
Nächster Tag, die Sonne schien vom blauen Himmel und machte alles, was sich meinen Augen bot, ein wenig freundlicher. Als erstes inspizierte ich das Lager es wurde vom "Roten Kreuz" geführt, deshalb sah man an allen wichtigen Stellen, Schwestern mit steifer Haube, gestreiftem Kleid und weißer Schürze hantieren.
Im hinteren Teil, bei einem großen Lagerschuppen kamen immer wieder Militärlaster mit Lebensmitteln, einige der begleitenden Soldaten trugen ebenfalls eine RK-Armbinde. Abladen mussten jedoch gut bewachte deutsche Kriegsgefangene, denen man zwei große Buchstaben "PW" (Prisoner of War) auf den Rücken ihrer alten Uniformjacken gemalt hatte.
Manche der Holzbaracken oder Nissenhütten bestanden aus mehreren kleinen Räumen, in denen mindestens sechs Personen Platz finden mussten. Bestückt mit Militär - Stockbetten, Tisch, Stühlen und einem Kanonenofen, waren sie jedenfalls nicht schlechter als unsere bisherigen Notquartiere.
Inmitten der mit Stacheldraht umgebenen Anlage stand ein altes Steinhaus, hier befand sich ein Waschraum, daneben die Küche, in welcher ständig Suppe für alle, in großen Kesseln gekocht wurde.
Obwohl ständig neue erschöpfte Flüchtlinge ankamen, herrschte ein wenig optimistische Stimmung im Lager, kein Wunder, "endlich Frieden"!
Wir Kinder, schlossen schnell Freundschaften, liefen durch die Gassen und beobachteten bewundernd, vor allem die fremdländischen Soldaten. So fiel es Jenen nicht schwer, uns eines Tages einzufangen und in eine Umzäunung wie ein Tiergatter zu stecken, an dessen Ende ein lachender Neger mit einer großen Holzluftpumpe stand. Er hieß "JOE", ließ keinen vorbei, packte jeden beim Kragen, um ihm weißes Pulver kräftig in den Kragen und auf den Kopf zu blasen, sodass wir alle wie Müllerbuben aussahen.

Vater tobte, als ich mit weißem Haar in die Unterkunft kam, er meinte: "*Diese ausländischen Soldaten denken auch, alle Deutschen seien verlaust, unhygienisch, unterentwickelt, deshalb chloren sie überall das Wasser, sodass es ganz abscheulich schmeckt! Nur weil die Kerle Angst vor Infektionen haben, so wollen die uns Kultur beibringen!*"
Leider blieben wir nur einige Tage in diesem interessanten Areal. Vater hatte mit Onkel Hans einen Ort in Bayern ausgemacht, wo es wegen des landwirtschaftlichen Umfeldes sicher etwas zu essen gab und der wenig bis gar nicht zerstört war. Während sich Onkel Hanek auf den Weg machte, seine Familie nachzuholen, warteten wir inzwischen auf den nächsten Zug!
Endlich eines Morgens ging alles sehr schnell, ein Fuhrwerk nahm uns mit zum Bahnhof, dort ging es ganz anders zu, als ich es von früheren Reisen gewohnt war. Gebäude, Gänge, Bahnsteige alles war überfüllt mit Flüchtlingen, die meist inmitten ihrer letzten Habe saßen. Zwischen ihnen einige abgemagerte, abgerissene deutsche Soldaten, welche nach Hause wollten.
Die Züge kamen unregelmäßig, wenn man Glück hatte, wurden vorher mit Kreide auf einer großen Tafel, Richtung und ungefähre Abfahrtszeit angeschrieben! Egal ob es sich um unterschiedliche Personen-, Güter-, oder Viehwagen handelte, alles was einigermaßen funktionierte und Menschen transportieren konnte, wurde verwendet. Fahrpläne gab es nicht, wenn ein Zug Wagen hatte, dazu eine Lokomotive die Kohlen besaß, fuhr er los, meistens nach Westen. Kaum hörten es die Wartenden in der Ferne pfeifen, lief alles, schubste, drängte, um irgendeinen Platz zu ergattern, nur zahlen brauchte man nichts!
Da schob eine alte kleine Rangierlok einige Waggons auf unser Gleis, wir hatten Glück und standen vorn am Bahnsteig, als man von einem Viehwagen das Schiebetor öffnete, dessen Boden gegen die Kälte, eine Strohschicht bedeckte! Vater wuchtete erst uns, dann das Gepäck hinein, nach schon vorher getroffener Anweisung belegten wir schleunigst eine Ecke auf der Türseite des Waggons, denn neben uns oder von hinten drängten viele Menschen nach!
Wenige Minuten später herrschte schon drangvolle Enge, es roch nach menschlicher Ausdünstung, Ammoniak und Pferdemist, mir war übel! Vater setzte mich auf die Türschwelle, während er selbst draußen blieb, um die Lokomotive kommen zu sehen, denn diese fehlte noch.
Abermals vergingen Stunden, keiner traute sich wegzugehen, endlich ein Pfiff in der Ferne, Fahrgeräusche, starkes Zischen, Rucken bis mehrmaliges Pfeifen verriet, dass es nun endlich losging. Einige Männer verschlossen das große Tor von außen, während sich der Zug langsam in Bewegung setzte.
Kalt und ungemütlich blies der Fahrtwind durch die Ritzen, eng aneinander geschmiegt, versuchten wir uns gegenseitig zu wärmen.
Ratternd, klopfend, mal langsam, mal schnell, ging unsere Fahrt dahin, dazwischen wurde immer wieder angehalten oder der Zug schlich schwankend über

zerstörte, nur notdürftig reparierte Stellen. Kam ein längerer Stopp, konnte man versuchen schnell austreten zu gehen, oder sich etwas Bewegung zu verschaffen, bis die Lock drei Pfiffe hören ließ, als Zeichen, dass es weiterging. An manchen Bahnhöfen standen Schwestern und teilten warme Suppe, Brot, Tee oder Milch für Kleinkinder aus, Vater versuchte immer etwas zu ergattern, damit wir halbwegs durchhielten.
Mehrere Tage vergingen so, mir fehlt die Erinnerung, wie oft wir umsteigen mussten, es war jedenfalls sehr anstrengend und kostete Zeit, bis wir endlich unseren letzten halbwegs sauberen Güterwagen bestiegen.
Die Fahrt wurde flotter, die Mitfahrer weniger, die Gegend flach, hier war kaum etwas zerstört. Es regnete, erschöpft und ziemlich am Ende erreichten wir drei, mit dem Rest unserer Habe, bestehend aus drei Koffern, zwei Rucksäcken nebst einem Kartoffelsack, am 5.3.1946 spät abends, endlich Neuburg an der Donau!

(Hinter uns lagen 1490 schicksalhafte Kilometer. Aufgebrochen am 21.03.1945 in Neugersdorf, waren wir fast ein Jahr unterwegs.)

Nach dem 2.Weltkrieg wurden die Deutschen aus Schlesien vertrieben, polnische Siedler und Zwangsumgesiedelte, bezogen die verlassenen Gebäude, aus Breslau wurde "Wroclaw", eine der vier größten Städte Polens.

Unser Haus in Striegau vor und nach dem Krieg.
Die Fluchtwagen "Stoewer" und "DKW" Lieferwagen!

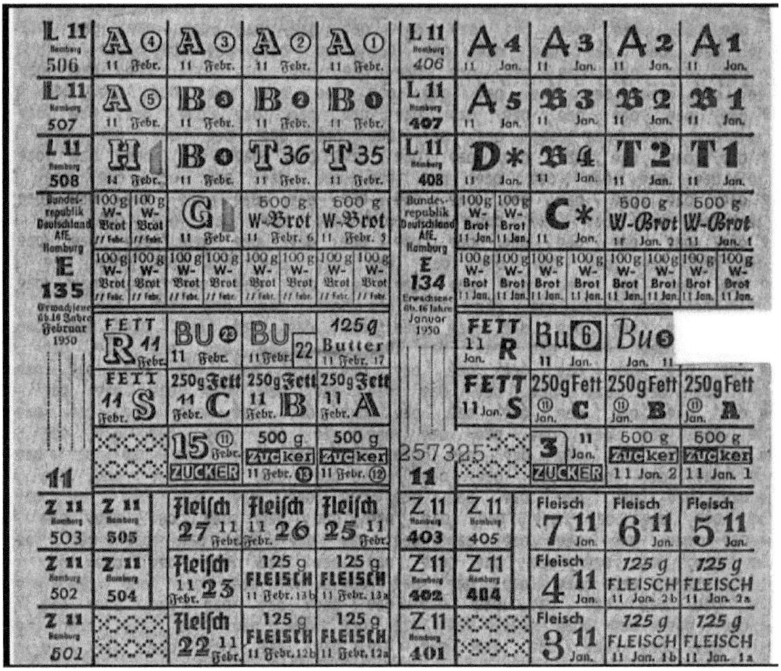

Lebensmittelmarken: Entnommen Wikipedia

Neuburg an der Donau*, (1946) bayr. Stadtkreis (17 qkm) u. Kreisstadt in Schwaben, bei Ingolstadt, 15 tsd. Einw. Altes Residenzschloss (15.-17. Jh.); Hofkirche (17.Jh.); Landwirtschaft, Textil-, Maschinen-, chem. Industrie, Brauereien. Landkreis. Neuburg: 644 qkm, 35 tsd. Einw.

*Entnommen Bertelsmann Lexikon-Verlag, Gütersloh

Neuburg in der amerikanischen Zone – Bayern, war zu dieser Zeit eine verschlafene Provinzstadt, mit ehemals großer Geschichte (15. Jahrhundert – Ottheinrich) umgeben von Landwirtschaft.
Vom Krieg weitgehendst verschont, hatten hier nur einige verirrte Bomben ein paar Häuser zerstört oder beschädigt. Eigentlich galten die Dinger, dem in der Nähe gelegenen Militärflugplatz, beziehungsweise dem etwas weiter entfernten unterirdischen Tanklager! Der größte, einschneidende Kriegsschaden für die Stadt, stellte die von den deutschen Truppen Ende 1944, gesprengte Brücke über die Donau dar. Deswegen bestand zum nördlichen Umland, anfangs nur eine Fährverbindung, welche man jedoch bald durch eine hölzerne Behelfsbrücke ersetzte.

III. Neue Heimat

Unfreundlich mit Dunkelheit, Nebel und Regen empfing uns die Stadt, müde schulterten wir unsere Habe und legten die letzten Kilometer der Reise zum ersten Quartier, dem Gasthaus „Grüner Baum“ zurück. Vater hatte mit Hanek als Vorhut, diese Unterkunft ein paar Wochen vorher organisiert.
Wir traten ein, ganz anders als das Wetter draußen, der warme freundliche Empfang durch die Wirtin, eine quicklebendige Brünette, die vor allem Vater und mich recht überschwänglich, Mutti eher etwas kühl begrüßte. Die gemütlich eingerichtete Gaststätte war gut geheizt und bald gab es auch etwas Warmes zu essen.
Eine Stunde später: Satt, schlaftrunken und glücklich, durfte ich mich seit langer Zeit endlich einmal wieder mit "warmen Wasser" waschen. Danach ging es mit einem Jauchzer ins weiß bezogene dicke Federbett, mollig eingekuschelt, vergaß ich die heutigen Strapazen und schlief sofort selig ein. Die erste Nacht, was da noch niemand ahnte, in unserer neuen Heimatstadt.
Unsere liebenswerte Wirtin hieß Anni S., hatte einige gute Beziehungen zu Bauern und führte das Gasthaus allein, während sie auf die Heimkehr ihres Mannes aus russischer Gefangenschaft wartete.
Vater sah unseren Aufenthalt hier nur vorübergehend, als eingefleischter Großstädter wollte er weiter nach München oder Augsburg! Doch erst musste sich die Lage etwas normalisieren, deshalb meldete er uns am 9. 3. 1946 in Neuburg an.
Von der Amerikanisch-Deutschen-Verwaltung bekamen wir ein Zimmer im Hotel „Neuwirt“ zugewiesen, dazu die ersten Lebensmittelmarken, ohne die man, als Fremder nicht hätte überleben können.

Lebensmittelmarken*, dienten zum Reglementieren der Versorgung, um die vorhandenen zu wenigen Vorräte halbwegs gerecht zu verteilen und dadurch eine allgemeine Hungersnot zu vermeiden.
Hier die Zuteilung pro Kopf und Monat (nach Erhöhung 1947):
8250 g Brot, 170 g Fett, 450 g Fleisch, 1400 g Nährmittel, 62,5 g Käse,
1000 g Zucker, 125 g Kaffee-Ersatz, 9000 g Kartoffeln, 1Liter entr. Milch.

*Entnommen Bertelsmann Lexikon-Verlag, Gütersloh

Unser neues Quartier war eigentlich ein besserer Gasthof, im Baustil der 30er Jahre mit angeschlossenem Bauernhof. Das Haus und die ehemaligen Gästezimmer, von denen wir eines im ersten Stock zugewiesen bekamen, waren in gutem Zustand.
Über den Hinterausgang gelangte man in einen Bauernhof mit Scheune Stall und Stadel, der ebenso wie eine Brauerei außerhalb des Ortes, den Wirtsleuten, der Familie Bauer gehörte.

Nach den ersten Tagen des Eingewöhnens freundete ich mich mit dem Knecht, einem kräftigen älteren Burschen namens „Xaver“ an. Er hatte ein verschmitztes, verwittertes Gesicht, mit Schnurrbart, in welchem ständig eine rauchende Pfeife mit Deckel hing, welche nie ausging, einen fürchterlichen Gestank verbreitete und die er nur, wenn es unbedingt sein musste, zum Reden oder Deuten aus dem Mund nahm.
Auf dem Kopf einen spitzen grauen Trachtenhut, bekleidet neben einem dicken Filzjanker mit einer richtig, speckigen Bundlederhose, dicken Kniestrümpfen nebst Haferlschuhen, gab er wie von einer Postkarte, das Urbild des bayrischen Knechtes ab!
Unsere Verständigung gestaltete sich schwierig, da ich des Bayrischen nicht mächtig war und er zudem sehr undeutlich sprach! Manchmal machte er sich deshalb die Mühe, mir alles noch einmal langsam und gebrochen, wie halt für einen Ausländer, zu übersetzen! Oder weil ich mich einfach schämte, tat ich gleich so als würde ich ihn verstehen!
Das Interessanteste auf dem Hof war jedoch der große schwere Lanz- Bulldog, den Xaver wie ein kleines Auto beherrschte.
Bei Arbeitsbeginn musste vorn am Motor eine Kugel (Glühkolben) mit einer Lötlampe heißgemacht werden, dann wurde das Lenkrad abgebaut und in die Nabe einer großen Schwungscheibe auf der Seite gesteckt, um mit aller Kraft daran zu drehen! Sprang der Einzylinder-Motor dann endlich mit einem lauten „Bum, bum, bum“ an, stieß er gleichzeitig, wie eine Lokomotive, große schwarze Rauchwolken nach oben aus.

Der Glühkopfmotor*: Ist ein Verbrennungsmotor, bei dem sich der Brennstoff (Rohöl) an einer heißen, ungekühlten Prallfläche (Glühkopf) unter geringerem Verdichtungsdruck als beim Dieselmotor entzündet. Arbeitet meistens im Zweitakt. Start erfolgt durch Glühkerze oder Erwärmen des Glühkopfes mittels Lötlampe.

*Entnommen Bertelsmann Lexikon-Verlag, Gütersloh

Unser Hauswirt, der "Neuwirt-Bräu" ein schlanker großer schweigsamer Mann, konnte von Glück reden, zu dieser Zeit ein solches Gerät zu besitzen. Die anderen Bauern sah man meist mit vorgespanntem Pferd und Ochsen durch die Gegend fahren, letzteres hatte ich noch nie gesehen denn in Schlesien fuhr man selten mit solcher gemischten Bespannung.
Meine ersten Ausflüge in die neue Heimat bestanden, aus Fahrten, welche ich in die Stadt bzw. aufs Feld unternahm. Dankbar saß ich dann zwangsweise hüpfend, auf einem der großen Kotflügel, des ungefederten Bulldogs, wo es sonst nur noch den Sitzplatz des Fahrers gab. Eine eiserne Sitzschüssel, welche mittels

einer langen Feder auf und abschwang, um die Unebenheiten des Geländes wenigstens einigermaßen abzufangen.
So vergingen die ersten Wochen, bis man uns eines Tages, mitten in der Stadt, als Untermieter in die Wohnung bei einer Frau Stangler einwies. Sie, die sehr hübsche etwa 35 Jahre alte Witwe eines Oberstudienrates, dessen Putzfrau sie vor der Heirat war, musste uns aufnehmen.
In einem großen Mehrfamilienhaus im Stil der Jahrhundertwende bewohnte sie mit ihren Sohn "Hansi", ein Jahr jünger als ich, eine große Vierzimmerwohnung, im ersten Stock, zu welcher der einzige Garten im Hof gehörte.
Nach dem Krieg herrschte durch Zerstörung und Flüchtlinge, eklatante Wohnungsnot! Weshalb, jede einheimische Familie nur eine bestimmte Anzahl an Quadratmetern Wohnraum belegen durfte. Alles an mehr, musste man beim "Wohnungsamt" melden, von wo aus man bei Bedarf, zusätzlich Flüchtlinge einwies, in diesem Falle uns.
Die Stanglers durften ein Wohn- nebst Schlafzimmer behalten, wir bekamen die anderen zwei Räume, welche wir erst leer übernahmen, im Laufe der Zeit dann selbst einrichteten. Außerdem mussten sie uns, die Hälfte von Küche und Bad zur Verfügung stellen, womit man logischerweise, eine Menge Reibereien vorprogrammierte!
Ein klappriges altes Schlafzimmer eine Couch, Tisch und Stühle sowie einen kleinen Schrank aus ungehobelten Kistenbrettern hatte Vater auch schon organisiert, womit wir trotz allem, endlich wieder ein Zuhause hatten!
Strom gab es unregelmäßig, wenige Stunden am Tag, nur einige in der Nacht. Deshalb hatte unser pfiffiger Vater, einige Meter altes, gedrehtes, zweiadriges Kabel, an eine "6Volt-Autobatterie" angeschlossen, nebst einer Handvoll Nägeln, kleinen Fassungen mit Fahrradbirnen und zwei Messerschaltern, eine Behelfslichtanlage konstruiert.
Neben dem Türstock stand die Autobatterie, woran er die Kabel mit Klemmen befestigt hatte, diese liefen hoch über die Messerschalter zu den verschiedenen Fassungen. Stellte man nun mit einem der Schalter den Kontakt her, brannte über den Türen jeweils eine Birne. Zwar nur als funzeliges Licht, dennoch konnte man etwas sehen, ohne rare Kerzen zu verbrauchen!
Kaum eingezogen war es leider soweit, ich musste unaufschiebbar, schon wegen meiner vielen Fehlzeiten, in die vierte Klasse, der bis dahin hauptsächlich "katholischen" Volksschule. Diese "Mazillis-Knabenschule" in Neuburg befand sich in einem Gebäude aus der Jahrhundertwende, einem Schulbau, wie es ihn zu dieser Zeit häufig gab. Daneben der Pausenhof, mit einer hohen Mauer umgeben, in deren Mitte sich, ein großes zweiflügeliges Holztor befand.
Im ersten Stock unser Klassenzimmer, eingerichtet mit einer Wendetafel, einem Podest, auf welchem Schreibpult mit Stuhl für den Lehrer stand. Für Schüler, die früher üblichen, "Sechs-Mann-nebeneinander-Schulbänke", in einem Stück,

Pult und Bank unverrückbar zusammengebaut. Nicht nur schlecht zum Sitzen wegen der unterschiedlichen Größe, sondern auch, weil sie für unser Alter schon zu klein waren!
Wir Evangelischen mussten extra sitzen, wodurch schon hier fast eine Linie zwischen Einheimischen und "Zuagrosten" gezogen wurde. Nach einigen Tagen des Eingewöhnens merkte man schnell, ihren Hass auf die "Preißenzipfi", wie wir genannt wurden. Grausam vollzogen sie nach, worüber die Eltern zuhause schimpften!
Indes die Hiesigen, Wohnung, Essen, teilweise auch Besitz mit den Flüchtlingen teilen mussten, empfand man uns wie eine Horde Heuschrecken, welche über das Land herfällt. Verständlich?! Und wer wäre wohl nicht wütend, wenn er zum Beispiel eigenen Wohnraum an Fremde abzugeben hätte oder das wenige Essen mit fremden zusätzlichen Menschen teilen müsste! Wahrscheinlich würden heutzutage Mord und Totschlag herrschen, vorstellen könnten es sich wohl nur wenige!
Jedenfalls bekamen wir das alles ständig zu spüren, so fürchteten wir unter anderem die Pausen, da standen wir Flüchtlingskinder anfangs in einer Ecke zusammengedrängt, wenn die Lehrer wegsahen, flogen auch mal Steine. Überhaupt konnte man uns leicht erkennen, egal wo wir uns befanden, entweder an der schlecht passenden oder anderen Kleidung, sowieso am Dialekt. Außerdem waren mehrere von uns größer, schlecht ernährt, scheu oder total verunsichert.
In diesem Zusammenhang erinnere ich mich an unser Schülerklo, welches sich neben dem Hauptgebäude befand, es war ein kleiner hässlicher Raum, in dessen Mitte eine halbhohe Wand stand. Die Pinkelrinnen auf beiden Seiten angebracht, schwarz geteert, dazu stank es fürchterlich nach Urin!
Manchmal, wenn man dort sein Geschäft erledigte, packten einen plötzlich die größeren Schüler, schubsten einen entweder in die Rinne, oder hielten einen fest. Ihre Freunde übten dann von der anderen Seite Weit- oder Hoch-Pinkeln, wobei man dann, natürlich gewollt, eine anständige Ladung abbekam.
Einige unter uns die stotterten, nicht von Haus aus, sondern weil sie im Krieg verschüttet worden waren, oder andere schreckliche Dinge erlebt hatten, natürlich wurden die von allen verlacht, leider oft auch von uns!
Der erste wirklich nette, freundliche, gute Mensch in dieser ersten Zeit, war unsere Lehrerin, Frau Gertle! Leider war sie eine sogenannte Hilfslehrerin, welche nur solange unterrichten durfte, bis die voll ausgebildeten Lehrer aus dem Krieg zurückkamen. Eine weitere Person, die wir schnell kennen aber auch fürchten lernten, war unser Hausmeister. Ein grobschlächtiger, brutaler Kerl, der mit seinen großen fleischigen Händen, oft wegen der geringsten Kleinigkeit, auf den Missetäter brutal einschlug, dabei aber wenigstens alle gleich behandelte.
Noch schlimmer allerdings waren die längeren Wege von der Schule oder vom Sport nach Hause, ob allein oder zu zweit, man wurde oft gejagt, mit allem

Möglichen beworfen oder verprügelt. Es gab Gegenden, zum Beispiel bei der alten Kaserne, zwei Häuser neben unserer Turnhalle, da trauten wir uns überhaupt nur mit Erwachsenen vorbeizugehen, weil dort eine Bande von Schlägern wohnte, die zusammenhielten, sogar vorbeigehende Straßen beobachteten und alle verdroschen, denen sie habhaft werden konnten.
Zuhause erzählten wir natürlich nichts von alledem, bis mich Vater einmal, gejagt und abgehetzt, etwa drei Kilometer außerhalb der Stadt, zusammen mit einem anderen, älteren Flüchtlingsjungen fand.
Es war der sogenannte "Hakerlaseppi", eigentlich ein großer Kerl, der aber stets davonlief, wenn ihn einer drohend fragte *„Eh Seppi, mogst a Hakerl?"*
Sein richtiger Name war "Josef", einige Brandnarben bedeckten sein Gesicht und Körper, weil er bei einem Bombenangriff auf die Heimatstadt Eger, in einem brennenden Haus verschüttet wurde! Es dauerte mehrere Tage, bis man ihn fand, seitdem fürchtete er alles und jeden!
Natürlich erzählte ich aus Furcht, Vater später nur die Hälfte, denn er wäre vermutlich zur Schule gegangen, um das klarzustellen. Der Lehrer hätte dann die anderen, augenzwinkernd oder auch wirklich, geschimpft! Wobei wir sicherlich, nachher als "Petzer" oder "Mama-Söhnchen" doppelt zu leiden gehabt hätten.
Ich glaube diese Zeit war die schlimmste in meinem jungen Leben! In der ich mich nicht nur oft sehr traurig, sondern auch sehr einsam fühlte! Einige, heute sicher unbedeutende Dinge, machten uns das Leben in der neuen Heimat zusätzlich schwer, so war es schon unangenehm nur irgendwo einkaufen zu gehen. Selbst beim Milch holen, erkannte man uns von weitem, an den neuen auf Bezugschein erhaltenen, glänzenden Alukannen. Wie beneideten wir da die Einheimischen beim Milchholen, mit ihren abgestoßenen Emailgefäßen.
Dann die Sache mit den Namen, schon ein haariges Gefühl, wenn man bloß aufgerufen wurde: *"Gerhard, Bartetzko, Motzkus"* oder gar *"Mundrzig, Bartoschek"* waren Namen, wo jeder sofort dachte: *"Aha scho wieder a Preißenzipfi"*! So auch bei meinen Vornamen *„Lothar“*, wie gerne hätte ich den, gegen *„Sepp, Xaver oder Anton“* eingetauscht!
Auffällig ebenfalls unsere Kleidung, manche trugen als Buben kurze Stoffhosen, zu denen bei kaltem Wetter lange Strümpfe getragen wurden. Diese waren grob aus Wolle gestrickt oder etwas feiner gewebt und an einem Leibchen mit Strumpfhaltern befestigt, dazu hatten wir meist hohe, schlecht passende Schnürschuhe an.
Dagegen besaßen manche der Einheimischen, von uns sehr beneidet, die vom Vater oder Großvater abgelegten, teils zu großen, kurzen, speckigen Lederhosen! Einige liefen sogar oft bis in den Herbst hinein barfuß oder mit Sandalen herum, welche mitunter aus alten Autoreifen selbst gemacht waren. Diese Burschen galten dann als besonders tapfer und urig, besaßen diese manchmal auch weniger als wir, waren sie eben doch keine Zugereisten!

Aus diesen und manch anderen Gründen dauerte es sehr lange, bis wir zu den einheimischen Kindern oder ihren Familien, den ersten Kontakt bekamen oder sich überhaupt Freundschaften bildeten!
Gemeinsam aber hatten wir alle einen Wunsch, endlich in das Alter zu kommen, in dem man lange Hosen offiziell tragen durfte, denn dann gehörtest man zu den Größeren! Bei uns Evangelischen war das der Tag der Konfirmation, also mit vierzehn!
Eines Tages verlor ich eine unser Lebensmittelkarten (jede Person erhielt monatlich eine), es war ungefähr das Schlimmste, was zu dieser Zeit passieren konnte. Mutti suchte mit mir den ganzen Weg ab, wir fragten im Milchgeschäft, suchten im Treppenhaus, doch die Karte blieb verschwunden. Kein Wunder, der Finder hatte sie sicher selbst verwendet! Auf jeden Fall hatten wir deshalb noch weniger zu essen und ich bekam von Vater ein paar kräftige hinter die Ohren gehauen. Überhaupt bekamen wir Jungens öfters Ohrfeigen oder "Watschn", auch von Fremden, nichts Besonderes zu dieser Zeit, denn wer was angestellt hatte, wurde halt einfach ins Gesicht oder auf den Kopf geschlagen. Freilich hatten wir sofort, wie ein Boxer zur Deckung, die Arme ganz schnell oben, sodass die meisten Treffer nur darauf landeten!
Solche Art der Bestrafung kann man sich heute nicht mehr vorstellen, wahrscheinlich würde jeder Lehrer danach suspendiert oder die Erwachsenen sofort angezeigt. Wir sind trotzdem unbeschädigt groß geworden, im Gegenteil bei manchem, haben die Prügel sogar etwas genützt.
Dafür wurde damals auch nicht alles kriminalisiert, zum Beispiel, "erwischt beim Obst klauen in einem fremden Garten", der Tatbestand würde heute sicher die Polizei auf der Bildfläche erscheinen lassen, es gäbe Verhöre, Anzeigen und Diebstahl, Einbruch, Personalien etc. würden zu Protokoll gebracht, die Eltern verständigt usw., damals gab es eben ein paar hinter die Ohren vom Besitzer und damit war die Sache erledigt!

Nach einigen Monaten trat endlich etwas Besserung der Schulsituation ein, scheinbar wegen Platzmangel, entstand eine extra evangelische Schule, die Klassen wurden getrennt. Wir kamen in Ausweichräume, ein Flügel des Neuburger Schlosses wurde unser Quartier, diese Räume waren vor dem Kriegsende als HJ-Heim oder Lazarett genutzt worden.
Als Lehrer bekamen wir einen Herrn "Klingbeil", einen kleinen drahtigen glatzköpfigen Lehrer, etwa zwischen 63 und 68 Jahren alt. Ich glaube er kam aus Königsberg und war sicher wegen seines Alters, zuletzt nicht mehr beim Militär gewesen. Seinen ostpreußischen Dialekt verstanden wir diesmal besser als unsere bayrischen Schulkameraden, ja das gab es auch!

Lehrer Klingbeil trat oft in Bridgeshosen, kariertem Sakko, nebst weißem Hemd mit Krawatte auf, dazu trug er hohe Schnürschuhe mit darüber geschnallten Lederschäften, was ihm das Aussehen eines Reitlehrers verlieh.
Sein Lieblingsgerät allerdings, war ein dünner mittelgroßer Rohrstock, den er beim Unterricht zum Zeigen auf den Schüler, Deuten an der Tafel oder noch lieber und das am häufigsten, zum Schlagen einsetzte.
Seine liebste Schlagart waren die „Tatzen“, hierzu musste der zu bestrafende Schüler vor an die Tafel, die Arme mit nach oben gehaltenen Handflächen ausstrecken, worauf Lehrer K. gezielt, zügig mit dem Rohrstock darauf schlug. Bestraft wurde alles: Schwätzen, Lachen, fehlende oder schlechte Hausaufgaben und Unaufmerksamkeit.
Wir fürchteten ihn alle, sogar die meist etwas älteren "Klassenschläger", die es überall gab, entweder waren sie sitzen geblieben oder hatten durch den Krieg eine oder mehrere Klassen versäumt.
An einen Vorfall mit unserem Günter Faber erinnere ich mich besonders gut, einmal weigerte er sich die Hände herzuzeigen, da legte ihn unser ostpreußischer Verwalter, auch so sah er aus, einfach übers Knie und schlug ihm mit dem Rohrstock kräftig auf seinen Allerwertesten.
Beim nächsten Mal aber ließ Günter sich das nicht gefallen, sprang flugs mit einem Satz auf unseren, immerhin zwei Meter hohen Klassenschrank, und blieb dort oben wie eine Katze sitzen! Der Lehrer jedoch nicht faul, hüpfte wie "Rumpelstilzchen" immer wieder hoch und schlug auf alles, was er von Günter erwischen konnte, solange, bis jener aufgab und herunter kam.
Für diejenigen aber, welche in der Zwischenzeit zu lachen gewagt hatten, gab es danach folgende Reihenbestrafung!
Vortreten, Nebeneinanderstellen, ausgestreckte Innenhand nach oben, „Tatzen“, wer es wagte die Hände wegzuziehen, bekam das Rohrstöckchen beim zweiten Anlauf, als extra Behandlung gut gezielt, auf den Fingerkuppen zu spüren! Faust machen, ging danach nicht mehr, still geweint wurde öfter, wenn man es auch als tapferer Bub nicht zeigen wollte!
Einmal warnte er mich mit den Worten *"Jerrad unter dem Deckmantel der Bieeederrkeit, wagst du es, mir Frechheiten anzubieten, ich werrde es deinem Vaterrr melden!"* Derweil selbst nie ganz unschuldig wurde zu Hause von dererlei Dingen lieber nichts erzählt, denn bei manchem, so auch bei mir, hätte es womöglich von Vater noch etwas dazugegeben!
Es fiel mir überhaupt schwer, wieder am normalen, regelmäßigen Schulunterricht teilzunehmen, schließlich hatten die Eltern bis jetzt humaner, eher sporadisch, mein Lernen überwacht.
Die erste und zweite Klasse hatte ich durch die Trennung meiner Eltern, sowie die Evakuierung nach Neugersdorf nur teilweise besucht, die dritte fehlte mir fast vollständig! Folge der letzten Kriegsmonate mit Flucht, die Zwischenstation

in Wurzen ist nicht erwähnenswert, inmitten der vierten Klasse, befand ich mich jetzt!
Leider zwang mich Vater so weiterzumachen, als wenn ich nichts versäumt hätte, was sich später noch bitter rächen sollte!!
Während ich also, mit etlichen Schwierigkeiten in der Schule zu kämpfen hatte, ansonsten mich aber langsam eingewöhnte, versuchte uns Vater, eine neue Lebensgrundlage zu schaffen!
Nebenbei erkundeten wir jedes Wochenende zu Fuß die nähere und weitere Umgebung von Neuburg, dann waren die geliebten, von mir gehassten, langen Spaziergänge angesagt. Gehasst deshalb, weil er dabei stets über längere Zeit meine Schulkenntnisse zu prüfen pflegte, meistens mit Kopfrechnen oder Aufsagen des Einmaleins. Bei einem dieser Streifzüge suchte Vater einen Namen für unseren neuen Fertigungsbetrieb, wieso Fertigung?!
Derweil es nach dem Krieg nichts zum Handeln gab, dagegen Mangel an so ziemlich allen Dingen des täglichen Bedarfs herrschte, musste man wohl oder übel erst mal etwas erzeugen! Leuchten hatten sie schon vereinzelt in Breslau aus Fertigteilen, Kabel, Fassungen und Gläsern zusammengesetzt, mit diesen Kenntnissen wollte er nun versuchen, Arbeitsplatzleuchten herzustellen.
Nach einigem Experimentieren kam er auf den Gedanken, die zwei ersten Buchstaben seines Vornamens, mit den ersten beiden meines Namens zu verbinden! So entstand für diesen neuen Betrieb aus Henry und Lothar der Firmenname "HELO"!
Einige Tage später führte er uns zum Neuburger Schloss, dann durch einen großen Torbogen, quer über den Innenhof, bis wir im ersten Stock inmitten von mehreren großen, hohen, nackten, kahlen und total leeren Räumen standen. *„Hier werde ich einen Fertigungsbetrieb aufbauen“*, sagte er und umfasste dabei mit einer weit ausholenden Bewegung alle Räume. Mutti schüttelte nur den Kopf, wir beide sahen uns zweifelnd und ungläubig an!
Die meisten Räume dieses großen Schlosses waren noch mit Flüchtlingen belegt, welche unter heute unglaublichen Bedingungen dort hausten. So hatte man große Räume teilweise nur mit Decken in kleinere Zimmer unterteilt, von den sanitären Bedingungen ganz zu schweigen.
Davor stand aber erst mal die Frage, woher Maschinen und vor allem Material nehmen? So organisierte, nahm, besorgte man alles, was einem unter die Finger kam. Aus Abfall, zerstörtem Kriegsgerät oder Restmaterial früherer Produktionen, wurde mit Elan und Erfindergeist, Neues geschaffen. Mit neuem Mut und großer Hoffnung wurde wieder an die Arbeit gegangen. So oder ähnlich begannen viele Hersteller und damit der "Deutsche Wiederaufbau"!
Am Anfang entstanden teilweise abenteuerliche Fabriken, in Neuburg zum Beispiel eine Firma, welche aus Helmen Siebe, oder aus aufgeschnittenen, platt

geklopften US-Verpflegungsdosen Kehrschaufeln und andere Haushaltsgeräte herstellte!
Eine Bekleidungsfirma und eine Handschuhfabrik gründete man einige Zeit später, ebenfalls in den oberen Stockwerken des Schlosses.
Im Vorteil damals, einheimische Firmen oder Handwerksbetriebe, welche Gebäude, Haus, Grund und Boden, Maschinen, Werkzeuge, eventuell sogar noch Material von alten Aufträgen besaßen, die konnten gleich wieder loslegen. So gab es zum Beispiel eine alteingesessene Neuburger Firma, welche während des Krieges im Auftrag der *"Organisation Todt"* bis zum Schluss beim Festungs- oder Bunkerbau gearbeitet hatte. Die jetzt herrenlosen Maschinen hatte sie noch und konnten damit sofort zur größten Baufirma in der Region werden! Dem Besitzer gehörte als ehemals großem Nazi neben Grundstücken, Gebäuden auch ein eigenes Jagdrevier! Also ein echter "Kriegsgewinnler", dem offensichtlich selbst Auflagen der Entnazifizierung- Behörden kaum etwas ausmachten, wie Vater meinte.
Pech für Flüchtlinge, wie wir, die meist erst neue Firmen gründen mussten, irgendwie Raum, Maschinen, Material ergattern, um dann ganz bei Null zu beginnen!

Info: Unsere Firma wurde die "Wiederanlaufs-Genehmigung" vom Regierungswirtschaftsamt Schwaben am 15.3.1946 erteilt. Laut Verfügung vom 26.2.46 durften höchstens 10 Arbeitskräfte beschäftigt werden, für mehr als 11 Beschäftigte musste eine neue Genehmigung eingeholt werden!! (Die Besatzungsmächte hatten Angst vorm deutschen Wehrwolf?!)
Unter dem Namen HELO wurde der Firma am 22.8.1946 dann die Produktionserlaubnis für Fabrikation und Großhandel von Leuchten bzw. Elektrogeräten erteilt.

Neben Hindernissen, wie die ständigen Stromsperren war eines der größten Handicaps, die noch weitgehendst fehlenden Transportmöglichkeiten. Deshalb besorgte sich Vater als erstes einen Personenwagen mit der seinerzeit vorgeschriebenen großen weißen Aufschrift, "Behelfslieferwagen" auf beiden Türen. Dieses klapprige Gefährt gehörte seinem alten Freund Rafone, dem kleinen, schmalen, pfiffigen Sizilianer, Obst und Gemüsehändler aus Breslau, den es nach München verschlagen hatte. Auch er bedauerte natürlich, in seinen sehr blumenreichen Erzählungen, den Verlust seines (großen, wichtigen) Geschäfts. Trauerte aber offensichtlich mehr den letzten Kriegsmonaten nach, wie man den Erzählungen entnehmen konnte! Besonders hatten ihm scheinbar seine Erfolge bei den Schönen der Stadt gefallen, welche sich ihm angeblich bettelnd zu Füßen geworfen hatten! *„Bitte Herr Rafone, bitte, nur eine Apfelsine, ich tue alles für Sie!“* Wobei seine schweinigen Bewegungen, sowie der Ausdruck seiner Augen, keine Zweifel an den nicht nur angebotenen Leistungen aufkommen

ließen! Wie er zu dem etwas größeren alten Fiat kam, blieb sein Geheimnis. Denkbar, dass er sich als Ausländer damit rechtzeitig von Schlesien nach Bayern abgesetzt hatte.
Als Privatmann durfte Ernesto nicht damit fahren, H.G. dagegen bekam durch die angemeldete Firma vom „Neuburger-Stadtkommandanten“ die Fahrgenehmigung für ein Fahrzeug, mit der man überhaupt erst fahren durfte. Sowie Nummernschilder nebst den begehrten „Benzingutscheinen“, ohne die es wiederum keinen Liter Sprit gab! Somit ward beiden geholfen, nun konnte man auf Tour gehen, um erste geschäftliche Fäden zu knüpfen. Vater erneuerte als erstes seine alten Beziehungen zu seinen früheren Geschäftsfreunden bzw. Lieferanten, welche sich hauptsächlich in Westfalen, dort meist in der Nähe von Iserlohn befanden. Häufig brach er sehr früh auf, um bei Nacht und Nebel, anfangs heimlich, später mit Genehmigung, die Grenze zur englischen Zone zu überschreiten. Um diese, von den Alliierten besetzten Gebiete (Zonen) mitten in Deutschland, zog sich eine Grenze, wie sie etwa bis vor einigen Jahren zwischen Österreich und der Bundesrepublik bestanden hatte. Man benötigte für den Warenverkehr Aus- und Einfuhrpapiere, Lebensmittel durften im Anfang überhaupt nicht hin oder hertransportiert werden!
Vater versteckte alles im Auto und schmuggelte, denn zu dieser Zeit bekam man nur etwas (z. B. Material) für Zigaretten, Alkoholika oder Lebensmittel, letztere mussten gegen etwas eingetauscht werden, was wiederum die Bauern brauchen konnten! Fleisch war am schwierigsten zu besorgen, daher wurde öfter schwarzgeschlachtet, das heißt heimlich, was allerdings bei hohen Gefängnisstrafen verboten war! Doch da Not erfinderisch macht, gelang es ab und zu unter der Hand irgendein lebendes Getier zu bekommen! Welches dann meist nachts in aller Heimlichkeit, von einem Metzger oder Amateur, in der "Waschküche" des Hauses geschlachtet und zerlegt wurde. Dieser Raum eignete sich am besten dazu. Obwohl man die Nachbarn sicherheitshalber fast immer beteiligt, eingeweiht oder bestochen hatte, musste trotzdem die ganze Aktion möglichst leise, hinter verhängten Fenstern geschehen!

Die Waschküche befand sich im Keller oder in einem extra stehenden Waschhaus! - Bevor es Waschmaschinen gab, musste die Wäsche dort von Hand bearbeitet werden. In einem großen Kessel, fast wie ein Ofen gebaut, wurde mittels Holzfeuer die Wäsche in Seifenlauge, unter Rühren, aufgekocht. Stückweise entnommen von Hand auf dem Waschbrett gerubbelt, in Wannen gespült, ausgewrungen und aufgehängt! Versehen mit Wasserhahn, Becken, Bodenablauf nebst verschiedenen Wannen, konnte man sie deshalb auch bestens, als Schlachthaus verwenden!

Zu dieser Zeit gab es auch bei uns den ersten Schweinebraten seit Jahren!

Erst 30 Jahre später erfuhr ich vom Spenglermeister „Benno“, welcher damals auch dabei war, von einem solchen Viehtrieb, den er als junger Mann mit Henry und noch ein paar Männern durchgeführt hatte. Sie trieben mitten in der Nacht, bei leichtem Mondschein, mit Stecken eine Kuh von Bergen nach Neuburg, erst durch den Wald und dann weiter etwa 5 km zum Schlachten.
Kurz und gut, Vater fuhr mit aus dererlei Aktionen besorgtem Fleisch nach Norden, um es dort zum Beispiel gegen Zinkeimer zu tauschen.
Mit diesen wiederum marschierten Mutti und ich dann zum Hamstern. Oh wie ich sie hasste, diese Eimer, angetan mit unseren ältesten Kleidern schleppten wir sie von Bauer zu Bauer. Doch es half nichts, ich musste mit, denn mein damals sehr blasses, mageres Aussehen veranlasste manche Bäuerin, mehr zu geben.
Doch der Reihe nach, der Herr Papa brachte uns also mit dem Auto bis an den Ortsrand, zum Beispiel von Klingsmoos, die Landwirte hätten es nicht sehen dürfen! Dort drückte er uns so viele Eimer in die Hand, wie wir tragen konnten. Damit zogen wir sodann von Hof zu Hof. *"Brauchens keine Eimer im Stall oder im Haus zum Putzen?"*, fragte Mutti jede Frau, die sich im Hof sehen ließ, oder nach Klopfen die Tür öffnete.
Weil es gute, neue Eimer waren, wurden wir sie fast immer schnell los, oft mussten wir sogar ins Haus kommen, um uns an den Küchentisch zu setzen. Dann wurde Wurst, Fleisch, Butter gebracht und gleichzeitig unter ständigem Feilschen der Gegenwert ausgehandelt. Mutti versuchte immer noch etwas mehr zu bekommen, ich dagegen wäre am liebsten vor Scham im Boden versunken.
Viele der Flüchtlinge, meist als „Hamsterer“ tituliert, die damals von allen Seiten in die Dörfer einfielen, um irgendetwas Essbares zu ergattern, brachten den Landwirten auch wertvolle Dinge. Sodass man seinerzeit behauptete, so mancher Bauer hätte seinen Stall mit echten Teppichen auslegen können!
Auf einigen Höfen fiel es leichter zu fragen, diese suchten wir öfters auf. Hier erinnere ich mich speziell an eine alte Bäuerin im Moos, von der wir immer etwas bekamen! Sie wohnte wie eine alte Hexe in einem kleinen niedrigen Bauernhof, dessen Stall nur durch eine schmale Holztür von der Küche getrennt war. Überall roch es modrig feucht nach Kuhstall und stickige Wärme erschwerte das Atmen.
Die alte, runzlige, aber sehr freundliche Frau war mager, von der schweren Feldarbeit gekrümmt. Angetan mit einer verwaschenen Kleiderschürze, schlurfte sie geschäftig, mit den zu großen Filzpantoffeln hin und her. Später zerteilten ihre knochigen, von der Gicht verbogenen Finger das Fleisch. Weil die Bäuerin keine Kinder hatte, wollte sie mich, gegen meinen Willen immer streicheln. *"Mei Buberl, ist der net guat, haa, mußt mehr essen und nauss and Sonn, dasst net so blass ausschaugst, oder isser eppa krank Frau, haa?"* Daraufhin packte die Alte kopfschüttelnd noch etwas Schmalz dazu, was Mutti gern geschehen

ließ! Später schärfte man mir ein, ihr ja freundlich zu begegnen und mir alles gefallen zulassen, auch wenn es mich grausen sollte!
Dieses ergatterte Fleisch, Butterschmalz, Wurst, Schinken usw. wurde mit Packpapier zu Bündeln verschnürt, dann begaben wir uns, zum Schein wandernd, bis ans Ortsende, wo nach verabredeter Zeit in der Dämmerung endlich unser Auto mit ausgeschalteten Lichtern auftauchte!
Zuhause angekommen wurde alles erst einmal auf dem Tisch verteilt, gesichtet und sortiert. Dann setzten sich meine Eltern hin und fingen an, zu futtern, natürlich nicht ohne mich aufzufordern, es ihnen gleich zu tun! Doch vieles verweigerte ich, war halt ein heikler Esser, dem die Wurst zu fett, das Fleisch zu flachsig oder auch beides zusammen einfach nicht schmeckte.
Von manchen Sachen aßen wir nur wenig, der Rest wurde gut verpackt und versteckt, um später irgendwo anders, gegen irgendwelches technische Material getauscht zu werden!
Schlimmste Erinnerung habe ich in diesem Zusammenhang an eine große Packung "Hipp-Kindernahrung", welche man ergattert hatte. Ein widerlich süßes Zeug, welches eigentlich mit Milch angemacht für Babys sein sollte. Nun bekam ich es über Wochen verteilt, mit Wasser aufbereitet immer wieder vorgesetzt, bis ich in einen halben Hungerstreik trat.
Vater war in Sachen Tauschhandel oft eine Woche oder länger unterwegs, denn viele Landstraßen waren noch schlecht und häufig, wie zum Beispiel die von Neuburg nach Augsburg nur eine Schotterpiste! Geteert oder gepflastert waren in dieser Zeit vornehmlich die Ortsdurchfahrten! Stets hatte man deshalb mindestens zwei bis vier Ersatzräder dabei, denn nach einem Plattfuß Rad wechseln oder flicken gehörte zum Alltag.
Das hieß: Wagenheber raus, Rad abbauen, mit dem Montiereisen Reifen seitlich runter, Schlauch herausnehmen, mit Gummilösung nebst Flicken zukleben, Stelle mit Wasser oder Spucke prüfen, Reifen und Rad wieder aufmontieren, zum Schluss mittels Handpumpe aufblasen! Kurz, eine sehr schweißtreibende, mühevolle Geschichte!

*

Ein Fahrradanhänger, derbes Rohrgestell mit zwei dicken "28er" Rädern nebst aufmontierter Kiste war unser erstes innerstädtisches Transportfahrzeug, womit man meistens irgendwelche kleinere Lasten transportierte.
Manchmal, wenn ich gerade freihatte, durfte ich den Transport übernehmen, so auch an diesem sonnigen Tag.
Vater ging auf dem Gehsteig, während ich den mit einer Kiste beladenen Anhänger am Stadtberg hinunter bremste. Damit er sich nicht selbstständig machen konnte, stemmte ich die Füße kräftig Schritt für Schritt gegen das Kopfsteinpflaster.
Da plötzlich, beim letzten Drittel des Berges bekam ich starkes Seitenstechen, weil nun das Fahrzeug immer schneller wurde, rief ich laut um Hilfe, sodass mein Vater helfend dazu springen musste. *"Stell dich doch nicht so an!"*, meinte er kopfschüttelnd.
Als ich mich aber ein paar Stunden später immer noch vor Schmerzen zusammenkrümmte, erzählte er die Geschichte am Abend seinem Freund Dr.Schustalla, Oberarzt in Neuburg und ebenfalls Flüchtling aus Gleiwitz. Auch er nahm gerne einen zur Brust (meint, trank gern und viel), deshalb weilte er manchmal bei uns, so auch an diesem Tag!
"Komm her mein Junge, zieh dein Hemd aus und leg dich hier auf die Couch ", sprach's und begann am schmerzenden Bauch herumzudrücken. *„**Blinddarm**"*, seine Diagnose, *"Henry, dein Sohn hat eine Entzündung, den nehme ich gleich morgen mit ins Krankenhaus!"* und ehe ich mich versah, lag ich am nächsten Tag schon im OP auf dem Tisch.
Im weißen Kittel "Onkel Hans", so durfte ich ihn nennen, beugte sich über mich. *"Keine Angst, Lothar, schön zählen und dabei tief einatmen, dann ist alles gleich vorbei!"*
Irgendjemand drückte mir etwas auf Mund und Nase - Chloroform Geruch verströmte - , immer weiter entfernt, versehen mit einem Echo, hörte ich mich zählen *" 21- , 22-- , 23---- "* mir wurde schlecht! *"Tiefer atmen"*, rief es aus weiter Ferne, dann war ich weg! ---------- ------------- -------------
!!!!
Mir war übel, der Kopf brummte, doch jemand streichelte mich, wunderbar, - langsam schlug ich die Augen auf, ein Engel? Nein, natürlich nicht, eine Schwester mit Rotkreuzhaube. "Schwester Gerti", etwa 25 Jahre alt, schlank, groß und sehr hübsch, wie ich später feststellte. Mit meinen 9 Jahren verliebte ich mich sofort, ohne zu wissen, wie mir geschah! Jeden Tag kam die Schwester zu uns, wobei sie speziell mich immer wieder ansah und streichelte, wahrscheinlich verhalf mir mein schmales, blasses Aussehen zu dieser Gunst.
Im Stationssaal waren noch weitere Buben mit allen möglichen Krankheiten behaftet, zurzeit jedoch war ich der einzig frisch operierte!

Das Krankenhaus nebst Kloster wurde von den "Barmherzigen Brüdern" betrieben, an allen wichtigen Stationen waren Mönche, mit ihren langen schwarzen, durch einen breiten Ledergürtel zusammengehaltenen Kutten präsent. Meistens blickten sie sehr streng, doch gab es auch lustige, humorvolle unter ihnen, die allerlei Späße trieben, sodass wir alle lachen mussten, was mit meiner frischen Blindarmnarbe nicht so angenehm war.
Am schmerzhaftesten jedoch war der Verbandswechsel, ein größeres dickes Zellstoffstück wurde mit braunem Kleister direkt auf die Haut geklebt und musste beim täglichen Wechsel immer wieder heruntergerissen werden. Oftmals besorgte das ein junger Bruder mit weißem Gewand, welches alle Mönche vom medizinischen Dienst über ihre normale Kutte gezogen hatten.
"Schau mal a Vogerl am Fenster" - Mit so was oder irgendetwas anderem gelang es ihm häufig mich abzulenken und ratsch, ein scharfer Schmerz durchfuhr den Körper, aber da war der Verband auch schon weg!
Mein schlimmstes Erlebnis jedoch geschah eines Nachts, es muss nach zwölf gewesen sein, als ich durch ein Geräusch geweckt wurde. Im Türrahmen stand ein Mönch, das Blut gefror mir in den Adern, das Ganglicht von hinten ließ ihn wie einen riesenhaften dunklen bösen Geist erscheinen! Da, er bewegte sich, sein Schatten fiel auf mein Bett, mit hämmerndem Puls schlüpfte ich unter die Decke.
Einige Zeit später: Schweißgebadet traute ich mich wieder hervor, „Gott sei Dank“ alles still und dunkel, - des Rätsels Lösung: Es war nur der Nachtpater bei seiner Runde!
Nachdem ich mich eingewöhnt hatte, gefiel es mir gut im Krankenhaus, endlich einmal weg von zu Hause! Das Personal und die anderen Kinder waren so nett. Hier bekam ich auch die ersten Semmeln nach dem Krieg und diese sogar mit Butter und Honig, wobei damals der traumhafte Aufstrich so dick sein musste, dass man den Abdruck der Zähne in der Butter sehen konnte. *„Mmmm war das gut!“* - Vergess ich bis heute nicht!
(Meine damaligen Daten, aus alten Unterlagen: 9 Jahre alt, 1,4 m groß, 25,5 Kg schwer.)
Freudig erwartete ich täglich den Besuch der netten Stationsschwester, welche auch meistens kam, irgendetwas Nettes sagte oder mich streichelte.
Nach etwa einer Woche verließ ich sehr ungern das Krankenhaus, oft nach der Schule kam ich heimlich, trotz der weiten Entfernung, um sie zu besuchen. Schwester Gerti blieb weiter lieb und freundlich, hörte sich geduldig meine Erzählungen an, strich mir übers Haar und hatte immer ein wenig Zeit für mich, bis ich sie irgendwann vergaß!
Für einige Irritation in der Familie, von freudiger Erregung bis zu zwiespältigen Gefühlen, sorgte einige Monate später die Eröffnung von Mutti, dass ich wohl bald ein Geschwisterchen bekäme! Sehen konnte man wenig, doch ließ sie mich

schon mal vermeidliche Bewegungen des neuen Erdenbürgers erfühlen. Allerdings ging es ihr bald recht schlecht, die sonst schon bekannte Migräne nahm an Häufigkeit zu, sodass sie später sogar dauernd liegen musste.
Nach einigen Tagen von Papi ins Krankenhaus „St. Elisabeth" gebracht, hatte sie kurz darauf einen "Abgang" und kam sehr niedergeschlagen nach Hause!
Doch es sollte noch schlimmer kommen, die beiden hatten sich kaum etwas beruhigt als eines Abends, ich erinnere mich noch genau, weil ich das Zimmer verlassen musste, ein gewisser Herr Herold, seines Zeichens damals einziger „Kriminaler Neuburg's" erschien, um sie wegen des Verdachtes der Abtreibung zu verhören! Offensichtlich hatten die Nonnen diese Anschuldigung gegenüber der Polizei geäußert!
Vor allem Vater regte sich über die Frechheit dieser abwegigen Verdächtigung furchtbar auf und verfluchte es in seinem Schmerz erstmals lauthals, in so einer verkorksten, spießigen, konservativen, katholischen Kleinstadt gelandet zu sein.

*

Die ersten Jahre in der neuen Heimat vergingen im Auf und Ab, erstmals gab's wieder neue Kleidung, allerdings noch aus Vaters abgelegten, gewendeten Anzügen bzw. Mantel geschneidert.
Im Sommer bekamen wir, als neue Angestellte, das erste Dienstmädchen nach dem Krieg. „Fräulein Mariechen", etwa 28 Jahre alt, von kleiner zierlicher Figur. Ihr gutmütiges Gesicht mit der breiten Knollennase sah recht fröhlich aus, was sie trotz der erhaltenen schweren Schicksalsschläge auch war.
Als Flüchtling aus dem Sudetenland war sie mit Kind, mehreren Geschwistern und der alten Mutter unterernährt in Neuburg angekommen. Die lange Flucht muss sehr schlimm gewesen sein, denn später erzählte sie oft, wie ihr kleiner Sohn unterwegs nur mit Wasser und etwas aufgeweichtem Brot ernährt werden konnte. Ihr Verlobter, der als Soldat nur ein paarmal auf Urlaub kommen konnte, hatte sein Kind nie gesehen! Bevor sie heiraten konnten, musste die Familie flüchten und nun wurde er in Russland vermisst.
Am ersten Arbeitstag, ich sehe sie noch heute vor mir, mit der immer weißen gestärkten Schürze, waren wir uns gleich sympathisch, das war auch gut so, denn schon bald sollte sie eine Art Tante oder große Schwester für mich sein!
Papi war oft unterwegs und Mutti musste, wie alle "Gerhard-Frauen", voll in der neuen Firma mitarbeiten.
Das Dienstmädchen musste die Wohnung sauberhalten, flicken, waschen, kochen, außerdem Befehlston, Papi wörtlich: *„Mariechen, Lothar hat Ihnen unbe-*

dingt zu folgen, wenn nicht, oder sollte er gar wieder etwas anstellen, bitte - sofort Bericht an mich!"

Zu meinem Glück hatte „Frl. Mariechen" ein gutes Herz, merkte wohl selbst die Überstrenge des Alten! Schon nach ein paar Monaten konnte ich sie öfters zum Schweigen überreden und mich so vor Strafe schützen!

Inzwischen wuchs unser Haushalt weiter, als neues Familienmitglied tauchte "Berthold Meyer", der 70-jährige Vater von Else auf. Bis Kriegsende vom Volkssturm eingesetzt, hatte uns der Witwer über den Suchdienst des DRK gefunden. Ein gemütlicher, mittelgroßer, abgemagerter Mann mit Glatze, bei dem es mir nicht schwerfiel "Opa" zu sagen, im Gegenteil, nach einer Weile wurden wir beste Freunde, er wohnte im Neuburger Flüchtlingslager und trat, als erster Arbeiter, in die neue Firma „HELO" ein!

An eine unserer ersten gemeinsamen Produktionen kann ich mich noch gut erinnern. Vater hatte von irgendwoher, etwa dreißig Blechteile für dreibeinige Kochplatten aufgetrieben, dazu passende Keramikplatten und einige Rollen Heizdraht. Vorher waren ihm schon mehrere Büchsen mit verschiedenen Farbresten in die Hände gefallen, aus welchen zusammen geschüttet eine in etwa rotbraune Farbe entstand!

In den neuen Fabrikaktionsräumen, in welchen jetzt schon mehrere Stühle nebst einem großen Tisch standen, begann Opa mit mir, die vorgefertigten, zusammengeklopften Blechunterteile, mit jener Farbe zu streichen. Später fädelten andere den Heizdraht in die Keramikplatten und montierten diese kleinen Kochplatten funktionsfähig zusammen.

Bei der nächsten Tour nahm Vater die Geräte mit, um sie wiederum gegen anderes Material einzutauschen!

Monat um Monat lief unser Betrieb besser, Vater gelang jetzt, selbst im näheren Umkreis Material, wie Schrauben, Muttern, Rohre, Bleche aus zerstörten Flugzeugen oder Teile von Panzerfäusten, leere Kartuschen oder Ähnliches zu besorgen.

Leicht zu haben war auch Hartholz, denn davon gab es in der Gegend genug. Bald hatte er deshalb mit seinen Arbeitern aus einer alten Drehbank eine erste Drechselbank zusammengebastelt, womit man aus Holz, Unterteile für Tisch- und Standleuchten oder andere Bauteile herstellte.

Gefertigt wurden die unterschiedlichsten Dinge, aus allem, was ihnen gerade in die Hände kam, so wurde zum Beispiel aus einem Holzteller, Rohr und aufgesetzter Panzerfaustschale ein begehrter Standaschenbecher!

Vater stellte, aus für ihn selbstverständlicher Solidarität, vor allem Heimkehrer aus der Gefangenschaft nebst Invaliden ein, selbst wenn diese meist, außer dem Kriegshandwerk, nichts kannten!

Einmal hatte er Glück, unter ihnen war ein alter Drückermeister namens Wanatzki, der konnte noch mittels Druckstageln (Stöcke aus Messing mit Holzgrif-

fen) auf einer umgebauten Drehbank, über eine Holzform Bleche zu Schüsseln formen. Damit war die wichtigste Voraussetzung geschaffen, Reflektoren für Leuchten bzw. Arbeitsplatzleuchten zu fertigen!
Ein ehemaliger Ingenieur fand sich ebenfalls, welcher Infanterieoffizier war und jetzt aus amerikanischer Gefangenschaft kam. Dieser begann mit Vater, einen halbwegs funktionierenden Produktionsablauf zu erstellen.
Nebenbei suchten, besorgten, reparierten sie ständig alte Maschinen, bauten Teile davon um, oder konstruierten selbst neue! Es wurde sehr viel improvisiert, natürlich dabei aus Unkenntnis gepfuscht oder „gedubst“, wie man damals sagte. Jedoch waren alle frohen Mutes und packten kräftig mit an.
Die ersten so hergestellten Leuchten wurden ihm schier aus der Hand gerissen, Zigaretten, teilweise Lebensmittel, Schnaps, Wein, oder Material, selten die noch gültige Reichsmark, stellten die Währung dar, mit der man damals bezahlte!
Bald besaßen wir wieder ein allerdings zugewiesenes Auto, den großen schwarzen "Adler", Baujahr 1935. Ein Bauer hatte ihn im Stadel unter Stroh versteckt, die Herkunft war nebulös, woraufhin die Militärregierung die Zulassung verweigerte, er musste verkaufen!
Nur der erste Gang wollte nicht mehr rein, so fuhr man halt stets im zweiten Gang und schleifender Kupplung an, ansonsten war alles in Ordnung.
Bei diesem nun sogenannten "Behelfslieferwagen" erweiterten unsere Schlosser die Ladefläche erheblich, durch Entfernen der hinteren Sitzbank sowie Montage eines aus Rohr gebastelten, circa 50 cm hohen Ladegitters auf dem Dach!
Meist schwer beladen, tief in den Federn hängend, legte der "alte Lastesel", wie sie ihn nannten, in mehreren Jahren eine Menge Kilometer auf schlechten Straßen zurück, eben noch alte, echte deutsche Qualität!
Während der Betrieb im Schloss große Fortschritte machte, wurden privat die ersten Feste gefeiert. Hauptsächlich mit Wein, Sekt oder Schnaps, den einer irgendwo im Keller heimlich gebrannt hatte! Nicht ungefährlich, derweil erstens die Herstellung verboten, zweitens meist keiner genau wusste, wie stark oder was alles in diesem Gesöff enthalten war. Besorgt entweder auf dem schwarzen Markt oder über Beziehungen, eingetauscht gegen Zigaretten, Lebensmittel oder irgendwelch andere wertige Ware!
Gefeiert, getrunken, geraucht wurde mit praller Lebensfreude, das Überleben, die überwundene Furcht, der überstandene Krieg, dieser Hintergrund machte alle froh und ausgelassen.
In unserer, schon erwähnten Zweizimmerwohnung, trafen sich mehrmals im Monat die neuen Freunde und Bekannten. Immer mit von der Partie, Papis Freund Hanek und seine Frau, mit dem zusammen er Neuburg ausfindig gemacht hatte. Letzterer fing in einer Halle, dem ehemaligen alten Marstall der Stadt, mit einem alten Armeelastwagen, einen Lebensmittelgroßhandel an. An-

fangs kamen die Lieferungen aus amerikanischen Beständen sowie über verschiedene dubiose Kanäle, bis etliche Zeit später, langsam auch normale Lieferungen begannen.
In erster Linie kamen diese, sowie andere sogenannte Geschäftsfreunde meiner Eltern kamen zu uns. Pech für mich, denn wenn sie zu feiern begannen, musste ich ins elterliche Schlafzimmer umziehen. Laute Musik, Gespräche, Gelächter und Gesang ließen mich fast immer spät einschlafen. Mitten in der Nacht wurde ich dann leise auf die Wohnzimmercouch, mein normales Bett, zurückgebracht. Obwohl sie den Raum vorher schnell gelüftet hatten, stank es trotzdem fürchterlich nach Rauch und Alkohol, eben wie in einer Kneipe! Beim Hinübertragen durch meinen Vater, stellte ich mich schlafend, denn danach kam mein erster Sexunterricht, ich wusste es nur nicht!
Wenn die beiden ins Ehebett gingen, schlich ich mich an die angelehnte Tür, denn nach einer Weile knarrten die Matratzen wie verrückt und sie fingen an zu stöhnen, ich hörte Mutti: *"Ja, ja, hier, tiefer, tiefer, aaah, aaah"*, das ging eine Weile so, bis sie schließlich ächzend einschliefen. Erst wusste ich nichts damit anzufangen und dachte an etwas Schlimmes, dass sie krank seien, oder Schmerzen hätten, weil sich das Hörspiel aber immer wiederholte, genoss ich es voll Spannung, wohl fühlend, dass ich etwas Verbotenes hörte oder tat!
Unsere Vermieterin, genannt "Trudi" begann privat, wie in einem Gasthaus, für einige Leute zu kochen, scheinbar um so ihre Rente aufzubessern. Ihre Verwandtschaft in der Umgebung waren Bauern, sodass sie reichlich über die Naturalien verfügte, an denen es den meisten mangelte.
Offensichtlich hatte die junge hübsche Witwe das Alleinsein satt, denn eines Tages zog bei ihr ein flotter, kleiner lockiger, älterer Kunstmaler namens „Johnny“ ein, ohne dass man ihn je eines seiner Bilder verkaufen sah. Mit ihm führte sie offensichtlich dank weiterer Talente, ein recht lustiges Leben, hörte ich Vater sagen.
Es muss wohl war gewesen sein, denn als ich einmal zufällig nachts die Toilette aufsuchte, vernahm ich aus ihrem Schlafzimmer die gleichen auffälligen Geräusche, wie zuweilen bei meinen Eltern! Außerdem war sie die erste pudelnackte Frau, welche ich in meinem Leben zu sehen bekam! Als ich eines Tages besonders früh zur Schule musste, öffnete ich nichts ahnend die Badezimmertür - - da stand sie vor mir, wie Gott sie geschaffen hatte, mit einer tollen Figur. *„Da stimmt alles“*, würde ich heute wohl sagen!
Zur Salzsäule erstarrt mit offenen Mund stand ich da und gaffte, da nahm sie mich beim Kopf, drehte ihn Richtung Gang und meinte nicht einmal unfreundlich *„So nun hast du genug gesehen, jetzt verschwinde aber ganz schnell, mein Lieber!!“*
Jedenfalls war ich an diesem Tage der Mittelpunkt in meiner Klasse, meine Schulfreunde wollten alles ganz genau wissen, denn wer hatte damals, in unse-

rem Alter, schon mal ein nacktes Weib gesehen!? Auch mir blieb sie, seltsam beunruhigt, in so manchem Traum erhalten.
Neidvoll beobachtete ich oft ihren Sohn Hansi, der besaß wirklich viel, ob es sich um Spielzeug, Klamotten oder den damals so begehrten Tretroller handelte, egal der hatte einfach alles!
Hansi, nicht nur jünger, sondern auch etwas naiv, weil behütet und beschützt aufgewachsen, was den Abstand zu mir, bedingt durch meine Erfahrungen, noch vergrößerte!
An Ostern, etwa 1948, erinnere ich mich noch gut, aus unserem Fenster sah ich Frau Stangler über den Hof zum Garten gehen. Es gab nur den einen, eingezäunt, sauber mit Büschen, Beeten und Gras versehen und den besaß nur sie, als Privilegierte, zur alleinigen Benutzung!
Ich beobachtete also, wie Frau Stangler an verschiedenen Stellen einige Osternester versteckte. Wenig später hörte ich sie Hansi nebenan wecken und dabei erzählen, jemand hätte den Osterhasen im Garten gesehen!
Wenig später kam ich natürlich rein zufällig ebenfalls auf den Gang geschlendert, Hansi rief freudig: *"Komm mit, Lothar, der Osterhase war da, wir gehen Nester suchen!"* Seine Mutter fuhr wie von der Tarantel gestochen mit finsterer Miene herum, da mein Gesicht aber unschuldig, gläubig strahlte, konnte sie mein Mitgehen nicht verhindern!
Man kann sich denken, dass ich bald etwas fand und es kindlich begeistert, Hansi zeigte, welcher inzwischen die anderen Nester gefunden hatte. Während er sie begeistert untersuchte, musste mir seine Mutter das eine, wohl oder übel, verkrampft lächelnd, überlassen!
Kaum zu glauben, durch diese List, bekam ich das erste Osternest nach dem Kriege!
Freude hatten wir Kinder mit einer alten Dame im Hochparterre des Hauses, welche von allen „Tante Kayerle“ genannt wurde. Natürlich keine richtige Tante, trotzdem hatten wir Flüchtlingskinder die kleine rundliche Frau besonders ins Herz geschlossen, irgendwie vergrößerte sie die eigene Familie, was uns etwas mehr Heimatgefühl gab.
Die freundliche Witwe, ohne eigene Kinder, hatte als Einzige keine Untermieter, daher wurde gemunkelt, dass ihr eventuell das ganze Haus gehörte! Gern verrichteten wir kleine Dienste für sie, weil sie einen danach stets in ihre gemütliche, große, noch zu Friedenszeiten eingerichtete Wohnung einlud. Hier durfte man sich dann an den immer schön gedeckten Tisch setzen und wurde mit Limonade, Kuchen oder anderen Süßigkeiten bewirtet. Sie brauchte jedenfalls nur aus dem Fenster schauen, sofort liefen alle Kinder zusammen, hüpften herum wie kleine Gummibälle, dabei riefen sie erwartungsvoll *"Tante Kayerle, Tante Kayerle"*, bis sie sich erweichen ließ und irgendeine Leckerei verteilte.

„Wolfi, Hubert, Gerd, Michel oder Manfred“, so hießen die gleichgesinnten Haus- und Nachbarsjungen, allesamt „Lausbuben“, wäre wohl die richtige Bezeichnung dafür gewesen!
Unser Revier war das ganze Haus mit seiner näheren Umgebung, wobei es uns der Speicher besonders angetan hatte.
Dieser war riesig groß, zog sich über das ganze zweistöckige Gebäude hin, nur durch verschiedene, mit privaten Sachen angefüllte Verschläge unterteilt. Jene wiederum mit Hängeschlössern gesichert, gehörten zu diversen Wohnungen im Haus. Die Latten dieser Verschläge reichten nicht bis zur Decke, weshalb sie zum Drüberklettern kein größeres Hindernis darstellten. Die dort eingelagerten Gegenstände erweckten natürlich unsere Neugier, weshalb wir natürlich alles heimlich, aber genau untersuchten!
Über dem Ganzen spannte sich ein großer Dachstuhl, der aus richtigen dicken Eichenholzbalken gefertigt war. Sehr staubig, doch geradezu ideal, um darauf herumzuklettern!
An einer Stelle, etwa mannshoch unter dem Dach, mit einem Innengriff versehen, befand sich ein leicht zu öffnender, ovaler Blechdeckel, durch welchen früher die große Hakenkreuzfahne nach draußen gesteckt wurde. Alsbald stellten meine Freunde fest, dass er fast wie eine Panzerluke aussah.
Nachdem wir öfters Panzerkommandant gespielt hatten, auch anfangs mit „Hinausschauen“ zufrieden waren, wagte ich es, eines Tages durch die Öffnung auf das Dach zu schlüpfen!
Von hier oben hatte man einen wunderbaren Ausblick über die ganze Stadt! Auf der Dachmitte thronten mehrere große Ständer, zu denen einige Strom- sowie sehr viele Telefondrähte führten, da sich die Post mit ihrer Hauptvermittlung nur zwei Häuser weiter befand.
Als ich einmal, das nicht allzu schräge Dach auf der anderen Seite inspizieren wollte, sah ich in einiger Entfernung Mutti den Stadtberg herunterkommen. Ich rief *„Juuhuuu“* so laut ich konnte und winkte ihr fröhlich mit beiden Armen zu! Sie sah mich sicherlich, fand das aber scheinbar gar nicht lustig, anstatt ebenfalls zu winken, lief sie schnell ins Haus.
Nichts Gutes ahnend verschwand ich blitzschnell nach unten, derweilen ich mir schon dachte, dass dort oben wohl nicht der richtige Spielplatz sei.
Natürlich gab es gleich danach eine ernste Strafpredigt von Mutti, nur mein großes Ehrenwort, welches ich auch wirklich hielt, konnte mich davor bewahren, dass es Vater erfuhr!
Der Faszination des Speichers mit seinen Schätzen konnten wir uns natürlich auch durch diesen Vorfall nicht entziehen. So konnte es nicht ausbleiben, dass sich irgendwann einer von uns auf dem obersten aller Balken bewegte! Plötzlich fielen einige, in Sackleinen verschnürte Pakete herunter, welche klirrend zu

Boden fielen. Schnell wurde alles in einer Ecke versteckt, dann lauschten wir erst einmal an der Treppentür, ob unter uns niemand etwas gehört hatte.
Nachdem wir uns etwas später vom ersten Schrecken erholt hatten, schnitten wir das erste Paket neugierig auf, - aber was war denn das? Glitzernde wunderschöne Fechtdegen, sauber in Ölpapier verpackt, fielen uns entgegen! Es waren insgesamt acht bis zehn Stück, soweit ich mich erinnere, wem die wohl gehörten? Von den Erwachsenen wussten wir, dass Waffenbesitz den deutschen Bürgern bei Strafe verboten war, deshalb schworen wir uns, dieses Geheimnis unbedingt bis zum Tode zu bewahren! Großes Bandenehrenwort, natürlich!!
Einige Wochen später wurden wir schon etwas mutiger, einer stand an der Tür Schmiere, während die anderen mit den Degen zu fechten, oder was wir dafür hielten, begannen. Das Waffenklirren hörte sich so gut an, dass große Begeisterung aufkam, wir es immer wieder versuchten, obwohl man nach einiger Zeit die Degen nur noch mit beiden Händen halten konnte.
Zum Glück bewahrte uns wohl ein Schutzengel nebst den großen Handkörben, dass außer ein paar Kratzern oder Beulen, schlimmere Verletzungen ausblieben!
Immer mehr Burschen wurden in das große Geheimnis eingeweiht, unter ihnen leider auch ein feiger Kerl namens Manfred, mit dem Erfolg, dass er uns eines Tages androhte, alles zu verraten, weil er nicht immer dabei sein durfte. Da ihn einige kannten und wussten, er war fähig dazu, beschlossen wir sicherheitshalber, die Degen selbst zur örtlichen Polizei zu bringen.
Also wurden diese schönen blitzblanken Waffen, auf einen kleinen Leiterwagen geladen, zugedeckt, den Stadtberg hinauf ins Rathaus zur Polizeiwache gefahren. Dort angekommen sahen sich die Beamten kopfschüttelnd, schmunzelnd die Waffen an, lobten uns und behielten sie natürlich dort!
Nie mehr hörte oder sah man etwas von den wunderschönen Degen! Erst viele Jahre später glaubte ich sie im Neuburger Museum entdeckt zu haben! Sowie ich per Zufall erfuhr, dass sie ein im Haus wohnender Professor für Kommilitonen seiner schlagenden Verbindung dort versteckt hatte und nun über die Amis schimpfte, weil sie die Degen gestohlen hätten!
Bei schönem Wetter tollten wir vorwiegend draußen herum, vor dem Haus oder auf der Straße. Platz war genug auf Neuburg's Hauptstraße, denn damals kamen im Laufe des Tages, neben drei bis fünf Autos, nur ein paar Fuhrwerke, ansonsten hauptsächlich Radler und Fußgänger vorbei! Hierbei spielte die als Anschluss fehlende, weil gesprengte Donaubrücke als Verbindung nach Norden eine Rolle!
„Not macht erfinderisch“, dieser Spruch traf damals wirklich zu, und weil es nichts gab, stand selbst gebasteltes Spielzeug hoch im Kurs! Ich erinnere mich noch gut, als eines Tages ein Junge vor uns, im wahrsten Sinne, auf und ab stolzierte, mit Stelzen, welche ihm wohl jemand gebastelt hatte!

Sofort suchte sich jeder von uns ebenfalls ein paar, ca. 2 m lange Dachlatten, aus einem dicken Brett wurden sodann Stücke von 12 mal 20 cm ausgesägt, dann in einer Höhe von etwa 45 cm auf die Latten geschraubt, fertig!
Aufrechtes Gehen mit den unter die Achseln geklemmten Latten, dabei gleichzeitig auf den Brettern zu stehen, wollte aber erst gelernt sein. So kostete es manch blauen Fleck oder schon mal einen verstauchten Knöchel, bis es gelang, machte aber viel Spaß und wurde die große Mode unter uns Kindern!
Ansonsten war „Verfangalus“ (fangen), "Räuber und Schandi" (Gendarm) spielen, „Roller fahren“ oder das beliebte „Schussern“ angesagt. Irgendwo im Boden einer glatten Teer- oder Betonfläche suchte oder schlug man ein mittelgroßes Loch, dann wurde noch, in etwa ein bis zwei Meter Entfernung, eine Startlinie gezogen. Fast jeder Mitspieler besaß ein kleines Sackerl mit bunten Lehmkugeln, der ein oder andere hatte von irgendwo schon einige farbige Glaskugeln, welche besonders begehrt waren.
Nun galt es, von der Linie aus die Kugel mit gekrümmten Zeigefinger so anzuschupsen, dass man im Wechsel, mit möglichst wenig Schüben das Loch erreichte, -geschafft- jetzt gehörte einem die darin liegende Kugel! Jeder hatte einen Schub, wer jedoch mit seiner eigenen Kugel eine andere berührte, dem war das sogenannte Pexen gelungen und er durfte nochmals.
Gefürchtet waren hier die Spezialisten unter uns, denn ihnen gelang es oftmals zielgenau bei jedem Spiel gleich mehrere Kugeln zu ergattern.
Stolz war, wer einen Roller sein eigen nennen konnte, stellten sie doch die einzigen Fahrzeuge dar, welche wir zu jener Zeit besaßen, deshalb ahmten wir beim Fahren mit dem Mund verschiedene Motorgeräusche nach, meine Spezialität war der „Willis-Jeep“!
Leider gab es bei den Rollern gravierende Unterschiede, ich zum Beispiel besaß nur einen aus Holz mit Holzrädern, welche total ausgeschlagen und unrund waren, ein flottes Vorwärtskommen war mit diesen rumpelnden und quietschenden Rundlingen natürlich nicht möglich.
Der verwöhnte Hansi mit seinem Tretroller war da schon besser dran, sein Gefährt hatte kleine Speichenräder, ähnlich denen eines Kinderwagens. In der Mitte befand sich das Tretbrett, welches mit einem Gelenk befestigt war. Beim Auf- und Abbewegen fuhr eine Zahnstange über ein am Hinterrad angebrachtes Zahnrad und trieb so den Roller vorwärts, ohne dass man sich am Boden abstoßen musste.
Endlich, an einem schönen Nachmittag gelang es uns, unseren verhätschelten Hansi einmal richtig rein zu legen!
Gerd und ich spielten im Hof, als wir auf der Straße einen Traktor hörten. Sogleich liefen wir durch die Ausfahrt nach draußen und beobachteten, wie ein Bauer dort seinen Odelwagen abstellte, weil er scheinbar mit der Zugmaschine noch wo anders hin musste. Bei diesem Anhänger war das Odelfass auf einen

großen Leiterwagen montiert. Zum Öffnen und Schließen des Auslaufes war am unteren Ende des Fasses ein großer, senkrecht nach oben stehender eiserner Hebel angebracht.
Aus dem Unterbau stand hinten ein längeres Stück hölzerne Verbindungsstange hervor. Schnell stellten wir fest, dass diese stark federte, wenn man oben saß und nur ein wenig darauf herumturnte! Sehr lustig war das, - weshalb uns auch der Gestank des Gefährtes nur wenig störte!
Einträchtig wippend, hintereinander sitzend, ahmten wir mit dem Mund verschiedene Motorengeräusche nach, da erschien Hansi mit seinem Roller auf der Bildfläche.
"Was macht ihr denn da, ich will auch mitmachen!" - *"Wir spielen Flugzeug"*, antwortete ich gönnerhaft, *"aber wie du siehst, ist für dich kein Platz mehr vorhanden!"* Daraufhin zog er maulend von dannen.
Nachdem wir lange genug auf dem stinkenden Fass herumgeklettert waren, liefen wir wieder in den Hof zurück. Hansi jedoch hatte scheinbar nur darauf gewartet und schwang sich, als wir nicht mehr zu sehen waren, sofort auf die federnde Stange und machte alles nach.
Als wir nach einer Weile wieder vorbei kamen, fragte er uns: *"Wie geht denn das mit dem Flugzeug?"* -- *"Nun, wenn man starten will, zieht man den Steuerknüppel zu sich, und wenn man wieder landen will, drückt man ihn nach vorn."* Kaum hatte ich es ihm erklärt, imitierte auch er einen Motor und rief: *"Gut, gut ich starte jetzt!"* Und ehe wir etwas sagen konnten, zog er kräftig an dem Ablasshebel und sah zum Starten nach oben! *"Jetzt musst du landen"*, meinte ich lachend, denn wir beide glaubten nicht, dass er wirklich den Hebel nach vorn drücken würde!
Aber da -- "Zzzzschschsch" -- mit lautem Zischen ergoß sich ein breiter Strahl Odel über Hemd und Hose, worauf er schnell den Pilotensitz verließ und laut schreiend im Haus verschwand!
"Au - verflixt, das gibt Ärger", meinte Gerd, eilig besorgten wir eine längere Latte und schlugen damit, aus respektvoller Entfernung, solange auf den Hebel, bis der Jauchestrom wieder versiegte. Danach schlichen Gerd und ich mit schlechtem Gewissen zum Haus, um zu hören, was wohl Hansis Mutter von der Geschichte hielt?!
Sein Geschrei tönte bis draußen, vom unteren Treppenabsatz aus, konnte man durchs Geländer beobachten, wie Hansi splitternackt vor der Wohnungstür in einem Fußwandel stand, während ihn seine Mutter mit Seife abschruppte. Sie schimpfte laut: *"Ferkel, wo warst du denn wieder? Wie du stinkst, so kommst du mir nicht in die Wohnung!"* -- *"Ich habe doch nur mit den anderen Jungens Flugzeug gespielt!"* -- *"Du sollst doch nicht mit diesen Lausern spielen, du weißt genau, dass sie dich immer tratzen!"* Für heute hatten wir genug gehört und zogen es vor, Grimassen schneidend, auf leisen Sohlen zu verschwinden!

Alle diese Lausbubenstreiche waren die harmlosen offiziellen Spiele, ansonsten hatten wir noch genügend andere geheime Taten auf Lager.
So pilgerten wir unter anderem zur "Schilcher Mühle", etwa drei Kilometer außerhalb der Stadt, am Rande der Donau. Zu früheren Zeiten mit einem schwimmenden Wasserrad angetrieben, zeugte jetzt nur noch eine kleine Bucht davon, um welche der frühere Treidelpfad führte.
So werden die teilweise gepflasterten Wege beiderseits der Donau genannt, auf denen vor ein paar Hundert Jahren, Pferde die Lastkähne den Fluss aufwärts zogen.
Auf dieser Strecke waren flüchtende Soldaten gelaufen und hatten große Mengen ihrer Waffen und Munition an dieser verborgenen Stelle ins Wasser geworfen!
Für uns nun ein idealer Abenteuerspielplatz, es war nicht schwer, das Zeug beim richtigen Pegelstand aus dem Fluss zu holen!
Die größeren Burschen nahmen meistens Gewehre und Pistolen, aber auch für uns gab es noch genügend Munition im Schlamm zu finden. Mit dieser liefen wir dann zum Donaukai, dort befand sich an einer bestimmten Stelle ein Durchschuss im Geländer, hier konnte man die Patronen mit der Kugelseite hineinstecken und aus den Hülsen brechen. Das dann herausgeklopfte Pulver wurde gesammelt und zu unserem Versteck, auf die etwa zwei Meter hohe Mauer im Hinterhof unseres Hauses gebracht. Selbige zog sich vom Hof, hinter der Waschküche bis zum Nachbarhaus entlang, hier waren wir unbeobachtet.
Nun wurde das Pulver in kleinen Häufchen auf den Beton geschüttet und dann mit dem Hammer darauf geschlagen. Es knallte wunderschön, rauchte, stank, der Hammer wurde je nach Menge zurückgeworfen und brauchte nur auf die nächste Portion gelenkt zu werden, um so mit dem tanzenden Werkzeug eine richtige Knallserie zu erzeugen!
Überhaupt mit Pulver, Zündschnur, Munition und Waffen kannte sich unsere Generation gut aus! Obwohl manchmal einer zuviel gewagt haben soll, deshalb hörte man öfters von dem einen oder anderen Jungen, auch in Neuburg, der dabei einen Arm, Bein oder Schlimmeres verlor, aber wir hatten "Gott sei Dank" unseren Schutzengel.
Große Faszination übten auf uns die amerikanischen Besatzungssoldaten aus, welche immer wieder in mehr oder weniger langen Kolonnen, die Stadt durchfuhren. Wenn Jeeps, Laster oder gar Panzer kamen, waren wir total aus dem Häuschen, das brachte Bewegung und Show in unser Leben! Jedes Fahrzeug mit den lässigen Soldaten wurde bewundert, wir kannten alle Fahrzeugtypen und mancher konnte sogar einige Motorgeräusche mit dem Mund nachmachen. Selbst die irgendwo hinterlassenen Reifenspuren erkannten wir, denn das Muster sah immer aus wie mehrere, versetzt gegeneinander gehaltene Finger.

Winkend standen wir da, wenn die „Amis“ vorbeifuhren, immer auf zugeworfene Süßigkeiten oder gar einen Kaugummi hoffend. Wenn ein Fahrzeug wegen eines Defekts länger stehen oder liegen blieb, war es sofort von einer Traube Kindern umlagert.
Ihre Stahlhelme hatten die „GIs“ entweder bis zu den Augenbrauen ins Gesicht, oder ganz ins Genick geschoben, wobei die Kinnriemen offen nach unten baumelten. Ihre Füße steckten in höheren Lederschnürschuhen, auf denen oben Gamaschen mit Schnallen saßen, einen Fuß hatten sie meist salopp auf der Einstiegskannte oder auf dem Kotflügel des Autos stehen.
Fast alle sah man Kaugummi kauen, oder mit langen Zigaretten im Mundwinkel, wobei sie davon nur etwa zweidrittel rauchten, der Rest wurde weggeschnippt. Das wiederum rief unsere Kippensammler auf den Plan, meist Kinder oder Jugendliche, welche teilweise von ihren Eltern dazu angestiftet wurden. Zu Hause öffnete man die gesammelten Kippen, um aus dem Tabak mittels neuem Zigarettenpapier, den Fingern, oder einem kleinen Gerät, neue Zigaretten zu drehen!
Manche Jungens rauchten das Kraut heimlich, erwischen durfte man sich dabei nicht lassen, sonst hätte sie so mancher Erwachsene als *"Zigarettenbürscherln elendige"* beschimpft und ihnen eventuell das Rauchzeug gegen eine "Watschen" getauscht!
Amerikanische Zigaretten, nur ohne Filter und Nylons, meist nur auf dem Schwarzmarkt erhältlich, waren damals das Zahlungsmittel schlechthin, für welches man nahezu alles bekam. Deren Besitz, zwar bei Strafe verboten, Kontrollen fanden deshalb unverhofft auf Bahnhöfen oder anderen Plätzen statt!
Vor allem die Negersoldaten mit ihren weißen Zähnen hatten es uns angetan, sie waren die freundlichsten! Erst vorsichtig beäugt, dann gern gemocht, waren sie doch am freigiebigsten mit Süßigkeiten oder machten Blödsinn mit uns Kindern. Ich selbst hatte bis jetzt, außer dem Moor auf einer alten Sarotti-Dose, nur in Friedland einen Schwarzen gesehen!
Unsere größte Bewunderung aber gehörte der „Military Police”, neugierig beobachteten wir sie immer, erst aus einiger Entfernung. Die meist sehr großen kräftigen Soldaten mit ihrem „MP“ auf Armbinden und Helmen, ihre Jeeps mit der Beschriftung unter der Scheibe, den langen Antennen und den immer quakenden Funkgeräten begeisterten jeden von uns. Schnell merkten wir, dass die hier bei uns nun das absolute Sagen hatten! So stellten sie ihre Fahrzeugen ungeniert, seitlich mit zwei Rädern, oder ganz auf Trottoirs, Inseln, Plätze oder in Anlagen, welche sonst nur für Fußgänger erlaubt waren. Auch von Verkehrsschildern schienen sie nichts zu halten, diese wurden einfach ignoriert, aufschreiben oder melden konnte man sowieso keinen, bei wem auch? Die Fahrzeuge besaßen zwar etliche seitlich aufgemalte Zahlen, richtige Nummernschilder jedoch suchte man bei allen Amerikanern vergebens!

Besonders bestaunt natürlich Panzer, große heulende Ungetüme, welche dunklen Qualm ausstoßend, mit ihren rasselnden Ketten an jeder Kurve breite schwarze Streifen hinterließen oder hier und da die Randsteine einfach in den Boden drückten.
Ungewöhnlich auch die Ausrüstung der größeren amerikanischen Lastwagen. Zumeist ohne Türen, drei Achsen mit vier Zwillingsreifen, das kannten wir in Deutschland schon wegen dem hohen Reifenverbrauch kaum, außerdem fehlten Richtungsanzeiger an den Fahrzeugen! Unsere Lastwagen hatten damals Winker, diese waren hoch oben seitlich am Führerhaus befestigt und sahen aus wie kleine ca. 30 cm lange Verkehrskellen, welche in Funktion orange beleuchtet, sich langsam auf und ab bewegten. (Blinker wurden erst später erfunden!)
Fuhren die „Amis" nun in eine Linkskurve, hielten sie eine größere Winkerkelle aus der Türöffnung oder streckten einfach die Hand raus, bei Rechtskurven dasselbe, nur oben übers Dach, mit stoßartigem Deuten nach rechts!
Das alles beobachteten, ja bewunderten wir, es wurde nachgeahmt, es waren die neuen Vorbilder und jeder Junge wäre gern einer von ihnen gewesen! Für so eine olive Militärhose mit seitlichen Ballontaschen oder gar so ein Käppi mit hochgeklapptem Schild hätten wir alles gegeben!
Leider ging dieser Wunsch nie in Erfüllung, auch Fräulein Mariechen zeigte sich, obwohl selbst eine gute Näherin, außerstande diese Amiklamotten nachzumachen!
Damit ich endlich mit der ewigen Quengelei aufhörte, schneiderte sie ein Indianerkostüm für den nächsten Fasching! Weil es aber nichts zu kaufen gab, fertigte sie aus altem rotem Betteninlett ein Stirnband, welches mit Gänsefedern aus einem "Federwisch" bestückt wurde. Man nahm für diesen damals üblichen Staubwischer einfach einen abgehackten Gänseflügel.
An die Außenseiten meiner alten Trainingshose kamen ausgefranste Streifen von einem Kartoffelsack. Das Ganze kombiniert mit einem karierten Hemd ergab einen stolzen Indianer, womit sie mich zumindest halbwegs zufriedenstellte.
Papi schenkte mir dazu einen Tomahawk aus Holz, womit ich des Nachts, während meine Eltern mit den Inhabern einer Bekleidungsfirma feierten, notgedrungen im Schlosshof umherschlich, obwohl meine Fantasie eigentlich im Wilden Westen weilte!

*

Während der Aufenthalte in Neugersdorf, in Wurzen und verstärkt natürlich hier in der neuen Heimat, wurde ich dazu angehalten meiner Mutter, die sich mit ihren Eltern weiterhin in Hindenburg (jetzt Zabrze) aufhielt, wenigstens einmal pro Woche zu schreiben. Diese Briefe, welche ich erst vor einiger Zeit von ihr erhielt, bilden das Ablaufgerüst für die Zeit von 1944 bis 1956 für dieses Buch! Damals allerdings waren die Schreiben eher eine lästige Pflicht. Wenn ich mich überhaupt nicht davor drücken konnte, wurden sie meist sehr groß geschrieben und mit Sätzen sowie Fragen nach dem Wetter oder der Gesundheit gespickt, nur damit die Seiten schneller voll wurden!

Mami wohnte in der alten Wohnung zusammen mit meinen Großeltern, diese wollten im Alter, ja bis zu ihrem Tod, die angestammte Heimat und ihr Zuhause nicht verlassen. Glaubten sie doch, nachdem die Russen abgezogen, die Polen ehemals deutsches Land annektiert hatten, man würde nach einer gewissen Zeit der Normalisierung dort weiterleben können! Zudem beherrschten sie halbwegs die polnische Sprache, da sie schon früher nicht nur nach Polen in seinen früheren Grenzen gereist waren, sondern durch Opas Lebensmittelladen viel mit polnischen Bergarbeitern zu tun hatten.

Ich erinnere mich noch an meinen Ärger, wenn sie bei meinen Besuchen immer polnisch miteinander sprachen, wenn etwas nicht für meine Ohren bestimmt war! Auch verschiedene Verwandte von Oma waren wohl polnischer Abstammung, worauf ihr Mädchenname „Bartezko“ schließen lässt. Opas Vorfahren dagegen mit Namen dem Larisch sollen aus Ungarn eingewandert sein, als Schlesien noch zu Österreich gehörte (1742)!

Im Anfang der Besetzung schienen die Polen froh zu sein, wenn einige der verbliebenen Deutschen, so wie Mami, Initiative ergriffen, irgendwas bewegten und somit halfen den neuen Staat im fremden Land möglichst schnell zu installieren. Schwieriger wurde es, als man die ihrerseits von den Russen vertriebenen Bewohner der polnischen Ostgebiete ansiedelte!

Dank Mutters Pfiffigkeit, sowie ihre schnell perfektionierten Polnischkenntnisse in Wort und Schrift, konnte sie das unter Opas Namen bestehende kleine Elektrogeschäft mit zwei Angestellten weiterführen! Immer wieder durchsucht, bestohlen, streng überprüft und hoch besteuert, gelang es ihnen, sich trotzdem zu behaupten!

Anfangs konnte sie mir sogar öfters Kleidung, Spielzeug, nebst sogenanntem Besatzungsgeld schicken. (Zwischenwährung, von den Alliierten bei der Besetzung Deutschlands ausgegeben). Einiges davon kam sogar an, obwohl bei der Post nach Kontrollöffnungen immer wieder etwas verschwand!!

Wenn wir Geld erhielten, musste ich immer die verschlüsselte Rückmeldung „Marie ist angekommen o. Ä.“, in meinen Briefen erwähnen!

Einmal, kurz vor Weihnachten, gelang es sogar, mir eine elektrische Eisenbahn und einen Fußball zu schicken. Weil sie es aber aus Sicherheitsgründen auf mehrere Pakete verteilen musste, kamen nur Teile an. Zwei Wagen mit Lock, einige Schienen, sowie der lang ersehnte lederne Fußballüberzug, die rote Innenblase (Blunse) war schon ein halbes Jahr vorher gekommen!
Von da an hatte ich plötzlich eine Menge Freunde, welche mich täglich abholten, um mit mir im englischen Garten Fußball zu spielen, denn einen richtigen Lederfußball besaß kaum jemand! Mich ließen sie dann als Torwart auftreten, da meine spielerischen Fähigkeiten nicht die Besten waren! Wenn wir zu spielen anfingen, kamen innerhalb kürzester Zeit immer mehr Burschen, auch größere, welche mitspielen wollten. Das Ganze gipfelte dann irgendwann darin, dass einer rief: *„Was wollt's denn mit der kloana Flaschn im Tor?“ -- " Tuats doch an andern nei!"* Daraufhin die Antwort eines Spielers: *„Du Depp dem g'hört doch der Ball!“* Beleidigt wollte ich daraufhin mit meinem Eigentum von dannen ziehen, doch die spielten einfach weiter! Dabei jagten sie mich nicht nur lachend in der Gegend rum, sondern drohten mir auch noch Prügel an, wenn ich sie nicht fertig spielen ließe! Fortan kickte ich nur noch mit Freunden im Hof oder im unteren Teil des gegenüberliegenden Hofgartens.
Dieser, von großen Kastanien bestandene Park, welcher sich am Stadtberg, unterhalb des Neuburger Schlosses hinzieht, stellte im Spätmittelalter einen großen Teil des Stadtgrabens dar. Jetzt zum Teil aufgefüllt, durchzieht ihn schräg nach oben die Zufahrtsstraße zur Altstadt, sowie etliche Wege und Treppen nach dort, alles wiederum durchbrochen oder begrenzt von Resten der alten Stadtmauer. So trennt er heute wie damals nahezu die halbe Altstadt von der unteren Stadt und endet an den alten Stadttoren bzw. an der Donau. Für uns natürlich ein ideales Spiel- und Abenteuergelände, welches noch dazu direkt vor der Haustür lag. Allerdings auch die Grenze zu den Burschen der oberen Stadt. Diese waren zu kleinen Kämpfen immer bereit, weshalb im Winter manch Schneeball, im Sommer aber auch mancher Stein durch die Gegend flog!
So auch an jenem schönen Sommertag, als ich mit meiner neuen Schleuder auf der Lauer lag!
Im Konstruieren von diesem Ding war ich fast schon Spezialist, wir erinnern uns an meinen Lehrmeister in Neugersdorf, der "Oberbannführer"!
Anfangs verschossen wir Kastanien oder Steine, mit fortschreitender Erfahrung bunte Schusserkugeln aus Lehm, weil sie besser, weiter flogen und zwischen die sich manchmal auch Stahlkugeln mischten, welche aus alten zerschlagenen Kugellagern stammten. Gefährliche Geschosse, vor deren Benutzung uns leider niemand warnte, ich wundere mich noch heute, dass bis auf dieses eine Mal damit nicht mehr passiert ist!
Doch heute war es erst wieder mal soweit, wir lieferten uns mit einigen Buben ein kleines Duell über die Stadtmauer, Steine, Kugeln flogen rauf und runter, gut

gedeckt stand ich hinter der großen Litfaßsäule. Ein paar ältere Mädchen saßen mit dem Rücken zu mir auf der Mauerkante, denen sollte man einen kleinen blauen Fleck verpassen, so dachte ich wenigstens!
"Ziiisch flop" fuhr die Kugel aus der zu stark gespannten Schleuder, die Mädchen hörten plötzlich auf zu lachen und sahen sich um. Man hörte lautes Schreien, da kam auch schon ein dicker Mann hinter einem Spezi hergelaufen, der rannte, was er konnte und schrie: *"I wars net, i wars net!"* – „Au weia“, dachte ich, „nichts wie weg!“ Und lief auf Umwegen nach Hause.
Etwa eine Stunde später läutete ein kleiner untersetzter, rotgesichtiger Mann an der Wohnungstür und hielt mit eiserner Faust den „Mani“ am Kragen, welcher ihm unsere Wohnung gezeigt hatte. *"Bürscherl, ruf mir nur glei dein Vater"*, sagte der Alte wutschnaubend, als ich öffnete. *"Schau her du Hundsbua, durch die Brille hast mir gschossen!!"* Kleine Schnittwunden verunzierten sein bereits leicht angeschwollenes rotes Auge! *"An Zentimeter höher und das Aug wär heraußen"*, knurrte er wütend.
Zu meinem Glück war niemand zu Hause, er wurde unschlüssig. *„Dann komm i morgen wieder und deim Lehrer werd ich's auch no sagn, nachher derfsd di auf was gfaßt macha, wart nur, du Saubua du elendiger!“*
Wütend zog er, den verdatterten Mani noch immer am Kragen haltend, von dannen, während ich mit weichen Knien die Tür schloss.
Vater und Mutter waren mit dem Auto geschäftlich in München. Als unser Fräulein "Mariechen" vom Einkaufen zurückkam, beichtete ich ihr mein Pech, sie aber schüttelte nur den Kopf, konnte mir diesmal auch nicht helfen! Zeitig und brav ging ich ins Bett, schlief unruhig diese Nacht, wohl zu Recht!
Es war etwa Mitternacht, als ich Vater wüst schimpfen nach Hause kommen hörte, man hatte ihm meine Untat in irgendeiner Kneipe erzählt, denn die Geschichte war bereits Stadtgespräch! Der korpulente Mann, ein stadtbekannter, braver Schustermeister namens "Rotemund", hatte es scheinbar allen berichtet!
Vater stürmte ins Zimmer und riss den "Onkel" vom Haken, so hieß ein ca. 40 cm langes doppeltes Gummikabel, welches am Ende verknotet war.
Dieses besagte Gerät hing zur ständigen Drohung an der Tür, wurde aber kaum eingesetzt! Wütend packte er das Ding, kam zum Bett und zog mir die Decke weg, dann schlug er wahllos auf mich ein.
Die Hände hielt ich als volle Deckung über den Kopf, doch das Kabel traf alles, am meisten bekam der Rücken ab, Wahnsinn, es tat saumäßig weh!
Mein Vater war ein großer, schwerer Mann mit gut zwei Zentnern und großen Händen, wo er hinschlug, wuchs normalerweise kein Gras mehr!
Ich heulte, schrie, wand mich hin und her. Mutti versuchte mit Worten zu beruhigen, zerrte an seiner Jacke, bis es ihr schließlich gelang, ihm in den Arm zu fallen, sodass die Schläge endlich aufhörten!

Schwer atmend richtete er sich auf, verließ den Raum und knallte die Tür zu, jedoch nicht, ohne mir zuvor weitere Strafmaßnahmen, wie Hausarrest, zusätzliche Schulaufgaben und Ähnliches anzudrohen.
Am nächsten Tag war ich der erste auf den Beinen, schlich leise gedemütigt in die Schule. Der rasende Schmerz ließ, bis auf ein starkes Brennen, langsam nach.
Nur meine besten Freunde durften in der Pause auf dem Klo meine Wunden sehen, diese wiederum hatten nichts Besseres zu tun, als es weiter zu erzählen, *"Schauts a moi, der Gerhard hat Striemen auf der Haut, wie'r a Galeerensträfling, im -Herr der sieben Meere-"*, tuschelten sie!
Als ich merkte, dass mich nach neugierigem Begutachten weitere Schulkameraden bewunderten, verbesserte sich meine Laune ruck zuck, der verbliebene Schmerz war schnell vergessen!
Schlimmer als all das jedoch, der Gang zum Schuster, zerknirscht musste ich mich persönlich bei ihm entschuldigen, Strafpredigten von beiden Seiten, auch Vater mit hochrotem Kopf bat um Verzeihung - peinlich - zum Schluss bezahlte er die Brille!
Weniger arg die vierzehn Tage "Hausarrest", bereits nach einer Woche, Papi auf Geschäftsreise, konnte ich "Tante Erna" weismachen, dass schon zwei Wochen um seien, --- Lothar war wieder der Alte!
Zu meiner Ehrenrettung sei gesagt, nach diesem Unfall habe ich wirklich nie mehr eine Schleuder angefasst!

Im besten großen Gebäude der Stadt, dem ehemaligen "Kneipheim", residierte der amerikanische Stadtkommandant. Seine Befugnisse, weit größer, als sie heute Bürgermeister und Stadtrat zusammen haben!
Im Anfang stand sogar ein amerikanischer Posten vor der Eingangstür, außerdem verhinderten Absperrungen die Benützung von Gehsteig und Straße. Die in der "Kommandantur" beschäftigten Soldaten und Offiziere wohnten als Sieger natürlich ebenfalls in den schönsten Häusern und Villen der Stadt, welche man einfach beschlagnahmt hatte. Die deutschen Besitzer mussten ausziehen oder in einem anderen Stockwerk bzw. kleinerem Zimmer wohnen.
Nachdem jedoch die ersten Jahre vergangen waren, lockerte sich einiges auf, so verschwand z. B. der Posten und einige Amerikaner hatten schon deutsche Freundinnen, welche allerdings im Volksmund, als „Ami– Schnoin“ (Schnallen) tituliert wurden.
Eines Tages wurde eben in diesem Kneipheim, wie in anderen deutschen Städten auch, ein "GYA-Jugendzentrum" (German Youth Association) eröffnet. Vermutlich sollte es dazu dienen, die deutsche Jugend von der Straße wegzubringen, sie ein wenig umzuerziehen, sowie für Sport und Spiel zu begeistern. Deutsche Vereine waren aufgelöst oder nicht mehr aktiv!

Viele Jugendliche waren gleich dabei, denn es standen nie gekannte neue Bälle und Sportgeräte zur Verfügung. Man konnte von Basketball bis Football, von Tischtennis bis Boxen, von Kartenspielen bis Basteln alles machen. Ein ausgesuchter deutscher Übungsleiter und einige Helfer waren immer vor Ort. Ich ging ebenfalls gern dort hin, obwohl mein Vater anfangs so seine Bedenken hatte!
Irgendwann bekamen wir einen Zettel ausgehändigt, mit der Aufforderung, ein kleines Gefährt, eine sogenannte "Seifenkiste" zu bauen. Jeder sollte mit zwei Rädersätzen, zum Beispiel von einem alten Kinder- oder Leiterwagen, einigen Brettern, Seilen, Pappe, eine kleine Auto Nachbildung, lenkbar und mit Bremse basteln.
Ein paar Monate später sollte dann am Tage X, am Burgwaldberg, wo sich die längste, steilste, Serpentinen- Chaussee unserer Gegend befand, mit diesen Seifenkisten ein Rennen veranstaltet werden!
Alle Jungens waren Feuer und Flamme, nur leider hatte ich keine passenden Räder, woher auch? Traurig wendete ich mich an Papi und hatte Glück, ihn in bester Geberlaune zu erwischen. Rädersätze konnte er zwar auch nicht besorgen, aber er meinte: *„Weißt du was, die machen wir selbst, im Betrieb, auf unserer Drechselbank!“*
Gleich am nächsten Tag, eilte ich in unseren Betrieb zu Meister Korn. Der wusste Bescheid und hatte sogar schon vorgearbeitet und geplant!
Aus Hartholz wurden vier Räder gedrechselt, als Laufflächen Stücke von Keilriemen eingeklebt, außerdem aus zwei Querhölzern Achsen gefertigt.
Der Meister meinte: *„Holz auf Holz wird zwar nicht gut laufen, aber wir haben nichts anderes, nun ja, Staufferfett dazwischen dann wird's schon gehen!“* Leider waren meine eigenen technischen Fertigkeiten begrenzt, so konnte ich nur wenig helfen, unsere Arbeiter dagegen, gingen sofort mit Begeisterung ans Werk. Schnell war eine Grundplatte zugeschnitten, die Achsen darunter montiert, die vordere mit den Füßen durch zwei Schlitze schwenkbar gemacht. Obenauf kam ein rot lackierter Blechkasten, hinten ein Sitzkasten und seitlich zwei große Bremshebel, welche bei Bedarf auf der Straße schleifen sollten. Ich bemalte, mit einigen weißen Strichen, den Blechkasten wie einen Motor, dann wurde aus Flacheisen noch eine Stoßstange angebracht und fertig war meine Seifenkiste.
„Sonnenschein“ am Tag des Rennens, irgendjemand hatte mir eine Motorradhaube besorgt und ich hatte mir ein Rückenschild mit der Nummer 1 nähen lassen! Mit einem Armeelaster wurden alle Rennwagen zum Start gebracht, aber was war da los?? Das Ereignis hatte sich scheinbar herumgesprochen, einige Hundert Leute waren zum Zuschauen gekommen und säumten rechts und links die etwa zwei Kilometer lange Rennstrecke!!
Die fleckig geteerte Landstraße war oben und unten durch einen quer gestellten Jeep einfach gesperrt worden, ein weißer Strich oben am Berg markierte den

Start. Aufstellung: Drei stellten sich nebeneinander, doch „Oje“, da musste ich feststellen, dass die meisten meiner Konkurrenten Kinderwagenräder verwendet hatten und so nahm das Verhängnis seinen Lauf.
„Startschuss“, die anderen flitzten den langen Berg hinunter und mussten in den Kurven sogar die Bremsen einsetzen, anders bei mir, meine Kiste kam nicht auf Touren, mit Müh und Not kamen wir gerade noch über die Ziellinie! Der Meister sollte recht behalten: Holzräder auf Holzachsen, das lief eben nicht und so fuhr ich voll Scham, mit meiner Nummer 1, unter dem mitleidigen Gelächter der Zuschauer, als letzter durchs Ziel.
Als Trostpreis gab es 5 Tafeln Schokolade, 1 Stück Seife, 2 Stück Kuchen, sowie einen 3 Tage Ausflug in die nähere Umgebung, es war mein erster!
Letztlich hatten wir noch großes Glück, denn kurz darauf gab es einige Fälle von Kinderlähmung in unserer Gegend, weshalb sogar die Dult für Kinder gesperrt wurde!

*

Ende des Jahres 1948 kam endlich die lang erwartete Währungsreform. Das neue Geld war da, genannt D-Mark, die deutsche Reichsmark hatte ausgedient! Alle Läden füllten sich fast über Nacht mit vielen lang vermissten Dingen, die verhassten Lebensmittelkarten verschwanden und es gab wieder mehr zu essen, was früher eine Menge gekostet hatte, war nun sehr billig!

Währungsreform*: Nach dem 2.Weltkrieg hatte sich der Notenumlauf von 9 Mrd. RM (1939) auf 75 Mrd. (1948) erhöht. Dieser Kaufkraftüberhang führte bei gleichzeitigem Rückgang der Produktion zu einer Inflation, die infolge von Preisfestsetzungen und Rationierungen, verdeckt als schwarzer Markt (Zigarettenwährung) auftrat. Dieser Zustand wurde auf Anordnung der Besatzungsmächte, am 20/ 21. 6. 1948 durch neue Währungen, im Westen (DM), im Osten (DM-Ost) beseitigt. Jeder Einwohner erhielt eine Kopfquote von 40DM, Hypotheken wurden 1:1, Schuldverschreibungen 10:1, Altgeldguthaben 100:6,5 umgewechselt.

*Entnommen Bertelsmann Lexikon-Verlag, Gütersloh

Jeder bekam 40DM von dem neuen Geld, ich auch, doch Vater behielt es gleich ein, unverständlich, ich hatte gehofft es sei mein erstes Spargeld!
Überhaupt wurde ich recht kurz gehalten, sowas wie regelmäßiges Taschengeld kannte ich gar nicht, zu verdienen gab es auch nichts, also musste ich wegen jeder Kleinigkeit immer bitten, meine Freunde hatten es da besser!
Unsere Familie vergrößerte sich, aus Herleshausen zog Tante Erna zu uns, keine richtige Tante, sie gehörte aber doch zur Familie. Vater hatte sie aus alter

Freundschaft nach Neuburg geholt, ihr vermisster Mann Max Wabnitz war Vaters bester Freund in Breslau, welcher bis zum Schluss als Polizist in der Festungsstadt bleiben musste. (Durch Herzschuss gefallen, wie wir später von einem Kameraden erfuhren, was ihr aber nie verraten wurde.)
Sie selbst war eine ~ 40 Jahre alte, schlanke, über die Maßen gütige, feine, aber etwas schreckhafte und zimperliche Frau, welche sehnlichst auf das Auftauchen ihres Gatten hoffte, der ihr früher immer alles abgenommen hatte! Bei uns sollte sie, laut Vater, eine Art Hausdame sein, dabei dem Fräulein Mariechen bei der Hausarbeit helfen, meine Schularbeiten überwachen und für die regelmäßig stattfindenden Feiern als Gesellschafterin fungieren! Doch kaum war sie einige Wochen da, als sie schon die Treppe hinunterfiel und sich den Arm brach.
Im drei Kilometer entfernten Nachbardorf fand sie bei einer netten, einfachen Rentnerin, welche sie ob ihrer Herkunft und Bildung sehr bewunderte, in Untermiete ein kleines Dachzimmer, so konnte sie fast täglich bei uns sein.
Es wurde kalt, die Tage wurden kürzer, der Winter begann ins Land zu ziehen, wenige Wochen trennten uns noch vom dritten Weihnachtsfest (1948) in der neuen Heimat.
Eines Nachmittags, wie meistens, die Küchen-Zeit der Vermieterin!
Ein erstellter Plan, welchen in erster Linie wir Untermieter einzuhalten hatten, bestimmte wer, wann, die gemeinsamen Räume benutzen durfte!
Ein wunderbarer Duft von süßem Backwerk, den man schon im Treppenhaus riechen konnte, zog aus allen Ritzen der verschlossenen Küchentür, in die ganze Wohnung, "Trudi" nutzte ihre Zeit zum Backen!
Für uns war Weihnachtsgebäck fast noch ein Fremdwort, doch sie hatte dank ihrer ländlichen Verwandtschaft wie immer einfach alles!
Aber diesmal sollte es anders laufen, dieser Duft von feinem Backwerk verfolgte mich bis in meine Träume und ließ mich unruhig schlafen, gegen fünf Uhr früh hielt ich es nicht mehr aus und sprang aus dem Bett.
Alles schlief noch, als ich mich auf Indianerart, immer dem Geruch nach, zur Küche schlich, leise, leise, ein schneller Griff, die Tür schwang auf. Mit offenem Mund stand ich da, sah staunend ihre Schätze! Was sich meinen Augen darbot, übertraf alles bisher da gewesene. Das erste Mal in meinem Leben sah ich Schwarz-weiß-Gebäck, aus hellem und schokoladenfarbigem Rührteig, geformt zu herrlichen Schnecken sowie verschiedenen Karomustern, alles auf einigen Blechen in der Küche verteilt!
Niemand hielt mich zurück, acht bis zehn verschiedene waren schnell verputzt, fantastisch! Schnell noch ein paar in jede Hand und zurück ins Bett. Mit klopfendem Herzen lauschte ich, nichts rührte sich, alles schlief, der weitere Verzehr beruhigte mich. Ein Plan schoss mir durch den Kopf, als armer Schlucker in Sachen Süßigkeiten, könnte ich doch endlich einmal meinen Freunden etwas zukommen lassen und damit angenehm auffallen!

Gedacht, getan, meine Eltern schliefen fest, sie waren spät nach Hause gekommen, bei den anderen rührte sich auch nichts und unser Frl. Mariechen kam erst später.
Also los, kurze Katzenwäsche und flugs angezogen, zurück in die Küche, Tür zu und schnell die Taschen sowie den Mund nochmals vollgestopft, fertig! Doch „o weh“, das konnte man deutlich sehen, einige Bleche waren zu einem Viertel abgeräumt, gehetzt sah ich mich um, da fiel mein Blick auf weitere zum Kühlen auf den Boden abgestellte Bleche. Hastig begann ich umzuräumen, ein paar noch in den Mund, die Lücken auf mehrere Bleche verteilt, - endlich, geschafft und raus!
Beflügelt eilte ich zur Schule, kam dort als erster an und erwartete sehnlichst die Klassenkameraden. Vor allem meinen Freund "Bertl", dessen Mutter ein kleines Lebensmittelgeschäft betrieb und der mich Flüchtlingsbuben sogar zu sich nach Hause einladen durfte! Er verteilte immer großzügig Karamellen, welche er einfach, ohne zu fragen, im Geschäft aus einem großen Glas entnahm!
Endlich konnte ich auch mal unter großem „Hallo“ meine Beute bzw. Stücke und Krümel der wunderbaren Plätzchen verteilen, welche bis heute samt Erinnerung zu meinem Lieblingsgebäck zählen!
Es wurde ein schönes Weihnachten, mit gutem Essen und einem für damalige Verhältnisse reich gedeckten Gabentisch. Vater hatte einen Waggon nebst ein paar Gleisen für die von Mami geschickte elektrische Eisenbahn ergattert. Außerdem hatte ihm jemand den passenden Trafo geliehen, sodass man den Zug wenigstens an den Feiertagen fahren lassen konnte! Dazu bekam ich noch ein weißes Schuko-Auto zum Aufziehen mit echter Gangschaltung sowie einige warme Wintersachen!
Wir hatten alle die Zeit der Flucht noch in den Köpfen, begannen uns gerade langsam, trotz Verlust von Heimat und Besitz, an der wiedergewonnenen Freiheit zu erfreuen. Es gab nun auf normalen Weg wieder das eine oder andere zu kaufen, ohne Schieberei. Man merkte es, allen vorhandenen Widrigkeiten zum Trotz, es ging langsam aufwärts, zumindest in West-Deutschland!
Die Jugend überwand natürlich alles viel schneller als die Alten, mein Vater hatte oft Depressionen, dann betrank er sich und versuchte damit das Verlorene zu vergessen. Ebenso seine Herzschmerzen, welche ihm unter Alkoholeinfluss weit weniger zusetzten! Dadurch entwickelte er sich, ohne dass man es anfangs merkte, auch weil einem, gegen heute, die Kenntnisse fehlten, langsam aber sicher zum "Quartalstrinker", was wiederum nicht nur die Familie belastete. Dabei konnte es manchmal beim Feiern recht lustig zugehen, ja unterhaltsam sein! Leider wurde später, wenn die Gäste endlich gingen, oder auch nicht, weitergesoffen, bis er irgendwann einschlief.
Gemeinsam, heißt Mutti und ich, wir schleppten dann mühsam Vater (etwa 2 Zentner), halb aufgeweckt, torkelnd ins Bett. Um ihn danach mühsam bis auf die

Unterwäsche auszuziehen, während er schon laut schnarchend schlief. Am nächsten Tag, erfahrungsgemäß gegen Mittag wachte er auf und trank, ohne etwas zu essen, einfach weiter! So durchlebte er oft mehrere Tage, nur mit einem edlen Morgenmantel über der Unterwäsche bekleidet, ansonsten ungewaschen und unrasiert!
Kaum zu glauben, dass es sich um den gleichen Mann handelte, der sonst nur optimal gepflegt mit Anzug und Krawatte aus dem Haus ging!
Oft scharrte er die ganze Familie einschließlich Dienstmädchen um sich, ließ niemand weggehen, erzählte zuweilen unter Tränen zum tausendsten Mal die gleichen Geschichten von der verlorenen Heimat mit den erfolgreichen Geschäften! Weshalb ihn besonders das Unverständnis der kleinmütigen Einheimischen gegenüber seinen Vorhaben, Ansichten, Erfahrungen als Geschäftsmann und Großstädter schmerzte.
Zigmal mussten wir die mitgebrachten 8 mm Schmalfilme von Breslau anschauen, welche er, ab 1938 ein Novum, teilweise in Farbe gedreht hatte! Es kamen aber auch Emotionen, Frust, Schimpfkanonaden oder pure Rechthaberei zum Ausbruch, welche irgendwann im Zorn oder einfachem Gelaber endeten. Redete man dagegen, konnte es passieren, dass er einen plötzlich unerwartet hinaus jagte. In langsam kürzer werdenden Intervallen liefen solche Exzesse ebenso in den folgenden Jahren ab, nicht immer das gleiche Szenario, aber stets einiges davon! Dass nebenbei auch noch so manch anderes aus dem Ruder lief, versteht sich von selbst.
Mich bewahrte vor Schlimmerem, neben angeborener innerer Fröhlichkeit, die im Laufe der Zeit zugelegte Gleichgültigkeit, welche aber offensichtlich nur aufgesetzt war! Derweil zwar später selbst kein Kostverächter, erkenne ich bis heute jede solche Saufnase von Weitem und empfinde größtes Unbehagen, wenn der oder die in unseren Familienkreis eindringen will!
Alle gemeinsam litten unter der „Ausgrenzung der Flüchtlinge", welche hier als Eindringlinge, sogenannte „Zurgroaste" gesehen, ja zum Teil sogar gehasst wurden. Obwohl wir unschuldigerweise, einfach durch Schicksal den gleichen Krieg mehr verloren hatten als die Einheimischen!
Zum Glück lief wenigstens die neue Firma gut, mittlerweile wurden die hergestellten Leuchten formschöner, auch technisch ausgereifter! „HELO" beschäftigte in diesen Jahren immerhin schon etwa 40 Leute! Einige Händler kamen sogar aus München, Augsburg und anderen Städten mit Lastwagen und warteten am Hof, um die fertig werdenden Produkte gleich mitzunehmen!
Leider verlief auch hier nicht alles reibungslos, Neider, Hasser waren überall! So wurden die Scheiben von Vaters Auto und die des Lieferwagens öfters mit Scheiße beschmiert, ein andermal wieder, standen mehrere protestierende Leute mit Schildern auf dem Hof, lautstarkes Schimpfen und Aufschriften wie *„Haut ab, ihr bringt uns nur die Kommunisten her"* waren keine Seltenheit.

Natürlich war unsere Firma als Fabrik inmitten von Notunterkünften für Flüchtlinge, welche im Schloss ihre erste Bleibe fanden, nicht gern gesehen. Fabrikationslärm, Gestank von Lackiererei und Galvanik vermischte sich mit Holz-Schleif- und Polierstaub, das alles tat ein Übriges, um uns selbst hier unbeliebt zu machen.
Trotzdem ging der Aufbau weiter! Um den mittlerweile großen und ständig wachsenden Betrieb, welcher sich über ein halbes Stockwerk des großen Schlossflügels ausbreitete, richtig betreiben zu können, wurde mit großem Aufwand eine koksbeheizte Dampfheizung eingebaut. In Anbetracht der bis zu einem Meter dicken Mauern kein einfaches Unterfangen. Hier halfen nur schwere Presslufthämmer, welche wiederum mit ihrem Betriebslärm den ganzen Innenhof erzittern ließen.
Außerdem musste Wasser und Strom neu verlegt werden, wobei es beinahe zu einem tragischen Unfall gekommen wäre! Bei Stemmarbeiten löste sich ein Ziegelstein, um im Nachbarraum in ein zum Glück gerade unbelegtes Kinderbett zu fallen!
Muttis Vater, 70 Jahre alt, "Opa Meier", wie ihn alle nannten, brauchte Vater trotz seines hohen Alters weiterhin! Als ehemaliger Gaswerksmeister musste er mit einem Gehilfen die neue Heizung Tag und Nacht in Schwung halten! Besonders für die galvanischen Bäder wichtig, denn selbige durften, sollten sie halbwegs funktionieren, nie unter eine bestimmte Temperatur fallen! Da hieß es Koks und Asche schleppen, Kessel am Wochenende reinigen und vieles mehr. Gleichzeitig mussten beide abwechselnd als Nachtwächter Dienst tun, denn Diebe, welche es auf technisches Material oder Werkzeug abgesehen hatten, gab es zur Genüge!
Diese Galvanik, in welcher auf elektrolytischem Wege vermessingt, verkupfert oder vernickelt wurde, hatte im Waschraum eines ehemaligen Lazarettes einen guten Platz, mit genügend Wasser nebst einem ungebremsten Ablauf gefunden! Daneben die Lackiererei, welche vorwiegend explosiven Nitrolack verarbeitete, dessen problematische Dämpfe einfach mittels eines Absaugers ins Freie geblasen wurden.
Ähnlich verfuhr man mit der Schleifer-Poliererei, auch hier suchte Metallstaub nebst Dreck ebenfalls ungereinigt über einen im Fenster eingebauten Absauger den Weg nach draußen! Alle Abteilungen arbeiteten nebeneinander, dass es trotzdem nur ein- zweimal ein wenig lokal gebrannt hat, grenzt an ein Wunder.
Ebenfalls bedenklich, zumindest für die herumtollenden Flüchtlingskinder, das Lagern der scharfen Blechabfälle im Schlosshof! Hierzu hatten sie einen offenen Verschlag geschaffen, indem lange Bohlen bis auf etwa einen Meter Höhe an den historischen Säulen aus dem sechzehnten Jahrhundert befestigt wurden! Wie man sich leicht vorstellen kann, dienten diese Dinge nicht dazu, unsere Firma in ihrem Umfeld besonders beliebt zu machen!

Noch heute muss ich beim Besuch des sich nun dort befindlichen Museums im mittlerweile aufwendig restaurierten Schloss kopfschüttelnd an diese Zeit denken!

Das Pfalzneuburger – Residenzschloss*: Erbaut 1530 – 1545 vom Pfalzgraf OTTHEINRICH, dem späteren Kurfürsten von Heidelberg. (Drei/ viergeschossiger Wohnpalast u. Vierflügelbau; Renaissance-Residenz) die Stuckarbeiten gehören zu den Ältesten nördlich der Alpen. Schlosskapelle, älteste evangelische Kirche Bayerns. Neubau-Osttrakt erbaut 1665 – 1668 von Kurfürst PHILIPP WILHELM.

*Entnommen Bertelsmann Lexikon-Verlag, Gütersloh

Zum Ausliefern bzw. Transportieren von Material und Ware benutzte man immer noch den schon beschriebenen großen alten Adler.
Vater selbst, der nach den geliehenen Autos nun einen alten „Opel P4“ fuhr, ergatterte irgendwo drei runtergekommene „Adler Junior“ einer davon war ein Cabriolet. Dieses ließ er von seinen Leuten fast völlig zerlegen, entrosten und rot mit schwarzen Kotflügeln lackieren. Lenkrad, Schalthebel sowie alle übrigen Knöpfe erhielten einen weißen Anstrich. Ein ehemaliger Sattler versah das Auto mit neu gepolsterten Sitzen nebst einem schwarzen Verdeck. Um fehlende oder defekte Ersatzteile ersetzen zu können, wurde das schlechtere Fahrzeug ausgeschlachtet. Schließlich entstand so ein tolles Cabrio, nachdem sich auch heute noch mancher umdrehen würde!
Die andere brauchbare Limousine erhielt einen dunkelblauen Anstrich, wurde ebenso gewissenhaft überholt, wodurch nochmals ein tolles Fahrzeug entstand, welches Vater zu unserem Leidwesen gegen eine dringend benötigte Maschine tauschte!

Das größte, weitreichendste Ereignis im Jahr 1949 für Neuburg geschah, als man die neu Gebaute, in den letzten Kriegstagen zerstörte Donaubrücke wieder eröffnete! Nicht nur die Stadt veränderte sich dadurch, sondern schlagartig auch unsere Umgebung!
Selbst unsere Hauseigentümer ließen es sich nicht nehmen, deshalb, oder auch weil es wieder Farbe gab, das ganze Gebäude neu zu streichen! Eröffneten uns damit, natürlich ungewollt, die Gelegenheit auf dem Baugerüst verschiedene Kletterkünste zu zeigen oder spitzbübisch in die verschiedenen Wohnungsfenster zu schauen, bis man uns lautstark schimpfend verscheuchte.
Der zwar gegen heutige Verhältnisse bescheidene Verkehrsfluss lief nun wieder direkt am Haus vorbei. Unsere Luitpoldstraße, vier Jahre lang Nebenstraße, wurde nun endlich wieder das, was sie früher schon war, Neuburg's Hauptstraße!

Zur Einweihung der neuen Brücke gab es ein großes Fest, zeigte es doch augenfällig erste Erfolge des Wiederaufbaues der neuen Heimat in Deutschland! Deshalb pilgerten alle zur Weihe des neuen Bauwerks mit dem restaurierten Nepomuk in der Mitte, um andächtig der Predigt beider Konfessionen zu lauschen. Sofort merkte man die engere Anbindung der nördlichen Stadtteile, sowie der wieder hergestellten Nord-Süd-Verbindung!
Gleich nach dem Krieg hatte man versucht, diese mit einer Fähre sehr zeitaufwendig aufrecht zu halten. Schon wesentlich besser ging es, als einige Monate später mit Hilfe der Amerikaner ein Stück flussabwärts eine Behelfsbrücke entstand. Trotzdem immer noch ein Umweg, auf welchem außerdem jedes Fahrzeug, egal ob Auto oder Fuhrwerk, Brückenzoll zu zahlen hatte!
Irgendwann erstellte man eine Arbeitsbrücke, von der aus die neue gebaut wurde. Hier konnte man schon zu Fuß oder mit dem Rad, an den Baukränen vorbei, auf kurzem Weg über die Donau gelangen.
Doch nun endlich die Krönung, die neue Donaubrücke war fertig, an einer Stelle, wo man schon seit Jahrhunderten den Fluss überspannte!

*

Anfang des Jahres bekam ich plötzlich zusätzlichen Unterricht verordnet. Zu dieser wenig freudigen Überraschung erklärte mir Vater, dass er beschlossen hatte, mich ab diesem Jahr, weil letzte Möglichkeit, aufs Gymnasium zu schicken. Ich sollte einmal Zahnarzt werden, womit ich einen leichteren, besseren Lebensweg vor mir hätte als er!
Er überprüfte also ab sofort vermehrt auf unseren regelmäßigen Sonntagsspaziergängen mein schulisches Wissen und stellte dabei fest, dass es vor allem an Mathematik sowie Deutsch haperte!
Kein Wunder, fehlte mir doch durch die Flucht nicht nur ein wenig Lernstoff, sondern ganze Schulklassen!
Also begann alsbald bei einem Pädagogen der erste Nachhilfeunterricht, wobei Vater meinte, dank seiner Vorarbeit müsste das genügen! So gab ich mir zu Beginn wirklich alle Mühe und lernte fleißig.
Zum entscheidenden Termin ging ich sehr aufgeregt in eine ganz andere, schönere Schule, das "Neuburger Gymnasium", wo ich die Aufnahmeprüfung tatsächlich mit Bravour bestand!
Die Freude darüber war groß, Vater verhielt sich gleich ganz anders zu mir! Solchermaßen mit allerlei Vorschusslorbeeren ausgestattet, hatte ich gleich einige Wünsche frei. Die Aufforderung vom „GYA“, beim diesjährigen Seifenkistenrennen wieder mitzumachen, kam da gerade recht!

Auch hier hatte sich die Zeit nach der Währungsreform positiv entwickelt, man konnte diesmal für 10DM Radsätze kaufen, welche aus zwei Stahlachsen nebst gepressten Bakeliträdern mit aufgezogenen Gummiringen bestanden.
Nach einigem Hin und Her wurde mir die Teilnahme sowie der Kauf vom Rädersatz bewilligt. Sowie erneut die "Hilfe" der Werkstatt zum Bau des Fahrzeuges genehmigt.
Hilfe war gut gesagt, konnte ich doch, wie ehrlicherweise die meisten meiner Konkurrenten, nur Hilfsdienste leisten. Alles Übrige machten die Großen, doch egal, fahren mussten wir schließlich selbst.
Wie schon im vorigen Jahr eilte ich nach der Schule sofort in die Firma, wo wir diesmal ein wesentlich größeres, schnittigeres Fahrzeug entwickelten! Die ungefähre Breite, Länge oder Höhe hatte man vorgeplant, ebenso die Konstruktion einer seilgeführten Lenkung nebst einer Schleifbremse.
Als erstes wurden die Spanten des Fahrzeugkörpers aus einem dicken Hartholzbrett herausgesägt, zusammengeleimt, danach verkleideten wir das so entstandene Gestell mit feuchter Presspappe. Nach dem Trocknen silbern gespritzt, mit schwarzen Streifen versehen, Achsen, Räder, Lenkung nebst Bremse eingebaut und fertig war ein tolles Fahrzeug!
Die ganze Belegschaft beobachtete das Vorhaben, war neugierig, freute sich, ja fieberte mit. Nichts sollte diesmal dem Zufall überlassen bleiben, die Vorbereitung musste besser klappen als beim letzten Mal, weshalb wir einen Testlauf planten.
An einem Samstagnachmittag fuhren also der Betriebsleiter Herr Köppen und Vaters Chauffeur Herr Meyer mit mir zum Bittenbrunnerberg, wo ich oben, mitten auf der Straße, die Startposition einnahm!
Der Berg hat einen Höhenunterschied von etwa 35 Metern auf eine Länge von 600 Metern. Bei dieser, auch späteren Rennstrecke, handelt es sich um die normale Teerstraße, welche von Neuburg nach Monheim ging. Sie führte von oben außerhalb durch den Ort, an Bauernhöfen, Kirche, Friedhof und Häusern vorbei zum Ziel, am unteren Rand der Ortschaft!
Man kann sich das heute kaum noch vorstellen, obwohl die Straße eine unübersichtliche Kurve enthielt, nahmen wir beim damaligen Verkehr einfach an, dass dort am Samstag niemand kommt!
Nun stieg ich ein und duckte mich fahrbereit hinter den Lenker, währenddessen hatte sich Herr Köppen etwa in der Mitte des Berges postiert, um meine Fahrweise zu beobachten. Von dort brüllte er nun durch eine selbst gebastelte Flüstertüte: *„Fertig!“* Herr Mayer schob mich immer schneller werdend an, gab mir noch einen starken Stoß und los ging’s.
Schnell nahm die Geschwindigkeit zu, holpernd, ruckelnd, tanzend, quittierte die Kiste alle Unebenheiten der holprigen Straße. Die Steuerung riss mit zunehmendem Tempo hin und her, doch bremsen wollte ich auf keinen Fall, sondern

was irgend möglich rausholen. Denn diesmal sollte es auf keinen Fall wieder der letzte Platz sein!
Da war auch schon die Kurve, am heftig winkenden Betriebsleiter vorbei schoss ich mit zunehmender Beschleunigung in die letzte lange Gerade. Ein Glücksgefühl durchströmte mich, wahrscheinlich war es eine Art Geschwindigkeitsrausch, wobei mein Blick nur ganz wenig über den vorderen Rand der Seifenkiste fiel, erst nur auf die Fahrbahn, dann weiter voraus! "Baff" - da fuhr mir der Schreck eiskalt durch die Glieder, prickelnd bis in die Fingerspitzen: Etwa zweihundert Meter vor mir kam gemessenen Schrittes ein Leichenzug aus einem Seitenweg, der die Straße in Richtung Kirche kreuzte! Die vier Sargträger sahen mich gar nicht, dabei hätte ich wahrscheinlich genau diese voll erwischt!
Ohne lange zu zögern, trat ich voll auf die Bremse, riss instinktiv das Steuer nach rechts, derweil sich hier als einziger Ausweg ein aufgeschotterter Platz mit anschließender Hofeinfahrt anbot!
Es knirschte fürchterlich, während es mich stark an die Seite presste, flog ich samt Fahrzeug im Überschlag durch die Luft und landete krachend wie durch ein Wunder normal auf dem Boden! Von einer Riesenstaubwolke eingehüllt saß ich einige Minuten wie benommen auf meinem Platz, versuchte meine Füße freizubekommen. Als auch schon sehr aufgeregt Herr Köppen angerannt kam, um mir aus dem Gefährt zu helfen!
Kopfschüttelnd besahen wir uns die verschrammte Seifenkiste, welche mit den Achsen direkt auf dem Boden stand, ohne Räder versteht sich, diese waren allesamt bei der Landung abgebrochen!
Im Nu standen einige Leute herum, fragten und diskutierten, Herr Köppen ebenfalls recht bleich, klopfte mir anerkennend auf die Schulter, an das, was er sagte, fehlt mir die Erinnerung!
Herr Mayer tauchte bald mit dem Auto auf, verlud das Wrack, während ich immer noch leicht weggetreten auf dem Hintersitz Platz nahm, dann fuhren wir nach Hause.
Am Abend folgte ein stilles Dankgebet an meinen Schutzengel, sehr leicht hätte mich das Ganze, im wahrsten Sinne des Wortes, Kopf und Kragen kosten können!
Die Beerdigung wurde meines Wissens nicht unterbrochen, dafür musste ich oft über den Unfall berichten, fühlte mich wie "Caracciola" und bekam in der Heimatzeitung einen ersten Zeitungsbericht, mit der Überschrift: *„Rennfahrernachwuchs verhütet Unfall!"* oder so ähnlich.
Die Seifenkiste war relativ schnell repariert, ein paar Löcher geflickt, mit Farbe überstrichen, neue Radsätze eingebaut, wobei ich diese wegen des Artikels in der Zeitung vom Heimleiter fast geschenkt bekam!
Ansonsten erhielten wir noch leihweise sechs gestreifte Trikots, welche wir je nach Startposition wechseln mussten, nebst Nummern für die Fahrzeuge. Mir

teilten sie die „2“ zu, obwohl ich, inzwischen bescheidener geworden, lieber eine zweistellige Zahl gehabt hätte. Mariechen nähte die Zahl flugs auf ein weißes Viereck mit Bändern für den Rücken, den Kopf zierte die Stoffmütze und Brille eines Motorradfahrers, dazu das Trikot, kurze Hose, Kniestrümpfe, Halbschuhe und fertig war der Rennfahrer!
Als der Tag des Rennens kam, herrschte schönes Wetter und Volksfeststimmung in dem kleinen Ort "Bittenbrunn", alle waren auf den Beinen und säumten die Rennstrecke. Jeder wollte dabei sein, vor allem die Kinder, geschah doch damals zur allgemeinen Unterhaltung kaum etwas.
Etwa zwölf, teils sehr abenteuerliche Geräte hatten sich eingefunden und wurden bestaunt, manche Buben hatten scheinbar wirklich aus einigen alten Kistenbrettern, nebst den üblichen Kinderwagenrädern eine sogenannte Seifenkiste gebaut, meine gehörte, dank der professionellen Hilfe, zu den fünf schönsten! Alle stellten sich quer zum Start in einer Reihe auf, bis der Reporter noch ein paar Bilder geschossen hatte, dann begann das Rennen!
Dieses Jahr durften wir aus Sicherheitsgründen nur zu zweit auf die Strecke gehen, die diesmal für die Dauer des Rennens gesperrt war. Mittels verlegter Feldtelefone wurde die Strecke überwacht sowie der Augenblick des Starts durchgegeben. Unten am Ziel wartete der Schreiber mit dem Zeitnehmer, um den Moment des Passierens zu stoppen.
„Peng“, der Startschuss fiel, die Anschieber gaben uns den ersten Schwung, schnell nahmen wir Fahrt auf, tief hinter den Lenker geduckt sausten wir zu Tal, in der Kurve überholte ich meinen Konkurrenten, ratternd, mit einem Affenzahn ging es vorbei an bewusster Unfallstelle, die Straße war frei. „Nur nicht bremsen“, fuhr mir noch durch den Kopf, da hatte ich auch schon das Ziel erreicht! Einige Augenblicke später, folgte der andere, -aufatmen-, letzter konnte ich diesmal jedenfalls nicht mehr werden!
Die Spannung steigerte sich, als Gruppe um Gruppe folgte, dazwischen immer wieder große Aufregung, als man Unfälle meldete, ein Fahrer streifte in der Kurve eine Betonmauer und fiel aus, der Nächste verlor ein Rad, der dritte fuhr auf den neben der Strecke geparkten Pressewagen auf, wobei der VW-Auspuff ein ovales Loch in die Frontverkleidung stanzte und dabei seinen Fuß verletzte! Letztlich jedoch verlief alles, bis auf ein paar mehr oder weniger große Schrammen, glimpflich.
Nach einigen Stunden endlich die Siegerehrung, Beifall für den ersten, -waaas- *„Lothar Gerhard zweiter Platz“*, ein Luftsprung, Hände schoben, hoben mich aufs Siegerpodest, ich konnte es vor Glück kaum fassen, der zweite Platz war mein, außerdem hatten sich die ersten drei für die Bezirksmeisterschaft in Augsburg qualifiziert!

Es war bestimmt einer der glücklichsten Tage in meinem Leben, Papi, Mutti, Herr Köppen, unser Chauffeur und einige Leute aus unserem Betrieb gratulierten, waren stolz und freuten sich mit mir!
Der Preis für den zweiten Platz, glaube ich, waren ein paar Tafeln der so begehrten amerikanischen Nestle- Schokolade, aber das war diesmal nur Nebensache.
Die Sommerferien 1949 waren schon halb vorbei, als endlich der Termin für das Ausscheidungsrennen in Augsburg feststand. Der Sieger dort, man konnte es sich damals kaum vorstellen, sollte wirklich eine Reise nach Amerika gewinnen! Dennoch fieberten wir nicht nur deshalb dem großen Tag entgegen, was uns alle über die Maßen erregte, war der abenteuerlich anmutende Ablauf der ganzen Aktion.
Aber der Reihe nach, als erstes setzte nun leider der Ehrgeiz von Vater und seinem neuen Werkzeugmacher Herrn Korb ein!
Zu allem Überfluss sponserte mich mit ein paar Mark die Firma *„Landmaschinen - Dechentreiter – Bäumenheim“*, deren Werbung auf beiden Seiten meiner Seifenkiste aufgebracht wurde.
Nun beschlossen die beiden, ob der Wichtigkeit meines Auftrittes, der Kiste neue Räder zu verpassen, welche in unserem Betrieb gefertigt werden sollten, meine Bedenken, in Erinnerung an das Fiasko im Vorjahr, nahmen sie nicht zur Kenntnis. Diesmal sollten die Radsätze ganz anders aussehen, besaß man doch das erste Mal wieder neue Kugellager. Diese mussten nun, jeweils in zwei gegeneinander montierte, silber- rotlackierte, hohle Blechscheiben aus unserer Drückerei eingepresst werden. Den krönenden Abschluss bildeten sodann zwischen den äußeren Rand eingelegte, sauber zugeschnittene verklebte Keilriemen, welche somit eine superglatte Lauffläche ergaben.
Gesagt getan, der anschließende Testlauf auf einem abgelegenen Berg mit Asphaltstraße verlief hervorragend, sodass eigentlich einem Sieg nichts mehr entgegenstehen konnte, was letztlich sogar mich fast überzeugte! Groß war die Aufregung, als der Tag des Rennens nahte, schon Nächte vorher konnten wir alle nur wenig Schlaf finden.
Endlich war es so weit, am Nachmittag des Vortages holte uns ein amerikanischer Dreiachser ab. Die Seifenkisten kamen auf die Ladefläche und wir durften, genau wie die stets bewunderten Soldaten, auf den seitlichen Bänken Platz nehmen. Vor der Abfahrt verteilte der Beifahrer noch, "oooh, was für eine Sensation", an jeden eine „Coca-Cola“, sie schmeckte eigenartig, fast wie Medizin, es war meine erste, deshalb vergesse ich sie nie!
Die Straße nach Augsburg mit ihren 50 Kilometern immer noch staubige Schotterstraße. Wir aber sangen, scherzten und lachten trotz Schütteln, Staub und Abgasen, uns erfreute die mehr als zweistündige Fahrt, eigentlich hätte sie nie zu Ende gehen brauchen!

Am Ziel, dem dortigen Jugendheim angekommen, begrüßten uns die Betreuer des Klubs, während die Renner an einem unbekannten Ort unter Verschluss kamen.
Viele Jungens, alles Sieger aus den umliegenden Städten, waren schon dort, oder kamen bald nach uns an, dabei versuchten wir uns nach einem vorsichtigen „Hallo“, gegenseitig einzuschätzen!
Das Abendessen nahmen wir an einer großen Tafel gemeinsam ein, bald danach ging es in eine benachbarte große Turnhalle, unserem Nachtquartier, wo für jeden ein Militärbett und Schlafsack zur Verfügung stand.
Lange konnten wir nicht einschlafen, in der neuen, ungewohnten Umgebung. Manch einer war das erste Mal von zu Hause weg und die Erwartungen auf den nächsten Tag taten ein Übriges. Endlich war die Nacht vorbei, keiner brauchte Wecken, im Gegenteil, alle standen schon bereit, als zum Frühstück gerufen wurde. Hier gab es erst mal was zum Staunen, als wir neben dem Üblichen nochmals Coca-Cola nebst einer original amerikanischen Frühstücksdose vorfanden.
Diese Armee-Dosen waren immer noch, selbst auf dem Schwarzmarkt heiß begehrt, wir kannten den Inhalt nur teilweise von den Manöver- Soldaten.
Um das Rätsel zu lösen, öffneten einzelne das Ding sofort, wir anderen staunten nicht schlecht, als da Bonbons, Kaffee, Milchpulver, Traubenzucker, Kekse und, und, und zum Vorschein kamen, trugen aber die eigene Büchse lieber wie einen Schatz nach Hause.
„Hallo, come on, jump up, boys, oauf geihts, ös is Time!“, erschallte der Ruf unseres Truckers, der als Deutscher mit Ami-Klamotten in Diensten der amerikanischen Armee stand, aber trotzdem mit starkem Akzent knödelte, als wenn er der deutschen Sprache nicht mehr ganz mächtig sei! Fortwährend mischte er englische Worte in seine Sätze sprach ein sogenanntes "Denglisch", was wir allerdings sehr schick fanden und versuchten es nachzuahmen!
Nach kurzer Fahrt durch die Innenstadt war die Rennstrecke erreicht, ein nicht zu langer Berg, mit Kopfsteinpflaster. Oben hatte man eine große lange Holzrampe errichtet, welche mit drei hochstehenden Klappen versehen war. Zu Beginn dieser Fläche sollten jeweils drei Seifenkisten nebeneinanderstehen. Beim Startschuss schlossen sich die Klappen und man fuhr beschleunigt den Berg zum Ziel hinunter. Zuerst mussten aber die Fahrzeuge abgeladen und schön aufgestellt werden, damit die mittlerweile immer mehr werdenden Zuschauer alles besichtigen konnten. Vater hatte Herrn Korb mitgebracht, der mich fotografierte und mir im Falle eines Falles beistehen sollte. Endlich begann das Rennen, da viele Teilnehmer angereist waren, dauerte es ziemlich lange, bis ich an die Reihe kam. Irgendwann war es dann soweit, die Seifenkisten meiner Gruppe wurden rückwärts auf die Rampe geschoben und durch die Klappen gesichert, einsteigen, ducken, gespanntes Warten, Herzklopfen.

„Auf die Plätze fertig los“- rums, die Klappen fielen nach unten, rumpelnd, immer schneller werdend setzten wir uns in Bewegung, ich schoss nach vorn, da das Ende der Rampe, jetzt auf die Straße, doch was war jetzt los? Plötzliches Schlingern, ich konnte das Steuer kaum halten, meine Kiste fing an wie verrückt zu hopsen, verlor an Fahrt und blieb schließlich unter dem Gelächter der Zuschauer stehen.
Mit hochrotem Kopf, total deprimiert stieg ich aus und machte schnell die Bahn frei, da sah ich auch schon das Malheur: Durch die Schläge des Kopfsteinpflasters hatten sich meine neuen Blechräder in Wellen aufgebördelt, die Reifen waren herausgesprungen und hingen lose an den Achsen!
Oh, hätte ich doch nicht auf die Spezialisten gehört, lieber meine alten Räder behalten! Na ja, das war's dann wohl.
Herr Korb drängte sich durch die Zuschauer, versuchte mit einer Zange irgendetwas zurückzubiegen, doch vergeblich, „-Aus- alles Aus!!!“ -
Zuspruch von allen Seiten, Aufladen, Heimfahrt, sehr beschämt, niedergeschlagen nahm ich das alles kaum noch war. Nicht nur zum zweiten Mal Letzter, sondern diesmal als Einziger nicht mal das Ziel erreicht, vom Seifenkistenrennen jedenfalls, hatte ich vorerst die Nase voll.
Einige Wochen später erhielt ich zum Trost einen neuen Lumberjack aus braunem Cord mit beigem Strickbund. Toll, ich fiel auf und wurde beneidet, besonders vom Spezl „Mani“, dass er mich an den Schuster verpfiffen hatte, war verziehen, denn nun tat er alles für mich!
Die meisten Jungens konnten ihn nicht leiden, lachten und nannten ihn „Juckser“, weil er öfters nervöse Zuckungen hatte, da fuhr plötzlich eine seiner Hände nach oben oder zur Seite, dabei schnitt er eine verzerrte Grimasse, zwinkerte und rief mit ständig nassen Lippen irgendeine Wiederholung, wie zum Beispiel *„huffz, huffz, na, na, hat er gsagt, hat er gsagt, huffz na na!“*
Diese Anfälle bekam er immer wieder, auch in der Schule. Wenn es zuviel wurde, sagte der Lehrer: *„Na, na Burgeler, jetzt krieg dich mal wieder ein!“*
Ansonsten war er etwas feig, wollte aber trotzdem überall dabei sein!
Eines Tages erzählte er mir, dass es auf dem neu entstandenen Bauernmarkt inmitten der Stadt Tauben zu kaufen gibt, welche seine Oma geschlachtet hatte, um daraus ein feines Gericht zu zaubern!
Schon lange wollte ich Papi eine Freude machen und berichtete mittags sofort von der neuen Möglichkeit, unseren Speiseplan zu erweitern. Er zeigte sich gleich erfreut, gab mir Geld und meinte: *„Wenn sie die Oma von deinem Freund schlachtet, kannst du zwei kaufen!“*
Gesagt, getan, „Manis Oma“ war einverstanden und wir zogen am nächsten Markttag los, um erstmals in meinem Leben Tauben zu kaufen!

Zwischen den ganzen Bauern mit ihren meist von Ochsen gezogenen Leiterwagen, beladen mit allerlei landwirtschaftlichen Erzeugnissen befand sich tatsächlich ein Mann mit einem Holzkäfig voller Tauben.
Erst schlichen wir gaffend ein paar Mal unschlüssig herum, bis der Bauer uns endlich schlitzohrig fragte: *„Na, wuits a paar Tauberln, fei, ganz was Feins!"* Ich nickte unsicher. *„Wo wuits es na nei dor"*, fragte er neugierig. *„Ach unter meine Jacke"*, gab ich zu verstehen. *„Aber wenn's aich fei abhaun, kriegts nix vo mir!"* Da schaltete sich das erste Mal Mani ein. *„Die fliegen doch wieder zu Ihnen heim, dann ham Sie's doch wieder!?" „Ja freilig, sonst no was, kaft is kaft, sonst geht da nix, mei liba, schaug den net oh"*, meinte er und wollte sich wieder abwenden, um das Geschäft nicht platzen zu lassen, fragte ich schnell nachdem Preis und zahlte.
Er bückte sich, griff kurz in die Käfigtür packte die erste, dann die zweite, und ehe ich mich versah, hatte ich die gefesselten Tauben mit den Armen eingeklemmt, zuckend unter meiner neuen Jacke.
Nun aber los, schnellen Schrittes eilten wir zu Manis Wohnung, wo uns seine Oma schon erwartete! Treppe rauf und endlich in der Küche wurde ich die kratzenden Viecher los.
Eine Taube schnappte sie sich sofort, die andere stolzierte unter dem Tisch herum, wir wichen an die Tür zurück, um aus sicherer Entfernung fasziniert zuzuschauen, obwohl es mir im Innern grauste.
Die Oma nahm gekonnt ein großes Hackebeil zur Hand, legte den Vogel auf ein schweres Brett, holte aus und „zack", war der Kopf ab!
Doch was war das, die geschlachtete Taube entkam ihr und nicht nur das, offensichtlich von ihren Fesseln befreit, flatterte sie nun blutend durch die Küche! Überall, wo sie kopflos an die Wand stieß, hinterließ sie eine grausige Blutspur, sodass in kurzer Zeit die ganze Küche versaut war.
Die Oma lief jammernd hinterher, um sie zu fangen, jedoch ohne Erfolg, nun öffnete sie als Fluchtweg schnell das Fenster, doch die eigentlich schon tote Taube verkroch sich lieber flatternd unter Tisch und Bank, um auch dort noch alles zu verschmieren.
Wir hatten uns zum Glück gerade noch rechtzeitig in den Flur gerettet und konnten so durch den Türspalt das grausige Geschehen beobachten!
Als sich aber nun, während Oma versuchte auf Knien ihr Opfer zu erwischen, auch noch die zweite Taube befreien konnte und flugs durchs Fenster entwischte, war der Moment gekommen, wo ich es vorzog, zu verschwinden.
Bei der armen Oma ließ ich mich eine Weile nicht mehr sehen, Mani berichtete, dass seine Eltern die ganze Küche neu weißeln mussten, manche Stellen sogar mehrmals, weil ständig das rote Blut wieder durchkam.
Den Taubenbraten durfte die Großmutter behalten, das Geld dafür verlangte niemand zurück und der entflogene Vogel ward nie mehr gesehen!

Zuhause angekommen, lieferte ich damit eine Geschichte, welche überall wo man sie erzählte, schadenfrohes Gelächter erzeugte!
Papi musste auch darüber lachen, leider brachte es ihn, aus welchem Grund auch immer, auf den Gedanken eine der vor Kurzem ergatterten Flaschen „Mosel“ zu öffnen um bei der zweiten wieder einmal die alten Filme ansehen zu wollen. Da wir selbst immer noch keinen Projektor besaßen, musste Mutti, es war schon etwa zwanzig Uhr, zum „Foto-Sangle“ gehen, um ein Gerät auszuleihen, ich musste mit, um ihr beim Tragen zu helfen. Wir läuteten also einige Straßen weiter an der Wohnung von besagtem Fotogeschäft, der Inhaber öffnete selbst und übergab uns nach längerem Bitten einen großen schwarzen Holzkasten mit zwei Griffen, in welchem sich das Gerät befand.
Zu Hause angekommen, staunten wir nicht schlecht, als sich in dem Kasten neben diversen Kleinteilen, eine größere Filmrolle befand. Das machte natürlich neugierig, deshalb setzte Vater flux diesen Film ein. Ein großes Bettlaken als provisorische Leinwand hatte er bereits am Schrank befestigt.
Ratternd zeigten sich die ersten Bilder. *„Ja was ist denn das?!“*, da marschierten doch tatsächlich bekannte Neuburger-Honoratioren in "SA-Uniform" hinter wehenden Hakenkreuz Fahnen her, mit "deutschem Gruß" am Kriegerdenkmal vorbei! Unter ihnen, in der vordersten Reihe, "Großaufnahme", unser Fotograf sowie beim Abnehmen der Parade, neben anderen großen Bonzen, sogar ein jetzt schon wieder als Stadtrat gehandelter bekannter Bauunternehmer, namens Max Roder!
Das Ganze wäre ja nichts Besonderes gewesen, nur Vater meinte, die meisten von ihnen würden jetzt behaupten, sie hätten niemals etwas mit dem dritten Reich zu tun gehabt, das waren immer andere!
Kaum hatten wir den Film zurückgespult, als es an der Wohnungstür mehrmals heftig läutete: *„Wer ist denn das noch so spät?“*, meinte Vater und ging öffnen. Stimmen mal laut, mal leise, er kam wieder, holte grinsend die Filmrolle! Nach weiteren zehn Minuten kehrte er schmunzelnd zurück.
„Da hat sich aber einer fast in die Hosen gemacht, es war der „Sangle“, klärte er uns auf. *„Erst wollte er den Apparat gleich wieder haben, weil er ihn angeblich sofort dringend braucht und hoffte, wir hätten noch nicht angefangen! Als ich ihm dann nur die Rolle gegeben habe, ist er mit hochrotem Kopf, Entschuldigungen murmelnd, ganz schnell verschwunden!“*
Gut verständlich, dass er so reagierte, gehörte doch zu Vaters Freunden aus Oberschlesien ein guter Bekannter aus der Jugendzeit, Willibald Pawlik. Er war Halbjude, hatte einige Jahre im KZ zugebracht und war nun Vorsitzender der "Spruchkammer", welche die Entnazifizierungen im hiesigen Raum durchführte! Zu allem Überfluss hatte er auch noch die Neuburgerin "Irma Müller" geheiratet, die geschiedene Frau eines hiesigen Parteibonzen, welcher noch im Gefäng-

nis saß. Laut Vater verhalf sie ihm zu bestem Insiderwissen der Szene, was die beiden verständlicherweise in unserer Stadt nicht sehr beliebt machte!
Ich mochte sie sehr gern, für mich waren es einfach liebe feine Menschen, im Besonderen, weil wir hier sonst keine Verwandten hatten!
Onkel Willibald verstarb bald, doch Tante Irma begleitete die Familie, als beste Freundin und großzügige Patentante, noch viele, viele Jahre.

Spruchkammer*: Mit politischen Gegnern des dritten Reiches besetzte gerichtsförmige Sonderbehörde, welche die Schuldigen (ehem. Nationalsozialisten) nach Erhebungen (Fragebogen etc.) in 5 Kategorien einteilte und Sühnemaßnahmen verhängte (Entnazifizierung). Solche konnten sein: Internierung, Arbeitslager, Gefängnis bis 10 Jahre, Vermögensentzug, Verbot der Amts-Berufsausübung, Kürzung von Bezügen, Verbot des Wahlrechtes.

*Entnommen Bertelsmann Lexikon-Verlag, Gütersloh

In dieser Zeit spielte Mutti, wenn sie sich allein zu Hause wähnte, immer wieder die Schallplatte: *„Schau mich bitte nicht so an, du weißt genau ich kann dir dann nicht widerstehen, schau mir.....“* Danach verschwand sie meist für ein paar Stunden, ohne dass jemand wusste wohin!
Uns fiel es im Anfang nicht auf, erst als zwischen ihr und Papi eine gewisse Spannung entstand, bemerkte man, dass etwas nicht stimmen konnte, etliche Tage später blieb sie ganz weg!
Fräulein Mariechen antwortete nur vage auf meine Fragen und versuchte dem Gespräch meist eine andere Richtung zu geben.
Papi war in den folgenden Wochen kurz angebunden, sehr traurig und ebenfalls wenig zu Hause.
Eines Tages gipfelte das Ganze darin, dass er mir, als ich ihn vom Geschäft abholte, erzählte: *„Mutti hat einen anderen Mann kennengelernt und will uns verlassen, es regt mich sehr auf und ich weiß nicht, wie alles weiter gehen soll. Ich muss doch arbeiten, unser Geschäft leiten, auch meinem kranken Herzen schadet das! Sollte ich einen Herzanfall bekommen und mir etwas zustoßen, weißt du ja, wem es zu verdanken ist!“*
Diese Erzählung erschrak mich sehr, konnte nachts schlecht schlafen, denn ich hatte Mutti doch sehr lieb! Kurz entschlossen deponierte ich einen selbst geschriebenen traurigen Brief auf ihr Kopfkissen.
Nach einiger Zeit kehrte sie, scheinbar reumütig zurück, meinte aber nur lapidar, sie hätte nie bemerkt, dass wir „sooo sehr“ an ihr hingen!
Alsbald vertrugen sich die beiden wieder, woraufhin Papi mich zur Seite nahm und beschwor, von unserer Unterredung mit den Anschuldigungen nichts verlauten zu lassen, er wäre nur durch seine Trauer so erregt gewesen, hätte das Gesagte gar nicht so gemeint!

Später bekam ich mit, dass Mutti ein Verhältnis mit dem Leiter des "Arbeitsamtes" hatte! Dort öfters, in seinem Büro poussierend mit hochgezogenem Rock, auf der Schreibtischkante sitzend, von der Sekretärin erwischt wurde! Letztere war es auch, die diese Geschichte in der ganzen Stadt erzählte, wodurch es Papi erfuhr!
Wie auch immer, er besaß offensichtlich bereits die nötigen Verbindungen, damit dieser, selbst verheiratete Beamte, bald nach Donauwörth versetzt wurde, was der Affäre letztlich ein wirkliches Ende bereitete!

*

Nach dem Ende der Schulferien fand ich mich, nur ein paar Straßen von unserer Wohnung entfernt, auf dem Schulhof des „Neuburger Descartes- Gymnasium“ wieder, wo man uns, für mich das erste Mal, zusammen mit Mädchen einschulte.
Sehr viel Neues kam auf uns zu, so erfuhren wir gleich am ersten Tag u.a., dass die Lehrkraft nicht wie in der Volksschule üblich mit „Herr Lehrer“, sondern hier mit „Herr Professor“ anzureden sei!
Die einweisende Lehrkraft, mein Nachhilfelehrer, einer von den modernen jungen, meinte kumpelhaft verschmitzt, ihm würde es genügen, wenn wir „Herr Fesser" sagen! *„Ha, ha, ha“*, anschließend lachte nur er!
„Handfest“ (Spitzname Jonny) hieß er und bei seiner Vorstellung drückte jeder verstohlen kichernd, dem Nachbarn die Hand.
Auf den ersten Blick gefiel es mir recht gut in dieser Schule, die Räume waren größer, die Einrichtung besser. Mädchen und Buben saßen getrennt, in zwei große Blöcke aufgeteilt, getrennt nur durch einen breiteren Gang. Jeder hatte seinen eigenen Stuhl und genügend Platz, etwa sechs bis acht Schüler bildeten eine Tischreihe.
Neben dem auf einem Podest stehenden Paukerpult gab es an der Wand eine Schiebetafel zu bestaunen, welche mit einer zweiten durch Seile verbunden war, schob man die eine hoch, erschien die andere!
Große Freude bereitete mir auch der neue Schulranzen aus schwarzem, dickem, glatten Leder, erstmals mit Henkel zum Tragen ohne Schulterriemen sowie schöne neue Hefte, Federmäppchen und Schreibzeug. Einen Teil davon hatten meine Eltern sicher nur auf Umwegen besorgen können, denn alles zu kaufen gab es 1949 noch nicht. Die Schulbücher dagegen sahen alt, schmutzig, abgegriffen aus, sollten aber noch länger halten und mussten deshalb von jedem fein säuberlich neu eingebunden werden!
Mit Latein begann es, wegen Vaters - Order *„Du wirst Zahnarzt!!“* Leider konnte ich mir dessen Tätigkeit kaum vorstellen, auch machte sich niemand die

Mühe, das Berufsbild zu erklären! Zu den bisherigen fünf eigenen Behandlungen fehlte mir jedenfalls eine positive Erinnerung! Englisch hätte mich mehr gereizt, schon wegen der Möglichkeit sich mit den, zum täglichen Straßenbild gehörenden Amis zu unterhalten, doch leider ---.
Im Gymnasium war alles neu und spannend, der Unterricht, die Atmosphäre, die verschiedenen Lehrer (Verzeihung Professoren), die ersten Kontakte zu den anderen Schülern und vor allem das ungewohnte Gekicher und Geschubse mit den Mädchen.
Schon nach ein paar Wochen lernten wir uns näher kennen, erst die Jungen untereinander, wo schnell neue Freundschaften entstanden, nach einiger Zeit grüßten und trauten wir uns auch mit den Mädchen zu sprechen. Besonders stolz war man, wenn sie einen anlächelten, „Servus" sagten und eventuell noch den Namen dazu hauchten!
Die Hausaufgaben wurden von mir gut und pünktlich erledigt, zumal sie mein Vater, jedenfalls im Anfang, regelmäßig kontrollierte. Ich durfte sogar an seinem kleinen Arbeitstisch arbeiten, auch war er in dieser Zeit besonders nett zu mir, behandelte mich wie einen größeren Jungen und war scheinbar sogar ein wenig stolz auf mich!
Leider muss ich heute sagen, übergab er, aus welchen Gründen auch immer, die weitere Überwachung und Prüfung meiner Arbeiten an Tante Erna, die mir natürlich in keiner Weise gewachsen war. Bald begann ich einfachere Wege des Lernens zu suchen und zu finden, wie ich glaubte!
Im Gymnasium hörte endlich die Diskriminierung des „Zurgroasten oder Preißenzipfi" auf, unter der ich so litt, man wurde akzeptiert, mehr noch, sogar beachtet, besonders als Lausbub und Spaßvogel! Diese Rolle lag mir besonders gut, konnte ich doch damit schnell und leicht imponieren. Allmählich ließ auch die große Beflissenheit nach, man gewöhnte sich ein. Von den Älteren gegängelt und mit dem Spitznahmen „Geier" belegt, rückten wir alle näher zusammen.
Ich hatte das Glück, oder auch nicht, zwischen einem Streber sowie einem rothaarigen Spaßmacher namens „Betzerer" zu sitzen, welcher wie ich für allerlei Schabernack zu haben war. Helmut, ein weiterer Artgenosse, saß zwei Reihen vor uns.
Da kamen die ersten dünnen, roten Verpackungsgummis auf, über Daumen und Zeigefinger gespannt ergaben sie eine herrliche Schleuder, Munition konnte durch gekautes Papier hergestellt werden, welches wiederum für vortreffliche Ergebnisse sorgte.
Eines Tages, ich glaube es war während des Erdkundeunterrichts, der Fesser zeichnete gerade einen Kartenausschnitt an die Tafel, nahm ich, unter großer Anteilnahme einiger Mädchen, den Helmut unter Beschuss, welcher sich seinerseits blitzschnell umdrehte und gleichermaßen zurück feuerte. Leider ging mir die Munition aus, während er weiter ballerte, kurz entschlossen riss ich eine

Seitenecke aus meinem Schmierheft, kaute und faltete einen besonderen Fidibus, stramm spannte der Gummi, Helmuts Hinterkopf voll im Visier, „ziiisch“ in einer brillanten Flugbahn flog das Projektil auf ihn zu, --- doch was war das??? „Autsch“, --- der Kerl hatte sich plötzlich geduckt, im selben Moment drehte sich der Lehrer zur Seite und das Geschoss traf ihn voll an die Backe!
„Unverschämtheit, wer war das?“, brüllte er durch den Raum, zu Tode erschrocken ducke ich mich tief auf die Bank. *„Wer war das??“*, tönte es zum zweiten Mal, noch ehe ich den Mut aufbrachte, um mich zu melden, entrollte er das verschossene Papier! *„Arbeitshefte vorn an die Tischkante“*, nach fünf Minuten hatte er mich!
„Schau, schau der Gerhard, bei der Mitarbeit bescheiden, aber beim Blödsinn immer vorn!“ Strafarbeit - und schon versank mein Name in seinem gefürchteten Notizbuch, der Brief an die Eltern folgte!
Freilich gelang es mir, wie früher schon, die so entstandene Benachrichtigung irgendwie abzufangen bzw. zurückzuhalten, um sie dann in letzter Minute Mutti zu präsentieren, welche, um meinen Vater nicht aufzuregen, nun unter Zeitdruck, nach meinem Besserungsversprechen unterschrieb.
Einige Wochen später indes sollte der für unsere Schule bis dahin schlimmste Bubenstreich geschehen!
Ein paar ältere Mitschüler, teilweise Söhne von bekannten Ärzten, also alle aus gutem Hause, waren schon mal durchgefallen oder wiederholten. Einer fing schon das zweite oder dritte Mal mit der ersten Klasse an. Diese „Ameisenbären“, so ihr Spitzname, führten folgende Sache durch:
Eines Tages, kurz vor der Pause, kletterten zwei von ihnen unbeobachtet auf einen Baum seitlich des Pausenhofes und versteckten sich dort. Diesen schattigen Platz benutzten gern die größeren Mädchen zum Ratschen, doch als sie sich diesmal dort trafen, fing einer der Burschen an, hinunterzupinkeln! Laut schreiend und schimpfend liefen die so Bespritzten davon!! Die alarmierte Pausenaufsicht ergriff die Übeltäter, die Älteren mussten sofort ihre Sachen packen, der Jüngere ging später, sie alle verschwanden für immer von der Schule.
Unser Direktor erschien und hielt eine Strafpredigt, in der er das Verwerfliche dieser Tat anprangerte, trotzdem machte diese Geschichte, mit Gelächter hinter vorgehaltener Hand, nicht nur in der Schule die Runde!
Bei einigen von uns veränderte dieser Vorfall (Reaktionen) trotzdem die innere Einstellung zu verschiedenen Dingen, wir merkten zu mindestens, dass man trotz Strafen nicht immer alles so tierisch ernst nehmen musste!
Im weiteren Verlauf meiner Zeit in der höheren Schule sollte mir nun auch noch das Geigenspiel beigebracht werden. Obwohl Vater später gestand, dass ihm sein Musiklehrer wegen schlechten Spiels stets mit dem Geigenbogen auf seine, fürs Spielen zu dicken Finger geschlagen hätte!

Oh, wie ich es ebenfalls hasste, dieses jaulende Ding, als wenn ich nicht schon genug Mühe gehabt hätte, verlorenen Unterricht in den Lernfächern aufzuholen! „Gott sei Dank“ konnte ich dieses Gerät, welches sicher mühevoll gesucht und gegen andere Handelsware teuer eingetauscht worden war, schnell, durch den heimlichen Tausch in eine Gitarre beseitigen (die von mir allerdings auch nur zum Angeben benutzt wurde)!

Der Instrumenten Händler Olbrand fragte zwar erst misstrauisch, ob der Tausch wirklich dem Wunsch meines Vaters entspräche, doch nachdem er mich belehrt hatte, dass eine spätere Rückgabe ausgeschlossen sei, gab er sich zufrieden!

So vergingen die ersten Wochen, Monate der Probezeit, ich weiß es nicht mehr so genau wie lange, als es wieder zu einer für mich nicht so günstigen Begebenheit kam.

Ich hatte, was wirklich selten vorkam, verschlafen, die erste Stunde hielt Naturkundeprofessor Günther (Spitzname „Gogo“), der mich sofort nach vorne zitierte, um den Brustkorb des Menschen zu beschreiben, als es an der Tür klopfte und der Herr Professor hinauseilte.

Zur damaligen Zeit war es noch üblich, dass besorgte Eltern, welche mit der Lehrkraft sprechen wollten, während des Unterrichts in die Schule kamen, um auf dem Gang mit dem jeweiligen Professor ein kurzes klärendes Gespräch zu führen.

So auch an jenem Vormittag, an dem ich vorn dozieren musste, ich blieb also neben der Tafel, mit dem einzigen Skelett unserer Schule zurück.

Eine Aufsicht hatte er entgegen seiner sonstigen Gewohnheit nicht eingeteilt! Obwohl bekannt war, dass es sich hier nicht um eine Nachbildung, sondern um das echte Gerippe eines hingerichteten Verbrechers handelte, dessen Namen sogar irgendwo stand, ergriff ich mutig schüttelnd, unter dem johlenden Gelächter meiner Mitschüler, die magere Hand und sprach: *„Guten Morgen, Herr Professor, ich habe leider verschlafen.“* Dann mit tiefer Stimme: *„Nun, Gerhard, ich werde das in meinem Bichl notieren!!“* - „Peng“ - just im selben Moment, als sich die Tür öffnete, brach auch die Drahthalterung des Schultergelenks, der Arm krachte nach unten, sodass ich mit der Hand in der Hand dastand! Mir wurde heiß, mit hochrotem Kopf auf frischer Tat ertappt, in der Klasse „Totenstille“!

Der Herr Professor lachte nicht, nein, er verwies mich wortlos, mit einer energischen Handbewegung auf meinen Platz und setzte den Unterricht fort. Vergaß jedoch nicht wie erwartet, meinen Namen zu notieren, im "Bichl", wie er zu sagen pflegte!

Obwohl diese Geschichte das ganze Gymnasium belustigte, einige, wie mein alter Freund Horst, erinnern sich noch heute daran. Bescherte es mir einen Verweis, diesmal, sehr schlimm, wegen mutwilligen Beschädigens von Schuleigentum!

Wie wir später erfuhren, soll das defekte Skelett von da an in der Reservaten-Kammer geblieben sein, bis die Schule neue künstliche erhielt!
Eigentlich wären es nun der Streiche genug gewesen, doch leider fiel auch die Lernerei immer mühevoller aus, vor allem Latein wollte mir gar keine rechte Freude bereiten. So kam es meinem findigen Geist entgegen, dass unser Lateinprofessor "Friedrich" die Hausaufgaben stets zu Beginn des Unterrichtes akribisch wiederholte. Es war so leicht, man brauchte also zu Hause gar keine Arbeit erledigen, sondern schrieb alles erst zu Beginn der Stunde von der Tafel ab!
Unser korpulenter, kleiner, kahlköpfiger Professor, welcher meistens sorgfältig mit blauem Anzug, weißem Hemd und Krawatte bekleidet war, versah regelmäßig die Arbeitshefte mit Noten und Bemerkungen. Er mochte mich gern, selbst Flüchtling, sah er doch in mir einen seiner besten Schüler!
Bis zu jenem Tag, der musste ja kommen, als ich meine Hausaufgaben vorlesen sollte. Unglücklicherweise fehlte auch noch mein Einsager zur Linken! Der Herr Professor kam also näher, nahm mein Hausheft an sich und stellte Fragen. Mein Herz fing an zu pochen, schwitzend wünschte ich nichts sehnlicher, als jetzt sofort im Boden zu versinken, es half nichts, ich blieb da und wusste nichts!
Seine tiefe Enttäuschung konnte man förmlich spüren, als er androhte, meinen Vater zu verständigen, doch auch ich war echt zerknirscht. Es tat mir wirklich leid, ich schämte mich, spürte, dass irgendetwas zerbrach, sich mein Lebensweg von nun an wohl ändern würde! Nach der Stunde lief ich dem Professor hinterher, ereilte ihn auf der Treppe, bettelte und flehte, vergebens, er war zutiefst gekränkt, hatte mir doch selbst beste Bemerkungen mit rotem Stift ins Heft geschrieben, verbittert, kopfschüttelnd ließ er mich stehen!
Diesen Brief erhielten meine Eltern genau am Tag irgendeiner Feier, Besuch war da, es ging hoch her, Papi war bester Laune, glaubte wohl noch nicht an das „Aus“ seines Sohnes, so war für mich alles halb so schlimm und schnell vergessen!
Leider folgte nochmals eine Tat, die letzte am Gymnasium, über die man heute wahrscheinlich nur schmunzeln würde, welche damals aber wiederum zu einer Rüge Anlass gab.
Während des Singens fiel mir nichts Besseres ein, als bei unserer wirklich gutmütigen Musiklehrerin May den vor mir sitzenden Mädchen heimlich ihre langen Zöpfe zusammenzubinden, dann diese in das gut gefüllte Tintenfass, wovon sich mehrere in jeder Bank befanden, mittels Deckel einzuklemmen. Als die beiden aufstanden, flog das Tintenfass mit einem Knall an die Decke, woraufhin dem erschrockenen Geschrei eine riesen Schweinerei folgte! Natürlich konnte man auch hier den Täter schnell ermitteln.

So kam es, wie es musste, im Dezember war die Probezeit vorbei, der Rektor erschien mit ernster Miene zur Vormittagsstunde im Klassenzimmer, verlas die Durchgefallenen, der Gerhard war natürlich dabei.
Keiner sprach mehr ein Wort, wie geprügelte Hunde mussten wir wortlos die Klasse sowie nach Abgabe unserer Bücher, die Schule verlassen!

Im Winter „49“ wurde es so kalt, dass selbst das Neuburger Altwasser zufror, die Stimmung in der Familie war ebenso. Vater konnte mein Versagen nur schwer überwinden. Wie ein Damoklesschwert hing der Gedanke an die Rückkehr in meine alte Klasse über mir.
Doch es musste sein, der Weg in die obere Stadt zur Schule, fiel mir so schwer wie nie, doch was half's, eines Morgens meldete ich mich betreten beim inzwischen neuen Lehrer.
Nach den verschiedenen Ersatz-, Hilfs- oder Aushilfslehrern hatten sie endlich einen eigenen Klassenlehrer, Herrn Raff, einen Schwaben bekommen, welcher erst kurz vorher aus der Kriegsgefangenschaft gekommen war.
„Aaaach, da ist ja unser Lothar, der höhere Schüler, setz dich nur gleich hier vorn hin und erzähl uns mal, was man so bei den Besseren lernt?!“
So oder ähnlich ging es sarkastisch weiter, stammelnd, puterrot nach Antworten suchend, war das wohl meine schlimmste Strafe!
-Aufatmen- deshalb, als endlich dieser erste Tag vorbei war.
Zu meinem Glück geriet alles nach einigen Wochen in Vergessenheit, als im Frühjahr eine Gesamtrenovierung der evangelischen Schule anstand! Man quartierte alle aus, die Stadt hatte in der Übergangszeit für uns sowie die Jungens der nächsthöheren, also achten Klasse, im Gasthaus „Westenthanner“ die große Wirtsstube angemietet. Alle mussten beim Umzug in den anderen Ortsteil mit anpacken, die Sitzplätze wurden neu verteilt und dabei gelang es mir endlich wieder, bei meinen alten "Spezln" zu sitzen!
Besonders fiel der Unterricht nicht aus, denn nun musste der Lehrer zur selben Zeit, im selben Raum, den Lehrstoff der siebten sowie der achten Klasse vermitteln! Das lief dann so ab, während die einen Aufsatz schrieben, rechneten die anderen laut usw., selbst für die damalige Zeit fürchterlich!
Schon deshalb freute uns jede Abwechslung, sie kam endlich, als es im Sommer für mehrere Wochen, jeweils an einem Tag hieß *„Kartoffelkäfer sammeln“*! Diese gelb- schwarz- gestreiften Schädlinge bzw. seine rötlichen Larven, welche laut kursierenden Gerücht die Engländer im Krieg abgeworfen hatten, konnten innerhalb kürzester Zeit das Blattwerk ganzer Felder kahl fressen, wodurch die Pflanzen eingingen!
Ohne Schulranzen, jedoch bewaffnet mit einer alten Flasche, einem Marmeladenglas o. Ä. gefüllt mit Wasser, in dem die Viecher ertrinken sollten, fanden

wir uns frühmorgens vor der Wirtschaft ein. Dann wanderte der Lehrer mit uns etwa vier bis fünf Kilometer zu den zugeteilten Feldern.
Am Ziel angekommen, erhielt jeder eine lange Furche zugewiesen, welche er zu befreien hatte. Leider saßen die Käfer und Larven meist unter den Blättern oder an den Stielen! Man musste also gebückt oder gar auf den Knien arbeiten, was bei schönem warmen Wetter natürlich sehr beschwerlich war.
Aus einiger Entfernung beobachteten wir deshalb die Aufsicht. Wenn diese sich dann abwandte, um mit einem Kollegen oder Bauern zu sprechen, machten wir es uns in der Furche gemütlich, schlummerten, bewarfen uns mit Erde oder trieben allerlei Schabernack! Auf diese Weise sammelten wir natürlich wenig bis nichts.
Irgendwann fing Herr Raff an, weil es auch hier wieder ein paar Streber gab, die viel hatten, die Ergebnisse zu kontrollieren.
Doch wir wären nicht wir gewesen, wenn uns hierzu nichts einfallen sollte! So kam Freund "Krampus", dessen Vater ein Motorrad besaß, der rettende Gedanke! Einfach die Gefäße mit Benzin füllen, um so die Tagesbeute zu konservieren! Dann jedes Mal ein paar dazu und schwups, hatte jeder allemal eine große Sammlung vorzuweisen!
Gesagt getan, der Sud sah zwar nach einer Weile etwas trüb aus, sodass man die Burschen gerade noch sehen konnte, doch der Lehrer glaubte uns, weil wir Benzin zum Töten nahmen, was er sehr gut fand!
Nur daheim hatte ich Probleme mit Tante Erna, wenn sie als Hausdame mein Depot, das verschraubte Glas mit den Käfern, hinter dem Essgeschirr entdeckte. Was sie dann auch noch, ohne zu fragen, meist voll Ekel entsorgte!
Schließlich gelang es mir aber das zu verhindern, indem ich ihr weismachte, dass diese Käfer für Untersuchungen nebst Aufsatz im Biologie-Unterricht (kannte ich noch vom Gymnasium) benötigt würden!
Endlich im Spätherbst durften wir unsere neu renovierte Schule beziehen und oh Wunder, es kamen erstmals Mädchen der gleichen Klasse zu uns! Dafür verschwanden die Jungs der höheren Klasse in eigene Räume, was gleich eine ganz andere Atmosphäre schuf.
Prima, alles war neu, die hellen Räume, die holzfarbenen Zweisitzer-Bänke mit fest angebauten grünen Pulten nebst versenkten Tintengläsern, die Tafel und der Schrank. Nur das Harmonium war alt, es gehörte Herrn Raff, zu unserem Leidwesen hatte er es der Schule zur Verfügung gestellt.
Nach dem damals üblichen Aufstehen der ganzen Klasse, wenn der Lehrer den Raum betrat sowie dem lauten, einheitlich gebrüllten: *„Guten Morgen, Herr Lehrer“*, begab sich dieser zum, unter seinen Pedaltritten ächzenden, schnaufenden Gerät, welches sodann jaulend die Melodie vorgab, nach der man jeden Tag ein Kirchenlied zu singen hatte. Natürlich fand sich immer wieder einer oder

mehrere, die absichtlich falsch sangen, was unseren Pauker meist zu größeren Wutausbrüchen veranlasste.
Überhaupt war er sehr cholerisch, ich erinnere mich noch genau, als er sich nach einem schlechten Klassenaufsatz schimpfend dazu hinreißen ließ, mit hochrotem Kopf die Hefte aufs Harmonium zu dreschen, um sie danach nebst einem unterdrückten Fluch in die Klasse zu schleudern!
Als daraufhin die herausgerissenen Blätter wie Schneeflocken zu Boden sanken, stürzte er wutentbrannt hinaus, während wir uns das Lachen kaum verkneifen konnten.
Ansonsten hatten wir jetzt über die Mittagszeit hinaus, manchmal sogar nachmittags oder auch samstags Schule. Derweil aber die meisten deutschen Kinder noch unterernährt waren, gab es erstmalig Schulspeisung! Selbige wurde nach dem Krieg von ausländischen karikativen Organisationen eingeführt. Gekocht in einem größeren ehemaligen Waschhaus in der unteren Stadt, welches man in eine so genannte „Volksküche“, welche auch für mittellose Flüchtlinge kochte, umfunktioniert hatte.
Von dort hatte jede Schule ihr Essen abzuholen, welches in der Mittagspause verteilt wurde. In unserem Fall mussten jeweils zwei Jungens mit Leiterwagen nebst großem Armeebehälter diese Arbeit übernehmen.
Jeder Schüler oder Schülerin hatte Besteck nebst einem Gefäß mitzubringen, in welches meist irgendein dicker Eintopf gelangte. Als Nachspeise, meist Obst oder sehr begehrt Drops mit Orangen oder Zitronengeschmack, am Samstag vorwiegend Kakao, Bötchen und Schokolade.
Für das Holen der Schulspeisung suchte man immer freiwillige Buben aus den oberen Klassen. Weil aber dabei mindestens eine Stunde Unterricht verloren ging, war diese Tätigkeit sehr gefragt!
Wenn zwei Mutige beieinander waren, setzten sie sich zum Spaß auf den Leiterwagen, der Vordere steuerte mit der Deichsel, während der Hintere mit schleifenden Schuhen bremsen musste, im Karacho ging es dann den steilen Stadtberg hinunter.
Ich weiß nicht, wie es mein Freund Armin schaffte, so oft dabei zu sein?
Der fixe, überschlanke Bursche hatte zwei Brüder, einen älteren in der Klasse über uns sowie einen jüngeren im Gymnasium. Alle beneideten die Drei, derweil die Mutter Verwandte in Amerika hatte, welche regelmäßig moderne Sachen schickten, die wir noch nie gesehen hatten! Mir schenkte er einmal ein paar Basketballschuhe (hohe geschnürte Turnschuhe), welche ich monatelang zum Spielen anzog, obwohl die Füße schmerzten. 1950 hatte ich Schuhgröße "39", die Dinger waren aber mindestens zwei Nummern zu klein, als Quittung dafür kann ich noch heute zwei schmerzende Hammerzehen an meinen Füßen bewundern!

Wir wohnten nicht weit voneinander entfernt, weshalb wir auch oft zusammen waren. Armin wohnte im Grünen, direkt am etwas verwilderten Stadtgraben, dessen Grund man einigen Flüchtlingen als Gemüsegarten zugeteilt hatte, für uns also ein ideales Abenteuergebiet.
Nahe bei seinem Haus, im übernächsten Grundstück, befand sich ein gemauerter, einstöckiger Gartenpavillon, den wir nach Öffnen mit Schraubenzieher als geheime Burg benutzten! Der vom Krieg noch nicht zurückgekehrte Besitzer ermöglichte uns diesen schönen Platz als Ausgangspunkt für unsere Streifzüge zu missbrauchen! Von da an war dort vor uns nichts mehr sicher, denn wir erkundeten auf Indianerart die ganze Gegend.
Auf geheimen Pfaden hatten wir, wie schon früher praktiziert, die unteren Nägel der Zaunlatten entfernt, sodass man die Latten bei Bedarf wie einen Vorhang beiseiteschieben konnte! Nach dem Passieren schwangen sie wieder zurück, für Unkundige waren wir dadurch plötzlich verschwunden!
Nur um einen unterirdischen Gang, am Rande des Grabens machten wir einen großen Bogen, hier sollte angeblich ein toter Fremdarbeiter liegen! Nach fünf Metern Neugier lag dort eine tote Katze, das genügte!
Ansonsten halfen wir besonders gern, natürlich ungebeten, in den Nachbargärten bei der Obst- oder Nussernte. Es herrschte Mangel an Früchten, jeden kleinen Baum pflückte man leer, um die Erträge in irgendeiner Weise zu verarbeiten. Selbst Straßenbäume mit wurmigen kleinen Äpfeln durfte man nur mit Genehmigung der Stadt abernten, woran sich auch fast jeder hielt! So war es nur allzu verständlich, dass besonders die Gartenbesitzer mit Argusaugen auf ihre Ernte achteten. Deshalb konnte es nicht ausbleiben, dass man uns eines Tages beim Diebstahl erwischte! Ausgerechnet im Pfarrgarten, weil es dort Beeren, Birnen, Äpfel und Nüsse im Überfluss gab. Eines Tages saßen wir, durch die Blätter gut getarnt, genüßlich kauend auf einem hohen Nussbaum, als uns der Mesner auf frischer Tat ertappte! *„Hundsbuam elendige, kommt's sofort da runter!"*
Mit hochrotem Kopf standen wir kurz darauf vor ihm, „patsch bumm", „patsch bumm", ehe wir uns versahen, hatte sich jeder eine bis zwei saftige Watschen eingefangen! *„Verschwind's schleunigst, ihr Schlawiner, ihr miserabligen und laßt's eich ja nimmer da blick'n, es näkste Moi, geht's nimmer so guat nauss, des sag i eich"*, brüllte er!
Schleunigst liefen wir davon, ohne es jemand zu erzählen, denn sonst hätte es zu Hause womöglich noch mal was gegeben!
In dieser oder ähnlicher Art bereinigte man damals so einen Vorfall, direkt vor Ort. Heute würde vermutlich die Polizei alarmiert, Personalien, Adresse, von Einbruch, Diebstahl und strafbarer Handlung wäre dann die Rede, deshalb können einem manchmal die Lausbuben von heute schon leidtun!

Armin war übrigens der erste Freund, den ich mit nach Hause bringen durfte. Papi akzeptierte ihn, da sein Vater Dentist und unser Zahnarzt war, die Praxis befand sich im Nebenhaus.
Karl Gräber war ein großer schlanker, gut aussehender Mann, der im Krieg bei der SS war. Uns Knaben imponierte seine militärische Umgangsart, was auch meinem Vater sehr gefiel!
In der Schule allerdings waren unser beider Leistungen nicht überragend, viel Blödsinn wurde da zum Ärger des Lehrers getrieben, dem auch durch Auseinandersetzen nicht beizukommen war. Vor allem vor den Mädchen wussten wir uns als Clowns auszuzeichnen.
So befand sich zu allem Übel, neben unseren Plätzen hinter einem Mauervorsprung versteckt, eine große Schachtel für Abfall, über welcher, nach vorherigem Fragen, auch während des Unterrichtes Bleistifte gespitzt werden durften. Übermütig hüpften wir oder setzten uns ungesehen hinein, mit zusätzlichen Grimassen schneiden, bis die halbe Klasse kicherte. Wenn es der Pauker merkte, gab es natürlich wieder eine Rüge oder manchmal auch eine Kopfnuss.
Wir müssen es jedenfalls ziemlich toll getrieben haben, denn 30 Jahre später, Anfang der achtziger Jahre traf ich den unterdessen Rektor gewordenen Lehrer bei einem Ball auf der Tanzfläche wieder. Ich selbst inzwischen ein gestandener Geschäftsmann und in meiner Heimatstadt wohl bekannt, nickte ihm höflich zu. Nachdem er meinen Gruß erwidert hatte, zog er mich plötzlich auf die Seite, lächelte verschmitzt durch seinen Kneifer und meinte: *„Weißt du, Gerhard, dass aus dir einmal etwas wird, das hätte ich nie gedacht, aber es freut mich!!“*
"Schade", dass er dieses Buch nicht mehr lesen kann, bedaure ich sehr!

*

Warme Sommertage boten die Gelegenheit, immer wieder in unseren Betrieb zu gehen, um das Fahrradfahren zu lernen. Viele meiner Mitschüler konnten es schon längst und fuhren damit auch in der Gegend herum. Nur ich durfte auf Vaters Anordnung hin mit dem Betriebsrad nur im Schlosshof fahren.
Die Firma hatte auf Bezugschein eines der ersten neu gebauten Räder nach dem Krieg erhalten, mittelgrau lackiert mit schwarzem Lenker, natürlich ohne irgendwelche Chromteile oder Schaltung, von so etwas träumte man damals nur!

Bezugschein*: Nach dem Krieg waren viele der ersten, neu hergestellten z.B. technischen Artikel rationiert! Damit eine gleichmäßige Erstverteilung sichergestellt war, verteilten die Ämter und gaben Bezugscheine heraus, mit denen man dann vom Hersteller das jeweilige Produkt kaufen konnte. Der wichtig - notwendige Bedarf musste beantragt und nachgewiesen werden!

*Entnommen Bertelsmann Lexikon-Verlag, Gütersloh

So zog ich, bestaunt und beneidet von den dort wohnenden Flüchtlingskindern, eifrig meine Runden. Wetzte dabei glücklich auf der Stange des Herrenrades hin und her, denn um auf tiefster Sattelstellung zu sitzen, fehlte mir noch die Beinlänge!
Pferde-, Handwagen, Fässer, Gerümpel standen im Hof herum, welchen außerdem diverse Gerüche nach einfachem Essen, Farbe, Rauch, Abgasen durchzogen. Das alles überlagerte ein fauliger Gestank der seit einiger Zeit im Südflügel arbeitende Firma „Mosterei Stier“. Die stellte aus angelieferten Äpfeln Saft, Most und später sogar einen Kunstwein her! Hier stanken vor allem die herumliegenden ausgepressten Treberreste, an welchen sich während der heißen Sommertage Schwärme von Fliegen gütlich taten.
Kurz und gut, dieser entfremdete, einst durch höfisches Leben geprägte Schlosshof war eine höchst interessante Gegend zum Rumkurven!
An Menschen fehlte es auch nicht, außer den Flüchtlingen und Beschäftigten, die hier wohnten oder arbeiteten, fand sich am Wochenende eine lange Schlange Wartender vor dem öffentlichen Badehaus ein.
Im großen Saal des Ostflügels standen hierzu, in unterteilten Kabinen, Badewannen zur Verfügung. Gegen Bezahlung, zeitmäßig vom Bademeister überwacht, konnte jedermann ein ganz normales Wannenbad von etwa 20 Minuten nehmen.
Zu jener Zeit etwas Besonderes, gab es doch in vielen Häusern oder Wohnungen bestenfalls ein Waschbecken mit fließendem Kaltwasser. Am Wochenende jedoch wollte fast jede Familie baden, dabei wusch man sich mit Kern-, Schwimm- oder auch selbst gemachter Seife. Oftmals kam dazu eine in die Küche oder Waschküche geschleppte große Zinkbadewanne zum Einsatz. Auf dem

Herd in großen Töpfen oder im mit Kohlen beheizten Waschkessel wurde sodann Wasser erhitzt und eingefüllt. Vater oder Mutter badeten als erste, danach die Kinder, alle natürlich im selben Wasser, „Nachbaden genannt", den kostspieligen Aufwand einer Neubefüllung nahm man selten vor!
Wir selbst hatten großes Glück: Im gehobenen Hausstand, sprich Badezimmer, unserer Frau Stangler befand sich eine Email- Badewanne mit dazugehörigem kohlebeheiztem Badeofen, allerdings war Heizmaterial überall rar und teuer, so mussten auch wir das „Nachbaden" praktizieren!
Ein neuer, besserer Lebensabschnitt bahnte sich an, als es Vater, trotz allgemeinem Wohnungsmangel gelang, eine andere Wohnung, ja fast ein ganzes Haus als neue Bleibe zu beschaffen, das war im Vorgriff unser aller schönstes Weihnachtsgeschenk!
Es handelte sich um eine ältere Arztvilla, erbaut um 1900, mit einem langen, wie ein Tortenstück geformten Garten. Gelegen im damaligen Außenbezirk der Stadt. An einer stillen Zufahrtsstraße beiderseitig begrenzt durch tiefe Straßengräben nebst Sandweg, eingesäumt von stattlichen Linden, nur etwa 300 Meter von der neu gebauten Donaubrücke entfernt!
Heute ist die „Monheimer" eine sehr befahrene vollgeparkte Ausfallstraße, ohne Bäume und Straßengraben, dafür gänzlich geteert, mit Radelweg und Gehsteig.
Trotz genügend Bewegung im Freien war ich, zumindest bis zur Pubertät, ein blasser, scheinbar blutarmer Jüngling, welchem man trotz täglicher Verabreichung von üblem Fischlebertran nebst Eisenpräparat keine Farbe ins Gesicht bekam. Laut Doktor läge angeblich die Durchblutung meiner Haut tiefer als bei anderen, was wiederum jeder zweite Erwachsene glaubte, bemerken zu müssen!
Der neue Schulweg wurde mir deshalb gleich zu Anfang ein Graus, als eines Morgens eine Bäuerin neben mir vom Fahrrad stieg und meinte: *„Mei Bürberl, du schaugst mer ja gar net guat aus, a so blass, magst die net a weng hinsitzen, net, dasst mer no umfallst!"* Tiefbetroffen und beschämt eilte ich schnellen Schrittes weiter, ohne sie eines Blickes zu würdigen!
Von da an blickte ich beim Überqueren immer zur Donau, an die Stelle des Geschehens kann ich mich selbst heute noch genau erinnern!
Unsere Hausbesitzerin bewohnte im Parterre zwei große Zimmer mit Küche, hatte einen Sohn, welcher im Krieg Jagdflieger war, sich aber jetzt noch in Kriegsgefangenschaft befand. Seit einiger Zeit von ihrem Mann geschieden, wollte sie nun in absehbarer Zeit zu Verwandten ziehen und das Haus nicht nur vermieten, sondern verkaufen!
Im oberen Stockwerk standen zwei große, ein kleines Zimmer und das Bad leer, die Küche konnte mitbenutzt werden.
Mit leichtem Gepäck und einigen Möbeln, denn viel hatten wir ja noch nicht, ging der Umzug mit Hilfe von ein paar Angestellten schnell vonstatten.

Ein Handicap, der Haken bei der Sache, im Parterre des Hauses wohnte noch in einem kleinen Raum von etwa 18 m² ihr geschiedener Mann. Ein verkrachter, nicht mehr praktizierender Zahnarzt und Trinker, welcher jedoch nicht im Entferntesten daran dachte, auszuziehen!
Dieser Herr Molch, ca. 50 Jahre alt, hauste im Chaos, räumte nicht auf, kochte auf einer Kochplatte und stank. Eine Toilette befand sich nebenan, Wasser nebst sonstigem Bedarf holte er sich aus der Küche.
Im Laufe des Tages verließ er oft das Haus, in das er laut vor sich hin brabbelnd, meistens erst nach Mitternacht schwankend zurückkehrte!
Bis der Besoffene dann das Licht fand, den Schlüssel in das an einem Riegel befestigte Vorhangschloss brachte, wachte regelmäßig das ganze Haus auf. Manchmal fiel er auch der Länge nach hin, sodass selbst ich ihn, trotz wirklich festem Schlaf, in meinem darüber liegenden Zimmer hörte.
Anfangs nahmen wir das alles in Kauf, mit dem Versprechen, das Haus kaufen zu können, hatte Vater sich darauf eingelassen, er dachte wohl, irgendwie würde man den Burschen schon loswerden.
Völlig perplex sahen wir dann einige Wochen später fremde Frauen auf dem Grundstück, welche mit männlicher Unterstützung sogar anfingen, den Zaun zu reparieren. Auf unsere aufgeregte Nachfrage teilten sie uns mit, dass sie das Haus gekauft hätten!
Vater total erledigt, ward ihm doch der Verkauf des Hauses zugesagt, ja in die Hand versprochen! Scheinbar hatte die Besitzerin Zweifel an der Zahlungsfähigkeit eines Flüchtlings, welcher zwar mittlerweile einen Betrieb mit über 50 Leuten hatte, doch konnte man es wissen? Vorsichtshalber verkaufte sie dann doch lieber an eine bekannte Einheimische, da war es wieder, das Vorurteil gegen die "Zuagrosten".
Diesmal sollte es allerdings anders kommen, so schnell gab Vater nicht auf! Erstens hätte uns die neue Besitzerin Frau Pfaffliger nicht so schnell rausgebracht, zweitens waren dringend Reparaturen nebst einer Modernisierung an dem runtergekommenen Gebäude von Nöten, drittens brauchten die neuen Besitzer plötzlich selber schnelles Geld.
Also kratzte Vater alles zusammen, was er beschaffen konnte, einschließlich einer größeren Hypothek und kaufte, nun allerdings etwas teurer, unser erstes Haus und eigenes Domizil in der neuen Heimat. Jetzt erst waren wir nach der Flucht, hier in Neuburg, in Bayern (damals noch Schwaben), richtig angekommen!
Von da an lief eigentlich vieles positiv für die Familie, als erstes sollten Frl. Mariechen und Tante Erna im eigenen Garten, Beete für Kartoffeln, Bohnen, Tomaten, Gurken und Kräuter anlegen. Dinge, welche man noch immer nicht so reichhaltig oder nur relativ teuer kaufen konnte. Ich selbst durfte zu meiner Freude in einer Ecke Sonnenblumen pflanzen.

Vater sprühte danach vor Tatendrang, kreierte eine ganze Serie kleiner und großer Leuchten! Die Wichtigsten waren etwa pilzförmige Schreibtischleuchten, bei denen das goldene Rohr jedoch nicht in der Mitte, sondern hinten mit leicht ausholenden Bogen die Verbindung zwischen Fuß und Reflektor herstellte. Das Typische, bzw. besondere daran war, dass je nach Größe, ein ca. 2- 4 cm breiter Goldrand die Farbfläche des Reflektors und des Tellers umgab. In der Mitte hielt ein großer goldener Knopf diese Teile jeweils auf dem Halter bzw. dem Fußunterteil zusammen!

Dieses Modell gab es in klein oder groß (Typ: 50/85, 50/45), wobei die erste Zahl das Jahr der Entwicklung angab.

Es gelang ihm sogar, beim deutschen Patentamt dafür einen eingetragenen "Geschmacksmusterschutz" zu erhalten! Demnach durfte nur unsere Firma Leuchten dieser Art herstellen! Was wiederum in den folgenden Jahren, wegen diverser Plagiate, öfters zu gerichtlichen Auseinandersetzungen mit anderen Firmen führen sollte!

Das Ganze war ein echter Hammer, würde man heute sagen, die Aufträge gingen sprunghaft nach oben! Sogar Großhändler aus München, ja aus ganz Bayern kamen selbst, um ihre Bestellung möglichst schnell zu erhalten!

Gestärkt durch diese Erfolge, kaufte Vater von der in Ingolstadt neu entstandenen Autounion einen neuen DKW- Lieferwagen. Die erste Sonderanfertigung mit einer um 60 cm verlängerten Karosserie.

Wegen fehlender zuverlässiger Transportmöglichkeiten durch Bahn oder LKW, deshalb langen Lieferzeiten, musste man Material, z. B. Gussplatten oder Bleche von zwei Meter Länge am besten selbst vom Hersteller holen! Aus diesem Grund wurde dringend gerade dieses spezielle Fahrzeug gebraucht.

Gleichzeitig wurde dafür ein Berufsfahrer gesucht, welchen die Firma in einem ehemaligen Fernfahrer fand. Herr "Maier" wollte nicht mehr auf große Tour gehen, denn davon hatte er nach 10 Jahren Kriegsdienst, zuletzt als Cheffahrer des Kommandeurs, genug.

50 Jahre alt und ein fleißiger herzensguter Mann, von meinem Vater ebenfalls gleich in Beschlag gelegt, musste er, wenn nichts zu fahren war, alle Autos versorgen. Das hieß, da es damals noch keine Waschanlagen gab, im speziellen das "Chefauto" waschen, polieren natürlich von Hand.

Damit er auf Vaters Dienstreisen auch wie ein Chauffeur aussah, steckte man ihn in eine extra vom Schneider angefertigte Montur.

Nach Vaters Idee wurde aus grau gemustertem Stoff die Hose, dazu eine lange Jacke mit einer Doppelreihe von 12 Knöpfen, auf dem Kopf eine passende Schirmmütze mit aufgesticktem silbernem Firmenemblem vervollständigten diese Fantasieuniform.

Dieser Chauffeur tat alles für seinen Chef, wartete oft die halbe Nacht, bis die Gelage mit Kunden o. a. zu Ende gingen, sie danach endlich die Heimreise an-

traten. Blieb nötigenfalls wie ein echter Freund bei ihm sitzen, trank selbst kaum etwas, hörte sich zum X-ten Male alte Geschichten aus der Heimat an oder berichtete über alles was sein Chef wissen wollte, aber schwieg am nächsten Tag zu anderen wie ein Grab!
Ein ganz feiner, gutmütiger Kerl und da er keine Kinder hatte, erkor ich ihn bald als guten Freund bis Onkel.
Zu dieser Zeit sollte ich schon als 12-Jähriger, wenn es die Schule zuließ, nach München oder Ingolstadt mitfahren, um etwas Weitblick zu bekommen, wie Vater meinte. Größtenteils fuhr ich gerne mit, die Kundengespräche langweilten zwar, weil es aber hinterher fast immer ins Kino ging, „faszinierend" für einen Buben meines Alters, denn Fernsehen gab's noch nicht.
Allerdings ging es wegen meiner Anwesenheit auch nicht früher nach Hause, derweilen Vater immer noch eine Kneipe für irgendeinen Zwischenstopp fand.
Ich erinnere mich noch gut, wie ich eines nachts mit Herrn Maier anstatt heim zu fahren, im Auto vor der Tür des Lokals „Zum grünen Baum" sitzen musste.
Unterwegs mit dem hergerichteten "Adler-Cabrio", welches schon einen Kaufinteressenten hatte, da Vater schnell ein neues Auto kaufen wollte.
Dieses Lokal war unvergessen, unsere erste Bleibe in Neuburg, dessen üppige Inhaberin war immer noch nicht nur Vaters gern gesehene Wirtin!
Fröstelnd warteten wir vor der Tür, Stunden schlichen dahin, die Unterhaltung erstarb, ich war auf dem Hintersitz eingenickt, als Herr Maier meinte: *„Komm vor, Lothar, setz dich auf meinen Schoß, du darfst lenken, wir fahren eine Runde, dann is net so langweilig und es wird a bisserl wärmer!"* Das ließ ich mir nicht zweimal sagen, war sofort hellwach, denn auf diese Art lenken, ließ mich Papi auch hin und wieder.
Wir fuhren los, durch die dunkle Nacht der schlecht beleuchteten Stadt, kein Mensch war unterwegs. Dabei lernte er mir vorerst nur die ersten Gänge der relativ unkomplizierten Lenkradschaltung zu benutzen.
Als wir nach einiger Zeit und einigen Umwegen am Bahnhofsplatz ankamen, meinte er: *„Na, was ist, traust du dich allein zu fahren?" „Ganz allein?" „Na ja, fast allein!" „Oh ja bitte, ich will's versuchen!"*
Wir stiegen aus, er legte mir eine gefaltete Decke unter den Hintern, schob den Sitz ganz nach vorn und setzte sich daneben. Mit einem Fuß bediente er dabei vom Beifahrersitz aus Gas- oder Kupplungspedal!
Das ging bei diesem Modell relativ leicht, da es durch den Vorderradantrieb keinen Mitteltunnel gab. Seine Hand ruhte sicherheitshalber auf der Handbremse und los ging's. *„Ersten Gang rein, vorsichtig, langsam, jetzt den zweiten...!"*
Gänge krachten, manchmal hüpfte der Adler unwillig, doch mit jeder Viertelstunde lief es besser. Allerdings durfte ich nur die ersten drei Gänge benutzen!
So fuhren wir eine Weile, kreuz und quer durch die Gegend, zum Schluss waren wir beide zufrieden!

An diesem Tag erhielt ich meine erste, nicht aber letzte Fahrstunde im Schwarzfahren, jedenfalls war fortan, das Warten nicht mehr so langweilig!
Kalt blieb es trotzdem, denn die meisten der damaligen Fahrzeuge hatten keine Heizung! Auf die heute übliche, simple Führung von Motorwärme in den Fahrgastraum kam man erst später. Ebenso problematisch das Enteisen der Frontscheibe, letzteres gelang meist nur auf der Fahrerseite, durch eine innen aufgesetzte Zusatzscheibe mit Gummirand und Heizdrähten. Diese sich zwischen den Gläsern befindlichen, gespannten Drähte verbunden mit einem Kabel funktionierten ähnlich wie heute die beheizten Heckscheiben. Gehalten wurde letztlich die ganze Konstruktion, mit verstellbaren in den Scheibengummi eingedrückten Metallfüßen.
Ebenfalls sehr schwierig, speziell im Winter gestaltete sich das Starten des Motors. Zu Zeiten des allgemeinen Wohnungsmangels gab es wenig Garagen, weshalb viele Fahrzeuge im Freien standen. Die damals noch üblichen „6Volt“ Anlagen gaben zumeist dem Anlasser wenig Durchzugskraft. Oft half dann nur die einsteckbare Handkurbel, anschieben oder anschleppen!
Vater noch immer der gleiche Autonarr wie früher, störte sich sehr daran, dass seine neuen bzw. so schön hergerichteten Fahrzeuge im Freien standen, da auch unser neues Haus keinerlei Unterstand besaß.
Im Laufe des Jahres gelang ihm dann endlich, für alle Autos eine große Garage anzumieten, die sich unter der Terrasse eines Hotels direkt am Donauufer befand. Die „Krone“, so hieß das Hotel, war eine von Papis neuen Stammkneipen, lag günstig fast auf halbem Weg zwischen Firma und Haus, notfalls auch zu Fuß in wenigen Minuten erreichbar.
Während eines längeren Zechgelages hatte er die Garage von der Pächterin des Lokals angemietet. Frau „Schweinböck“, so hieß sie wirklich, die kleine korpulente Frau mit dem württembergischen Dialekt. Bei der ich immer lachen musste, wenn sie fragte: *„Na Henry, trink mer noch'n Aschback?“* Was natürlich „Asbach“ heißen sollte, und „mer“ bedeutete, dass sie sich auf seine Kosten einlud!
Häufig verbrachte ich ebenfalls, allerdings zwangsläufig, etliche Stunden in diesem Lokal. Hauptsächlich, wenn ich manchmal erst spät abends von Mutti losgeschickt wurde, um Papi nach Hause zu holen!
Mitten im Raum am Ende eines schwarzen Ofenrohres, welches sich unterhalb der Decke durch die ganze Wirtschaft zog, befand sich ein großer Kohleofen, welcher zumindest im Winter blubbernd starke Hitze verbreitete.
Die Kneipe selbst meist recht stickig, Rauchschwaden und Alkoholdunst schwebten im Raum, denn Ventilatorabzüge waren selten.
Fast immer handelte es sich um eine größere Männerrunde, welche dort am runden Stammtisch beisammen saß, Frauen waren außer der Bedienung sowie in diesem Fall der Wirtin seltenst anwesend!

Kam ich herein, war Vater meist sehr erfreut. Während ich zu allen Zechkumpanen ordentlich *„Grüß Gott“* sagen musste, gab er sich sehr jovial! Stellte mich vor und fragte, während mich die anderen genau beobachteten: *„Na Säckl,* (-Schlesisch- was im Bayrischen soviel wie „Spezl“ heißen sollte) *setz dich her, willste Schokolade oder was trinken? Wir gehen dann gleich heim!“*
Ich war sehr erfreut, dass er gleich gehen wollte und scheinbar recht stolz auf mich war! Die Anwesenden wunderten sich offensichtlich ebenfalls, vermutlich hatte er sich irgendwann vorher über seinen missratenen Sohn beschwert!
Natürlich hielt er nicht Wort, es ging noch länger, zigmal musste man sich die alten Probleme über Flucht und Krieg von allen Seiten anhören! Nickte ich am Tisch ein oder maulte: *„Komm, lass uns nach Hause gehen, Mutti wartet!“* Da wurde er böse und es dauerte dann noch länger, bis ich ihn endlich dazu brachte mitzugehen.
Wankend stapfte er dann neben mir her, war gar nicht mehr so freundlich, fing an zu streiten, lief voraus oder wollte gar noch woanders hin! War jedes Mal heilfroh, wenn ich ihn endlich zu Hause abliefern konnte!
Meine Hausaufgaben vernachlässigte ich während dieser Phasen, schrieb ab, machte sie erst kurz vor der Schule oder gar nicht, es kontrollierte ja niemand! Kam dann ein Brief vom Lehrer, ging Mutti hin und verschwieg es unter anderem, weil sie mich das nächste Mal wieder zum *„Papi aus der Kneipe holen“* brauchte!
Meistens dauerte das Feiern eine Woche, danach zog drei bis vier Wochen zum Ende steigend unerbittlich Strenge ein!
Der „Paulaner-Bräu“ fungierte als Lieferant für die „Krone“, Vater und seine Freunde tranken dieses Bier sehr gerne. Bis heute kann ich nicht verstehen, wieso immer nur ein paar Flaschen im Keller standen? Scheinbar gab es damals keine Leihkästen oder man konnte das Bier nicht richtig kühlen, weil eigene Kühlschränke fehlten?
Die Gaststätten hatten meist extra Bierkeller für Holzfässer oder Flaschenbier, welche man zwecks Kühlung mit großen Eisklötzen bestückt hatte. Diese etwa ein Meter langen Eisstangen wurden hauptsächlich im Winter, selten im Sommer vom Zwischenlager auf Pritschenwagen mit Planen zugedeckt angeliefert. Fuhrmänner größtenteils noch mit Pferdewagen holten sie von irgendwelchen zugefrorenen Weihern, wo man sie mittels großer Handsägen heraustrennte.
Jedenfalls musste ich, wenn Besuch kam, mehrmals spät abends, manchmal extra aufstehen, um zu Fuß mit leeren Flaschen im Netz Bier zu holen.
Dazu hatten fast alle Lokale die sogenannte "Schwemme". Damit man nicht in den Schankraum musste, befand sich in der „Krone“ am Hintereingang ein Abstellbrett mit Schiebefenster, welches nach Betätigen der daneben angebrachten Klingel von Wirt oder Bedienung geöffnet wurde. Man gab die mitgebrachten Flaschen ab und erhielt meist genau so viele volle zurück.

Von manchen Freunden weiß ich sogar, dass diese, um für den Vater Bier zu holen, nur mit einem Krug bewaffnet oftmals weit längere Strecken zurücklegten!
Auf der anderen Seite war es natürlich interessant, bei damals schlechter Beleuchtung, zuweilen auf kleinen Umwegen durch die Nacht zu streifen, während man sonst spätestens um acht Uhr daheim sein musste!
„Zur Hölle“ hieß bezeichnenderweise die ziemlich steil abwärts führende, enge mit Kopfstein gepflasterte Straße, welche im Bogen durch eine schmale düstere Häuserschlucht direkt zum Donaukai führte. Kurz vorher geradeaus, die Abzweigung zu unserer Garage.
Warum es zu dieser nur einen einzigen großen, mit einem Gewicht beschwerten Schlüssel gab, weiß ich nicht. Jedenfalls musste man ihn stets in der Schwemme an besagtem Schiebefenster holen oder abgeben! Stets meine Aufgabe, dafür durfte ich das jeweilige Auto, natürlich ohne Motor, hineinrollen lassen!
Vater, welcher eines Tages nach einer längeren Fahrt, wohl nicht mehr ganz nüchtern, diesmal allein seinen „Adler“ einige Meter höher abgestellt hatte, versuchte aufzuschließen. Just im selben Augenblick machte sich das Fahrzeug selbstständig, um ihm ein Knie mit der Stoßstange an das noch verschlossene Tor zu quetschen.
Einigermaßen hilflos hing er dazwischen, niemand weit und breit, rufen brachte auch nichts. Endlich nach einiger Zeit mit Drücken und Zerren, gelang es ihm sich irgendwie zu befreien! Spät nachts kam er dann als humpelnder Heimkehrer zurück, dem am nächsten Tag das Knie nicht nur bandagiert, sondern auch punktiert wurde!
Beim nächstfälligen Brief an Mami musste ich freilich diese Verletzung als bei schwerer Arbeit und Überanstrengung geschehen, beschreiben!
Als Nebeneffekt hatte der Vorfall den Entschluss beschleunigt, einen neuen Privatwagen zu kaufen, um sich endlich von dem alten, generalüberholten „Adler“ zu trennen.
Zur Debatte stand als erstes sein größter Wunschtraum, ein amerikanischer Importwagen, was sich wegen der zu hohen Kosten jedoch schnell wieder erledigte. Neidvoll bestaunte er in diesem Zusammenhang unseren Nachbarn, welcher offensichtlich bevorzugt durch amerikanische Verwandtschaft, als Besitzer eines neuen, mit einer Menge Chrom versehenen großen, weinroten „Plymouth“ glänzte.
Zweite Möglichkeit, einer der neuen deutschen Wagen, hier standen jedoch meist amerikanisierte, das heißt überarbeitete Vorkriegsmodelle zur Verfügung, welche ihm jedoch nicht so gut gefielen.
Alsbald im Blickpunkt befand sich deshalb der ganz neu entwickelte "Borgward" mit der sogenannten „Pontonform“. Welche speziell Borgward gleich nach dem Krieg konsequent einführte. Diese Form ließ die bis dahin üblichen,

meist seitlich hervorstehenden Kotflügel, mit der Gesamtkarosse verschmelzen, ähnlich den heutigen Autos!
Als erster in der Stadt besaß der Vater meines Freundes, unser Zahnarzt, dieses neue Modell in Blau!
Vaters Entscheidung fiel schnell, bei der Firma Perzlmeier erwarb er Neuburg's zweiten „Borgward“ in schwarz, welcher persönlich in Bremen abgeholt wurde!
Es ist anzunehmen, dass die Fahrt länger dauerte, denn ein mehrere tausend Kilometer langes Einfahren des neuen Autos mit höchstens 60 -80 km/h war selbstverständlich!
Wir Jungens kannten nicht nur fast alle Neuburger-Autos, sondern erkannten auch jedes neu auf dem Markt gekommene, deutsche Modell schon von Weitem, zumal diese sich noch deutlich unterschieden!
Keine sehr große Kunst in einer Zeit mit so wenig Verkehr, wo selbst Expressgut noch mit dem Pferdewagen ausgefahren wurde. Selbst die Stadt- oder Landpolizei in Uniform, noch blau und grün getrennt, besaßen nur einen neuen DKW, einen alten Mercedes, sowie eine Zündapp- Beiwagenmaschine aus altem Wehrmachtsbestand! Die tägliche Streife in der Stadt ging zu Fuß oder fuhr mit dem Radl, beim Regen mit umgehängtem Kotzen (kurzer Filzmantel).
Streitgespräche unter uns Buben waren an der Tagesordnung und wurden oft hitzig um Details geführt, sehr wichtig z. B., ob das Modell „XY“ schon einen Blinker hatte, oder noch den seitlich heraus klappenden beleuchteten, 18 cm langen Richtungsanzeiger, den damals üblichen „Winker“ besaß?!
Mein Freund Armin bemerkte sehr betrübt, dass wir an unserem vier Wochen jüngeren Modell, Bremslicht, Blinker und Schlusslicht als Neuerung unter einem roten Glas hatten, während dieselben bei ihrem noch als zwei getrennten Rückleuchten angebracht waren! Vor lauter Wut und Neid erzählte er deshalb herum, dass unser Auto das ältere wäre, wodurch unsere Freundschaft beinahe in die Binsen ging!
Zu Hause zog endlich der störende Untermieter aus und dafür Muttis Vater ein. Er erhielt vorerst das seit dem Auszug von Frau Molch leerstehende, große Südzimmer im Hochparterre. Dieses besaß als einziges eine schmale, überdachte Balkonterrasse, mit welcher es durch Fenster und Tür verbunden war.
Bis dato wohnte er im Neuburger Flüchtlingslager, in der ehemaligen "15er" Kaserne, wo er sich aber offensichtlich recht wohlgefühlt hatte.
Sein halbes Leben lang Werkmeister im „Gaswerk-Breslau“, war er den kumpelhaften Umgang mit Arbeitern gewohnt und hatte deshalb schnell Freundschaften mit anderen Rentnern geschlossen.
Da im Lager nur sparsamst geheizt wurde, Geld, um in die Wirtschaft zu gehen, hatten sie wenig und weil es sonst nichts anderes zum Aufwärmen gab, traf man sich zum täglichen Plausche auf den Wartebänken im „Neuburger-Postamt“.

Meinem Vater wiederum ward das ein Dorn im Auge, seiner Meinung nach für einen "Gerhard-Schwiegervater" nicht standesgemäß!
„Opa Meier“, so seine offizielle Bezeichnung, mittlerweile mit dickerem Bauch, entwickelte sich für mich zu einem Ruhepol. Endlich mal einer, der seine Meinung auch nachbrummelnd kundtat, sowie unangebrachten Anordnungen mit stiller Nichtbeachtung entgegentrat. Sein hohes Alter von über 72 Jahren und die „Noch-Verliebtheit“ meines Vaters in seine Tochter schützten ihn nicht nur vor Rüffeln, sondern gaben ihm einen gewissen, um nicht zu sagen Idiotenfreiraum im Haus.
Wenn Opa im Geschäft nicht als Heizer oder Hilfskraft gebraucht wurde, traf er sich nach wie vor unbeeindruckt im Postamt mit seinen alten Freunden. Aus dem Haus ging er nur bekleidet mit dunklem Anzug, weißem Hemd, gedeckter Krawatte und schwarzer Weste. Als krönender Abschluss kam auf die totale, meist braungebrannte Glatze, welche zuerst mit Möbelpolitur eingerieben, dann mit Staubtuch nachpoliert, ein dunkler Homburger (Hut).
Für einen Lausbuben wie mich immer spannend ihn zu beobachten, so spukte er zum Beispiel, nach starkem Räuspern, den vorher hochgezogenen Rotz ungeniert aus dem Fenster in die davor stehenden Bäume. Was wiederum meinen Vater, der das bis ins obere Stockwerk hörte, zu dem lauten wütenden Ausruf veranlasste: *„Macht der Kerl da unten schon wieder Lametta an die Bäume!?“*
Mehrmals in der Woche setzte Opa schon am frühen Morgen sein Lieblingsgericht, eine Mischung aus frisch geschälten Zwiebeln in Essig und Öl an, welche er zum Ziehen im Zimmer aufbewahrte! Der strenge Geruch davon durchzog das ganze Haus, bis endlich am Abend alles mit einem Butterbrot verzehrt wurde.
Etwas später, nach einem gewissen Gärungsprozeß, fing er deutlich hörbar bei jeder Gelegenheit zu Furzen an, was zumindest mir eine wahre Freude bereitete!
Abends erzählte er oft Lügengeschichten oder wir spielten Karten, fast immer „Siebzehn und vier“. Der alte Mogler versteckte dann die Karten im Ärmel oder unter dem Tisch, mischte falsch oder Ähnliches, sodass es immer etwas zum Lachen gab.
Auf seinem Weg zur Firma sollte er manchmal den sogenannten Turmtopf mitnehmen, dessen Inhalt das Mittagessen für Papi und Mutti beinhaltete. Etwa vier flache Töpfe übereinander, gefüllt mit dem aufgeteilten Essen, wurden durch einen Tragbügel zusammengehalten. Opa nahm das Essen für die beiden nur äußerst widerwillig mit, weshalb der "Schwarze Peter" alsbald bei mir landete. Eine unangenehme Sache, das heiße Zeug fast zwei Kilometer durch die Gegend zu tragen! Nach Abhilfe suchend, ließ ich das Gestell schon mal ab und zu spielerisch gegen das Brückengitter schnalzen, wonach sich prompt die Suppe in den anderen Gerichten wiederfand! Scheinbar hatte Opa Ähnliches gemacht, wie ich

aus Beschimpfungen entnehmen konnte, nach denen man es endlich auch mir erließ!
Eine schöne Abwechslung jedenfalls war die Zeit mit ihm, derweil ich an den Abenden, im Gegensatz zu meinen Freunden, nach 20 Uhr nicht mehr aus dem Haus durfte. Zwar fielen mir immer wieder Ausreden ein, die beim "Abhauen" halfen, jedoch nur wenn die Eltern unterwegs waren.
So bekam ich einmal mehrere Abende Ausgang von Fräulein Mariechen, für den „Besuch der Maiandacht“ genehmigt! In Wirklichkeit jedoch stromerten wir Jungens durch die Stadt, meistens den gleichen Weg. Etwa 1000 Meter zwischen den Kinos über die Hauptstraße zu der nächsten Kreuzung und wieder zurück, wo sich die Jugend Neuburg's allabendlich vor dem Kinobeginn traf!
Nach acht Uhr standen wir dann tatsächlich vor der Kirche, doch nur um die Mädchen zu sehen, welche wirklich vom Gottesdienst kamen.
Leider war diese schöne Gelegenheit bald vorbei, denn als die Gute berichten wollte, dass der Sohn auch brav und fromm sein könne, eröffnete ihr Papi schmunzelnd, dass es bei den Evangelischen keine Maiandacht gibt, worauf sie von mir sehr enttäuscht war.
Was die Mädchen betraf, wurden wir völlig unaufgeklärten Jungens stets von geheimnisvoller Wissbegierde getrieben. Dabei wurde jede Art von Gerüchten oder Geschichten über dieses Thema gierig aufgesogen, so machte eines Tages Folgendes die Runde! Einer hatte von anderen gehört, der wiederum einen kannte, der es gesehen haben wollte! Ein etwas älteres Mädchen soll beim Bau ihres Elternhauses auf einer Blechrinne in eine Mörtelwanne gerutscht sein und weil sie keine Unterhose anhatte, füllte sich ihr Schlitz mit Mörtel! Kurz entschlossen hob sie den Rock auf, um das Zeug mit dem Finger zu entfernen, während einige Jungens hochinteressiert zuschauten.
Nachdem wir die Geschichte mehrfach von verschiedenen Seiten gehört hatten, stieg die Neugierde ins Enorme, sodass wir alsbald beschlossen nach der Schule dort hinzutigern, von der Hoffnung getrieben eventuell auch noch etwas sehen zu können! Also machten wir uns bei nächstpassender Gelegenheit auf den immerhin etwa vier Kilometer langen Weg zum beschriebenen Haus.
Wie man sich denken kann umsonst, denn als wir dort ankamen sah man weder das Mädchen noch sonst irgendetwas Interessantes. Im Gegenteil, als ihr Vater die Rumschleicherei bemerkte und deshalb misstrauische Fragen stellte, zogen wir es vor zu verschwinden!

*

Schon bald lernte ich Freunde in der Nachbarschaft unseres neuen Domizils kennen, mit denen man allerlei unternehmen konnte. Als erstes entstand ein schönes Baumhaus zwischen den dicht beieinanderstehenden hohen Nussbäumen, am Ende unseres Gartens. Toll zum Klettern, Beobachten und Indianer spielen. Abgedichtet mit alten militärischen Gasschutzplanen, welche aus einer Art grünem Wachspapier bestanden, hielt die Hütte eine Weile sogar dem Regen stand.
Obst und Nüsse hatten wir nunmehr selbst genug, brauchten sie deshalb nicht mehr zu stehlen, auch die herumliegende Munition nebst diversem Kriegsgerät wurde offiziell geräumt und somit allmählich unserem Zugriff entzogen! Glück gehabt, denn es gab etliche Kinder oder Jugendliche, welche beim Spielen mit herumliegender Munition verletzt, verstümmelt wurden oder den Verlust des Augenlichtes zu beklagen hatten.
Schrittweise wuchs auch das normale Sportangebot für die Jugend, Geräte, Plätze, Sportstätten wurden wieder hergerichtet oder instand gesetzt.
Dank des „GYA“ kam ich auf Leihschein an zwei Paar Boxhandschuhe, welche mir vorgaukelten, Boxen sei die richtige Sportart für mich. Endlich keine Angst mehr vor den Stärkeren haben, so dachte ich!
Unter den Nachbarskindern waren schnell ein paar Gleichgesinnte gefunden, etliche Trainingsrunden oder was wir so darunter verstanden, einfache Keilerei halt, für die wir auch blaue Flecken in Kauf nahmen!
Nach einigen Wochen wurde es langweilig, chronischer Geldmangel, Taschengeld, ein Fremdwort, brachte den Gedanken auf, das Ganze zu „vermarkten“, würde man heute sagen. Wir bastelten im Garten einen Ring, schrieben etwa fünf Plakate, welche wir an verschiedenen Stellen der Straße anbrachten.
Als der Tag "X" kam, standen wir bereit, vier angekündigte Kämpfe sollten stattfinden, der Eintritt betrug eine Mark, etwa zwanzig Sitzplätze waren hergerichtet!
- Wir warteten, - die erste Enttäuschung bahnte sich an, nur einige kleine Geschwister der Kämpfer hatten sich eingefunden und wollten nichts bezahlen! Streit entstand mit dem Kartenverkäufer, einige liefen davon, aufräumen musste ich allein, aus der Traum! Letztlich blieben nur die Boxhandschuhe übrig, als Erinnerung an die Zeit als Boxer. Besitzen tu ich sie heute noch als Wandschmuck, ihr Fehlen wurde niemals bemerkt!
Im Grunde war ich ja gar kein Raufer, eher ein wenig vorsichtig, ging Händeln lieber aus dem Weg, was leider auch meine Mitschüler wussten. Versuchte man allerdings Rangeleien stets zu vermeiden, wurde das Gehänsel immer lästiger!
So nahm mich eines Tages ein großer, als halber Schläger bekannter Bursche namens Werner vor versammelter Mannschaft aus irgendeinem Grund in den Schwitzkasten. Während dem Hin- und Her-Gezerre fing ich in meiner Ver-

zweiflung, unter Tränen an zu boxen. Traf dabei zufällig seinen Magen, worauf er plötzlich stöhnend nachließ, ich kam frei, versuchte es ein zweites Mal, doch langsam richtete er sich auf, um mich erneut zu packen! Mit dem Mut der Verzweiflung schlug ich ihm wieder, ein, zwei, dreimal direkt in den Magen, als er zu meiner Überraschung auf die Knie fiel und wie „k. o." zu Boden ging!
Meine Freunde, ich hatte plötzlich mehr als zuvor, hüpften herum, schlugen mir johlend auf die Schulter und hielten mich an diesem Tag für den Größten. Werner schlich fahl, still, gekrümmt von dannen, ab diesem Tag war er stets freundlich zu mir, ließ mich ebenso wie die anderen Stänkerer in Ruhe. Erst später erfuhr ich, dass er, der große blonde Flüchtlingsjunge, schwer magenkrank war!!

Zu Hause trafen im Laufe des Jahres neue Möbel ein, als erstes erhielten wir ein neues Esszimmer aus hellem Eichenholz, handgefertigt versteht sich, denn Leute, welche sich etwas besser, weil standesgemäß einrichten wollten, ließen beim Möbelschreiner fertigen! Nach eigenen Angaben und Vorstellungen, das Angebot an Fertigmöbeln war sehr gering, dazu billigst gefertigt und wurde hauptsächlich vom "Normalverbraucher" genutzt.
Geliefert wurde ein großer vierflügliger Schrank im strengen klassischen Stil, mit großen, heraus gefrästen rechteckigen Kassettenflächen, nebst seitlichen in Vollholz eingelassenen länglichen Vertiefungen. Dazu die passende Anrichte mit Schubladen nebst Türen, welche das ebenfalls neu beschaffte Geschirr, Besteck und Tischwäsche aufnahm.
Endlich hatten wir einen schönen großen Ausziehtisch mit sechs Stühlen, für alle, so dachte ich, jedoch speisten hier nur Vater, Mutti, Tante Erna und ich. Fräulein Mariechen kochte und aß von nun an in der Küche, die Tante mit schneeweißer, gestärkter Rüschenschürze deckte auf und servierte.
Opa Meier nahm unter der Woche sein Essen ebenfalls in der Küche oder in seinem Zimmer ein, er verweilte meist nur sonntags bei uns!
Ihm war das Ganze wohl zu steif, überdies waren seine Tischmanieren nicht die besten. Immer wieder mal, etwa beim lauten Schlürfen der Suppe, wurde er von Papi mit einem belehrenden „Na, na, na" bedacht oder erhielt später, ohne Zeugen, durch seine Tochter eine Mängelrüge!
Das Esszimmer besaß ferner noch einen Erker, in welchem eine Besprechungsecke eingerichtet war. Hier standen neben einer massiven Altmessingleuchte zwei Sesselstühle nebst einem passenden schweren Beistelltisch mit eingelegter Solnhofener-Platte. Von der sprang einem unübersehbar, eingeätzt, farblich eingelassen, das schlesische Wappen ins Auge!
Der große neue Teppich, einige echte Bilder sowie die schweren Gardinen rundeten das repräsentative Speisezimmer ab. Henry Gerhard glaubte diese Umgebung sich als Fabrikant, der Familie, seinem Stand sowie den häufigen Gästen, schuldig zu sein!

Alles schwer verdient und sehr schön, wenn nur dieser Malefiz Lausbub nicht wäre, mag er sich wohl nach Aufdeckung dieser neuen Frechheiten gedacht haben.
Weiß der Teufel, wer sich auch so etwas ausdenkt?! Irgendwelche Burschen prahlten eines Tages auf der Straße mit einem ganz neuerlichen Knallgerät. Sie hatten an eine etwa 80 cm lange Schnur einen Schrank oder Truhenschlüssel mit Loch gebunden, während am anderen Ende ein genau in das Loch passender, abgeschliffener Nagel hing. Als erstes schabte man die braunen Schwefelköpfe von den Streichhölzern in den vorderen Hohlraum des Schlüssels, führte den Nagel ein, schwang die so entstandenen Schlaufe im Bogen, um dann das Teil mit dem richtigen „Effet“ an die Wand zu schlagen, „Peng“, je mehr Ladung desto lauter der Knall!
Toll, das wollten natürlich viele nachahmen, die Sache bedurfte jedoch einiger Übung, bis die Richtung stimmte, der Schlag saß, die richtige Ladung gefunden war und so weiter. Der Haken bei der Sache, nach mehrmaliger Zündung platzten die Schlüssel auf, oder eine zu starke Ladung riss sie gleich beim ersten Mal auf, danach waren die Dinger unbrauchbar!
Man kann sich denken, dass binnen Kurzem in vielen Wohnungen, so auch bei uns, plötzlich wie von Geisterhand alle kleinen Hohlschlüssel verschwanden, nur so einfach wie heute bekam man keine neuen!!
Na ja, wie unser Lehrer in solchen oder ähnlichen Fällen zu sagen pflegte: *„Lausburm elendige!“*
Doch die Zeit lief weiter, ehe ich es richtig bemerkte, brachen die großen Ferien meines letzten Schuljahrs an. Vater war mit Mutti nebst unserem Chauffeur zum großen Sommerurlaub nach Bad Wiessee aufgebrochen. Vorher hatte er noch unser erstes Kofferradio, einen roten Grundig etwa 35 mal 20 cm groß, erstanden, ein echtes Novum, war es doch eines der ersten "Mikro-Radios" auf dem Markt, erstmals mit einigen Transistoren versehen! Dadurch sollte es weniger Strom verbrauchen, ein Luxusgerät, die Bestückung mit nur einer großen Batterie war trotzdem recht teuer. Das Gerät spielte damit nur wenige Stunden, ein Netzteil war nicht vorgesehen!
Während die Eltern weg waren, vertrieb ich mir die Ferienzeit, indem ich meine alte Seifenkiste in ein Feuerwehrauto umbaute, auf vier seitlich angebrachte Stützen wurde eine Holzleiter verschraubt, eine große Glocke ergab das Signalgerät. So ausgestattet, sauste ich, von den Nachbarbuben geschoben durch die Gegend. Manchmal gingen wir auch mit selbst gebasteltem Pfeil und Bogen auf Katzen- oder Hundejagd, welche sich besonders gut von unserem Baumhaus beobachten oder beschießen ließen.
An Geld und Süßigkeiten kamen wir normalerweise kaum heran, dergleichen gab es meist nur an Fest- oder Geburtstagen. Unsere größte Freude waren damals Riesenkaramellen, genannt 2 Pfennig Riesen oder für 10 Pfennig, das "Fri-

go- Brausepulver", welches es mit Orange, Himbeere, Waldmeister oder Zitronengeschmack in kleinen Papiertüten gab. Es fing, mit Wasser zusammengebracht für eine Weile stark zu sprudeln an, als wenn Kohlensäure darin wäre, deshalb war es eigentlich dazu gedacht, Limonade daraus zu bereiten. Wahrscheinlich ein fürchterlich chemisches Zeug, es schmeckte angemacht, künstlich, süß, langweilig und wurde deshalb von uns direkt aus der hohlen Hand geleckt. Es prickelte schön auf der Zunge, während man den ganzen Mund voll Schaum hatte. Könner allerdings steckten nur den nassen Finger in die Tüte, um so die Menge besser dosieren zu können!
Gegen Ende der Ferien, von mir diesmal ungeduldig erwartet, vor allem wegen des neuen Borgward, die Eltern aus dem Urlaub.
Dass die Schule nun wieder begann, eigentlich nichts Besonderes, doch diesmal, kurz vor dem letzten Schuljahr, war alles irgendwie anders als sonst! Ich bemerkte unterschwellig, dass danach wohl eine andere vermutlich ernstere Zeit heraufzog! Auf einmal wäre ich ganz gerne noch weiter zur Schule gegangen, doch nun war es zu spät! Eine spätere Umstiegsmöglichkeit gab es meines Wissens damals kaum. Ein paar Freunde fuhren zwar täglich mit der Bahn zur Mittelschule nach Ingolstadt, doch das hätte Vater anleiern müssen, der aber wollte nicht, dass ich irgendwo seinem Machtbereich entrinnen könnte!

*

Spätsommer, in unserem Garten begann zur Freude aller die erste große Ernte, Sonnenblumenkerne, Bohnen, Gurken, Kartoffeln schmeckten besonders gut, weil auf eigenem Grund angebaut und selbst geerntet.
Zeitgleich begann das letzte Schuljahr und wir befanden uns nun wieder in der renovierten Marstallschule inmitten der Neuburger Altstadt. Für die Achte bekamen wir endlich ein eigenes, neu eingerichtetes Klassenzimmer, welches für jeweils zwei, eine Doppelschulbank, mit eingelassenem Tintenfass sowie Taschenablage unter der Schreibfläche besaß. Vorn an der Wand, neben dem Pult des Lehrers glänzte eine große Wendetafel.
Unser Lehrer, die alten Schulkameraden, ebenso die Mädchen, zu welchen wir mittlerweile ein normales Verhältnis entwickelt hatten, waren ebenfalls wieder da. Ein paar Neue kamen dazu, sodass unsere Klasse nun aus etwa 25 Schülern bestand. Im Laufe des Schuljahres durften wir erstmals ins Theater gleich nebenan, den "Jedermann" sehen. Prima, dachte ich, in der Vergangenheit hatte man uns bestenfalls einmal im Jahr flimmernde Filme wie "Die Stadt- und die Feldmaus" oder "Der Hase und der Igel" gezeigt!
Aufgeregt drängelte sich die ganze Schule in das kleine Stadttheater. Leider mussten die Größeren ganz nach oben in die "2.Empore", wo wir letztlich in Dreierreihen standen! Wie man sich leicht vorstellen kann, wurden die freudigen

Erwartungen enttäuscht! Während des ganzen Stückes hörten wir nicht nur wenig, sondern sahen meist nur die Füße der Schauspieler, vorausgesetzt sie gingen ziemlich nach vorn!
Aber wir schreiben das Jahr 1950, der Krieg ist erst 5 Jahre vorbei, doch das Wirtschaftswunder zeigt seine ersten Auswirkungen. Als eine der ersten Neuheiten kamen die Kugelschreiber auf den Markt, wo sie sofort ihren Siegeszug antraten. Uns allerdings, man mag heute darüber schmunzeln, war deren Benutzung anfangs verboten, weil es angeblich die Handschrift verdarb!
Schulspeisung gab es immer noch, inzwischen zwar etwas besser, trotzdem blieb vor allem Erbsen-, Kartoffel-, Nudelsuppe meist übrig, nur am Samstag, wenn es Kakao, Semmeln, Drops oder Schokolade gab, ging alles weg!
Unser, durch seine Nickelbrille verschmitzt blickender, schwäbischer Lehrer, frönte seinem Lieblingsfach „Erdkunde"! Er wollte, eventuell durch Fernweh geplagt, sich und uns die ganze Welt etwas näher bringen. In Ermangelung von genügend Anschauungsmaterial zeigte er uns, wie man aus nassem Lehm auf Sperrholz ferne Länder als Relief formen konnte. Nach dem Trocknen mit Wasserfarben bemalt, wurden sie ein begehrtes Lehrmittel für alle Klassen und bereicherten die ersten Schulausstellungen.
Die Herstellung erfolgte durch beliebte, von ihm wohlgeachtete Schüler, welche das handwerkliche Geschick dafür besaßen und mit dieser Begabung nahezu unkontrollierten Freigang vom Unterricht zum Waschraum der erkorenen Fertigungsstätte hatten.
Meinen Freund Armin und mich ließ das nicht ruhen, wir übten zu Hause, gehörten schnell, unter Vernachlässigung der restlichen Fächer versteht sich, zu den Auserwählten! Ganz nebenbei verstanden wir noch die Arbeit mit etlichem Schabernack von Bespritzen bis Beschmieren zu würzen!
Unerwartet gefiel mir die Arbeit, ich bemühte mich ehrlich und wurde der Beste. Eigentlich ein Schlüsselerlebnis, unerwartet erfreute mich das Gestalten, der Umgang mit Material und Farben, man lobte mich und meine Arbeiten wurden sogar in den neuen Schaukästen am Flur ausgestellt!
Leider zog niemand Schlüsse daraus, vom Lehrer gab es damals keine Beratung oder Hinweise und zu Hause bemerkte keiner meine Fähigkeiten. Allerdings erwähnte ich auch nichts, sondern hielt meine Eltern, wegen meiner sonstigen Leistungen, lieber von der Schule fern. Dabei gab es einige Zeit später einen, als Strafarbeit mit drei Seiten verhängten, von mir mit acht Seiten geschriebenen sehr guten Aufsatz. „Die Seeräuber", welcher später sogar in anderen Klassen vorgelesen wurde!
Lehrer Raff allerdings meinte bis zum Schluss: *„Lothar, gib's zu, den hast du doch irgendwo abgeschrieben?!"*
Die zweite Persönlichkeit der Schule war unser Pfarrer, ein großer, asketisch gebauter, strenger und wie ich glaube sehr christlicher Gottesmann. Welcher

mich eines Tages ganz aufgeregt ansprach, hatte er doch bemerkt, dass der Gerhard, obwohl erst 12 Jahre alt, schon nächstes Jahr die Schule verlässt! Dabei nahm der Bub noch nicht an den zwei Jahre vor der Konfirmation vorgeschriebenen Vorbereitungen teil. Scheinbar sollte man vor dem Verlassen der Schule unbedingt konfirmiert sein!
So musste ich ab sofort, zu gleicher Zeit beim Präparanden- und Konfirmandenunterricht anfangen. Normalerweise unüblich, es kam meinem allseits bekannten Lernfleiß überhaupt nicht entgegen. Hilfreich lediglich für manche Ausrede hinsichtlich meiner fehlenden religiösen Kenntnisse!
Hatte ich gehofft, unbemerkt an der ganzen Lernerei zumindest teilweise vorbeizukommen, war ich nun im nächsten Jahr bei der Konfirmation auch noch einer der Jüngsten!
Ich weiß nicht wieso, aber scheinbar hatte der Herr Pfarrer einen Narren an mir gefressen, so erfuhr ich nicht nur viel Nachsicht, sondern bekam auch stets gute Noten, obwohl ich wenig lernte, sowie oftmals beim Gottesdienst fehlte! Zur Kontrolle mussten wir nämlich jeden Sonntag nach der Kirche hinterm Altar die Anwesenheit auf einer Karte bescheinigen lassen!
Zugegebenermaßen, auch ich mochte ihn, weshalb er auch weiterhin ein großes Stück meines Lebens begleitete.
Der Herbst begann mit starkem Regen, sodass ich im hinteren Teil des Gartens bald Gräben ziehen konnte, um darin aus Rinde geschnitzte Schiffe fahren zu lassen. Als es nicht aufhörte, erwarteten oder befürchteten wir baldiges Hochwasser. Die in Luftlinie nur 300 Meter entfernte Donau, damals noch nicht eingedämmt, konnte sich bei zu hohem Wasserstand ungehindert ausbreiten und stellte damit schon immer eine Gefahr für diese Gegend dar.
Bei unserem Haus befand sich deshalb Parterre einen guten Meter über dem Boden. Außerdem hatte wir im Gegensatz zu vielen der umliegenden Häuser einen Keller, welchen man jedoch nur als Waschküche, Kohlenkeller oder kleinen Vorratsraum nutzte, um ihn im Bedarfsfall schnell räumen oder auch untergehen zulassen. Diesmal jedoch hatten wir Glück, der Grundwasserspiegel stieg nur auf 50 cm! Die wertvollen gefüllten Einweckgläser hatte Frl. Mariechen ebenso wie den Wein schon vorher in Sicherheit gebracht, sodass letztlich nur die Kohle nass wurde, sowie Regalbretter, Waschtisch nebst Weinregal umherschwammen.
Nach Abzug des Wassers stank es allerdings noch einige Wochen penetrant feuchtmodrig, sodass der Keller erst nach Wochen wieder benutzt werden konnte!
Inzwischen bewegte sich einiges bei uns, der Chauffeur kam, wenn es Wetter und Zeit zuließen, mit einigen Arbeitern aus dem Betrieb, um neben dem Haus eine Garage mit angrenzendem Hühnerstall zu bauen.

Der Stall war zuerst fertig, Vater hatte ihn bauen lassen, um preiswert an frische Eier zu kommen! Wenige Jahre vorher, nur durch Schachern zu erhalten, stellten sie immer noch eine relativ teure Mangelware da.
Als erstes wurde deshalb eine Bruthenne gekauft, welche 17 Eier ausbrüten sollte, es kamen aber nur sieben „Bieberln“ auf die Welt, wovon wiederum nur drei überlebten. Also wurden nochmals zehn dazugekauft, nebenbei hoffend, nicht lauter Hähne erwischt zu haben, zumal man das bekanntlich erst einige Wochen später feststellen kann.
Tante Erna, welche zwar nichts von der Sache verstand, wurde nun mit Betreuung und Fütterung der letztlich übrig gebliebenen acht Hühner plus Hahn beauftragt. Natürlich war es für die ganze Familie eine tolle Sache, das Federvieh heranwachsen zu sehen, obwohl es etliche Monate dauern sollte, bis das erste Ei vom eigenen Hof auf dem Tisch stand.
Vaters Anwesenheit zu Hause musste oft aus diversen Gründen (Trinkgelage etc.) verschwiegen werden, wobei sich oft peinliche Situationen ergaben! Während man ihn zum Beispiel am Telefon gerade verleugnete, er aber plötzlich meinte zum Thema doch etwas sagen zu müssen, griff er sich einfach den Hörer und sprach!
Offiziell brauchte er angeblich die Ungewissheit als Überraschungseffekt für plötzliches Auftauchen in der Firma, zur Kontrolle des Personals!
Zur damaligen Zeit gab es allerdings, zumindest in den meisten Betrieben, noch keine Leistungsentlohnung. Deshalb war es einer der wichtigen Aufgaben des Chefs oder der Abteilungsleiter, um Kosten zu sparen, Arbeit, Pausen, das Telefonieren oder Ratschen persönlich zu überwachen. Ja es ging soweit, dass man selbst auf Häufigkeit sowie Zeit der "Klo-Sitzungen" achtete, sonst hätten sicher etliche der über 50 Angestellten die Möglichkeiten des Verdrückens, speziell in den verwinkelten Räumen des Schlosses, weidlich ausgenützt!
Vater sah ich in dieser Zeit sehr wenig, er war bis spät in die Nacht und übers Wochenende, neben seiner übrigen Arbeit, damit beschäftigt 1950 den ersten "HELO-Katalog" zu entwerfen. Das hieß, Fotos der Leuchten mit eigenen Texten versehen und als Vorlage zu Gestalten für die Druckerei als erstes Layout zusammenzukleben!
Außerdem wurden unsere Leuchten im Frühjahr erstmals in der neu erstandenen "Hannovermesse" ausgestellt, erstmals auf einer winzigen Fläche in einer kleinen Halle, an deren Stelle später ein riesiger sechsstöckiger Leuchtenbau entstand.
Unser Messestand wurde mit eigenen Leuten unter Vaters Leitung gebaut, allein die Fahrt mit dem beladenen Lieferwagen dauerte fast 12 Stunden!
Gewohnt wurde während der ganzen Messe in verschiedenen Privatquartieren, denn Hotels waren knapp und teuer.

Gerade in den ersten Jahren erhielten wir so einen großen Bekanntheitsgrad und exportierten in mehrere Länder Europas! Der Betrieb, mittlerweile weiter gewachsen, hatte dazu alte Maschinen wieder funktionsfähig gemacht, umgebaut oder selbst welche entwickelt. Das "Leuchten-Programm" umfasste mittlerweile schon etwa 20 verschiedene Typen, die meisten sogar in verschiedenen Farben. Für Schreibtische, Arztpraxen, Werkbänke, Maschinen oder Schaufenster.
Auch eine Galvanik entstand, in welcher wir auf elektrolytischem Wege vermessingen, verkupfern und vernickeln konnten, kurz, die Fabrik platzte aus allen Nähten und benötigte dringend eine neue Unterkunft.
Wie gerufen, kam da die Pleite eines Betriebes, welcher aus amerikanischen Armeedosen Flitspritzen, aus platt geklopften Kehrschaufeln oder aus sonstigem altem Kriegsmaterial allerlei einfache Haushaltsgeräte herstellte, was jedoch schon bald der Vergangenheit angehören sollte!
Der Inhaber dieser Firma hatte, anders als wir, sofort neben dem Betriebsgebäude das private Domizil gebaut, eines der ersten Fertighäuser in Neuburg, was natürlich in die Hosen ging bzw. in die Pleite führte!
Nachdem das Studienseminar das Haus, die Stadt Neuburg die angefangene Halle aus der Konkursmasse erworben hatte, wurde der Innenausbau fertig gestellt. Vater konnte vor der Anmietung noch etwas umgestalten, sodass wir zu unserem ersten Fabrikgebäude kamen!
Der Umzug sollte Anfang des Jahres 1951 erfolgen, das Fertighaus pachtete Vater gleich mit. Es sollte nicht nur als Betriebswohnung für einen leitenden Angestellten dienen, sondern irgendwann Ausweichquartier sein, um unser eigenes Haus sanieren zu können.
All diese Ereignisse waren sehr erfreulich, ließen sie uns doch verspüren, dass es für die Familie wieder aufwärts ging!
Vater erspürte das natürlich ebenso und weil gerade Faschingszeit war, stieß er bei einem Kneipenbummel auf das neue Neuburger Prinzenpaar, mit damals noch kleiner Garde. Begeistert von ihren ersten Auftritten, lud er alle ins neu erworbene Haus ein, bewirtete sie großzügig und feierte mit ihnen, bis am nächsten Morgen allesamt blau, singend grölend, winkend nach Hause fuhren!
Mir gegenüber war er nicht so aufgeschlossen, wir besaßen einen Musikschrank, Radio nebst großem Plattenspieler, sein ganzer Stolz und nur von ihm zu bedienen. Irgendwann hatte ich ein paar Schellackplatten mit verschiedenen Indianergeschichten erhalten, welche ich jedoch nur selten hören durfte. Denn leider bekam Vater meist nach oder während seiner Trinkphasen, ausgelost durch den beginnenden Kater, einen Moralischen! Dabei bestand er darauf, dass bei den alten Geschichten über Heimat, Verlust von Eltern nebst verlorenem Besitz alle zuhörten. Da flog ich mit meinen "Western-Platten" natürlich aus dem Wohnzimmer.

Manchmal, wenn wir Glück hatten, wurden statt dessen Marsch-, Operetten- oder Opernplatten, diese meist von Lortzing aufgelegt, wobei er selbst dirigierend, mit relativ gutem Bass ausgestattet, die tiefen Passagen der Arien übernahm, um die Interpreten total nieder zu singen!
Ein paar Wochen später näherte sich endlich der Konfirmationstag. Wenige Tage vorher wurde noch schnell mein erster richtiger Anzug, mit langen Hosen besorgt. Dazu fuhren wir extra nach München, wo wir ihn nebst Hemd, Krawatte, sowie ein paar bocksteifen Halbschuhen im Kaufhaus zum Sonderpreis erstanden. Wenigstens war er nicht einfarbig schwarz, wie ihn die meisten trugen, sondern blau mit weißen Streifen. Dennoch war es ein kratziger Hund aus rauhem billigem Stoff, nicht so wie Vaters Maßanzüge aus englischem! Gleichwohl, es war mein erster! Ich war so stolz darauf, dass ich es ohne extra Aufforderung, Mutter umgehend brieflich berichtete.
Am 18. März 1951 die Konfirmation, alle waren mordsmäßig raus geputzt, Vater hatte sich extra einen Smoking bauen lassen, Mutti ein Abendkleid besorgt. Natürlich nicht nur für diesen Tag, sondern auch zu anderen Gelegenheiten, man war halt wieder wer und wollte es auch zeigen!
Recht aufgeregt, mit viel Angst vor den Fragen nebst der eventuellen Blamage unter den Augen der ganzen Gemeinde, schlichen wir diesmal gar nicht so lärmend auf unsere vorderen Bänke.
Die Kirche war gefüllt bis auf den letzten Platz, ich fand gerade noch Zeit zum Erstaunen meines Nebenmannes, die aus der Bibel herausgerissenen Seiten mit Reißzwecken an die Bank zu heften, um auch auf nicht Gelerntes die richtige Antwort zu wissen!
„Gott sei Dank", erwies sich meine Vorsorge als grundlos, nur ein paar leichte Fragen stellte der Herr Pfarrer, dabei selbst in der Mitte des Gotteshauses auf und abgehend, einem seiner Lieblingsschüler.
Einige von meinen Mitkandidaten verhedderten sich, versuchten dann krampfhaft mit hochrotem Kopf, stotternd mit versiegender Stimme, auf die bohrenden Fragen zu antworten, notfalls half er dann halt doch nach, sodass meines Wissens niemand durchfiel!
Immerhin etwa 60 Konfirmanden, Gesang, Gebete, Abendmahl, die Stunden tröpfelten dahin, es kam uns wie die Ewigkeit auf Erden vor! Endlich 12 Uhr, der Gottesdienst war aus und es ging nach Hause zum Mittagessen.
Bevor sich jedoch alles auflöste oder der ganze Anhang gratulieren konnte, sollte das übliche Konfirmationsbild geschossen werden. Dazu hatten wir uns, mit dem Herrn Pfarrer in der Mitte, auf der Kirchentreppe zu postieren.
Der Fotograf wollte nun von der gegenüberliegenden Straßenseite das Gruppenbild schießen, doch damit begannen seine Schwierigkeiten! Unser Chauffeur, getreuer Diener seines Herrn, fuhr mit dem neuen Borgward, langsam zwischen den Schaulustigen hindurch, bugsierte ihn mit zwei Rädern auf dem Gehsteig

just an den gleichen Platz, genau dort wollte er seinen Chef mit Anhang aufnehmen!
Gerangel und Gestoße, beinahe wäre mir ein lauter Lacher ausgekommen, konnte ihn jedoch noch rechtzeitig in einen „Grinser“ verwandeln, was mir später beim Verteilen der Fotos mit folgenden Worten angekreidet wurde: *“Alle sind sich des ernsten Augenblickes bewusst, nur unser Lothar findet wieder alles sehr lustig!“*
Mariechen hatte schön gedeckt und ein richtiges Festessen bereitet, doch Beeilung war angesagt, die Geschenke konnten nur kurz besichtigt werden, da wir nachmittags nochmals in die, jetzt nicht mehr ganz so volle Kirche mussten. Hier wurde nach dem Lobgesang, der eigens für jeden ausgesuchte Bibelspruch vorgelesen. Meiner hieß bezeichnenderweise: *“So Ihr mich von ganzem Herzen suchen werdet, so will ich mich von euch finden lassen, spricht der Herr“* (Jer.29, 13+14). Ja, ja, unser Pfarrer hatte doch jeden irgendwie erkannt, abschließend erhielten wir dann endlich die Konfirmationsurkunde. Nachdem alles vorbei war, ging es endlich hinaus ins helle Sonnenlicht eines wunderschönen Märztages.
Zu Hause angekommen, waren alle sehr ausgelassen, es gab Kaffee und Kuchen, Cognac, Wein und Bier kreisten für die Erwachsenen.
Aus Donauwörth war Papis Freund, Onkel Edgar mit Frau gekommen, sowie Tante Erna und Tante Irma, alles keine richtigen Verwandten, nur wir mussten wieder aus Höflichkeit Bekannte der Eltern mit Onkel bzw. Tante anreden. Ein Nennen beim Vornamen wie heute wäre damals undenkbar gewesen!
Während die Stimmung der Feier anstieg, besah ich mit Muße meine ganzen Geschenke, von Papi und Mutti hatte ich die Feier, Bücher und Geld erhalten, von Tante Irma bekam ich schon vorher die bewusste Bibel, von Tante Gerda ein schönes neues Gesangbuch mit Goldschnitt, welches ich noch heute im Originalzustand besitze! Mami hatte mir meine erste Armbanduhr nebst Geld für den Anzug geschickt, des Weiteren fanden sich noch drei Karl-May-Bücher, Socken, Blumen nebst 20DM auf dem Gabentisch, daneben mein erster Fotoapparat. Die damals berühmte "Agfa Box" war ein einfacher mit Kunstleder überzogener schwarzer Kasten, etwa 6x10x12cm groß, welche 6x9cm große Bilder erzeugte, mit einer festen Linse und zwei mechanischen Funktionen (1/100 und beliebig lange)!
Magisch angezogen meine Blicke jedoch vom nagelneuen Luftgewehr, ein Geschenk von Onkel Edgar, welches ich nur unter Aufsicht benutzen sollte, ausnahmsweise heute durfte ich damit herum tigern!
Es dämmerte schon ein wenig, als mein früherer Spezl, der „Juckser“ mit dem Fahrrad eintraf. Seit seinem Verrat bei der „Schleuderer - Geschichte“, gingen wir uns aus dem Weg. Die Neugierde hatte ihn jedoch hergetrieben, um zu se-

hen, was ich wohl bekommen habe! Natürlich bewunderte er gleich das Luftgewehr, welches ich nach Cowboyart lässig an der Hüfte hielt.
Nach kurzem Wortwechsel, noch immer auf dem Rad sitzend, wollte er mir nicht glauben, dass ich auch etwas treffen könnte! So feuerte ich kurz entschlossen auf sein unteres Schutzblech, verfehlte es jedoch und traf dafür seine mit Wollstrumpf bekleidete Wade! Aufheulend und schimpfend fuhr er schnell von dannen, jedoch nicht ohne von weitem die Konfiszierung des neuen Gewehres durch die Polizei anzudrohen!
Doch offiziell verriet er diesmal nichts, nur einige Jungs erfuhren die Geschichte und berichteten von einem größeren Bluterguss.
Nach Beginn der Lehrzeit in verschiedenen Berufen verlor ich ihn allerdings aus den Augen!
Während der vorgenannten Aktion nahm die Konfirmationsfeier fröhlich ihren Fortgang, ohne dass sich jemand um mich kümmerte oder gar etwas bemerkte! Irgendwann ging's ins Bett, die Großen nutzten die Gelegenheit, um ausgiebig bis in den frühen Morgen hinein zu feiern!
Im nächsten Brief berichtete ich Mami, dass Papi für das Fest 300.-DM ausgegeben hatte, für damalige Verhältnisse ein anständiger Patzen!
Schnell verging die jetzt noch verbleibende Schulzeit, ein Glanzpunkt dazwischen unser Schulausflug, es war der erste nach dem Krieg! Leider konnten nicht alle mit, denn man musste etwas dazu zahlen und nicht jede Familie hatte das Geld dazu.
Am frühen Morgen des Ausflugstages holte uns ein neuer Mercedes-Bus ab, holpernd, dennoch sehr komfortabel ging es über teilweise noch ungeteerte, schlechte Straßen an den Walchensee. Toll, der erste Schulausflug in meinem Leben und noch dazu an einem so wunderschönen sonnigen Tag!
Am Ziel standen wir dann staunend vor den riesigen Turbinen, wo man uns die technischen Raffinessen des Kraftwerkes erklärte. Bei Stromüberschuss konnten sie das Wasser hinauf in den Walchensee pumpen, um es bei Bedarf stromerzeugend durch starke Rohrleitungen wieder in dem 200 Meter tiefer liegenden Kochelsee stürzen zu lassen. Obwohl schon 1925 entstanden, zeugt es bis heute von überragender deutscher Ingenieurkunst!
Der Höhenunterschied sowie die Umgebung wurden zum besseren Verständnis erwandert, jedoch nicht, ohne dazwischen an einem schönen Aussichtspunkt Mittagsrast einzulegen, festgehalten durch ein Erinnerungsfoto. Während sich alle um unseren Herrn Lehrer gruppierten, spielte ein vorbeikommender Wanderer den Fotografen.
Selbstredend hatte jeder im Rucksack seine Brotzeit sowie etwas zum Trinken dabei, denn eingekehrt wurde damals seltenst! Ein zusätzliches Getränk lieferte unterwegs höchstens ein Bach oder eine Quelle, wobei der eine oder andere das schon erwähnte „Frigo“ hineinschüttete!

Dieser letzte Ausflug verging für alle viel zu schnell, ich bedauerte einmal mehr, nicht länger in die Schule zu gehen.
Bald darauf die noch verbleibenden Schultage, Tests und Prüfungen schlugen sich wie immer im Zeugnis nieder, welches diesmal seltsamerweise besser ausfiel als früher! Schnell war alles vorbei, nur die letzten großen Ferien standen noch an, danach sollte, wie es die Erwachsenen nannten, der Ernst des Lebens beginnen!
Zu meiner großen Freude durfte ich als erstes das graue Betriebsfahrrad, welches zurzeit niemand verwendete, nicht nur benutzen, sondern sogar mit nach Hause nehmen! Manchmal stellte ich mir dabei vor, auf einem Motorrad zu sitzen, etwa auf einer der neuen schweren "500er BMW" mit Boxermotor. Von denen gleich mehrere häufig neben unserem Haus standen. Vier junge Männer besaßen die ersten in der Stadt und warteten meist sonntags auf eine ihrer Freundinnen, welche im Nachbarhaus wohnte. Als sie wieder einmal losdonnerten, bemerkte ich, dass einer Halbschuhe mit fünf Zentimeter hohen Kreppsohlen anhatte, "toll", nicht nur ein Bubentraum damals!
Weil ich mit dem Radl nun auch in der Stadt herumfahren konnte, ließ ich die ersten zwei bis drei Wochen beschaulich verstreichen, freute mich des Lebens, spielte mit Freunden, bastelte oder streifte ziellos durch die Gegend. Dabei lernte ich irgendwo den kleinen drahtigen, pfiffigen Rudi Schmid kennen, nicht ahnend, dass auch er, allerdings erst ein, zwei Jahre später, Lehrling in unserer Firma werden sollte. Weil sein Vater Arzt war, durfte ich ihn sogar mit nach Hause bringen, gegen solchen Umgang hatte mein Alter nichts einzuwenden.
Wir verstanden uns auf Anhieb, weil er Cowboy Geschichten, sowie allerlei Experimente gerade so gern mochte! Angelehnt an unseren Karl May Lesestoff nebst diversen Kinofilmen, kamen wir auf die grandiose Idee Schwarzpulver herzustellen!
Von irgendwo trieb Rudi das Rezept dafür auf, sowie einen Apotheken-Mörser mit dazugehörigem Topf aus der Sammlung seines Vaters! Während es mir gelang, aus Firma oder Drogerie, Holzkohle, Salpeter nebst Schwefel zu besorgen.
Heimlich gingen wir in unserem Keller ans Werk, zerkleinerten Zutaten und mischten, da uns eine Waage fehlte, alles nach Gefühl. So entstand ein ganzer Suppenteller, vollgehäuft mit Schwarzpulver, welchen wir erstmal gut zu verstecken wussten.
Endlich der Tag des Versuches, ungeduldig hatten wir gewartet, bis niemand da war. Die Zündung sollte 15 Meter vom Haus, mitten im Garten geschehen, wie das, war meine Erfindung!
Ein Stromkabel, aus mehreren Verlängerungen hergestellt, wurde bis in den Garten verlegt, die vorderste Kupplung abmontiert, dann die blanken Strom führenden Adern mit einem einzelnen Draht verbunden. Beim Einstecken in die

Steckdose sollte ein Blitz entstehen, welcher die Explosion auslöst, so dachten wir.
Gesagt getan, der Teller wurde zusätzlich noch mit großen Steinen beschwert, damit man es auch richtig sehen konnte, wir selbst gingen im Haus in Deckung! Als ich den Stecker einführte, machte es vernehmlich „Plopp"! Leider kam der erwartete Blitz nur aus der Steckdose, die Wand wurde schwarz und die Sicherung flog raus. Zwei weitere Versuche folgten, dann hatten wir keine Sicherungen mehr.
Verdammt, nun wurden wir mutiger, legten eine längere Pulverspur wie im Western gesehen! An den Anfang hielten wir mehrmals brennende Streichhölzer, doch so funktionierte es auch nicht. Letztendlich enttäuscht, entfachten wir ein Holzfeuer über dem Ganzen an, woraufhin das Schwarzpulver endlich mit einer zischenden Stichflamme qualmend verpuffte!
In den Jahren während und nach dem Krieg waren wir gewohnt mit Munition oder Pulver aus Patronen umzugehen, doch nun fand man fast nichts mehr, die Stadt hatte das meiste wegräumen lassen. Doch der Kick von Feuer, Knall und Rauch fehlte einem einfach und jetzt wieder dieser Misserfolg, schade, schade!
In eben diese Gedanken versunken, ziellos im Nieselregen durch die Gegend fahrend, traf ich ein paar alte Schulkameraden. Die Stimmung hob sich sofort, als sie mir im Geheimen anvertrauten, dass einer, natürlich ohne Wissen der Eltern, an Silvester einige Knallfrösche nebst einem geschnürten Kanonenschlag abgezweigt hatte, welchen er gerne irgendwo zünden wollte.
Leider regnete es wie gesagt, weshalb uns Zweifel kamen, ob die nassen Knaller im Freien wirklich funktionieren?! Um sie dennoch zu verwenden, kam mir die grandiose Idee, sie in der Stadt im ehemaligen Nachbarhaus zu zünden. Dort befand sich ein langer dunkler Gang mit anschließendem dreistöckigem Treppenhaus. In diesem fensterlosen, gefliesten Raum müsste sich der entstehende Knall eigentlich zusätzlich enorm verstärken!
In der Mitte dieses Eingangs befand sich nur eine unbekannte graue Tür, sodass auch der Fluchtweg gesichert schien! Ferner wohnte noch im zweiten Stock ein gut bekannter Spezl, welchen wir bei der Gelegenheit gleich ein wenig erschrecken wollten.
Also machten wir uns nach allen Seiten sichernd auf den Weg und verschwanden schließlich durch das schwere Tor zur Hofdurchfahrt, wobei wir einen Flügel als Fluchtweg offen ließen.
„In den Gang geh mer fei net mit nei, du kennst di aus, mir warten heraußen!", meinten die beiden Kumpane zögerlich. Also schlich ich mich allein bis ans Ende, legte das Ding auf den Boden, riss das Zündholz an und beförderte den Kanonenschlag durch einen Fußtritt mit sprühender Zündschnur, ins Treppenhaus --- „Wuuummm!" "--- ein grollender Donner, stärker als erwartet ließ den Flur erzittern, blauer Qualm stieg auf, ich spurtete zum Ausgang, nahm die zwei

Eingangsstufen im Sprung, -„oha"- zurückprallend sah ich, wie meine zwei Freunde gerade von einem Polizisten festgehalten wurden, wo kam denn der her??
Während ich langsam zurückwich, um abzuhauen, packte mich plötzlich eine Faust am Kragen. *„Ja du Hundsbua elendiger"*, konnte ich gerade noch hören, bevor mich eine satte „Watschen" traf, sodass mir gleichzeitig die Wange brannte, das Ohr pfiff, sowie Funken und eine Träne ins Auge schoss!
Blinzelnd hochschauend erkannte ich den Herrn "Bankdirektor Schwarz", ein fast zwei Meter großer schwerer Mann, welcher mich weiterhin mit festem Griff am Kragen hielt, um mich in den Eingang zu schubsen!
Was ich nicht wusste, die unbekannte Eisentür war der Personaleingang zur Hypobank, hinter welcher sich das Hauptbüro befand.
„Da schau her, du Nichtsnutz, du elender, wie du die Damen erschreckt hast", tatsächlich saßen alle still da, schauten bleich und erschrocken auf die offene Tür. *„Die ham gedacht, das ist ein Überfall, du Taugenichts!"* Mit eiserner Faust zog er mich schüttelnd nach draußen, da stand auch schon der Polizist mit meinen eingeschüchterten Freunden. *„Ja grad recht, verhaftens den Bombenleger auch gleich, Herr Zimmermann!"* Drauf der mit barschem Ton: *„Ist schon recht, Herr Schwarz, los, ihr Burschen, mitkommen!"*
Betreten trotteten wir hinter dem Stadtpolizisten in Richtung Rathaus, obwohl ich ein wenig erleichtert war, weil der Bankdirektor offensichtlich den Sohn seines Geschäftskunden nicht erkannt hatte!
Auf der Wache angekommen, mussten wir alle Utensilien aus unseren Taschen auf den Tisch legen, danach wurden wir mit Hilfe eines weiteren Polizisten vernommen, der ein Protokoll anlegte. Nebenbei erfuhren wir, dass unser Beamter zufällig von der danebenliegenden Post kam, aber sofort nach dem Knall die beiden flüchtenden Spezl in Verdacht hatte!
Nach einer ermahnenden Strafpredigt nebst einem Hinweis auf weitere Folgen, durften wir unseren Tascheninhalt, wie altes Taschentuch, Bindfaden, Feuersteine, Kaugummi, was halt Buben so mit sich rumtragen, wieder einstecken, nur die Streichhölzer nebst dem restlichen Feuerwerk beschlagnahmten sie!
Mit gesenktem Kopf und heißen Backen ging's nach draußen, ein kurzes Servus, dann schlichen wir in verschiedene Richtungen davon.
Zu unserm Glück geschah weiter nichts, trotzdem beäugten wir noch lange Zeit ängstlich die tägliche Post!
Vater, der von diesen Aktionen zum Glück nichts ahnte, ansonsten aber meine Tätigkeiten immer wieder hinterfragte, war "Müßiggang" ein Dorn im Auge, seiner Meinung nach konnte dabei nichts Gescheites herauskommen, wie richtig!
Wohlwollend vernahm er aber meinen Wunsch nach Weiterbildung, woraufhin sofort ein alter Geschäftsfreund aus der Chefetage der Firma Riedinger, einer

großen Fabrik für hochwertige "Stil-Leuchten" in Augsburg, kontaktiert wurde. Dort sollte ich als Volontär das Handwerk und die Arbeitsweise der klassischen Leuchtenbauer erlernen, was später eventuell als Stufe zum Ingenieur brauchbar wäre?! Allerdings musste man dafür erst eine Aufnahmeprüfung bestehen!
Vorbereitend dazu, besorgte mir Vater deshalb flugs jeden zweiten Tag Nachhilfeunterricht in Mathematik nebst Deutsch beim Berufsschullehrer "Mägerle".
Eigentlich wollte ich ja lieber etwas mit den Händen machen, dass man dazu wieder erst die Schulbank drücken musste, gefiel mir nicht sonderlich. Trotzdem marschierte ich brav zu erwähntem Lehrer, um in seinem antiquierten Wohnzimmer, auf dem mit Filetdeckchen bedeckten Tisch, nicht nur die höheren Weihen der Algebra zu empfangen! Natürlich gab es immer reichlich Hausaufgaben, sodass sich die Ferientage rasch halbierten, was mir ganz nebenbei den Spott der Freunde einbrachte! Bald quälte mich die ermüdende Büffelei, sodass ich nach Abhilfe sann, wozu sich auch bald eine Möglichkeit ergab.
Der Pauker hatte oftmals die Angewohnheit, Prüfungsaufgaben zu stellen, dann aus dem Zimmer zu gehen und nach der vorgeschriebenen Zeit zurückzukehren, dann sollten die Aufgaben gelöst sein. Ich saß also oft zwanzig Minuten oder länger allein. So ganz nebenbei ließ ich meine Blicke herumschweifen, betrachtete die aufgehängten Bilder sowie die schwülstig bürgerliche Einrichtung. Es war sehr ruhig, kein Geräusch drang von außen herein, nur ein großer Wandregulator, dessen Pendel träge hin und her schwang, unterbrach mit seinem Ticken die dunkle warme Stille.
Da kam der rettende Gedanke, Herr Mägerle besaß eine Taschenuhr, richtete sich aber stets nach dieser Wanduhr, welche nicht nur ein Erbstück sondern auch sein ganzer Stolz zu sein schien. Was würde wohl passieren, wenn man diesen Regulator um eine halbe Stunde vorstellt?
Gesagt getan, tatsächlich war er etwas verwundert, dass es schon so spät sein sollte, ließ mich aber dennoch kopfschüttelnd früher gehen!
Meine Freude währte leider nur kurz, denn schon am nächsten Tag bemerkte er irgendwo sein zu frühes Erscheinen.
Da ihm leider das Verständnis für solche Lausbubereien fehlte, noch dazu, dass es ein junger Bursche wie ich gewagt hatte, sein Heiligtum zu berühren, es hätte ja von der Wand fallen können!
Jedenfalls teilte er Vater kurzerhand mit, dass er es nicht nötig hätte, in seiner sowieso knapp bemessenen Freizeit einem so unwilligen Schüler Nachhilfe zu geben!
Vaters Kommentar dazu: *„Also Lothar, jetzt reicht's, ab Montag fängst du im Betrieb an und meldest dich um sieben Uhr pünktlich bei Herrn Felix im Lager, auch wenn die Ferien noch nicht um sind!*
Übrigens „pünktlich“ heißt bei mir stets zehn Minuten vor der Zeit!“

Nun war es aus mit "Riedinger", wo es mir sicher gut gefallen hätte, erstens die Möglichkeit, von zu Hause wegzukommen, zweitens mit anderen Lehrlingen in einem Wohnheim zu leben, von wo man außerdem nur am Wochenende nach Hause kam.
Wahrscheinlich hätte es Vater ohnehin nicht so recht gepasst, mich aus seinem Einflussbereich zu lassen. Deshalb war mit der Begründung *„Lothar blamiert uns ja doch nur alle!"* die Sache schnell vom Tisch!
So begann bereits im August 1951 meine Lehrzeit als „Zweckleuchten– Gürtler“ (ein Mischberuf, etwa aus Schlosser und Spengler) in der Firma „HELO“, dem Betrieb meines Vaters.
Das heißt, eigentlich sollte ich ja "Industriekaufmann" werden, deshalb mein Beginn im Materiallager!
(Meine Daten: 13 Jahre alt, 1,55m groß, Schuhgröße 40, Gewicht 44 kg)
Als ich im Betrieb begann, wurden ca. 90 Arbeiter und Angestellte beschäftigt, wovon etwa 20 Lehrlinge in den Berufen Industriekaufmann, Galvaniseur, Drücker, Zweckleuchtengürtler ausgebildet wurden. Die Wochenarbeitszeit betrug 48 Stunden, der Stundenlohn für einen Arbeiter lag bei 1,10DM.
Unser neues Betriebsgebäude befand sich ziemlich weit oben am Donauwörther Berg und war, wie schon erwähnt, erst vor einigen Monaten bezogen worden.
Als erstes Steingebäude thronte es wie eine Burg, inmitten einer Barackensiedlung, welche im Krieg für Fremdarbeiter erbaut, jetzt für etliche Flüchtlings- oder Aussiedlerfamilien ein erstes Zuhause bot.
Kleine Beete mit Zwiebeln, Tomaten, Salat, Bohnen, Gurken etc. füllten das Gelände dazwischen. Außerdem belegten vorn und hinten verschiedene Stangen, verbunden mit Drähten oder Seilen, meist vollgehängt mit Wäsche den Zugang!
Eine feste Zufahrtsstraße führte um das ganze Lager herum und verband zum Ende, mit relativ steilen hundert Metern, den Firmenvorplatz mit dem übrigen Straßennetz.
Während der Mittagszeit oder nach Betriebsschluss benutzten wir oft den direkten, kürzeren Fußweg mit unseren Rädern. Im rasanten Tempo ging es dann abwärts, zwischen Wäsche und spielenden Kindern hindurch, wo einem oft laute Schimpfworte über die bösen HELO’s folgten.
Für mich ein tolles neues Erlebnis, die tägliche Radtour mit den anderen, immerhin waren es einfach etwa 4 Kilometer mitten durch die Stadt! Konnte ich bis dato nur im begrenzten Umfeld fahren, so durfte es nun auf einmal 4x täglich sein, ohne Kontrolle und ohne Bedenken! Im Gegenteil, Tempo war angesagt, früh um 10 Minuten vor 7 Uhr im Geschäft, das fiel mir nicht schwer. Doch die Stunde Mittagszeit war problematisch, denn *„um nicht zu verwildern“*, wie es hieß, musste ich zu Hause essen! Heimweg und zurück jeweils ~12 Minuten, 10 vorher dort, blieben 26. Nun verlangte Vater aber zu allem Überfluss, mich in anständiger, sauberer Kleidung am Tisch zu sehen, also verblieben nach umzie-

hen, Hände waschen, höchstens 20 Minuten zum Essen, dann wieder umziehen, egal, das verstand er unter Zucht und Ordnung, „Punktum“!
Mein erster Arbeitsplatz, das Materiallager, lag wie eine Insel in der Mitte des ganzen Betriebes, von den übrigen Abteilungen durch Mauern getrennt! Während draußen der Fertigungslärm brodelte, war es bei uns ruhig, warm und sauber.
Ein Oberlicht spendete dem Vorraum, einem Teil des großen Lagers, Tageslicht. Regale in mehreren Reihen, ordentlich angefüllt mit Blechen, Gussplatten, Rohren, Fasson-, Stanzteilen, Schrauben, Muttern, Fassungen, Stecker, Kabel, sowie tausend weitere Kleinteile nebst diversen Arbeitswerkzeugen.
Tageslicht spendete ein großes Oberlicht. Eintreten konnte man nur durch zwei große Tore bzw. zwei Türen, welche von außen mit einem Vierkantschlüssel zu öffnen waren. Diesen Schlüssel wiederum besaßen allein befugte Personen, außer diesen und uns hatte niemand etwas im Lager verloren. Zu Zeiten, in welchen Buntmetalle, wie Kupfer, Messing, Aluminium, ja sogar Blechabfälle, einen hohen Wert, selbst noch als Abfall darstellte, eine verständliche Anordnung!
Die zwei normalen Türen waren mit Schiebefenster verschlossenen Durchreichen versehen, welche einmal in die Werkstatt, zum anderen in die Inst.- Abteilung mündeten. Bei Bedarf musste man wie an einer Haustüre läuten, woraufhin der Lagerist erschien. Man erhielt dann gegen Abgabe einer Nummernmarke ein spezielles Werkzeug oder gegen einen Anforderungsschein entsprechendes Material.
Die Aufgabe der Lageristen war es nun, schnellstens dieses Material abgezählt in die jeweilige Abteilung zu bringen oder neu angelieferte Ware auszupacken, sowie kontrolliert einzulagern. Des Weiteren musste für jeden Artikel eine handgeschriebene Karteikarte geführt werden, um so den genauen Bestand zu wissen, bzw. das Erreichen des angegebenen "Minimum", dem "Einkauf" zu melden. Als Außenstelle besaßen wir noch einen verschlossenen feuersicheren Farbkeller, mit hochexplosiven Nitrolacken, Waschbenzin sowie etlichen Chemikalien für die Galvanik.
Für meinen neuen Lehrmeister, selbst erst seit einem Jahr bei der Firma, war es als ehemaliger Nachschubmann, wie für die meisten seiner männlichen Kollegen, die erste Arbeitsstelle nach dem Krieg. Alle mussten vieles erst wieder richtig oder neu lernen, denn sie kannten über Jahre nur den Militärdienst oder bestenfalls die Arbeit in der Gefangenschaft.
In den ersten Jahren wurde deshalb in der Fertigung einiges an "Gratsch" oder "Pfusch", kurz "Ausschuss" gefertigt! Wobei über deshalb immer wieder anfallende Nacharbeit, nicht viele Worte verloren wurden.
Als ich Vater einmal fragte, warum wir immer wieder ungelernte Heimkehrer, oder Kriegsversehrte beschäftigen, meinte er nur: *"Mein Junge, merke dir, wenn*

diese ehemaligen Soldaten für unser Land nicht den Kopf hingehalten hätten, wären wir entweder schon tot, verschleppt oder gar nicht hier! Deshalb bekommen diese Männer bei mir immer als erste Arbeit!"
„Herr Felix“, unser Lagerleiter war ein kleiner schlanker, glatzköpfiger, wieselflinker, etwas schmieriger Mann, was ich jedoch erst später bemerkte.
Über die Maßen freundlich verlangte er nicht viel, sah er doch, wie die anderen Angestellten meinen Aufenthalt im Lager als vorübergehende Laune des Chefs an! Auch für ihn Halbgott und Vorgesetzter zugleich!
Unrecht hatten sie nicht, denn Vater holte mich häufig einfach von der Arbeit weg, wenn er nach München oder sonst wo hinfuhr. Dort wurden irgendwelche Dinge erledigt, Kunden besucht oder eingekauft. Herr Maier in Uniform fuhr uns bis vor das jeweilige Geschäft, wo er damals ohne Problem fast vor jeder Tür parken konnte!
Ein "Großstädter" wie er sich selbst bezeichnete, erwarb seine Mode nicht in Neuburg, in Ingolstadt nur selten, stattdessen meist in München oder Augsburg! *„Besonderes sucht man hier vergebens“*, so seine Aussage und legte nach: *„Das Beste an Ingolstadt ist sowieso der D-Zug nach München“*!
Im Jahr 1951 sicher richtig, denn viele Dinge, die heute überall selbstverständlich sind, gab es damals nicht. Vater hatte z.B. Schuhgröße 45 und musste deshalb extra ein "Behindertengeschäft" in München aufsuchen, im normalen Schuhgeschäft gab es maximal 44, auf so großem Fuß lebten eben wenige, meinten Spötter!
Jedenfalls immer, wenn er dachte, es sei für meine Weiterbildung oder das spätere Berufsleben wichtig, auch wenn es ihm einfach danach war, ließ er mich durch ein Büromädchen von meiner Arbeit wegholen.
Bisweilen nur, um nach Ingolstadt ins Kino zu fahren, allerdings folgte danach leider meist ein längerer Gaststättenbesuch, sodass ich schon bald die wichtigsten Wirte dort, sowie auf den jeweiligen Strecken kannte.
Auf diese Art kam auch mein erster München-Besuch zustande, staunend sah ich beim Fahren durch die große Stadt die vielen, vielen zerstörten Häuser und den gewaltigen Wiederaufbau an allen Ecken und Enden.
Bevor die Firma einen sogenannten Reisenden oder Vertreter hatte, besuchten Else und Henry die großen Kunden selbst. Nach verschiedenen Besuchen, bei welchen sie an jenem Tag reichlich Aufträge geschrieben hatten, fuhren wir noch aufs Oktoberfest.
Staunend erlebte ich dieses große Fest, um nach Besuch von Bierzelt, Autoscooter, Achterbahn, im Hypodrom zu landen. Hier durfte ich das erste Mal richtig reiten und weil es gleich so prima funktionierte, könnte es der Keim für meine spätere Passion zu fast "40" Jahren Reitsport gewesen sein!
Leider war Vater schon recht lustig von den Kunden gekommen, das Bier im Zelt sowie der Wein hier vor Ort ließ Schlimmes erahnen. Mutti sperrte sich

zwar, doch alles Flehen half nichts, er wollte noch in seine Lieblingskneipe, die "Mampe Bar".
„Die darf wohl bei keinem München Besuch fehlen?", meinte Mutti vorwurfsvoll! Dort angekommen versuchte er dann mit einem amerikanischen Offizier in Uniform ein Testtrinken mit Whisky zu veranstalten! Beide verstanden nur wenig von der Sprache des anderen, vertrugen aber einiges.
Endlich gegen Morgen gelang es uns, ihn, inzwischen sehr unfreundlich, zu uns ins Auto zu verfrachten.
Nachdem er seinen Chauffeur belehrt hatte, dass Amerikaner auch nur Russen mit Bügelfalten seien, sowie ihm befahl auf dem Heimweg noch in der Holledau anzuhalten, schlief er ein.
Zu dem Halt kam es, dank Muttis beschwörenden Appell an Herrn Meier nicht mehr, sodass wir gegen fünf Uhr morgens endlich zu Hause ankamen!
Mutti rief zwar in der Firma an, gab mir den Tag frei, doch mittags fuhr ich freiwillig zum Dienst. Meine Anwesenheit bei Vaters Erwachen nämlich hätte mich nur dazu verpflichtet, die alten Geschichten von Breslau wiedermal hören zu müssen und das überließ ich lieber den Damen des Hauses!

Meine erste herbe Enttäuschung erlebte ich, als mir meine erste Lehrlingsvergütung von 40 DM vorenthalten wurde, Vater klärte mich auf, dass es sich hierbei um ein, wie der Name schon sagt, „Erziehungsgeld" handelt, welches die Eltern bekämen. Wünsche nach Taschengeld könnte ich, entsprechende Führung vorausgesetzt, wie bisher erbitten! Im Übrigen bekäme ich sowieso alles, was ich brauchte oder wünschte, benötigte deshalb eigentlich gar kein Geld, dennoch würde er es auf einem Sparbuch verwahren.
So ungefähr, im leichten Auf und Ab, vergingen die ersten Wochen meiner Lehrzeit, bis eines Tages die Anmeldung zur Berufsschule eingereicht werden musste. Büroarbeiten gefielen mir nicht so recht, deshalb äußerte ich den Wunsch, lieber handwerklich tätig zu werden. -Vater pikiert-!
Der Betrieb schickte mich also in die Klasse "Metall", wo wir als Lehrer, „oh je", jenen bewussten Herrn "Mägerle" bekamen. Er verhielt sich jedoch wider Erwarten recht freundlich, wobei auch mir, dank meiner Vorbildung, Gymnasium, Nachhilfe, nebst etwas mehr eigenem Arrangement, die ersten Proben relativ leicht von der Hand gingen.
Nur später in der Zweiten sollte ich ihn von einer ganz anderen Seite kennenlernen! Er erwischte mich mit "Jonny", einem Spezl, wie wir gerade hinter seinem Rücken, Gitarrenspieler darstellend, einen auf "AFN" gepfiffenen Blues nachmachten, wobei mir versehentlich ein Pfiff auskam. Das brachte ihn so in Rage, dass er cholerisch reagierend zu boxen anfing! Arme hoch, dahinter hilflos duckend, wusste ich nicht, mich richtig zu verhalten, lieferte jedoch wieder einmal Gesprächsstoff für die ganze Schule!

Vater ignorierte inzwischen weiterhin meinen irgendwie anderen Ausbildungswunsch. Einmal in gütiger Sauflaune dazu befragt meinte er: *„Du brauchst nicht weg, denn alles, was du im Leben je brauchst, kannst du von mir lernen!"* Somit war die Sache erledigt, die Arbeit im Lager ging weiter.
Anfangs dachte ich mir nichts dabei, für Aufsätze im Berichtsheft wurden einfach Themen wie Materialkunde oder Werkzeuge vorgegeben, so fiel auch der Schule nichts auf.
In den Werkstätten wurde damals, anders als heute, jeden Abend aufgeräumt, der Arbeiter seinen Arbeitsplatz, die "Stifte" (Lehrlinge heute Azubis) hatten vor Feierabend Abfall wegzuräumen, sowie alle Plätze oder Gänge sauber zu halten.
Jeden Samstag wurde bis Mittag gearbeitet, danach folgte das große Reinemachen. Die Jüngsten hatten sich um den Abfall zu kümmern, sowie Wasch-, Umkleideräume und Toiletten sauber zu halten. Hierbei war der "Schwarze Peter" für die Neuen, wöchentlich einmal die "Pissrinne" mit "Karbolineum", einer nach Teer stinkenden schwarzen Masse zu streichen.
Die Burschen vom Zweiten waren für die Sauberkeit von Maschinen und Apparaten zuständig, denen im dritten Lehrjahr das Um- oder Wegräumen von Material oblag, sowie das Bereitstellen von Vorrat für die Weiterarbeit am Montag.
Wie beim Militär wurde die Hierarchie der Lehrlinge geregelt, Überwachung der diversen Aufgaben erfolgte durch den sogenannten "Oberstift", stets der Älteste oder Pfiffigste im dritten Lehrjahr.
Nach getaner Arbeit ließ er alle auf dem Hof nebeneinander, nach Lehrjahren entlang einer Teerkante am Boden antreten und meldete es dem Betriebsleiter. Der war nur 1,65 m groß, aber ein schneidiger ehemaliger Panzerkommandant. Dieser kontrollierte nochmals alles zusammen mit dem Oberstift, um dann mit Lob oder Tadel sowie etlichen Witzchen, nach einem gebrüllten *„Auf Wiedersehen, Herr Thiel"* endlich die Lehrlinge ins wohlverdiente Wochenende zu entlassen!
Nur den Kaufmännischen, zu welchen auch die Lagerstifte gehörten, hatte der Oberstift nichts zu sagen! Jene unterstanden ihren Abteilungsleitern und waren damit den Technischen stets ein Dorn im Auge. Die einen meinten, die anderen dachten, die sind etwas Besseres!
Dazwischen hing ich nun als Zwitter, das konnte auf die Dauer natürlich nicht gut gehen.
Prompt blieb den anderen meine Sonderstellung nicht verborgen. Schon hatte ich wieder mehr Neider als Freunde, wer wollte schon so richtig mit dem Chefsohn befreundet sein? Der verrät doch alles, dachten sie, obwohl ich Zuhause wirklich nichts erzählte, auch wenn Vater bisweilen gern etwas gehört hätte. Manchmal tuschelten welche, hörten dann plötzlich auf, wenn ich in ihre Nähe kam, oder tauschten vielsagende Blicke aus!

So hing ich im Lager mit „Hupsi“, ebenfalls ein Neuer, am Rockschoß vom gütigen "Herrn Felix". Er, selbst ein wenig Außenseiter, hatte ohne Wissen des Chefs heimlich einen kleinen Handel mit Zigaretten angefangen. Sein ganzer Schreibtisch war bereits voll damit und als er Nachfrage merkte, kamen verborgen in einem alten Militärspind reichlich Süßigkeiten dazu!
Irgendwann bemerkte auch ich es trotz aller Heimlichtuerei, einmal erkannt, verkauften wir Lagerstifte nun ebenfalls voll Freude über die Abwechslung, nach dem Motto „Gute Kundschaft lässt man nicht warten“! Als Belohnung gab’s Kaugummi oder Schokolade, spätestens jetzt merkte wenigstens er, dass ich kein Verräter war, änderte wohl deshalb sein Verhalten zu mir, was man an diversen Dingen bemerken konnte!
Täglich um neun gab's eine Viertelstunde Pause. Hierfür machte bereits um halb acht der sogenannte "Brotzeitstift" die Runde. Fragte, kassierte, notierte von jedem oder jeder die unterschiedlichsten Wünsche! Schob sodann den Fahrradanhänger fast einen halben Kilometer den Berg hinunter zum Lebensmittelhändler, um dort alles zu kaufen. Nach Retourfahrt nebst Verteilung war für ihn fast der halbe Tag um! Durch das neue Angebot von Herrn Felix ging es eigentlich schneller, weshalb man dessen Handel endlich von höchster Stelle aus genehmigte!
Da, jetzt offiziell, kam Limo, Cola, Wasser, nebst Nährbier dazu. Nun erst erschien das gesamte Personal, wodurch wir wiederum die Bürodamen oder Mädchen näher kennenlernten! Anfangs schüchtern, erkannten wir bald, dass sie ebenfalls zu allerlei Späßen aufgelegt waren!
Richtig zur Mannschaft gehörte ich seltsamerweise erst nach meinem ersten Anschiss! Diesen erhielt ich für die grandiose Idee, die grauen Blechplatten, welche nachts zum Schutz vor Einbrechern auf die Schiebefenster der Materialausgabe geschraubt wurden, mit „Geschlossen“ zu beschriften, sodass jeder wusste, wenn wir diese angebracht hatten, „ab jetzt gibt’s nix mehr!“
Lautstark mit drohendem Unterton wurde ich deshalb vom Chef höchstpersönlich aufgeklärt, dass wir Angestellte der freien Wirtschaft seien und uns nicht als Beamte mit pünktlichen Schalterzeiten, wie bei Post oder Bahn zu fühlen hätten! „Bum“, danach war ich für eine Weile ganz schön geknickt!
Für normale Geschäfte und Fabriken hatte man seinerzeit noch keine Alarmanlagen, deshalb wurden Türen, Schlösser und Fenster, wie z.B. in unserem Lager, verstärkt gesichert. Außerdem pattroulierte nach Geschäftsschluss, ebenso wie über das ganze Wochenende ein Nachtwächter herum. Zu seiner Ausrüstung gehörte, neben einer Taschenlampe, ein großer Knüppel, mehr war uns Deutschen nicht erlaubt, sowie eine verschlossene schwere Stechuhr, welche an einem Lederriemen baumelte. Dazu passend hingen, befestigt an wichtigen Stellen im Betrieb, verschiedene kleine Schlüssel. Damit man nun feststellen konnte, ob zur richtigen Zeit am vorgeschriebenen Ort kontrolliert wurde, musste er

den jeweiligen Schlüssel in der Uhr umdrehen, was eine Markierung auf der eingelegten Papierscheibe hinterließ, welche der Betriebsleiter täglich überprüfte.
Außerdem musste der Nachtwächter ständig die große, noch mit Koks betriebene Dampfheizung in Gang zu halten, weil speziell die galvanischen Bäder bei Arbeitsbeginn nur temperaturgenau funktionierten!
Für diese Tätigkeit erhielt er nach meinen Aufzeichnungen etwa 8.-DM, pro Nacht also 240.-DM, eine Buchhalterin etwa 175.-DM im Monat!
Am Samstagnachmittag und Sonntag mussten ihn, weil billiger, zuverlässige Lehrlinge ablösen und abwechselnd bis abends die Betriebswache übernehmen. Schon bald wurde auch ich mit einem älteren zusammen eingeteilt.
Es war schon ein komisches Gefühl, nur zu zweit in dem Gebäude zu sein, wo es überall raschelte und knackte. Zwar gab es eine Not-Telefonnummer und der Betriebsleiter wohnte nur 200 Meter weg, trotzdem blieb uns ein mulmiges Gefühl, „Gott sei Dank“ geschah nie etwas.
Weil es für uns gerade in der Saison immer wieder irgendeine Sonderbeschäftigung gab, liebten alle den Berufsschultag! Dieser zeigte sich fast wie ein Sonntag, man konnte später aufstehen, musste nicht zur Arbeit und konnte außerdem durch die wenigeren Stunden, Freundschaften pflegen. War allerdings so ein halber Feiertag, damals wurde an manchen gearbeitet, fiel deswegen dann ganz oder am Nachmittag die Schule aus, mussten wir arbeiten!
Natürlich gab es nach einer gewissen Eingewöhnungsphase im abgesonderten Lager auch lustige Arbeitstage! So bastelte ich mit „Hupsi“ zwei Degen aus Pendelrohren mit aufgeschraubten Glashaltern (Mönchskappen), halbrunde Teller, welche mit einem Klemmring versehen wurden. Ziemlich ähnlich denen, welche wir aus dem Seeräuberfilm „Unter schwarzer Flagge“ kannten. Damit lieferten wir uns in den dafür gut geeigneten engen Lagergängen die tollsten Duelle! Oder wir warfen uns gegenseitig in den Putzwolle-Behälter, ein andermal fertigte mein Kollege mit viel Geschick aus Schnur und Putzlappen einen Fußball, welchen eines Tages ein hinzukommender, sportlich aktiver Büroangestellter mit scharfem Schuss, statt ins angenommene Tor durch das verglaste Oberlicht kickte.
Dann gab's noch den Stift im dritten Lehrjahr, der bei jeder Gelegenheit wetten wollte, wobei er andere zu gern verlieren ließ. Deshalb behauptete ich eines Tages, man könne leicht die Knöpfe einer Hose in fünf Minuten abschneiden und wieder annähen! Da er es nicht glaubte, wetteten wir um eine Mark. (Heutiger Gegenwert etwa vier Euro). Weil wir aber keine Uhr besaßen und es sich unter der Arbeit schlecht machen ließ, trafen wir uns um "fünf vor 12" im Männerklo, um diese Aktion zeitgenau durchzuführen.
Schere Nadel und Faden hatten wir dabei. Zur verabredeten Zeit begann ich erst den Hauptknopf, danach die des Hosentürls abzuschneiden. Als ich danach ge-

mütlich den Faden einfädeln wollte, protestierte er und meinte auch die Knöpfe seiner Hosenträger gehörten dazu! Also tat ich ihm den Gefallen, kurz darauf läutete es zwölf. *"Ha, ha.....verloren"*, meinte er. *"Tja, du hast recht, hier ist deine Mark!" "Aber jetzt wieder annähen?" "Ah, das musst schon selber machen, also Mahlzeit!"*
Damit verließ ich den Geprellten, welcher fluchend unter Festhalten seiner Hose in die Werkstatt schlich, um den Schaden mit Draht zu beheben! Einen Freund hatte ich mir damit zwar nicht geschaffen, aber wetten tat er meines Wissens nicht mehr!
Noch mehr Spaß hatten wir Stifte jedoch beim wiederholten Fahren mit dem "NSU- Quickie"-Leichtmotorrad, eines unserer Kriegsversehrten. Hierbei handelte es sich um ein Modell mit extra Soziussitz, wie es sie heute nicht mehr gibt. Angetreten wurde mit einseitiger Fahrradpedale, kurze Ausführung für Behinderte mit einem Bein. Das Ding hatte noch eine Ballhupe nur etwa 75cm², sah aber sonst wie ein richtiges großes Motorrad aus.
Irgendwann hatte Rudi, so hieß der Besitzer, leichtsinnigerweise einem älteren Lehrling bewilligt, einmal damit zu fahren, danach erweiterten und verlängerten wir die Genehmigung selbst! Mittags, auch abends, wenn er noch arbeitete oder gerade Brotzeit machte, schnurrten einige Lehrlinge abwechselnd unter großem Hallo mit blauer Zweitakterfahne den langen Berg vor der Firma rauf und runter, um ganz nebenbei auch Fahren zu lernen! Das alles konnte natürlich nur ablaufen, wenn weder Chef noch Betriebsleiter zugegen waren!
Leicht vergingen so die ersten Monate des Einlebens in der neuen Umgebung, während der Hauptsaison (Oktober bis Dezember) trat ich mir noch einen rostigen Nagel durch den Schuh, kam so zur ersten Tetanusspritze nebst zusätzlicher Freizeit.
Meiner Mutter wusste ich in den weiterhin regelmäßig zu schreibenden Briefen allerdings zu berichten, dass Vater gesagt hatte: *"Für mich wäre freilich der Impfstoff besser vom Esel als vom Pferd gewesen"!*
Ab Dezember fiel Schnee, anfangs gleich mehr als 40 cm, die Radlerei zur Arbeit ziemlich anstrengend, außerdem mussten wir Stifte den Innenhof, die Außenwege sowie die Zufahrt räumen und streuen. Oftmals auch Lastwagen oder unsere eigenen Autos den hundert Meter langen Berg hinauf schieben, denn von der Stadt wurden nur die Hauptstraßen geräumt, Schneeketten hatte keiner und wir steckten mitten in der Hauptsaison.
Am schlimmsten war es, wenn Blech kam, das waren gleich immer ein paar Tonnen, der öligen ein- mal zwei Meter großen Platten. Da hieß es dann, alten Kittel, alte Handschuhe an und mit eisernen Tragehaken jeweils zu zweit die Tafeln vom Lastwagen ziehen, durch die halbe Firma tragen, um sie letztlich aufrecht in ein Blechregal zu schieben.

Schwerstarbeit, welche oft mehrere Stunden dauerte, jetzt denkt jeder "Gabelstapler"?! Aber so was Tolles hatten damals nur große Firmen.
Wir behalfen uns mit dem was wir besaßen, Muskelkraft nebst Sackkarren! Drehteile, Schrauben etc. kamen in Kisten, Paketen per Lastwagen oder Bahnbehälter, alles musste von Hand nachgezählt oder durfte bestenfalls nachgewogen werden. Wichtig dabei, alles musste am Tag "X" vorhanden sein, wenn die Produktion eines bestimmten Modells anlief, meist ca. 30-60 verschiedene Teile pro Leuchte + Farbe, versteht sich!
Deshalb sehnten alle, fertig und geschafft, die kommenden Weihnachtsfeiertage herbei, obwohl gleich darauf schon wieder die meist gehasste Inventur folgte. Das hieß vor allem für die Lageristen, nebst ausgesuchten Helfern, alles sauber machen, nachzählen, umräumen und vieles mehr, bis es dann endlich Mitte Februar im Betrieb ein wenig ruhiger wurde!

*

Mit zunehmendem Wohlstand fand mein Vater zu seinen alten Bedürfnissen zurück, außer seinem Hang zu großen Autos stand die persönliche kosmetische Pflege nebst ausgewählter Kleidung an vorderster Stelle.
Resultat dieser intensiven Pflege war, dass stets ein Duft von **„Pitralon“** und oder **„4711 Uralt Lavendel“** von seiner kurz vorherigen oder momentanen Anwesenheit zeugte.
Sein dunkelblondes, naturgewelltes Haar sah aus wie stark onduliert, so als wären die Wellen mit den Fingern eingedrückt, um diese Wirkung zu erhalten, trug er oft nachts ein Haarnetz. Zum Bräunen stand in unserem Bad eine der ersten Höhensonnen, dieses schwere, fast zwei Meter große Ding auf drei Rollen, mit dickem Trafo unter einem Korb. Darauf ein starkes, vernickeltes Stativ, welches einen voluminösen kugelförmigen Reflektor mit etwa 40 cm Durchmesser hielt. In diesem wiederum hatte man einen dicken, blau leuchtenden Quarzbrenner montiert. Jener war so stark, dass schon ein wenig längere Einwirkung sichtbare Rötungen auf der Haut hinterließ! Henry hatte mit seinen 45 Jahren, jetzt einige Jahre nach dem Krieg, wie so viele ziemlich an Gewicht zugelegt, wog gut zwei Zentner, war etwa 1,77 groß und besaß eine kräftige Statur mit einem ausgeprägten Rundrücken. Also wahrlich keine Figur für einen Anzug von der Stange. So konnte es nicht ausbleiben, dass er sich schon bald einen guten Schneider suchte und diesen, natürlich nicht in Neuburg oder Ingolstadt, sondern in Augsburg durch Empfehlung eines Kunden fand.
„Walter Riedelsheimer“ war ein solcher Topp-Schneider, sein Laden in einer ehemaligen Ruine, gute Innenstadtlage, hatte man, wie es etliche Geschäfte seinerzeit wegen anfänglichem Kapitalmangel taten, nur im Parterre wieder aufgebaut! Zwar schon mit größeren Schaufenstern und ansprechender Ein-

gangszone versehen, wobei die deutlich höhere Fassadenmauer nur mehr Größe darstellen sollte, ähnlich wie man es aus Wild-Westfilmen kennt!
„Walter“, man war nach einigen Besuchen schnell beim vertrauten „Du“ angelangt, ein typischer Vertreter seines Faches, ein wenig italienisch anmutend, dunkelhaarig, klein, flink, gewitzt, beredt, natürlich modisch gekleidet. Ließ sich gern einladen oder bat gute Kunden zum Umtrunk in einen seiner hinteren Räume, das sogenannte „Atelier“!
Vater wurde einer seiner besten Kunden, ein sogenannter Freund, sie zechten oft lange zusammen, dabei kamen einige Ratschläge von ihm, auch mich betreffend, muss allerdings sagen, nicht immer die schlechtesten.
In den 50/60er Jahren war es üblich, dass man als Chef eines etwas größeren Betriebes mit stetig wechselndem Anzug, meist mit hellem Manschettenhemd und Krawatte erschien. Henry ließ sich deshalb bei ihm über Jahre hinweg etliche Anzüge speziell aus englischen Stoffen schneidern, wobei als Beweis stets die Webkante mit dem Label des Herstellers am Innenrand der Tasche zu sehen sein musste!
Nebenbei bemerkt, waren diese Stoffe wirklich nicht schlecht, erhielt ich doch den einen oder anderen abgelegten, nach einigen Jahren gewendet, also Innenseite nach außen, allerdings vom einem Neuburger Schneider umgebaut.
Nachdem auch diese Saison gut lief, wollte Vater, dass wir erstmals nach dem Krieg gemeinsam Urlaub machen. Dazu ließ er sich einen Wanderanzug mit Knickerbocker und Sportsakko anfertigen. Mutti und ich bekamen die ersten neuen Skihosen, meine wurde vom auf einem Postsparbuch angesparten Erziehungsgeld bezahlt.
Die passenden Ski- und Wanderschuhe für alle fertigte der Schuster Lang nach Maß, aus echtem Rindsleder, mit Ösen, Haken und einem Querriemen. Alles handgefertigt, denn ich glaube, zu kaufen gab es noch keine?!
Gleich nach Weihnachten ging es los, die beiden hatten im Sommer, etwas entfernt von Obersdorf, den kleinen Ort Tiefenbach, nebst einem ansprechenden familiengeführten Hotel entdeckt. Wo es fließend Warm- Kaltwasser gab, damals nicht selbstverständlich, sowie die Wirtsleute sympathisch erschienen. Die Gegend verfügte wie gewünscht über etliche interessante Wanderwege, denn Ski fahren wollte eigentlich nur ich. Damit allerdings sollte es in diesem Jahr wegen Mangels an eigenen Skiern noch nichts werden.
Vater chauffierte voller Stolz seinen neuen Borgward und ich freute mich klammheimlich, der ersten Inventur entronnen zu sein.
Es war herrlich, Berge, Schnee und Sonne empfingen uns in ausreichender Menge, sodass selbst aus mir Bleichgesicht nach der ersten Woche ein braun gebranntes Kerlchen wurde. Das Hotel war sehr behaglich, im bayrischen Stil eingerichtet und ein sehr freundliches, eigenes Zimmer erwartete mich.

Es folgten Spaziergänge in alle Richtungen, davon ein besonderes Ereignis, der Pfad durch die Breitachklamm, sowas hatte ich noch nie gesehen. Auch Papi war fast jeden Tag umgänglich, freundschaftlich und gut gelaunt.
Dann Silvester „1952", ein Schlüsselerlebnis für mich, denn erstmals sah ich ein friedliches sprühendes, knallendes Feuerwerk, ja durfte sogar selbst Knallfrösche oder Blitzkracher zünden.
Um uns herum im großen Gemeindesaal lauter lachende fröhliche Menschen, welche sich Sekt trinkend umarmten oder zuprosteten, man konnte wieder feiern, Aufbruchstimmung, es ging weiter aufwärts in Deutschland!
Mit einem Jungen, welchen ich dort kennengelernt hatte, lieferten wir uns noch eine Bierdeckelschlacht, bis man uns um zwei Uhr schließlich ins Bett verfrachtete.
Erst einmal eingewöhnt, verging die restliche Zeit wie im Flug, leider sollte mir mit meinen 14 Jahren wenige Tage vor der geplanten Abreise noch eine Episode der besonderen Art widerfahren.
Schon damals ein Frühaufsteher, es war Sonntag etwa viertel acht Uhr, das halbe Hotel schlief noch, als ich ins Gästezimmer schlich, weil dort, ebenfalls neu, ein kleiner Stapel mit den ersten Illustrierten lag.
Wie ein großes Wohnzimmer eingerichtet, diente dieser Raum zum Lesen oder gemütlichen Beisammensein der Hausgäste. Ich setzte mich in die schönste Ecke, nahm neugierig die „QUICK" zur Hand und begann zu blättern, als unerwartet der Hauswirt hereinkam und sich zu mir auf die Couch setzte. Man sah ihn selten, denn das Hotel führte ausschließlich die Wirtin mit dem Personal, die Gäste erzählten sich, es sei eine Zweckheirat gewesen, damit umliegendes Gelände dazu kommt!
Untersetzt, klein, rothaarig, mit langen Koteletten machte er einen schmierigen, verschlagenen, auch verdrückten Eindruck, ein "Unsympath", was er wirklich tat, wusste niemand. Nun nahm er ebenfalls eine Zeitschrift, blätterte, blätterte, wobei er mich dauernd ansprach, oder mir irgendwelche Frauenbilder fragend zeigte, ob mir die eine oder andere wohl gefallen würde?
Im Elternhaus gelernt, zu Älteren immer höflich zu sein, antwortete ich anfangs gequält. Zu meinem Schrecken rutschte der Kerl jedoch immer näher heran, legte schließlich sein Heft weg, um ständig das Meine zu bequatschen! Während mir dabei sein warmer, stinkiger Atem unangenehm in die Nase stach, umschlang er mich plötzlich stöhnend, brabbelnd: *„Burle, gib mer a Bussi, gib mer a Bussi!"*
Erschrocken angeekelt riss ich mich los, sprang wie von der Tarantel gestochen auf, mit wenigen Sätzen aus der Tür, spurtete die Treppe rauf in mein Zimmer, wo ich mich atemlos einschloss!
Mindestens eine Viertelstunde verging, bis ich mich etwas beruhigt hatte, vorsichtig spähte ich durch den Türspalt, nachdem auf dem Gang nichts zusehen

oder hören war, schlich ich eiligst auf Zehenspitzen zum Zimmer meiner Eltern und klopfte… „Gott sei Dank“, Mutti öffnete sogleich. *„Warum so aufgeregt?“*, wollte sie wissen, sprudelnd und noch immer aufgewühlt, berichtete ich den Vorfall, Vater hörte vom Bad aus zu, zwischen Tür und Angel: *„Ach ja, der Franzl, wollte sicher nur freundlich zu dir sein, weil er selber keine Kinder hat, das hat der bestimmt nicht so gemeint – !“*, äußerte er abwiegelnd auf die misstrauischen Einwände von Mutti.
„Ob da nicht wieder mal die Fantasie mit Lothar durchgeht!“, fügte er gerade hinzu, als es an der Tür klopfte!
Unser Wirt stand da mit rotem Kopf und stammelte sehr unsicher wirkend: *“Habts vielleicht an bsondern Wunsch, woits vielleicht heut amoi des Frühstück aufs Zimmer?“* -- *„Nein, danke!“* Else schloss die Tür vor seiner Nase! Das war überhaupt nicht seine Aufgabe, was Vater endlich etwas misstrauisch machte. So reisten wir, nicht zuletzt auf Muttis Drängen am nächsten Morgen vorzeitig ab!
Zu irgendeiner Erklärung oder Warnung mir gegenüber ließ sich Vater nicht hinreißen, man merkt, „Aufklärung“ damals ein Fremdwort, im Gegenteil, die Älteren behielten, vor allem die Sexualität betreffend, ihr Wissen für sich! Aussagen, Anschuldigungen, in Zweifelsfällen Erwachsene betreffend, - hierbei wurde den Jungen grundsätzlich zuletzt geglaubt!
Tiefenbach blieb trotzdem auch weiterhin der Lieblingsort unserer Winterurlaube, doch das erste Hotel mieden wir fortan! Der Wirt „Franzl“ war später im ganzen Dorf bekannt, man erzählte sich hinter vorgehaltener Hand, er hätte als "175er" für längere Zeit im Gefängnis gesessen!
(Zu jener Zeit stellte der § 175, Schwule noch unter Strafe!)
Mir wurde erst etliche Jahre später klar, als Vater mehr oder weniger belustigt diese Geschichte ausgeschmückt beim Wein seinen Freunden zum Besten gab, dass ich dem Ansinnen eines Schwulen oder eines „Arschfickers“, wie sie ihn nannten, knapp entgangen war!

Auf der Heimfahrt setzte starker Schneefall ein, sodass wir den ganzen Tag für die etwa 300 km brauchten, selbst auf dem letzten Stück lag noch 50 cm Neuschnee. Heute kaum ein Problem, nur damals dauerte es sehr lange, bis beide Spuren geräumt waren, man behalf sich meist in größeren Abständen mit Ausweichstellen. Teilweise musste auch selbst gestreut werden, dazu stand, wenn man Glück hatte, am Straßenrand der einen oder anderen Steigung, Sand in Kästen bereit. Häufig führte man selbst ein, zwei Säckchen Streumaterial im Kofferraum mit, welche gleichzeitig die Hinterachse beschwerten. Ein kleiner Eimer nebst Kohlenschaufel zum Streuen gehörte ohnehin zur kompletten Ausrüstung eines Fahrzeuges!

Auch in Neuburg lagen bis zu 50 cm Neuschnee, welcher bis auf ein paar Hauptstraßen manchmal nur von Hand geräumt wurde. Lastwagen mit vorgebautem Pflug waren selten, auf Nebenstraßen und in Ortsdurchfahrten kamen noch mit Pferden bespannte Schneepflüge zum Einsatz. Das waren große, mit Steinen beschwerte Dreiecke aus Holz, an deren Spitze eine Deichsel montiert war, der Kutscher stand breitbeinig darauf oder lief nebenher.

Die Radelfahrt zur Arbeit war natürlich im Winter auch kein Vergnügen, so konnte es fast nicht ausbleiben, dass ich mit meinen Gummistiefeln abrutschte, umknickte und mir eine saftige Sehnenzerrung zuzog, an welcher ich noch Jahre herumlaborieren sollte! Danach mittelschwer behindert mit geschwollenem Fuß gab es kaum Auszeit, ich musste zwar humpelnd mit Gummistrumpf, den nicht beliebten Sonntagswachdienst versehen, über welchen von den anderen Lehrlingen schon kräftig gemurrt wurde. Jeder dachte, ich eingeschlossen, dass es von unserem Chef doch etwas übertrieben sei, am helllichten Sonntag eine Fabrik wegen Materialdieben zu bewachen.

An einem dieser tristen Wintertage, der zähe Donaunebel machte sich besonders bemerkbar, erhielten wir die verspätete Nachricht, Briefpost aus Polen benötigte ca. 3 Wochen, dass Opa Larisch gestorben war.

Mutter stand nun mit Oma, welche sehr krank war, alleine da und musste sich mit ihrem kleinen Geschäft in Polen behaupten, mit welchen Schwierigkeiten das verbunden war, kann man nur erahnen. Wir halfen von hier aus so gut es ging, vor allem mit Medizin, welche Vater regelmäßig schickte, alles natürlich mehrfach, weil nur etwa 60% davon ankam. Große Schwierigkeiten bereitete stets, das Richtige zu besorgen, weil die Ärzte polnische Bezeichnungen angaben, welche hier niemand kannte, die vermutete richtige Ersatzmedizin wiederum erkannte dort keiner!

Auch mich ergriff Opas Tod sehr, zumal ich mich noch gern an seine gutmütige, lustige Art erinnerte. Nie vergessend wie er mir zeigte, wie man spezielle Mausefallen aufstellt, um erfolgreich Mäuse zu fangen!

Vater ging es ebenfalls sehr nahe, hatte ihm sein ehemaliger Schwiegervater doch sehr bei der Entstehung des ersten eigenen Geschäftes in Breslau geholfen! Leider wiedermal ein Grund, Trost bei einer Flasche „Cognac“ zu suchen! Um allen Anwesenden zu zeigen, wer Theodor Larisch war, mussten die alten Filme von damals gezeigt werden.

Mittlerweile besaßen wir selbst Gerät nebst Leinwand. Leider hatte ich irgendwann Interesse bekundet sowie die nötigen Kniffe begriffen, weshalb mir der Titel „Vorführmeister“ verliehen wurde! Dieser hatte in Zukunft bei diversen Gelegenheiten auf Anordnung, dieses Amt zu übernehmen.

Zum Glück gab es auch andere, manchmal recht fröhlichere Momente, so war ich immer sehr begeistert, wenn Papi mit mir sonntags Eisenbahn spielte, welche er in diesem Jahr erstmals um Geleise, Weichen, einige Wagen sowie eine

Lock erweiterte. Dabei hatten wir eine Menge Spaß, wenn wir, was ich mich allein nicht traute, die Züge kollidieren ließen.
Ab und zu schaute er wohlwollend zu, wenn ich fauchend, rauchend und pfeifend die zu meinem Geburtstag erhaltene Dampfmaschine laufen ließ. Mittlerweile gehörten eine Transmission, eine Säge, ein Schleifbock sowie ein kleines Schöpfwerk dazu. Die Modelle wurden von mir auf ein großes Brett montiert, sodass eine richtige kleine, ratternde Maschinenanlage entstand.
Hörspiele im Radio, meistens Sonntagabend-Krimis, Abenteuer oder die „Glückswelle" Radiopreisrätsel waren ebenso eine große Leidenschaft von uns wie das Lesen. Bei mir speziell die fortlaufend neu auf dem Markt erscheinenden Schmökerhefte, Westerngeschichten von „Billy Jenkins" oder seinem Freund „Tom Prox", aber natürlich wurden auch die in Deutschland anlaufenden Serienhefte von „Mickey Mouse & Co" eifrig verschlungen und getauscht.
Ganz etwas anderes kam mir im Betrieb durch Zufall zu Gesicht, als ich erstmals Pornobilder sah, welche von unserem Kriegsversehrten „Rudi" in der Pause grinsend herumgereicht wurden. Ihm fehlte ein Bein, stattdessen trug er eine Prothese, sein Hobby jedoch war neben Angeln das Fotografieren, Vergrößern und Entwickeln im eigenen Kleinlabor. Diesesmal hatte er Bilder von nackten Weibern aus einem Heft kopiert, sowie deren Geschlechtsteile riesig vergrößert, außerdem Ulkbilder, wie sie es mit Männern in verschiedenen Stellungen trieben, zu Papier gebracht.
Die bei ihm stehenden Erwachsenen beobachteten genau die Reaktion der Jüngeren! Um dann über uns Jünglinge zu lachen, derweil wir zwar alles sehr neugierig betrachteten, jedoch verlegen nicht recht wussten, wie man sich nun verhalten sollte!
Später erzählte mir ein Altgeselle, welchen ich zufällig allein auf dem Pissoir traf, dass es sehr schön sei zu der Betrachtung solcher Bilder den Pimmel solange zu reiben, bis weiße Sahne spritzt! Als ich ihn verlegen fragend ansah, meinte er, ich sollte die Sache unbedingt mal ausprobieren, jedoch niemand etwas verraten, ihm aber berichten, wie es war.
Neugierig gemacht, ging mir die Geschichte nicht mehr aus dem Kopf, ich hatte zwar keine Bilder dabei, doch beim nächsten Wannenbad allein im Badezimmer versuchte ich es! Alles stimmte, mir wurde zwar etwas komisch und tat es zum Schluss ein wenig weh, sodass ich das Spiel zumindest für einige Zeit bleiben ließ! Wegen der Angst vor Nachfragen machte ich um den Anstifter der Sache einen großen Bogen, behielt das Ganze als großes Geheimnis für mich.
In der Vorweihnachtszeit jammerte meine Mutter in ihren Briefen, dass sie mir so gar nichts schenken könne, doch von Papi und Mutti bekam ich immer wieder Sachen auch in ihrem Namen! Sie selbst wünschte sich von mir Modezeitschriften, weil es diese in Polen nicht gab, sie aber die abgebildeten Kleider gern nachmachen wollte. Gelesene Western bekam sie gratis dazu, angeblich freute

sie sich darüber, doch ich bezweifelte ihr Interesse, ein Atelierfoto von mir, beglückte sie dann umso mehr!
Mit den Kindern ging man damals immer wieder mal zum Fotografen, wozu extra der Sonntagsanzug angezogen werden musste. So ist mir noch die Aufnahme eines letzten Bildes, mit dem für Jungen üblichen Kommissschnitt in Erinnerung. Seitlich kahl raufrasiert, bis drei Finger überm Ohr bekleidet mit Anzugsjacke nebst kurzen Hosen! Wir haben es noch, wirkt sehr lustig, man sieht genau, aus welcher Zeit es stammt.
Am allerliebsten freilich wäre mir damals ein neues Fahrrad zu Weihnachten gewesen, doch da hieß es kurz "zu teuer", es sei denn man könnte das alte verkaufen! Ich brachte also meine erste Annonce zur Zeitung, tatsächlich kam einer! Leider war nur Fräulein Mariechen, zwar eingewiesen zu Hause. Der Interessent besah sich das Rad, wiegte den Kopf nach ihrer Darstellung, wollte wiederkommen, ward jedoch niemals wieder gesehen.
Was half's, nun musste ich wohl oder übel das alte graue "Bezugschein- Rad" total überholen, was mir zugegebenermaßen sogar Spaß machte! Zuerst erhielt es einen neuen Anstrich, dann kam, wie es die neuen Radl hatten, als „I-Punkt" an der Lenkerhülse ein Strahlenkopf hinzu, welchen ich nach Anweisung mit einigem Geschick marmorierte! Dazu wurde die aufgetragene frische, weiße Farbe mit einer Kerze angerußt, danach das Ganze mit einer roten Umrandung versehen, fertig! Es gelang so gut, dass es einige nicht nur bewunderten, sondern sogar nachmachten.
Stolz erfüllte mich ebenso, weil es mir gelang, die gebraucht gekaufte sehr diffizile „Simplexschaltung" immer wieder selbst einzustellen, wobei auch das Schalten einige Übung verlangte. Es gab nicht, wie heute, einfach Rasten, sondern den richtigen Gang musste man oft, mit heftigem Krachen beglcitet, durch Vorbeischalten vor, zurück, suchen!
Natürlich spielte in diesem Alter der Traum vom eigenen Motorrad im Hintergrund immer eine wichtige Rolle! So fuhren wir gegeneinander Rennen, drehten am vermeintlichen Gasgriff, machten dazu Motorgeräusche, fuhren freihändig oder im Zickzackkurs auf den noch wenig befahrenen Straßen. Bremsten mit quietschenden Reifen oder machten allerlei sonstige halb artistische Einlagen, vor allem wenn Mädchen zusahen!
Vater war sehr streng, nicht nur, dass ich stets früher wie die anderen, nämlich vor Einbruch der Dunkelheit zu Hause sein musste. Selbst wenn ab und zu ein Zirkus gastierte, durfte ich ihn niemals allein, sondern nur mit Begleitung besuchen. Wenn aber Besuch eintraf, es wieder hoch her ging im Hause Gerhard, dann war alles anders, da liefen die Dinge meist ein wenig aus dem Ruder.
An solchen Tagen zeigte sich Vater, zumindest im Anfang über die Maßen gönnerhaft, zugleich ließ die Aufmerksamkeit meine Person betreffend mit zuneh-

mendem Alkoholpegel merklich nach, was ich wiederum mit fortschreitendem Alter vermehrt zu nutzen wusste.
Seinem Herzfehler taten diese zunehmenden Exzesse natürlich nicht besonders gut, deshalb begab er sich das erste Mal auf Anraten seines Arztes nach Konstanz am Bodensee ins Sanatorium. Vor allem den Angestellten, aber auch der eigenen Familie verkaufte er das Ganze als Folge der übermäßigen Arbeit. Desgleichen Mami, für welche er auf meinen Briefen stets eine Randbemerkung oder einen ganzen Absatz hinzufügte. Da jammerte er ihr regelmäßig etwas vor oder spielte von mir berichtete Neuerungen weit herunter, obwohl es uns zunehmend besser ging!
Warum er das tat, weiß ich bis heute nicht, denn gerade zu dieser Zeit bekamen wir den ersten Großauftrag! Das gerade neu entstehende Kaufhaus „Merkur“ in Ingolstadt bestellte eine große Menge weiße Einbaukästen, bestückt mit Langfeldleuchten, Notlicht usw., sowie viele Einbauleuchten mit Rundröhren. Ein Auftrag, der uns alle vom Betriebsleiter über Meister bis zum Lehrling wochenlang, mit Spätschichten (-20:00), bis an die Grenzen unserer Leistungsfähigkeit brachte. Der Betrieb platzte aus allen Nähten, Platzmangel, wir konnten nur noch ¾ der bestellten Ware ausliefern.
Trotz allem lief in diesen Wochen etliches ruhiger ohne unsern Boss, es gab kaum Krach, kein aufgescheuchtes Hin und Her der Leitenden, freilich aus der Lehrlingssicht gesehen! Auch zu Hause war alles irgendwie lockerer, Mutti gelöst und freundlich, obwohl sie jedes Wochenende mit Chauffeur nach Konstanz zur Berichterstattung musste. Einmal durfte ich auch mit und sah staunend, erstmals in meinem Leben einen so riesigen See. Papi zeigte mir mit dem Fernrohr am Horizont ein Schiff, welches zuerst mit den Masten auftauchte, wodurch man die Erdkrümmung erahnen konnte! Gut erholt, in bester Stimmung ließ er sogar zu, dass Mutti beim Stadtbummel mein erstes T-Shirt, auch noch mit aufgedrucktem „Cowboy“ erstand.
Am Sonntag, dem Tag der Abreise, durfte Herr Meier bei schönstem Wetter zur Belohnung für seine treuen Dienste mit mir einen Nachmittag verbummeln und eine Rundfahrt auf dem großartigen Dampfer „Lindau“ erleben, ein tolles Ereignis für uns beide.
Wieder zu Hause gab's mit Tante Erna und Fräulein Mariechen für den Rest von Vaters Abwesenheit viel Spaß, zweimal sogar meine Lieblingsspeise Makkaroni in Butter geschwenkt, mit Käse bestreut.
Außerdem konnte ich schon mal über die Dämmerung hinaus mit meinen Freunden den Neuburger „Boulevard“ auf und ab flanieren: *„Hauptkreuzung - Luitpoldstraße - Kino - Kino und zurück!“* Auf diesen knapp zwei Kilometern trafen sich fast alle Jugendlichen mit Gekicher, Zwinkern, Grüßen, Bemerkungen, heute würde man sagen „Zur Anmache!“

Tante Erna, welche inzwischen die Aufsicht hatte, war mir inzwischen nicht mehr gewachsen! Sie selbst hatte nie Kinder, durchschaute nichts und glaubte selbst die meist gebrauchte Ausrede: *„Ich wusste nicht, dass es schon so spät ist!"*

Als Jugendlicher hatte man damals meist nur die Sonntag- oder Konfirmationsuhr, das gute Stück durfte nur zu besonderen Anlässen getragen werden und die Kirchenuhren waren halt nicht beleuchtet!

So gelang es mir öfter abends ins Kino zu gehen um die Filme „Hilfe ich bin unsichtbar" mit Theo Lingen und Grete Weiser oder der „Fidele Bauer" anzusehen. Oftmals interessanter allerdings die Atmosphäre im Kino! Kaum war es dunkel fingen manche an zu schmusen, dabei irgendwie unruhig werdend! Was da weiterhin genau geschah, war jedoch noch etwas schemenhaft, aber irgendwann würde sich der Schleier schon lüften, da war ich mir ganz sicher!

Als die vier Wochen von Vaters Kur um waren, war es Schluss mit lustig, anderseits hatte Vater zu unser aller Freude von irgendwo eine kleine Dackeldame namens „Schnurzi" mitgebracht, welche trotz ihres Eigensinns schon bald alle Herzen erobert hatte. Mit ihr ging man nun doch etwas mehr spazieren, auch wenn sie anfangs meist getragen werden musste. Nur Opa Meier mochte sie nicht besonders, was auf Gegenseitigkeit beruhte. Erledigte sich jedoch von selbst, derweil ihn ein Beinbruch für einige Zeit ans Haus fesselte.

Im Spätsommer tauchte wieder einmal Vaters alter Weggefährte "Rafone" auf! Just zur gleichen Zeit wurde, ich glaube, das erste Mal nach dem Krieg ein Volksfest in Neuburg veranstaltet. Die Genehmigung, dorthin zu gehen, wurde allerdings kurzerhand widerrufen, weil natürlich der Onkel Ernesto die alten Filme aus Breslau sehen wollte! Wenn auch knurrend, musste leider der "Vorführmeister" wieder antreten. Natürlich mit wenig Lust bei der Arbeit, ließ ich die Ausgleichsschlaufen absichtlich etwas zu eng und "zipp" schon rissen die Streifen öfter! Zwar hatten wir eine neue Klebevorrichtung aus Metall, doch Geschick mit Zeit erforderte es allemal.

Die Filmenden wurden eingespannt, gleichmäßig passend zugeschnitten, dann die gegenüberliegenden Stellen aufgeraut mit Kleber bestrichen und fünf Minuten aneinandergedrückt. Wenn man Glück hatte und der Kleber war einigermaßen hielt es, dann überstand die Stelle 3-4 Mal, bevor sie sich erneut löste, ergo blieben Filmrisse bei keiner Vorführung aus.

Kurz, das alles dauerte den Herren zu lange, weswegen man sich bald in einen anderen Raum zurückzog, um bis zum nächsten Morgen in der Vergangenheit zu schwelgen. So ganz nebenbei widmete man sich anderen flüssigen, geistigen Genüssen.

Ich dagegen durfte nach getaner Arbeit rückspulen, aufräumen, um danach ohne Dank auf mein Zimmer zu verschwinden!

*

Der Herbst des Jahres 1952 begann mit schmuddeligem Regenwetter, die Donau schoss schmutzig graues Hochwasser führend in ihrem Bett dahin. Dennoch gab sie sich diesmal mit leichten Überschwemmungen, nebst etlichen vollgelaufenen Kellern zufrieden.

Mein Jahrgang hatte das erste Lehrjahr hinter sich gebracht. Spätestens, als man die neuen im Betrieb herumführte, wusste unser Jahrgang, ab jetzt machen endlich andere die niedrigen Arbeiten!

In dieser Zeit nahm mich Vater oft zur Kundschaft mit, meist nach München oder Augsburg, manchmal, um zu verkaufen, meistens aber, um Ware auszuliefern. All diese Tätigkeiten waren natürlich nicht im Sinne meines zu erlernenden Berufes! Dank meiner guten Beobachtungsgabe, sowie der Fähigkeit, die so erworbenen Kenntnisse niederzuschreiben, glänzte mein Heft jedoch meist mit guten Arbeitsberichten. Niemand fiel auf, dass ich eigentlich etwas ganz anderes tat.

Leider bemerkte irgendwann Mutti meine allmähliche Selbstständigkeit im Betrieb! Nach stetigen Sonderaufgaben vom Chef wusste oder kontrollierte allmählich keiner mehr, ob ich da sein musste oder nicht!

Deshalb wurde es leider von ihr zur üblen Gewohnheit, mich immer öfters nachts mit den Worten zu wecken.

„Dein Vater ist wieder in dieser oder jener Kneipe versumpft, hat wahrscheinlich kein Geld dabei, (er ging meistens ohne). *Es ist angerufen worden* (oder auch nicht), *du musst ihn holen, damit nichts passiert! Ich würde ja selbst gehen, aber als Frau zu besoffenen Männern, das geht nicht!"*

Also zog ich mich an, machte mich wieder einmal auf den Weg, den prallgefüllten Geldbeutel in der Tasche, um meinen Alten auszulösen sowie abzuholen.

Nicht ungern holte ich ihn manchmal aus der "Blauen Traube". Deren Wirt ein großer kerniger Kerl, früher bei der "Reiter SS", gab sich gern militärisch und konnte spannende Kriegs- und Reitergeschichten erzählen. Zu dieser Zeit gab es um 24 Uhr noch eine Sperrstunde, ab der offiziell nichts mehr ausgeschenkt werden durfte. Weshalb sich die Zecher, um weiter zu trinken, in einen uralten Weinkeller unter der Wirtschaft zurückzogen. Eine steile Steintreppe führte in die Tiefe, bevor man in das funzlig beleuchtete Gewölbe kam, welches eher einer Räuberhöhle glich. Umringt von Vorratsregalen, Fässern, Kisten, Flaschen und allerlei Gerümpel, saßen die Männer meist rauchend um einen selbst gebauten Tisch, an welchem sie manchmal auch Karten spielten. Der Vorteil, wurde es lauter, konnte man draußen kaum etwas hören. Erschienen die kontrollierenden Polizisten dennoch, lud man sie, wenn verständnisvoll, meist gerne ein.

Diesmal jedoch ging's zum gehobensten Café bzw. Weinlokal der Stadt, ins 2 km entfernte, auf einer Anhöhe über der Donau thronende "Arco-

Schlösschen". Der Wirt hatte es vor nicht allzu langer Zeit erworben und vorbildlich restauriert.
Die Nacht war mondhell, nicht kalt, deshalb fiel mir der Weg leichter, mal im Schritt, mal im Lauf ging es dahin. Nach einer Weile stellte ich mir vor, einen Jeep zu besitzen, den Motor trefflich nachahmend, ging es in Zickzack Linien den Berg hinauf.
Man erwartete mich schon, zumindest wollte der Wirt gern Schluss machen, Vater weniger! Scheinbar hatten sie gestritten, denn er überließ mir kommentarlos die Begleichung seiner Rechnung. "Sigi", der mich nicht wirklich ernst nahm, zeigte auf die Schnelle, so mit links, gnädig zwei vollgekritzelte Zettel.
„Oh, das ist aber viel“, meinte ich. *„Ja, wenn man alle Leute zum Sekt oder zum Henry-Spezial einlädt, kommt halt was zusammen!“*, knurrte er.
Beim letzterem handelte es sich um einen teuren, von Vater selbst kreierten Cocktail.

Henry-Spezial: In eine Sektschale, deren Rand mit Zitrone präpariert, dann mit Zucker garniert ist, 2 cl. Cointreau, 2 cl. Asbach, 1 Eiswürfel geben mit gutem Sekt auffüllen, auf dem letztlich eine Orangenscheibe schwimmt!

Warum er das Gesöff manchmal auch augenzwinkernd einen "Büchsenöffner" nannte, verstand ich erst später.
An diesem Abend jedoch beobachtete ich zuvor aus den Augenwinkeln seine Reaktion. Vater überhörte offensichtlich das Gespräch, hing dafür schweigend mit der Nase über einem halb vollen Glas. Also blieb mir nichts anderes übrig, als die verlangte Summe aus dem mitgebrachten Geldbeutel zu zahlen.
Danach hatte ich Glück, denn wir gingen gleich los. Ohne viele Worte hakte er sich abstützend bei mir ein, um so gemeinsam in Richtung Heimat zu wackeln.
Daheim angekommen, half ich ihm Hemd, Schuhe und Hose auszuziehen, danach plumpste er ohne ein Wort hinterrücks aufs Bett und ward kurz darauf schnarchend eingeschlafen. Nach dem Zudecken wollte ich gerade verschwinden, als Mutti erschien, welche sich im Nebenzimmer schlafend gestellt hatte!
„Das hast du prima gemacht, geh nur gleich ins Bett, fahr halt morgen etwas später in die Firma, ich rufe an und entschuldige dich!“
In meinem Zimmer angekommen, bemerkte ich Vaters Geldbeutel in meiner Tasche! In sein Schlafzimmer wollte ich jetzt wirklich nicht mehr zurück, weil es aber draußen schon dämmerte, ging einschlafen auch nicht. Neugierig geworden, fing ich an, die schwere Börse genauer zu untersuchen. Eine Menge Geld in unterschiedlichen Scheinen befand sich darin und nun tat ich etwas, was mir noch jahrelang mehr als nur ein schlechtes Gewissen bereiten sollte, ich entnahm 20 Mark!
Leider war es nur der Einstieg, zukünftig bediente ich mich immer frecher werdend mit Summen bis zu 50 DM, bestahl also meinen Vater!

Da ich ansonsten kaum Geld erhielt, verwendete ich das meiste zum Aufmotzen meines Fahrrades. Weil es ja geheißen hatte, *"für ein neues Rad, ist kein Geld vorhanden"*! Leider damit nicht genug, langte ich bei jeder sich bietenden Gelegenheit auch in Muttis Geldbeutel, wenn er gerade herumlag!
Irgendwann fielen die neuen Teile, vom Rennlenker bis zur dreiflammigen verchromten Beleuchtung, jedem ins Auge. Die einfältig ständig gleiche Ausrede, die Stücke seien das Geschenk eines Freundes, welcher sie nicht mehr brauchte, wurden immer unglaubwürdiger. Als ich dann noch vergaß, wie sonst üblich, immer wieder mal Taschengeld einzufordern, war es soweit! Vater stellte mir eines Tages mit einem gezinkten Geldschein die Falle, in welche ich prompt hineinlief.
Das Schlimmste diesmal die Aussprache, es fiel kein lautes Wort, als er mich zur Rede stellte, aber man konnte ihm die echte, tiefe Enttäuschung anmerken, über einen Sohn, der Vater und Mutter bestahl! Eine ganze Woche sprach er kein Wort mit mir, auch Mutti, welche meine Diebstähle gar nicht bemerkt hatte, zeigte sich sehr traurig. Letztlich trieb mich echte Scham dazu, alles zu gestehen auch das, was sie nicht bemerkt hatten.
Die ganze Zäsur traf mich so tief, dass ich bis heute von niemand, auch nicht im Auftrag, aus einem fremden Geldbeutel etwas entnehmen könnte, geschweige denn ihn zur Aufbewahrung behalten würde!
Vater erwähnte den Vorfall nicht mehr, hatte jedoch ein offensichtlich leicht gestörtes Verhältnis zu mir in Geldsachen. Erstens bekam ich kurz darauf ein regelmäßiges Taschengeld ohne Erinnerung, zweitens nahm er jetzt öfters den Geldbeutel selbst mit!
Mir wiederum versetzte es bei Zahlungen, die ich dennoch immer wieder für ihn tätigen musste, jedes Mal einen Stich ins Herz, vor allem, wenn er mich dabei mit hochgezogenen Augenbrauen so eigenartig ansah.

*

Die Lehrzeit im Betrieb ging trotz allem weiter, mittlerweile machte mir jedoch die Arbeit im Lager keinen Spaß mehr, unter anderem auch, weil der ganze Stoff in der Berufsschule nicht mehr dazu passte. Es war einfach zu abstrakt, kaufmännische Arbeiten zu tun, in der Schule dagegen Technik zu lernen. Vater wollte scheinbar beides zu gleich haben, ich allerdings hatte irgendwann genug davon und wollte bei den richtigen Lehrlingen wirklich dazugehören.
Weil mir der technische Zweig besser gefiel, kam mir die Aufforderung des Lehrers freiwillig an einem Lehrgang bei einer kleinen Dreherei teilzunehmen gerade recht! Wir hatten zwar selbst zwei Drehbänke, letztere wurden aber hauptsächlich für die Fertigung eingesetzt!
Der Chef genehmigte, bezahlte zwar wohlwollend den Kurs für die anderen, doch sein Sohn sollte es im eigenen Betrieb erlernen, derweil sich die große Firma HELO keine Blöße geben durfte.
Mir wurde also kurzerhand als Lehrmeister der sogenannte „ Meester Gernich“, wie ihn die Geschäftsleitung salopp nannte, an die Seite gestellt.
Es wurde bewusst nicht der Titel „Meister“, sondern „Meester“ gewählt, was bei Insidern verdeckten Zweifel, nebst leichtem Spott über die vorhandenen Kenntnisse ausdrückte. An seine wirkliche Ausbildung nebst bestandener Prüfung zu diesem Titel glaubte eigentlich keiner!
Selbiger, etwa 58 Jahre alt, mit Halbglatze, Knollennase auf welcher eine Zwickerbrille saß, klein untersetzt mit einem immer etwas fettigen Kittel bekleidet, welcher sich vorn über den Kugelbauch und hinten über seinen Rundrücken spannte. Kurz, ein richtiger „Opa-Typ“, seine Spezialität, wenn etwas nicht klappte oder daneben ging, näselte es *„beschissen, beschissen“* aus seinem stachligen Schnurrbart, weshalb er von allen Mitarbeitern hinter vorgehaltener Hand, nur der „Beschissen“ genannt wurde.
Dieser „Meester“ sollte mir also nun das Drehen beibringen, die Kollegen aber wussten, dass er es selbst nicht richtig konnte. Woher auch, schließlich war er, wie so mancher der Älteren erst kurz vorher, direkt aus der Gefangenschaft zu uns gekommen. Wie die anderen, davor Soldat, dann Flüchtling, Papiere oder wie bei ihm Meisterbrief, verloren, wirklich oder nicht?! Nachprüfen konnte man es selten, zumal die Unterlagen bei einigen auf der Flucht verloren gingen oder die entsprechenden Ämter nicht mehr existierten. Man akzeptierte also im Anfang die gemachten Angaben auf „Treu und Glauben“, improvisieren hatten alle in den Kriegsjahren gelernt und das war beim Wiederaufbau erst mal gefragt.
Wir schreiben allerdings mittlerweile das Jahr 1952, da sollte man langsam wieder etwas können, damit die Firma konkurrenzfähig bleibt, die Zeiten der Schaumschläger und Dupser (Pfuscher) näherte sich dem Ende!

Mein Meester jedenfalls zog nur die Nase hoch als ihn die Anordnung des Chefs erreichte, er solle seinem Sohn von jetzt an das Drehen beibringen und das zweimal pro Woche nach Feierabend, vielleicht dachte er noch *„oh, beschissen"*, nur sagen traute er es sich diesmal nicht!
Am darauffolgenden Dienstag trafen wir uns bei der Drehbank und ich begann nach seinen Angaben als erstes langsam aus einem Vierkanteisen, einen Rundling zu drehen. Beim nächsten Mal, ihn vorn abzurunden und so weiter, leichtere Übungen, die ich bald schon konnte. Anspruchsvollere Fertigkeiten, wie etwa mit verschiedenen Drehzahlen oder Stählen zu arbeiten, vermied er offensichtlich. Dafür tat er sehr wissend, beobachtete alles genau, wahrscheinlich lernte er selber mit, denn manchmal sah ich ihn am Tag heimlich selbst probieren!
So quälte sich der sogenannte Lehrgang Tag um Tag immer eintöniger dahin, bis ich endlich mal etwas mit einem anderen Drehstahl probieren wollte. Dazu jedoch musste der Spannkopf für die Stähle umgesetzt werden. Dieser Stahlhalter war mit einer großen Mutter befestigt, welche mittels eines noch größeren Schlüssels gelockert oder angezogen wurde. Um ihn wirklich richtig fest zu bekommen, stellte ich mich deshalb auf die untere Auffangwanne und zog mit aller Kraft an der aufgesetzten Rohrverlängerung, „Beschissen" stand schniefend hinter mir und beobachtete durch seinen Zwicker genau, ob ich auch alles richtig mache!
Da geschah es, „Krreng" mit einem hässlichen metallenen Geräusch rutschte der schwere Schlüssel von der Mutter, ich strauchelte aus der Anspannung nach hinten und landete Gleichgewicht suchend mit dem Ellbogen genau in seinem Bauch!
Japsend, stöhnend ging er fast zu Boden, verließ nach einer Weile der Erholung wortlos bleich die Werkstatt und fehlte am nächsten Tag.
In der folgenden Woche war ich anderweitig beschäftigt, so ergab es sich, dass wir den befohlenen Lehrgang ohne große Worte im gegenseitigen Einverständnis fallen ließen.
Das nötige Grundwissen erhielt ich später von einem Schulkameraden, welcher mir einige der erlernten Drehtechniken beschrieb, was zumindest für den geforderten Aufsatz im Berichtsheft genügte.
Ansonsten rückte immer mehr das Interesse am weiblichen Geschlecht in den Mittelpunkt unserer Interessen!
Unter unseren Bürodamen zum Beispiel, befanden sich ein paar recht hübsche, wenn auch schon etwas ältere Mädchen. Auch sie fuhren ebenfalls mit dem Radl zur Arbeit, sodass wir meistens mittags das letzte Stück miteinander den Berg hinauf schoben. Natürlich mit Gekicher, auch einige versteckte Andeutungen wurden gemacht. In diesem Zusammenhang erinnere mich noch gern an "Luise", sie war etwa zwanzig, hatte eine attraktive schlanke Figur und ein offenes spitzbübisch freundliches Wesen.

„Na Lothar, hast du schon einmal geküsst?“, fragte sie eines Tages scherzend, als wir nebeneinander anhielten, ich verlegen: *„Natürlich, schon öfters!"* *"Das wollen wir doch mal sehen!?“*, meinte sie lachend.
Weil wir gerade allein waren, nahm sie mich kurzerhand beim Kragen presste ihre Lippen auf die meinen, drückte mir mit der Zunge die Zähne auseinander, --- als ich endlich kapierte worauf es ankommt, erhielt ich den ersten Zungenkuss!
„Musst schon noch ein bisschen üben!“, meinte sie schmunzelnd, während ich mit hochrotem Kopf leicht benommen weiter zog.
Fortan verehrte ich sie heiß und innig, kam ihr jedoch nicht näher, sie blickte mir zwar immer voll in die Augen, aber lächelte nur, wenn wir uns begegneten.
Zu meinem Leidwesen wurde "Luise" bald schwanger, verließ unseren Betrieb, mit Bedauern verlor ich sie für immer aus den Augen.
Meine Neugier jedenfalls war geweckt, als nächstes besah ich mir ebenso wie einige andere Stifte, die Lehrmädchen der Firma „Elza“, eine Strickerei ganz in unserer Nähe. Wo ich schon bald die "Gretel" kennenlernte!
Sie, etwas älter als ich, sehr fraulich mit einer voluminösen Oberweite. Feierabend hatten wir meist zugleich, nur sie musste zum etwa zwei Kilometer entfernten Bahnhof laufen. Damit es schneller ging, nahm sie bald mein Angebot an, vorn auf der Radelstange mitzufahren, wodurch wir eine Stunde Zeit bis zur Abfahrt ihres Zuges gewannen.
Erst versuchte ich, ein wenig mit ihr zu ratschen, doch ihr fehlten die Worte, ließ sich jedoch, wie ich schnell herausfand, gleich küssen!
Indessen kündigte sich jedoch mit fallenden Blättern ein kühler Herbst an, den geheizten Warteraum im Bahnhof hatten sie leider wegen anstehender Reparaturarbeiten geschlossen, sodass wir frierend im dunklen Eckchen schmusen mussten. Irgendwann bemerkte ich aber durch Zufall, dass man vergessen hatte, bewussten Raum zu verschließen, sodass er unbeleuchtet offenblieb. Fortan poussierten wir fast täglich heimlich dort, bis uns die Lippen wehtaten. Irgendwann traute ich mich schließlich die Hand unter ihren Pullover zu stecken, später sogar den Bh. hochzuschieben, bis mir endlich ihr praller, üppiger Busen entgegen fiel, um ihn kneten zu können! Sie ließ sich alles gerne gefallen, das neue Spiel war sehr aufregend, mir wurde heiß und kalt, wir stöhnten um die Wette, der Kleine stand kerzengrade! Wir pressten und rieben uns heftig aneinander, ohne uns weiter zu berühren. Das Ganze ging meistens so lange, bis es mir kam, was ich zwar zu verhindern suchte, aber es gelang halt nicht!
Zuhause wurde dann schnell versucht die Flecken zu beseitigen, aber Fräulein Mariechen merkte vor der Wäsche natürlich die gestärkten Stellen. Um die Sache zu vertuschen, erzählte ich, es wäre Klebstoff ausgelaufen!
"So, so, Klebstoff", meinte sie nur, zog die Augenbrauen hoch, aber schwieg, über so etwas redete man damals nicht!

Leider wusste ich mit Gretl nicht mehr anzufangen, woraufhin bald ein reiferer Bursche auftauchte, welcher sie täglich mit dem Motorrad abholte! Irgendwann blieb ich traurig allein zurück, es war halt wie meistens in der ersten Zeit, kaum ging man mit einem Mädel ein wenig länger, schon kam ein Älterer und spannte sie einem aus!

Nachdem allmählich die halbe Lehrzeit vorbei war, zeigte sich vermehrt eine wachsende Distanz zwischen Chefsohn und den übrigen Lehrlingen, weshalb sich die private Situation für mich als Heranwachsender recht schwierig darstellte.

Meine alten Schulfreunde gingen ebenfalls ihrer Wege, lernten andere Berufe, oder wanderten wie mein Schulfreund Armin Traber sogar nach Amerika aus, sodass wir uns alle ziemlich schnell aus den Augen verloren.

In dieser Zeit fühlte ich mich überhaupt nicht wohl in meiner Haut, sondern meist im Abseits. Obwohl ich mich redlich bemühte, häufig zum Ärger meines Vaters, die Art der Kumpels anzunehmen, wuchs so etwas wie eine unsichtbare Mauer zwischen ihnen und mir!

Wenn sie sich z.B. zu Sport oder Kino verabredeten, gingen sie mir schon vorher aus dem Weg oder nahmen mich häufig gar nicht mit. Wurde in der Schule oder während der Arbeit über irgendwelche Dinge getuschelt, ließen sie mich nur selten daran teilhaben. Nur einige wenige, wie etwa „Hupsi“ vom Lager, waren stets freundschaftlich zu mir. Natürlich trug sicherlich dazu bei, dass sie abends ausgehen durften, oder spät heimkommen konnten, während ich immer noch um acht zu Hause sein musste.

Dass Vater stattdessen mit uns nach Ingolstadt ins Kino oder nach München ins Theater fuhr, oder ich ihn manchmal nachts „blau“ aus irgendwelchen Kneipen holen musste, sollten wiederum sie nicht wissen.

Auch weil ich immer wieder woanders eingesetzt wurde, glaubte natürlich jeder neidvoll an Bevorzugung, die besseren Freizeitklamotten gaben dem Eindruck schließlich noch mehr Auftrieb!

Vater-Anordnung nebenbei, bayrisch reden ging nur draußen, zu Hause sprach man nur reines Deutsch.

All diese Dinge machten mich einsam und widerspenstig zugleich, ohne es zu merken, begann ich zwei Leben verschiedener Art zu führen!

Ein Lichtblick dazwischen, etwa im Spätsommer 1953 durfte ich überraschenderweise mit meinem Kollegen Hubert Spitzname „Hupsi“, welcher etwas älter war als ich, zu meinem ersten Radelurlaub aufbrechen. Von Vater hatte ich in einem günstigen Moment die Genehmigung erhalten, sprach jedoch aus Angst vor Zurücknahme von da an kein Wort mehr darüber.

Hubert und ich schmiedeten schon Monate vorher heimlich große Pläne! Die Tour selbst stellten wir anhand von Autokarten zusammen. Radelkarten waren

ebenso wie Radwege kaum verfügbar, auch Zeltplätze waren unvollkommen bezeichnet und konnte man meist nur vor Ort erfragen.
Außer unseren Rädern besaßen wir eigentlich nichts, deshalb borgte sich Hupsi von der Gewerkschaft, deren Mitglied er war, ein Zelt und zwei Militärschlafsäcke. Nur gut, dass es Vater nicht wusste, denn als Unternehmersohn hätte ich im Gewerkschaftszelt niemals schlafen dürfen!
Unsere Räder hatten wir nicht nur sorgfältig gewartet, sondern wegen der schlechten Straßen vor allem Flickzeug eingepackt. Ich besaß immer noch das alte Flüchtlingsrad, jedoch mittlerweile, wenigstens durch eine alte Simplex-Dreigangschaltung aufgemotzt, Hubert hatte ein altes Damenrad ohne Schaltung.
Unsere Ausrüstung würde man heute sicherlich abenteuerlich nennen, die Satteltaschen waren selbst gemacht, meine aus zwei alten zusammengehängten Schulranzen, die übrigen Sachen befanden sich in alten See- oder Rucksäcken mit Kofferriemen auf dem Gepäckträger geschnallt!
Natürlich waren wir schon sehr aufgeregt und erwarteten sehnlichst den Tag des Starts. An einem Dienstag früh morgens um sechs Uhr brachen wir bei schönem Wetter auf.
Zuerst ging es Richtung Augsburg, die ganze Strecke von Neuburg bis zu den ersten Vororten war nicht geteert, also fuhren wir immer auf dem sogenannten Sommerweg, so bezeichnete man den Straßenrand. Hier sammelte sich der abgefahrene oder angespülte Sand, auf dem man besser fuhr oder ging als auf der holprigen Schotterstraße, Autos begegneten uns nur wenige und wenn, staubte es fürchterlich!
Nach zwei Tagen mit fünf Reifenpannen erreichten wir wohlbehalten unser erstes Ziel „Lindau“! Unterwegs musste ich lernen, wie man ein Zelt aufbaut, denn unseres hatte nur zwei einfache Stangen nebst einigen Heringen und keinen Boden. Schnell merkte ich, dass man etwas erhöht oder leicht schräg aufgebaut, danach das Ganze von drei Seiten mit einem Ablaufgraben umgibt, um zu verhindern, dass bei einsetzendem Regen das Wasser ins Zelt läuft. Ansonsten lag oder stand alles direkt auf Erde, oder wenn man Glück hatte auf vorhandenem Grasboden.
Die Lebensmittel hatten wir wie alle Urlaubsradler zum größten Teil dabei, wobei uns zum Kochen nur ein kleiner "Esbit- Kocher" zur Verfügung stand. Es dauerte ewig, bis so das Wasser heiß wurde, sodass wir die Fertigsuppen oft lauwarm und klumpig aßen. Auf den Gedanken, Essen zu gehen, kam man schon aus finanziellen Gründen nicht! Zum Glück klappte es nach den ersten Versuchen recht gut, wir hatten sogar viel Spaß dabei, vertrugen uns gut und lernten einige nette Mädchen oder Jungens im gleichen Alter auf den Zeltplätzen kennen.

Der Höhepunkt unserer Reise war erreicht, als wir nach der Besichtigung der "Pfahldörfer von Unteruhldingen", von Meersburg nach Staad, erstmals in unserem Leben eine Fähre benutzten!
Am nächsten Tag, während des Besuchs der Insel Mainau schlug leider das Wetter um, es wurde regnerisch, blieb weiter so, alle Sachen wurden klamm, nass und kalt, kurz, am übernächsten hatten wir die Nase voll!
Bekleidet mit einfachen Windjacken und kurzen Hosen, die langen waren zu schade, brachen wir auf. Nach dem diesmal gar nicht so schönen Übersetzen nach Meersburg, erreichten wir ununterbrochen fahrend mit dreimal flicken, nach etwa 12 Stunden gegen Mitternacht hungrig, durchnässt, genervt und hundemüde endlich unser Zuhause.
Auf der Heimfahrt gab es leider ein paar heftige Differenzen, Hupsi wollte nochmal zelten ich aber nicht, unsere Freundschaft kühlte sich merklich ab, weshalb wir uns auch später ein wenig aus dem Weg gingen.
In dieser Phase lernte ich in der Berufsschule, als neuen Freund "Peter" kennen, dessen Vater eine Spenglerei besaß.
Peter lernte ebenfalls im elterlichen Betrieb, jedoch unter ganz anderen Vorzeichen, wobei er sich ebenfalls nicht so ganz mit seinem bärbeißigen Alten verstand! Unsere Freundschaft begann erstmal durch Sympathie, weiterhin, dass er als Einheimischer mich, an "Zuagrosten" mit nach Hause zur Brotzeit nehmen konnte, war etwas völlig Neues für mich!
Seine Mutter, eine kleine, putzmuntere hübsche, schwarzhaarige Frau war sehr freundlich zu mir, als wenn ich schon immer zur Familie gehören würde, durfte ich mich gleich auf die warme Ofenbank setzten.
Das Wohnzimmer, eine sehr gemütliche Jägerstube, der Art nach eingerichtet wie bei Tante Lissi in Neugersdorf. Die Wände dekoriert mit Hirschgeweihen und vielen Motivbildern, allesamt gemalt von einem Kunstmaler, welcher verarmt von der Familie aufgenommen, hier seine Kunstwerke abfutterte.
Solange Peters Vater auf der Jagd war, konnten wir beide bleiben, doch vor seiner Rückkehr musste ich verschwinden, entweder wollte er seine Ruhe haben oder mochte Flüchtlinge nicht besonders?!
Bei mir war es gerade umgekehrt, mein Vater mochte Peter wegen seiner Art überhaupt nicht. Dessen ungeachtet behielten wir unsere Freundschaft bei, ohne dass einer dem anderen viel von seiner Familie erzählte!
Nach etwa eineinhalb Jahren teilte man leider unsere Schulklasse in diverse Sparten der Metallverarbeitung, sodass wir nicht mehr zusammensitzen konnten. In Religion war es schon vorher so, weil Peter katholisch war.
Einmal im Winter wollte ich eine Stunde auf ihn warten, weil aber draußen ziemliche Kälte herrschte, nahm er mich einfach mit und meinte: *„Wir ham heut so bloß den Pater Hieronymus, der merkt eh nix, der kennt korn, da hockst dich*

hinten hin und verhalts dich stad, na paßt's scho!" Gesagt getan, also lauschte ich erstmals, quasi als Schwarzhörer, dem katholischen Unterricht.
Der Pater in schwarzer Kutte, über dem Bauch mit breitem Gürtel gehalten, ein rundlicher kleiner Mann mit Glatze, Haarkranz und Zwicker auf der roten Knollennase. Sah genauso aus, wie man sich landläufig einen Klosterbruder vorstellt. Er lächelte freundlich, sodass sich meine innere Unruhe ein wenig legte, es schien alles gut zu gehen!
Doch da, die Stunde ist schon fast um, als er ein Auge umgeben von einem Dreieck an die Tafel zeichnet, dreht sich um, kommt auf mich zu und meint: *„Du da, dich hab ich ja noch gar nicht bei uns gesehen! Bist du neu?"* Ich stand auf, brummelte verlegen irgendwas! *„Na ja egal, erklär mir mal, was ich da auf die Tafel gemalt habe!"* Mit hochrotem Kopf: *„Das kenn ich nicht."* *„Wieso kennst du das nicht?"* Zerknirscht: *„Wir haben das nicht im Unterricht!"* *„Wie, ihr habt das nicht, wer ist denn dein Religionslehrer?"* Drucks, drucks: *„Ja, also äh äh, der Pfarrer Zwansger, aber bei uns Evangelischen kennen wir so ein Zeichen nicht!"*
Jetzt war es heraus, verdutzte Stille im Raum, man hätte eine Stecknadel fallen hören…. Während er mich wie einen Geist anstarrte, trieb es ihm langsam die Zornesröte ins Gesicht! Drohend baute er sich vorn an der Tafel auf, hob die linke Hand und deutete mit ausgestrecktem Finger auf die Tür, während er lautstark rief: *„Schaug, dass sofort aus meiner Klasse kimmst, du lutherischer Zipfel elendiger, lass dich da ja nimmer seng, das ist doch allerhand!!!"*
Mit zittriger Hand griff ich nach meiner Tasche, um schnell wie ein geprügelter Hund, unter den mittlerweile ebenfalls strafenden Blicken aller Schüler die Klasse zu verlassen!
Das saß tief, besuchte danach niemals mehr fremden Religionsunterricht und nehme auch heute nur wegen meiner katholischen Enkel an deren Gottesdienst teil, zumal mir immer noch die Kenntnis etlicher Rituale fehlt!
Natürlich erzählte ich diese nebst anderen Geschichten zu Hause, und als mich Peter einmal abholen wollte, meinte Vater, welcher gerade seine joviale Zeit hatte: *"Hol ihn rein, stell mir doch deinen neuen Freund mal vor!"*
Fräulein Mariechen bekam inzwischen den Auftrag, Tee zu bringen, was für Peter, wie er später erzählte, zum ersten Mal in seinem Leben war, dass er von einer Angestellten Tee serviert bekam!
Die Unterhaltung begann recht locker, indem Vater nach dem woher und wohin fragte. Als er jedoch begann, seine bekannten Ansichten über das richtige Verhalten von uns Jungens zu referieren, wurde ich unruhig! Prompt wurde Peter erst still, dann begann er zu widersprechen, das Gespräch eskalierte, bis mein Freund bemerkte, diese alten Ansichten seien doch wohl ein rechter *„Schmarrn"*, worauf Vater abrupt das Gespräch beendete und ihn aufforderte, sich zu verabschieden!

Noch während ich ihn hinausbegleitete, rief mich Vater lautstark zurück! Peter meinte zum Abschied: *„Scheiß der nix, dei Alter spinnt doch!“*
Wieder im Wohnzimmer wies Vater darauf hin, dass dieser Bursche kein Umgang für mich sei und ich mir gefälligst einen anderen Freund suchen sollte, außerdem hätte der Kerl ab sofort „Hausverbot“!

*

Kulturell war Vater als ehemaliger Großstädter mit dem Angebot unserer Kleinstadt überhaupt nicht zufrieden auch seine Meinung über unsere Nachbarstadt lautete: *„Das Beste an Ingolstadt, ist der D-Zug nach München!“*
Aus diesem Grund besuchten wir regelmäßig in Augsburg, Theater bzw. Freilichtbühne oder fuhren nach München zu Schauspiel, Oper, Operette, oder Komödie.
Danach ging es stets zum Essen entweder zum „Milan“ am Dom, das erste sehr gepflegte, jugoslawische Lokal in München oder ins elegantere „Schweizer Haus“.
In der Regel fuhr Chauffeur Meier, welcher während der Vorstellung irgendwo warten musste, um dann wiederum in einer einfacheren Gaststätte zu verweilen, bis man ihn zur Heimfahrt rief.
Auf dem Nachhauseweg fanden sich dann leider immer wieder geöffnete Wirtshäuser mit entsprechendem Publikum, sodass es ziemlich spät wurde, bis wir endlich zu Hause ankamen.
Im Grunde fuhr irgendwann keiner mehr gern mit, weil wir wussten, dass Vater danach fast immer weitertrank und hatte er erst einmal damit angefangen ging es am nächsten Tag weiter. Oft zitierte er dann seine Betriebsleiter zum Rapport, um neben einigen vielleicht wichtigen Dingen, zu philosophieren, politisieren, jammern, schimpfen oder letztlich nur zu labern. Bis alle, mächtig besäuselt spät abends bisweilen auch erst nachts, heimfahren durften!
Natürlich blieb es in der Firma nicht verborgen, dass der Chef gar nicht wie behauptet auf Reisen war, sondern zu Hause saß! Die leitenden Angestellten wussten, auch durch manche unklare Anrufe von ihm hellhörig geworden, dass ihr Chef daheim öfters soff, doch über so etwas schwieg man sich grundsätzlich aus!
Weil auch sonst keiner merken sollte, wie hoch der Verbrauch an Alkoholika im Hause Gerhard wirklich war, musste Mutti oder ich das Zeug bei einer Großhändlerin besorgen. Selbige war auch noch stolze Besitzerin von Neuburgs größtem Kino dem „Schoßtheater“, hatte selbst meist eine kräftige Alkofahne nebst rotgeränderten Augen! Unsicheren Schrittes ging sie in ihr Kellerlager, wo sie einem Auswahl und Transport der Ware selbst überließ.

Hier kaufte ich staunend die erste vieler weiterer drei Liter „Asbach“-Flaschen, welche eigentlich für Gaststätten gedacht sind. Der Gipfel der Geschichte, dass unser begabter Schlosser irgendwann ganz naiv, er hatte wohl irgendwo eine leere Pulle entdeckt, dem Chef als Geschenk der Belegschaft eine wunderbare schmiedeeiserne Ausgießvorrichtung für diese Mammutflaschen konstruierte! Ein Meisterstück, nur Mutti fiel aus allen Wolken! Nebenbei bemerkt, befindet sich das Ding noch heute in meinem Besitz, der "Asbach" darin, meist zum Kochen verwendet, ist allerdings etwas ausgeraucht.
Während solcher Gelage konnte es natürlich nicht ausbleiben, dass im Betrieb wiederum etliches aus dem Ruder lief, vor allem im Büro, wo angelernte Leute unter einem Buchhalter arbeiteten, dessen Erfahrung durch die lange Kriegsteilnahme natürlich gelitten hatte! Tauchte der Chef dann eines Tages wieder auf, ging es zu wie in einem aufgescheuchten Hühnerstall! Fehler über Fehler wurden aufgedeckt, mancher Anschiss verteilt, Schuldzuweisungen hin und her geschoben, früher gegebene Anweisungen widerrufen. Kurz, ein fürchterliches Klima, in dem sich fast ein jeder sehnlichst wünschte, der Alte möge doch bald wieder verreisen!
Doch so schnell ging es nicht, denn Vater konnte in dieser Phase arbeiten wie ein Tier, wenn es sein musste ohne Pause bisweilen ohne Mittag, bis nachts, ab und zu auch sonntags! Selbstverständlich erwartete er den gleichen Einsatz von seinen Leitenden, so dauerte es meist nicht lange, bis wieder einer ging oder gehen musste. Einmal war es der technische Betriebsleiter, ein andermal der Buchhalter. Einmal gekündigt, schickte unser Chef die Betroffenen stets sofort nach Hause, wodurch fast jedes Mal ein kleines Chaos entstand! Schnell besetzt wurden die Posten dann entweder mit einem ihm wichtig erscheinenden Abteilungsleiter (einem sogenannten Radfahrer) oder dem per Anzeige gesuchten Neuen.
Die vielen Arbeitsuchenden, sowie seine gute Menschenkenntnisse, in Verbindung mit überzeugendem Auftreten ließen ihn immer wieder gutes Personal finden.
So auch, nach einigen Fehlgriffen, einen jungen agilen 20-jährigen Buchhalter namens Adolf, genannt „Adi“, welcher sein Handwerk in einem großen Kieswerk gelernt hatte. Selbigem gelang es jedoch alsbald das Durcheinander im Büro zu beenden und somit schnell die rechte Hand des Chefs zu werden.
Kurze Zeit später fand er auch seine Sekretärin „Rosemarie L.“, ein hübsches, sehr reifes, etwa 19-jähriges Mädchen, welche intelligent genug, ihn gehorsam unterstützte und deshalb bald seine engste Vertraute wurde. Sie setzte gnadenlos alle Anordnungen ihres Chefs durch, auch gegen den Widerstand von Betriebsleiter, leitenden Angestellten oder neu entstandenem Betriebsrat und verheimlichte ihm nichts! Scheute sich nicht mal, einen länger abgängigen Arbeiter durch die Tür des Männerklos aufzufordern, etwas schneller zu machen! Ich

glaube, sie hätte sich sogar auf Wunsch des Chefs vor die Tür gelegt, um jeden zu beißen, der ungebeten hinein wollte!
Sie wohnte im nächsten, etwa zehn Kilometer entfernten Ort, zu welchem die Straße jedoch über mehrere Berge führte, deshalb fuhr sie im Sommer mit dem Rad und im Winter mit der Bahn. Durch die Fahrzeiten bedingt, kam sie immer schon sehr zeitig an und fuhr meist spät abends nach Hause.
Aus diesem Grund erteilte ihr der Chef, wenn er nicht da war, alsbald die Schlüsselgewalt, das heißt, mit dem Zweitschlüssel durfte sie das Büro früh auf und als letzte den gesamten Betrieb zuschließen, was wiederum ein hohes Maß an Vertrauen bedeutete!
Unser technischer Betrieb arbeitete Mo.- Fr. von 7:00 bis 17:00, das Büro von 8:00 bis 18:00 und alle am Samstag bis Mittag.
Die Belegschaft bestand damals aus etwa 80 Personen, die Firma wuchs schnell, denn zu tun gab's genug und Arbeitsplatz-Leuchten waren sehr gefragt. Also wurden die Produktionszahlen erhöht, doch damit stieg auch der Platzbedarf, man musste improvisieren, was teilweise zu den tollsten Lösungen führte! So verlegten wir unter anderem einen Teil der sogenannten Entfettung wegen Platzmangels zeitweise in den Männerwaschraum!
Dazu muss man sich einen L-förmigen, schmalen Raum vorstellen, in welchem auf der einen Wandseite durchgehend Haken für die Kleider der Arbeiter befestigt sind, während sich gegenüber auf Hüfthöhe eine lange durchgehende Halbröhre aus Keramik befindet. In einem Stall auch als Viehtrog bezeichnet, über dem in kurzen Abständen kleine Kaltwasserhähne angebracht sind.
In eben diese Rinne stellte man nun einfach mehrere große Schüsseln mit Waschbenzin, worin zwei Hilfsarbeiter ölige Blechteile zu entfetten, also mit Lappen oder Bürsten abzuwaschen hatten, bevor sie in ein fahrbares Regal zum Trocknen gelegt wurden.
Einzige Lüftung des Raumes, außer dem kleinen hochgesetzten Fenster, die Tür, welche aber wegen Durchzug sowie der gewollt eigenen Isolation oft geschlossen blieb.
Unsere Wäscher waren meist gut drauf, hatten aber fast immer einen leichten Rausch vom Benzindampf. Mit den als Filter angebotenen Mundschwämmen konnte man nicht ratschen, weshalb man sie kategorisch als unbequem ablehnte! Keiner dachte damals an Gesundheit, es war halt eine Arbeit, die getan werden musste!
Eines Tages ging es bei ihnen besonders lustig zu, der Abteilungsleiter ließ sie meist gewähren, denn keiner machte diese Arbeit gern, weshalb sie auch so etwas wie „Idiotenfreiheit" genossen! An diesem Nachmittag schwoll ihr Gelächter besonders an, ---- bis plötzlich der Ruf *„Feuer, Feuer!!"* erschallte! Die Tür flog auf und beide stürzten nach draußen, gefolgt von einer schwarzen

Qualmwolke, durch welche man den flackernden Lichtschein hochzüngelnder Flammen erkennen konnte!
Sofort liefen Neugierige herbei, vor allem jene, deren Kleidung sich in dem Raum befand, wodurch sie die Tür verstellten, nur hinein traute sich keiner.
Zufällig konnte ich durch die offene Lagertür alles beobachten, sofort riss ich begeistert den neben mir hängenden "Vulkan – Löscher" von der Wand. Mit seiner Funktion bestens vertraut, da ich bei der Regelprüfung erst vor Kurzem geholfen hatte.
Schwer und unhandlich war das Ding schon, trotzdem konnte ich das Teil während des Laufens über den Hof umdrehen. In diesem Moment liefen im Inneren zwei Chemikalien zusammen, wodurch Druck nebst Schaum entstand! So kam ich spritzend auf die mit dem Rücken zu mir stehenden Leute zu. Meinen Ruf *„Obacht, Vorsicht auf'd Seiten, geht's auf'd Seiten“*, leisteten sie deshalb ganz schnell Folge!
Im nächsten Augenblick befand ich mich mitten zwischen Rauch und Feuer, die Schüsseln brannten lichterloh, einige Klamotten fingen gerade an, es gelang mir den Strahl auf die hinterste Schüssel zu halten, welche ich gerade noch sehen konnte, "puh", es half! Jedoch, kurz darauf wurde mir inzwischen an der Wand lehnend, übel und schwindlig, langsam rutschte ich nach unten, der Löscher glitt davon…..!
Bevor der Boden ganz erreicht war, packte mich zu meinem Glück die energische Hand unseres Betriebsleiters am Kragen und zog mich wie einen Kartoffelsack aus der Gefahrenzone ins Freie. Wie berichtet, früherer "Panzerkomandant" meinte später, auf diese Art hätte er schon so manchen aus dem Feuer gezogen!
In der Zwischenzeit hatten einige Mitarbeiter, ebenfalls mit Feuerlöschern bewaffnet, das Feuer bereits unter Kontrolle, als plötzlich das kleine Fenster aufflog! Die Hilfsfeuerwehr der Barackensiedlung spritzte von außen mit ihrem 16er Schlauch in den Raum mit dem Erfolg, dass der Brand erneut aufflammte! So dauerte es nochmals eine Weile, bis endlich alles gelöscht war! Die ungebetenen Helfer hatten allerdings durch das unnötige Wasser eine zusätzliche Schweinerei hinterlassen.
Später erhielt ich eine halb bewundernde Strafpredigt meines Vorgesetzten, welche man aber nicht im Entferntesten mit dem Anschiss vergleichen konnte, welchen sich die zwei Wäscher einhandelten als herauskam, wie es zum Ausbruch des Feuers kam!
So berichteten sie nach bohrenden Fragen wahrheitsgemäß, dass der Jüngere von beiden zur Mutprobe unter dem Gelächter des anderen erst seinen Arm mit Benzin benetzte, dann anzündete, um ihn, bevor es zu heiß wurde, mit Wasser abzulöschen! Das gelang mehrfach, beim letzten Mal freilich nicht schnell genug, woraufhin er, als es zwickte versuchte, durch Abschütteln das Feuer los zu werden! Dabei flogen einige Tropfen brennendes Benzin in eine Schüssel, was

wiederum eine Kettenreaktion auslöste, welche letztlich den Brand entstehen ließ! Nach diesem Vorfall verging ihnen allerdings das Lachen, die Tür musste offenbleiben und stete Kontrolle ward angesagt.

*

Die allgegenwärtige Donau, welche mitten durch unsere Stadt floss, bestimmte natürlich auch das Leben hier. Leider gab es kein richtiges Schwimmbad, nur eine Liegewiese mit Treppe direkt am Fluss, das sogenannte "Brandl- Bad". Hier war das Lernen für Nichtschwimmer jedoch nicht nur schwer, sondern auch gefährlich, weshalb das "Allein"-Baden nicht nur meine Eltern verboten!
Vor dem Krieg gab es ersatzweise für das in Neuburg stationierte Militär eine sogenannte schwimmende Badeanstalt am Rand der Donau. Es handelte sich um eine aus Holz gefertigte, an Land befestigte Konstruktion. Deren begehbarer Rand mit Kabinen und Sonstigem das Ganze wie ein normales Schwimmbad erscheinen ließ. Leider wurde das Areal nach Kriegsende irgendwie zerstört oder abgebaut.
Als einzige ungefährliche Möglichkeit, die Technik zu erlernen, blieb ein kleines Schwimmbad, welches ebenfalls vor dem Krieg in Oberhausen einem wenige Kilometer entfernten kleinen Ort gebaut wurde. Die Bewohner hatten es dem kriegswichtigen im Wald getarnten, unterirdischen, großen Tanklager "Wifo" zu verdanken. Wenn Vater Laune hatte, fuhr er mit uns am Wochenende dahin, wo ich meine ersten Schwimmübungen ableistete. Ein paar Freunde hatten es mehr oder weniger gut in der Donau gelernt und schwammen leichter im fließenden Gewässer. So konnte es nicht ausbleiben, dass sie mich eines Tages aufforderten, mit ihnen vom Brandl aus einige Kilometer flussabwärts durch die Stadt zu schwimmen! Nicht ganz ungefährlich, da es durch die noch im Wasser befindlichen Reste der alten, gesprengten Brücke eine recht unruhige Stromschnelle unter der neuen gab. Derweil aber mehrere Burschen behaupteten, auch nicht schwimmen zu können, sich aber ersatzweise mit einer Hand an einem alten Schlauchreifen festzuhalten, traute ich mich auch!
Nun, anfangs war es wirklich leicht und eine riesen Gaudi, mit viel Gejohle und Geschrei, bis wir unter die Brücke kamen. Dort ließ mein Mitschwimmer leider den Reifen los, woraufhin dieser überschnappte, sodass ich mich plötzlich mitten im Ring befand, während mir gleichzeitig das Ventil ständig über das Gesicht kratzte. Krampfhaft klammernd, prustend und Wasser schluckend erreichte ich zum Glück, von der Strömung angespült, unversehrt das Ufer!
Im großen Ganzen fand ich's aber toll und schloss mich deshalb umgehend Freund Peter an, der schon lange aktives Mitglied beim örtlichen Ruderklub war. Dort machten sie mehrere Fahrten und Ausflüge auf der Donau, oftmals sogar mit Lagerfeuer und Zelten auf irgendeiner Insel im Fluss!

Die Ruderboote dafür bastelte er teilweise selbst mit Geschick aus langen Brettern nebst diversen Blechteilen zum sogenannten "Einer". Um richtig dicht zu sein, wurden sie zum Schluss mit Teer kalfatert und mit mehreren dicken Lackschichten versehen. Wenn ich irgendwie konnte, half ich dabei, dafür durfte ich es beim Stapellauf ebenfalls versuchen! Ich war begeistert, wollte auch dabei sein. Vater hatte gerade gute Laune, sodass er mir ohne Schwierigkeiten den Aufnahmeantrag für den Verein unterschrieb.
Alsbald war ich ebenfalls Mitglied und stolzer Besitzer eines Vereinshemds mit einem Stern auf der Brust, welcher durch ein umlaufendes Band der Stadtfarben verbunden war.
Einen kleinen Wehmutstropfen hatte die Sache allerdings, unser strenger Trainer „Bim“ hatte mich vorher extra gefragt, ob ich schwimmen könne und ich hatte „**ja**“ gesagt, obwohl es nicht ganz der Wahrheit entsprach!
Doch ich machte brav die Trainingsfahrten im Sechser oder Achter mit, lernte den richtigen Paddelschlag und was sonst noch alles dazugehört.
Eines Tages half ich dem etwas älteren Kameraden "Sepp" seine "Holzkiste", so nannten wir die selbst gebastelten Boote, ins Wasser zu lassen. Dafür bot er mir an, es zu benutzen, wann immer er nicht da sei. Das war natürlich der Gipfel, nun konnte ich nach Herzenslust mit Peter fahren, er lernte mir durch Strudel und Kehren unter unserer Donaubrücke zu kurven, wo Reste der alten gesprengten Brücke die Strömung schnell, unruhig, spannend machten!
Beim Hochwasser paddelten wir mutig durch die überfluteten Donau-Auen auf reizvollen, immer neuen Flussarmen, was richtig Spaß machte. Einmal lachten wir fast zu lange, während Peter auf einer der neu entstandenen Inseln einen Kaktus setzte, machte sich sein Boot selbstständig, sodass wir es gerade noch am Abtreiben hindern konnten.
Dass ich nicht schwimmen konnte, spielte bis zu jenem Tag, an dem ich nun schon mutig allein hinausfuhr, keine Rolle! Doch nun erwischte mich seitlich eine große braune Hochwasserwelle, ich kippte um, ließ alles schwimmen, was eigentlich verpönt war und rettete mich viel Wasser schluckend im „Hundstrappler“ mit Müh und Not zum Ufer.
Die Vereinskameraden des zufällig in der Nähe trainierenden Achters hatten es beobachtet, brauchten aber mehrere Kilometer, um Boot und Paddel zu bergen!
Der Rest ist schnell erzählt, „Bim“ erschien bei mir zu Hause, verpasste mir eine kernig böse Strafpredigt, drückte mir den Aufnahmeantrag in die Hand und meinte *„Beford net schwimma kannst, will i di bei uns nimmer segn“* und fort war er. Beschämt und schuldbewusst bin ich später nie mehr dort gewesen, allerdings kann ich ihn heute dankbar verstehen.
Trost fand ich bei „Margit“, ein nettes Mädchen, welches ich durch Peter kennenlernte, dessen Freundin mit ihr zusammen beim Lebensmittel „Gubi“ arbeitete. Erste zarte Bande wurden geknüpft und wann immer wir konnten, tauchten

wir mit den Rädern am Lieferanteneingang der Firma auf. Zufällig hatten die beiden gerade dort immer etwas zu tun, es wurde erzählt, gelacht und geschäkert, meistens hatten sie Bonbons oder irgendwelches Obst für uns zur Seite getan! Einmal, erinnere ich mich, bekamen wir sogar ein Novum damals, ein paar Werbeluftballons geschenkt!
Leider nahm ich die Dinger mit ins Geschäft und zeigte sie meinem Gesellen, während wir gerade in der Schmiede arbeiteten!
Der Raum selbst sah aus wie ein kleiner Gang, etwa drei Mal acht Meter groß, an dessen Ende sich ein mittleres, halb offenstehendes Fenster befand. Wir zwei saßen an zwei kleinen Schweißtischen, der dritte im Bunde war der rote Schlosser Fritz, ebenfalls ein Lehrling, machte sich, schräg hinter uns, an einer offenen Esse mit Schmiedearbeiten zu schaffen. Neben ihm standen zum Schweißen die Sauerstoff-Flasche und ein größeres Gerät, welches durch tropfendes Wasser auf Karbid das Gas zum Schweißen erzeugte.

Karbid* (Calziumcarbid) gehört zu der Gruppe der Acetyliden.
Tritt es mit Wasser in Kontakt, so zersetzt es sich in einer lebhaften Reaktion zu brennbarem Ethin (Acetylengas) und Calziumhydroxid. Leicht entzündlich verbrennt das Gas mit heller Flamme zu Wasser und Kohlendioxid!

*Entnommen Wikipedia

An diesem Tag arbeiteten wir daran, einige Hundert Standrohre mit Haltern zu verschweißen. Ich zog also jene Ballons aus der Tasche und glaubte, wie Geselle Robert, dass sie mit Gas gefüllt eigentlich prima fliegen müssten.
Gedacht, getan, ließen wir über eine kalte Brennerdüse Schweißgas in den ersten hineinrauschen, bis er sich zu einer großen Birne formte. Robert machte flugs einen Knoten und ließ ihn fliegen. Zu unserer Überraschung stieg er jedoch nicht auf, sondern taumelte am Boden entlang! Wir lachten, schupsten ihn hin und her, auch Fritz war mit von der Partie. So segelte der schöne blaue Ballon einige Male, von einem zum anderen, bis er plötzlich im Schmiedefeuer landete!

„Wummm“, eine heftige Explosion erfolgte!

---------- Stille ---------------

Schlagartig konnte man weder etwas hören noch sehen, im ganzen Raum war es stockdunkel, mehr instinktiv die Tür findend, stürzten wir nach draußen!
Der halbe Betrieb lief zusammen, auch der Chef kam aufgeregt herbei geeilt, sich mit dem Ruf Platz schaffend: *„Geht mal zur Seite Leute, was ist denn da passiert!?“*, meinte er zu den vor der Tür stehenden, bereits vorsichtig hineinspähenden Kollegen.

Langsam verzog sich der schwarze Kohlenstaub und gab den Blick auf den Innenraum frei.

Zum Glück war dem Gasapparat nebst Sauerstoffflasche nichts passiert, sonst wären wir wohl nicht mehr am Leben. Der Schmiedeplatz dagegen war wie abgefegt von Kohle, Glut oder Feuer, nichts zu sehen, das Werkzeug sowie die schweren Seitenbleche lagen in der linken beziehungsweise rechten Ecke, beim Fensterflügel fehlte eine Scheibe, der übrige Raum war zentimeterdick mit feinem Kohlenstaub überzogen.
Unser Betriebsleiter Herr "Wichtig", natürlich als erster vor Ort, hatte, um seinem Herren zu imponieren, sogleich die Vermutung bei der Hand, es könne sich hierbei nur um eine „Kohlenstaub-Explosion“ handeln!!
Natürlich sagten wir nichts dagegen, es dauerte sowieso eine Weile, bis man uns vernehmen konnte. Trotz Benommenheit beteuerte jeder, auch ohne Absprache, vom eigentlichen Auslöser nichts zu wissen! Im Gegenteil, um den Vorfall aufzuklären, pflichteten wir nur zu gern der Theorie „Kohlenstaub“ bei!
Während langsam der erste Schreck vorbei ging und sich allmählich das Gehör normalisierte, kam es im Waschraum nach einem Blick in den Spiegel zum ersten befreienden Lachen! Da grinsten einem doch tatsächlich drei schwarze Gesichter mit weißen Augen entgegen, Kumpels, welche direkt aus der Hölle oder der tiefsten Kohlengrube zu kommen schienen.
Resümee der ganzen Geschichte, fortan durfte nicht mehr Schmiedefeuer mit Schweißgerät gleichzeitig in Betrieb sein! „Schwein gehabt!“
Dabei ließ sich sonst ganz harmlos allerlei Schabernack mit so einem Kabidstück treiben. Etwa im Vorübergehen einer Kollegin unbemerkt ins Bohrwasser geworfen, fing letzteres plötzlich stark zu kochen an, was so manche unter dem Gelächter der anderen mit spitzem Schrei davonspringen ließ!
Oder sehr beliebt, auch unter Fachleuten, das sogenannte Karbid-Schießen. Dazu wurde in den Boden einer Bohnerwachsdose ein Loch geschlagen, dann ein kleines Stück Karbid hineingelegt, ein paar Mal kräftig draufgespuckt und mit dem Dosendeckel fest verschlossen. Danach platzierte man das Ganze aufrecht, etwas erhöht am Boden, stellte den Fuß darauf und zündete am kleinen Loch das mittlerweile herausströmende Gas an.
" Wummm" Richtig gemacht, flog der Deckel mit einem lauten feurigen Knall oftmals zehn Meter weit!
Für mich jedenfalls das Schönste nach der Explosion in der Schmiede, ich hatte von da an ein um zehn Jahre älteres, erfahrenes Schlitzohr als Spezl. Zu dem ich sowohl „DU“, als auch „Robby“ sagen durfte! Die kommenden Monate sollte er mir Beichtvater nebst Berater sein, speziell im Umgang mit dem weiblichen Geschlecht, was ihm wiederum vermehrt Freude zu bereiten schien.
Robby konnte gut, zuhören lachte viel, gleichzeitig gab er etliche tolle Ratschläge mit genauer Detailbeschreibung für dieses Metier, welche mich sehr neugierig machte, sodass ich es kaum erwarten konnte, selbige in die Tat umzusetzen!

Die Kinovorstellung um 20 Uhr blieb für mich weiterhin ein Traum, denn aus erzieherischen Gründen musste ich spätestens um 21 Uhr zu Hause sein. Dennoch ließen sich auch um 18 Uhr Mädels finden, welche sich gern einladen ließen. Bei einem dunkelhaarigen, relativ hübschen Mädchen, welches von vielen gegrüßt, aber immer recht unnahbar wirkte, gelang mir überraschenderweise, sie ins Kino einzuladen! Natürlich war die Loge teurer, doch dafür befanden sich die Plätze ganz hinten in der letzten Reihe.

Nach der ersten halben Stunde küssten wir uns, dann immer öfters, später traute ich mich ganz vorsichtig, den Ratschlägen von „Robby“ folgend, ihr die Hand aufs Knie zu legen. Tatsächlich gingen die Beine kaum merklich auseinander und ich konnte die Hand mit ungeschickten zittrigen Fingern durch ein Gewirr von Unterwäsche schieben, um schließlich ein wenig an ihrer Muschi herumzufummeln.

Sie ließ alles völlig passiv geschehen, ohne mich dabei auch nur eines Blickes zu würdigen, zwar hatte ich den Eindruck, dass sich ihre Augen etwas glänzend länger schlossen, auch vermeinte ich ein leises Stöhnen zu hören, aber sonst?!

Im Gegenteil, nach dem Kino verabschiedete sie sich recht kühl, ohne jede Bemerkung über meine Versuche, sodass ich wieder nicht wusste, ob das jetzt richtig war oder falsch!

Doch sei’s drum, auf jeden Fall kam ich damit endlich zu meinem ersten „Stinkefinger“, mit dem sich andere Burschen allseits beneidet als Trophäe rühmten! Sie wuschen ihn oft mehrere Tage nicht und wollten andere stets daran riechen lassen. Das Gleiche tat ein Kollege bei Robby, doch der wendete sich ab und rief *„Hau ab du alte Sau!“*

Eine andere Geschichte, welche damals überall, vor allem unter uns heranwachsenden Männern die Runde machte, war die Sache mit dem „Scheidenkrampf“! Es hieß, wenn dieser Krampf während des Verkehrs aufträte, käme man nicht mehr aus der Scheide, als Gegenmittel sollte man deshalb immer eine Nadel in greifbarer Nähe haben! Ein Stich, der Schreck, das würde helfen! Aus diesem Grunde sah man bei einigen Männern Nadeln mit bunten Glasköpfen in der Reverskante stecken, stand man so einem gegenüber, zwinkerte jeder wissend!

Wie manch anderer, kannte auch mein neuer Kollege angeblich einen, der schon mal gesehen haben wollte, wie Sanitäter auf einer Trage ein so verbundenes Paar aufeinanderliegend zum Trennen ins Krankenhaus brachten!

Eher wohl eine unmögliche Geschichte, oder?!

Leider verließ uns Robby schon bald, demzufolge verlor ich einen verlässlichen, väterlichen Freund, eine andere Firma hatte ihn abgeworben, was mich sehr traurig machte. Auf einmal wurden überall im Land gute, meist besser bezahlte Arbeitsplätze angeboten, weshalb wir immer wieder neue Fachkräfte ausbilden mussten. Auch daran konnte man deutlich den Aufschwung bemerken!

Mittlerweile hatte sich eingebürgert, dass ich einfach später heim kam, wenn Vater auf Reisen war, Tante Erna oder Mariechen hatten dann keine große Chance gegen mich.
So auch an diesem Abend, als er wieder einmal mit Mutti nach München fuhr, um Aufträge zu holen. Weil ich annahm, dass sie sicher wieder versumpfen würden, verabredete ich mich mit der neuen Freundin "Margit", welche immer wegdurfte! Nach heftiger Knutscherei im Hofgarten kostete es nicht viel Überredungskunst, sie zu bewegen, mich über die Brücke zu begleiten, um in den stockdunklen Donau-Auen eine Bank zu suchen, von welcher es nicht weit zu mir nach Hause war.
Ich erinnere mich noch gut daran, wie sie mir nach langer Fummelei gerade zärtlich zeigen wollte, wie es eigentlich weiterging! Zwangsläufig wechselte ich die Stellung, innerlich etwas unruhig wegen der späten Stunde, fiel mein Blick durch die Zweige auf die hell beleuchtete Straße.
Ein eiskalter Schreck fuhr mir durch die Glieder, sah ich doch in etwa 200 Meter Entfernung, am Ende der Donaubrücke im Laternenlicht meinen Alten auf und ab gehen! Auf wen er dort wartete, war unschwer zu erraten. Überhasteter Abschied, damals verstanden die Mädels das noch, um eiligst über die dunkle Wiese zu spurten. Wenn es mir gelang, ungesehen hinter ihm vorbeizukommen, lag ich im Bett, bevor er es aufgab und nach Hause ging.
Also schnell einen Abschiedskuss und los ging's, auf Indianerart. Freute mich schon Vater ein Schnippchen zu schlagen, um später sein verdutztes Gesicht zu sehen, irgendeine Ausrede würde mir schon einfallen.
Die Straße war vom Dunklen aus während des schnellen Laufes gut zusehen, gleich war es geschafft!
Doch da plötzlich, „Wumm auaaa“ --- wie von einer Riesenfaust nach hinten geschleudert, ging ich zu Boden, ein heißer Schmerz durchfuhr die Oberschenkel.
Verdattert aufgerappelt merkte ich, dass ein alter Stacheldraht, mit dem man die Weiden einzäumte, den Lauf beendet hatte. Die Hose hatte rechts einen Riss, links einen großen Triangel! Behutsam über den Zaun kletternd, ging es zögerlich weiter, die Oberschenkel brannten wie Feuer, dabei lief immer mehr warmes Blut, vor allem am linken Bein herunter! Nun war alles egal, ich humpelte auf Vater zu, welcher verwundert mein Kommen von der Donau her bemerkte. Zu schimpfen begann er nicht, als er den Schaden bemerkte, sondern eilte sogleich mit mir nach Hause, um die Verletzung zu verarzten!
Die Wunde hätte eigentlich genäht werden müssen, jedoch ein Zusammenkleben mit Leukoplast musste reichen. Weshalb mich noch heute eine verblasste Narbe an jenen Abend erinnert, nach dem ich beinahe kein Jüngling mehr gewesen wäre! Weil Margit aber doch nicht so ganz meine Kragenweite war, verlor ich sie irgendwann aus den Augen.

Peter war da schon weiter, ganz von seiner neuen Flamme gefesselt, welche zwar älter, dafür schon etwas erfahrener schien, machte ihn zum ersten von uns, der mit einem Mädchen richtig schlief!
Besonders hübsch war sie ja nicht, sah mit ihren dicken Lippen fast wie ein Neger aus, weshalb wir immer sagten, Peter ist wieder mit seinem „Bosambone-ger“ unterwegs! Sicher kann man da ein wenig Neid heraushören!

*

Unser Betrieb bekam endlich einen richtigen Lieferwagen, von dem neu entstandenen Ingolstädter "DKW- Werk". Es war einer der ersten Kleinlaster nach dem Krieg, die Motorisierung war nicht üppig, bestand sie doch aus einem Zweitakter-Motor mit 80 PS, für welchen man selbst an der Tankstelle das Gemisch aus Benzin und Öl herstellen musste.
Vater hatte eine verlängerte Version anfertigen lassen, damit wir unter anderem auch 2 Meter lange Blechplatten laden konnten. Der Wagen sah ganz toll aus, schön blau mit umlaufender breiter Alu-Leiste und fiel überall auf. Herr Meier war ganz stolz darauf und wusch ihn jeden Samstag ebenso liebevoll wie unseren Borgward.
Von meinem Chef immer häufiger als sogenannter "Springer" verwendet, das heißt, wo immer Not am Mann war, wurde ich, und zwar nur von ihm eingesetzt! Welches Ausbildungsziel er damit verfolgte, wusste keiner, war mir, da es interessanter war als normal in der Serienfertigung zu arbeiten, letztlich auch egal!
So durfte oder musste ich unter anderem als Beifahrer mit, um Material zu holen, zum Beispiel aus der Gießerei in Bad Windsheim. Dort gossen sie für unsere Leuchten, nach selbst entworfenen Formen Bodenplatten, kurz Gussplatten genannt. Jedes Mal, wenn wir dort auftauchten, begrüßten uns die Lagerarbeiter mit dem Spruch,
„Der Vater auf der Mutter keuchte, am Bette lacht die HELO- Leuchte!“ Wonach alle in ein wieherndes Gelächter ausbrachen. Während wir uns, leicht verlegen, ein Schmunzeln abrangen. Woher sie den Spruch hatten, ist nicht bekannt, aber er half uns ein bekannter Abholer mit bevorzugter Bedienung zu sein!
Das Tolle an dieser Tour, stets am Nachhauseweg durfte ich streckenweise den Lieferwagen fahren! Der Weg führte über die fränkische Alp, unser DKW, welcher leer Spitze höchstens 80km/h lief, kroch hier, meist überladen mit 20-30km/h die Berge hinauf. Unterbrochen immer wieder durch Zwangspausen wegen des fast kochenden Kühlers. Herr Meier konnte dabei, um sich etwas Bewegung zu schaffen, Kommandos gebend nebenher laufen!

Verständlich deshalb, dass jede nur mögliche Art von Autofahren, wie Rangieren auf unserem Betriebsgelände bald meine Lieblingsbeschäftigung wurde. Überhaupt "Schwarzfahren", in dieser Zeit bestenfalls ein Kavaliersdelikt, jeder Halbwüchsige, der Gelegenheit dazu fand, tat es, bei dem wenigen Verkehr wohl auch halb so schlimm. Bei den Bauern ließ man die Jüngsten schon Bulldog fahren, bei den Handwerkern die Jugendlichen, wenn Not am Mann war! Erwischen sollte einen die Polizei natürlich nicht, denn die kam zu den Erziehern, welche dann je nach Schwere des Falls eine mündliche Verwarnung oder Anzeige erhielten.
Vater bekam meine Fahrkünste bald mit und so durfte ich die Autos nicht nur wie bisher auf der relativ steilen Zufahrt in die Garage rollen lassen, sondern jetzt mit Motor hinauffahren.
Scheinbar gefiel ihm meine Begeisterung fürs Auto besonders, denn als sehr guter Fahrer erklärte er mir nun ständig Tricks und Kniffe, welche er im Laufe seiner Fahrerei gelernt hatte, immerhin fuhr er schon seit etwa 1926, also fast ein halber Auto-Pionier.
Schlimm nur manchmal die unermüdliche Suche nach Geräuschen im Auto, seiner Meinung nach deutete jedes Klappern auf einen Fehler hin! Deshalb musste man ihn oft halb am Boden liegend mit dem Kopf unterm Armaturenbrett oder in einer anderen misslichen Lage, so lange über holprige Straßen um Kurven oder im Kreise fahren, bis die Ursache gefunden war.
Dermaßen ausgebildet, konnte es bis zum richtigen Einsatz nicht mehr lange dauern, die erste unerwartete Gelegenheit bot sich, als wir wieder einmal in München Ware ausliefern mussten. Ein wunderschöner Sommertag hatte uns schon frühzeitig die Tour beginnen lassen, bei welcher Vater diesmal selbst die Kunden besuchen wollte.
Nachdem wir bei den anderen alles abgeliefert hatten, hielten wir zum Schluss bei Vaters Geschäftsfreund "Elektro-Schönsteiner". Zumal gerade Mittag und wir noch nichts gegessen hatten, lud uns jener in seine wunderschöne mitten im Grünen gelegene Villa am Stadtrand von München ein!
Es war toll dort, nach dem Essen durfte ich mit seinem Hund spielen, konnte lesen oder mich im Liegestuhl sonnen, während sich die beiden Herren alte Geschäfts- und Kriegsgeschichten erzählten. Leider redeten sie nach dem Dunkelwerden mit schwerer Zunge immer noch, hatten aber inzwischen eine Menge Wein und Cognac verbraucht.
Als endlich gegen Mitternacht der Gastgeber am Tisch ständig einschlief, die Freundlichkeit der Hausfrau ihre Grenzen erreicht zu haben schien, wollte Vater endlich aufbrechen. Seinen Zustand wohl bemerkend, forderte sie uns auf über Nacht zu bleiben, doch er meinte, unterstützt durch mein bestätigendes Kopfnicken, dass ich unter Anweisung die Heimfahrt sehr gut bewerkstelligen könnte.

Ich glaube, sie war froh, uns endlich los zu sein und widersprach nicht, nachdem auch ihr Mann plötzlich verschwunden war.
So klemmte ich mich mit meinen knapp 16 Jahren hinters Steuer, um wie ein Alter die 90 Kilometer nach Hause zu knattern. Vaters Anweisungen dauerten genau 15 Minuten, dann schlief er ein! Während der Fahrt musste ich nebenbei höllisch aufpassen, dass er mir nicht vornüber aufs Armaturenbrett fiel, denn Sicherheitsgurte gab's noch nicht!
Es muss allerdings erwähnt werden, dass mir damals auf der ganzen Strecke nur etwa 10 Autos begegneten.
Die Hälfte der Strecke lag hinter uns, als mir durch den Kopf ging *„Oje, hoffentlich komm ich an der Holledau vorbei!"* Hier mussten wir sonst immer halten, damit Vater seinen Pegel wieder auffüllen konnte. Der Gedanke war noch nicht beendet, als kurz vor der Ausfahrt zum Rasthaus Holledau das Schnarchen verstummte und ich gerade noch rechtzeitig den knurrenden Befehl erhielt: *„Seckl, fahr hier rechts raus!"* Ich tat, als wenn ich nichts gehört hätte und fuhr weiter ---- er deutlich lauter: *„Wenn du jetzt nicht sofort auf den Parkplatz fährst, mach ich die Tür auf!"* Um den Worten Nachdruck zu verleihen, ergriff seine Hand deutlich drückend die Klinke! Was blieb mir also übrig, als innerlich fluchend abzubiegen.
Der Wagen stand noch nicht ganz, als er schon die Tür aufriss, um ohne mich eines Blickes zu würdigen, mit leicht schwankendem Schritt in der Gaststätte zu verschwinden.
Als ich den Wagen abgesperrt hatte und den Gastraum betrat, bot sich das übliche Bild, Vater saß inmitten von einigen Fernfahrern und hatte schon alle mit frischem Freibier versorgt! Diesmal hatte er allerdings Pech oder ich Glück, die Jungs wollten in die Falle, weshalb wir bald allein saßen!
Nach kurzem Wortwechsel fing Vater an, vorn übergeneigt einzuschlafen. Unter mehrmaligem Rütteln sowie gutem Zureden gelang mir endlich, ihn ins Auto zu verfrachten, um die Fahrt nach Hause fortzusetzen.
Etwa um fünf Uhr früh kamen wir an, von Mutti sehnlichst erwartet. Der Herr Papa, gleich wieder frisch, wollte noch einen Nachttrunk nehmen, dabei war er voll des Lobes über meine Fahrkünste, behauptete jedoch, mich ständig im Auge behaltend, sich nur schlafend gestellt zu haben, um bei gefährlichen Situationen sofort eingreifen zu können!
Er erzählte und erzählte, während ich mich total erledigt schnellstens ins Bett verzog. Dafür schlief er noch, als ich aufstand und fiel wiedermal dem Trunke zugetan die nächsten Tage aus.

*

Im Spätsommer des Jahres 1953 erhielten wir unerwarteten Besuch. Es gelang Tante Klara aus der DDR, mit ihrem Sohn Lothar bei uns eine Woche Urlaub zu machen. Allerdings musste ihr Mann, welcher erst aus russischer Gefangenschaft gekommen war, zur Sicherheit in der Zone bleiben.
Staunen über die Neuerungen in der Bundesrepublik, unser Haus, das neue Auto, das alles flößte ihr fast Schrecken ein. Wenn wir bei schönem Wetter im Garten saßen, dabei etwas über Politik erzählten, Vater sprach ja immer etwas laut, stand sie auf, sah sich vorsichtig um und wisperte ängstlich hinter vorgehaltener Hand. Auf unsere Verwunderung hin meinte sie in der DDR gäbe es überall Lauscher von denen man gleich angezeigt würde, wenn man etwas gegen den Staat verlauten ließ!
Ihr Sohn, den ich von der Flucht aus Wurzen kannte, etwa ein Jahr älter, etwas verdrückt, so meinte ich, sprach nicht nur wenig, sondern blickte manchmal sogar irgendwie feindlich! Deshalb schickte uns Vater ins Kino, diesmal durfte es sogar um 20:00 sein!!
Also latschte ich vorher noch mit dem ach so schweigsamen Burschen in der Stadt umher, welcher Litfaßsäulen ebenso bestaunte wie die provisorisch an der Stadtmauer entstandenen neuen Flüchtlingsläden.
Ein paar Freunde hatten sich unterwegs dazu gesellt, als wir vor dem Kinoausgang einen geparkten, offenen US-Jeep entdeckten. Wir begutachteten ihn von allen Seiten und kombinierten, dass er wahrscheinlich den "Lieutenant" einer Pioniereinheit gehörte!
Mit Motorbooten sowie einigen Tauchern suchten diese seit ein paar Wochen oberhalb der Stadt nach einem GMC-Truck nebst Fahrer. Letzterer war bei einer Übung mit seinem Laster von einer Pontonbrücke in die Donau gestürzt und untergegangen! Bisher hatten sie jedoch weder etwas gesichtet, geschweige denn gehoben!
Der Fahrer befand sich offensichtlich gerade im Kino. Außerdem bemerkten wir, dass er den Jeep nicht mit Schloss nebst Kette ums Lenkrad, wie sonst üblich, verschlossen, sondern nur durch den ausgeschalteten Geländegang gesichert hatte!
Schnell tauchte die Frage auf, wer traut sich ein Stück zu fahren? Nun, ich hatte immer einen dicken Nagel am Schlüsselbund hängen, mit dem man die DKW-Zündung, sowie alle Fahrzeuge mit "Bosch-Zündschloss" einschalten konnte. Schnell seitlich probiert und siehe da, der funktionierte! Schon saß ich im Fahrersitz, das Zündlicht leuchtete, erfolgreich schnurrte der Anlasser, der Motor brabbelte, nun noch einen kräftigen Schlag auf die Geländeschaltung und schon hüpfte die Karre davon. Gekonnt einmal ums Viertel kurven, um gleich darauf den Jeep wieder auf seinen Platz zu stellen. Mit klopfendem Herzen lief ich zu meinen Freunden auf der anderen Straßenseite, toll, niemand hatte was bemerkt.

Lothar Rathmann wollte nach Hause, sollte er doch gehen, nur verraten durfte er nichts, das versprach er.
Also was nun, das Ganze noch mal?! Endlich traute sich einer mitzufahren, diesmal sollte es etwas weiter sein, also rein in die Kiste, ab ging's, am Donaukai entlang bis zum englischen Garten und wieder zurück. Inzwischen wurde es langsam dunkel, leider oder zum Glück fand ich den Lichtschalter nicht, also aufhören!
Einige ältere Burschen bemerkten interessiert die offensichtlich bis jetzt unbemerkte Aktion. Unter ihnen der frühere Oberstift Heinz, dessen Vater Lastwagenfahrer war. Wahrscheinlich wollte er mir, selbst ein alter Schwarzfahrer, nicht nachstehen und da alle wussten, dass der Ami bis mindestens dreiviertel im Kino war, blieb noch etwas Zeit.
Bei ihm klappte alles, selbst das Licht ging an, da er sich aber scheinbar nicht so weit fahren traute, wollte er gleich nach der nächsten Biegung umdrehen. Doch plötzlich rutschte Heinz von der Kupplung ab, sauste rückwärts aufs Trottoire, knallte dort mit dem Hinterteil des Fahrzeuges gegen die Wand, „peng“, das Ventil des hinten befestigten Kanisters flog auf, Benzin spritzte einige Meter die Wand hoch, zum Glück ohne Feuer zu fangen!
Nun hatte er wohl die Hosen voll, stellte den Jeep schnell wieder an seinen alten Platz. Gerade rechtzeitig, um nicht in die Hände des von den Anwohnern verständigten Polizisten zu fallen!
Sein Erscheinen hatte solange gebraucht, derweil die Neuburger Polizei nur ein Auto besaß und deshalb zu Fuß oder mit dem Radl herbeieilen musste. Jener bezog also nun solange Wache vor dem Jeep, bis der Officer aus dem Kino kam. Dieser wiederum beachtete ihn gar nicht, fuhr einfach weg, ich weiß nicht, ob er überhaupt etwas bemerkt hatte!
Nach der Aktion lief ich im Eiltempo dem "pseudo" Cousin nach, entdeckte ihn kurz nach der Donaubrücke, wo es meiner Überredungskunst gelang, ihn zur Umkehr zu bewegen. Auch der Pulsschlag beruhigte sich, wir versäumten nur die Wochenschau und er verriet mich nicht!
Nach einigen Tagen endlich war der Spuk vorbei, Tante Klara fuhr mit ihrem Sohn wieder zurück in die DDR.
Durch die abendliche Aktion war meine Neugierde an der Rettungsaktion natürlich gewachsen. Bei der nächsten Gelegenheit machte ich mich mit ein paar Gleichgesinnten auf den Weg zur Donau, wo in etwa drei Kilometer Entfernung die Pioniere ihr Lager aufgeschlagen hatten! Etwas unordentlich standen Lastwagen, Tankwagen, Anhänger, einige Jeeps sowie verschiedene andere Geräte in der Gegend herum, im Fluss schwammen einige Pontons, daneben zwei Amphibienfahrzeuge.
Auf der angrenzenden Donauwiese hatten die Amis Zelte aufgeschlagen, in der Mitte brannte ein größeres Lagerfeuer, um welches die Soldiers lagerten. Da-

zwischen saßen deutsche Mädchen, welche nicht nur herumschäkerten, sondern schon mal mit dem einen oder anderen heimlich im Zelt verschwanden! Zu meiner Überraschung konnte ich unter ihnen auch eine sonst eher stille Maid aus unserer Montageabteilung erkennen!
In einiger Entfernung, etwas erhöht standen etliche Jugendliche herum, um das Schauspiel zu beobachten! Unser besonderes Interesse jedoch erregten die zugeplanten Lastwagen! Wir schlugen uns deshalb kurz entschlossen nach Indianerart in die Büsche, um zu erkunden, was auf jenen wohl geladen sein könnte?!
Wachen hatten die Amis keine aufgestellt, im Gegenteil, alle lagerten ums Feuer, redeten laut, lachten, tranken oder waren mit besagten Girls beschäftigt! So war es ein Leichtes unter die Plane auf die Ladefläche des am nächststehenden Trucks zu klettern. Leider befanden sich hier nur Werkzeuge! Beim nächsten hatten wir mehr Glück, schon vorn trat man auf herumrollende Dosen, welche aus aufgerissenen Kartons quollen.
Doch uns interessierten nur die bekannten Frühstücksbüchsen, in denen sich Kaffee, Zucker, Milchpulver, Kekse, süßer Aufstrich, Schokolade sowie Bonbons befanden. Diese schlanken, langen Dinger konnte man auch im Dunkeln schnell zwischen den anderen großen, dicken Essensdosen ertasten.
Flugs warfen wir etliche davon ins Gras, sprangen hinterher, jeder packte sich eins, zwei, drei unters Hemd, um damit davonzulaufen! In weiterer Entfernung an einem sicheren Ort öffneten wir die Beute und futterten aufgeregt, grinsend, ohne schlechtes Gewissen den begehrten Inhalt. Trotz allem natürlich froh, dass uns keiner gesehen oder erwischt hatte!

*

Zwangsläufig arbeitete ich im letzten halben Jahr meiner Lehrzeit vermehrt in der Fertigung, um wenigstens soviel an Fähigkeiten zu lernen, dass es für die Gesellen-Prüfung reichte! Ausnahmen gab es eigentlich nur bei Unterbrechungen durch Vaters Exkursionen. Letztere häuften sich leider zunehmend, das heißt, seine Ausfallzeiten wurden länger, die Feiern häufiger, sowie die Spannungen zwischen uns immer größer! Allein schon deshalb sehnte ich den großen Tag des Abschlusses herbei.
Im September 1954 war es endlich soweit, das Ritual, zwar nichts Neues, derweil schon von früheren Prüfungen bekannt, trotzdem lag Spannung in der Luft. Schon Tage vorher suchte man nicht nur das beste Werkzeug der Firma zusammen, sondern es wurden außerdem die benötigten Werkbänke nebst Maschinen exzellent gereinigt sowie mit dem jeweils vorgeschriebenen Arbeitsgerät bestückt.

Herr "Glas" von der IHK Augsburg erschien frühmorgens, um von etwa 10-15 Lehrlingen den technischen Teil der Gürtler- bzw. Metalldrückerprüfung direkt im Betrieb abzunehmen! Wieder einmal war ich mit meinen 16 ½ Jahren der Jüngste, dennoch stolz inzwischen "Oberstift" zu sein.
Nach einer knappen Begrüßung nebst kurzer ermahnender Einweisung verteilte er Stücklisten sowie Pläne für die verschiedenen, zu fertigenden Gesellenstücke! Meine Aufgabe war es, eine viereckige Messing-Außenlaterne mit Wandhalterung zu bauen, besonders fies ein konisches Dach und der mittlere Korb, welcher aus zweierlei Materialien (Messing/ Eisen) stumpf aufeinander gelötet werden musste! Die Zeit von einem Arbeitstag war vorgegeben, aufgeregt begannen wir sofort mit den Vorarbeiten.
Herr Glas ging umher, um uns in Abständen immer wieder prüfend über die Schulter zu schauen, was einen natürlich zusätzlich schwitzen ließ. Die übrige Zeit saß er im Glaskasten, so nannten wir das technische Büro, welches rundum verglast mitten in der Werkstatt stand.
Mit ihm saßen dort die Herren Abteilungsleiter beim Kaffee, dem Lachen nach zu urteilen, lustige Geschichten erzählend, um ihn etwas abzulenken, dennoch ließ uns der Prüfer nicht aus den Augen! Irgendwann erschien endlich mein Alter, um ihn erst zu sich und dann zum Essen einzuladen.
Kaum war er weg, begannen die Altgesellen dem ein oder anderen bei Problemen zu helfen, trotzdem musste man aufpassen, was sie taten, denn so gut waren die auch wieder nicht!
Unser Problem, die mangelnde Ausbildung, welche meistens nur nebenher lief, zumal alle ständig in die laufende Serienfertigung eingespannt wurden. So lag es letztlich meist am Ehrgeiz des Einzelnen, sich selbst weiterzubilden! Mich hatte die Metallverarbeitung eigentlich schon immer interessiert, selbst gebastelte Aschenbecher oder Kerzenleuchter als Geschenke bewiesen es.
Herr Glas tauchte erst gegen Feierabend wieder auf, auch er kein Kostverächter der harten Getränke, das wusste ich!
Unser Betriebsleiter sammelte die meist fertigen Gesellenstücke ein, während der Prüfer mit der Bewertung begann. Wir durften gehen, konnten das Ergebnis aber erst am nächsten Tag nach der mündlichen Prüfung erfahren.
Ebenso wie wohl die meisten Prüflinge schlief ich schlecht und sehnte des nächsten Tages möglichst glückliches Ende herbei.
Frühmorgens Treffen in der Berufsschule, hier erwartete uns Aufsatz, Benotung der Berichtshefte, Zeichnungen, Fragen, Berechnungen. Am Ende musste der eine oder andere, dessen Bestehen gefährdet war, noch zur mündlichen Prüfung. Ich gehörte nicht dazu, konnte heißen bestanden oder durchgefallen?! So schwitzten alle gemeinsam bis zum späten Nachmittag.
Endlich war es soweit, nach einem langatmigen Vortrag von Herrn Glas über die Wichtigkeit der abgeschlossenen Berufsausbildung, bei dem er den Durchgefal-

lenen ans Herz legte, es in einem halben Jahr noch mal zu versuchen, danach erhielten die Übrigen ihren Gesellenbrief.
Der Gerhard, Sohn vom Chef mit guten Noten, trotzdem als letzter aufgerufen, Absicht oder nicht egal! Glücklich jedenfalls glaubte ich fest daran, endlich ein neues Stück Freiheit erhalten zu haben.
Das zum ersten Mal selbst verdiente Geld betrug Brutto 2.- DM für die Stunde, aber ich durfte es selbst behalten, ein echter neuer Lebensabschnitt!
Natürlich waren wir frisch gebackenen Gesellen alle glücklich, die Schul- und Lehrzeit, den Zwang zur Unterordnung abgelegt zu haben, deshalb musste jetzt eine richtige Feier her.
Im Lokal sah man trinkende 16- und 17-Jährige nicht so gern, deshalb sollte jeder etwas Flüssiges mitbringen, alsdann wollten wir uns an der Donau treffen, um einen zu heben! (Der Begriff „Party“ war noch unbekannt!)
Gesagt getan, während die einen Bier besorgten, holte ich aus dem untersten Fach von Vaters Getränkeschrank eine offensichtlich vergessene, verstaubte Literflasche Schnaps, auf deren schon vergilbten Schild handschriftlich „Hefenbranntwein“ geschrieben stand! Was mir nicht bekannt war, dass es sich beim Inhalt dieser Pulle, um einen ganz bösen, gleich nach dem Krieg selbst gebrannten Fusel handelte, den keiner mehr wollte!
Wie besprochen trafen wir uns also am nächsten Samstagnachmittag, da nun etwas früher Feierabend, bei schönstem Wetter am Ufer der Donau. Auf einem kleinen Zufahrtsweg stand eine nette Holzbank, neben welcher als Sichtschutz ein großer Haufen Pflastersteine lag.
Jeder packte sein mitgebrachtes Getränk aus, die Flaschen kreisten, erlebte Geschichten wurden erzählt. Dazwischen kam mein Schnaps zum Einsatz, bei dem sich zwar alle schüttelten, aber trotzdem mutig hinunterwürgten, derweil ja keiner Schwäche zeigen wollte!
An etwas zu essen oder Wasser hatte natürlich keiner gedacht, so dauerte es nicht lange, bis aus Erzählungen lautes Gelaber und Gelächter wurde.
Dazwischen stand man immer wieder auf, um sich an der Donau in der Disziplin des Weitpissens zu messen, solange, bis der erste fast hineinfiel, um sich danach unter dem Gelächter der Übrigen zu übergeben. Nach einigen Stunden wackelte einer nach dem anderen mit schwankendem Schritt nach Hause, nur der eiserne Kern, zu dem ich leider gehörte, trank, bis der Erinnerungsfaden riss!
Stockdunkel war’s, als ich aufwachte, neben mir stöhnte mein Freund „Jonny“ sein englischer Spitzname, denn eigentlich hieß er Alois!
Mir tat alles weh, verdammt hart war es hier, den Grund bemerkte ich bald, waren wir doch beide auf dem Haufen Pflastersteine eingeschlafen. Meine neue Uhr mit Leuchtziffern, ein Weihnachtsgeschenk von Mami, zeigte Mitternacht, stöhnend rappelten wir uns auf, sauschlecht war uns, gekotzt hatte keiner!

Jetzt aber heim, ein dritter gesellte sich noch dazu, er hatte, gescheiter als wir, auf der Bank gepennt. Schnell noch ein müdes „Servus“ nebst Schulter klopfen, bevor wir in verschiedene Himmelsrichtungen davonschlichen. Dieser Tag wurde sicher ein Leben lang als derjenige eines ersten gemeinsamen Besäufnisses nicht mehr vergessen.
Von meinem ersten Geld, ich erinnere mich noch genau, kaufte ich eins der damals neu auf den Markt gekommenen Flexsteg-Metallarmbänder für meine Uhr. So ein glänzendes Band fiel auf und wurde bewundert, bis dahin war man bestenfalls echtes Leder, wenn nicht Kunstleder gewohnt.
Außerdem durfte ich endlich meine Haare wachsen lassen, sie wurden nicht mehr bis rauf rasiert, sondern jetzt länger auf der Seite nach hinten gekämmt, um am Hinterkopf in einem senkrechten Scheitel zu enden, genannt „Hawaii-schnitt“. Oftmals unten mit zwei Bögen ausrasiert zum sogenannten „Metzger-schnitt“, weil oftmals Männer mit starkem Genick diese Art bevorzugten. Für uns Jugendliche gab es fast nur diesen Friseur in Neuburg, welcher den neuen Haarschnitt so richtig hinbekam, weshalb ihn alle Jugendlichen nur unter dem Spitznamen „Hawaii-Hans“ kannten.
Er selbst Flüchtling, Sudetendeutscher oder Deutsch-Tscheche, genau weiß ich es nicht, jedenfalls hörte man ihn öfters mit älteren Kunden tschechisch reden. Seinen Salon betrieb er selbstständig, derweil ihm aber die Meisterprüfung fehlte, lief der Laden offiziell unter der Leitung des früheren alten Friseurs, welchen man jedoch nie zu sehen bekam!
Ansonsten ging’s allweil lustig zu, mit seiner etwas öligen Ausdrucksweise gelang es ihm stets, seine Kunden zu unterhalten oder mit den neuesten schlüpfrigen Witzen zu versorgen.
Häufig, während des Haarschneidens, frönte er der eigenen Eitelkeit! So betrachtete auch er sich immer wieder im Spiegel, sollte seine glänzend, ölig, lockige Frisur nicht richtig sitzen, dann unterbrach er kurz, kämmte sich, um danach am Kunden, natürlich mit dem gleichen Kamm, weiter zu arbeiten!
In dem kleinen Salon hing stets der Tabakrauch wie eine schwebende Wolke in der Luft, während der Kanonenofen, auf welchem immer ein Topf mit heißem Wasser fürs Rasieren stand, große Hitze verbreitete. Gründliche Rasuren, meist zu besonderen Anlässen, damals noch vom Friseur durch Einseifen mittels Pinsel und Abschaben durch Rasiermesser ausgeführt!
Etliche meiner Freunde rauchten damals! „In“ waren amerikanische Zigaretten wie „Pall Mall“, „Lucky Strike“, aber auch beliebt „Salem Nr.6“ oder „Old Joe“, von dem es als Werbung Western Comics in kleinen fortlaufenden Heftchen gab, auf welche wir ganz scharf waren.
Wegen Geldmangels versuchten wir auch Pfeife zu rauchen, entweder mit von den Vätern entwendeten, selbst angebauten Tabak, aber auch Kastanienblätter oder irgendwelche andere Kräuter kamen zum Einsatz. So versuchte ich es eines

Tages mit "Pfefferminztee"! Woraufhin es mir ein paar Tage sauschlecht ging, der Vorteil danach, ich rauchte nie wieder, auch später nicht!
Angeregt durch die gern gesehenen Cowboyfilme, erwarb ich alsbald meine erste Jeans, leider noch keine echte, die gab es bei uns noch nicht, sondern nur nachgemachte. Der Stoff, etwas dicker als bei den üblichen "Blaumännern" (Schlosseranzügen), versehen mit hell leuchtenden Kupfernieten und rot abgesteppten Nähten nicht sehr attraktiv, dennoch waren wir mächtig stolz darauf. So behaupte ich, dass unter anderem vor allem meine Generation die Vorkämpfer für das Tragen des heute fast zu jeder Gelegenheit akzeptierten Kleidungsstücks ist!
In meinem Elternhaus sah das zum Beispiel so aus, als ich mit meiner Neuerwerbung an einem Sonntag auftauchte, meinte Vater: *„Zieh dich sofort um, mit so einer Arbeiterhose gehst du mit* ***mir*** *nicht zum Essen!“*
So musste ich wohl oder übel meine erste neue Jeans wieder ablegen und durfte sie für längere Zeit, während seines Beiseins in der Öffentlichkeit nicht mehr tragen!
Ähnlich verhielt es sich mit dem meist heimlichen Abhören des amerikanischen Soldatensender "AFN"! Aus welchem wir erstmals "Glenn Miller, Benny Goodman, Bing Crosby" oder andere Interpreten vernehmen konnten. Entdeckte mein Vater, dass ich Musik von diesem Sender empfing, hieß es sofort: *"Schalt sofort diese Negermusik ab, oder mach dieses fürchterliche Gejaule aus"!*

*

Kaum waren die ersten Monate als Geselle vorbei, gab es größeren Krach mit dem Betriebsleiter, letzterer musste wie üblich, ohne an seinen Schreibtisch zurückkehren zu dürfen, sofort gehen! Leider, denn ich verstand mich sehr gut mit ihm, wahrscheinlich stand er schon länger auf der Abschussliste. Vater hatte stets Probleme mit den Technikern, zumal überzeugt, selbst ein Guter zu sein! Zugegeben, er hatte oft gute gestalterische Ideen, welche sich jedoch oftmals technisch nicht verwirklichen ließen. Zeigte ihm dann einer die Probleme auf, wurde sogleich Rebellion dahinter vermutet, weshalb unter anderem diesmal Herr Thiel gehen musste.
Obwohl öfters Trinkkumpan vom Chef, er es anscheinend auch allein konnte, fehlte deshalb immer öfters, was ihm letztlich das Genick brach, sozusagen. Das Ganze war ein menschliches Drama, denn er wohnte in dem kleinen, zehn Gehminuten entfernten Fertighaus, welches ihm die Firma als Betriebswohnung zur Verfügung gestellt hatte. Nach der Kündigung schloss er sich ein und ward fortan nicht mehr zu sprechen! Zum Glück lag nach einigen Wochen der Schlüssel im Briefkasten und das Haus stand leer.
Nun übernahm seine bisherige rechte Hand, Herr Welnig die Position, jetzt fehlte diesem ein Gehilfe, also wurde ich dazu beordert, wobei ich gestehen muss, dass ich der Berufung gern Folge leistete!
Nachdem mich mein Chef auf unbedingte Loyalität, vor allem gegenüber seiner Person und dem Betrieb im Allgemeinen eingeschworen hatte, vergaß er leider nicht zu betonen, dass es nun als Vorgesetzter mit der "Spezelei" zu den bisherigen Mitarbeitern vorbei sei, was ihm sowieso ein Dorn im Auge war! Das traf mich am härtesten, weil ich nun, von den Kollegen völlig ausgegrenzt, nicht mehr zur Clique gehörte und deshalb wiedermal ohne vermeintliche Freunde dastand!
Als erstes sollte ich die Installationsabteilung von Welnig übernehmen, hier arbeiteten etwa 15 Frauen nun unter meinem Kommando. Als schüchterner Jüngling konnte ich mich freilich schwer durchsetzen, als ich dann auch noch mit Stielaugen die verschiedenen mehr oder weniger sichtbaren Oberweiten betrachtete oder die besseren Arbeiten scheinbar nach Aussehen verteilte, gab es fast eine Palastrevolution! Woraufhin es die Geschäftsleitung vorzog, einen älteren erfahrenen Vormann für diese Aufgabe einzusetzen.
Meine nächste Tätigkeit bestand darin, während der laufenden Produktion die verschiedenen Abteilungen rechtzeitig mit Material untereinander oder vom aus Lager zu versorgen. Gleichzeitig, die allgemeine Arbeitstätigkeit überwachen, dabei das über allem stehende Ziel *„Die Fertigung muss laufen!"* niemals aus den Augen zu verlieren!
Mein größter Stolz bei diesem Job, mein erster eigener kleiner Schreibtisch im technischen Büro, dem schon erwähnten Glaskasten.

Etwa zur gleichen Zeit bekamen wir erstmals einen Pförtner, welcher mit verschiedenen Überwachungen nebst Telefondienst betraut wurde. Sein neues Büro befand sich am hinteren, elektrisch gesicherten Personal-Eingang. Ein kleinerer Raum, in dem sich ansonsten nur der Nachtwächter aufhielt. Dominant das große Fenster zum belebten Verbindungshof, vor dem der Schreibtisch stand, daneben eine Tür mit Schiebefenster, wie bei einer Gassenschenke, durch welches man Stempeluhr, sowie den Zugang zu Waschräumen oder Toiletten beobachten konnte. An der hinteren Wand befand sich die Hauptschalttafel mit allen Hauptsicherungen. Außerdem hatte man das Telefon umgepolt, sodass alle an- oder abgehenden Gespräche über diese neue sogenannte "Vermittlung" liefen.
Auf diese Weise entstand ein Kommandostand, von dem aus der Pförtner nicht nur den ganzen Innenhof übersehen konnte, sondern natürlich auch jeden Vorgesetzten kommen sah.
Ganz klar, dass unser Chef für diesen Platz nur einen Mann ganz nach eigenem Gusto suchte und fand. Im kriegsversehrten Ludwig Stocker, später auch „Luggi" oder wegen der Namensgleichheit zu einem bekannten Volksschauspieler, „Joe" genannt.
Gleichzeitig konnte die Firma mit ihm den Personalstand an Schwerbehinderten ergänzen, welcher wegen der vielen Kriegsversehrten damals richtigerweise Vorschrift war.
Stocker, circa 35 Jahre alt, etwa 1,80 m groß, leicht untersetzt, meist braun gebrannt, kernig aussehend, schwarz gelockt mit verschmitzten wachen Augen. Hatte durch seine Verwundung eine verkürzte rechte Hüfte, welche ihm trotz Unterstützung durch einen hohen orthopädischen Schuh sehr zu schaffen machte!
Als ehemaliger Angehöriger der kämpfenden Eliteeinheit (SS-LAH) wusste Stocker, wie man einen Chef vom Kaliber meines Alten zu nehmen hatte! Eroberte sich überdies durch seine korrekte Art schnell die Achtung der übrigen Mitarbeiter, obwohl er sich nie verbrüderte, sondern stets eisern zur Geschäftsleitung hielt! Das machte ihn notabene, bald zur rechten Hand der Chefsekretärin Rosi, kamen doch beide aus dem gleichen Ort, wo man den Luggi als echtes bayrisches Urgestein schätzte.
Schnell hatte er auch meine Sympathie nebst Freundschaft errungen, derweil mich auch brennend seine kriegerische Vergangenheit interessierte! Wann immer es meine Zeit erlaubte, stand oder saß ich in seinem Büro, während er meist mit kleineren Zusatzarbeiten für die Produktion beschäftigt war, lauschte ich seinen Geschichten oder Ratschlägen mit großer Aufmerksamkeit. Nebenbei, wenn es zu lange dauerte, den Hof beobachtend, um notfalls flugs in der Toilette zu verschwinden!
Endlich hatte ich wieder einen verschwiegenen väterlichen Freund, mit dem man über alles reden konnte, allerdings ohne ihn jemals zu duzen!

Spannend waren seine Kriegsgeschichten, wovon hier nur seine letzte erwähnt werden soll. Sie beginnt, als er sich mit 18 bei der SS bewirbt, welche zu Beginn strenge Auslese unter den jungen Männern hielt. So musste man mit einwandfreiem Leumund mindestens 1,80 groß, kerngesund, sportlich fit und geistig sehr helle sein, um sich überhaupt bewerben zu können.
Stolz war er, zu den ersten drei Auserwählten zu gehören, welche von 25 Bewerbern nicht nur genommen, sondern sogar zur LAH (Leibstandarte Adolf Hitler) kamen und auf die Ordensburg geschickt wurden. Selbstbewusst zeigte er sich beim ersten Urlaub mit seiner schwarzen Uniform im Heimatort, wo ihm wie fast überall die Mädchenherzen zuflogen!
Nach guter, schwerer, strenger Ausbildung, hatte man ihn auf den verschiedensten Kriegsschauplätzen, zuletzt in Russland eingesetzt. Dort musste seine Einheit eines Tages einen Durchbruch der Russen zurückschlagen, wobei ihn ein Explosivgeschoss in der Hüfte traf!
Seine Kameraden, welche ihn während des Vorstürmens nur notversorgt zurücklassen konnten, betteten ihn in ein befestigtes "MG-Nest" hinter einem geladenen Maschinengewehr, sodass seine Hand an den Abzug kam. In größeren Abständen sollte er Schüsse abgeben, damit ihn die nächste Einheit finden konnte! Obwohl dazwischen immer wieder ohnmächtig, fanden ihn nach drei Tagen nachrückende Soldaten - halb tot!
Der Wehrmachtsarzt des nächsten Feldlazaretts legte ihn nach eingehender Untersuchung als hoffnungslosen Fall ins Sterbezelt! Tage vergingen, Kotreste begannen den Rücken anzufressen, er fing an, sich aufzugeben! Endlich fand ihn der von seinen Kameraden informierte SS-Arzt. Der tobte, holte ihn aus dem Zelt, operierte mehrere Stunden und rettete ihm so das Leben!
Zurückgeschickt ins Heimatlazarett, fiel er nach der Kapitulation den Amerikanern in die Hände. Jene schickten ihn bald nach Hause, derweil sie ihn nicht als "SS-Mann" erfassten. Durch Zufall fehlte ihm das bei der SS sonst übliche Blutgruppenzeichen unter der Achsel! Am Tag des Tätowierens hatte man ihn abkommandiert und später darauf vergessen!
An seiner Verwundung litt er immer noch, erstens durch die regelmäßig auftretenden Schmerzen, zweitens mussten ihm fast jedes Jahr sich ablösende Knochensplitter aus der Hüfte entfernt werden! Dennoch blieb er stets fröhlich und optimistisch.
Jeden Freitag, kurz vor Feierabend erschien Rosi bei ihm in der sogenannten Pförtnerloge mit einem großen Karteikasten voller brauner Lohntüten, um den Wochenlohn, für jeden Arbeiter damals in bar, am Schiebefenster gegen Unterschrift auszuhändigen.
Weil sie mir neuerdings, egal, wo wir uns im Betrieb begegneten, mit einem Blick in die Augen besonders freundlich zulächelte, drückte ich mich ebenfalls dort herum.

Herr Stocker, der es alsbald bemerkte, meinte: *„Na Lothar, die Rosi gfallt dir wohl, hm?!“ „Ja schon, ich tät's ja gern mal ins Kino einladen, aber ich trau mi net sie zu fragen!“ „Na ja, i kanns ja amoi aushorchen, aber fragen musst es scho selber“*, meinte er verschmitzt zum Schluss.
Von da an lächelte sie mich nicht nur an, sondern fragte manchmal sogar: *„Servus, wie geht's?“* Auch tauchte sie nun öfters mit irgendwelchen Unterlagen in unserem Büro auf, verließ es aber nie ohne einen vielsagenden Augenaufschlag, sodass mir ganz heiß wurde!

*

Mein neuer Vormann, dessen steter Schatten ich nun war, lernte mir wichtige Dinge, als erstes, nach meinem Scheitern in der Installationsabteilung, die absolute Neutralität gegenüber "Jedermann" beziehungsweise "Jederfrau"!
Auch gab es bei uns seinerzeit keinen Leistungslohn, der Betriebsleiter musste jedem Abteilungsleiter oder Vorarbeiter erklären, warum wir dies oder jenes für einen anstehenden Auftrag bis spätestens zum Termin X brauchten. Nur wenn er seine Leute überzeugte, konnte man einen Auftrag termingerecht erledigen. Da gab es Auswüchse, die sich heute kein Mensch mehr vorstellen kann, so zeigte er mir zum Beispiel versteckte fertige Teile in unser Drückerei, aber Mester Wanasky (60) wollte immer gebettelt werden, seine Antwort auf Druck: *„Nu woll mer mal schauen, ob mers schaffen wern?“* Obwohl wir wussten, dass die Teile schon fertig im Versteck lagen, mussten wir warten, bis er sie in letzter Minute gütig lächelnd herbeibrachte! Manchmal war es zum Haare raufen und schwer zu verstehen.
Zum Beispiel unsere Lackierer, wenn sie gut gelaunt waren, schafften sie locker das Doppelte! Da die Arbeitsüberwachung zu unseren Aufgaben gehörte, lauschten wir deshalb immer wieder mal an ihrer Tür, ob es zischt, dann arbeiteten sie, wenn nicht, riss man die Tür auf und schaute prüfend hinein, um sie zu verunsichern. Sah man an ihren oder anderen Arbeitsplätzen versteckte Zeitungen liegen, wurden diese, natürlich unter Protest konfisziert!
Immer öfter wohnte ich nun auch den sogenannten Chefbesprechungen bei, dabei standen wir im Halbkreis neben dem Schreibtisch, während unser Chef locker sitzend zurückgelehnt referierte. Sekretärin Rosi saß ihm gegenüber, um die immer wieder anfallenden Aktennotizen zu schreiben, welche wir später zu unterschreiben hatten. Eigenartigerweise würdigte sie mich hier keines Blickes!
Wohlüberlegt hielt ich mich still im Hintergrund, obwohl ich schon damals mit etlichen seiner Vorstellungen nicht einverstanden war.
Dank meiner technischen Ausbildung merkte ich schnell, dass Vater sich vor allem nach seinen Trinkphasen besonders aggressiv und rechthaberisch gab,

ohne allzu viel zu verstehen, wobei es oftmals nicht um die Sache, sondern nur um persönliche Rechthaberei ging.
Welnik regte sich zwar hinterher über einige Anordnungen auf, sprach vor Ort jedoch fast nie dagegen, aber machte es dann einfach so, wie er es für richtig hielt! Diese Taktik gefiel mir überhaupt nicht, besonders, als ich merkte, dass Vater sich spätere Erfolge auf die eigene Fahne schrieb, trotz vorher gegenteiliger Anordnung! Falls gleich Widerstand in der Luft lag, konnte er auch unsinnige Anordnungen störrisch überwachen.
So mussten wir einmal 200 relativ schwere Fußteile von Strahlern über eine schmale Treppe auf dem nur teilweise befestigten Speicher stapeln, obwohl wir sie eine Woche später wieder brauchten. Allein mit dieser Aktion waren vier Mann insgesamt einen Tag unnötig beschäftigt!
Von mir wollte er dann abends meist wissen, ob seine Anordnungen auch eingehalten würden? So kam ich in Zwiespalt, sollte ich nun Vater anlügen oder meine Kollegen verraten?! So versuchte ich mich vor den Aussagen zu drücken, wand mich oder wechselte das Thema, obwohl das nicht meiner Art entsprach. Schließlich bekam ich Frust, Vater merkte es zwar, aber verstand es nicht, weshalb absehbar ein gutes Verhältnis auf Dauer nicht klappen konnte.
Mutti versuchte der Ruhe halber oder um den Beginn einer neuen Trinkserie hinauszuschieben, ständig zu beschwichtigen, so dachte sie!
Manchmal versuchte ich, dem Stocker andeutungsweise etwas zu erzählen, um mein Herz zu erleichtern oder einen neutralen Rat zu hören, aber der durfte ja nicht alles wissen, was sollte es also nutzen?
Außerdem stand er fest zu seinem Chef, ließ nichts auf ihn kommen, denn dieser wusste ihn ebenfalls zu nehmen. Vater wickelte mit seiner gewinnenden Art fast alle ein, wenn er es wollte, so dass die meisten von ihm begeistert waren!
Als ich wieder einmal betrübt wartend in der Pförtnerloge stand, kam munter die Rosi daher, sprach mich ob meines langen Gesichtes an und machte irgendeinen Spaß. Endlich traute ich mich zu fragen, ob sie mit mir am Sonntagnachmittag ins Kino gehen würde. Angeblich wollte sie sowieso in diesen Film gehen, also meinte sie schnippisch *„warum nicht"* und wir verabredeten uns endlich.
Sehr langsam vergingen die zwei Tage sowie die fehlenden Stunden bis zur Vorstellung. Aufgeregt stand ich schon vorher am Kino, während sie ganz pünktlich erschien, sich aber von mir nicht einladen ließ. Schweigend sahen wir den Film an, verstohlen betrachtete ich ihr Profil immer wieder von der Seite, was sie jedoch nicht zu bemerken schien!
Nach dem Kino durfte ich sie zum drei Kilometer entfernten Bahnhof begleiten, peinlich nur die Bemerkungen von ein paar Burschen, welche ich mit rotem Kopf quittierte, Rosi aber gar nicht zu hören schien. *„Hoho, schauts nur den Lothar, heit kennt er orn garnet, is wohl sei neie Freindin?"* Unterwegs ein paar belanglose Sätze über den Film, dann kam der Zug. *„Servus, könnt mer wieder-*

mal machen!" War leider der einzige Erfolg an diesem Tag, trotzdem ging ich beschwingt nach Hause im Innersten vermutend, dass es nicht das letzte Mal war!
Im Betrieb versuchte ich natürlich, weiterhin möglichst oft ihren Weg zu kreuzen. Luggi bemerkte es grinsend, frotzelte ein wenig herum, dabei erfuhr ich jedoch Näheres über ihre Familie und dass sie bereits 19 war, doch darüber machte ich mir mit meinen 16 keine Gedanken!
Während ich wieder einmal seinen Geschichten lauschte, trat plötzlich dicker, blaugrauer Qualm aus der gegenüberliegenden Poliererei. ***„Feuer, Feuer"***, krächzten einige stark hustend herausstolpernde Arbeiter, sofort lief ich hinüber. Alle packten zu, als erstes mussten wir die daneben liegende Spritzerei räumen! Zusammen mit den Lackierern trugen wir schnell alle Farben auf den Hof, die damals verarbeiteten Nitrolacke würden als erstes explosionsartig verbrennen, wenn offenes Feuer oder genügend hohe Hitze daran käme!
Zum Einschätzen der Situation muss man wissen, dass wir in der Fertigung nicht nur Teile galvanisierten, also mit einer Messing, Kupfer, Nickel, Kadmium oder Chromschicht versahen, sondern in der vorarbeitenden Abteilung auch Aluminium, Kupfer oder Messing schliffen oder polierten, Facharbeiter, die das taten, nannte man Polierer.
Ihr Arbeitsplatz: In einem schmalen, langen Raum von 5-6m standen auf etwa einem einen Meter hohen Betonsockel befestigte, schwere Maschinen. An deren Mittelachsen sich jeweils rechts und links Scheiben aus Textilstoffen drehten. Diese wurden damals von uns selbst aus Stoffabfällen oder alten Lastwagenplanen mittels elektrischer Blechschere geschnitten. Der Durchmesser, der bei der Arbeit allmählich kleiner werdenden Polierscheiben betrug im Anfang etwa 25-30 cm. Mit Schleif- oder Polierpaste angereichert, verrichteten sie bei genügender Geschwindigkeit die notwendige Arbeit.
Vor diesen drehenden Scheiben saß auf einem hohen Hocker wie an einer Bar, jeweils ein Arbeiter und drückte hin- und herbewegend das Werkstück dagegen, bis es den richtigen Glanz besaß! Der dabei entstehende Qualm wurde neben den davonfliegenden Fasern über dicke Blechrohre von einem sogenannten Exhaustor angesaugt. Ein großes lautes, saugendes Ungetüm, wie ein großer Staubsauger, allerdings mit einem Durchmesser von etwa zwei Metern sowie einer Höhe von drei, stand im Freien, gesichert durch einen Drahtkäfig. Rauch, Metallstaub, Dreck drückte die Luft im Inneren zum Säubern auf eine Wasserfläche, um das Austreten von Schmutz ins Freie zu verhindern.
Trotzdem sahen die Männer nach der Arbeit wie Kumpels vom Bergbau aus, weshalb sie im Spott die „Polierneger" hießen!
Zum Sichern ihrer Gesundheit erhielten sie ebenso wie die Lackierer jeden Tag pro Mann einen Liter Milch. Als Atemschutz trug jeder eine nasse Schwammmaske, was das Aussehen nach dem Abnehmen noch verschlimmerte. Ihre Klei-

dung war, wie alle Geräte, Halter, Ablagen, Werkzeuge etc. in diesem Raum mit Fasern Metallstaub und Fett bedeckt, ein perfekter Nährboden für Feuer! Deshalb mussten die Maschinen täglich, Räume sowie Rohre nebst Exhaustor wöchentlich gereinigt werden.
Doch nun weiter: Inzwischen hatten die Männer vor Ort mutig die Ansaugkästen von den Maschinen gerissen, spritzten mit Feuerlöscher, aus Schläuchen oder gossen mit Eimern Wasser in die Absaugrohre, um die darin brennenden Fasern zu löschen!
Als bald darauf die alarmierte Feuerwehr anrückte, hatten die Polierer nicht nur das Feuer gelöscht, sondern auch die restlichen Glutnester im Griff, sodass die Wehr wieder abrücken konnte!
Noch während wir uns mit Aufräumarbeiten beschäftigten, stand plötzlich die Kripo im Raum: *„Verdacht auf Brandstiftung“*, sagten sie. *„Es darf nicht weiter gearbeitet werden!“* Alles war in heller Aufregung und der Chef nicht da, die Fertigung stockte, auch wir wurden vernommen, konnten jedoch nicht viel dazu sagen.
Zum Glück für uns alle, fand sich schnell folgende Ursache: Um ein kleines immer wiedermal entstehendes Glimmen zu löschen, standen in der Abteilung stets einige gefüllte Wassereimer herum. An diesem Tag musste der Lehrling aus der Galvanik den Zaponlack von etlichen Fassungen entfernen, das geschah, indem man letztere einige Zeit in einen Eimer mit Nitroverdünnung legte. Der Stift hatte nun nach der Entnahme der Teile, damit es bei ihm nicht so stank, den Eimer mit Inhalt, Gott sei Dank nur ein Viertel voll, einfach vor seine Tür in die angrenzende Abteilung gestellt.
Der dort durch Qualm in Bedrängnis kommende Polierer, dachte, es sei Wasser und schwappte das Lösungsmittel hurtig auf die Scheibe! "Wuff", es gab eine Stichflamme, welche sich zum Glück nur innerhalb der Rohre ausbreitete. So kam es zu diesem Brand, welcher unsere Firma beinahe abgefackelt hätte.
Unser Chef hörte nach seiner Rückkehr davon, war außer sich, hielt der Betriebsleitung wegen mangelnder Aufsicht eine überlange Strafpredigt, welche explizit für mich zu Hause fortgeführt wurde!
Trotzdem wurde ich, als sich alles wieder beruhigt hatte, gegen Ende des Jahres 1954, immer noch 16, mit einem Gehalt von monatlich 175.-DM ins Angestelltenverhältnis übernommen!

*

Rosemarie genannt Rosi:
Seit meiner Versetzung in die technische Betriebsleitung, was ihr scheinbar imponierte, war Rosi wesentlich zugänglicher! Natürlich versuchte ich sie weiterhin wiederholt ins Kino einzuladen, was mir nach einiger Zeit auch gelang! Praktisch für mich dabei, dass sie unbedingt selbst zahlen wollte oder mich sogar einlud, was damals unüblich war, höflich begründete sie es mit ihrem höheren Verdienst.
Nach Hause in den nächsten Ort hatte sie es nicht weit, mit der Bahn nur etwa sechs Kilometer, erwanderte man die Strecke allerdings entlang der Straße, zog sich der Weg beachtlich hin. Während die Schienen durch eine Schlucht führten, musste man zu Fuß zwei ansehnliche bewaldete Berge, sowie durch ein lang gezogenes Tal wandern. Ein Auto besaß sie nicht, den Führerschein wollte sie erst später erwerben, damals nichts Ungewöhnliches. Also blieb nur laufen, das Fahrrad im Sommer oder eben die Bahn. Sehr praktisch für mich, dass ihr letzter Zug bereits gegen 19 Uhr ging, so passte sonntags die Dreiuhr-Vorstellung, wo ich nach der Begleitung zum Bahnhof rechtzeitig zu Hause war! Wo ich konnte, drückte ich mich natürlich ab sofort vor Vaters Ausflügen am Sonntag, was manchmal auffiel, aber ich verriet nichts.
So zog sich das Ganze ein wenig erfolglos dahin, natürlich versuchte ich im Kino zu küssen, was sie aber genauso wenig mochte, wie Busen streicheln, höchstens außen durfte ich ein wenig hin und her fahren. Ebenso schob sie meine suchende Hand auf dem Knie immer wieder zur Seite, bis es mir nach vielfachen Versuchen irgendwann endlich erlaubt wurde, sie dort zu lassen. Dabei durfte ich aber höchstens die Finger etwas bewegen, dass aber dann solange, bis mir die Hand einschlief!
Während all dieser mehr oder weniger fordernden Aktionen sah auch sie, scheinbar nichts bemerkend, immer geradeaus auf die Leinwand!
Sie wollte eigentlich immer Loge gehen, wo keiner hinter einem saß, doch wegen der Revanche, leider ihre Absicht nicht verstehend, lehnte ich ab.
Beim Spaziergang nach dem Film wurden wir natürlich gesehen, weshalb ich mir oftmals beim Zusammentreffen mit anderen, auch älteren Jungens, die vielleicht auch neidischen Bemerkungen anhören musste, wie: *„Na Lothar, warst am Sonntag mit deiner großn Puppe gassi gehn und... geht was?!“* Derweil ich halt noch ein halbwüchsiger dünner Knabe war, Rosi dagegen eine voll entwickelte junge Frau. Doch es machte mir nichts aus, denn das zu erwartende neue, andere war doch zu spannend!
An einem warmen Herbsttag, bei mir war nur Tante Erna zu Hause, deshalb wagte ich, Rosi bis nach Hause zu begleiten! Während wir auf dem Weg meine frühere, erste Seifenkistenpiste kreuzten, wurde es dunkel. Überraschend erlaub-

te sie mir nur, bis zum letzten Waldrand mitzugehen, dort standen wir dann, heftig poussierend am Rande der Chaussee.
Nach einer Weile gingen wir langsam zu Boden, legten uns heftig atmend ins Gras, mit zitternden Fingern kramte ich den aufgeregten Kleinen heraus. Mich irgendwie auf sie schiebend, gelang mir endlich den weiten Schlüpfer zur Seite zu schieben, um ein paar Zentimeter in sie einzudringen!
Doch kaum erfühlt, schob sie mich ruckartig zur Seite, sprang auf und eilte davon, ließ mich ohne ein Wort einfach so stehen?! Belämmert, erschüttert, schlich ich nach Hause, weder die Welt noch die Weiber verstehend!
Gleich am nächsten Tag, der einer schlaflosen Nacht folgte, versuchte ich Kontakt aufzunehmen, doch Rosi ging mir ständig aus dem Weg, ohne mich auch nur eines Blickes zu würdigen!
Was war geschehen, mir wurde heiß, hatte ich ihr eventuell ein Kind gemacht, so schnell?? In Jo Senkel fand sich ein verschwiegener Zuhörer, der mich zumindest beruhigte, als er lachend meinte: *„Lothar, ka Sorg net, so schnell macht ma ka Kind!“*
So vergingen drei Tage, traurig, ohne zu wissen, was los war, saß ich am Schreibtisch, als sie plötzlich wortlos hereinkam und einen zugeklebten Brief neben mich legte. Sofort lief ich zur Toilette, um ihn mit zitternden Fingern zu öffnen! Sie schrieb, neben allerlei Liebesbeteuerungen, dass ich sowas nie mehr tun dürfte, derweil sie danach so geblutet hätte!
In meiner Unwissenheit verstand ich die hintergründige Botschaft nicht, welche da lautete, sie hätte dabei die „Unschuld“ verloren! Hierüber nämlich hatte die Aufklärung durchs Umfeld Lücken hinterlassen!
Erst später kam raus, dass sie eine einige Jahre dauernde Liaison mit einem amerikanischen „GI“ hatte, der sie angeblich mit nach Amerika nehmen wollte! Der später nach seiner Heimkehr jedoch nichts mehr von sich hören ließ!
Allerdings muss er ein guter Lehrmeister gewesen sein, sonst wäre Rosi nicht so erfahren gewesen, in einer Zeit, wo viele Mädchen mangels Aufklärung doch noch sehr prüde waren! Was mir wiederum, ohne es zu wissen, im Laufe der Zeit zugute kam!
Trotzdem quälte mich natürlich Eifersucht, wenn ich zum Beispiel an ihrem Hals einen Anhänger entdeckte, welcher gegen das Licht gehalten ein Gebet auf Englisch freigab!
Nach dem Woher angesprochen, antwortete sie stets ausweichend oder äußerte sich gar nicht zu diesem Thema.
Jedenfalls lächelte sie mir nach dem Brief wieder zu, als wenn nichts geschehen wäre, sodass ich zaghaft nach dem Sonntagskino fragend, sofort ein freudiges "Ja" hörte! Froh, dass alles vorbei war, gab es dafür kein Protest gegen Logenkarten, wobei ich recht schnell die Vorteile der letzten Reihe begriff! Überraschend ließ sie sich ohne Umschweife küssen, auch die immer mutiger werden-

den, suchenden Finger fanden ungehindert den Weg zu ihrem nackten Busen, um später endlich zwischen den Beinen zu landen!
So lief es erstmal eine ganze Weile, stets anschließende Begleitung zum Bahnhof oder ein Stück Heimweg, während sie ihr Fahrrad schob. Dabei viele Geschichten, Küsse sowie immer mehr heißes Necking und Petting.
Mittlerweile durch geheime Flüsteraufklärung von Freunden oder Kollegen über nötige Verhütung durch "Pariser" erfahren, hatte ich zwar selbst noch keinen in der Hand gehabt, geschweige denn aufgezogen!
Woher auch in diesem Alter bekommen? Geheim musste es bleiben, in die Apotheke gehen traute man sich nicht, außerdem kannte womöglich der Apotheker die Eltern?! Automaten gab es, zumindest in Neuburg zu dieser Zeit noch nicht, doch da kam der Tipp eines Freundes!
Inmitten unseres Hofgartens befand sich ein öffentliches WC, dessen Betreuer direkt daneben wohnte! Zwischen Pissoir und der Wohnung befand sich eine Verbindungstür mit verhängter Glasscheibe, welche er allerdings verschlossen hielt. Auf der Publikumsseite hatte man einen Klingelknopf ohne Beschriftung angebracht. Hier läuteten Informierte, worauf sich nach kurzer Zeit die Tür einen Spalt öffnete. Eine nach oben geöffnete Hand schob sich durch den im Hintergrund dunklen Türspalt, man legte eine Mark hinein, die Flosse verschwand hinter der sich schließenden Tür. Einige Minuten später erschien sie wieder, mit einer Packung Pariser, man entnahm, die Tür wurde wieder geschlossen!
Der Toilettenmann ließ sich weder hören noch sehen, mit etwas Glück kam auch kein Benutzer, also alles sehr diskret, geheim, könnte man sagen! Jedenfalls hatte ich von da an, nach den ersten unangenehmen Trainingsversuchen, dem Rat von erfahrenen Männern folgend, immer welche dabei, denn *"bereit sein ist alles"*, meinten diese.
An einem kühlen Samstag im Herbst nach dem Kino, erzählte mir Rosi ganz aufgeregt von vergessenen Briefen im Büro, welche unbedingt in den Briefkasten müssten, andernfalls gäbe es einen riesen Krach mit dem Chef! Begeistert war ich nicht, an einem so ungemütlichen Abend noch drei Kilometer zum Geschäft zu latschen, aber es musste wohl sein?!
Den Hauptschlüssel hatte sie als rechte Hand des Chefs immer dabei, der Nachtwächter kam erst am nächsten Tag in der Frühe, sodass niemand etwas von der vergessenen Post bemerken würde.
Als wir also im stockdunklen tastend das Büro betraten, der Hauptstrom war zur Sicherheit stets abgeschaltet, dachte ich so bei mir, eigentlich ist es ja schön warm hier! Rosi kramte derweilen irgendwo stolpernd herum, bis sie endlich die Post in einer Ablage fand.
Als wir wieder gehen wollten, fiel es mir nicht schwer, sie scherzend festzuhalten. Die nun folgende Schmuserei wurde heftiger, im Dunkeln war ich mutiger,

sie nachgiebiger. Zufällig kam mir die für den Nachtwächter am Eingang deponierte Taschenlampe in die Hand, welche eingeschaltet hinter einem leeren Aktenordner verstaut diffuses Licht verbreitete.
Ich gestand ihr schmeichelnd, bettelnd, dass ich sie gern mal nackt sehen würde und fing aufgeregt an, ihre Kleider abzustreifen, bis sie splitternackt vor mir stand.
Zitternd wie Espenlaub fummelte ich nun schnell einen Pariser aus der Packung, während plötzlich das Licht ausging. Ich sah nicht mehr, wie sie sich auf den Schreibtisch setzte, professionell einen zweiten Stuhl heranangelte, um ihre Beine rechts und links auf je einen zu stellen.
Wie in Trance gelang mir endlich, irgendwie das Kondom überzustülpen, als sie mit geübtem Griff mein Glied erfasste, um es einzuführen. Irgendwann ließ sie sich nach hinten fallen. „Peng", ein Moment des Erschreckens, als einige Utensilien lärmend umfielen oder durch die Gegend rollten, danach ging alles wie von selbst!.... Ich war kein Jüngling mehr!
Eng aneinander geschmiegt, verließen wir die Firma, um eilig hastend gerade noch den letzten Zug zu erwischen, Pfeifen, Dampf und schon war sie weg. ---
Auf dem Heimweg beflügelte mich eine eigenartig erleichterte, fröhliche Stimmung, wobei ich beinahe vergessen hätte, die nun „mir" anvertraute Post in den nächsten Postkasten zu werfen!
In den darauffolgenden Wochen und Monaten wurde unser Verhältnis immer fester, kurz, wir wurden ein Paar!

Den Bürotrakt, also Haupt- und Chefbüro, hatte man vom übrigen Betrieb getrennt, er konnte nur durch zwei Türen über einen langen Gang erreicht werden. Entweder vom Lager oder von der Werkstatt aus, letztere Tür ohne äußere Türklinke, konnte man nur mit einem speziellen Schlüssel öffnen! Diesen wiederum besaßen nur einige wenige befugte Personen.
Wollte also zum Beispiel ein Arbeiter etwas vom Büro, musste er es beim Pförtner melden, dieser gab dann das Anliegen telefonisch durch. Daraufhin kam jemand, um das Problem entweder gleich vor Ort zu erledigen oder holte den Mann ins Büro.
Es hatte also mit Ausnahme der Betriebsleitung, Pförtner, Büroleuten oder dem Chef niemand in diesem Bezirk etwas zu suchen.
Der technische Betrieb begann um sieben Uhr früh, das Büro erst um acht, arbeitete aber dafür abends länger. Um nicht zu spät zu kommen, musste Rosi den ersten Frühzug nehmen und war deshalb schon um halb sieben da. Ihre erste Arbeit, im Büro Stahlschrank, Tresor aufschließen, Unterlagen verteilen, um so für den Arbeitsbeginn alles herzurichten.
Vater sah es mit Wohlwollen, sparte nicht mit Lob, vor allem, weil sie trotzdem abends bis zum Schluss oder sogar bis zum letzten Zug blieb. Er selbst kam nie

vor zehn, arbeitete aber gern am Abend länger, was ihr wiederum nichts ausmachte. Von Haus aus sehr ehrgeizig, verstand sie es, sich bei ihrem Chef unentbehrlich zu machen, vom Verhältnis mit seinem Sohn wusste er vorerst nichts!

Mir gefiel das Ganze recht gut, wenn auch aus anderen Gründen! Anfangs begnügten wir uns mit ratschen oder schmusen, doch einige Zeit später, immer frecher werdend, liebten wir uns fast jeden Morgen, bevor das Büropersonal kam! Hauptsächlich auf ihrem Schreibtisch, welcher vorsorglich stets leergeräumt war. Außerdem stand, von allen unbemerkt, von jetzt an nah bei ihr, wie zufällig ein zweiter Stuhl!

Eines Tages legte sie überraschend, ihre Beine über meine Schulter, wobei sie sich selbst mit beiden Händen, an der Tischkante festhielt! Ich wiederum stand davor und konnte zu dieser Idee nur sagen, "*tolle Rammelei*"!

Zuweilen, wenn ich zu Hause weg konnte, holte ich sie abends ab, dann trieben wir es im Dunkeln, bevor der Nachtwächter die uns bekannte Runde zog! Überhaupt diente uns das Büro, besonders im Winter als festes warmes, trockenes Domizil, ebenso wie samstags nach dem Kino! Die erste Zeit liebten wir uns bei jeder Gelegenheit, bisweilen mehrmals täglich! Mir gefiel es gut, eigentlich wollte, konnte ich immer und sie hatte nichts dagegen! Als 16- beziehungsweise mittlerweile 17-Jähriger konnte mir genaugenommen nichts Besseres passieren, als auf ein so erfahrenes reifes Weib zu treffen, wie es die neunzehnjährige Rosi war. Nur, dass man beim Tageslicht während der "Action", hinter ihren halbgeschlossenen Lidern nur noch das Weiße sah, erschrak mich anfangs?!

Zu meinem Geburtstag sowie an Weihnachten bedachte sie mich mit wertigen Geschenken, schrieb oft lange Briefe und litt mit mir, wenn sie ihre Regel hatte, (weil da nichts ging)!

Schon bald kannte sie meine Freizeit genau, wenn meine Eltern fort oder im Urlaub waren und genau da hatte Rosi rein zufällig immer Zeit!

Nebenbei interessierte sie alles, was um mich herum vorging, sogar über meine Freunde wollte sie Bescheid wissen, wobei nach ihrer Meinung fast jeder schlecht oder unpassend für mich war. Wehe, wenn mich beim gemeinsamen Spaziergang ein anderes Mädchen grüßte oder nur ansah, auch da wollte sie wissen, wieso, wer, woher, wie nah, danach konnte sie richtig beleidigt sein! Ab dem Moment ging dann nichts mehr, sie war gekränkt, sprach kein Wort mit mir, schrieb nur herzzerreißenden Briefe, bis sie endlich, meist nach zwei, drei Tagen wieder gut war!

Das alles brachte mich anfangs unbemerkt in Abhängigkeit, welche mir jedoch nichts ausmachte, Hauptsache, ich kam wieder an ihren Körper ran und durfte schnackseln!

*

Geschepper, Quietschen, starker Motorenlärm vor unserem Haus, ließen uns in dieser Nacht kaum Schlaf finden Amerikaner im Manöver, sie übten wieder einmal, unter anderem die Verteidigung der Donaubrücke. Laute Stimmen und Abgasgestank lagen bis zum frühen Morgen in der Luft.
Als es hell wurde, sahen wir vor unserem Haus eine teilweise zerquetschte Teerdecke sowie einen an mehreren Stellen eingedrückten Straßengraben, an dessen Rand hintereinander etliche M 48 Panzern standen. Als einzige Nachtsicherung baumelten ein paar Petroleumlaternen auf der Straßenseite der Ungetüme! Neben dem letzten, hatten es sich vor unserem Haus zwei Neger in Schlafsäcken bequem gemacht.
„Good morning, what's going on here?", fragte Vater, sein letztes Englisch zusammenkratzend. *„Oh, Eisenhauer spiielen, Sir"*, antwortete ein schwarzes grinsendes Gesicht mit weißen Zähnen. *„Do you need anything?" „No thank you, we're all right, Sir"*, sprach's und kroch wieder in seinen Schlafsack.
Leider musste ich ins Geschäft, schade, es war immer eine Sensation, den Amis zusehen zu können. Als ich zu Mittag kam, waren die Unseren leider weiter gezogen, doch während des Essen erzitterte immer wieder das Haus, als brummend weitere Panzer, Brückenleger und Kolonnen von Fahrzeugen vorbeizogen. Im Laufe des Tages hatten die Soldaten rechts und links der Brücke "MG-Nester" aufgebaut. Irgendwann sperrten sie dann mit Trassierband, meist für mehrere Stunden die Fahrbahn, sollte heißen "Brücke gesprengt"! Deutsche Autos, Fuhrwerke, Radler, Fußgänger, hatten zu warten, bis sie die Brücke wieder freigaben! Um an der Richtigkeit der Aktion erst gar keinen Zweifel aufkommen zu lassen, stand auf jeder Seite für alle sichtbar der übliche "MP-Jeep" mit langer Antenne, quäkendem Funk und Kaugummi kauenden "GIs". Fragen, *"wie lange noch"* oder gar beschweren hätte sich sowieso keiner getraut. Unsere Polizei ließ sich nie sehen, man hatte sie, zumindest in den ersten Jahren, vermutlich gar nicht informiert!
Am nächsten Tag war der Spuk meist vorbei, außer eingedrückten Bordsteinen, sowie einer ramponierten Straße mit mehreren schwarzen Streifen von Panzerketten, war nichts mehr zu sehen.

Vater noch immer der alte Autonarr, eröffnete eines Tages ganz nebenbei, dass er bei Ford die neu erschienene „Vedette" bestellt hatte. Es handelte sich um ein großes viertüriges Auto in "english racing-green"! Der in Frankreich hergestellte, starke Achtzylinder musste von dort mit längerer Lieferzeit exportiert werden!
Hoch erfreut sah ich mich im Geiste schon größere Strecken fahren, doch die Begeisterung erinnerte Vater scheinbar an meine Schwarzfahrerei, welche, wenn nicht von ihm selbst gefordert, natürlich wegen der Häufigkeit nicht immer ver-

borgen blieb! Also beschloss er kurzerhand einen Antrag zu stellen, mir das Ablegen der Prüfung bereits mit siebzehn zu genehmigen, mit der Begründung, dass meine Fahrkünste in der Firma dringend gebraucht würden.
Gesagt, getan, doch trotz mehrfachem Schriftwechsel nebst seinen Beziehungen zur Stadt sollten noch Monate vergehen, bis ich erst mal die Teilnahme am Unterricht genehmigt bekam! Derweilen musste mir noch der DKW Lieferwagen für meine verbotenen Fahrten herhalten, wobei auch das beinahe ins Auge gegangen wäre!
Rosi musste nach Feierabend noch etliche Chefpost schreiben, deshalb war sie allein im Büro, das wusste ich.
In der „Monheimer“, so die offizielle Bezeichnung für unsere Wohnung, gab es zur gleichen Zeit eine größere Feier mit Geschäftsfreunden, folglich würde man weder mein Weggehen, geschweige denn das späte Heimkommen bemerken, eine tolle Möglichkeit, mein Mädel zu überraschen!
Zur Sicherheit griff ich mir den zweiten Autoschlüssel, denn der Lieferwagen stand beladen hinter der Firma, doch das tat nichts zur Sache. Ideale Bedingungen also, um Rosi nach Hause zu fahren.
Gesagt, getan, die Überraschung gelang, sie freute sich. Nach dem obligaten, etwas längeren Liebesspiel, startete ich den DKW, um bis zum Anfang ihres Wohnortes zu fahren. Dort wollte sie aussteigen, da ihre Eltern nicht merken sollten, wer sie heimbringt! Da es eine wunderschöne mondhelle Nacht war, hielt ich an einem stillen Feldweg an, um noch ein wenig zu schmusen.
Erst kurze Zeit geparkt, erschrak ich bei einem zufälligen Blick in den Rückspiegel! Er zeigte mir einen anschleichenden Mann mit einem großen Knüppel in der Hand, welcher scheinbar auch noch andere herbeizuwinken schien, die ebenfalls bewaffnet im anderen Spiegel auftauchten!
Ohne lange zu überlegen, startete ich, fand zum Glück sofort einen Querweg, der uns zurück zur Straße brachte. Mit knatterndem Motor brausten wir davon, nahmen diesmal jedoch den kürzesten Weg zu ihrem Elternhaus. Schnell sprang sie heraus, während ich schnurstracks zurück nach Neuburg fuhr, wo der Wagen alsbald wieder auf seinem angestammten Platz stand.
Zu Hause war die Feier noch voll im Gange und mein Fehlen hatte wie erhofft keiner bemerkt!
Nach einigen Tagen, die Begebenheit war schon fast in Vergessenheit geraten, tauchte ein Landpolizist (es gab damals blaue Stadtpolizei, sowie grüne für den Landkreis) in der Firma auf und wollte Vater sprechen, doch weil dieser nicht anwesend war, ging Mutti ins Musterzimmer, um mit ihm zu reden.
Eine halbe Stunde später rief sie mich, aufgebracht mit leicht gerötetem Gesicht erzählte sie mir vorwurfsvoll, mich gerade vor größerer Bestrafung bewahrt zu haben! Unser Lieferwagen sei, sich verdächtig verhaltend, nachts in Oberhausen beobachtet worden! Sogleich die Zusammenhänge ahnend gab sie an, selbst

gefahren zu sein. Unter die Haut aber sei ihr gegangen, das begreifend zweideutige Grinsen des Polizisten, welcher nun sicher glaubte, sie hätte dort ein „Rendezvous“ gehabt!
Des Rätsels Lösung der "Bauernaktion", man suchte zur selben Zeit die sogenannten „Autobahn Banditen“! Räuber, welche Autofahrer oftmals auf der Autobahn mit vorgetäuschten Pannen oder in Polizeiuniformen aufhielten, ausraubten, um dann mit schnellen Kleinlastern zu verschwinden! Die Bevölkerung ward aufgerufen, Augen offenzuhalten sowie jedes rätselhafte Fahrzeug zu melden.
Die Burschen aus Oberhausen hatten diesen Verdacht, nur sollte scheinbar vor der Meldung ein wenig "Lynch-Justiz" praktiziert werden, glaube ich!

Die zuletzt erwähnte Feier ging in der folgenden Woche, kleine Unterbrechungen, wechselnde Gästen ausgenommen, weiter!
Am Donnerstag hatte man unter anderen den Inhaber der Firma *„Neuburger Bekleidungsfabrik“* zu Besuch. Auch er gehörte zu den Flüchtlingen, welche nach dem Krieg in Neuburg neu anfingen. Sein Betrieb, ein Stockwerk über uns fertigte teils aus Stoffresten, nebst Mänteln auch Kleider. Der Mitinhaber Walter Ulbrich war ein immer gut gekleideter, kleiner grauhaariger Mann. Ließ sich aber als etwas kauziger Berliner vom Alten nicht alles gefallen, was mir sehr imponierte!
Vaters Kumpan war er allerdings nur, wenn kein anderer da war, die Damen dagegen waren befreundet. Tante Gerda, eine lange dünne Bohnenstange, stammte eigentlich aus Hamburg, was sie hierher verschlagen hatte, wusste keiner. Zurzeit war sie jedenfalls Kompagnon und Geliebte von Walter.
Die Uhr zeigte kurz nach zehn, als Stimmen anschwollen. Ich wollte gerade zu Tante Erna in die Küche, als die Tür des Herrenzimmers im ersten Stock aufgerissen wurde. Walter eilte mit unsicheren, schnellen Schritten unter ständigem Schimpfen die Treppe hinab. *„... Du verdammtes Arschloch, blöder Angeber!“* Oder so ähnlich hörte man ihn schreien, dann fiel die Haustür ins Schloss. *„Ich hau dir gleich ein paar in die Fresse, du blödes Schneiderlein“,* tönte es mit schwerer Stimme von oben zurück. Vater trat auf die erste Treppenstufe, um ihm nachzusetzen, als er plötzlich das Gleichgewicht verlor, -- Poltern, Krachen -- er überschlug sich mehrmals, dann war Stille. *„Henry, um Gotteswillen Henry“*, kreischte Else von oben, auch wir eilten hinzu.
Mein Alter lag zusammengerollt in der unteren Treppenecke an der Wand, den Kopf nach unten, die nackten Beine mit einem Schlappen nach oben, der blaue, goldgestreifte Morgenmantel, den er schon seit Tagen trug, verbarg das Übrige gnädig!
Zuerst musste ich lachen. *„Auweh, jetzt hat er wohl endlich genug“*, schoss mir durch den Kopf, doch da schnaufte er schon stöhnend weiter!

Gemeinsam zogen und wuchteten wir, schließlich waren gut zwei Zentner zu bewegen, bis er endlich ächzend und schwer atmend, zusammengesunken auf der Treppe saß. Danach schickten mich die Damen weg, um ihn ohne Zusehen seines Sohnes, gemeinsam untergehakt hinauf in sein Bett zu schleppen.
Doch Henry war hart im Nehmen, etwa zwei Tage wollte er niemand sehen, jedoch kaum wieder klar, geduscht frisch rasiert und gut gekleidet, verbat er sich jede Anspielung auf dieses Missgeschick!
Trotzdem mussten wohl etliche grüne und blaue Flecken geblieben sein, denn leicht schadenfroh glaubte ich, ein leichtes Humpeln, kombiniert mit schmerzverzerrtem Gesicht zu bemerken!
Im Betrieb wurde er diesmal schon sehnlichst erwartet, die "Hannovermesse" stand vor der Tür. Unsere Modellpalette musste bestimmt, neue Farben, Modelle abgesegnet mit Typennummern versehen und fotografiert werden. Beim neuen Katalog wartete die Druckerei ebenfalls dringend auf wichtige Entscheidungen.
Das Messefieber durchzog den ganzen Betrieb, neue Handmuster mussten noch schnell gefertigt werden, dann wieder verworfen, verändert. Manchmal entstanden aus der Kombination vorhandener Typen neue Modelle, wobei selbst den kleinsten Arbeiter unbekannte Hektik erfasste!
Mittendrin erfuhren wir so ganz nebenbei, dass ich ebenfalls mitfahren sollte! Das musste ein interessantes Abenteuer werden. Es dauerte viel zu lange, bis es endlich losging. Als erstes, etwa eine Woche vor uns, machte sich das Aufbauteam auf den Weg. Tief hing der überladene Lieferwagen in seinen Achsen, als die drei Männer früh um fünf in Neuburg aufbrachen, um gegen Abend das vorbestellte Privatquartier zu beziehen.
Neben den ca. 60 verschiedenen Leuchten hatten sie Holz, Stoff, Werkzeug, Leitern, Klein-Installationsmaterial, diverse Haushaltsgeräte, nebst einer Sitzgarnitur an Bord! Ähnlich einer reisenden Theatertruppe, welche ihre Kulissen dabei hat! Der Plan für den Messestand, den sie innerhalb einer Woche bauen mussten, hatte man in groben Zügen zu Hause geplant. Ein gewitzter Abteilungsleiter, unterstützt von einem Mechaniker, leitete den Aufbau, nebst Chauffeur Meier als Mädchen für alles! Jeden Abend um 20 Uhr mussten sie über Telefon vom Fortgang berichten sowie ansagen, was man ihnen noch mitbringen musste.
Die Fahrt mit dem Personenwagen vollzog sich im Allgemeinen ein bis zwei Stunden schneller, doch wegen eigenem Gepäck, Katalogen, Auftragsbücher, Schreibzeug übervoll, war man über die Anforderungen von vergessenem Material nicht begeistert.
Unsere Unterkunft hatten wir erstmals über die Messe-Zimmervermittlung gefunden. Weil zufrieden, gleich nach der Messe, für die nächsten Jahre weiter gebucht. Genächtigt wurde im Schlaf- oder Kinderzimmer der Gastfamilie, wel-

che man für die Dauer der Messe sowie während der Auf- und Abbauzeit vermietete, während sie selbst im Wohnzimmer schliefen.
Der Wechsel geschah fliegend, wir, das Standpersonal, diesmal Chef, Else und ich mussten spätestens am Nachmittag des letzten Aufbautages dort sein, um zu übernehmen. Die Aufbaumannschaft fuhr erst, wenn alles fertig war, meist erst während der Nacht zurück.
Unsere sehr netten Gastgeber hatten ein kleines Reihenhaus, wobei die meiste Arbeit natürlich an Muttern hängen blieb. So versuchte sie täglich Mann nebst Kindern aus dem Haus zu bringen, bevor wir zum Frühstück erschienen.
Die Messe öffnete gegen neun, dennoch verbrauchte die Fahrt einige Zeit auf den übervollen von Polizisten geregelten Zufahrtsstraßen. Hier erlebte ich erstmals einen Verkehrsstau, wie auch immer, wir mussten stets pünktlich vor Ort sein.
Staunend betrat ich im vollen Licht das funkelnagelneue Leuchtenhaus, es glitzerte, strahlte und glänzte aus allen Ständen. Als erstes stellte mich Vater den Vertretern vor, wir hatten einen Festangestellten sowie drei freiberufliche, zuständig für aufgeteilte Gebiete in Deutschland.
Herr "Rudi Böhme", fest angestellt, alter Freund und Studienkollege aus Vaters Zeit in Gleiwitz bei den „Neoselesen“ (Studentenvereinigung). Kannte ich schon von ersten Besuchen in Neuburg, bei denen es meist zu langen Gesprächen, nebst ausgiebigen Gelagen kam.
Rudi, ein allzeit etwas feist, ölig aussehender Mann mit Schweinsäuglein, der unanständige Witze ebenso gut wie alle attraktiven Damen der umliegenden Messestände kannte. Ein Studium als Apotheker begonnen, musste er im Krieg unterbrechen, dafür, eingezogen als Sanitäter, gelang es ihm im bei der Truppenbetreuung unterzukommen. Mit einem so genannten „Soldatenpuff“ zog er durch die Gegend. Allzeit zuständig für die Voruntersuchung sowie für die gegebenenfalls vorsorgend nötigen Spritzen der Besucher!
Dererlei Einsätze überstand er unbeschadet, die elterliche Apotheke im Osten ging verloren, eine Fortsetzung des Studiums war nicht mehr möglich. Rudi musste deshalb wohl oder übel sein Geld als Vertreter verdienen!
Vor allem die älteren Einkäuferinnen oder geschäftsführenden Damen, nach dem Krieg häufig Witwen, konnte er mit einigen geschickt eingestreuten französischen Worten erfolgreich hofieren, sie galten als sein Klientel!
Wir alle mussten gut gekleidet am Stand stehen, wie? Dunkler Anzug, weißes Hemd mit Krawatte, selbstverständlich!
Meine Sachen hatten wir kurz vorher bei „C&A“ gekauft, das Hemd rieb mir schon bald einen roten Ring um den Hals, während die neuen Schuhe um die Wette drückten!

Nach kurzer Einweisung sollte ich Kunden begrüßen, herumführen oder ihnen etwas zu Trinken anbieten, speziell, wenn gerade kein Vertreter zur Verfügung stand.
Wir hatten Wasser, Limo, Bier, Sekt, Cognac, Kekse am Stand, Kaffee wurde in einem abgeteilten winzigen Vorratsraum zubereitet, welcher sich mit Reinigungs- oder Bürosachen den Rest des Platzes teilte.
Mittlerweile kannten unsere Firma die meisten Groß- und Einzelhändler in Deutschland, als Spezialisten für Arbeitsplatzleuchten. Die Nachfrage war groß, weil man in der neuen, wachsenden Arbeitswelt, für fast jeden Platz, eine mehr oder weniger spezielle Leuchte benötigte.
Das blieb so, bis man diese Sparte ab den 60er Jahren durch die Langfeldleuchten verdrängte. Wie man selbst leicht feststellen kann, kann diese Röhrenleuchte bis heute ihre dominante Rolle durchsetzen.
Unseren größten Erfolg hatten wir damals mit den von Vater ausgetüftelten Schreibtischleuchten (heute Bauhausleuchte genannt), welche als Hauptaugenmerk die Kombination von Farbe und glänzendem Messing boten.
In Zusammenarbeit mit einem Walzwerk hatte er messingplattiertes Tiefziehblech, später auch noch Rohre entwickeln lassen, um damit das teure Reinmessing bzw. die galvanische Beschichtung von Stahlblech zu ersetzen.
Angefeuert durch den Aufbauoptimismus im ganzen Land, setzte auch in unserem Betrieb eine gewisse Eigendynamik ein. Wir hatten auf einmal Fachleute, die sich selbst weiterbildeten, auch unsere Betriebsleiter machten sich Gedanken über neue Modelle oder die Weiterentwicklung von Vaters Urmodellen, teils sogar gegen seinen Willen!
Einmal wurde bei einer Besprechung eine Zwischengröße vorgeschlagen, jedoch der Chef lehnte ab, meinte damit würden nur die anderen Modelle verdrängt! Dennoch hatten sie seine Abwesenheit nicht nur zur Herstellung eines Prototyps genutzt, sondern dieses neue Modell gleich heimlich auf die Messe mitgeschickt! Obwohl auf Anweisung nur ganz seitwärts stehend, schlug die mit Rillen versehene Leuchte ganz toll ein! Diese Baureihe (genannt 50/44) drängte die größeren Modelle zwar wirklich zurück, jedoch fand man sie dafür als Star in den vollen Auftragsbüchern wieder! Speziell neue Kunden, Großhändlern aus Kanada, Südamerika, arabischen Emiraten, Thailand, Hongkong oder sogar dem Iran kamen mit den Messe-Dolmetschern und griffen vermehrt zu unseren goldglänzenden Schreibtischleuchten.
Gleich am ersten Tag ging Vater mit mir durchs Messehaus, damit ich die damals teilweise übermächtige Konkurrenz kennenlernte. Große, heute zum Teil vom Markt verschwundene Firmen wie Kaiser, Hoffmeister, Staff, Hustadt, Soelken begannen damit, ihre Modelle durch die „TH“ entwickeln zu lassen, wogegen wir noch immer selbst schnitzten! Vater sprach's guckte hier, schaute

da, um sich danach verdeckt am Gang über verwendbare Anregungen Notizen oder Skizzen zu machen!
Wenn es die Zeit an den folgenden Tagen zuließ, durfte ich stundenweise die übrige Messe anschauen. Enorme, sensationelle und prägende Eindrücke für einen jungen heranwachsenden Mann aus der Provinz, der so etwas noch nie gesehen hatte!
Vater entwickelte so ganz nebenbei immer wieder pfiffige Ideen, um unseren kleinen Stand mit seinen ca. 40 m² ohne Kosten bekannt zu machen! So ließ er mehrere Male Suchmeldungen über die gesamten Messelautsprecher absetzen: *„Durchsage für Herrn Omar Ben Juseph aus Riad, im Leuchtenhaus 10, am Stand der Firma HELO ist ihre Aktenmappe liegen geblieben!" "Ich wiederhole--Herr.....“*
Solche Sachen gingen zwar meist nur solange gut, bis es jemand auffiel, doch schon bald kam ihm mit Sicherheit ein neuer Einfall.
Doch auch Rudi sorgte für Aufmerksamkeit, so etwa mit einer der ersten billigen sogenannten "Wegwerfbrillen", die er immer wieder unbemerkt auf den Gang warf! Hob sie jemand auf, blieb verdutzt stehen oder schaute sich suchend nach dem Verlierer um, hatte ihn Herr Böhme, ehe er sich versah, mit einem Verkaufsgespräch am Wickel!
Wenn abends schließlich der Gong ertönte, die Besucher langsam verschwanden, wurden Aufträge gezählt und mehr oder weniger bejubelt. Danach saß man meist mit irgendwelchen Bekannten beisammen, um die ersten Erfolge zu feiern. Alte Geschichten wurden ausgetauscht, die Getränke kreisten, in einigen Nachbarständen hörte man Gelächter. Oftmals kamen weitere Vertreter und Chefs zusammen, erzählten, feierten, bis die Wach- und Schließer kamen. Auch die tranken meist einen mit, bestanden aber irgendwann darauf, dass nun Schluss sei, andernfalls müssten sie das Licht abschalten!
Auf die Frage „Wohin jetzt?“ kam immer der Tipp „Treffpunkt Bierzelt“! Innerhalb des Messegeländes befand sich ein bayrisches, geführt von einem Preußen. Man konnte kaum einen Platz bekommen, die Luft war rauchgeschwängert, dennoch Bombenstimmung! Irgendwo quetschte man sich dazwischen, verlor die anderen aus den Augen, was jedoch der Fröhlichkeit keinen Abbruch tat. Wie nicht anders zu erwarten, waren wir zumeist bei den letzten, leider, sodass man nur noch den Schlaf kürzen konnte, um am nächsten, -äh- selben Tag, pünktlich zu sein. „Ehrensache“!
Gelegentlich gingen wir in die Stadt, um auf Firmenkosten zu essen, aber selbst wenn man bestellt hatte, sowieso pünktlich war, standen die nächsten Gäste schon unangenehm drängend auf die Plätze wartend, hinter einem!
Überdies war alles teuer, unser Hauswirt behauptete, in Hannover gäbe es drei verschiedene Speisekarten, eine mittlere für die Auf-Abbauteams, eine hochpreisige während der Messe sowie die normale für die übrige Zeit.

Also blieben wir am liebsten auf dem Messegelände, was ich auch ganz toll fand, derweilen man ganz nebenbei ein paar hübsche Mädels kennenlernte.
Leider packte mich drei Tage vor Schluss ein kräftiges Fieber mit starken Halsschmerzen, schlapp, fertig mit der Welt, saß ich in unserem kleinen Lager herum. Selbst die verbliebenen "Sani-Künste" von Rudi, wie Gurgeln mit heißem Tee oder klarem Schnaps, halfen nichts. Doch es half nichts, Vater meinte: *"Das hält er schon aus"*, sodass ich mehr tot als lebendig, den letzten Tag begrüßte, als es endlich heimwärts ging.
Der Arzt in Neuburg attestierte mir Fieber nebst einer starken vereiterten Halsentzündung, pinselte mit Jod und meinte, dass es eine Reaktion auf zu trockene Luft mit Zementstaub wäre.
Einzige erfreuliche Nachricht während der Schluckbeschwerden: Die vor ein paar Wochen beantragte Genehmigung zum vorzeitigen Ablegen des Führerscheines kam! Nach der zusätzlich vorgeschriebenen Untersuchung und Genehmigung durch den Hausarzt, eilte ich zur „Fahrschule Miller", um mich zum nächsten Kurs anzumelden.
Ebenfalls nach längerer Wartezeit traf unser neues Auto, die „Vedette" ein. Vater, welcher sein Fable für zweifarbige Autos entdeckt hatte, ließ dem dunkelgrünen Ford noch schnell ein silbergraues Dach verpassen, was gar nicht schlecht aussah! Ein toller Wagen, sehr aufsehenerregend für jene Zeit und überhaupt das tiefe Brabbeln des Achtzylinders begeisterte nicht nur mich! Nicht nur deshalb nahm ich gern jede Gelegenheit der Garagen Ein- und Ausfahrt in Anspruch.
Bei einer der ersten Fahrten vergaß Vater nicht, ebenso wie bei allen seinen vorigen Autos, nach den ersten Kilometern anzuhalten, um an den Reifen zu pinkeln, das sollte Glück bringen! Weil es angeblich die Erfahrung lehrte und er behauptete, deshalb noch keinen schweren Unfall gehabt zu haben, tat ich es ihm gleich.
Anscheinend half es nur für große Schäden, denn schon ein paar Wochen später auf der Fahrt nach Ingolstadt, auf einem Teil der noch immer bestehenden Schotterstraße, schleuderte ein vorausfahrendes Baustellenfahrzeug einen Stein gegen die Windschutzscheibe, welche mit einem lauten "Peng" zerbarst!
Traurig brachten wir unser neues Stück nach Hause, die abschließende Garagenfahrt war meine Sache, doch der Wagen stand kaum still, als mir ein toller Gedanke durch den Kopf schoss.
Die „Vedette" hatte einen Schüssel für den Motor, mit dem man gegenüber heute einen Zünd-Kippschalter verschloss. „Fest", wenn der Wagen abgestellt wurde oder „offen- schaltbar", wenn er sich in einer Werkstatt befand! So der konnte der Monteur ohne Schlüssel fahren, während Kofferraum und Handschuhfach versperrt blieben. Lenkradschlösser gab es noch nicht!

Also rangierte ich das gute Stück nach Anweisung vorsichtig in die hinterste Ecke, um den ebenfalls dort stehenden Lieferwagen nicht zu behindern. Uns war klar, es würde dauern, bis die neue Scheibe aus Frankreich kam, dass zwei Monate vergehen sollten, ahnte keiner.
„Hast du den Wagen abgesperrt?“, tönte es, Nicken mit roten Backen, es war ja nur die halbe Wahrheit! Die Tür war zwar verschlossen, aber nicht bewusster Zündschalter!
Die Windschutzscheibe hatten wir schon vorher sauber entfernen lassen, jetzt lag ein großes Stück Pappe als Staubschutz darüber.
Sicher kann schon jeder erahnen, was ich vorhatte, leider spielte das Wetter vorerst nicht mit. Eines Abends jedoch passte alles, Feier im Haus, ich schlief offiziell, draußen zwar kalt, aber es regnete nicht. Haustürschlüssel geschnappt, Türen leise auf, zu und ab ging's im freudigen Dauerlauf, auf der Bierholer-Strecke zur „Krone“.
„Guten Abend, Frau Schweinböck, bitte den Garagenschlüssel!“ - „Na heut fahrts aber noch spät weg!“ - „Ja, ja, der Vater wissens scho...“ Sie nickte verständnisvoll und gibt mir den Schlüssel.
Tor auf, Pappe runter, durchs fehlende Fenster in den Wagen, Zündschalter "Ein", nach einigem Leiern sprang der schwere Motor stotternd an. In gewohnter Manier kurvte ich aus der Garage, Tor zu, zur Sicherheit nicht abschließen, los geht's!
Erst fuhr ich mit unterschiedlicher Geschwindigkeit, einige Ausfallstraßen entlang. Es war saukalt, erst als ich die Seitenscheiben schloss, wurde es besser. Die neue Kühlwasserheizung arbeitete auf voll und erzeugte langsam Wärme, schon wollte ich wieder zurück am Kino vorbei, da war es gerade aus!
Seitenscheibe runter, Ellbogen raus, langsam vorbeifahrend zog ich viele Blicke auf mich! *„Heyey, Lothar, altes Haus, geh zur, fahr uns horm“*, rief mir da ein Spezl zu. *„Klar, kommts rein mit eich!“* Ich hielt an, hatte der Kerl doch zwei nette Mädels dabei! Kaum saßen alle drin, ging ein großes „Hallo“ ab. *„Mensch, ist das ne tolle Kiste, wo haste denn die her, ooh da fehlt ja die Scheibe“*, alle lachten. Schneidig nahm ich ein paar Straßen nebst Kurven, sie bewunderten mich, wir sangen, quatschten und hatten eine Menge Spaß dabei, unterwegs war scheinbar auch sonst niemand!
Plötzlich sah ich ein kleines Licht, „poaff“ da kam mir ein großer schwarzer Vogel entgegen, „wusch ...“ vorbei, verdammt, das war ein Stadtpolizist mit kurzem Umhang (Kotzen) auf'm Radl, auch noch der „Sinsenich“, ein ganz scharfer Hund!
Der Blick in den Spiegel zeigte, dass er umdrehte, jetzt aber nichts wie weg. Licht aus, da vorn links um die nächste Ecke, verdammt, ich war zu schnell, kam krachend auf den Gehsteig, sauste knapp neben der Hausmauer entlang, das war knapp! Im Auto wurde es still, ganz hinten sah ich den „Poli“ kommen, zum

Glück hatte er sein Licht angelassen. Eine lange Gerade, dann zwei Kurven, bremsen, anhalten. *„Schnell, seids ruhig, alle raus und versteckt's eich, bis der Schandi vorbei is!"* Ich glaube, so ungestüm waren die noch nie aus einem Auto gesprungen. Doch "Gas", weiter geht's ohne Licht, in der Aufregung fuhr ich nicht mal einen Umweg, runter die steile Abfahrt, in die Hölle, zur Garage, das angelehnte Tor auf, eingeparkt, Motor aus Tor zu, Stille.
Mit klopfendem Herzen wartete ich, Gott sei Dank, der hatte mich scheinbar aus den Augen verloren, den Garagenschlüssel legte ich nur aufs Fenster der Schwemme, ohne zu läuten, wird schon schief gehen! Dann schlich ich heimwärts, vorsichtiger Blick um die erste Ecke, „zisch", in zwanzig Meter Entfernung fuhr er vorbei, ohne mich zu sehen. „Schock", ich kauerte eine Weile nieder, der Puls raste, verstecken, weiter im Dauerlauf, die Donaubrücke, das gefährlichste Stück, dann endlich verschwand ich aufatmend im bereits schlafenden Haus.
Die ganze Sache ging gut aus, keiner hatte was bemerkt, am nächsten Tag verwischte ich verbliebene Spuren, sperrte mit dem besorgten Zweitschlüssel den Zündschalter nun richtig ab. Die Wirtin sagte ebenfalls nichts, so kam ich noch einmal mit einem, allerdings länger anhaltenden Schrecken davon!
Als Erinnerung an jenen Abend blieb mir fortan der Spitzname "Helostenz" erhalten! Eine der Mitfahrerinnen, welche zwar den der Firma, nicht aber meinen Namen kannte, hatte ihn kreiert, wie ich später zufällig erfuhr.
Natürlich war diese Fahrt mit der Vedette nicht alles, was so an Schwarzfahrten lief! Auch mein Freund Peter fuhr mit dem Fiat-Kombi seines Vaters ohne Führerschein, sogar im Auftrag zur Reparatur beim Kunden!

Im Spätsommer ließ Vater hinter unserem Haus eine neue große Dreiergarage bauen, in welcher dann alle unsere Autos sauber nebeneinanderstanden.
Unser bisheriger „Chauffeur", der zuverlässige, treue verschwiegene Diener seines Herrn, mein alter Freund und Fahrlehrer der ersten Stunden, „Herr Maier", war überraschend nach kurzem Aufenthalt im Krankenhaus, an einem alten Kriegsleiden gestorben. Der neue Fahrer sollte nun beim täglichen Holen des Lieferwagens auf keinen Fall feststellen können, ob der Chefwagen da war oder nicht, deswegen wurde kurzerhand eine Zwischenwand eingezogen!
So ließen sich in der Firma taktisch die „Trinkauszeiten" des Chefs auch über mehrere Tage hinweg, mit angeblichen Geschäftsreisen kaschieren. Der Familie wurde weisgemacht, das Verstecken des Wagens diente dazu, um mittels unverhofften Auftauchens besondere Personalkontrollen durchführen zu können!
„Oh je", dachte ich, die Möglichkeit zum Schwarzfahren ist nun vorbei, doch es sollte anders kommen!
Weil für uns Jungmänner in Neuburg fast nichts los war, versuchten wir irgendwie nach Ingolstadt zu kommen! Wenn also zu Hause wiedermal irgendeine

Feier im Gange war, verständigte ich heimlich meinen Freund, welcher in der Regel schnell zur Stelle war.
Offiziell schlief ich und besaß auch keinen Hausschlüssel, mein Zimmer, welches vorher Herr Moor bewohnt hatte, befand sich im Hochparterre, weshalb man leicht durchs Fenster aus- und einsteigen konnte!
Die Gäste hielten sich im oberen Eckzimmer, mit Fenster zur Einfahrt auf. Wenn da jemand rausgeschaut hätte, wären wir aufgeflogen, somit musste alles sehr schnell gehen!
Unser Lieferwagen, auf den wir es abgesehen hatten, besaß den alten früheren Bosch-Schlüssel, welchen man durch bewussten Nagel ersetzen konnte! Leider machte der Zweitakter beim Starten einen Höllenlärm, also warteten wir, bis es oben richtig zur Sache ging, dann begann minutiös unsere oft geprobte, filmreife Teamarbeit!
Die Garage befand sich wie beschrieben hinter dem Haus, die Kieszufahrt führte um eine 90°-Ecke, insgesamt 30 m bis zur Straße.
„Starten" bei geschlossenem Tor, der Wagen knatterte laut und qualmte, Peter riss die großen Flügel auf, lief vor, öffnete die Riegel des eisernen Hoftors, währenddessen setzte ich zurück, natürlich ohne Licht und rauschte im Bogen auf die Straße, wo ich nach 50 m auf Peter wartete! Dieser hatte sofort beide Tore wieder geschlossen, kam angespurtet, sprang rein und los ging's!
Nach unseren Ausflügen in diverse Tanzlokale oder sonstigen Jugendtreffs bis oft spät in der Nacht, folgte die schwierigere die Rückfahrt!
Zu Hause schlief zu meist schon alles, zum Glück hatten meine Eltern das Schlafzimmer zur anderen Seite hinaus!
100 m vorm Haus hielten wir an, Motor, Licht aus, Peter rannte los, um die Tore zu öffnen. Sobald er etwa den Hof erreicht haben könnte, ließ ich den Motor an, beschleunigte stark, schaltete nach 50 m Licht und Motor aus und fuhr im Dunkeln mit viel Schwung, bis in die Garage, während Peter hinter mir alles verschloss.
Nie merkten meine Eltern etwas, wir waren wirklich gut trainiert! Nur einmal ging es nicht so glatt, als ich im Dunkeln um die Ecke kam, fuhr ich Peter über den Fuß, groß war mein Schreck, doch halb so wild, damals trug man noch deutsches Schuhwerk und das hielt was aus, ein etwas verbeulter Schuh und eine blaue Zehe war alles, was übrig blieb!
Natürlich durfte Rosi nichts von diesen Abenteuern erfahren, sonst hätte sie wieder gezetert oder geschmollt, was mir ab und zu schon auf den Keks ging. Neuerdings sollte ich auch noch mit ihr einkaufen gehen wie ein Ehepaar, nach ihrer Lesart, um dabei auch meine Wünsche berücksichtigen zu können! Irgendwann, beim Kauf eines Petticoats, bin ich nicht nur ausgerastet, sondern geflohen, abgehauen, es war mir einfach zu peinlich!

Einige Zeit später stand Fasching vor der Tür, sie wollte unbedingt in Neuburgs großen Tanzsaal auf den Ball gehen! Drängte mich dabei unaufhörlich zu etwas, was ich gar nicht wollte, denn Tanzen war bei mir Fehlanzeige. Derweil meine Eltern aber zufällig an diesem Wochenende nicht da waren, ließ ich mich überreden, ohne zu ahnen, was da auf mich zu kam!
Der Abend kam, ich wartete als Cowboy, sie erschien als Katze in einem sehr engen, sehr schwarzen Kostüm, welches ihre doch sehr fraulichen Formen vortrefflich unterstrich! Sehr zu meinem Ärger bekamen etliche, nicht nur junge Männer Stielaugen, während ich schlaksig, in meinem Kostüm doch sehr unreif daherkam.
Anfangs bemühte sie sich redlich, mir auf der Tanzfläche erste Schritte beizubringen, jedoch ohne Erfolg, ich wollte lieber als Zuschauer am Tisch sitzen. Natürlich bemerkten die heimlichen Bewunderer die Sachlage, sodass es nicht lange dauerte, bis mich einer, damals so üblich, fragte, ob er mit ihr tanzen dürfte! Nach meiner Einwilligung schwebten sie lachend davon, wobei sie es verstanden, meinen eifersüchtig, bohrenden Blicken zu entschwinden. Als ich dann eine ganze Weile allein saß, weil er sie noch in die Bar führte, hatte ich die Schnauze voll. Als Lösung bot sich zum Glück an, sie bei einem ihrer Kollegen zu lassen, welcher irgendwann auftauchte. Sie willigte ein, worauf ich ein wenig murrend, eifernd verschwand!
Obwohl es mir, wie gesagt, auch nicht recht passte, wenn ein anderer etwas von ihr wollte, wurde im Laufe der Zeit das Verhältnis für mich zu eng! Vor allem ihre ständigen Vorhaltungen, wenn mich andere Mädchen anlachten oder ich einen meiner Freunde traf, nervten. Sie merkten natürlich, dass ich weniger mit ihnen redete, wenn Rosi in der Nähe weilte!
Frotzeleien wie *„Na Lothar, warst gestern wieder mit deiner Tante unterwegs?“*, brachten mich dann vollends auf die Palme.
So fing ich an, erst vereinzelt, dann immer öfters zu lügen, sagte, ich müsste heim, weil Besuch da ist oder erfand irgendeine andere Ausrede, wenn sie dann weg war, zog ich alleine oder mit anderen los!
Doch irgendwie merkte Rosi stets meine gespaltene Stimmung, dann war sie lieb, nett und zärtlich wie ein Kätzchen und schon war ich wieder begeistert von ihr und vergaß alles andere.
Natürlich erst mal Blut geleckt, bereitete mir die Beschäftigung mit dem anderen Geschlecht zunehmend Freude, ja man spürte oder beachtete auf einmal Dinge, welche ich früher gar nicht wahrgenommen hatte. Auch Bemerkungen, tiefe Blicke anderer Mädchen oder Frauen, oft während der Arbeit, erfreuten mich und wurden mit Herzklopfen, sowie heißen Ohren quittiert!
So hatte ich zum Beispiel des Öfteren mit dem Einkauf zu tun, wobei meist aus einem Weg zwei wurden, denn hier residierte das Fräulein "Sudeck", etwa 30 Jahre alt, klein mit einem lasziven Gesicht. Ihre üppige, etwa 44er Figur veran-

lasste jeden, der neben ihr stand, da platzmäßig nicht anders möglich, tief in den meist einladend gewählten Ausschnitt ihres großen Busens zu schauen.
Sicher wusste und provozierte sie, dass es mancher, nicht nur junge Mann in Gedanken mit ihr trieb! Selbst unser Chef grinste breit, wenn das Gespräch auf die „Sudecken" kam.
Der Knalleffekt jedoch war ihr unvermittelter Sturz mit einem damals noch vierbeinigen Bürostuhl. Nach lässig-leichtem Kippwippen, fiel sie jäh mit einem lauten Bums nach hinten. Da sich in ihrem Büro aber nur etwa 1,80 Meter Platz zwischen Schreibtisch und Regal befand, steckte sie zappelnd mit den Füßen nach oben fest! Dabei zeigte sie alles, vom rosa Schlüpfer bis zu den mit Strapsen gehaltenen Strümpfen. Sogleich wollten Anwesende helfen, jedoch unser seriöser Herr Felix erfasste schnell die Lage! Als Kavalier der alten Schule wehrte er uns ab und half ihr selbst aus dieser peinlichen Stellung.
Der Vorfall, eine kleine Sensation, welche hinter vorgehaltener Hand dem betrieblichen Ratschen neue Nahrung bot!
Alle Interessierten mussten jedoch abends beobachten, wie sie stets von einem gut gekleideten mindestens 70 Jahre alten schlanken Herrn mit langem weißem Haar und wohlgestutzten Kinnbart abgeholt wurde. Dass er auch noch am Stock ging, ließ die Fantasien über das Kopulierverhalten der beiden ins Ungeahnte schweifen! Bei näherem Hinsehen entpuppte sich der Kavalier als der Neuburger-Kunstprofessor „Wacha". Von ihm erzählte man, dass er Aktmodelle in seinem Atelier im Neuburger Schloss in einem aus Vorhängen bestehenden Irrgarten herumjagte, eventuell auch Fräulein Sudeck?!
Berühmt wurde der Professor erst später, als der „Stern" unter dem Titel *„Schweinereien in Neuburg"* Fotos einer Malschule veröffentlichte, auf welchen neben dem nackt liegenden Modell, nicht nur einer unserer Lehrlinge, sondern einige bekannte Neuburger-Größen zu sehen waren! Zur damaligen Zeit in den noch prüden 50er Jahren eine schlimme Sache, die viel Kleinstadt Gerede mit sich brachte!
Irgendwann dazwischen lernte ich durch ein paar Spezl die etwas ältere "Sigi" kennen. Tatsächlich war ihr Name Sieglinde, weil sie aber eigentlich ein Junge werden sollte, trug sie diesen männlichen Spitznamen! Ein ansehnliches Vollweib, welches weder mit Reizen, noch mit vielversprechenden Andeutungen geizte. Sie wohnte im etwa drei Kilometer entfernten Nachbarort, zu dem ich sie, wenn es meine Zeit erlaubte, immer wieder poussierend begleitete. Das Eigenartige daran, ihr ständiger offensichtlich schüchterner Verehrer namens "Otti", schlich ständig in gebührendem Abstand hinterher, um alles aus der Ferne zu beobachten. Sigi schien es zu amüsieren, mir war es unangenehm, sodass ich alsbald die Finger von ihr ließ!
Etwa eine Woche später informierte mich Mutti überraschend, dass ein Landpolizist bei ihr war, um sie zu warnen! Derweil er mich schon einige Male mit

einem Mädel gesehen hätte, welche bei Kontrollen öfters im Auto verschiedenster Männer aufgefallen wäre und wohl nicht der richtige Umgang für ihren Sohn sei! Allerdings machte das Gehörte die Sache interessant, als ich wieder einmal Vaters Auto entführen konnte, fuhr ich zu ihrem Haus und hupte kurz. Tatsächlich kam sie im langen weißen Nachthemd herausgehuscht, durch welches sich allerlei ertasten ließ, mehr ging leider nicht. Dank meines enttäuschten Gesichts jedoch wurde ich mit der Aufforderung entschädigt, am Dienstagabend, wo niemand daheim war, ihr Zimmer zu besichtigen! Das hörte sich Erfolg versprechend an und passte zufällig in meine Möglichkeiten. Also erschien ich wie besprochen aufgeregt bei ihr, mein Fahrrad hatte ich hinter einer etwas entfernten Hecke versteckt.

Nachdem sie mich mit einem Glas Wein bei Kerzenschein begrüßt hatte, küssten wir uns heftig. Gerade mit dem Vorspiel begonnen, fuhr plötzlich lautstark der Hausschlüssel ins Schloss! Da mich, laut ihr, keiner sehen durfte, außerdem ihr älterer Bruder ein grober Hund sei, der keinen Spaß verstünde, blieb mir nur die Flucht aus dem Fenster, durch den Garten aufs Radl und weg!

Nach diesem Erlebnis geläutert, sah ich ein, dass dieses Weib wirklich nicht für mich passte. Beschloss, nun doch wieder ganz bei Rosi zu bleiben, welche wesentlich unkomplizierter war!

Etwa zur gleichen Zeit hatte ich vom Chef einen Spezialauftrag erhalten, alle Maschinen, auch wenn sie nur aus Teilen bestanden, mussten mittels Schablone, Pinsel und Farbe mit Zahlen versehen und katalogisiert werden.

Wir bauten damals unsere Drechsel- oder Drückbänke selbst, weil man sie auf dem freien Markt gar nicht oder nur sehr teuer erstehen konnte. Deshalb kaufte Vater, von Insidern informiert, alles, was ihm unter die Hand kam, oftmals nur Fragmente, Unterteile oder Aufsätze von alten Drehbänken, Bohrmaschinen usw., welche in den Kriegswirren verschwanden, um nun aus ihren Verstecken in Stadeln oder Kellern wieder aufzutauchen.

Wenn Zeit war, wurden die Exemplare überholt, gestrichen und gelagert, bis wir sie selbst verwendeten oder gegen etwas anderes tauschen konnten.

Nachdem die Liste fertig war, sah sich Vater mit mir vor allem diese Teile an, wobei wir uns die tollsten Namen dafür ausdachten, wie *„Abspanvorrichtung"*, *„Spezialfrästeiler"* oder *„Verformungsgerät"*, der Fantasie waren keine Grenzen gesetzt. Wir hatten eine Menge Spaß dabei, es war das erste Mal, dass er mit mir ganz allein zusammenarbeitete!

Warum aber das Ganze, erfuhr ich erst, als er eines Tages eine Gruppe „Banker" durch den Betrieb führte und ihnen in den schillerndsten Farben den Gebrauch eben dieser teilweise nutzlosen Stücke erklärte. Sie murmelten, sahen sich um, nickten andächtig und .... bewilligten letztlich den für uns so notwendigen Kredit! Die echten sowie die Spezial-Maschinen, nun sauber mit großen roten Nummern versehen, standen dafür als Sicherheit!

*

Der Führerschein: Anfang (1955) wurden die Führerscheinklassen geändert, man musste nun für Motorräder eine extra Prüfung ablegen. Bis dato schloss der Autoschein Motorräder bis 250 cm³ ein!

Sommer 1955, ich hatte schon einige theoretische Unterrichtsstunden nebst vier bis fünf Fahrstunden hinter mir, als mein Fahrlehrer meinte, dank der vorhandenen Kenntnisse (Schwarzfahrer) bräuchte ich nicht mehr Praxis und meldete mich zur nächsten Prüfung an!

Etwa zwei Wochen später der Prüfungstag, im Schulungsraum standen aufgereihte Bänke, auf denen uns der Fahrschulleiter platzierte. *„Die Jungen nach vorn, die wissen am meisten"*, meinte er. *„Die Älteren"*, damals gab es etliche Spätbeginner, *„nach hinten und nur antworten, wenn man gefragt wird, ansonsten absolutes Schweigen!"*

Aufgeregt erwarteten wir den Prüfer, endlich erschien ein verkniffen dreinblickender älterer Knabe mit Zwicker, oje, solche Typen kannte ich noch von der Schule! Schnarrend langatmig erklärte er Sinn und Zweck einer guten Ausbildung, sowie das Problem des laufend steigenden Verkehrs, weshalb er sehr streng prüfen werde.

Damals gab es noch keine Bögen mit Fragen, letztere wurden nach Belieben vom Prüfer gestellt, dazu dienten bestenfalls an der Wand hängende Schaubilder mit diversen Verkehrssituationen.

Anhand der vor ihm liegenden Mappen rief er uns namentlich auf, machte sich Notizen, manchmal reichte ihm auch der dabeistehende Fahrlehrer die entsprechenden Unterlagen!

Schon nach dem dritten Prüfling hatte er mich ins Auge gefasst und fragte gleich, was ein "17-Jähriger" hier schon wolle, ... überhaupt seien wir Jungen sowieso die Haupt-Unfallverursacher und würden mit "18" noch früh genug auf die Menschheit losgelassen!?

Stockend erklärte ich die Wichtigkeit, im elterlichen Betrieb als Fahrer zur Verfügung zu stehen, was ihn jedoch nicht beeindruckte, im Gegenteil, wie ich schnell merken sollte!

„Na gut, dann sag mir doch gleich mal auswendig den § 1 der StVO", meinte er ironisch.

Nun rächte sich die Lässigkeit im Lernen, denn meiner Meinung nach, wusste ich schon alles, nachdem unser junger Fahrlehrer gesagt hatte, man brauche nur sinngemäß antworten!

Also stopselte ich los: *„Alle... jeder.. Teilnehmer am Verkehr, ääh, öffentlichen Verkehr, hat ...."*

„Danke, danke, das genügt, junger Freund, wenn du älter bist und besser gelernt hast, dann kommst wieder!" Das war's dann für diesmal und ich musste gehen!
Verdammte Kiste, das konnte ich natürlich zu Hause nicht erzählen. Zum Glück tröstete der Fahrlehrer mit der Aussicht auf die nächste Prüfung in einigen Wochen.
Der neue Prüfungstermin kam, diesmal wusste ich alles, bombensicher! Ansonsten das gleiche Zeremoniell, nur diesmal mit einem jungen, sympathischen Prüfer. Unser Lehrer meinte er, sähe hübsche Frauen gern, weshalb er alle Damen nach vorn setzte! Es half tatsächlich, er machte sogar Späßchen! Ausgerechnet diesmal, alles wissend, kam ich nur mit einigen Fragen über die Reihenfolge der Vorfahrt an die Reihe! Auch bei der anschließenden Autofahrt absolvierte ich das „rückwärts Einparken" mit Bravour, da meinte er grinsend, wohl ohne eine Antwort zu erwarten: *„Na, na, du fährst ja schon wie ein Alter, kommt wohl vom Schwarzfahren, was!?"* Gott sei Dank sah er meine heißen Ohren nicht, doch Hauptsache der Autoführerschein war schon mal geschafft!
„Der Jüngste kommt aus Höflichkeit immer als letzter dran", hatte unser Fahrlehrer gleich am Anfang entschieden, was meine Nerven zusätzlich flattern ließ und sich schon bei der anschließenden Motorradprüfung als Nachteil erweisen sollte!
Als gute Ablenkung für die wartenden Prüflinge ergab sich die Möglichkeit, im hinteren Sicherungsfahrzeug mitzufahren und den anderen zusehen zu können. Der Prüfer selbst fuhr mit einem weiteren Fahrlehrer voraus!
Wie zuvor schon geschildert, musste ab sofort jeder, auch wenn eine Frau nur einen Roller fahren wollte, den "1er" Schein für alle Maschinen haben! Aus diesem Grund besaß unsere Fahrschule drei neue, allerdings 250 cm³, DKW, NSU, BMW Motorräder. Die Maschinen hatten eine Menge Gewicht. So konnte es fast nicht ausbleiben, dass unsere schwächste, kleine Teilnehmerin, mit etwa 36er Konfektionsgröße, in Schwierigkeiten kam!
Auf dem Weg durch das alte Stadttor führte eine mit Kopfstein gepflasterte Straße steil, letztlich mit einer unbequemen Rechtskurve hinauf in die obere Altstadt. Ausgerechnet in der Mitte dieser Steigung, würgte sie den Motor ihrer BMW ab, stieg wackelnd ab, hatte dann Schwierigkeiten die schwere Maschine auch nur zu halten!
Sofort sprangen alle aus den Fahrzeugen und wollten helfen, doch das verbot der Prüfer. *„Bleiben Sie zurück, meine Herren, das muss sie selber schaffen!"*
Man konnte fast nicht zusehen, wie sie schwankend versuchte mit dem Kickstarter den Motor anzuwerfen. Was keiner merkte, sie hatte einen Gang drin und die Kupplung gezogen!
Nach einigen Versuchen sprang der Motor tatsächlich an, doch vor lauter Schreck ließ sie die Kupplung los, drehte dann durch den Zug noch das Gas auf.

Das Motorrad brauste mit ihr quer über die Straße, direkt an die nächste Hauswand, wo es mit einem hässlichen Krachen zu Boden stürzte! Nun eilten alle herbei, denn sie lag halb unter der immer noch laufenden Maschine. Mit vereinten Kräften und „hau ruck", wurde eilends die BMW mit nun verbogener Gabel aufgehoben!
Verdattert weinend rappelte sich die junge Frau auf, zum Glück war ihr, außer ein paar Schürfwunden, nichts Gravierendes geschehen, außer, dass sie jetzt natürlich durchgefallen war!
Diese Aktion hatte Zeit gekostet und es standen jetzt nur noch zwei, bereits vergebene Maschinen zur Verfügung, weshalb man mich kurzerhand auf die nächste Prüfung vertröstete! Dabei hatte ich mich schon so gefreut, jetzt blieb wieder dieses flaue Gefühl in der Magengegend übrig! Mit Recht, wie ich vierzehn Tage später erfuhr, denn es kam „Herr Kornmüller"! Der alte verkniffene Prüfer vom ersten Anlauf, pflaumte auch gleich wieder rum von wegen zu jung und so, konnte aber zu meinem Glück nichts mehr an der, bis auf den praktischen Motorradteil bestandenen Fahrprüfung, ändern! Trotzdem gelang es ihm, die Fahrten so zu planen, dass er, obwohl die anderen immer zu mehreren fahren durften, mich am Schluss allein prüfen konnte!
Also wieder endloses Warten mit schweißnassen Händen, bis es endlich losging! Verbissene Wut gab mir Kraft und Sicherheit, obwohl ich offiziell nur drei Stunden Fahrpraxis besaß, waren es in Wirklichkeit natürlich weit mehr verbrachte Zeit auf den Maschinen meiner Arbeitskollegen!
Verwundert registrierte ich die ungewöhnlich lange Fahrt, welche bei einer alten Kiesgrube endete, ein ganz anderer Platz als sonst, wie sich später herausstellte. Hier stieg der „Examinator" aus, begab sich auf einen erhöhten Platz, um mich über eine halbe Stunde, nach Fehlern suchend, über verwinkelte Wege zu scheuchen! Jedoch vergeblich, verbissen, mit knirschenden Zähnen kämpfte ich um jeden Meter auf der rutschenden Steinpiste, solange, bis er sich sogar zu einem kleinen Lob herabließ, ich hatte bestanden!
Endlich hatte ich den Führerschein, so glaubte ich zumindest, hielt sogleich erfolgreich nach einem gebrauchten Roller Ausschau! Beim Autohändler „Nebelmeier" entdeckte ich im Schaufenster einen bereits herrlich aufgemotzten, gebrauchten beigen „Lambretta" Roller mit 125 m³, genau das Richtige. Er sollte 800DM kosten, ganz genau weiß ich den Preis allerdings nicht mehr, ein neuer kostete etwa 1200DM. Jedenfalls ließ die rustikale, schlitzohrige Inhaberin gleich bei der ersten Verhandlung das Interesse weiterer Käufer durchblicken!
Also eilte ich klopfenden Herzens zu meinem Vater, den ich bei bester Laune erwischte. Er nahm gerade unseren ersten "Schwarz-Weiß-Fernseher" mit, damals nur mit einem Programm in Betrieb. Abgelenkt stellte er mir ohne viele Worte, als Vorschuss einen Scheck aus, an welchem ich später etwa ein Jahr abzuzahlen hatte!

Doch groß meine Enttäuschung, als mir die Alte erklärte: *„Jo, woos an Scheck, ja den nimm i net, nur a Bargeld!“* --- *„Aber der ist doch von meinem Vater von der Firma HELO!“*, antwortete ich. *„Des is mir wurscht von wem, bei mir gibt's nur wos gega Bares!“*
Belämmert berichtete ich es zu Hause! *„Wenn die von mir keinen Scheck nimmt, dann lassen wir es!“*, meinte mein Alter böse, zutiefst in seiner Kaufmanns-Ehre gekränkt!
Da war nichts mehr zu machen, das wusste ich! Zum Glück sprang Mutti ein, indem sie den Scheck auf der Bank einlöste und mir damit die Möglichkeit gab, doch noch zum ersten eigenen Fahrzeug zu kommen.
Nach etwa einer Woche wollte ich freudig meinen Führerschein bei der Stadt holen, um den Roller gleich nach Hause zu fahren. Doch wie groß war mein Frust, als man mir mitteilte: *"Der Schein ist noch nicht da"*, es sei noch etwas unklar, woran es klemmte, wusste niemand!
Also weiter schwarz, oder war das gar nicht mehr Schwarzfahren? Jedenfalls wagte ich nicht, den Roller am helllichten Tag heimzufahren, also musste ich ihn wohl oder übel schwitzend nach Hause schieben, mit der „Gott sei Dank“ erfüllten Hoffnung, dass mich kein Bekannter oder Freund sieht!
Es wurde Spätsommer, der Urlaub nahte, der Führerschein war immer noch nicht da, auch meine Eltern bedauerten es, denn Vater fuhr selbst nicht gern so weit, also musste der Chauffeur wieder mit!
Dieses Mal sollte der Bodensee unser Ziel sein, dort in Meersburg, das „Hotel Rebstöckl“ mit eigenem Weinberg. Freund „Edgar“ hatte ihm diesen Tipp gegeben und wirklich, wir waren vom Ambiente der ganzen Anlage begeistert! Mit dem Wirt verstand sich Vater auf Anhieb, im Besonderen, als ein jeder beim anderen fundierte Kenntnis im Genre „Wein„ feststellte. Ja dass ihn unser Wirt sogar intensiv studierte, wie uns seine Frau seufzend, mit einem langem Blick zum Himmel bestätigte!
Das Hotel war sehr gemütlich eingerichtet, ein Großteil der Räume im Haupthaus, die besonderen etwas urigen Gästezimmer, befanden sich jedoch in einem alten, einstöckigen Holzhaus mitten im Weinberg! Viele Treppen mussten die Eltern steigen, um dorthin zu gelangen, hatten dafür aber vom sonnigen Südbalkon, einen traumhaften Blick über den See! Frühstück und Mittagessen wurden unten eingenommen, wo sich mein Zimmer befand!
Unser Fahrer wohnte außerhalb in einem etwas preiswerteren Hotel, hatte den Wagen dabei und brauchte erst ab 10Uhr in der Lobby zu warten, allerdings mit täglich frisch von „Hand“ gewaschenem, vollgetanktem Auto!
Etliche Ausflüge folgten mit Auto oder Schiff zu den Sehenswürdigkeiten des Bodensees, welche mir natürlich sehr gut gefielen! Freizeit blieb auch genügend, während sich die Eltern in fröhlicher Runde vergnügten. Gelegenheit Gleichaltrige kennenzulernen gab es zwar nicht, dafür durfte ich so oft ich wollte im

Weinberg herumstromern. Eine hochgelegene Bank mit tollem Ausblick wurde schon bald mein Lieblingsplatz.
Während ich dort sinnierend saß, wuchs schnell, begleitet von eigenartigem Herzklopfen die Vorstellung heran, mit „Rosi“ hier Urlaub zu machen, um im Weinberghaus ungestört der Liebe, oder was wir damals dafürhielten, zu frönen! Möglicherweise könnte es ja noch dieses Jahr gelingen, wenn ich nur den Schein endlich erhielt! Jedoch nach dem Urlaub, man kann es kaum glauben, sollten noch weitere Monate ins Land gehen! Vater rief auf mein Drängen, zum X-ten Male bei der Stadt an, zwecklos, tausend Ausreden, keiner wusste etwas Genaues! Irgendwann auf einer Kneipentour erzählte er die unglaubliche Geschichte dem Bürgermeister, der kümmerte sich angeblich wirklich, unterschrieb und gab das Dokument weiter! Doch wieder verschwand mein Führerschein, in der Versenkung des Rathauses!
Dauerndes Warten auf diesen „grauen Lappen“, wie man ihn nannte, stellte nicht nur für mich, sondern auch für die Freundin eine große Enttäuschung dar. Nicht nur wegen geträumter Ausflüge, sondern ebenso wegen der erhofften Heim- oder Abholfahrten.
Traurig machte mich in diesen Wochen der schnelle Tod von Opa Meier, der an Gelbsucht starb. Stand er mir doch, vor allem in jungen Jahren, stets als Zuflucht, Stütze oder Kumpan im elterlichen Haushalt zur Seite.
Vater verzichtete mittlerweile, wegen dauernden Maulens vermehrt auf meine Mitfahrt irgendwohin, weshalb ich mich nun öfters heimlich mit Rosi treffen konnte, trotzdem musste ich auch mit „17“, offiziell spätestens um 21Uhr zu Hause sein!
Weshalb Rosi sonntags immer noch mit dem Nachmittagszug kam, Treffen weiterhin geheim, angeblich zufällig vorm Kino!
Die Karten hatte sie meist schon gekauft, auf Protest antwortete sie lachend *„Es nächste Moi derfst du zoin und jetzt gib a Ruhr!“*.
Natürlich nahmen wir jetzt nur noch die seitlichen einreihigen Logenplätze im „Schloss -Theater“, um uns unbeobachtet, neben Knutschen, dem allseits beliebten „Petting“ zu widmen!
Bei schönem Wetter machten wir uns danach auf den Heimweg, als Kavalier begleitete man die Freundin selbstverständlich nach Hause, nicht ganz bis auf Sichtweite, denn auch ihre Eltern ahnten angeblich nichts von uns beiden! Dieser jeweils lange Spaziergang führte wie berichtet über Berg und Tal, besonders lang natürlich der Rückweg allein!
Auf dem Weg dorthin meist Geschmuse nebst Liebesspiel an versteckten Stellen. Bis sie mir eines Tages am Rande des Waldes, ein winzig kleines mit Dachziegeln gedecktes eingewachsenes Steinhaus zeigte, welches sie zufällig entdeckt hatte. Wozu man es gebaut hatte, wusste allerdings niemand.

Im Grundmaß etwa 4x3m, mit verbarrikadierter Holztür, daneben ein durch Holzladen verschlossenes Fenster. Der Laden ließ sich seitlich an einer versteckten Stelle öffnen, wodurch man leicht hineinschlüpfen konnte.
Obwohl es innen stockdunkel war, konnten wir auf Licht verzichten, da der ganze Raum fast mannshoch, mit schönem, wohlriechendem Heu gefüllt war. Ein Jäger benützte die Hütte anscheinend zur Lagerung von Wildfutter, wir nannten es unser „Heuhütterl"!
Von da an hatten wir bei Bedarf ein schönes Liebesnest, benutzten es offensichtlich immer zur richtigen Zeit, da uns nie einer erwischt hat!
Viele Mädchen zierten sich damals aus Angst vor der Schwangerschaft, Rosi nicht, warum?!
Die Pille kam erst 20Jahre später, Selbstschutz praktizierte kaum ein Mädchen. So gab es stets Probleme oder Aufgeregtheiten, um die Verhütung in den Griff zu bekommen. Diese Dinge blieben damals meist dem Mann überlassen und das geschah entweder durch vorzeitiges Rausziehen (Koitus Interruptus) oder mit Pariser, dessen Anlegen nach einiger Übung, einigermaßen klappte. Trotzdem passierte es immer wieder in der Hitze des Gefechtes, dass man die Dinger an einem Stöckchen, Strohhalm, dem eigenen Reißverschluss, oder sonst einem Gegenstand beschädigte! Deshalb lebte fast jedes Mannsbild ständig mit etwas in Angst im Hinterkopf, manchmal auch durch unbewusste oder vorsätzliche Aussagen der Weiber getäuscht! Auch ich fing an, auf Anraten meines väterlichen Freundes „Luggi", Buch über die bewussten Tage zu führen und muss gestehen bei Rosi mit einer Menge Glück, sprich ohne Kind, über die Runden gekommen zu sein!
Endlich, am 20ten Dezember 1955 erhielt ich den telefonischen Bescheid, der Führerschein „ND Nr. 463" von L.G. könne abgeholt werden!
Sie, wer auch immer, hatten es geschafft, trotz Sondergenehmigung, Führerschein mit 17, ihn erst „3 Tage" vorm 18ten Geburtstag, auszugeben!!
Vieles veränderte sich, nachdem zum Führerschein endlich das Frühjahr kam, zumal ich im Mai 1956 meinen Roller zulassen durfte. Nur noch ein, zwei Mal in meinem späteren Leben, habe ich einen solchen Schritt von 0 auf 100, in persönlicher Freiheit getan!
Ab sofort wurde nicht mehr gefragt, wenn ich irgendwo hin wollte, weite Strecken konnten, wann immer mir danach war ohne eigene Kraft überwunden werden. Dabei so richtig fühlend, wie eingesperrt ich vorher war! Freiheit, bis tief ins Herz wahrgenommen, beim abendlichen Durchfahren eines dampfenden Waldes mit seinen unterschiedlichen Temperaturen, hier roch, fühlte, hörte man Natur sowie den sehnsuchtsvollen Ruf nach Ferne!
Jedoch vorerst war ich noch zu Hause, nicht volljährig, musste arbeiten, um den Roller abzuzahlen, sowie unter den schwankenden meist ungerechten Launen meines Chefs und Vaters leiden!

Zurzeit war die Stimmung besonders schlecht, unser Haus sollte komplett saniert werden, weshalb ständig Handwerker zu irgendwelchen vereinbarten Vorgesprächen kamen. Der Chef aber angeblich überraschend geschäftlich weg war, nur weil gerade wieder feuchtfröhliche Auszeiten anstanden!!
Für den Fall von Anrufen wurde gesagt, Vater sei für niemand zu sprechen, was man dem Gegenüber als „Chef außer Haus" verklickern musste, obwohl er danebenstand oder saß! Zu allem Übel konnte es passieren, dass er einem während des Gespräches, wie selbstverständlich den Hörer aus der Hand nahm, um selber etwas anzumerken! Eine blöde Situation, bei der man häufig wie ein begossener Pudel dastand oder sich völlig deplatziert vorkam!
Jedenfalls sollte unser Haus, eine ehemalige Arztvilla gebaut im Jahre 1906 unbedingt auf dem modernsten Stand gebracht werden. Viele begannen damals zu renovieren, woran man deutlich den allgemeinen Aufschwung in Deutschland feststellen konnte.
Die alten Kohleöfen flogen raus, dafür kam eine Warmwasserheizung ins Haus, welche allerdings noch mit Koks betrieben wurde. Außerdem baute man überall große Dreh-Kippfenster ein, sowie eine neu gekachelte Küche nebst luxuriösem Badezimmer. Weichen musste der mit Holz beheizte Badeofen nebst freistehender alter Gussbadewanne. Neu entstand ein zusätzlicher Anbau, in welchem oben ein Schlafzimmer für den Hausherrn, sowie unten ein Arbeitszimmer für die Haushälterin entstand. Das extra Zimmer musste sein, damit Else ohne das vom Alkohol verstärkte Schnarchen, sowie sein unregelmäßiges zu Bett gehen, schlafen konnte!
Als Wichtigstes stand die Erneuerung der Toiletten auf dem Plan, hier gab es noch in jedem Stockwerk den sogenannten „Durchschiss"!
Man setzte sich nach Abnehmen eines Holzdeckels auf ein großes Loch, in einer weiß gestrichenen fest eingebaute Kiste, von wo aus nach einem Trichter, die dicke Rohrleitung in die abgedeckte Versitzgrube im Hof führte. In dieser wiederum versickerte Flüssiges einfach im Boden, der Rest musste meist einmal im Jahr durch einen Bauern, anfangs noch von Hand, in ein fahrbares Jauchefass gepumpt werden!
Wie man sich leicht vorstellen kann, zog besonders bei Wind der Gestank zu den Sitzen um dort den Benutzer vor allem im Winter fröstelnd, nicht lange ausharren zu lassen! Außerdem suchten unappetitliche fette weiße Maden mit Schwanzerl, den Weg nach oben wo man sie nur durch Einstreuen von Chlor bekämpfen konnte. Nachspülen geschah dann mit einem bereitstehenden Wassereimer.
Für Abhilfe aus der gesamten Misere sorgten der Umbau, sowie allerdings erst zwanzig Jahre später, ein Anschluss ans städtische Abwassernetz!
Ständiges Klopfen und Sägen im Haus ließen erahnen, dass es für die Familie so nicht weitergehen konnte! Als dann auch noch einige Leute aus unserem Betrieb

das eine oder andere zu erneuern begannen, dabei womöglich etwas Privates hören oder sehen konnten, war es mit Vaters Geduld vorbei! Wir zogen vorübergehend in das kleine, gegenüber der Firma gelegene Fertighaus, welches seit Kündigung des Betriebsleiters leer stand!!
Dieses fast alleinstehende Häuschen lag sehr schön in einen Hang hineingebaut, oberhalb der beginnenden Jurahöhen, auf deren Gipfel sich die alte Schanze hinzog. Der frühere äußere Verteidigungsring Neuburgs, ein Relikt aus dem 19. Jahrhundert, jetzt romantischer Spazierweg!
Das Haus vorn einstöckig, mit extra Eingang zum Keller, daneben die Garage, hinten ebenerdig mit drei Zimmern einer kleinen Küche und einem sehr kleinen Bad. Vor dem großen Wohnzimmer befand sich eine Terrasse, welche gleichzeitig das Dach der Garage war. Das Tollste daran, die fantastisch weite, unverbaute Aussicht auf die Stadt!
Eine kleine ganz schmale Treppe führte in den Keller, hier befand sich neben der Heizung nur ein Raum nämlich meiner! Ein breiter Gang, welcher genügend Platz für meinen Roller bot, endete direkt an der separaten Tür. Toll dachte ich sofort, hier sollte es mir nicht schwerfallen im Bedarfsfall, unbemerkt zu verschwinden! Doch Vater sah das leider auch so, worauf man alsbald ein neues Sicherheitsschloss anbrachte, dessen Schlüssel oben im Schlüsselkasten zu hängen hatte. Also musste ich diverse Vorhaben etwas umständlicher, nämlich durchs Fenster bewerkstelligen, dann leider meist ohne Roller!
Der Umzug war schnell durchgeführt, da wir zum Großteil neue Möbel bekamen. In meinem Quartier, etwas abgeschieden vom täglichen Geschehen, fühlte ich mich sofort recht wohl, doch schnell bemerkten wir alle das kleine Bad als Engstelle, weshalb man mir ein eigenes Waschbecken genehmigte. Freudig alarmierte ich meinen Spenglerfreund „Peter", welcher es alsbald montierte. Fröhlich saßen wir danach zusammen und schmiedeten allerlei Pläne. Nach einer Woche allerdings gab's richtig Ärger, weil Peter was ich nicht wusste, die gesamte Zeit nebst meiner Unterschrift, im Arbeitsbuch eingetragen hatte. Woraufhin sein Alter unsere Unterhaltung als Arbeitszeit, in Rechnung stellte!
Ansonsten aber passte alles, es war ein kleines schnuckeliges Haus, in dem wir uns schnell einlebten. Ganz nah bei der Firma wunderbar im Grünen, während die Handwerker nebst allen verfügbaren Kräften, am Umbau unserer Villa werkelten.
Vater voller Elan, jetzt jeden Tag vor Ort um die Arbeiter zu dirigieren oder sich von den Fortschritten zu überzeugen. Abends pflegte er oftmals sein neues Hobby "Fernsehen", vorm Bildschirm sitzend hatte er das meiste, worüber Reklame lief, schon versucht oder Naschereien um sich herum aufgebaut!
Vorerst gab es leider nur ein Programm, welches nur abends lief! Weil wir mit zu den ersten gehörten, die eine Glotze besaßen, hofften alle die Trinkerei würde

weniger werden, doch bereits nach kurzer Zeit war leider wieder alles beim Alten!
Allerdings brachte er nun öfters, dank unserer schönen Terrasse, den ein oder anderen Gesinnungsgenossen mit nach Hause. So kam Mutti eines Tages ganz aufgeregt in mein Zimmer und meinte *„Komm schau dir mal selbst an, wen dein Vater da wieder mitgebracht hat!"* Lautes Singen aus rauen Kehlen hatte ich schon vorher vernommen, doch was ich nun erblickte ließ mich beinahe laut auflachen. Da saßen doch wirklich fünf Totengraber (Friedhofswärter) in voller Uniform um den Tisch herum und sangen alte Soldatenlieder. Es waren fast ausschließlich Ehemalige, darunter zwei Versehrte mit steifem Bein, beziehungsweise einem Arm. Mein Alter hatte zu allem Überfluss auch noch die Schirmmütze von einem auf!
Tausend interessante Kriegsgeschichten machten die Runde, nur als man anfing von Filmen aus der Heimat zu reden, suchte ich mit der Ausrede *„sehr wichtige Arbeit im Betrieb"* schleunigst das Weite.
Im Laufe des Tages wankte die Mannschaft sich gegenseitig stützend an der Firma vorbei, Richtung Heimat, schließlich waren sie ja alte Kameraden!
Ein anderes Mal hatte er einen Sägewerks-Besitzer aus einem Dorf in der Nähe aufgegabelt, welcher frühmorgens ständig einschlief. Vater durch Training noch ganz frisch, ließ mich rufen! Schärfte mir sodann ein, diesen Mann, der sein Gast sei heimzufahren, ihn dabei solange nicht aus den Augen zu lassen, bis sich seine Haustür hinter ihm geschlossen hätte! Gesagt getan, diesmal gern dabei, hatten wir doch seit etwa einer Woche einen neuen „Opel Kapitän", den normalerweise keiner fahren durfte, mit welchem ich aber sicher nicht ohne Umwege zurückkam!
Der schwere, angesoffene Mann wurde nun mithilfe unserer Haushälterin auf den Rücksitz verfrachtet, los ging's. Während der Fahrt brummelte er immer aussteigen zu wollen, was man jedoch überhören konnte. Ich hoffte nur inständig, dass er mir nicht, trotz des offenen Fensters in den Rücken kotzte!
Endlich erreichten wir den großen mit Holz belagerten Hof *„Anhalten sofort"*, schnarrte es plötzlich hinter mir. Scheinbar schlagartig wach, riss er die Tür auf, sprang unsicher heraus, wackelte ohne mich eines Blickes oder Wortes zu würdigen von dannen. Heiß fiel mir der ausdrückliche Befehl meines Alten ein, also schlich ich im Abstand Deckung haltend, hinterher.
Kurz bevor er die Tür erreichte, geschah dann etwas, was ich nie mehr vergesse! Eine große dicke Walküre mit blauer Schürze erschien, griff ihn laut schimpfend von zwei Treppen höher am Kragen, während sie gleichzeitig ein großes Nudelholz schwingend, auf ihn einschlug! Es krachte einige Male anständig, woraufhin er geduckt jammernd im Haus verschwand!
Als die Tür krachend ins Schloss fiel, sah ich meine Backen aufblasend die Aufgabe als erledigt an und brauste schleunigst von dannen!

Ein paar Wochen später bekamen wir überraschend Besuch aus der DDR Vaters alter Freund, sowie erster Chirurg am Neuburger-Krankenhaus "Dr. Schustalla", welcher vor Jahren, wie berichtet, meinen Blinddarm rechtzeitig operiert hatte. Bald darauf war er einem Angebot folgend, als Chefarzt in den Osten Deutschlands umgesiedelt, was keiner verstehen konnte.
Früher ebenfalls ein lustiger Saufaus wirkte er nun bedrückt, trank und redete wenig, wollte aber gern die Veränderungen in Neuburg in Augenschein nehmen. Also erhielt ich von Vater den Auftrag, ihn mit unserem neuen Auto, ein wenig herumzufahren. Wortlos besah er sich den Kapitän von allen Seiten und genoss scheinbar die Fahrt durch die Stadt, während ich ihm nebenbei stolz alle Finessen des Wagens erklärte. Doch er äußerte sich nicht, erst als wir ausstiegen, meinte er nachdenklich: *„Weißt du Lothar, dieser Wagen ist eine Schande vor Gott und den Menschen!“* Wie er es gemeint hatte, verstand ich nicht dennoch berührte es mich irgendwie!

Ein Nebeneffekt unseres neuen Domizils waren kurze Wege, so konnte der Chef nach einigen 100 Metern, plötzlich und unerwartet im Betrieb auftauchen. Leider auch, wann immer er wolltw, leitendes Personal zur sogenannten „Betriebs-Besprechung“ herbeizuzitieren.
Die jeweiligen Angestellten hatten dann seinen ausschweifenden Vorstellungen über Fertigungstechnik, Politik oder das allgemeine Leben zu lauschen um häufig erst nach Stunden mit vollem Kopf, meist selbst betüdelt zurückzukehren!
Ich persönlich hasste vor allem den Anfang dieser „Besprechungen“, egal ob sie bei uns zu Hause oder direkt im Chefbüro stattfanden, derweil sie oftmals mit bösen Worten an meine Adresse endeten!
Mittlerweile kannte ich, weil von der Picke auf gelernt, die wichtigsten Vorgänge unserer Fertigung, bemerkte schnell die störenden, falschen oder unsinnigen Anordnungen, welche Vater oftmals gab! X-mal passierte es, dass wir Leitende uns über irgendeine falsche oder schier undurchführbare Anordnung einig waren und deshalb unsere Bedenken vorbringen wollten! Doch im Angesicht des Chefs knickten meine Kollegen ein, ich stand dann als Jüngster mit meiner Meinung alleine da, bekam den ganzen Unmut zu spüren. Außerdem provozierte er meinen Widerspruch, glaube ich, manchmal absichtlich!
Waren wir gegangen, hatte er sich angeblich so aufgeregt, dass er umgehend nach Hause gehen musste, um dort unter Schimpfreden, das Trinken anzufangen. Dann jammerte Mutti, wir wüssten doch alle, wie er ist, er meint es nicht so, wir müssten halt darüber hinwegschauen, es sei sein krankes Herz, deshalb brauche es Rücksicht, vor allem von mir, denn letztlich wolle er nur mein Bestes! Dem ungeachtet, konnte es passieren, dass ich total in Ungnade fiel, er mich einige Tage ignorierte oder noch schlimmer, im Betrieb anrief, um die mir übertragenen Aufgaben mit der Begründung „Unfähigkeit“, wegzunehmen zu lassen!

Meistens dauerte es eine Weile, bis es mir gelang die Wut auf diese Erniedrigungen zu bekämpfen, hier half der neue Roller ein wenig. Ich fuhr irgendwo durch die Gegend, malte mir dabei zigmal den Tag aus, an dem ich endlich abhauen könnte, kehrte nach einer Weile aber wieder zurück. Schulden beim Vater sowie sein langer Arm, der mich überall erreicht hätte, solange ich noch nicht volljährig war, hielten mich innerlich gefangen!
Parallel zu den Differenzen zwischen Vater und Sohn im Betrieb, liefen viele für ihn ebenfalls ärgerliche Veränderungen auch im privaten Bereich!
So nenne ich ein paar Beispiele: Den allmählichen Sinneswandel unserer Gesellschaft zur Demokratie in allen Bereichen, sowie unser ständiges Schielen auf die Amerikaner als neue Vorbilder. Ihre Lässigkeit, deren Musik, die längeren Haare, die anderen Klamotten, allem voran das Tragen der Jeans zu nahezu jeder Gelegenheit. Außerdem die wachsende Selbstständigkeit der Jugend, verbunden mit dem Aufmucken gegen das Patriarchat der Alten!
Aus diesen Gründen wurde unser Verhältnis zusätzlich schlechter. Als wir uns wieder einmal in der Wolle hatten, ließ sich Vater in seiner Wut zu folgendem Spruch hinreißen, der eigentlich alles sagt!
„Weißt du, wieso ich mich mit meinem Vater besser verstand, als wir zwei uns?...... "Ich habe in meinem Vater einen Gott gesehen, du dagegen, siehst in mir nur einen Menschen!“
Das Gemeine daran war, man, auch ich, konnte ihn noch so hassen, wenn es seinen Wünschen entgegen kam, konnte er fast jeden mit seiner Art, ein paar Worten, so manipulieren, dass man für ihn durchs Feuer ging! Man hoffte immer wieder, nun wird es besser, bis alles wieder von vorn begann!
In der Firma genossen sie, seine häufig getarnte Abwesenheit, das meiste lief dann reibungsloser. Unter anderem, weil man sich in dieser Zeit beeilte, strittige Dinge, gerade noch am Rande des Erlaubten in den Griff zu bekommen.
Wenn dann die sogenannte Geschäftsreise beendet war, informierte er sich als erstes bei ein paar willigen Zuträgern, über besondere Vorkommnisse. In erster Linie bei Frau Meier, Witwe des verstorbenen ersten Chauffeurs, sie hatte die Endkontrolle und packte die fertigen Leuchten ein, dabei sah sie fast alles, vergaß nichts und hatte ihre Ohren überall, um gegebenenfalls dem Chef über jede Panne berichten zu können!
Wir fürchteten sie wie der Teufel das Weihwasser, was manchmal zugegeben nicht so schlecht war, weil es unsere Aufmerksamkeit aktivierte!
Manchmal gab es auch lustige Ereignisse, so erinnere ich mich, dass Mutti eines Tages, als der Chef diesmal allerdings wirklich auf der Messe weilte, überraschend, aufgeregt zu mir kam
„Lothar, du musst sofort nach Genderkingen fahren, Vater vom D-Zug abholen, der Schaffner hat eben angerufen, Papi sitzt im Speisewagen und hat kein Geld dabei!" "Nimm also hundert Mark mit und fahr gleich los!"

Na, das ließ ich mir doch nicht zweimal sagen, schnappte mir seinen Kapitän und brauste mit höchstmöglicher Geschwindigkeit, zu besagtem Bahnhof. Dort angekommen konnte ich gerade noch feststellen, dass der Zug nur drei Minuten Aufenthalt hat, als er bereits mit quietschenden Bremsen einlief. Die Türen flogen auf, Vater bekam ich als erstes zu Gesicht, in seinem Schatten der "Speisewagenkellner"!
An seinen wirren, sonst stets gut gekämmten Haaren, erkannte ich sofort, dass mein Alter einen in der Krone hatte! *„Lothar, zahaahl mal den Mann aus"* sprach's, deutete mit dem Daumen nach hinten und marschierte mit nicht ganz sicherem Tritt, ohne sich um irgendwas zu kümmern an mir vorbei, Richtung Treppe, Ausgang.
„Bitte, junger Mann, hier ist die Rechnung, sehen Sie, ihr Herr Vater hat auch andere Gäste eingeladen, da waren neben Sekt noch....," Er wurde durch den schimpfenden Fahrdienstleiter unterbrochen, welcher zur Eile mahnte. Schnell nahm ich ihm die Rechnung aus der Hand und zahlte, beim Rausgeben fiel Geld auf den Boden! Die Lok pfiff, ich rundete auf, der Kellner packte Geld nebst Zettel, sprang in den schon anrollenden Zug, die Tür knallte zu, sie rauschten davon!!
Mir schwante Böses, als ich den Rückweg antrat und prompt fand ich meinen Alten im Bahnhofslokal, wo er im Kreise neuer Anhänger, gerade das Glas erhob!
Wie von mir befürchtet, kamen wir auch an diesem Tag, natürlich über diverse Umwege, erst ziemlich spät nach Hause!

*

Techn. Daten: "**Motorroller - Lambretta I**" (NSU- ital. Lizenz)
Zweitakter, Einzylinder, Hubraum: 125 cm^3, 3 Gänge, Leistung: 4,3 PS
Geschwindigkeit: 70 km/Std. Baujahr: 1951-1954, Listenpreis: 1670 DM

*Entnommen NSU24.de

Von meinem Roller war mittlerweile nicht nur Rosi begeistert, ich hatte meist mehr Chancen als früher, sogar bei einer ihrer sonst recht stolzen Freundin, einem kräftigen großen Mädchen mit einer Figur, an der alles stimmte und das wusste sie!

Bei einer unserer Ausfahrten trafen wir sie allein, spazieren gehend außerhalb der Ortschaft und Rosi fragte etwas großspurig, ob sie mal ein Stückchen mitfahren wolle? Bereitwillig stieg „Dorita" sogleich gekonnt im Damensitz auf, also beide schönen langen Beine auf eine Seite, das hatten wir schon öfters gesehen, jedoch noch nie probiert!

Beim Wegfahren legte sie gekonnt die Arme um meine Hüften, hielt sich nicht am dafür vorgesehenen Griff fest. Ihren festen Busen drückte sie dabei an meinen Rücken, was mich angenehm überraschte.

Beim Wenden ließ ich sie sicherheitshalber absteigen, wobei sie mir zu verstehen gab, gern bereit zu sein, eine weitere Tour mitzumachen!

Allerdings bemängelte sie den Motorradsitz, zumal die meisten neuen Roller eine Sitzbank hätten, bei der sich der Sozius viel schöner am Fahrer festhalten könne!

Leider hatte ich zu wenig Schneid, um mit Rosis bester Freundin etwas auszumachen. Ihre Anregung, hinsichtlich des Haltegriffs jedoch, veranlasste mich, diesen sofort abzubauen, woraufhin sich fortan jede Mitfahrerin an mir festhalten musste.

Die nächste, bei der ich es gleich ausprobierte, war unser Büromädchen „Gerda", die kleine nette schwarze Maid, wohnte ein wenig weiter weg als Rosi und hatte den Zug versäumt, der nächste ging erst in zwei Stunden.

Während meiner üblichen Abendrunde durch die Stadt, traf ich sie zufällig, mein Angebot, sie nach Hause zu fahren kam ihr scheinbar gerade recht, also fuhren wir gegen 19 Uhr los.

Die Fahrt durch den schönen warmen Sommerabend empfanden wir beide besonders angenehm und romantisch. Wohl auch davon beeindruckt ließ sie sich in der Nähe der elterlichen Wohnung gerne küssen, aber ich wollte mehr, da erwähnte sie Rosi! Ich erzählte etwas von nur „Freundschaft", so ging es hin und her, die Zunge tat mir schon weh, doch sie blieb standhaft, versprach mir, ein "Eventuell" beim nächsten Mal! Aber jetzt müsse sie unbedingt heim. - Nun gut, die Uhr schlug sowieso schon neun, mir wurde langsam kalt, denn ich hatte nur ein leichtes Hemd in der dünnen Arbeitshose stecken, außerdem einen Bärenhunger!

Also „Servus“ bis demnächst, ein letzter Kuss, summend fuhr ich davon, etwa 20 Minuten, da fing der Motor an zu stottern. *„Ach du Schei...“*, nach ein paar Metern blieb er ganz stehen!
Wir kannten diese einfachen Maschinen aus dem "ff", fast jeder Motorradfahrer ein halber Mechaniker, so leicht konnte einen da nichts erschrecken, nur die Dunkelheit erschwerte einiges!
Also erst Kontrolle, ist Sprit da? Ja ok, Benzinhahn offen, Schwimmernadel locker, anschieben, springt kurz an läuft ein Stück weit, stottert, aus. Zweite Möglichkeit Zündung? Seitenklappe ab, erst Werkzeuge, dann Kerze raus, reinigen mit Stahlbürste, Kontakte, Abstand prüfen mit Fingernagel ohne Licht! Alles in Ordnung, Kerze wieder rein, dabei passiert's, ich würge die Kerze schräg rein, raus, wieder rein, dann ist das Gewinde im "Alu-Zylinderkopfdeckel" ausgeleiert und hält nicht mehr dicht!
"Aus", übrig bleibt nur, die etwa 10 Kilometer bis nach Hause zu schieben, mit zwei lang gestreckten Bergen dazwischen ein anstrengendes Unterfangen! Von den drei vorbeikommenden Autos hält keiner an, warum auch, mir hätte höchstens ein Lieferwagen geholfen.
Gut zwei Stunden später: Mit letzter Kraft überwinde ich den letzten langen Berg, ließ den Roller dann bergab durch die Stadt in unsere Seitenstraße laufen, bevor es noch mal einen kurzen steilen Berg hinaufging.
Endlich war ich am Ziel, es ist 24 Uhr, der Magen hing in den Kniekehlen, dreckig, verschmiert, frierend, stand ich vorm Haus.
Zum Glück hatte ich mir heimlich einen Zweitschlüssel besorgt, leise öffnen, hören, ob alles schläft, *"Puuhh"* , mein Fehlen hat anscheinend niemand bemerkt! Leise wusch ich mich, fiel ins Bett, mit dem Gedanken an ein Liebesabenteuer, das man sicher zeitlebens nicht vergisst, schlief ich ein!
Ganz anders sollte mein erster, Gott sei Dank harmloser Sturz geschehen, der nicht lange auf sich warten ließ!
An einem wunderschönen Sonntag wollte ich Rosi zu einer Spazierfahrt abholen, als ich in ihrem Ort etwas zu schnell in eine frisch geteerte Kurve fuhr, passierte es! Mein Roller rutschte auf dem Rollsplitt wie auf Eis, krachend, splitternd schlug ich seitlich auf, damals noch ohne Helm! Doch ich hatte Glück, außer zerrissener Jacke nebst Hose blutete nur mein Knie, am Roller war die vordere Zierkante davongeflogen. Da ich erst nach kurzer Restauration weiterfahren konnte, traf ich natürlich verspätet bei ihr ein, die übrige Familie war inzwischen ausgeflogen. Meine Blessuren bemerkend, zog sie mich sofort ins Haus, um mich ohne Hose an Knie und Oberschenkel zu verarzten, was mich wiederum sehr schnell erregte. Als ich dann behauptete, es gäbe etwas um den Schmerz schnell zu lindern, verstand sie sofort und begann mich erst zärtlich, dann heftig auf ihres Vaters Couch zu lieben. Dabei durfte ich das erste Mal

erleben wie schön es sein kann, sich als unten liegender Mann, von einer Frau verwöhnen zu lassen!
Noch während unserer Aktion bemerkte ich unruhig werdend, dass plötzlich einzelne Hühner beim Fenster hereinflatterten, um sich auf der Spüle niederzulassen, beziehungsweise auf dem gescheuerten Holzboden herumzustolzieren. Mein Erstaunen belustigte sie sehr, zumal es bei ihnen offensichtlich normal war! Wogegen mir die Vorstellung schwerfiel, irgendjemand würde Hühnerscheiße mit Federn auf dem Boden unseres Hauses akzeptieren!
Später hatte sie sicher ihrer Mutter nicht nur vom Unfall, sondern auch, dass ich im Haus war, erzählt! Nun suchte sie oder auch beide eine Gelegenheit, um die Bande etwas fester zu knüpfen! Weshalb ich bei nächster Gelegenheit, eine Einladung zum Sonntagsessen erhielt, damit mich ganz nebenbei die ganze Familie, mit Ausnahme des Vaters kennenlernte. Letzterer war ein sehr deftiger Bayer, wie ich hintenherum erfahren konnte, weshalb man offensichtlich noch etwas warten wollte, um mich nicht zu erschrecken.
Also erschien ich, wie es sich damals gehörte mit einem Blumenstrauß für die Mutter, ähnlich einem bittenden Bräutigam, was mir nebenbei bemerkt, nicht recht gefallen wollte!
Außer uns Dreien waren noch zwei etwas jüngere Geschwister anwesend. Ein etwas rustikaler Bruder, der wenig sprach, sowie eine jüngere Schwester, welche mich zwar laufend anhimmelte, jedoch nur oberhalb der Gürtellinie, herzeigbar war.
Die Mutter eine kleine rundlich, freundliche Frau hatte sich reichlich Mühe gegeben, sauber aufgedeckt, sowie anscheinend das beste Geschirr verwendet! Leider gab es wie befürchtet "Schweinsbraten mit Knödel", nebst der üblichen dünnen Soße! Für mich heiklen Esser ein Horror, brachte ich doch weder Flachsen noch Fettränder ohne zu Würgen herunter. Hier aber meinten sie, wegen meiner schlanken Figur müsste ich besonders viel davon haben! Leider war Rosi noch nicht mit meinen Essgewohnheiten vertraut, also musste ich Abgeschnittenes unter dem Kraut verschwinden lassen! Schnell rettete ich mich zur Nachspeise, natürlich nicht, ohne scheinheilig die gute Küche zu loben.
Beim anschließenden Plausch über Beruf und Belangloses verschwanden sich entschuldigend erst die Geschwister, nach dem Kaffee auch noch die Mutter zur Nachbarin.
Rosi, welche schon vorher angedeutet hatte, mir heute ihr Zimmer zu zeigen, stieg alsbald vor mir die enge Treppe zum ersten Stock hinauf. In einem kleinen mit Bauernmöbeln eingerichteten Raum dominierte ihr Bett mit prall gefülltem weißem Bettzeug. Meinen umherschweifenden Blicken fielen sofort diverse Bilder nebst Einrichtungsteilen von eindeutig amerikanischer Herkunft auf, alles bestimmt von ihrem ehemaligen „Ami-Freund“! Mein langes Gesicht, weckte

scheinbar ihr schlechtes Gewissen, um mir ihre echte Liebe zu beweisen, sollte ich das füllige Bett ausprobieren!
Doch diesmal war mir die Lust vergangen, ich wollte nur noch weg. Verabschiedete mich eilends, konnte aber erst nach drei Kilometern, wie von einer Zentnerlast befreit, wieder richtig durchatmen!
Meine Eltern, die an diesem Wochenende verreist waren, gaben sich stets unwissend über unser Verhältnis, das heißt sie verloren nie ein Wort darüber, duldeten es stillschweigend, anscheinend weil Rosi nach wie vor, die rechte Hand des Chefs war!
Erst Jahre später entnahm ich seinen Bemerkungen über ihre Art oder weiblichen Formen, dass er sie selbst gern mal vernascht hätte!
Der Höhepunkt unserer Beziehung stand an, als wir beschlossen gemeinsam in den Urlaub zu fahren. Natürlich, ohne, dass es jemand wusste oder erfuhr, da wir in verschiedenen Abteilungen arbeiteten und Rosi die Urlaubsliste führte, gelang es in der Firma ohne Schwierigkeiten.
Zu Hause erzählte ich mit Zelt und Roller, das erste Mal Urlaub machen zu wollen, Rosi fuhr offiziell mit der Bahn zu einer entfernten verschwiegenen Freundin!
Endlich an einem schönen Sommermorgen erfüllte sich die lange Vorfreude, ich wartete am Fußweg zum Bahnhof, der praktischerweise etwas außerhalb des Ortes direkt über die Fernstraße führte. Schnell wurde ihre Tasche auf meinem Pepita-Plastikkoffer festgezurrt. Mehr hätte auf dem Gepäckträger sowieso nicht Platz gefunden!
Los ging's, wohin? Natürlich nach Meersburg am Bodensee, in das Hotel welches ich vom vorigen Urlaub kannte!
Mit Spitze 50 - 60kmh zockelten wir durch die Gegend, brauchten für die 250 km etwa sieben Stunden!
Im „Rebstöckl" angekommen, fragte ich mit heißen Ohren verlegen nach Quartier, wobei ich Glück hatte, der Wirt erinnerte sich sofort an meinem Vater! Erkundigte sich nach dessen Befinden und vermietete uns ohne Probleme, die erträumten Zimmer im Gästehaus am Weinberg!
Leider mussten wir, um den Schein zu wahren, zwei Einzelzimmer nehmen, zumal ich unter 21 und wir nicht verheiratet waren. Der Wirt hätte damals, wenn man es angezeigt hätte, wegen Kuppelei belangt werden können!
Aus diesem Grund machte sich jeder augenfällig in einem Zimmer breit, wobei wir die Nächte natürlich zusammen schliefen. Das zweite Bett zerwühlten wir am Morgen, bevor das Zimmermädchen kam.
Am vierten Tag ließ der Wirt ausrichten, dass er uns abends sprechen wollte!? Auweh zwick, hoffentlich hatte keiner unser Stöhnen gehört, mussten wir jetzt womöglich ausziehen? Beunruhigt warteten wir nach dem Abendessen auf die Unterredung, welche er etwas umständlich begann!

„Ja wie soll ich's euch sagen hrmm, hrmm, nehmts mers net übel, aber ich brauchert dringend die Einzelzimmer und tät euch dafür ein besonders schönes Doppelzimmer geben was sagts dazu?!"
Verlegene Blicke nach unten, anschauen konnten wir ihn dabei nicht!
„Ja, nun, könn mer schon machen, macht uns nix aus", meinte ich, nun war's heraus! *„Danke, helft's mir echt aus einer großen Verlegenheit"*,
meinte er wohlwollend, stand auf und ließ zwei leicht Verdatterte zurück, welche schmunzelnd beinahe laut aufgelacht hätten!
Wenn wir uns vorher noch etwas zurückgehalten hatten, lebten wir uns nun voll aus und ließen jedem Experimentiertrieb freien Lauf!
So besehen, waren ab jetzt die verschiedenen Attraktionen des Bodensees nur noch Nebensachen! Obwohl ich mich auch weiterhin, mit den Erfahrungen aus dem Elternurlaub als kluger Reiseführer hätte zeigen können!
Der Rest der Woche verging schnell, leider mussten wir so bald die Heimreise antreten. Allerdings gebräuchlich, denn zu jener Zeit, hatte man nur zwei Wochen Urlaub im Jahr!
Rosi zeigte sich zum Schluss sehr großzügig, bezahlte nicht nur den ganzen Übernachtungspreis, indem sie mir heimlich Geld zusteckte, sondern kaufte auch noch einen Fotoapparat, als meine alte Fotobox den Geist aufgab! Nun ja, ihr Verdienst übertraf den meinen um einiges.
Die lange Heimreise verlief auf den teilweise staubigen Straßen, unterbrochen von ein paar wortkargen Pausen ohne Zwischenfälle.
An der bewussten Wegkreuzung verließ mich Rosi eiligst mit einem kurzen „Kuss & Servus", um nicht gesehen zu werden. Seltsamerweise war ich nicht traurig über den Abschied, sondern eher erleichtert, sie wieder los zu sein! Fast schämte ich mich meiner Gedanken, dennoch fuhr ich wie von einer Last befreit fröhlich nach Hause, wieso???
In den folgenden Wochen verfielen wir nach kurzer Zeit, in den alten Trott, Kino, spazieren gehen, Sex, nur die Gespräche liefen irgendwie zäher.
Gern hätte ich wieder mal was angestellt, wäre mit meinen Freunden ausgegangen oder noch besser irgendwohin abgehauen, weg von allem, träumte stets davon, ja hatte oft richtig Fernweh!
Doch als ob Rosi es spüren würde, sie klammerte noch mehr, ließ ihren Lothar nicht aus den Augen, hinterfragte meine Freizeitaktionen öfter als die Eltern, war immer zur Stelle, tat alles für mich. Nebenbei schaffte sie es immer wieder, mich mit ihren weiblichen Reizen im wahrsten Sinne des Wortes „bei der Stange zu halten!"

*

So die Situation Ende 1956, als sich per Telegramm, das erwartete, aber dennoch überraschende Kommen meiner Mutter ankündigte!
Mit Antrag auf Familienzusammenführung des roten Kreuzes, die nur bis zum 18ten Lebensjahr der Kinder galt, gelang ihr die Ausreise aus Polen!

An einem regnerischen Dezembertag ließ mir Vater ausrichten, ich solle vom Betrieb sogleich nach Hause kommen. *„Meine Mutter sei da!“*
Schon im Flur hörte ich Stimmengewirr, ein wenig aufgeregt, mit gemischten Gefühlen öffnete ich die Wohnzimmertür.
Da stand sie vor mir „Mami“ meine Mutter, fast zwölf Jahre hatten wir uns nicht gesehen! Mein erster Gedanke, die sieht ganz anders aus, als ich sie mir vorgestellt habe! Schließlich kannte ich sie nur noch von Fotos kombiniert mit ein paar schwachen Erinnerungen.
Ihr Juchzen, Schluchzen, Weinen, Umarmen, Abküssen ließ ich seltsam berührt über mich ergehen. Als erstes fiel mir auf, dass Mami mit ihren 46 Jahren sehr quirlig war, dabei als 46er Größe mit 1,60 m sehr klein und pummelig wirkte.
Wie ich schließlich neben ihr saß, ließ sie meine Hand nicht mehr los, betrachtete, streichelte und küsste mich immer wieder, als wenn ich noch ein kleiner Junge wäre. Ein eigenartiges leicht unbehagliches Gefühl beschlich mich dabei, denn teilweise war sie mir sehr fremd, nur manchmal glaubte ich noch etwas zu erkennen.
Nach einigen Stunden wurde es mir zu viel, und da die feuchtfröhliche Wiedersehensparty gerade auf dem Höhepunkt war, verabschiedete ich mich mit dem Hinweis auf wichtige Arbeiten im Betrieb, was der Chef gönnerhaft genehmigte! Seinen Gebärden, sowie diversen herumstehenden Wein- und Cognacgläsern nach zu urteilen, waren ihm Geschichten der Vergangenheit im Kreise des nun nochmals erweiterten Harems sowieso wichtiger! Es lauschten ja weiterhin Mutti, Mami, Tante Erna und das Dienstmädchen Mariechen!
Im Laufe der ersten Woche traf Mutters gesamte Habe aus Hindenburg (Zabrze) ein. Dank ihrer Geschäftstüchtigkeit, bei dem "1956" kurzfristig einsetzendem Tauwetter zwischen Ost und West war es gelungen, ihre Ausreise in einem Musterzug zu organisieren! Diese Möglichkeit wurde damals der internationalen Presse als „good will“ verkauft.
So gelang es Claire, neben eigenen Möbeln, etliche für die Familie unschätzbare Dokumente, Bilder, diverse Utensilien etc. von unserem früheren Leben, also vor „1945“ zu retten!
Vater wies ihr als erstes Domizil, trotz der laufenden Renovierung ein Zimmer in unserem Haus zu, wo sie sich mit Tante Erna, Bad und Küche teilte.
Auch finanziell unterstützte er Mami fürs Erste, in welchem Umfang erfuhr keiner!

Sie behauptete in den späten "40er" Jahren, durch Schieben oder Organisieren besorgtes, sogenanntes Besatzungsgeld auf verschiedenen Wegen geschickt zu haben, als Beteiligung an unserem Betrieb gedacht! Vater hielt dagegen, dass wenig davon angekommen sei, man außerdem dafür fast nichts kaufen konnte! Wie es sich genau verhielt, erfuhr man nie, denn jeder über- oder untertrieb auf seine Weise.
Als nächstes klärte mich Vater auf, dass ich trotz schmalen Budgets, meine Mutter beim Beschaffen des Nötigsten zu unterstützen hätte, was ich Eingedenk meiner Rollerschulden, mit hochrotem Kopf quittierte!
Auf meine vorsichtige Anfrage bei ihr, kam nicht das erhoffte *„Nein danke“* sondern prompt, dass Unterwäsche fehle und schon waren hundert Mark weg, *„Aua“* das tat weh. Danach fragte ich sie nie mehr!
Natürlich wollte sie sofort arbeiten, am liebsten auf einer führenden Bürostelle im Raum München, wenn möglich bei einem unserer Kunden.
Vater ließ sie gewähren, besorgte die nötigen Verbindungen, wohl wissend, was alsbald geschehen sollte!
Nachdem sie sich beworben hatte, stellte sich schnell heraus, dass sie den bestehenden Anforderungen nicht genügte. So entsprach das in den vergangenen zwölf Jahren nur wenig benütztes Deutsch in Schrift, sowie ihre noch älteren Kenntnisse in Buchführung, längst nicht mehr den gestiegenen Anforderungen eines Betriebes im Jahre 1957. Zu ihrem Glück, aber dem Bedauern aller, kündigte kurzfristig die langjährige Einkäuferin, unser üppiges Fräulein Sudeck, die mit dem lasziven Lächeln!
Dem Chef schien es gerade recht zu sein, Claire auf diesem Posten zu etablieren. Behielt er doch eigene, vor allem ihm ergebene Leute, am liebsten um sich! Else hatte scheinbar auch nichts dagegen, im Gegenteil, die beiden Damen schlossen Freundschaft. Nun musste sie mit Tante Erna nicht mehr allein Stunden, ja tagelang, bei Vaters Trink- und Laberphasen, mit oder ohne weitere Gesellschaft sitzen und zuhören, auch meine Wenigkeit, war zumindest fürs erste, entlastet!
Den schwarzen Peter zog die technische Betriebsleitung, der ich mittlerweile angehörte, denn die Frau C. Gerhard oder die „C“, wie wir sie intern nannten, wusste anfangs fast nichts! Kannte keinen Lieferanten, kein normales Verhandeln, kein Schreiben! Am Schlimmsten, kaum technisches Grundwissen über Produktionsabläufe, alles musste man ihr erst wieder beibringen. Maschinenschreiben ging nur mithilfe eines schreibfesten Lehrlings. Das Ärgerlichste aber, wenn die "C" etwas vergaß oder falsch machte, fand sie meist zig andere Schuldige! Als Ohr vom Chef dagegen arbeitete Claire prima, er erfuhr aus erster Hand alle Fehler, die gemacht wurden, sowie jeden wichtigen oder unwichtigen Ratsch und Tratsch aus dem Arbeitsleben seines Personals!
Dermaßen aus verschiedenen Quellen informiert, wollte er sich mit Mutti, ein paar Tage in das, zurzeit viel beachtete Berlin absetzen. Ein wie befürchtet nur

kurzes politisches Tauwetter wollte Vater nutzen, um die alte Hauptstadt nach 10 Jahren wiederzusehen. Zum ersten Mal wollte man sich einen Flug leisten, was seinerzeit nur wenige konnten. Spontan hatte er in München als Überraschung, zwei Tickets gekauft. Dabei aber, wie man so sagt, *"die Rechnung ohne den Wirt gemacht"*! Mutti, die noch nie geflogen war, hatte Angst, was mir die einmalige Gelegenheit einbrachte, mitfliegen zu dürfen!
Wir starteten von "Riem" mit einer Zweimotorigen der "Pan Am" nach "Tempelhof". Nächtigen wollte er unbedingt einmal im "Hotel Adlon", was aber enttäuschend ausfiel, da nur noch der ehemalige Personalflügel stand. Unser Quartier ein kleines, jedoch neu restauriertes Zimmer mit Bad, indem ich erstmals ein Bidet entdeckte. Auf meine Frage, wofür, sagte Vater, der wohl keine Lust zur Aufklärung verspürte, dass es zum Füße waschen sei! Geschlafen wurde in einem Doppelbett, was nicht schlimm gewesen wäre, wenn Vater nicht so fürchterlich geschnarcht hätte, was er jedoch stets vehement bestritt.
Ansonsten gestaltete sich der Besuch, mit Stadtrundfahrt höchst interessant. Obwohl noch eine Menge zerstört war, wurde überall fleißig gebaut, hauptsächlich am Ku-Damm, oder im neuen "Hansaviertel". Im Osten in der "Stalinallee", welche aussah wie vom Zuckerbäcker gemacht! Schon wieder militärisch zeigte sich die neue Wache oder das sowjetische Ehrenmal am Tiergarten.
Herumlaufen konnte man allerorts, allerdings warnten einen ständig große Schilder davor, den einen oder anderen Sektor, zu verlassen.
Am letzten Tag der Reise blieb Vater leider im "KaDeWe", dem neuen Gourmetstempel, bei den Spirituosen hängen, sodass wir beinahe unser Flugzeug versäumt hätten! Nur ein "Sonder-Bakschisch" für den rasanten Taxifahrer, welcher erstmals "Innenstadt 50" einhalten sollte, vermied Komplikationen. Unerfreulicherweise einmal Blut geleckt, forderte Vater während des Fluges von der freundlichen Stewardess, Cognac um Cognac, wonach er immer lauter wurde. Derweil sich die anderen Fluggäste bereits abwandten, führte er laute Gespräche mit mir, obwohl ich drei Reihen weiter vorn saß, was mich sehr peinlich berührte! Endlich landeten wir bei schönstem Wetter in München, die Abholer durften damals bis an die Flugzeugtreppe kommen und da ich als erster ausstieg, sah ich meine Mütter freundlich, lachend, winkend, unten stehen. Wie an der Reißleine gezogen veränderte sich ihr Gesichtsausdruck schlagartig, als Vater mit einem laut fröhlichem *"Hallooo"* ins Freie trat!
Sie witterten sofort: *"Ojeh, der Alte ist doch schon wieder knülle"!!!*

Ebenfalls in diesem Jahr, bekamen wir ein neues Auto. Vater konnte sich zwar keinen „AMI“ leisten, so sollte es diesmal, nach dem Franzosen wenigstens ein deutscher, großer, viertüriger Opel sein! Irgendwann stand er vorm Haus, ein wunderbarer schwarzer Kapitän, mit viel Chrom, auffallend gekrönt durch ein gelbes Dach, eine selbst gewählte etwas eigenwillige Sonderlackierung!

Die erste Zeit durfte ihn nur Chef oder Chauffeur bewegen, doch schon bald während einer größeren Feier im Hause Gerhard ging der Sekt aus, da mein Roller für den Transport ungeeignet war, kam ich endlich in den Genuss der ersten Fahrt.
Jovial übergab mir Vater den Zündschlüssel mit den Worten *„Pass mir ja auf und komm sofort zurück, ich schau auf die Uhr, alter Schwede!“* Ein paar Gäste lachten und als er meinte, ich sei außer Hörweite, gab er noch eine meiner Schwarzfahrer-Geschichten zum Besten, natürlich eine von den wenigen, die er kannte!
Am Sonntag konnte ich Sekt nur bei der alten „Schreiberin“ holen, welche als Kinobesitzerin im Keller, nebenbei einen so genannten „Spirituosen-Großhandel“ betrieb und auch nach Ladenschluss verkaufte. Sie selbst sah sehr zerknittert aus, besaß den Anflug eines leichten Bartes, sprach etwas undeutlich, während sie einem meist eine weitreichende Alkoholfahne ins Gesicht blies. Vermutlich war sie selbst ihr bester Kunde!
Erfahrungsgemäß musste man warten, doch diesmal ging es schnell, so blieb mir Zeit den Neuen in und um Neuburg ausgiebig zu testen, natürlich trotz Kälte, zwecks Angabe mit Ellenbogen aus dem Seitenfenster!
Wieder zuhause angekommen, alles abgeliefert, hatte keiner mein längeres Fehlen bemerkt! Den einzelnen Zweitschlüssel behielt ich vorerst.
Derweil unsere obere Toilette besetzt war, nahm ich die im Keller, welche fast nie einer benutzte. Ich hob den Deckel mit dem losen Schlüssel in der Hand, als dieser plötzlich mit einem „biiijeung“ nach unten in den Siphon sauste! Was nun? Erstens, "nicht spülen!" Doch auch ein vorsichtig eingesetzter Draht brachte keinen Erfolg, also was half's, Ärmel rauf und reingefasst. Mir hob es fast den Magen, da unten befand sich ganz altes Material, fühlte sich an wie weiche Watte! Nach einigem meist durch Würgen unterbrochenem Herumtasten, gelang es mir, ihn endlich zu bergen!
Zigmal wusch ich danach, sowie in den folgenden Tagen meine Hand, trotzdem stank sie noch ewig nach alter Schei…!
Nun ja, dachte ich als Trost, eventuell bringts Glück, jedoch das Gegenteil trat ein! Denn als ich ausnahmsweise zum Waschen auf den Firmenhof fahren durfte, schnitt ich zu schwungvoll die Ecke vom Exauster. Der „Kapitän“ sprang knirschend ein wenig auf die Seite und… die hintere Tür war eingedrückt!!
Nun war guter Rat teuer, zum Glück fiel mir „Tausendsassa-Willi“ ein, unser junger Meister mit dem tollen Händchen für alle Metallarbeiten. Er besah sich kopfschüttelnd den Schaden *„Ganz, wer mer das nicht mehr rauskriegen!“ „Egal, Hauptsache man sieht's nicht gleich!“* Also entfernte er die Innenverkleidung spreizte ein löffelartiges Werkzeug ins Innere, drückte schob, presste und das damals noch sehr starke Autoblech sprang mit zweimaligem „blong bong“ wieder heraus. Den Rest erledigte Politur bis auf zwei sehr ansehnliche

Kratzer. Ein neuer Schaden, welchen man eigentlich beichten sollte, doch der Chef brauchte an diesem Tag schnell seinen Wagen und fuhr unbesehen los.
Einige Zeit später, bei passender Gelegenheit machte ich scheinheilig darauf aufmerksam. Unmutig brummend wurden die Kratzer betrachtet, während er meinte *„Verflixt noch mal, gerade beim neuen Auto wieder, das muss der Schwanzer gewesen sein!“*
Gott sei Dank, kam nur er oder sein Chauffeur, welcher gerade krank war, infrage, da kein anderer vorerst den Chefwagen fahren durfte!
Selbst ganz verrückt aufs Autofahren, kam mir die längere Krankheit des Fahrers gerade recht, wann immer es ging, übernahm ich die anfallenden Touren mit unserem langen DKW-Lieferwagen. Zu dieser Zeit gab es noch wenige Führerscheinbesitzer im Betrieb, weshalb mein Einsatz nicht nur von oberster Stelle genehmigt, sondern auch gewünscht wurde.
Meine Qualifizierung stammte aus dem vorigen Winter, als ich es als Einziger schaffte, den DKW ohne Hilfe, die steile weder geräumt noch gestreute Zufahrtsstraße rückwärtsfahrend, hinaufzufahren!
Mit meinen 19 beherrschte ich die Kiste wie ein Instrument, versuchte sie jedoch wie einen Rennwagen zu fahren.
Zu alledem darf man natürlich nicht vergessen, wie wenig Autos es zu dieser Zeit gab! Auf der heute sehr befahrenen "Donauwörther Straße", kam damals vielleicht alle 10-15 Minuten ein Fahrzeug!! Genau dort aber geschah mein erster Unfall, so gravierend, dass ich ihn bis heute noch vor mir sehe!
Bei einer Fahrt vom Bahnhof kommend, dazu ein intensives Gespräch mit meinem Beifahrer führend, musste ich in Richtung Firma, links abbiegen, setzte den Winker (ein kleines beleuchtetes Teil von etwa 20 cm Länge, welches mechanisch seitlich aus dem Fahrzeug klappte, Blinker gab es noch nicht!) und bog darauf vertrauend, dass hier sowieso keiner kommt, nach links ab.
„Wumm“, ein Schlag mit hässlich krachendem Geräusch folgte und ließ mich erstarren, schlingernd kam der touchierte VW-Käfer etliche Meter weiter mit verbeultem hinterem Kotflügel zum Stehen. Auch ich hielt an, stieg erschrocken aus. Doch es dauerte, nichts rührte sich unsicher mit heißen Ohren ging ich zu dem Fahrzeug, als endlich die Tür aufging und…. ein Mann mit **einem Bein** stieg aus!
Meine Knie wurden weich, mir wurde übel, erster Gedanke, ich habe es ihm abgerissen…, bis er endlich hin und her hüpfend seine Krücken herausholte. „Pffft…“, Gott sei Dank ein Versehrter, das Bein hatte er im Krieg verloren, ansonsten war ihm nichts geschehen!
Weiter stellte sich heraus, mein Winker war auch noch hängen geblieben, hatte also gar nicht angezeigt, ich entschuldigte mich, der Mann war nicht unfreundlich, kannte uns und fuhr gleich mit zur Firma!

Schäden am VW, ein bezahlbarer Kotflügel, am DKW eine nur leicht verbogene Stoßstange, welche man mit ein paar Hammerschlägen nebst etwas schwarzer Farbe leicht reparieren konnte. Es folgte Namenstausch, später Rechnung, Polizei wurde nicht gebraucht, damit war die Sache erledigt.
Einen Monat später krachte ich nochmals in ein von rechts kommendes Fahrzeug, wieder ein VW, dem ich diesmal den Mittelholm verbog! Erneutes Glück, es handelte sich um den Vater einer Angestellten, so ging auch diese Kollision ohne Polizei und Strafe ab, unser Lieferwagen hielt's aus, hatte nur ein paar Kratzer und die eingebogene Stoßstange ließ sich mit einer festgezurrten Kette schnell wieder gerade richten! (Beneidenswert, heute dagegen?!)
Vater erwischten die Berichte bei guter Laune, außerdem erinnerte er sich an seine Jugendzeit, aus der es einige Unfallgeschichten gab, weshalb er meinte *„Na, na, du solltest aber mit unserem betagten Herrn, keine Turniere mehr fahren, Junge!“*
Von da an war's selbst mir zu viel, zukünftig fuhr ich umsichtiger und unfallfrei!

*

Anfang des neuen Jahres führte mich eine Stadtfahrt zufällig an der großen ESSO-Tankstelle hinter der Donaubrücke vorbei, als ich wie elektrisiert unsere alte „Ford-Vedette“, mein Lieblingsauto auf dem Hof stehen sah. Doch wie liederlich sah unser einst so gepflegtes Auto aus, voller Kratzer, schmutzig, das Schlimmste, die vordere Stoßstange fehlte!
Auf meine Nachfrage erzählte der neue Besitzer, ihn von Opel gekauft zu haben, um ein neues Verleihfahrzeug zu besitzen. (Gebühr ~30 DM am Tag)
Etliche nette, tolle Erinnerungen an Urlaubs- oder gewagte Schwarzfahrten gingen mir durch den Kopf, sodass mich der Gedanke nicht mehr losließ, den Wagen noch einmal zu fahren!
Bereits gegangen, drehte ich kurz entschlossen wieder um und mietete die „Vedette“ am nächsten Samstag für eine Spritztour! Danach suchte ich meinen Freund Peter auf, welcher ebenfalls gleich begeistert war. Etwas später konnten wir als dritten, noch Manfred anheuern, womit das Trio für eine „Aufreißer-Tour“ nach Ingolstadt komplett war!
Die Aktion sollte natürlich Rosi verborgen bleiben, damit sie nicht noch auf Umwegen etwas anderes erfuhr, erzählte ich erst am Freitagabend von einer überraschend anberaumten Fahrt mit Vater am nächsten Tag.
Endlich Samstag, wie vereinbart, trafen wir uns um 20 Uhr bei der ESSO-Station, wo wir den Leihwagen übernahmen. Eilends hinter dem Steuer meines

alten Gefährten sitzend, wies ich lachend die Betriebserklärungen des Tankwarts zurück!
Lauter als gewohnt sprang der Motor an, dass im Laufe der Zeit der Auspufftopf ein Rostloch erhalten hatte, begeisterte uns, denn nun konnte man den starken Achtzylinder, so richtig brabbeln hören!
Lustige Geschichten erzählend, gelangten wir zur ersten sogenannten Bar, der Name dieser, sowie weiteren Lokalitäten ist mir leider entfallen. Parkplatz fand man damals ohne Probleme, in der Nähe.
Ingolstadt gab sich großstädtisch, weshalb es in den Bars, welche als Echtheitszeichen eine Stehtheke mit schummrigem Licht besaßen, meist ein Herrengedeck als billigstes Getränk, bestehend aus einer Piccolo nebst einem Pils. Mehr nahmen wir aus Rücksicht auf unseren Geldbeutel, sowieso nicht zu uns! Quatschten hier und dort mit dieser und jenem, drei passende Damen ließen sich leider nicht finden, also zogen wir weiter!
Etwa in der vierten etwas düsteren, schmuddligen Bar trafen wir Reinhard, ebenfalls aus Neuburg. Im Gespräch kam man auf die grandiose Idee, dass es besonders mutig wäre, hier an die Theke zu pinkeln! Alle stimmten zu, nur leider war ich der Einzige, der sich traute! Als das Bächlein langsam zur Mitte des Lokals lief, zogen wir es vor, sicherheitshalber, schleunigst zu verschwinden.
Die Quittung für meine mutige Tat, Freund Peter bezeichnete mich, wenn das Gespräch darauf kam, fortan als „alten Saubärn“!
Zum krönenden Abschluss landeten wir drei dann letztlich in den Schäffbräu–Kasematten, einer lauten Kneipe mit viel Jungvolk.
Wir parkten sauber hinter einem anderen Wagen am Trottoir direkt vor dem Torbogen, welcher inmitten einer großen Ziegelmauer das untere Portal zur Gaststätte bildete. Hinter dieser Mauer führte der Weg über eine Steintreppe steil hinauf zur Terrasse mit Eingang. Innen empfing uns deutlich mehr Stimmung als bei den vorigen Kaschemmen, allerdings spielte hier auch eine Kapelle zum Tanz auf!
Wir hatten eine Menge Spaß lachten, tanzten so gut es ging, hielten uns aber schon aus Kostengründen an einem Bier fest! Etwa gegen Mitternacht verließen wir mit bester Laune das Lokal.
Auf der Straße mussten wir überrascht feststellen, dass unsere „Vedette“, einige Meter weiter mit wenigen Zentimeter Abstand, hinter einem VW stand! Scheinbar hatte irgendwen das Hindernis vorm Ausgang gestört, woraufhin er unseren Wagen bis zu besagtem Auto vorschob.
Leider hatte ich versäumt, den Gang einzulegen bzw. die Handbremse anzuziehen. Eine Beschädigung, etwa an der Heckklappe des Vordermanns konnte man jedoch nicht feststellten.

So startete ich und fuhr los nicht bedenkend, dass der Wagen durch unser Gewicht merklich in die Federn sank, woraufhin sich die VW-Stoßstange unter der Karosserie befand.
Ohne was zu spüren, fuhren wir langsam rückwärts, nur irgendwas schepperte leise *„Ist, was passiert?“ „Ah bloß des klorne Hörndl is weg gflogn, fahr zur!“*, meinte Peter und so zogen wir brummend weiter, Richtung Heimat.

Am nächsten Tag weckte mich Vater mit einem harschen *„Steh auf Lothar, der Kapfer (Verleiher) hat angerufen, du sollst noch heute zur Polizei nach Ingolstadt kommen, die suchen dich wegen Fahrerflucht, was haste denn da wieder angestellt?!“* Zu meiner Erklärung äußerte er sich nicht.
Auf der Polizeiwache musste ich im Vorraum warten, neben mir saßen zwei junge Männer, schnell stellte sich heraus, dass es sich um Zeugen nebst VW Besitzer handelte. Leider ließ dieser meine Entschuldigung nebst dem Angebot den Schaden von 5 DM gleich zu bezahlen nicht gelten!
„So Banditen wie dich, die an andern mutwillig beschädigen und dann abhauen, ghörn richtig gstraft und außerdem mag i mit solcherne gar net reden!“ Sprachs und stand auf.
Beim anschließenden Verhör verschwieg ich natürlich unsere Wahrnehmungen erfuhr aber, dass ein Zeuge behauptete, gesehen zu haben, wie wir auf das andere Auto aufgefahren und danach abgehauen wären! Das stimmte nun wirklich nicht, was ich auch mit reinem Gewissen vehement bestritt!
Wochen vergingen vom ständigen Gefühl, das „Schwert des Damokles“ hinge über mir, erlöste mich endlich der Strafzettel „40DM wegen Fahrerflucht“! Um die Sache abzuschließen, wollte ich gleich zahlen, nicht jedoch mein Alter, 40DM hießen angeblich „vorbestraft?!“ Somit bliebe für Jahre ein Fleck auf meiner sonst weißen Weste, meinte er.
Wahrscheinlich fiel ihm eine eigene Verhandlung ein, bei der er wegen Beamtenbeleidigung verknackt werden sollte?! Hatte er doch einem verkehrsregelnden Polizisten in München am Stachus, den "Vogel" gezeigt!
Damals standen dort weiße Verkehrspolizisten inmitten der Kreuzung auf einer erhöhten Insel. Bei der Verhandlung behauptete mein Alter dann frech, den Polizisten nur militärisch dankend, "gegrüßt" zu haben! Nun der Beamte konnte das Gegenteil nicht beschwören, also musste der schmunzelnde Richter, Vater wegen Mangels an Beweisen, freisprechen!
Derweil aber mit meinen 19 Jahren noch nicht volljährig, musste ich in diesem Fall, wie gefordert, Einspruch erheben!
Einige Wochen später machte unsere Entscheidung, in verschiedenen Himmelsrichtungen abzuhauen, möglichst weit weg von daheim, das Glück zu suchen, unser Trio für das Gericht unerreichbar! So sollten noch Monate ins Land gehen, bis endlich die entscheidende Verhandlung stattfinden konnte!

Rosi hörte am Montag davon, erkannte natürlich sofort den Grund der Lügerei, sprach daraufhin weder ein Wort mit mir noch würdigte sie mich eines Blickes! Im Geschäft rauschte sie erhobenen Kopfes vorbei oder legte, wenn es geschäftlich etwas zu sagen gab, nur Notizen auf meinen Tisch!
Am Anfang war ich wohl etwas irritiert, doch mit jedem weiteren Tag, an dem ich meinte, dass es ihr Ernst ist, wurde mir überraschenderweise leichter ums Herz. „Nun gut“ dachte ich, während mich ein freudiges Gefühl durchströmte, endlich ging die verpflichtende Liebschaft ohne großen Knatsch zu Ende und ich war endlich wieder frei, frei, **frei**!!
Doch scheinbar hatte ich „die Rechnung ohne den Wirt gemacht“!
Nach etwa 10 Tagen saß ich abends im technischen Büro, um in Ruhe ein Gießteil zu zeichnen, bekam aber gar nicht mit, dass Rosi ebenfalls allein im Hauptbüro arbeitete. Auf einmal stand sie vor mir, fiel mit einem Schluchzer etwas theatralisch vor mir auf die Knie, um den Kopf weinend in meinem Schoß zu vergraben. Verlegen wusste ich nichts anderes zu tun, als ihr über das Haar zu streicheln. Durch das ungewohnte Gefühl, von fehlendem regelmäßigem Sex verstärkt, wollte ich schon nachgebend, etwas Versöhnliches sagen. Als ihr unerwartet, eventuell zu unser beider Glück, ein kurzer Furz auskam! Es stank.... woraufhin sie mit hochrotem Kopf aufsprang, um wortlos hinauszurauschen!
Von jenem Tag an merkte ich, dass nun wirklich endlich Schluss zu sein schien!
Zeit verging es blieb dabei, überraschenderweise war es gar nicht so einfach, nach fast drei Jahren, den Anschluss an das andere Geschlecht wieder zu finden. Allein zu wissen, wer mit wem ging, wo man sich traf oder auch den Mädels zu zeigen, dass man wieder auf dem freien Markt ist!
Auch die Erfahrung auf die Schnelle eine rumzukriegen, war schmerzlich und gar nicht so einfach!
Freund Peter gelang es wesentlich leichter, er hatte viele Kontakte und immer mehrere Eisen im Feuer. Nebenbei hatte er aber immer noch Zeit für irgendeine Gaudi. So meinte er an einem schönen lauen Sommerabend: *"Komm Lothar, fahr mer a Stückerl, na zorg i dir was, des hast no nia gsegn!"* Also fuhren wir mit dem Roller etwa eine halbe Stunde Richtung Augsburg in eine der übernächsten Ortschaften. Am Anfang des Ortes forderte er mich auf, anzuhalten und den Roller, zur Sicherheit lieber hier schon abzustellen! Meine Neugierde stieg, doch er meinte nur, ich sollte es einfach abwarten.
Es dämmerte bereits, als wir uns endlich einem kleinen Gehöft näherten, wo er einfach in den Vorgarten ging. Leise klopfte er mehrmals an eines der vergitterten Fenster im Parterre. Kurz darauf öffnete ein etwas älteres, nicht übel aussehendes Mädchen!
"Ja grieß di, Resi, mir wuin di a weng bsurcha, wie gehts der denn, Madl?" - *„Dankschön guat Peta, i derf net naus, is aba net dasts mi bsurchts!"*, antwortete das zwar gut gebaute, jedoch offensichtlich etwas einfältige Mädchen. *"Hast*

aber a schene Blusn o, is die nei?" - „ Ja scho, gfoits der?" - „Ja pfundig, aba mir mechtn a gern segn, wascht drunter hast!" - „A na, des derfi net, wenns der Vater sicht, na schimpft er wieder!" - „A kimm, der sichts net und mir wüins ja blos aweng oschaung!"
Tatsächlich knöpfte sie ihre Bluse mit nichts drunter auf und entblößte nahe am Fenster stehend, ihren üppigen weißen Busen, woraufhin Peter gleich zu streicheln begann! *"Gell, des is schee?" - „Ah, ah ahja scho sehr!" - „Kimm, mei Freind mecht a amoi!" - "Los Lothar, geh zur, lang a aweng hie!"* Also begann auch ich, durch die Gitterstäbe an dem willig angebotenem Busen herumzuschrauben!
So ging es eine Weile hin und her, wir lachten und es begann allen Beteiligten, zunehmend besser zu gefallen! Als plötzlich über uns ein Fenster aufflog, der derbe Kopf eines älteren Mannes erschien!
"Ja es Hundsbuam elendige, schaugds das eich schleichz, glei kimm i nunter un derschlag eich, Hundskrippi elendige!" Zum Unterstreichen seiner Schimpfkanonaden folgte aus einem scheinbar schon bereitgestellten Eimer, ein Schwall Wasser, welchem wir gerade noch ausweichen konnten!
Danach zogen wir es allerdings vor, schnell zu verschwinden, lauthals lachend über das nette Abenteuer, knatterten wir davon. Später erzählte man sich, dass sich das Gebaren von "Bürgermeisters-Töchterlein" herumgesprochen hatte und angeblich Pilgerströme von jungen Kerlen anlockte!
"Morgen bsurch mer mei Cousine "Dora" da san an Haufa hübsche Madln" meinte Peter noch zum Abschied. Er wusste, dass ich zurzeit auf Suche war!
So bekam ich das erste Mal die Möglichkeit, einen Damensalon von innen zu sehen, in dem es auch noch lauter nette freundliche Friseusen gab. Sofort begeisterte mich, dass alle so gut geschminkt und toll frisiert waren, wie damals nur wenig Mädels auf der freien Wildbahn!
Derweil sie gerade nicht viel zu tun hatten, kamen wir schnell ins Gespräch und erhielten sogar eine Einladung! Eine der Mädels wollte im Schloss eine Party geben, da ihre Eltern zu dieser Zeit im Urlaub weilten.
Im Schloss hatte sich mittlerweile einiges geändert, Flüchtlinge waren größtenteils ausgezogen, ein paar, wie auch Elisabeths-Eltern, konnten sich aus mehreren Räumen eine größere Wohnung zusammenstellen. Es geschah selten, dass Jugendliche die Genehmigung bekamen, in den eigenen vier Wänden eine Fete abzuziehen, eventuell wussten sie auch gar nichts?! Egal, wir freuten uns vor allem, da es mit Sicherheit ausreichend weibliche Gäste gab.
Am Tag der Feier erschienen alle bestens aufgeputzt, schon um die eigenen Chancen zu vergrößern. Mir hatte es bald ein schwarzhaariges schlankes Mädchen mit dunkel gefärbten Augen angetan, was dadurch irgendwie sündig aussah. Außerdem war sie über die Maßen herzlich, was wiederum zu Hoffnungen Anlass gab!

Jeder hatte etwas zum Trinken mitgebracht und da es kaum Nachbarn gab, wurde laut erzählt, gelacht getanzt und geschäkert. Natürlich stieg die Stimmung mit dem Fortgang des Abends. "Ruth" so hieß die Schwarzhaarige, lächelte keck, verführerisch und vielversprechend! Leider jedoch nicht nur zu mir, sondern auch einem etwa gleichaltrigem Kerl namens "Herbert"!
Im Fortgang des Abends schaltete immer wieder jemand für einige Zeit das Licht aus um so Gelegenheit, zum Partnertausch mit wechselnden Zärtlichkeiten zu bieten. Vor dem Einschalten sprach man deshalb zumeist eine mehr oder weniger deutliche Warnung aus! Mit Ruth hatte ich eine nette Couchecke gefunden allerdings ließ sie sich nur beschmusen nicht küssen, angeblich hatte sie einen festen Freund, was mich aber nicht abschreckte! Leider setzte sich schon bald mein Nebenbuhler zu ihrer Rechten und weil jeder ran wollte, kamen wir uns im Dunkel immer wieder in die Quere! Ruth schien es zu amüsieren weshalb sie öfters ein glockenhelles Lachen hören ließ!
Endlich es war schon spät gab sie nach und poussierte heftig, bevor jedoch meine Hände weitersuchen konnten ertönte der Warnruf, wir fuhren auseinander das Licht ging an!
Doch was war das?? Mir wurde übel, "Ruth" war gar nicht mehr da, offensichtlich im Dunkeln unbemerkt aufgestanden und weggegangen! Teufel aber auch, puterrot werdend blickten wir Verehrer uns an, mir wurde übel ich glaube ihm auch. Langsam dämmerte es, **wir** hatten uns Gottlob von den anderen unbemerkt, selbst geküsst!!! *"Pfui Deibel aber auch!!!"*
Jedenfalls hatte ich von diesem Abend die Nase voll und verschwand schnell, unbemerkt von der Party. Es sollte mir einige Zeit später verständnislose Fragen von Elisabeth einbringen, die sich von mir unbeachtet fühlte und fast beleidigt war! Tja, man kümmert sich halt oftmals um die Falschen!
Herbert traf ich eines Tages irgendwo, wir versprachen uns per Handschlag, diese Sache nie zu erzählen! Heute und hier breche ich das Versprechen zum ersten Mal mit der Hoffnung, dass er mir verzeiht!
Als nächstes versuchte ich mein Glück bei der Verkäuferin einer Eisdiele mitten in der Stadt, welcher man eine gewisse Bereitwilligkeit nachsagte. Sie, ein fülliges mittelblondes Mädel freundlich zu jedermann, ließ durch den Ausschnitt ihres schwarzen Kleides, beachtliche Rundungen erahnen, vor allem wenn sie sich auf die niedrige Verkaufstheke stützte. Meiner behutsamen Einladung nach dem fünften Eis am Wochenende mit ins Kino zu gehen, stimmte sie überraschenderweise gleich zu.
Mit dem Roller abgeholt, wählte ich im Kino als Kavalier, natürlich wie bekannt einen der hinteren Plätze.
Ungestört, offensichtlich sehr willkommen, konnten im Schatten der Dunkelheit, meine tastenden Hände ihren wohlgeformten Körper untersuchen, während sie sich leise stöhnend an mich schmiegte! Nach der Vorstellung ziemlich erregt,

fackelte ich nicht lange und fuhr mit ihr schnurstracks in das mir bekannte „Heuhütterl", welches schon mit Rosi oftmals als Domizil herhalten musste. Stockdunkel war's, doch alles schien beim Alten, die Lade mit dem verbogenen Nagel geöffnet, flugs hineingeklettert, empfing uns als weiche Lagerstatt frisches duftendes Heu. Wir poussierten stürmisch, während sie mittlerweile heftig atmend, fast gänzlich entkleidet auf ihrem Mantel lag, versuchte ich behindert durch Dunkelheit, Heu und Klamotten, einen „Pariser" aufzuziehen!!
Hektisches Gezerre, bis ich endlich das Ziel meiner Wünsche erreichte, doch was half's, scheinbar überreizt, ein paar Mal rein, raus, -- schoss mir durch den Kopf: "Vielleicht ist der Gummi zerrissen, passiert was, Du magst Sie doch gar nicht, also raus", --- mir kam's! So musste die Sache auch noch mit einem „Koitus Interruptus" enden!
„Aaach, aach, ist das schon alles?!" „Mmm nnh nun ja pffft...!"Mit ein paar verlegen launischen Worten versuchte ich, die Situation zu retten, als es plötzlich draußen knurrte! Erschrocken aufgerichtet, vorsichtig durch einen Spalt im Fensterladen spähend, sah ich die Silhouette eines großen Schäferhundes! Aus der Ferne gab eine Männerstimme Befehle, wir waren entdeckt! *„Es war offensichtlich nicht mein Tag!"* Nach einer Weile unter argwöhnisch giftigem Gebrumm, mutiges, aber vorsichtiges Hinausklettern „peinlich, peinlich". Langsam bewegten wir uns vom knurrenden Hund, verfolgt auf meinen etwas weiter abgestellten Roller zu, als uns unerwartet der Lichtkegel einer großen Taschenlampe traf!
„ Jaaa daa schau her, die Bankerten von die Neiburger Großkopferten treim sie da in unserm Sach umeinander, i kenn die scho, dei Vater wird a Freid ham, wenn er des hört! Schaug blos dast schneu verschwindst, Hundsbua elendiger!"
Mit gesengtem Blick, weil mich der Jäger noch immer blendete, nahm ich schweigend die Lambretta vom Ständer trat den Motor an, ließ das Mädel aufsitzen, schaltete Licht nebst Gang ein, gab Gas und während der Roller kräftig anzog, bemerkte ich laut und deutlich *„Worscht woos, du kannst mi amoi am Arsch lecka!"* In einer stinkenden Zweitakter-Abgaswolke ließen wir den Jäger fluchend stehen!
Ohne viel weitere Worte mit einem kurzen „Servus" lieferte ich die Eisverkäuferin zu Hause ab, machte aber zukünftig einen Bogen um sie. Ihr Name ward, wohl auch zum Selbstschutz, bald vergessen!
Wie schon gesagt *„ Dieser Samstag war wirklich nicht mein Tag!!"*

Bei einer Lieferung in die obere Stadt entdeckte ich per Zufall, auf der Seite des Hinterhofes einen Schacht, welcher scheinbar in die unbekannten Tiefen des Neuburger Schlosses führte!

Umgehend informierte ich Peter, der stets ein offenes Ohr für dererlei Dinge hatte. Zur gleichen Zeit weilte "Gerti", seine Cousine aus München, für einige Tage bei ihnen. Ein hübsches, schlankes, freundliches Mädchen, kaum kennengelernt, fanden wir uns beide sympathisch! Mir imponierte besonders, dass auch sie, sofort einwilligte, diesen interessanten Ort, zu untersuchen! Kurz entschlossen, packten wir ein paar Kerzen, eine alte dazu passende Lampe sowie eine lange Schnur in einen Rucksack. Peter meinte, das braucht man alles, damit wir uns da unten nicht verirren!
Der bewusste Schacht befand sich auf der Seite eines Hinterhofes, den man schlecht einsehen konnte, sodass wir ungestört blieben! Etwa drei Meter kletterten wir an eingelassenen Eisenbügeln hinunter, bis wir auf einem Haufen Schutt landeten. Da man den weiterführenden geheimen Gang nur zur Hälfte sehen konnte, gruben Peter und ich mit den Händen, den Durchlass groß genug um hineinkriechen zu können. Danach verschwand einer um den anderen in der teilweise freigelegten, geheimnisvollen Öffnung.
Als erstes betraten wir einen großen kühlen Raum, welcher von irgendwelchen verdeckten Durchlässen etwas Licht erhielt. Von da aus führten finstere feuchte Gänge in verschiedene Richtungen! Peter hatte die Neugierde gepackt, er band sich Schnur um die Hüfte, das andere Ende an einen Nagel, zündete die Lampe an und meinte, wir sollten warten bis er ein Stück erkundet hätte, dann verschwand er.
Gerti drückte sich leicht schaudernd an mich, umarmend küsste ich sie, es gefiel ihr, wir fingen an zu schmusen, ohne zu merken, wie lange Peter eigentlich weg war!
"Komm, geht's weiter, da gibt's allerlei Geheimgänge in verschiedene Richtungen!" Also schlurften wir vorsichtig hinter ihm in den ersten Stollen, es wurde nass, kälter und glitschig. Bei der nächsten Abzweigung ging es steiler nach unten, der Gang wurde niedriger!
"Des schau mer uns o, da gehts bestimmt zur Donau nunter, " meinte Peter. Es wurde rutschiger, Gerti fiel hin. *"I mog nimmer, kehr mer um, i hab Angst, mir findn nimmer raus!"*
Nach einigem Wortwechsel gab Peter nach *"Aber da schaung mer nomoi allor her, Lothar, mit bessere Lampen, des sog i der!"*
So traten wir den Rückweg an, zweimal ging durch den Luftzug das Licht aus. Schnur auszulegen hatten wir vergessen, sodass wir letztlich allesamt froh waren, den großen Raum mit dem Ausstieg zu finden. Durchzwängen, kurze Kletterei, dann endlich aufatmend, erleichtert, standen wir wieder auf dem sonnigen Platz!
Nebenbei bemerkt, hätten wir uns verirrt, suchte uns da unten keiner, es konnte ja auch niemand wissen, wo wir sind! Eventuell würde man Jahre später, möglicherweise erst bei Restaurationsarbeiten unsere Skelette finden!

Am nächsten Tag besuchte ich Gerti, wir plauderten lachend über unser Abenteuer hielten Händchen und schmusten ein wenig, wenn es keiner sah. Danach wehmütiger Abschied, sie musste leider zurück nach München. Es folgten gegenseitig Briefe und Karten, bevor wir uns aus den Augen verloren!
Nach dieser gemeinsamen Aktion traf ich Peter nicht mehr so oft, meistens war er jetzt mit seiner festen Freundin „Lilo“ unterwegs.
In diesem Jahr wollten sie auf verschiedene Faschingsbälle gehen und weil sie eine Freundin hatte, welche Begleitung suchte, durfte er mich mitbringen! An unserem ersten schwarz-weißen Ball gingen wir in unseren einzigen, natürlich blauen Anzügen, die Mädels in weißen Rüschenkleidern.
„Helga“, so hieß Lilos Gefährtin war ein hübsches schlankes Mädchen, nur ein paar Jahre jünger. Derweil die Tanzerei bei mir immer noch nicht so recht klappen wollte, saßen wir die meiste Zeit in der Bar! Wo man sich mit Brüderschaft trinken, schnell näher kam! Tage später folgte Kinovorstellung, ein weiterer Ballbesuch, diverse Spaziergänge, sowie das jeweilige nach Hause bringen! Immer öfters allerdings mit langen Abschiedsküssen im Hausflur, das Übliche halt, jedoch leider, ohne noch näher zu kommen!
Eines Tages eröffnete sie mir, dass mich ihre Oma sprechen wolle. Nun gut dachte ich was soll’s und ging unbedarft mit! Die dann folgende Strafpredigt allerdings traf mich unverhofft. Zuerst erklärte mir die alte Dame, dass ihre Enkelin seit einigen Jahren "Waisenkind" sei und von ihr allein aufgezogen würde! Danach fragte sie, was ich mit „Helga“ überhaupt vorhätte? Ernste Absichten könnten es wohl nicht sein, als reicher Unternehmersohn, wolle ich sicher nur Vergnügen mit einem unschuldigen Mädchen haben, als "Casanova" sei ich sowieso schon stadtbekannt!
Mit roten Ohren aber möglichst unschuldiger Miene, versicherte ich unsicher, nur gute Freundschaft zu suchen, was sie natürlich nicht gelten ließ! Selbst wenn ich festere Absichten hätte, meinte sie, würde Helga als armes Mädchen, niemals von meiner Familie anerkannt und in diesen Kreisen sowieso nur unglücklich werden! Ich solle sie also in Ruhe lassen, wenn es mir wirklich ernst sei, könne ich ja in ein paar Jahren wiederkommen!
„Bums“, das war’s, mit rotem Kopf entließ sie mich, Helga ebenfalls verdattert ging noch mit zur Tür, ich verschwand diesmal ohne Küsschen, wie ein geprügelter Hund in der Nacht. Allerdings mit der an diesem Abend gewonnenen Erkenntnis, mir lieber etwas anderes zu suchen!
Gedacht, getan, bevor der diesjährige Fasching um war, wollte ich es auf eigene Faust, bei einem der letzten Bälle im Kolpingsaal versuchen!
Vor Ort musste ich dann leider feststellen, dass ich keines der anwesenden Mädchen persönlich kannte, einfach anquatschen war nicht „sooo“ üblich, zum Tanzen auffordern, fehlte Kenntnis und Übung!

Also trieb es mich mal hier mal dort hin, besuchte die Bar, doch da waren lauter Pärchen aber auch so verging die Zeit, bis die Burgfunken erschienen und mit ihrem Programm begannen.
Als die Faschingsgarde auftrat, wurde mir plötzlich heiß! Glaubte ich doch ein sehr hübsches schwarzhaariges Gardemädchen, als diejenige wieder zu erkennen, mit welcher ich vor etwa einem Jahr, heimlich Händchen haltend, auf der Hintertreppe eines Friseursalons gesessen hatte?!
Sicher wagte ich mich, sie sofort nach der Vorstellung anzusprechen. Sie schien mich ebenfalls zu erkennen und wir waren uns wohl deshalb, sofort sympathisch! Leider meinte sie nicht lange bleiben zu können, weil nur eine halbe Stunde Pause sei. Danach müsse sie mit dem Prinzenpaar weiterziehen! Aus Angst sie abermals aus den Augen zu verlieren, drängte ich schnell zur Kellerbar, wohin sie gerne folgte, da ihr die Füße vom Tanzen wehtaten.
Wir verzogen uns also in eine stille Ecke, wo alsbald Brüderschaft getrunken wurde. Nachdem ich sie geküsst hatte und nun wusste, dass sie „Evelin“ hieß, erinnerte ich an unser erstes Treffen vor einem Jahr, doch da erklärte sie lachend, dass das wohl eine Verwechslung sei, sie aber dieses jüngere Mädchen kennen würde!
Trotzdem hörte sie weiter interessiert meinen diversen Erzählungen zu und verpasste, wie letztlich von mir geplant, den Abzug der Garde!
Sicher würde es ihr Ärger einbringen, schon beim ersten Tanz, ich hatte extra auf den letzten vor der Pause gewartet, erzählten einige ihrer Bekannten, dass man sie gesucht hätte! Also verschwanden wir schnell kichernd zu unserem alten Platz, in den Räumen der Bar!
Die Zeit verging wie im Flug, verliebt turtelnd kamen wir uns immer näher, als plötzlich der „schöne Ben“ ein großer stattlicher Kerl, ein ehemaliger Schulfreund auftauchte.
„Ach daaa bist du „Evelin“, ich such dich schon die ganze Zeit!“ Sie erschrak, strahlte ihn an, sprach zu mir nur noch ein paar verlegene Worte, hakte sich bei ihm ein und eh ich es recht begriffen hatte, waren die beiden verschwunden!
Peinlich, ärgerlich, nun ja es ist schon spät, dachte ich und schlich traurig und enttäuscht nach Hause.
Da half wenig, dass Ben und ich mal gute Freunde waren, welche einst in Ingolstadt zwei der ersten dunkelblauen Trenchcoats mit goldenen Schnallen, nebst weißen Schals erstanden! So aufgeputzt wurde damals viel beachtet durch die Stadt stolziert. Auf Nachfrage erzählten wir, staunenden Zuhörern, nun bei der Marine zu sein! Allerdings kamen wir nur bis ins nächste Lokal, wo man "Ben" den neuen Mantel gleich wieder klaute!
Sei's drum, eines wurde mir jedenfalls in diesem Fasching klar, ich gehörte zu der benachteiligten Gruppe Mannsbilder, welche nicht tanzen konnten! Man stöpselte mit irgendwelchen unkontrollierten Einheitsschritten in der Gegend

rum, war froh, wenn der Tanz vorbei war oder versuchte es erst gar nicht und hielt sich als Vorwand an irgendeinem Glas fest!
Deshalb und weil derzeit ohne Freundin, meldete ich mich gleich zum nächsten Termin bei Neuburgs einziger Tanzschule.
Freundlich von einem älteren in seinem schwarzen Anzug etwas ölig wirkenden glatzköpfigen Tanzlehrer empfangen, mussten wir uns als erstes, den leider in der Minderzahl befindlichen Damen vorstellen.
Ein großes durch ihre dicke Brille etwas gelehrt wirkendes Mädchen, aber sonst mit Topfigur, fixierte mich von Anfang an! Innerlich schmunzelnd fiel mir der Denkspruch ein, dass Weiber mit dicken Brillen besonders scharf seien!
Also stellte ich mich bei erster Gelegenheit ihr gegenüber auf, um sie als Tanzdame zu wählen. "Gisela“,so ihr Name, tanzte sehr gut, kein Wunder, wegen Damenmangels war sie schon zum fünften Mal dabei, außerdem schien das Mädel einen Freund zu suchen. Bei irgendeiner Tanzfigur machte sie einen tiefen Knicks oder Verbeugung, wohl wissend, dass es in ihrem Ausschnitt, einen wohlgeformten Busen zu entdecken gab!
Leider war sie an diesem Abend mit dem Radl da, also tuckerte ich mit dem Roller etwa drei Kilometer neben ihr her am englischen Garten vorbei, bis zum Elternhaus. Ein wenig Geschäker mit Gequatsche nebst Vereinbarung zum Abholen beim nächsten Mal, nun immerhin, das war kein schlechter Anfang!
Eine Woche später holte ich sie gleich von zu Hause ab, fand die Tanzerei aber nach zwei, dreimal bald langweilig bis mühsam, weshalb bald Spaziergänge, nebst ersten Küssen, wie Kinobesuche folgten.
An einem dieser kalten, verregneten Abende trafen wir unterwegs ein von Gisela bekanntes Pärchen, welches auch nicht wusste wohin. Da fiel mir nicht nur unser im Umbau befindliches Haus ein sondern auch, dass Tante Erna gerade bei Verwandten weilte und Mami inzwischen eine eigene Wohnung in Nähe der Donaubrücke gefunden hatte.
Also lud ich alle ins Haus ein, wobei die Idee erst gar nicht so schlecht aussah. Die beiden mussten mit der Couch im halb ausgeräumten Wohnzimmer vorlieb nehmen, während wir es uns auf dem Bett der Tante gemütlich machten. Gisela scheinbar sehr willig, blieb leider trotz diverser Berührungen an den verschiedensten Stellen ausgestreckt, sowie total unbeweglich liegen. Beim Küssen dagegen schleckte sie mit weit aufgerissenem Mund, was mich ein wenig irritierte!
Als dann allmählich neben dem Mantel auch die Schuhe zu Boden fielen, wir allmählich ziemlich spitz wurden, klopfte es überraschend! Das andere Pärchen wollte wegen irgendwelcher Meinungsverschiedenheiten gehen! Da es sich leider um ihre Freundin handelte, welche auch noch zu heulen begann, verschwanden wir unbefriedigt, nach möglichst originalgetreuem Bettenbau aus Tante Ernas warmen Schlafzimmer!

Etwa zur gleichen Zeit arbeiteten wir an einem Großauftrag für die Post. Etwa 200 Schreibmaschinen-Tischleuchten vom Typ "50/4" sollten geliefert werden. Es handelte sich um eine 65 cm hohe Leuchte mit schwarzem 23 cm Reflektor. Welcher mittels Kugelgelenk auf einem biegsamen, verchromten Metallschlauch befestigt war, dieser wiederum mit einer verstellbaren Eisenklammer verschraubt war. Gedacht zur Montage am Arbeitstisch, hinter einer Schreibmaschine. (Taucht heute noch vereinzelt im Internet als "Bauhaus-Leuchte" für etwa 80.-€ auf, kostete damals 38 DM!)
Das Diffizilste daran, die Schläuche zu verchromen! In der dafür zuständigen Galvanik beschäftigten wir als Abteilungsleiter, den angeblichen Ingenieur "Feix" (Papiere im Krieg verloren). Ein großer hagerer, hohlwangiger Mann mit knarrender Stimme, der wie ein Schlot rauchte, ständig starken Kaffe trank und wegen der Bequemlichkeit, stets Damenunterwäsche trug, wie er selbst erwähnte! Seine Fachkenntnisse waren leider wenig überzeugend, sodass in seiner Abteilung öfters etwas schief lief. Im vorliegenden Fall platzte bei etlichen Schläuchen Chrom ab, was wiederum erhebliche Nacharbeit bedeutete, im ungünstigsten Fall musste man zerlegen, abschleifen, verkupfern, vernickeln, verchromen und wieder zusammenbauen!
Da wir den gesamten Auftrag in einem Waggon verschicken sollten, unser Betrieb jedoch nur wenig Lagerraum besaß, musste kurzfristig ein geschützter Platz angemietet werden. Wir fanden ihn in Neuburgs alter Kaserne, im ersten Stock der ehemaligen Pferdestallung. Vermittelt durch Vaters Bekannten, welcher im unteren Teil des Gebäudes mit einem Kartonagenbetrieb begonnen hatte.
"Otto" ein ehemaliger SS-Mann, noch nicht lange aus politischer Haft zurückgekehrt stotterte ziemlich, war ebenfalls Oberschlesier und fröhlichen Trinkereien nie abgeneigt!
Freund Luggi, der davon hörte, konnte es nicht glauben, meinte entsetzt bei ihnen hätte es niemals Stotterer gegeben! Doch es musste stimmen, denn Vater erzählte "Ottele", wie sie ihn nannten, besäße eine NSDAP-Nummer im dreistelligen Bereich, also einer der ersten Parteigenossen! Überdies flüchtete seine Familie komfortabel, man brachte sie kurz vor Kriegsende, mit einem Lastwagen der "Organisation Todt" nach Neuburg, wo sich seine Frau sogar das Quartier aussuchen konnte!
Jedenfalls holte Otto, während ich bei der Einlagerung unserer Leuchten half, eine Uniform aus dem ebenfalls dort befindlichen "Boeker" Lager. Gefertigt für das neu entstehende deutsche Militär, von dem bis dato kaum jemand etwas gehört hatte!
Er zog mir die passende an, welche jedoch, mit ihren schräg angesetzten mattgoldenen Knöpfen, eher wie die graue Ersatzjacke eines Zirkusdompteurs aus-

sah! Dass ich diese Kluft ein paar Jahre später tragen musste, ahnte damals niemand!
Über "Ottele", welcher zugleich Vater einer meiner Freunde war, erzählte man sich allerlei lustige Geschichten, wovon mir speziell eine, in Erinnerung blieb!
Etliche Teile seiner Kartonagen fertigten unter anderem auch Inhaftierte unseres Stadtgefängnisses. Da es für die Gefangenen nicht übermäßig zu tun gab, war man wohl um jede Beschäftigung froh!
Jedenfalls soll Otto, nach sehr arbeitsreichen Wochen von etwa zehn Mann, welche meist nur mit einem "Vergelt's Gott" entlohnt wurden, im Gefängnis erschienen sein. Nahm aus der Tasche seines Jacketts eine Schachtel Zigaretten, drückte sie einem der Wärter in die Hand und meinte:
"Nu un He eerr Kokom anddant, aaan Weiweihnachten ffür diie n Määnner, aaaber schsch ön eieinteilen, uund nnicht aallle auuf einmmal!"

Leider gar nicht so lustig, verschärfte sich derweil unser Vater-Sohn-Verhältnis! Wenn der Alte nach einem seiner Quartale, wieder einmal im Betrieb auftauchte, ließ er seinen Frust in erster Linie an mir aus, ich konnte ihm einfach nichts recht machen!
Einmal ließ er sich irgendeine Nichtigkeit im Produktionsablauf erklären, welche er selber angeordnet hatte, was er vehement abstritt. Es sollte allein mein Fehler gewesen sein! Während er sich in seinem Büro vor den versammelten Abteilungsleitern über meine Widerrede fürchterlich aufregte, träufelte er ständig **„4711 Uralt Lavendel"** auf's Taschentuch um es zwischen den Sätzen zu inhalieren! Neuerdings roch es nicht nur wo er stand und ging, sondern auch im ganzen Bürotrakt aufdringlich nach diesem Duftwasser. Wir alle dachten er macht es um besser Luft zu bekommen, heute weiß man, dass er Parfüm schnüffelte, um sich damit zu berauschen!
Der beschriebene Disput ging noch eine Weile weiter, bis er unerwartet aufsprang, seinen Brieföffner auf den Tisch knallte, während wir wie eine Herde verschreckter Schafe dastanden. Auf seinen Herzfehler anspielend, rauschte er mit der Bemerkung hinaus, genau so, würde man ihn vorzeitig ins Grab bringen!
Am Abend darauf kam erst Mutti, dann noch Mami auf meine Bude geschlichen, um auf mich einzureden. Ich solle es doch verstehen, Papi sei halt krank, deshalb manchmal ungerecht, weshalb man lieber alles runterschlucken sollte, vor allem nicht widersprechen! Er würde es doch im Inneren gar nicht so meinen, hätte mich doch sooo lieb, derweil ich doch sein ein und alles sei!
Doch an diesem Tag wurde mir dieses, sich zum "x-ten Male" wiederholende Geseier zu viel, wollte nur meine Ruhe, nichts mehr hören, hatte einfach die Schnauze voll! Dabei hörte ich im Hinterkopf immer Peters Worte *„Komm mit Lothar, lass uns zusammen abhauen!"*

Doch er hatte es auch allein geschafft, war vor einigen Tagen von zu Hause weggegangen, um in Köln zu arbeiten! Also entgegnete ich laut, den Alten nicht mehr sehen zu können, dass mich hier alles ankotzt, ich gern abhauen würde und mich Vater endlich gehen lassen sollte! Danach verschwanden die beiden leicht verdattert, ob des ungewohnt hasserfüllten Ausbruchs!
Nach diesem Vorkommnis, welches sicherlich, weitergemeldet wurde, begann der Psychokrieg erst so richtig. Wo es möglich war ging ich deshalb Vater aus dem Weg, was auch überraschend gut gelang.
So lange nüchtern, schnitt er mich ebenfalls, fragte nichts, redete nicht mit mir bis zu jenem schon lange befürchteten Abend. Natürlich war mir klar, dass eine oder beide Mütter meine Aussagen sicherlich unter Druck wiedergegeben hatten, er verstand es gut alles aus ihnen rauszuholen, wenn sie es auch nicht zugaben!
Im kleinen Haus, in welchem wir zurzeit wohnten, verschloss oben eine kleine Tür den Abgang, dessen schmale Treppe direkt vor meiner Bude endete. An diesem Tag war es etwas später geworden, bis unten konnte man den Alten ziemlich laut schimpfen hören. „Oh je“, dachte ich und wollte gerade schnell, in meinem Zimmer verschwinden, als oben die Tür aufgerissen wurde und Vater trunken herunter brüllte.
„Aha, der Herr Graf belieben nach Hause zu kommen, wann es ihm passt, wird bedient, bekommt zu essen, es wird aufgeräumt und gewaschen, erlaubt sich nebenbei auch noch den Vater zu kritisieren, dem er letztlich alles, aber auch alles zu verdanken hat!“ Was sollte ich dazu sagen, sah ihn nur an, ließ die Schimpfkanonade einfach über mich ergehen. *„Dann verschwinde doch endlich wir sind alle froh, wenn man dich hier nicht mehr sehen muss, aber der Roller bleibt da!“*
Endlich, genau das war es, was ich hören wollte, nur die letzte Bemerkung musste richtiggestellt werden.
„Der Roller ist meiner, hab ihn selbst bezahlt, der geht mit mir überall hin!“
„Na, wenn schon, du kommst sowieso bald wieder ohne ihn, jammernd, abgerissen, kein Geld, mit dreckiger Wäsche!!“
Danach knallte er weiter böse schimpfend die Tür zu, mich dagegen freudig aufgeregt zurücklassend. Endlich, jetzt musste ich es nur schaffen, diese Genehmigung ein bis zwei Wochen aufrecht zu halten, bis alles, wie Kündigung, Zeugnis, Papiere etc. erledigt und abgewickelt war.
Lange lag ich noch wach aufgeregt Pläne schmiedend, „juhu“, wenn alles klappte, konnte ich abhauen! Gleich morgen sollte Peter telefonisch von meinen neuen Möglichkeiten erfahren, seine Mutter gab mir die Nummer! *„Ja toll, Lothar, komm, kannst gleich bei mir im Kolpinghaus wohnen, Arbeit gibt's genug in Köln“,* meinte er begeistert.

Also zog ich unseren neuen Buchhalter „Adi“ ins Vertrauen, wir waren fast Freunde geworden! Außerdem besaß er seit Kurzem, die gleiche nur neue "Lambretta", welche man inzwischen mit besserer Vorderradfederung nebst elektrischem Anlasser ausgestattet hatte. Ferner, weil etwas stärker mit 70kmh Spitze, was ständig ein wenig Gehänsel zwischen uns auslöste.
Mit ihm besprach ich die Einzelheiten meines Weggangs und da auch er schon einige Ausbrüche unseres Chefs miterlebt hatte, half er mir verschwiegen mit den Papieren!
Im Branchenverzeichnis „Wer liefert was?“ fand sich unter Leuchtenherstellern in Köln die Firma „Novalux“, dort wollte ich mich vor Ort bewerben.
Am nächsten Tag traf ich „Gisela“, machte allerdings nur vage Andeutungen meiner Pläne, bot ihr aber an, sie noch mal nach Hause zu begleiten. Etwas Schmusen sollte schon dabei sein, mehr hatte ich diesmal eigentlich nicht im Sinn, als sie meinte:
„Heut geht aber fei nix, ich hab meine Periode!“ Irgendwie erschreckend, zu direkt, sodass ich froh war bald darauf, vor ihrer Haustür „adieu“ sagen zu können.
Inzwischen wurden die verbleibenden Tage nur noch rückwärts gezählt, jetzt waren's nur noch drei! Immer in Furcht lebend, Vater könnte den Rausschmiss zurückziehen, derweil ich mit „19“ immer noch nicht volljährig war!
Freudig wollte ich nochmals durch die Stadt fahren und brauste die Bergstraße vor unserer Firma hinunter. Allzu flott die Kurve geschnitten, als mir plötzlich auch noch der gleiche Roller entgegen kam „Peng - knirsch“ dahin rutschend lagen wir beide auf der Nase.
Stille, jeder rappelte sich langsam wieder auf „Gott sei Dank“ scheinbar nur Blechschaden und blaue Flecken. Erschreckend musste ich jedoch feststellen, dass meine Gabel verbogen war, Schei… sollte es doch in zwei Tagen nach Köln gehen.
Leider war das nicht alles, hatte ich noch bis zum Eintreffen der Polizei geglaubt, der andere sei schuld, weil ich für ihn von rechts kam, klärte mich der Polizist auf, dass der Kurvenschneider ebenso schuld sei! Ein jeder habe deshalb seinen Schaden plus Ordnungsstrafe selbst zu zahlen! „Punkt“.
Während ich die „Hiobsbotschaft“ vernahm, tat mir allmählich das linke Bein weh, langsam sickerte warmes Blut erst über den einen Schuh, dann etwas später auch noch über den anderen! *„Verdammt, wie komm ich wohl da wieder raus?“*, war der nun alles beherrschende Gedanke.
Als erstes musste quietschend der schwere Roller zur Firma hinaufgeschoben werden, vorher hatte ich noch über die linke Blessur ein Taschentuch gebunden, es schien nicht so schlimm zu sein! Im verschlossenen Zimmer verarztete ich mich später selbst, damit keiner etwas merkte! Eine tiefe Wunde am Schienbein

sah mit festem Verband besser aus, beim anderen Bein reichte ein großes Pflaster.
Am nächsten Morgen zerlegte ich schon in aller Frühe den Roller und bat Meister "Willi" um seine Hilfe. Die verbogene Gabel wollte er nicht gern ausrichten es sei zu gefährlich, man müsste sie erwärmen und dann könnte sie brechen oder das Rad nicht mehr geradeaus laufen! Doch es gelang mir seine Bedenken zu zerstreuen, nahm leichtsinnig alles auf meine Kappe! Es fehlte mir einfach das Geld für eine neue, zum Glück klappte die Reparatur!
Nebenbei bemerkt, der Roller lief noch etliche Jahre mit dem reparierten Teil, nur der vordere Reifen nützte sich ein wenig einseitig ab! Das verbogene Knieblech stellte kein Problem dar, nur etwas verchromter Zierrat musste dran glauben!
Alles Übrige klappte wie am Schnürchen, Mutti sowie Mami merkten auch nichts, bestimmt hätten die beiden alles verraten, schon um mein Abhauen zu verhindern! Vater saß am Samstagabend noch lange mit einigen Freunden zusammen, man konnte ihn über seinen missratenen Sohn lamentieren hören.
"Egal" mit Erfolg war ich ihm jedenfalls in den vergangenen Tagen aus dem Weg gegangen! Nun wartete mein Roller aufgetankt im Keller, den Pepita Koffer voll Klamotten auf dem Träger festgezurrt, Papiere, das Postsparbuch mit den Reserven von 100.-DM in der Tasche, ein kleiner Abschiedsbrief lag auf dem Tisch, also.... *"Es konnte losgehen!"*

Beginn im Schloss, Schule 49, erste Autos, Seifenkistenrennen, Feiern mit Ernesto oder Chauffeur, Ami-Panzer, Behelfsbrücke, unser Haus, Fasching, der verlängerte Lieferwagen, Lothar 16, Mester: Wanaski u.Beschissen, Charley.

IV. Nix wie weg!

Sonntag 5 Uhr früh, ein herrlich klarer Morgen das ganze Haus schlief, leise schob ich den Roller die erste kleine Anhöhe hinauf, dann Gang rein mit gezogener Kupplung an der Firma vorbei gerollt, jetzt ging es zügig bergab, kurz vor meiner alten Unfallstelle, Zündung nebst Licht an und los ging es Richtung Köln. Voll Freude im Herzen manchmal jauchzend oder singend fuhr ich Stunde um Stunde meinem neuen Leben entgegen!
Bei einer Spitzengeschwindigkeit von 65kmh dauern 500 Kilometer, unterbrochen von kurzen Pausen, etwa 12 Stunden ein ziemlich langes Unterfangen. Leider setzte die letzten Kilometer ein unguter Regen ein, sodass mich die Stadt unfreundlich mit grauen Wolken empfing, doch wenigstens war das Kolpinghaus schnell gefunden. Dort traf ich hundemüde und nass, endlich gegen 18 Uhr ein!
Peter wartete schon und zeigte mir gleich das schon mit freundlich blauen Karo frisch bezogene Stockbett, über mir sollte später noch ein Spanier einziehen. Den Koffer ließ ich gleich da und begab mich zur Anmeldung, der freundliche Herbergsvater erklärte als erstes die Hausordnung, dann nannte er etwa 15.-DM Kosten im Monat. Den Fragebogen hatte er schon hergerichtet, fragte nur der Ordnung halber nochmals die Positionen durch, als er bei Religion ankam, sagte ich „Riesena…loch" -- „evangelisch", er stutzte kurz, dann zerknüllte er den Bogen und meinte lapidar: *„Ja, da kannst DU bei UNS nicht bleiben!"*
Ich wie vom Donner gerührt: *„Was mach ich denn jetzt, es ist doch schon dunkel, es regnet, wo soll ich denn hin, kann ich nicht wenigstens eine Nacht bleiben?" – „Nichts zu machen, hier kannst nicht bleiben, versuchs im „Bunkerhotel" in Deutz, da schicken wir manchmal welche hin!"* Stand auf und ließ mich, nun gar nicht mehr so freundlich einfach stehen.
Peter konnte mir auch nicht helfen: *„Mei, was murscht denn dem auch sagn, dass'd evangelisch bist?!"*
Nun stand ich allein im Regen vor der Tür, zurrte meinen Koffer wieder fest und startete in die auf einmal sehr unfreundliche Nacht, um das „Bunkerhotel" zu suchen!
Die Wegbeschreibung war nicht schlecht, der Stadtteil Deutz vom Krieg gezeichnet, der große Hochbunker inmitten einer ziemlichen Trümmerlandschaft, bald gefunden!
Mächtig ragte der dunkle Betonklotz ohne Fenster in den Nachthimmel, von außen sah das Ding nicht besonders freundlich aus! Ein sogenannter Hochbunker, welcher das Bombardement mit einigen tiefen Splitternarben überstanden hatte.

Eine einsame Industrielampe über dem Eingang beleuchtete das große Hotelschild ebenso, wie zwei Topfpflanzen auf beiden Seiten der kurzen Steintreppe, welche offensichtlich das Ganze etwas einladender machen sollte. Gott ergeben öffnete ich die Tür und befand mich überraschend in einem relativ schön ausgestatteten warmen Empfangsraum, eine Reihe kleiner Tische mit jeweils vier Stühlen bildeten die Umgebung für eine selbst gezimmerte Theke, hinter welcher eine ältere Frau thronte. Freundlich mitleidig hörte sie sich meine Geschichte an, machte mir danach einen Sonderpreis von 25.-DM die Woche mit Frühstück. Während sie mir den Schlüssel aushändigte, bot sie nachdem ich eingezogen wäre, eine Tasse Tee nebst einer Wurstsemmel an, was ich plötzlich starken Hunger verspürend dankbar annahm.
Langsam stieg ich auf der Betontreppe mit dem grauen Rohrgeländer nach oben, schon über der ersten Zwischentreppe endete die warme mit Bildern verzierte Wandverkleidung und machte nüchternen unverputzten weißgekalkten Ziegelwänden Platz. Der Fußboden bestand aus blanken Ziegeln, während sich an den Decken dicke blecherne Rohre entlang zogen. Gespannt erreichte ich den ersten Stock, ein langer Gang rechts wie links mit grauen Türen, welche unten etwa 25 cm vom Boden aufhörten, während sie oben mit kleinen verhängten Guckfenstern versehen waren. Das Ganze erinnerte stark an ein Gefängnis, oder so wie man es sich vorstellt.
Ich öffnete mein Zimmer und betrat, doch etwas erschrocken, einen etwa 3x3 Meter großen fensterlosen Raum, Wände und Boden wie draußen.
Die Einrichtung, weniger als spartanisch, bestand aus einem weißen schmucklosen Rohrbett mit Matratze, ein Kopfkissen, zwei Decken eine überzogen, einem wachstuchbedeckten Tisch, zwei Stühlen, einem mit Vorhang verkleideten Regal, die Wände „verzierte“ nur ein kleiner Spiegel, daneben ein einfacher Kleiderrechen, kein Bild, kein Teppich oder Vorleger, nichts, kurzum eine richtige Zelle!
Während des Krieges konnten die in den umliegenden Häusern wohnenden Familien hier Schutz finden, je nach Anzahl der Personen bezogen sie ein oder zwei solcher Räume. Um dem eventuell auftretenden Luftdruck möglichst wenig Widerstand zu bieten, waren wie schon bemerkt, die Türen unten offen, außerdem ließen die Wände einen etwa 5 cm breiten Spalt zur Decke frei. Letzterer war nun mit Zeitungspapier zur Schalldämmung abgedichtet, was sich jedoch als wenig hilfreich erwies! Fast jede Nacht konnte man die Hellhörigkeit des Stockwerkes feststellen, indem das Stöhnen, Räuspern oder Schnarchen von den anderen "Gästen" deutlich zu hören war.
Der gemeinschaftliche Waschraum jeder Ebene zeigte sich als ein mit langen Tonrinnen bestückter Raum, über denen im Abstand einfache Wasserhähne montiert waren. Warmes Wasser oder Duschen gab es nicht, die sichtbaren überall hinführenden großen Deckenrohre, dienten der Lüftung des Hauses.

Frühstück der aller einfachsten Art mit Malzkaffee, Brot, Margarine und billiger Marmelade erhielt man an den Tischen des Eingangbereiches.
Die meisten Gäste blieben nur eine Nacht und setzten sich hauptsächlich aus Fernfahrern, Monteuren oder Vertretern zusammen, weshalb ein Kennenlernen oder längeres Gespräch kaum möglich war! Deshalb freute mich besonders, dass den jüngsten Dauergast, wenigstens das Hotelpersonal kannte!
Man kann sich leicht vorstellen, wie hart es für den verwöhnten Sohn eines Fabrikanten war, der Kino, Theater, feines Essen kannte, zu Hause ein schönes Zimmer hatte vom Dienstmädchen bekocht, von den Müttern verwöhnt und von den Mitarbeitern respektiert wurde, eine echte Zäsur in meinem Leben!
Zu allem Überfluss regnete es sich in Köln richtig ein, sodass sich die ganze Stadt als äußerst unfreundlich, ja feindlich darstellte, was mich freilich nicht davon abhielt, mit klopfenden Herzen zur Vorstellung bei „Novalux“ zu fahren.
Innerlich froh, dass mich der Betriebsleiter gleich nehmen wollte, stolperte ich abermals über meine Naivität und antwortete achselzuckend auf die dreimalige Frage nach der Gehaltsvorstellung: *„Was Sie meinen oder hier halt üblich ist!“* Dabei wäre es leicht von Peter zu erfahren gewesen, ich kannte nur den heimatlichen Stundenlohn und der lag etwa bei 1,20DM, alles darüber wäre in Neuburg toll! Doch Köln war natürlich teurer, nun, er stellte mich mit 2.-DM ein, bald merkte ich jedoch, dass Kollegen mit der gleichen Ausbildung 2,50 DM erhielten, hätte ich nur meinen Mund aufgemacht!!
Nun hatte ich zwar ein Dach überm Kopf und Arbeit, kannte aber sonst niemand, denn Peter lebte in einem anderen Stadtteil.
Am ersten Arbeitstag wurde mir zwar gleich eine Beschäftigung zugewiesen doch leider ohne Bezugsperson! Daneben ergaben sich auch noch die Mundart bezogenen Sprachschwierigkeiten, verbunden mit etlichen Frotzeleien. Die anderen Kollegen nahmen den Fremdling gar nicht so gerne auf und Karneval war gerade vorbei. Da wäre es angeblich leichter gewesen mit den Rheinländern Kontakte zu knüpfen, so hieß es wenigstens! Auf der Toilette sitzend versuchte ich als erstes, die im Pissoir von den Arbeitern in deftig geführter „Kölscher Mundart“ gesprochenen Worte zu verstehen.
Bei meiner neuen Firma „Novalux“ mit ihren etwa 300 Leuten war alles im Aufbruch, der Gesamtumzug in neue Fabrikhallen an einen anderen Standort lief gerade. So hieß es nur *„Machen Sie sich irgendwo nützlich*!" Man fasste also irgendwo mit an ohne große Anleitung, alles ein wenig chaotisch und draußen regnete es immer noch.
Traurig frierend, einsam fuhr ich abends müde ins Hotel zurück, kaufte eine Tasse Tee und verzehrte auf dem Zimmer das gleiche, wie mittags. Eine schnell irgendwo kurz vor Ladenschluss gekaufte Kaltverpflegung. Kantinenessen gab es nicht und eine passende Wirtschaft, hatte ich noch nicht gefunden! Zu allem

Übel meldete sich vermehrt schmerzend das linke Bein, die Wunde eiterte und roch streng.
Zum ersten Wochenende kam dann, wie fast nicht anders zu erwarten, der absolute Tiefpunkt in meinem Leben! Am Sonntag kroch ich unter die klamme Decke, wollte nicht mehr aufstehen, wurde total apathisch, aß nichts, wusch mich nicht und stand erst am späten Nachmittag auf, um ziellos irgendwohin zu gehen.
Inzwischen hatte es aufgehört zu regnen, nach einiger Zeit landete ich am Altvater „Rhein", wo man einen Teil der im Krieg zerstörten Parkanlagen wieder instand gesetzt hatte. Saß dort sinnierend auf einer Bank, unbewusst die Abendsonne beobachtend, welche tröstlich wärmend ihre letzten Strahlen über den Fluss schickte, - - schön, - - jemand lachte in der Ferne!
Nach einer Weile begann ich, an mir selbst Mut zu machen, raffte mich auf und ging nicht mehr ganz so traurig zurück ins Hotel.
Vor dem sogenannten Empfang saß nur ein einzelner älterer Mann am Tisch, obwohl mit kurzem Gruß schon im Vorbeigehen begriffen, sprach er mich an. *„ Na mein Jung hab dich schon gestern gesehen, wohnste schon länger hier?"*
Spontan entspann sich ein Gespräch, während dessen sich herausstellte, dass er, Fernfahrer aus Hamburg, eigentlich nach Hause wollte, wegen Maschinenschaden aber unfreiwillig hier hängen blieb.
Gierig erfasste ich die Möglichkeit zu reden, taute auf und erzählte bei zwei, drei Bier meine ganze Geschichte. Sehr verständig und lebenserfahren hörte er zu, spendete Trost und gab mir Tipps. Erzählte dann von Krieg und Gefangenschaft, bis uns gegen Mitternacht der sogenannte Portier aufforderte, nun endlich ins Bett zu gehen.
Im Waschraum noch Worte wechselnd lachten wir, zum Abschied wünschte er *„Adieu, viel Glück fürs weitere Leben!"*.
Mit optimistischen Gedanken, froh und befreit, schlief ich in dieser Nacht das erste Mal seit meiner Ankunft sofort ein!
Am nächsten Tag schien erstmals die Sonne und gleich sah der Betonbunker nicht mehr so finster aus. Im Betrieb stellte sich, vom Urlaub kommend, "Jupp", mein Abteilungsleiter vor, ein netter Kerl, etwa 35 Jahre alt mit rauchiger Stimme und leicht versoffen, verschwollenen Augen. Die sofort empfundene Sympathie beruhte offensichtlich auf Gegenseitigkeit, er nahm mich sofort mit in die Mustermacherei an meinen neuen, bereits teilweise eingerichteten Arbeitsbereich mit eigener Werkbank. Neue Entwürfe sollten schnellstens für die kommende Messe in Modelle umgesetzt werden. Begeistert stellte er dabei fest, dass mir die Zeichnungen zu lesen teilweise besser gelang als ihm. Aus diesem Grunde bekam ich als Testarbeit, das erste Handmuster aus Aluguss, für wiederum meine erste Peitschenmastleuchte!

Eingefügte kleine Scharniere, Halter, Verschlüsse und Klammern einpassen, das war genau meine Lieblingsarbeit, weshalb es mir auch hervorragend gelang. Jupp war begeistert der Konstrukteur ebenfalls, damit hatte ich den ersten Stein im Brett. Als nächster Auftrag stand der Bau von fünf Wannenleuchten an mit etlichen Blecharbeiten, wie Zuschneiden, Bohren, Abkannten, Nieten, ebenfalls eine Messearbeit.
Während wir unter Termindruck arbeiteten, installierten die anderen teilweise riesige Metallverarbeitungsmaschinen oder Automaten für die Serienfertigung. Alles in der neuen riesengroßen hellen mit einem Scheddach versehenen Halle, welche nahezu ohne Zwischenwände auskam.
Zur völlig unpassenden Zeit fing mein Bein an, echte Schwierigkeiten zu machen! Jeder Schritt schmerzte, die Wunde eiterte und stank. Mit schlechtem Gewissen fragte ich endlich Jupp um Rat, welcher mich ohne viel Worte umgehend zum Arzt schickte!
Der nette ältere Doktor schimpfte, die Wunde hätte man gleich nähen müssen, wenn ich noch länger gewartet hätte, wäre eventuell Knochenfraß entstanden. Eine größere Narbe würde sowieso bleiben, was bis heute zutrifft! Danach gab er mir eine Spritze, sowie Salbe nebst Rezept und meinte, ich müsste drei Tage daheimbleiben, die Wunde mehrmals täglich mit Kamille baden, danach frisch verbinden.
Nun ja, er wusste nicht, wie mein zu Hause aussah, außerdem nahm man bei uns damals wegen Kleinigkeiten nicht frei! Also ging ich am nächsten Tag wieder arbeiten, für die Pflege musste früh und abends genügen, drei Wochen später war alles vergessen!
In der Zwischenzeit gelang mir, die etwas älteren drei bis vier Kollegen der Abteilung kennenzulernen, unter ihnen den etwa 40-jährigen „Kurt Köster". Durch seinen leichten Höker am Rücken ein wenig Außenseiter! Lebte schon einige Jahre hier, stammte aber ebenfalls aus einem anderen Bundesland! Gern fuhr er nach Feierabend auf meinem Roller mit, als wir feststellten, ein Stück weit, den gleichen Heimweg zu haben. Für etliche Dinge des täglichen Lebens gab er dem „Greenhorn" aus Bayern gern brauchbare Tipps! So empfahl er mir unter anderem die Gasthauskette „Metzmacher", in welcher meistens Studenten und Bauarbeiter sehr preiswert aßen! Im Übrigen sollten wir in absehbarer Zeit eine Werkskantine bekommen, womit dann auch das leidige Essproblem gelöst wäre.
Getränke gab's bereits inmitten unserer großen Werkhalle, direkt unter der eisernen Freitreppe, welche zu Toiletten nebst Waschräumen führte. In diesem Shop bediente eine attraktive Blondine, welche zwar zu allen, zu mir aber offensichtlich besonders freundlich war. Meine Situation sprach sich schnell herum, was eventuell ihre etwas mehr als mütterlichen Gefühle erweckt hatte, mir wiederum so manchen wärmenden Augenaufschlag einbrachte! Obwohl sie etwas

älter, außerdem geschieden mit Kind war, begann ich anzubändeln. Sie wurde zugänglicher, nach ein bis zwei Wochen standen wir knapp davor, dass sie mir den Adlerfelsen, ein bekanntes Freizeitgebiet in einigen Kilometern Entfernung, zeigen wollte! Leider meinte ich meine Freude, nebst einigen nicht ganz jugendfreien Fantasien ausgerechnet meinem Kollegen Kurt anvertrauen zu müssen, um kurz darauf festzustellen, dass sie mich plötzlich überhaupt nicht mehr beachtete!
Des Rätsels Lösung kam später heraus, er stellte ihr selbst heimlich nach und berichtete all meine Erzählungen im Detail.
Trotz alledem lebte ich mich langsam ein und es begann mir, bis auf meine Wohnungssituation zu gefallen.
Derweil stellte sich als interessante neue Aufgabe die Herstellung einer Nullserie (erste Kleinserie eines Modells) von fünfzehn Unterteilen für Wannenleuchten heraus. Leider konnte ich die nötigen Kanten nach Fertigung der Zuschnitte nicht durchführen, weil wir nur große schwere Abkantmaschinen für die Serienfertigung besaßen.
„Nun mein Jung, da musste warten bis einer umspannt, vielleicht erst bei der Nachtschicht, frag halt“, meinte Jupp und ließ mich einigermaßen ratlos zurück! Also Kollegen abklappern, bis ich einen in der Nähe fand, welcher allerdings wirklich erst nachts umspannen konnte und kam so zu meiner ersten Nachtschicht.
Das war ja toll, es arbeiteten nur wenige, ansonsten war man fast allein im ganzen Betrieb, irgendwie eine eigenartige Stimmung!
Als ich zu „Fred“ kam, so hieß der etwa 45-jahrige Maschinist ein echter Kölner, wie sich später herausstellte, hatte noch eine Menge Material zu bearbeiten und meinte *„Tut mir leid et dauert noch, de ham mir wat draufjelecht, aber bis morjen Früh, da klappt`s schon!“* Ach du meine Güte und was sollte ich bis dahin tun?
Also zog ich kurz entschlossen ein paar Handschuhe an und half, was ihn über die Maßen freute. Denn er arbeitete im Akkord und konnte nun gemütlich mit mir schwatzend, sein „Los“ zu Ende bringen.
Ein angenehmer Kumpel, dachte ich und begann nach allgemeinen Gerede, von meinen Wohnungsnöten zu erzählen. Er hörte mir aufmerksam zu, dann dauerte es nicht lange, bis er mir von sich erzählte. Sein Schwiegervater hätte vor seinem Tod im Speicher ihres dreistöckigen Stadthauses eine Art Studierzimmer ausgebaut, welches zurzeit leer stand. Es sei zwar nur einfach möbliert ohne Wasser, aber es hatte zwei originelle Fenster mit Blick über die Dächer der Stadt. Zwar würden sie übermorgen in einen zweiwöchigen Urlaub fahren, doch danach könne ich vorbei kommen, um es anzuschauen! Falls es mir zusagt mit seiner Frau reden, welcher das Haus gehört. Über eine Vermietung hatte sie

zwar schon mal nachgedacht, doch weil das Zimmer vorher ausgemalt gehörte, weiter noch nichts unternommen.
Man kann sich leicht vorstellen, wie ich mit heißen Ohren den Atem anhielt, am liebsten hätte ich einen Veitstanz aufgeführt oder wäre ihm um den Hals gefallen. Nun, total aus dem Häuschen bettelte ich, noch vor ihrem Urlaub vorbei kommen zu dürfen, mich bei seiner Frau vorzustellen um so eventuell gleich einziehen zu können?!
Fred meinte nun „Gott ergeben", ich solle halt morgen gegen 19 Uhr vorbeikommen, versprach noch ein gutes Wort für mich einzulegen, mehr könne er jedoch nicht tun! Rest der Nachtschicht, sowie die folgende Tagschicht dauerte viel zu lange, fiebernd sehnte ich den nächsten Abend herbei, zog frische Klamotten an und startete.
Die Sülzburgstraße in „Köln- Sülz", schon etwas im begrünten Randgebiet der Stadt mit großen Bäumen aufgelockert, war breit und einladend, die Hausnummer schnell gefunden. Ein altes Stadthaus inmitten ähnlicher älterer drei und vierstöckiger Häuser, welche vom Krieg verschont waren, überhaupt hatte die ganze Ecke offensichtlich wenig gelitten!
Mit klopfendem Herzen läutete ich im Parterre bei Schröder, es summte, erst ein längerer Gang, dann passierte man das Treppenhaus, danach eine weitere Tür nach welcher sich im Hinterhof ein kleiner idyllischer Garten auftat. In diesem stand ein kleiner Anbau, der wie ein Atelier aussah!
Eine interessante dunkelhaarige Frau, die irgendwie nach Künstlerin aussah, empfing mich! Mein Erstaunen wuchs als sie mich in eine sehr wertige stilvoll eingerichtete Wohnküche führte, die großflächig mit Motiven ähnlich blauen "Delfter-Kacheln" verkleidet war.
Innerlich staunend nahm ich auf dem angebotenen Stuhl Platz, das --- sollte „Freds" Frau sein, von meinem Kollegen dem Akkordarbeiter aus der Firma?! Letzterer saß zwar auch am Tisch sagte jedoch außer *„Hallo Lothar"* nichts, während sie mich mit sehr kritischen Blicken musterte!
„Nun erzähl mal, wo du herkommst und was dich nach Köln führt?" sagte eine dunkle rauchige Stimme mit nur ganz leichtem rheinischem Dialekt. Unsicher beginnend, nicht wissend wie wohl die Geschichte eines minderjährigen Ausreißers bewertet würde, kam mir die Schilderung nach den ersten Sätzen bald fließend über die Lippen. Zum Schluss nickte sie nachdenklich, ohne einen Kommentar abzugeben.
„Die Miete inklusive Strom beträgt 25.-DM im Monat, wenn es Ihnen gefällt, kann Fred ausnahmsweise gleich die Schlüssel aushändigen. Allerdings sollte der Raum vorher ausgemalt werden?!" - *„Mach ich selbstverständlich gern!"*- *„Den Mietvertrag können wir nach dem Urlaub unterschreiben, ---- so, damit verabschiede ich mich gleich von Ihnen, denn wir müssen noch packen"*, meinte sie kurz und knapp.

Eigentlich hätte ich sie am liebsten umarmt, doch die von ihr ausgehende Kühle mahnte zur Distanz!
Man merkte schnell, nicht nur im Haus, welches ihr sowieso gehörte, war „Frau Schröder“ ohne Zweifel der Chef, -- eine Frau?! Ein Umstand, der damals nicht nur mir neu war!
Es roch nach Bohnerwachs, als wir die Holztreppen mit eisernem Geländer des etwa um 1900 gebauten Hauses betraten. Während des Aufstiegs erfuhr ich, dass Freds Frau Fliesen mit verschiedenstem alten Blau auf weiß Motiven bemalte, welche meist für Kölsche-Gaststätten, Theken oder Tische verwendet wurden. Dabei versäumte er nicht zu erwähnen, dass Brennen, Verpacken, nebst Verschicken ausschließlich seine Sache sei!
Auf halber Höhe zwischen jedem der drei Stockwerke befand sich eine Toilette mit davor angebrachten gusseisernen Waschbecken. War mir neu, sollte sich aber als äußerst praktisch erweisen! Nachdem wir im obersten Stockwerk ankamen, ging es nochmals ein halbes nach oben mündete dann in eine schmälere Holztreppe, welche vor einer einfachen Holztür endete. Danach noch einige Meter auf einer etwas breiteren Hühnerleiter hinauf, bis man endlich den relativ hohen Speicher betrat.
Wenn dieser zum Wäschetrocknen benutzt wurde, konnte man nur im Slalom zwischen der Wäsche, einen im hinteren Teil aus Brettern gezimmerten Verschlag erreichen.
Mir kamen schon Zweifel, ob es wohl das Richtige für mich sei, als Fred die mit einem Vorhangschloss versehene Tür öffnete, doch dann entwich ein Ruf freudiger Überraschung meinen Lippen. Eine große Doppelmansarde tat sich auf, lichtdurchflutet durch zwei doppelte, beidseitige Gaubenfenster begrenzt. Als wir die etwas blind gewordenen Fenster öffneten, kam zwischen den mit schönstem Unkraut bewachsenen Blumenkästen noch mehr Sonne, nebst frischer Luft herein. Einen romantischen Blick über die Dächer der umliegenden Häuser gab's gratis dazu, herrlich!
In dem etwa 7x 4 Meter großen Raum befanden sich selbst gezimmerte Einbauschränke in den Dachschrägen. Außerdem eine Kommode, ein breites Bett mit Matratze, Decke und Kissen, ein Tisch sowie zwei Stühle! Kurzum alles was man brauchte, sogar eine große Waschschüssel nebst Wasserkanne aus Porzellan war vorhanden, ich war begeistert!
„Aufs Klo und zum Wasser holen musste halt eins tiefer gehen!“
„Mensch Mann, das is ja pfundig ich nehms natürlich, dank dir für die Vermittlung!“- „Ok, Farbe und Pinsel stell ich dir auf die Treppe, streich's am besten vorher!“
Sprachs, drückte mir zwei Schlüssel in die Hand und ließ mich mit meinem Glück allein, ungläubig sah ich mich um, ließ mich aufs Bett fallen, träumte vor mich hin und schlief selig ein!

Als ich erwachte war's schon dunkel, tastend endlich den Lichtschalter findend, beleuchteten zwei einfache Lampen den dunklen Speicher. Glücklich, fast schwebend eilte ich die Treppe hinunter und fuhr ins Hotel zurück. Diese Nacht schlief ich wieder schlecht, doch diesmal aus freudiger Erregung.
Nächster Tag Samstagmittag Arbeitsschluss, schnell war das Hotelzimmer gekündigt, meine wenigen Habseligkeiten zusammengepackt um eiligst mein neues Quartier zu beziehen.
Fred hatte wie besprochen vor seiner Abfahrt die Farbe auf die Treppe gestellt, allerdings fand ich nach der ersten Großreinigung, das Zimmer tadellos in Ordnung. Also wurde die Malerei erst einmal verschoben, die Büchsen verschwanden in der untersten hintersten Schrankecke.
Schon nach wenigen Tagen hatte ich mich eingelebt, etwas störend, mir fehlte Bettwäsche sowie ein Tauchsieder nebst Litertopf für heißes Kaffeewasser. Um diese Sachen bat ich Mutter im ersten, sowieso längst fälligem Brief, welche freudig die gewünschten Sachen per Eilpost auf den Weg brachte.
Die Mitbewohner des Hauses lernte man mehr oder weniger schnell durch Begegnung kennen, näher natürlich die Familie des obersten Stockwerkes durch persönliche Vorstellung. Schon bald allerdings sprach man mich auf die fällige Reinigung von Klo und Treppe an! Zum Glück fügte die Mieterin gleich hinzu, für fünf Mark meinen Anteil (welcher bis dato sowieso ihrer war) mit zu übernehmen, besser konnte es nicht gehen!
Nun endlich daseinsfähig am selbst gesteckten Ziel angekommen, Stolz und Selbstbewusstsein stiegen umso mehr, als ich den leichten Neid meiner neuen Freunde zu verspüren glaubte!!
Schnell konnte die Umgebung mittels erster Streifzüge, ebenso wie durch erfragte Infos, mein neues Zuhause werden. Letztlich fand sich auch noch die von Kurt empfohlene Lokalkette „Metzmacher“ und damit, wenn es die Zeit erlaubte, sehr preiswertes warmes Essen! Bis jetzt hatte ich nur von Kaltverpflegung gelebt, welche meist aus Semmeln mit Butter, Wurst, Käse oder Marmelade bestand, dazu Nährbier bzw. als einziges Warmes, Caro den damals neuen (Malz - Instantkaffee).
Mit ein wenig Stolz und großer Freude, betrat ich gut gekleidet an einem Sonntagmittag das Lokal, um erstmals seit geraumer Zeit, wieder warm zu essen was allerdings mit unvorhersehbaren Folgen enden sollte!
Guten Mutes nahm ich also Platz und bestellte neben Cola, das preiswerte Stammgericht, die so gelobte Erbsensuppe, zu der man kostenlos Semmeln essen durfte, soviel man wollte. Es schmeckte nicht nur gut, das erste selbst verdiente Essen, sondern versetzte mich auch in beste Laune! Das Lokal musternd, fast schon fertig mit dem Essen, veranlasste mich ein einsetzendes Rumoren im Bauch sofort die Toilette aufzusuchen!

In der erstbesten Kabine riss ich die Hosen runter, um möglichst schnell den Druck loszuwerden.
Das Gebäude ein alter Bau die WC's platzsparend eingebaut, wozu man allerdings eine eigenartige Bauweise gewählt hatte. Die Verkleidung war seitlich sehr breit, nach vorn jedoch sehr knapp bemessen, sodass man beim Sitzen mit dem Kopf an die Tür stieß, gegen welche man sich auch beim Ankleiden drücken musste.
Während also meine Rechte den Gürtel einhakte, zog die Linke am Griff des Spülkastens, "ziiisch", fuhr der Wasserschwall schlagartig in den Durchfall hinein, um diesen spritzend von Knie bis Kopf auf meiner Rückseite zu verteilen! Nur die Anzugjacke hing zum Glück am seitlich angebrachten Haken, doch der Rest meiner Klamotten voll stinkender Sch…!
Nun war guter Rat teuer, am kleinen Waschbecken konnte man zwar mit Papier und Wasser das Gröbste reinigen, doch das war's dann schon! Also Jacke drüber, sowie möglichst unauffällig zur Bedienung eilen, um die Zeche zu zahlen! *„Na hat et nit jeschmeäkt?"* fragte sie missbilligend, woraufhin ich mit rotem Gesicht irgendwas brummelnd, schnell hinauseilte.
Zu Hause entstand ein stinkendes über Nacht am Speicher ausgelagertes Bündel, welches am nächsten Tag in der nächsten Reinigung landete.
Alles zusammengerechnet, hätte man dafür auch ein richtig tolles Essen im besten Lokal der Altstadt haben können!
Nach diesem Vorfall trat verständlicherweise verstärkt der unbändige Wunsch nach einem Vollbad auf. Beim zufälligen Gespräch mit einem anderen Mieter erfuhr ich, dass es im ganzen Haus wohl Badezimmer mit Waschbecken, jedoch keine Badewannen gab! Duschen waren noch nicht so üblich, weshalb alle zur „öffentlichen Badeanstalt" gingen.
Womit nicht etwa ein Schwimmbad gemeint ist, sondern ein voluminöses städtisches Gebäude, in welchem sich große gekachelte Räume befanden, welche man durch Verschläge unterteilt hatte. In jeder dieser, nennen wir sie Kabinen, befand sich neben der Badewanne, ein Stuhl, Kleiderhaken an der Wand sowie an der Türaußenseite ein großer Kurzzeitwecker. Nach dem Kartenkauf wartete man wie beim Friseur in einem Vorraum, bis der Bademeister *„Der nächste bitte"* rief. Wortlos schob er die Zögerlichen hinein, legte ein Handtuch auf den Stuhl, während die Badewanne noch volllief, stellte er den Wecker an der Tür auf 20 Minuten, dann klappte die Tür zu.
Sofort galt es, sich eilig ausziehen, baden, abtrocknen, wieder anziehen, denn wenn der Wecker abläutete, kam der Kerl schon wieder rein, zog den Stöpsel drehte die Wasserhähne auf, noch während er die Wanne für den nächsten reinigte.

Als blutiger Anfänger ging beim ersten Mal alles zu langsam, denn kaum hatte es abgeläutet, kam der Bademeister herein, ließ das Wasser aus, während ich noch schnell meine schmutzigen Socken im alten Wasser wusch!
Mit missbilligend gerunzelter Stirn drückte er trotzdem, nach den Routinearbeiten, gnadenlos den nächsten rein! Welcher sich ebenfalls schnell auszog, während ich noch hastig die nassen Socken in meiner Einkaufstasche versenkte. Hier einen Plastikbeutel zu haben, wäre hilfreich gewesen, doch die gab's leider noch nicht! Verschämt leise vor mich hinfluchend, selbst noch nicht ganz trocken, fuhr ich anschließend mit der tropfenden Tasche in der Straßenbahn nach Hause. Dort endlich konnten die seifigen Socken am Flurbecken ausgespült werden, um dann direkt vor meinem Zimmer zum Trocknen Platz und Zeit zu finden.
Auf die Dauer wohl nicht das Richtige, dachte ich und fand alsbald, nur wenige Gehminuten entfernt ein neu eröffnetes, privat geführtes Badehaus! Zwar etwas teurer, doch welch großer Unterschied, das Wartezimmer geschmückt mit Zimmerpflanzen, gemütliche Kabinen, die Benutzung ohne exakte Zeitbegrenzung, an der Theke freundliche Bedienung, und... der nächste durfte erst rein, wenn man draußen war! Nun konnten zu guter Letzt die Socken nebst Unterhosen ungestört im Altwasser gewaschen werden, während der Rest in der Wäscherei landete.
Die Telefonierereì zwischen Peter (Hausapparat-Kolpinghaus) und mir (Telefonzelle), war recht umständlich, weshalb wir uns nach einiger Zeit etwas aus den Augen verloren. Einsamkeit, Langeweile sowie die innere Unruhe trieben mich naturgemäß dazu, alsbald auf Brautschau (wie der Volksmund sagt) zu gehen! Abend für Abend stromerte ich in der großen Stadt herum, was für mich völliges Neuland bedeutete, kannte selbstverständlich bald alle Kinos, um die sich damals, wie überall die Jugend traf.
Unter anderem gab es als Neuheit das Wasserkino „Fontäne“! Etwa eine halbe Stunde vor Beginn spielte dort ein Mann auf der Kinoorgel, während dazu direkt vor dem Vorhang, zwischen Blumen aus versteckten Wasserdüsen rhythmisch zur Musik, verschieden hohe, beleuchtete Fontänen auftauchten! Das plätschernde Rauschen verbunden mit der dadurch erzeugten kühlen feuchten Luft, war vor allem an heißen Sommertagen ein echter Genuss!
Neugierig bewegte ich mich des Öfteren als total unerfahrener Kleinstädter auch im Milieu „Eigelstein“, in der Nähe des Hauptbahnhofes. Dort traute ich mich nach langer Zeit, ich weiß nicht, wie oft ich daran vorbeigeschlichen bin, endlich in eine einfache Bar, aus welcher laute Musik drang, einzukehren, um dort ein Cola mit Rum zu schlürfen.
Die Gegend war durch das Bombardement auf Köln teilweise schwer in Mitleidenschaft gezogen, die Straßen jedoch von Trümmern befreit. Mit einfachsten Mitteln teilweise sehr provisorisch, wenn auch nur halbhoch, etliches wieder aufgebaut. Auch „Carley' s Bar“ bestand eigentlich nur aus einem irgendwie

verkleideten Bretterverschlag auf geräumten Boden, abgedeckt mit Dachpappe, zwischen den Mauern einer Ruine. Im funzeligen, teilweise mit Farbe bemalten Licht befand sich die Bar mit selbst gezimmerten Sitzen, vor dem großen amateurhaften Bild einer nackten Nixe. Die übrigen Tische und Stühle waren wild zusammengewürfelt, wie das Publikum, welches aus englischen Soldaten, Ganoven, Nutten aller Couleur, deren Kunden, sowie Neugierigen bestanden!
Mir persönlich gefiel es in dem doch etwas verruchten Milieu sehr gut, vor allem, weil mich „Carley“ schon nach dem dritten Besuch zu kennen schien! So dauerte es nicht lange, bis er durchblicken ließ, dass man Hilfe gut gebrauchen könnte! Begeistert sagte ich zu, half gleich aufzuräumen sowie Nachschub heranzuschaffen.
„Aba immer korrekt Jungchen“, so nannte er mich fortan. *„Allet abrechnen, nix mitnehmen un nix mit de Mädels anfangen, kriegst n Anteil un Trinkjeld jedn Abnd wenn Schluss is!“*
Hoch erfreut lernte ich drei Wochen fürs Leben! Zum Beispiel, dass aus einer Flasche Hochprozentigem mindestens 35 Gläser gehen mussten. Sah, wie die Damen statt bestelltem Schnaps, Wasser oder statt Cognac, Tee bekamen! Die Differenz wurde unter dem jeweiligen Namen gutgeschrieben! Allerdings gab's meistens Zoff wenn das die Kavaliere merkten, dann musste Carley die Sache mit Witz oder beschwichtigenden Worten irgendwie geradebiegen! Zur Not „Paule“ rufen, einen ehemaligen, jetzt versoffenen Boxer von mächtiger Gestalt, welcher bei uns oder in einer der daneben liegenden Bars saß, um als Rausschmeißer allem Anschein nach seinen Lebensunterhalt zu verdienen!
Schnell kannten mich alle Mädels, die bei uns verkehrten, wobei manche spitzbübisch lachend feixte *„Is er nit süß us Jungchen!?“* Besonders lachten sie, wenn ich, noch immer verlegen den Blick vor dem großen sichtbaren Fleischangebot senkte.
Am nettesten war Tante Olga, immer fröhlich ziemlich alt, sehr faltig, ein paar Zähne fehlten, aber grell geschminkt, wenn sie mit versoffen krächzender Altstimme meinte: *„Eh Jungchen jieb mer nochn Bier!“*
Jedoch trotz aller Neugierde merkte ich schnell, dass man zwei Jobs gleichzeitig, schon wegen des Schlafmangels nicht durchhalten konnte! Irgendwie, war es auch nicht das Richtige für mich, fühlte ich und blieb irgendwann einfach weg!

Rechtzeitig mit dem beginnenden Sommer eröffnete am anderen Rheinufer die Bundesgartenschau, eventuell die erste in Deutschland! Als Novum hatte man eine Seilbahn über den Rhein gebaut, welche danach wieder abgebaut werden sollte, da sie angeblich bereits ein Scheich gekauft hatte! Wohl ein Gerücht, da man heute noch damit übersetzen kann. Bei meiner ersten Fahrt saß ein Mädchen neben mir, welches eigentlich lieber mit ihren Freundinnen gefahren wäre.

Wegen des großen Andrangs jedoch, diesen letzten Platz in der Gondel nehmen musste.
Von mir während der Überfahrt mehrmals angegrinst, gelang es schließlich, ihr ein schwaches Lächeln zu entlocken! Natürlich half ich beim Aussteigen und weil es noch dauerte, bis die Freundinnen kamen, konnte ich sie in ein Gespräch verwickeln und für nächste Woche einen Termin mit Treffpunkt ausmachen. Als sehr schlankes, etwa 17 Jahre altes Mädchen mit starkem "kölschen Dialekt", war sie zwar nicht ganz mein Geschmack, doch besser als allein rumzustromern wäre es allemal. Während des folgenden Rundgangs tauchten die Mädels immer wieder auf, wobei sie mich bei jedem Zusammentreffen tuschelnd kichernd musterten!
Gespannt wartete ich aufs Wochenende war pünktlich zur Stelle, sie auch, jedoch in Begleitung der älteren Schwester. Letztere wählte dann zwar andere Wege, dennoch war es schwer, ihr zwischen einigen Bäumen ein paar Küsse abzuringen, woraufhin sie mir möglichst bald ihre Eltern vorstellen wollte! Als ich zu guter Letzt auch noch die neugierige Schwester kennenlernen musste, welche alles Mögliche, auch Privates wissen wollte, war die Zeit für ein endgültiges Verschwinden gekommen!
Zu Hause angekommen, hing ein Zettel an der Tür, dringend Peter anzurufen, welcher mich bat, ihn mit Koffer zur Bahn zu bringen, derweil er unbedingt für einige Tage nach Hause wollte. Also fuhr ich am Samstag mit dem Roller zum Kolpinghaus, um ihn abzuholen.
Leider fing es an zu regnen, Peter hatte seinen besten (einzigen) blauen Anzug an, ich meine neue Wildlederjacke mit Jeans. Geduckt brausten wir dahin, ohne Mützen; Sturzhelme waren noch nicht Vorschrift, bis zu bewusster Kreuzung! In Köln waren viele Straßen mit Kopfsteinen aus Basalt gepflastert, welche, da belegt mit Gummiabrieb, sich bei Regen in Rutschbahnen verwandelten! Mit mäßiger Geschwindigkeit, dennoch offensichtlich zu schnell, näherten wir uns dieser Kreuzung, als plötzlich von rechts sehr schnell ein Motorrad mit Beiwagen auftauchte!
Vollbremsung zu spät, wir stürzten, unser Roller schlitterte weiter auf den anderen zu, wo er krachend an dessen Kotflügel zu liegen kam! Stille, --- verdutzt lagen wir am Boden, ich auf dem Bauch, Peter saß auf meinem Rücken! Aufrappelnd stellten wir fest, er hatte weder einen Kratzer noch einen Fleck am Anzug, ich dagegen Ärmel, Schuhe angeschliffen, die Knie durchgescheuert. Doch schlimmer sah der Roller aus, Zierstreifen weggerissen, Knieblech verbeult, der Kickstarter abgebrochen. Am wenigsten hatte der Gegner abbekommen, an seiner schweren Maschine war nur der Kotflügel des Beiwagens etwas demoliert. Er beruhigte auch gleich und meinte, es sei so minimal, wir würden weder Polizei noch Versicherung brauchen, ich sollte ihm nur die Adresse geben, er würde alles für ein paar Mark in Ordnung bringen!

Hätte ich mich nur nicht darauf eingelassen, denn es kam eine dicke Rechnung, welche großzügiger Weise in drei Monatsraten abgezahlt werden konnte!
Doch wir standen unter Zeitdruck Peter musste zum Bahnhof, schnell wurde das Knieblech halbwegs geradegebogen, Zierstreifen und Starterhebel eingesammelt, der Roller angeschoben. Peters Zug stand schon da und schwupp war er weg. Nur ich stand wie ein begossener Pudel mit dem demolierten Fahrzeug allein da. Wie sich schnell herausstellen sollte, war die Achse des Kickstarters gebrochen, da mir aber leider das Geld dafür fehlte, musste man ab jetzt den Roller anschieben!
Lustig war's, wenn irgendein Spezl mitfuhr, dann musste dieser schieben, bis der Motor ansprang, um danach mehr oder weniger gekonnt aufzuspringen! Gelächter brachte es vor allem am „Ring" ein, dem Jugendtreff vor den Straßencafés. Oft rief man uns nach. *„Hey Jungs, sit eeh mit de Zirkusnommer noch frie, wo kann man sowat buchen? Ha, ha, ha!"*
Köln gefiel mir immer besser, denn es war immer was los, wenn das Wetter passte, stromerte ich gern ziellos durch die Einkaufstraßen der Stadt. Vor allem die Gegend um Bahnhof und Dom begeisterte mich, hier pulsierte unter der Woche auch am Abend das Leben! In der „Hohen Straße" zum Beispiel konnte man die prall gefüllten Schaufenster der Bekleidungsgeschäfte mit neuester Mode bewundern. Solche modischen Sachen suchte man bei uns vergeblich, weder in Ingolstadt noch in Neuburg gab es so etwas zu sehen!
An diesem heißen speziellen Sonntag waren nur wenig Menschen unterwegs, so dass ich gelangweilt zwischen Außenvitrinen und Eingangszonen herum schlenderte. Plötzlich erspähte ich ein einzelnes hübsches Mädchen, welches scheinbar ebenfalls der gleichen Beschäftigung nachging! Also begann ich interessiert hinterher zu stiefeln. Die Vermutung, dass sie mich überhaupt nicht wahrnahm, lag nahe, doch nach einer Weile verstärkte sich der Eindruck, dass auch sie mich heimlich beobachtete!
Das Ganze dauerte ziemlich lange, während dessen wir uns scheinbar gegenseitig von allen Seiten unauffällig musterten, wobei ich glaubte, manchmal ein spitzbübisches Lächeln über ihr hübsches Gesicht, huschen zu sehen. Trotzdem vermutete ich, dass sie irgendwo eine Verabredung hätte. Endlich nach knapp zwei Stunden, mir taten schon die Füße weh, nahm sie am Tisch eines Bistros Platz.
Als eigene Mutprobe wurde nun einige Male vorbeigeschlichen, bis ich mich endlich zu fragen traute, ob bei ihr noch ein Platz frei sei? Nebenbei war dies der einzig belegte Tisch des ganzen Cafés! Lächelnd bejahte sie, dann Schweigen. Nach unsicherem Kaffeegenuss nebst anfänglichem Zögern, kam schließlich erst ein verlegenes, danach ein sehr langes fröhliches Gespräch zustande.

Als das Bistro schloss, schlenderten wir gemeinsam bis zum Dunkelwerden durch die Fußgängerzone! Mit Heimfahren war's zwar noch nichts, doch bis zur Straßenbahn durfte ich sie begleiten.
Sehr glücklich, weil mit einem gehauchten Abschieds-Bussi auf die Wange, sowie einer versprochenen Verabredung ins Kino, endete dieser erfolgreiche schöne Sommertag.
Aufgeregt wartete ich am ausgemachten Tag schon vorzeitig am vereinbarten Platz, sie kam pünktlich. Während der Vorstellung zufällige Berührungen, nebenbei betrachtete jeder den anderen heimlich, manchmal zeitgleich von der Seite, wobei es wohl nicht nur mir ganz warm ums Herz wurde. Der Film - Nebensache, danach empfing uns eine laue Nacht, wie selbstverständlich schlenderten wir erstmals Hand in Hand durch die abendliche Stadt. Es wurde gelacht und geredet, wir gingen und gingen, bis sie auf einmal überraschend meinte, "*Gute Nacht", „danke fürs Heimbringen", "hier wohn ich!"*
Dem Abschiedsbussi folgte schnell noch die nächste Verabredung, bevor ich mich jauchzend auf den langen Heimweg machte.
Mit jedem Rendezvous erfuhren wir mehr voneinander und schon bald ließ sie sich gern von ihrer Arbeitsstelle, einem großen Reisebüro in der Stadtmitte abholen. Dass sie gerne tanzen wollte, konnte ich wegen des eigenen Handicaps nur mühsam verzögern, deshalb ging es eines Abends zum Tanzbrunnen, einer neuen illuminierten Attraktion der Bundesgartenschau.
Hier war ausgerechnet „rock n roll" Marathon angesagt, eh ich protestieren konnte, hatte sie schon Ticket nebst Rückennummer besorgt, lachend meinte sie: *„Komm, keine Angst, das Nötige bring ich dir schon bei!"* Zum Glück war die Tanzfläche gerammelt voll, sodass keiner meine stümperhaften Versuche bemerkte, ja wir wurden sogar Dritte - - -, die aufhörten!!
Des Rätsel Lösung, von einem ihrer Stöckelschuhe war der Absatz abgebrochen. Deshalb humpelte sie, von mir geführt, zur nächsten seitlich im Dunklen stehenden Bank, wo der Rest des Abends endlich einmal mit intensivem Schmusen verbracht wurde! Doch „Betty" verhielt sich leider immer etwas distanziert, war von meiner Ehrlichkeit offensichtlich nicht überzeugt. Weshalb ich froh registrierte, dass es mir zum ersten Mal gelang, mit etwas Necking, wenigstens bis zur Gürtellinie vorzudringen! Als mir aber auch bei den folgenden Treffen trotz ihrer achtzehn Jahre nicht mehr gelang, vermutete ich einen weiteren Verehrer oder ehemaligen. Möglicherweise aus ihrem Heimatort, welcher ebenfalls einige hundert Kilometer entfernt war!
Just zu diesem Zeitpunkt kam mir ein Feiertag zu Hilfe, zu dem ich meiner Mutter die mich regelmäßig mit Briefen bombardierte, hoch und heilig versprochen hatte für ein paar Tage erstmals nach Hause zu kommen! Da Peter ebenfalls die Gelegenheit wahrnehmen wollte, mit nur einem Urlaubstag ein langes Wochenende in Neuburg zu verbringen, hatten wir uns am Bahnhof verabredet.

Der Zug sollte um 10:30Uhr abfahren. Betty hatte mir allerdings signalisiert, dass ausgerechnet an diesem Tag die Vermieterin nicht da sei und sie mir endlich ihr Zimmer zeigen wollte. Da dort sowieso, damals überhaupt Herrenbesuche bei jungen Frauen unüblich, um nicht zu sagen verboten waren, sollte diese Gelegenheit natürlich nicht ungenutzt vorbeigehen! Der Weg von ihr zum Bahnhof zwanzig Minuten, dort freilich musste der Roller noch unter Verschluss gebracht werden, egal, für alles musste eine halbe Stunde reichen!
Überpünktlich mit Blumenstrauß erschien ich um 8Uhr bei Betty zum versprochenen Frühstück in der Küche, bewunderte danach ihr Zimmer, wobei ich vorsichtig den Arm um ihre Hüften legte! Zu meiner Überraschung war da plötzlich ein richtiges "Schmuse-Kätzchen", fast schnurrend legte sie sich der Länge nach auf die Bettcouch, während ich am Boden Platz nahm.
Wir küssten uns heftig, auch meine tiefer gleitenden Hände wurden diesmal nicht abgewehrt, verflixt nochmal da kam die Uhr ins Blickfeld, es war fünf nach zehn! Jetzt aber los! Mit großem Bedauern, Abschiedsküssen nebst Versprechen, sie ja nicht zu vergessen, brauste ich endlich davon!
Obwohl es gut durch den Verkehr ging, dauerte das Abgeben des Rollers gegen Quittung seine Zeit! ... Endlich, weiterlaufen im Eiltempo durch die Unterführung, die Treppe zum Bahnsteig hinauf, "10:40 baff", aber der verspätete Zug stand noch! Aus einem der Fenster sah ich Peter heftig winken, doch da, ein Pfiff, die Kelle ging nach oben! Der Zug fuhr los, gerade noch rechtzeitig konnte ich laufend die Tür des letzten Waggons öffnen, helfende Hände griffen zu, geschafft!
Zuhause angekommen, wurde ich von allen Seiten wie ein "verlorener Sohn" begrüßt, bewundert und bestaunt. Im Freundeskreis vor allem durch die damals in der Kleinstadt noch nicht zu bekommenden Klamotten, wie etwa mein schwarzes Taschenhemd, Gürtel, Schuhe oder die Blackjeans!
Vater befand sich mit Else über dieses Wochenende zur Kur, weshalb mich Mutter total belegte, hatte tausend Fragen, wollte mich am liebsten gar nicht mehr weglassen, ja redete selbst beim Essen ständig auf mich ein! Ich solle doch wieder nach Hause kommen, es sei nun alles anders geworden, Papi hätte sich total geändert, er würde mich nicht nur sehr vermissen, sondern auch im Betrieb über die Maßen brauchen!
Während mir dabei der alte Spruch einfiel, „Die frohe Botschaft hör ich wohl, allein mir fehlt der Glaube!“ hatte ich am Wahrheitsgehalt der Erzählungen, doch so meine Zweifel!
Nun, die wenigen Urlaubstage verflogen schnell, meine Gedanken weilten längst vermehrt bei Betty, selbst die Abschiedstränen meiner Mutter waren schon vergessen als ich im D-Zug mit freudiger Erregung, der Zweitheimat Köln entgegen rauschte.

Dass Peter nicht mitfuhr, war inzwischen halb so schlimm, mich erwartete inzwischen ein anderer neuer Freundeskreis! So hatte ich durch meine neue Freundin, den Studenten der Rechte „Andreas“ kennengelernt. Es war der Verlobte ihrer Arbeitskollegin, ein sportlicher Typ, blond, drahtig, etwas älter als ich und wir waren uns auf Anhieb sympathisch! Da wir fast jeden Abend gemeinsam auf unsere Mädels warteten, kam man oft ins Gespräch, wobei ich eine Menge von ihm lernte. Er war es, der mich in die damalige Musikscene einführte, mir Jazz, Blues, Rock n Roll, Dixie, Armstrong, Bill Halley, Fats Domino, Chris Barber und wie sie alle hießen, näher brachte!
Der Vorschlag seiner Freundin, mit dem VW-Käfer ihrer Eltern und meinem Roller zum Zelten an den Rhein zu fahren, stieß deshalb auf die Begeisterung aller. Gesagt getan, wir zelteten also von Freitagabend bis Sonntag am "Altvater Rhein", natürlich wild, da Andreas einen tollen Platz wusste. Lebensmittel, Wasser zum Kochen hatten wir dabei, Körperpflege allerdings mit dem nicht mehr so sauberen Flusswasser! Meine Hoffnung, mit Betty endlich etwas anzufangen, schlug fehl. Erstens beteuerte sie zum wiederholten Male, dass sie noch Jungfrau sei und hier neben ihrer Kollegin, sowieso niemals etwas Lautes tun würde! Halb verrückt machte mich allerdings, dass wir Andreas mit seiner Liebsten mehrmals in der Nacht nur zu deutlich hören konnten! Zu allem Überfluss pflaumten sie dann auch noch rum, von wegen Liebesspiel und so!
Trotz des kühlen, aber doch schönen Wetters, interessanter Spaziergänge sowie ein paar Federballspielen, trat zumindest ich ein wenig frustriert den Heimweg an, so konnte das nicht weitergehen mit uns!
Am nächsten Samstag in einem netten Esslokal, spielte ich deshalb den Beleidigten, sagte, ich würde immer noch einen weiteren Verehrer vermuten! Die 18-jährige Jungfrau, würde ihr sowieso kein Mensch glauben! Sie zeigte sich sehr geknickt, beteuerte ihre Liebe, willigte sogar ein, da es noch nicht so spät war, sich endlich mal mein Zimmer anzusehen!
"Prima", es gefiel ihr recht gut, bot sogar an, immer wieder mal sauber zu machen! Derweil sie auch öfters nachmittags freihatte, wo ich noch arbeiten musste! *"Toll",* das war mal ein Angebot, den Zweitschlüssel gab ich ihr sofort!
Zu meiner Überraschung blieb sie länger, wir zündeten eine Kerze an, kochten Tee, schmusten, legten uns aufs Bett, kuschelten uns unter die Decke! Betty bettelte um Verzeihung, blieb sogar bis zum Morgen, ---- und sie war wirklich noch Jungfrau, zumindest bis dahin!

*

In der neuen Firma hatte ich durch korrektes termingenaues Arbeiten zum Abteilungsleiter einen guten Draht! Er selbst ein begeisterter Motorradfahrer und wollte gern, wie die meisten von uns, seine Maschine aufmotzen. Zu jener Zeit kamen gerade die ersten Scheinwerferblenden auf, ein geschwungenes Teil oberhalb zwischen Rand und Glas geklemmt, sah aus wie ein Mützenschild nur eben verchromt.
Im Laufe eines Gespräches meinte ich, sowas könnte man leicht selbst herstellen! Da es die Dinger nicht für jedes Modell gab, war er sofort begeistert! Lief gleich zum technischen Betriebsleiter, auch ein Biker und kam mit einem Auftrag über fünf Stück zurück! Nach Fertigstellung sollten die Dinger in der hauseigenen Galvanik verchromt werden. Genehmigt durch Sonderauftrag, machte ich mich an die Arbeit! So kam ich mindestens für eine Woche zu einem selbstständigen gemütlichen Job! Gelungene Dinger sahen auch wirklich klasse aus und machten mich zumindest in der Schlosserei zu dem bekannten "Mann aus Bayern"!
Bald darauf, inzwischen wieder mit einem neuen Leuchtenmodell beschäftigt, zog mich Jupp vertraulich auf die Seite und fragte *„Hä Jung, hätste nächste Woche Zit, willste mal wat richtisch Jeld verdienen!?“* Verdutzt bejahte ich, er erklärte, dass man Ende der kommenden Woche mit einem Feiertag, eine spezielle Sonderschicht für wichtige Aufträge fahren wollte! Weiter, dass deshalb an diesem und in der die darauf folgende Nacht, sowie am nächsten Tag gearbeitet würde! Das Ganze ergäbe dann Zuschläge für Feiertag, Nachtschicht, Überstunden, somit den zusätzlichen Verdienst von mehr als einer halben Woche Arbeit!
Am bewussten Ruhetag frühmorgens um sieben, schon die Fahrt durch die noch weitgehendst leere Stadt, ein ungewöhnliches Erlebnis. Angekommen staunte ich nicht schlecht, als der sonst durch einige Hundert Leute bewegte Betrieb einen fast friedlichen Eindruck erweckte.
In meiner Abteilung allein, nur in den Nebenabteilungen arbeiteten einige Kollegen, Jupp war nirgends zu sehen! Ich richtete also mein Werkzeug her und harrte der wichtigen Dinge, die da kommen sollten. Als nichts geschah, suchte ich das Arbeitsbüro auf, wo man schon von Weitem, Jupp lachend, rauchend, gestikulierend beim Kaffeetrinken mit dem Betriebsleiter sitzen sah. Auf meine Frage nach wichtigen Aufträgen, meinte er fast unwillig, ich solle einfach da weitermachen, wo ich gestern aufgehört hätte! Etwas konsterniert, zog ich von dannen, um wie geheißen an meinem Muster weiterzuwerkeln. Nach ein paar Stunden eilte er vorbei, auf meinen Hinweis, dass ich jetzt einen Schweißapparat brauchte, der aber verschlossen sei, knurrte er: *„Komm Jung, stell disch nit so aaan, lat de wat infollen“* verschwand und ward nicht mehr gesehen!

Derweil man die Pausen selber bestimmen konnte, wurden diese natürlich immer länger, trotzdem schlich die Zeit nur langsam dahin, bis endlich der Abend kam. Etwa gegen 22 Uhr fiel mir auf, dass immer weniger Leute zu sehen waren, geschweige denn arbeiteten, erst ein zufälliger Gang auf die Toilette brachte Klarheit! Alle Kabinen waren mit Schnarchern belegt, bestieg man eine in der Mitte stehende Staffelei zum aufgeklappten Oberlicht, konnte man weitere Schläfer auf dem Dach liegen sehen! Ich verstand die Welt nicht mehr, hätte mich natürlich nie getraut, es ihnen gleich zu tun.
Stattdessen wurde neben dem Kampf gegen die Müdigkeit weiter gewurstelt, bis endlich um sieben Uhr die Normalschicht kam. Plötzlich waren alle wieder da, die Toiletten frei, die Leiter verschwunden und auch meine Schweißarbeit konnte nun endlich erledigt werden.
Gegen Mittag packte mich ob des ungewohnten Schlafmangels, ganz fürchterlich die Müdigkeit. Als ich mich bei Jupp abmeldete, wollte er mich zum Bleiben überreden, derweil doch sonst ein Teil meiner Überstunden verloren ginge! Doch mir war mittlerweile alles egal, wollte nur noch schlafen! Wie im Traum, die Fahrt nach Hause, hundemüde fiel ich in mein Bett und schlief ohne zu essen durch bis zum nächsten Morgen!
Erst Tage später klärte mich Kurt auf, dass diese Aktionen vor allem von und für die Abteilungsleiter veranstaltet wurden, um so an mehr Geld zu kommen, welche aber während der Nacht gar nicht vor Ort seien, sondern feiernd in den umliegenden Kneipen säßen.
Für mich, der glaubte, schon fast alle Drehs rund ums Saufen zu kennen, eine neue Erfahrung, doch im gern feiernden Rheinland gab es noch ganz andere Tricks! In diesem Zusammenhang verstand ich jetzt auch, warum viele Frauen teilweise mit Kinderwagen am Freitag vor den Toren der Firma standen und manchmal unter großem Gezeter den Männern die Lohntüten abnahmen. Damals erhielt man als Arbeiter freitags immer noch den Lohn als Bargeld in einer Tüte ausbezahlt, denn außer einem Sparbuch hatte man nichts, das eigene "Giro-Konto", ein Fremdwort.
Einige Kollegen, auch bei uns, sollen es fertiggebracht haben am Freitag in einer Kneipe mit dem Wochenlohn zu verschwinden, um erst am Montagfrüh, natürlich ohne, wieder aufzutauchen! Vor allem in der Karnevalszeit, soll mancher Kölner sogar seine Möbel, einschließlich Bett ins Leihhaus gebracht haben!

*

Mein Kontakt zu Betty wurde immer enger, wir unternahmen mit dem Roller ein paar Touren in die Umgebung, etwa zum Adlerfelsen, ein beliebtes Ausflugsziel mit großer Schwimmbadanlage. Oder flankierten Händchen haltend in den neu geschaffenen Anlagen der Gartenschau, schlenderten durch die Geschäftsviertel und besuchten neu entstandene Straßencafés. Manchmal, wenn es passte, schlief sie bei mir, blieb aber leider nicht mehr über Nacht, da weder ihre Hausleute noch jemand im Haus etwas merken sollte. Dazwischen putzte sie während meiner Abwesenheit, wie versprochen immer wieder mal meine Bude!
Das gefiel mir alles recht gut so, kurz, ich fühlte mich sauwohl! Neuburg mit seinen Problemen war fern, weshalb ich auch wenig Lust verspürte, nach Hause zu schreiben. Mutter dagegen bedrängte mich regelmäßig mit Briefen und der sich immer wiederholenden Aufforderung, *„doch endlich wieder zurückzukehren“!*
Umso überraschter, da nicht informiert, fand ich am Samstag nach Feierabend einen Zettel im Briefkasten, welcher mich aufforderte, sofort zu meiner Hauswirtin zu kommen! Mit heißen Ohren vernahm ich sodann, dass meine Eltern in Köln seien und mich gegen 18 Uhr in der Altstadt im „Anker“ erwarteten!
Ihr Ton war merklich reservierter als sonst, sicher hatte sie wieder wer weiß was über mich erfahren *„Himmel, Arsch und Zwirn“*, kam ich meinem Alten denn nie aus!?
In besagtem Lokal erwartete mich Mami, Mutti und Vater, der ungewohnt freundlich war, aber entweder nur belangloses Zeug redete oder sich ausnahmslos für die Fertigungsmethoden von „Novalux“ interessierte!
Irgendwann ging er mal nach draußen, sofort fingen meine beiden Mütter an, auf mich einzureden! Vater wäre jetzt ganz anders, sei nicht gesund würde nicht mehr trinken, wolle sich mit mir versöhnen. Außerdem als echten, jetzt erfahrenen Mitarbeiter in der Betriebsleitung haben, weshalb ich doch bitte möglichst gleich zurückkommen solle! Hier sei doch wohl auch nicht alles so prächtig! Worauf der Knaller des Abends folgte, indem sie mir mitteilten, dass sie mein Zimmer inspiziert hätten, welches zwar ganz nett wäre, es jedoch ziemlich an Sauberkeit fehlen würde!
Mit knirschenden Zähnen musste ich weiter zur Kenntnis nehmen, dass sie die zufällig auf der Treppe getroffene Nachbarin beauftragt hatten, bei mir jede Woche einmal durchzuputzen! Letztere würde auch nur "5 Mark" in der Stunde verlangen, was ich halt je nach Anfall dann bezahlen müsste.
Wie vom Donner gerührt, rechnete ich im Stillen meinen Stundenlohn von 2 Mark dagegen, jetzt reicht's, dachte ich, innerlich auf hundert. Als dann endlich Vater auftauchte, suchte ich, mich unwirsch von allen verabschiedend, schnellstens das Weite.

Gleich am Sonntag lief mir zum Glück die untere Nachbarin über den Weg, welcher ich gleich klarmachte, dass ich keine Putzfrau brauche. Es war die gleiche, welcher ich schon fürs Treppenputzen bezahlte! Anfangs stellte sie sich auch noch bockbeinig, bezog sich auf die Anordnung meiner Mutter. Wollte natürlich gern den bequemen Nebenjob behalten, musste letztlich, aber, wenn auch verschnupft mein konsequentes „Nein“ akzeptieren.

Die nächsten Sommer-Wochen, Monate gingen ins Land und alles hätte eigentlich nicht schöner sein können. Mit meinem Hauswirt und Kollegen verstand ich mich sehr gut, auch die etwas reservierte Künstlerin war wieder zugänglicher! Wenn wir zufällig beide Nachtschicht hatten, nahm er mich in seiner neuen „BMW-Isetta“ mit, was ich natürlich vor allem bei Regenwetter gerne annahm. So auch jenem Abend, es hatten außer uns nur wenige Dienst, da konnten wir im Laufe der Nacht immer wieder miteinander ratschen. Am frühen Morgen bei der Abfahrt stellte ich überrascht fest, dass der ganze Fußboden seines Wagens mit einer Decke zugedeckt war, unter welcher sich auf meiner Seite, irgendwelche Metallteile befanden. Zu mir meinte er nur, ich solle beim Einsteigen etwas aufpassen, könne aber die Füße unbesorgt draufstellen.
Freundlich grüßend fuhren wir an der seit einigen Wochen neu erstellten Pförtnerloge vorbei. Dem wachhabenden Kollegen, welchen er scheinbar durch seine lange Betriebszugehörigkeit kannte, wünschte er im Vorbeifahren noch einen schönen Dienst. Unterwegs fragte er mich, ob ich schweigen könne, er würde mir gern ein Geheimnis anvertrauen, neugierig gemacht, bejahte ich natürlich!
Zu Hause angekommen fuhren wir in den Hinterhof, nachdem er das Tor geschlossen hatte, schlug er die Decke zurück und forderte mich auf, die darunter gelagerten Werkzeuge, der verschiedensten Art mit in seinen, einem Gartenhaus ähnlichen Schuppen zu bringen. Geheimnisvoll schloss er umständlich auf und meinte *„Jung, du bist de erste wat isch dat zeije, halt mer blos de Schnüß!“*
Nachdem das Licht anging, sah ich eine komplett eingerichtete Spenglerwerkstatt, was vor allem auffiel, waren einige glänzende große Rollen teures Messingband! Daneben eine Reihe bemalter Kacheln, welche damit zusammengefasst waren, zur Verwendung auf Tischen oder Ähnlichem!
„Da staunste wat, han isch alles aus de Firma nisch ein Stück jekouft, wat meinste, warum isch immer Nachtschicht schiebe, un wie isch schufte musste de schwere Rolle in mein klen Auto zu krieje!?“
Mir fehlten momentan die Worte, dass einer, der wirklich nicht arm war, dessen Frau als freischaffende Künstlerin mit ihren Kacheln sicher viel Geld verdiente, eine komplette Werkstatt klaut! Erst stand ich staunend da, was er als Bewunderung deutete, dann beschlich mich ein mulmiges Gefühl, später wäre mir lieber gewesen, ich hätte es nie erfahren.

Zum Schluss beschwor er mich nochmals, ja den Mund zu halten, unbedingt sein Geheimnis zu bewahren. Nickend murmelte ich was, sei jetzt aber müde und verschwand erschüttert. Nachdenklich stieg ich nach oben, das Gesehene musste erst verarbeitet werden.
Von da an fuhr ich nur noch ein-, zweimal zur Nachtschicht mit, danach offiziell wegen des schönen Wetters, lieber selbst mit meinem Roller! Zu sehr hatte er mich enttäuscht, mir obendrein ein schlechtes Gewissen gegenüber meinem Arbeitgeber verpasst.
Wieder gingen Wochen ins Land, es wurde Herbst, eines Tages kam Jupp zu mir und eröffnete, dass momentan keine Muster mehr zu fertigen seien. Er deshalb den Auftrag hätte, mich in die normale Fertigung einzureihen! Auf mein dummes Geschau hin meinte er, keine Sorge, ich bekäme von ihm vorzugsweise Akkordarbeiten mit leicht zu unterbietenden Zeiten!
Was sollte ich machen, murrend willigte ich ein, Teufel auch, das war ein anderes Arbeiten, ständig möglichst schnell an denselben Teilen, dieselben Arbeitsgänge zu tun!
Irgendwann kam dann auch noch ein Zeitnehmer, kontrollierte, setzte die Zeit wieder knapper, sodass man beim nächsten Auftrag, die gleichen Teile schneller bearbeiten musste! Bis mir eines Tages ein Kollege den Trick verriet, bei der Zeitabnahme stets selbst erfundene, unnötige Handgriffe dazu zu machen, um so längere Vorgabezeiten zu erhalten.
Diese ersten Male mit dem Leistungslohn konfrontiert, kam mir die Idee, diese Sache könnte man auch gut im eigenen elterlichen Betrieb anwenden! Sofort wurden alle greifbaren Vordrucke und Unterlagen, denen ich irgendwie habhaft werden konnte, gesammelt!
Eine Weile gefiel mir das mit dem Akkord ganz gut, man konnte dabei manchmal bis zu einem Drittel mehr verdienen!
Bis ich eines Tages über 3000 Vorsatzringe entgraten musste, das hieß, mehr als eine Woche lang mit Lederschürze auf einem Hocker sitzend mit einer Feile bewaffnet, die gleichen Handgriffe machen! Nach einigen Tagen wusste ich, das war wohl nichts für meines Vaters Sohn. Kurz entschlossen, ging ich wieder wie früher zum Ratschen mit den Kollegen, bearbeitete nur noch die obersten des jeweiligen Stapels. Als fertige Arbeit abgeliefert, nach etwa ¾ der Zeit, befand sich für diese Arbeit prompt 25 % mehr Geld in meiner Lohntüte, den Fehler merkte keiner!
Betty hatte es da besser, konnte immer im schönen, sehr gefragten Reisebüro arbeiten. Es war das größte am Kölner Ring und da sie scheinbar recht tüchtig war, umschwänzelte sie erfolglos, wie sie beteuerte, ihr Chef! Außerdem erhielt sie in Abständen öfters kurze Hotel Info-Reisen in die verschiedensten europäischen Länder und war dann nicht greifbar. Wenn wieder einmal ein freies Wochenende anstand, wollte sie hauptsächlich ausgehen, aufs Schnackseln war sie

nicht besonders scharf. Wenn schon, dann am liebsten im Halbdunkel, mehr mir zuliebe wie ich glaube. Außerdem hatte sie ständig Angst schwanger zu werden! Manchmal dachte ich sehnsüchtig an die geile Rosi, das war ein anderes Weib, mit der ging damals die Post anders ab!
So begannen die ersten Eifersüchteleien, Vorwürfe, Gequengel, Verdächtigungen und kleinen Streitereien. Als mich dann eines Tages auch noch Fred zu sich rief, während er grinsend auf einen Haufen Eierkohlen zeigte, um mir zu erklären, dass die alle mir gehörten! Wie sich herausstellte, hatte er sie bei seiner Lieferung für mich gleich mitbestellt, derweil ich ja da oben im Winter, schließlich was zum Heizen bräuchte. Lagern dürfte ich das Zeug mit seiner Genehmigung im hinteren Eck des Speichers, damit man es bei Bedarf gleich zur Hand hätte!
Im Geiste sah ich mich mindestens hundertmal, zwei Eimer voll Kohlen in den vierten Stock schleppen, es reichte, an diesem Tag hatte ich jedenfalls die Schnauze endgültig voll!
Wie durch einen Wink des Schicksals, kam am nächsten Tag einer von Mamis Jammerbriefen. Sie schrieb, dass man mich nun wirklich ganz notwendig in unserer Firma braucht, Vater wäre nicht gesund, jammert und auch die Mitarbeiter würden ständig nach mir fragen! Sie und Mutti verbürgen sich dafür, dass nun alles besser läuft, deshalb solle ich schnellstens wieder heimkommen!
Ich denke aber, die Akkordarbeit nebst den Kohlen, gaben letztlich den Ausschlag, um in den nächsten Tagen alles zu kündigen. Jupp wollte mich zwar noch gerne behalten, versprach sogar, den Stundenlohn anzuheben! Mich sogar bei nächster Gelegenheit wieder als Mustermacher einzusetzen, doch nun wollte ich nur noch weg! Auch Fred staunte nicht schlecht, als ich ihm bei der Abnahme die Dosen mit der Zimmerfarbe zurückgab, mit der fadenscheinigen Entschuldigung *„Bin leider nicht dazu gekommen!“*
Mein Resturlaub reichte schließlich, um die übrigen Formalitäten zu erledigen, das Restgeld, um noch ein wenig rumzugondeln, ein paar Sachen zu kaufen, sowie die gesamte Wäsche waschen und bügeln zu lassen. Hatte ich doch noch die damaligen Abschiedsworte meines Alten im Ohr:
„Der kommt doch heulend, ohne Roller, mit dreckiger Wäsche wieder nach Hause!“
Irgendwann musste natürlich auch Betty informiert werden, was ich mir mit mulmigem Gefühl für die letzten Tage aufhob! Als Antwort auf die Frage nach dem „WIESO“, hatte ich mir die angeschlagene Gesundheit meines Vaters sowie einen notwendigen Einsatz im elterlichen Betrieb, als Ausrede zurechtgelegt! Dabei gleichzeitig als Trost mein Zurückkehren im Frühjahr angekündigt!
Ihre Umarmung war innig, Tränen flossen, offensichtlich liebte sie mich wirklich und ich….. kam mir durch diese Lügerei recht schäbig vor! Die Aussicht auf neue Abenteuer jedoch ließen mich alles schnell vergessen!!

Am Abreisetag war schönstes Herbstwetter, Koffer festgezurrt, Roller aufgetankt, den Rest meiner Habe hatte ich entweder nach Hause geschickt oder verschenkt. So startete ich wohlgemut, ohne irgendwelchen Ballast in den jungen Tag! Eigentlich wollte ich nach ein paar Stunden irgendwo übernachten, doch die Luft war würzig, die Maschine schnurrte, Müdigkeit war auch keine zu spüren, also weiter bis Mitternacht!
Zu Hause schlief schon alles, auf mein kurzes Läuten öffnete Mutti hocherfreut. Bald darauf konnte ich glücklich in mein frisch bezogenes Bett sinken, letztlich froh, wieder daheim zu sein!

Innenstadt: Einkaufs-Meile, Zelten mit Betty am Rhein. Rechts: Blick vom, ins Zimmer. Links: Peter, Großstadt-Look., Tanzbrunnen-Gartenschau.

*

Seit meiner Rückkehr vor ein paar Monaten lebte ich, erstaunlicherweise immer noch freizügiger als früher. Selbst einen eigenen Hausschlüssel zum unteren Eingang besaß ich, konnte somit gehen und kommen, wann immer ich wollte! Ohne Ansage allerdings nur bis 23 Uhr, die Volljährigkeit begann ja erst mit 21! Zu späterer Stunde wurde es etwas problematisch, vorausgesetzt natürlich, man hörte mich überhaupt!
Auch Vater zeigte sich immer noch von seiner freundlichen Seite, interessierte sich nicht nur für meine Erfahrungen in der Fertigung, sondern stimmte sogar Neuerungen gemäß meinen Vorschlägen zu! Außerdem gab er für die kommende kältere Jahreszeit, den großen DKW zu meiner persönlichen Nutzung frei!
Mit einem herzlichen „Hallo“ hatten die neuen, alten Kollegen den „Junior“, so meine offizielle Bezeichnung, begrüßt. Zeit zum Ratschen blieb nicht viel, da wir gerade einen größeren Behördenauftrag termingerecht fertigzustellen hatten. Wobei ich gleich wieder unser altes Drama erleben konnte, wie mein Vormann, der Betriebsleiter Karl (Charley), um rechtzeitig alle Teile fertigzubekommen, jeden Abteilungsleiter einschwören musste! Einen genauen Termin der Fertigstellung konnte er danach, bestenfalls ungefähr sagen, das hing immer davon ab, wie unsere Arbeiter gerade Lust und Laune hatten!
Also startete ich kurz entschlossen in der Spritzerei, wo in etwa der Zeitbedarf für das Lackieren von Reflektoren bekannt war, den ersten Versuch mit dem erlernten Akkordsystem. Als Vorlage für Auftrags- und Abrechnungszettel dienten Kopien, der wohlweislich mitgenommenen Vorlagen von „Novalux“.
Den Spritzern, wie wir sie nannten, erklärte ich, um die Sache schmackhaft zu machen, dass sie die weniger verbrauchte Zeit zusätzlich ausbezahlt kämen und so leicht bis zu 30% mehr verdienen könnten!
Heil froh diese Begrenzung erwähnt zu haben, denn nach den ersten Versuchen betrug ihre Abrechnung eine Ersparnis von teilweise über 50%! Also konnten sie bei normalem Tempo die gleiche Arbeit in der Hälfte der Zeit erledigen!
Alle Mitarbeiter vom Betriebsleiter bis zum Arbeiter waren begeistert von der Umstellung! Die Zeitungen am Arbeitsplatz verschwanden von allein, das Geratsche wurde weniger und man brauchte keinen mehr antreiben! Ab sofort tat ich deshalb nichts anderes als bei möglichst vielen Arbeitsvorgängen, dieses für uns neue System einzuführen. Wurden allerdings Prämien bis an die Grenze des Erlaubten oder höher erlöst, gab ich ohne Ankündigung, sofort kürzere Zeiten vor!
Als Grundlage verwendeten wir Erfahrungswerte, damit man keine umständlichen Zeitmessungen durchzuführen musste, was sowieso mit den dann dazugehörigen Nebenzeiten keiner richtig beherrscht hätte!
Ab und zu meuterten einige, welche sich die letzten Vorgaben aufgeschrieben hatten, doch Charley redete uns immer irgendwie raus. Schließlich kam es doch

auf den höheren Verdienst an und *"Luft nach oben"*, wie wir es nannten, war anfangs immer noch drin! Eigentlich lief alles ganz prima, wenn unser Chef nicht eines Tages bemängelt hätte, plötzlich mehr Löhne zahlen zu müssen! Dass dieselben Leute in gleicher Zeit jetzt weit mehr fertigten und wir dadurch leistungsfähiger wurden, sah er leider nicht ein. Weshalb "Ärger" in absehbarer Zeit schon vorprogrammiert war!
Meiner alten Liebe„Rosi“, begegnete ich möglichst neutral. Sie, immer noch Vaters attraktive Sekretärin, welche offensichtlich einen neuen Liebhaber hatte! Man kannte ihn, den bekannten reichen Bauunternehmer und Playboy "Mandy". Zwar klein, doch gut aussehend, allerdings um einiges älter als sie. Er war wohl sehr hinter ihr her, wartete oft geduldig wie ein Schaf im Auto, worüber sie sich gegenüber Kollegen, manchmal lustig machte!
In der Annahme, dass wir nun einfach alte Freunde seien, erzählte ich ihr bisweilen, ganz unbedarft, von den Erlebnissen in Köln sowie meiner neuen Freundin Betty. Dazu sagte sie zwar nichts, hörte mir jedoch immer interessiert lächelnd zu! Apropos „Betty“, hatte mindestens drei- bis viermal geschrieben, machte mir damit ein schlechtes Gewissen! Wusste aber ehrlich nicht, was ich antworten sollte und verschob deshalb wiedermal alles aufs nächste Wochenende, aber dann ganz bestimmt…..!
Überrascht war ich dann schon, als Mutti mich eines Tages ermahnte, "Rosi" in Ruhe zu lassen, die sehr wichtig für unseren Betrieb sei und sich bei ihr über meine Erzählungen beschwert hätte, welche sie überhaupt nicht hören wollte! Die Rüge quittierte ich mit rotem Kopf und hielt mich selbstverständlich ab sofort zurück! Allerdings schwer verständlich mit Bedauern, man sieht, damals verstand ich die Weiber wirklich noch nicht!
Zum Glück schenkte der Chef seine Gunst, meint, wer seine "rechte Hand" sein soll, vermehrt dem jungen Buchhalter „Adi“, welcher seinerseits, einen günstigen Einfluss auf ihn ausübte! Ich glaube, Vater sah ihn wie einen zweiten Sohn, was mir aber nichts ausmachte, derweil auch wir uns gut verstanden. Man konnte vernünftig mit ihm reden oder verhandeln und nur das zählte!

Von mir fast vergessen, jedoch nicht von Amts wegen, flattere die Vorladung zur "Verhandlung wegen Fahrerflucht" ins Haus!
Vor meinem Weggang nach Köln durfte ich, wir erinnern uns, die verhängte Strafe von 40 DM nicht bezahlen, wodurch die Sache nunmehr "gerichtsmaßig" wurde, wie man in Bayern sagt!
Der Alte meinte jedoch: *"Ist alles kein Problem, mein Bekannter und Landsmann",* ebenfalls ein Liebhaber des guten Tropfens, *"Rechtsanwalt Dr. Tutzhauer haut dich schon raus, das wäre doch gelacht!"*
Der Tag der Verhandlung kam, aufgeregt, das erste Mal vor Gericht traf ich auf Peter, welcher als Zeuge geladen war, Manfred hatten sie, wie wir später erfuh-

ren in Düsseldorf vernommen. Schnell vereinbarten wir noch, nur nach wirklicher "Vereidigung" zuzugeben, das Abfallen des "Hörndls" verschwiegen zu haben!
Kurz darauf harrte ich als Beklagter, neben meinem Anwalt auf der armen Sünderbank beim "Amtsgericht Ingolstadt", den Dingen, die da kommen sollten. Zuerst musste ich den ganzen Vorfall noch einmal erzählen, wobei mir eine Vereidigung angedroht wurde! Sodann erschien als erster Zeuge Peter, der sich so dumm anstellte und mundfaul gab, dass ihn der Richter alsbald wieder hinausschickte. Auch Manfreds verlesene Aussage brachte den Sachverhalt nicht weiter! So hielt der Richter erstmal ein allgemeines Statement über die verkommene *„Sekt trinkende Jugend von heute"*, die von den Eltern zu viel Geld bekäme! Außerdem fragte er nach dem Verbleib des Autos, damit man einen Lokaltermin vor Ort machen könne, um festzustellen, ob wir wirklich nichts gehört hätten?!
Danach kam der gegnerische Zeuge und fiel um. Seine Aussage, er hätte gesehen, wie wir erst auf das Auto drauf und danach weggefahren wären, zog er zurück, musste gestehen, nur etwas gehört zu haben! Letztlich forderte der Staatsanwalt *„Freispruch wegen Mangel an Beweisen!"* Leider stand nun, sich in Pose werfend, mein alter Rechtsanwalt aus Neuburg auf. Ein langatmiges Plädoyer folgte, mit dem Antrag auf *„Erwiesene Unschuld"*! Es wurde Mittag, das Gericht entschied schnell, folgte dem Antrag des Staatsanwalts, ich wurde freigesprochen aus Mangel an Beweisen!
Natürlich Freude, erstmal aufatmen, die Rechnung über 1000DM kam später. Damals eine Menge Kies für einen jungen Mann, Vater streckte zwar vor, aber zeigte sich hartleibig, ich musste alles in Monatsraten zurückzahlen!
Man könnte also sagen: *"Die gerechte Strafe, hat ihn letztlich doch ereilt!"*

Zu gern wollte unser Chef, als ehemaliger Großstädter uns jungen "Provinzlern", nämlich Adi und mir *„den Duft der großen weiten Welt"*, sprich Kultur etc. näher bringen. Es begann mit Besuchen von Theatern, Kinos und den damals in unserer Gegend noch nahezu unbekannten ausländischen Restaurants in München oder Augsburg. Mutti ließ uns gern allein fahren, da sie die abschließenden Lokaltouren fürchtete, welche mit etlichen Abstechern nach wie vor, erst früh endeten. Das jedoch stets mit unserem, mindestens „angesoffenen" oder wie die Österreicher eleganter sagen, „eingespritzten" Alten!
So ähnlich verlief eine Theaterfahrt, an welche wir uns noch heute, mittlerweile schmunzelnd, erinnern! Samstag, wir hatten etliche Leuchten zu einem wichtigen Kunden gebracht, danach bei „Milan" hinterm Dom, „jugoslawisch" gespeist natürlich flankiert von Wein und etlichem kernigen Sliwowitz! Vater, wie üblich genoss natürlich mehr davon, dabei kamen wir in so gute Stimmung, dass er beinahe, trotz bestellter Karten nicht mehr ins Theater wollte!

Man gab eine Oper oder Operette unser Chef saß natürlich ganz vorn, inmitten der ersten, während wir standesgemäß Plätze in der vierzehnten Reihe belegten. Ab dem zweiten Akt ließ sich an leisen Stellen aus der Ferne hie und da, ein leichtes aber dennoch deutliches Schnarchen vernehmen, ich glaube selbst die Schauspieler blickten manchmal etwas irritiert nach unten! Endlich kam die Pause, zu der wir unseren Chef abholen wollten. Doch was war das, er war der Übeltäter, schlief immer noch selig in seinem Sessel, zusammengesunken mit ausgestreckten Beinen! Ein Teil der Zuschauer musste mit teils belustigten, teils befremdlichen Blicken darüber steigen! Froh nicht neben ihm zu sitzen, gingen wir hinaus und taten so, als ob wir diesen Herren nicht kennen!
Kurz vor Ende der Pause erschien er, dann halbwegs hergerichtet aus der Toilette und tat so, als wenn nichts gewesen wäre. Einige seiner Sitznachbarn musterten ihn im Foyer allerdings befremdlich, um nicht zu sagen höchst unfreundlich! Obwohl der zweite Teil des Stückes dann normal verlief, endete der so spannend begonnene Ausflug, wiederum erst nach einigen Abstechern in diverse Kneipen. Endlose Gespräche, Gelaber, Getränke folgten, bis wir im Morgengrauen des nächsten Tages endlich heimkehrten!
Einziger Trost, wenigstens war ich diesmal nicht allein und Freund Adi, lernte den so bewunderten Chef, zum zukünftigen besseren Verständnis auch mal von einer andern Seite kennen!
Allmählich hatte mich der Alltag wieder „Betty“ war zu weit weg, kurz so begann ich unbewusst getrieben, nach anderen Weibern Ausschau zu halten. Zumindest um mich ein wenig zu amüsieren und… das Glück ließ nicht lange auf sich warten!
Eines Abends es war kalt und regnerisch, traf ich einen alten Kumpel aus Schulzeiten, Spitzname „Schneizi“ welcher mit zwei Mädels unschlüssig vorm Kino stand. Nachdem wir uns bekannt gemacht hatten, erfuhr ich schnell, dass er nur auf „Ruth“ eine Neuburger Friseuse stand, während die andere, welche mir sowieso besser gefiel aus Bad Harzburg kam. Leider jedoch, nur für ein paar Tage auf Besuch blieb!
Sei’s drum, sie war wohl etwas älter als wir, besaß aber eine recht gute Figur. Die Art wie sie einen musterte ließ jedenfalls hoffen! Also ergriff ich kurz entschlossen die Initiative. *„Kommts Leute, was wollmer denn hier in dem Kaff, mein Auto steht um die Ecke fahrn mer doch nach Ingolstadt, wo ich ne nette Bar kenn!“* Begeistert stimmten sie zu und fanden auch nichts dabei in meinen klapprigen Lieferwagen zu steigen. Wobei mein Spezl hinten im Kasten Platz nehmen musste, da vorn nur drei nebeneinandersitzen konnten.
Unser Lieferwagen wurde stets zum Wochenende von mir persönlich präpariert, man konnte ja nie wissen! Das hieß, Ladefläche etwa 30 cm hoch mit frischer Holzwolle belegen, außerdem zwei Decken unter den Sitzen deponieren. Ein verstecktes wissendes Grinsen unseres Versandpersonals, musste ich deshalb so

manchen Montag über mich ergehen lassen, eine Bemerkung darüber erlaubte sich jedoch niemand!
Weil die Trennwand vom Führerhaus zum Laden langer Teile um 40 cm offen stand, zog es mein Spezl in diesem Fall vor hinter den Damen zu stehen. So fuhren wir mit knatterndem Zweitakter, fröhlich lachend, singend, gen Ingolstadt.
Die „Wölfle Bar", damals eins der wenigen Nachtlokale weit und breit, für heutige Verhältnisse über die Maßen gesittet, betrat man eigentlich nur im Anzug. Wobei der augenfälligste Unterschied zu anderen Lokalen aus dem Bartresen mit Hockern, leiser Musik, gediegener Einrichtung und teuren Getränken, neben einer Öffnungszeit, bis zwei Uhr bestand!
Wir tranken, lachten, redeten, später durch den Alkohol verstärkt, unbeabsichtigte oder eigentlich doch beabsichtigte Berührungen mit dem jeweiligen Partner, bis man letztlich Brüderschaftsküsse austauschte. Sie hieß „Traudl" und gestand mir nebenbei, dass sie eigentlich verlobt sei, was auch immer das heißen sollte?!
Langsam wurde es sehr warm, aber nicht nur deshalb forderte ich sie auf, mit mir etwas frische Luft schnappen zu gehen. Draußen ließ sich wie erwartet, schnell eine dunkle Ecke zum heftigen Knutschen finden. Die suchenden Hände blieben ohne Gegenwehr, weshalb ich anbot, gegen die Kälte, den nur wenige Schritte von der Bar geparkten DKW zu benützen. Das Einsteigen durch die Hintertür nahm sie dabei überraschenderweise ebenso selbstverständlich hin, wie das Ausbreiten der Decke.
Während wir uns nun heftig küssend, erregt halb ausgezogen hatten, offenbarte sie mir, dass ich nicht aufzupassen brauchte, was mich vollends begeisterte. Damals ohne Pille, war diese Ansage eine Seltenheit! Kurz um, hier hatten sich scheinbar die Richtigen gefunden, wir vergaßen alles Drumherum, liebten uns wie verrückt, ohne zu merken wie die Zeit verging!
Plötzlich klopfte jemand ziemlich energisch an die Tür, mein Freund draußen tönte: *„Mensch Lothar, komm zahlen, die wollen zu machen und ich hab kein Geld mehr!"*
„Peinlich, peinlich", wir rappelten uns erschrocken auf, zerzaust, schlecht angezogen stolperte ich nach draußen, wo zu allem Überfluss auch noch der neugierig linsende Wirt mit der Rechnung stand!
Immer noch von der Liebe beseelt, war mir alles egal, kurz entschlossen drückte ich ihm das Geld, meinem Freund den Zündschüssel in die Hand und verschwand wieder im Laderaum.
„Schneizi", ein wenig verschnupft, „Ruth" sprach kein Wort, würdigte uns keines Blickes, was mir jedoch nichts ausmachte, ich zog die Decke hoch und wollte eigentlich da weiter machen, wo wir vorher aufgehört hatten! Leider war „Traudl" sensibler, scheute die Vorhaltungen ihrer Cousine, bei der sie ja zu

Gast war. Außerdem holperte der Ladeboden, die Tür klapperte und ließ zum Überfluss Abgase, durch einen großen Spalt ins Innere! Man hätte schon sehr rustikal sein müssen um das alles zu ignorieren, so musste ich mich Wohl oder Übel mit etwas Restwärme zufriedengeben.
Zuhause angekommen folgte leider nur eine knappe, frostige Verabschiedung. Ein Treffen am nächsten Nachmittag hatten wir beide zwar schon ausgemacht, doch verlief es nicht nach meinem Geschmack. „Traudl" war irgendwie durch „Ruth,s" Vorhaltungen gehemmt! Lud mich zwar noch nach Bad Harzburg ein, doch wie sollte ich dorthin kommen? Mit dem Roller war es zu weit, Bahn und Hotel kosteten zu viel, so blieb nur die Illusion. Schließlich verabschiedeten wir uns herzlich, zumindest wollte jeder schreiben, schon um den geliebten Kontakt nicht zu verlieren!
Kaum war sie weg fiel mir „Betty" ein, die hatte mir vor ein paar Tagen ein an sie adressiertes, frankiertes Kuvert mit leeren Briefblättern geschickt! Musste jetzt wirklich endlich schreiben, war schon gemein von mir, hatte auch wirklich, kurzzeitig ein sehr schlechtes Gewissen!

Lesen in der Tageszeitung, war damals nicht mein Ding, höchstens mal eine Illustrierte, wenn irgendwo eine herumlag. Vater las auch nur die "Süddeutsche", die "Neuburger" Zeitung, welche mich eventuell neugierig gemacht hätte, schätzte er nicht. So blieben mir nur Nachrichten der "Wochenschau" im Kino, oder neu aber unregelmäßig, die "Tagesschau" zur Information. Allgemeine Geschehnisse, Sport interessierte, jedoch Politik überhaupt nicht.
Obwohl ich eigentlich immer gern Soldat sein wollte, bekam ich 1956, die Aufstellung der neuen deutschen Armee (Bundeswehr) nur am Rande mit. Vor allem, dass die beschlossene neu verfügte Wehrpflicht, auch mich betraf verschwieg Vater, vermutlich absichtlich! Weshalb ich eines Tages, freudig überrascht, die Vorladung zur Musterung erhielt!

Am Tag der Musterung: Bei meinem alten väterlichen Freund „Luggi", welcher nach wie vor in der Pförtnerloge unserer Firma thronte, hatte ich sicherheitshalber schon vorher Erkundigungen eingezogen, worauf es dabei ankam! Erschien also pünktlich und sicher da gut informiert, zum vorgeschriebenen Termin im „Gasthaus zum Adler". Einige an die Wand geklebte Schilder wiesen den Weg ins obere Stockwerk, wo man den Tanzboden zum Musterungslokal umfunktioniert hatte. Nach Anmeldung und Registrierung stand ich wartend, mit nacktem Oberkörper in einer Reihe weiterer junger Männer, vor den durch Stellwände abgeteilten Bereichen. Nachdem gemessen, gewogen, von Ärzten abgehört untersucht, mit forschem Ton nach Krankheiten befragt worden war, landete man letztlich, für mich überhaupt das erste Mal, beim Augenarzt!

Der Neuburger Doktor, ebenfalls wie seine Kollegen ein altgedienter früherer Militärarzt, klemmte einem drängend eine große schwere Metallbrille auf die Nase, bei welcher er ein Auge durch eine schwarze Klappe verschloss. Zeigte dann energisch mit dem Zeigestock auf die übliche Buchstabentafel und ließ vorlesen. Nun das klappte gut, ich konnte alles lesen, aber dann kam das zweite an die Reihe, doch was war das? Ich konnte nur die Großen entziffern, die kleineren waren nur verschwommene schwarze Flecken!
Verdammt, was nun, der Doktor zeigte schon ungeduldig auf das nächste Schriftzeichen, heiß fiel mir "Luggi" ein, der gesagt hatte, man dürfe keine körperlichen Fehler haben, wenn man für alles tauglich sein wollte!
Leider vergaß ich, dass er wohl die Maßstäbe vor 25 Jahren meinte, als er einst zur SS wollte!
Intensiv blickte ich nach vorn, wobei ich zufällig den Kopf senkte und da hatte ich sie die Lösung vor Augen, oben über die schwarze Klappe guckend unbemerkt, nun konnte ich alles lesen!
„Na also, warum nicht gleich so?“, meinte der Doktor barsch und rief nach dem Nächsten, während er einen Vermerk in meine Karte machte.
Nun hoffte ich inständig, es sei unbemerkt geblieben, um ebenfalls wie Luggi einst, einen möglichst guten Tauglichkeitsgrad zu erhalten.

Der Sehfehler war bis dahin keinem aufgefallen, deshalb vergaß ich ihn auch gleich wieder. Erst eine etliche Jahre später durchgeführte Untersuchung ergab, rechts einen angeborenen Sehfehler, welcher mit Brille nur 60%, während das andere Auge ohne über 100% schaffte. Hätte man früher Kinderaugen wie heute untersucht, wäre der Fehler durch Tragen einer Brille, laut Augenarzt, nicht entstanden!

Der Kontakt, die alte Freundschaft mit Peter lebte nach meiner Rückkehr wieder auf. Er arbeitete ebenfalls wieder im elterlichen Betrieb, war aber offensichtlich mit seiner alten Liebe nicht mehr zusammen.
An einem Samstag ich hatte meine alte Gitarre ausgegraben, mir gerade ein Selbstlernheft mit dazugehöriger Schallplatte besorgt, da besuchte ich ihn samt Plattenspieler, um erste Versuche zu starten!
Wir gingen in sein Zimmer im ersten Stock, wo ich am offenen Fenster sitzend versuchte der laufenden Platte, die ersten Laute beizufügen. Als unverhofft ein hübsches dunkelhaariges Mädchen im weißen Kittel vorbeikam, Peter, der ebenfalls zufällig nach unten schaute, rief: *„Ja Servus Renate, wo gehst den hin?“*
„Ach, ich muss bloß zum Schuster, die Schuh vom Onkel holen!“- „Wer isn des Madl Peter?“- „Ja kennts ihr eich net, des is die Renate vom Friseur Reiter vorn am Eck, die is aber nix für dich, des is a bravs Madl!“ „Dein Freund spielt

aber schön Gitarre!", tönte es herauf *„Ja, ja, haha , des is mein Spezl der Lothar, der lernds grad!"*
So ging das Gespräch noch eine Weile hin und her, dazwischen gelang mir, unbemerkt den Plattenspieler auszuschalten!
Bevor sie weiterging, fragte ich noch schnell, ob ich sie am Sonntag ins Kino nach Ingolstadt einladen dürfte, was sie mit einem netten Blick bejahte!
Bei der späteren Unterhaltung mit Peter meinte jener: *„Die Renate musst doch kennen, vor zwei Jahren ham wir amoi mit dene ganzen Friseurmadeln auf der Treppn da vorn gsessen!"* Jetzt fiel es mir wie Schuppen von den Augen, sie war das Mädchen, mit der ich einst heimlich Händchen hielt und die ich inzwischen nicht nur mit "Evelyn" verwechselt hatte!
Endlich Sonntag, aufgeregt wartete ich schon etwas früher vor dem angesagten Haus, in welchem sich der Friseursalon von Renates Onkel befand. Aufgeputzt mit meinem einzigen Anzug, schwarzgrau gemustertem, weißes Hemd, verziert mit einer meiner zwei Krawatten stand ich da!
Pünktlich öffnete sich die Tür und freundlich lächelnd, nett anzuschauen kam sie die Treppen herab. Nach kurzer Begrüßung gingen wir zu meinem blauen Lieferwagen, welchen ich diesmal, um nicht so aufzufallen, ein paar Ecken weiter abgestellt hatte. Sie wunderte sich nicht über den Firmenwagen, damals hatten die wenigsten ein eigenes Auto und man war froh, mit irgendeinem fahrbaren Untersatz im Trockenen fahren zu können!
Unter der Fahrt sprachen wir etwas verlegen über alles Mögliche, dennoch verging die Fahrzeit bis zum Kino wie im Flug! Weder Titel noch Handlung des gezeigten Films ist mir in Erinnerung, wohl aber, sie immer wieder von der Seite betrachtet zu haben und mir, das, was ich da sah zunehmend gefiel! Wenn sich unsere Blicke wie zufällig trafen, lächelten wir beide!
Beim anschließenden Spaziergang erzählte jeder von sich, ich erfuhr, dass sie im Geschäft ihrer Lieblingstante, seit zwei Jahren Friseuse lernte. Diese jedoch leider schon mit "45" an Blinddarm gestorben sei! Der Laden wurde nun von ihrem Onkel mit seiner neuen Frau weitergeführt. Unter deren Regie fühlte sie sich aber nicht besonders und wollte deshalb, nach Beendigung der Lehrzeit zu ihrer Schwester nach Amerika.
Letztere war vor Kurzem erst ausgewandert, um in New York einen amerikanischen Ingenieur zu heiraten, den sie bei seinem ersten Verwandtenbesuch in Neuburg, kennengelernt hatte. Die beiden wollten später Renate unbedingt rüber holen!
„Rumms", mir wurde heiß, das traf mich hart, war gerade dabei, mich über beide Ohren zu verlieben, da sollte ein Ende schon wieder in Sicht sein?!
Nun, das schob ich erst mal beiseite, versuchte, mich stattdessen ihr ein wenig zu nähern! Es war heute aber leider nicht mehr als ein Wangenkuss zum Abschied, sowie eine vage Verabredung für die nächste Woche zu erreichen! Ich

fing an von ihr zu träumen, fuhr oder ging so oft ich konnte am Salon vorbei, manchmal sah ich sie hinter den Scheiben werkeln. Dabei lernte ich irgendwann, den einen oder anderen Gleichgesinnten kennen, welcher ebenso oft stundenlang auf eine von Renates Kolleginnen wartete.
Schnell merkten wir, dass die Mädels in diesem Beruf wirklich wenig Zeit hatten, einen freien Montag wie heute gab es nicht und Samstag wurde voll durchgearbeitet. Danach musste von den Lehrlingen, der ganze Laden für die nächste Woche geputzt werden.
Etwas Luft brachte hin und wieder der Berufsschultag, wobei sie nach dem Unterricht wieder ins Geschäft kommen sollten! Zuweilen musste selbst am Sonntag bei Hochzeiten, Braut und Gefolge zwischendurch frisiert werden! Was Zeit kostete, aber wenigstens gutes Trinkgeld einbrachte! Zu guter Letzt waren noch irgendwann die eigenen Haare dran, was wiederum nur nach Feierabend geschehen durfte!
Die zurückgesetzte hintere Haustür des Geschäftes führte über einige Treppen auf eine kleine Nebenstraße. Hier gelang den Mädchen manchmal, eventuell auch aus dem Fenster der danebenliegenden Toilette ein kurzer Flirt mit dem jeweiligen Freund, bis unerbittlich von Chef oder Chefin zur Arbeit gerufen wurde!
Bei uns zu Hause wurde oft spät gegessen, Vaters Spruch *„Nur Proleten essen um 12"* klingt mir noch heute in den Ohren! Gerade sonntags war es üblich, dass ich zu Hause mitaß und so hatte ich oftmals keine Zeit, wenn Renate welche hatte! Derweil ich meist unruhig wurde, wenn es länger dauerte, gab es natürlich wieder Ärger.
Inzwischen tauchte statt meiner „die Clique" auf, eine Gruppe von jüngeren Gymnasiasten, welche Renate zum damaligen Jugendtreff ins „Café Hertlein", im Winter zum Schlittschuhlaufen oder zu anderen Aktionen abholen wollten! Natürlich sehr zu meinem Verdruss, obwohl sie immer ausrichten ließen, ich solle doch mitkommen, konnte mich nicht trösten! Ich eiferte, dazu kam, dass mir an denen nichts lag und schließlich bewegten mich ganz andere Absichten!
So gingen die ersten Wochen ins Land, es blieben weiter nur die Sonn- und Feiertage, an welchen wir meistens ins Kino und hinterher im Englischen Garten spazieren gingen und dabei redeten, redeten, redeten. Allmählich durfte ich nach Herzenslust schmusen und küssen, auf mehr jedoch wollte sie sich leider nicht einlassen!
Allmählich kam der Winter, draußen wurde es kalt, in Wirtschaften ging man als Pärchen auch nicht so gerne, höchstens am Nachmittag mal ins Café.
Dann kam Weihnachten, mein schlimmstes! Renates Eltern waren ebenfalls geschieden ihr Vater hatte wieder geheiratet, der Kontakt zu seiner Frau jedoch nicht der Beste. Also musste das arme Mädel wohl oder übel den Heiligabend allein in ihrem Zimmer verbringen! Zu gerne hätte ich sie mitgenommen, doch

das war wiederum mit meiner Familie nicht zu machen. Deshalb rauschte diesmal das Fest an mir vorbei, die Gedanken waren bei ihr, ich schwur mir im Stillen, nächstes Jahr auf Biegen oder Brechen mit ihr zu feiern und wenn es ohne die Meinen sein musste.
Beim nächsten Treffen konnte ich jedoch erleichtert feststellen, dass es ihr wenig ausgemacht hatte. Am Ende eines schweren Arbeitstages, an dem viele Kundinnen vor den Feiertagen eine neue Frisur wollten, erfreute sie zuletzt mein Geschenk! Letztlich fiel sie aber bald todmüde ins Bett und verschlief so den Rest des Abends!

Ende Januar kam per Einschreiben der Wehrpass, wie von mir zumindest erhofft Tauglichkeitsgrad „2"!! Schlagartig setzte mich nunmehr der Gedanke an die Zukunft in freudige Erregung, sollte nun endlich der seit meiner Kindheit gehegte Wunsch Soldat zu werden, in Erfüllung gehen?! Außerdem, versprach diese Aufgabe neben neuen Erlebnissen auch ein erneutes Entfernen von zu Hause, von der Arbeit, aus Vaters Machtbereich, ohne dass er etwas dagegen tun konnte, so glaubte ich zumindest!
Stolz zeigte ich jedem der es sehen wollte oder auch nicht, das Dokument welches sich ab sofort fast ständig in meiner Tasche befand. Dabei konnte man von manchem Gleichaltrigen neidvoll, anerkennende Blicke einheimsen! Schließlich waren wir, die nach dem März 1937 Geborenen, die ersten Wehrpflichtigen, der noch jungen „Bundesrepublik-Deutschland"!
Vater sagte wenig dazu, Mami mit Mutti sorgten sich und fragten, wozu man eine neue Armee brauche, es würde doch hoffentlich nicht schon wieder Krieg geben?! Außerdem wäre ich dann einer der ersten an der Front, vermuteten sie. Ein paar ältere Arbeitskollegen verstanden nicht, warum es schon wieder eine neue Wehrpflicht geben musste, wo doch noch nicht mal alle Kriegsgefangenen zu Hause seien!
Der einzige, welcher sich ehrlich mit mir freute, war unser Pförtner, mein alter Freund Luggi! Er brachte mir gleich spontan, neben einer richtigen Kehrtwendung, die schneidige Haltung beim Grüßen bei. Neben weiteren Tipps, erzählte er viele interessante Geschichten vom Beginn seiner Militärzeit, welche mich nicht nur faszinierten, sondern auch für längere Zeit von der Arbeit abhielten!
Meine Renate interessierte die ganze Sache nicht sehr, sie wollte an diesem Tag mit ein paar Gleichgesinnten zum Schlittschuhlaufen. Ein zugefrorener Weiher am Rande der Stadt wurde seit Kurzem dafür hergerichtet. Scheinwerfer, sowie einige Lautsprechern hatte man einfach drüber gehängt, aus denen Schlager nebst anderen passenden Melodien ertönten.
Renate beherrschte die Fahrerei sehr gut, scherzte mit den anderen Bekannten herum und hatte offensichtlich Freude dabei, während ich doch etwas eifersüchtig als Zuschauer an der Umzäunung stand. Ab und zu kam sie angerauscht und

meinte lachend, ich solle mir doch ein paar Schlittschuhe leihen, das übrige würde sie mir dann schon beibringen!
Doch mir gefiel die Vorstellung nicht sonderlich, sich als Kerl von einem Mädel anlernen zu lassen und sich dabei womöglich zu blamieren, zweitens, hatte ich es als Kind schon mal erfolglos probiert!
Es wurde ziemlich spät an diesem Tag, weswegen sie gleich heimmusste. Durchfroren, etwas beleidigt, spielte ich den Verschnupften, was ihr aber die gute Laune nicht verderben konnte, so gingen wir erstmals etwas kühl auseinander. Mein Schlaf daraufhin nicht der Beste, Unruhe zwang mich schon am nächsten Tag ungeduldig um den Salon zu schleichen, wo die Beharrlichkeit zum Glück, belohnt wurde! Wir küssten uns schnell, versöhnlich unter der Haustür und verabredeten ein Treffen am Sonntag.
Der Winter war für ein junges Liebespaar, wie man sich denken kann, nicht die beste Jahreszeit. Mit heimbringen durfte man den anderen nicht, so ohne Weiteres ins Lokal zu gehen, war auch nicht üblich. Spazieren gehen, etwa im Englischen Garten, um ungesehen schmusen zu können, auch sehr hart. So kam es mir gerade recht, dass meine Eltern an einem solchen Wintersonntag zu Freunden fuhren, unser Haus somit leer stand! Der eiskalte Wind, diesmal ein Freund, half mir Renate zu überreden, ihr mein schönes warmes Zimmer zu zeigen.
Es war schon dunkel, als wir durch den unteren Eingang in meinem, mollig warmen Zimmer landeten. Durchs ganze Haus zu müssen, wäre ihr sicherlich unangenehm gewesen.
Außer einem Halbsessel befand sich hier nur das Bett als Sitzgelegenheit, sodass man eben nur darauf zusammensitzen konnte! Unter diesen idealen Bedingungen gelang mir endlich, unter heftigem Geschmuse ihren Widerstand zu überwinden, wir liebten uns!
Später war ich froh, dass die Atmosphäre so passend für ihr und unser erstes Mal war, obwohl sie mir nach einigen Jahren erzählte, es hätte mehr weh als gut getan!
Nach einigen Stunden verließen wir gerade rechtzeitig das Haus, denn etwa fünfhundert Meter weiter, erschienen Lichter eines Autos! Zwar hatten wir uns schon einmal sicherheitshalber weggedreht, doch diesmal waren es wirklich meine Eltern, nicht auszudenken, wenn sie uns inflagranti erwischt hätten!
Von da an waren wir endlich ein richtiges, sehr verliebtes Paar! Renates Schwester erinnerte ständig in Briefen an das Auswandern nach Amerika. Sie selbst nahm es offensichtlich nicht so genau und verpasste sogar einen Termin am Konsulat in München!
Immer noch Winter, irgendein grässlicher Feiertagnachmittag, alle waren ausgeflogen! Ein gemütlicher Unterschlupf nicht vorhanden, weshalb mich Renate erstmals ausnahmsweise, es sollte nur für kurze Zeit sein, mit aufs Zimmer nahm! Wie man sich leicht vorstellen kann, verging die Zeit wie im Flug, ir-

gendwann schliefen wir unbeabsichtigt ein. Als dann ihr Onkel heimkam, war es zu spät! Damit man mich nicht sah, musste ich bleiben, bis alles schlief, was mir wiederum sehr gelegen kam!
Besuch aufs Zimmer durfte offiziell keine mitnehmen, auch nicht die schon ältere Kollegin, welche das Nebenzimmer bewohnte.
Zum Glück befand sich die gemeinsame Toilette einen Stock tiefer. Da aber die Holztreppe an mehreren Stellen knarrte, mussten wir dicht an dicht im Gleichschritt wie einer hinuntergehen! So, als wenn es Renate alleine wäre, wobei uns beinahe, heimliches Gekicher verraten hätte!
Doch ich wäre nicht der alte „Spitzbua" Lothar gewesen, wenn mir nach dieser tollen Aktion nichts eingefallen wäre! So entdeckte ich beim Suchen eines Auswegs, dass der Höhenunterschied der davor liegenden drei Häuser, jeweils unter zwei Meter betrug. Außerdem alle ein Blechdach mit Geländer besaßen! Weiter vorn, gegenüber von Peters Haus befand sich eine Mauer, auf die ich vom Sattel des Rollers leicht gelangen konnte. Von da aus ging es hoch auf die erste Altane, von der wiederum aufs nächste Haus, dann folgte Hochziehen aufs nächste. Der gefährlichste Moment, einmal musste man frei aufs Geländer steigen und sich an der Dachrinne festhalten! Ansonsten führte der Weg immer außen zwischen Geländer und Dachrinne entlang, um letztlich endlich auf dem Vordach des Friseursalons zu landen!
Mein "Spotz'l" brauchte dann nur noch die Speichertür öffnen und schon konnte ich auf leisen Sohlen in ihr Zimmer huschen. Entdeckt hat mich bei den oftmaligen Aufstiegen seltsamerweise niemand, obwohl ich mich sichtbar wie einst "Klettermaxe", knapp über den Fassaden bewegte. Eins der Dächer gehörte sogar einem Schmuckgeschäft, zu meinem Glück gabs da noch keine passende Alarmanlage!
Verlassen konnte ich das Haus im Schutze der Dunkelheit, stets auf die gleiche clevere Art, wie beim ersten Mal! Nur Peter ahnte etwas, derweil er öfters meinen Roller an der gegenüberliegenden Mauer stehen sah! Das Antreten der Maschine erfolgte selbstredend erst, nachdem wir aus der Gasse heraus waren.
Natürlich wollte und durfte man sein Mädchen nicht kompromittieren, außerdem hätte, wie in unserem Fall, der Lehrmeister bei einer unter 18-jährigen, Schwierigkeiten mit dem Jugendamt bekommen!
Einmal im Morgengrauen allerdings wäre beinahe alles aufgeflogen! Der Onkel, welcher offensichtlich nicht schlafen konnte, sah vorgebeugt, dabei hustend aus dem oberen Klofenster, folglich konnte ich nicht weg. Stand aber schon sprungbereit, für ihn noch unsichtbar auf der etwas zurückversetzten Eingangstreppe, als plötzlich die Zeitungsfrau auftauchte! Von Haus zu Haus gehend, kam sie bedenklich nahe! Endlich klappte das Fenster hörbar zu, sodass ich gerade noch, ungesehen um die Ecke flitzen konnte!

Wiederum verschlechterte sich leider, wie nicht anders zu erwarten, allmählich das Verhältnis zu Vater! Vor allem mein unabhängiges Kommen und Gehen am Abend ohne zu fragen, schien ihm trotz meiner mittlerweile 20 Jahre ein Dorn im Auge zu sein. Deshalb verfügte er kurzerhand, dass ich mein neues Zimmer in unserem noch nicht ganz fertig renovierten Haus zu beziehen hätte. Nun gut, ich ging leichten Herzens, mir machte das Leben im Provisorium nichts aus, im Gegenteil. Zwar gingen dort immer noch die Handwerker ein und aus, doch meine Mutter und Tante Erna wohnten ebenfalls dort und umsorgten mich zur Genüge!

Auch der Lieferwagen stand nachts dort in der Garage, sodass ich ihn ohne schlechtes Gewissen privat nutzen und damit zur Arbeit fahren konnte.

In der Firma machte die Einführung der Akkordarbeit inzwischen Furore, die aus Köln mitgebrachten Unterlagen konnten relativ leicht auf unsere Bedürfnisse umgemodelt werden, wodurch die Arbeitsleistung des technischen Personals gesteigert wurde! Mein Kollege, Betriebsleiter Charley konnte es oft nicht fassen, um wie viel Zeit man uns zuvor „beschissen“ hatte, wie er sich auszudrücken pflegte! Doch auch die Arbeiter waren zufrieden, erhielten sie doch auf diese neue Art der Abrechnung wesentlich mehr Lohn.

Leider mussten alle Arbeits-, Materialzettel und Listen von Hand oder mit der Schreibmaschine unter Verwendung von Blaupapier geschrieben beziehungsweise vervielfältigt werden. Kopierer gab es zu erschwinglichen Preisen noch nicht und um bereits etwas drucken zu lassen, änderten wir noch zu oft.

Natürlich fiel jetzt mehr Schreibarbeit an, wodurch man mehr im Büro zu tun hatte, was wiederum unserem Chef missfiel. Immer wenn ihn einer seiner Rundgänge bei uns vorbei führte, sah er mir über die Schulter und nörgelte, weil wiedermal an einer Stelle im Arbeitsablauf keiner stand, wo wie früher ein Aufpasser stehen sollte! Über offensichtliche Erfolge der Fertigung, durch unbeobachtete aber dennoch schnellere Arbeit, verlor er kein Wort.

Eines Tages ließ er mich ins Büro rufen, nichts Gutes ahnend, war ich doch überrascht, als er mich mit den Worten empfing:

„Im Musterzimmer sitzen zwei Herren, die wollen dich zum Militär einziehen, hab ihnen aber schon gesagt, dass du hier unabkömmlich bist! Seltsamerweise wollen die das auch noch von dir hören, sag ihnen das Gleiche, es ist reine Formsache!“

Leicht verunsichert betrat ich unser Musterzimmer, am Vertretertisch saßen zwei ältere Herren in Ledermänteln mit Hüten, welche mich spontan, an im Kino gesehene Geheimpolizisten erinnerten!

Als Antwort auf meinen Gruß nickte der eine reserviert, während mir der andere den Rücken zuwandte und etwas zu schreiben schien.

„Sie wissen, dass ab März, der Jahrgang 37 wehrpflichtig ist?!“- „Eigentlich sollten sie schon im Frühjahr zur Artillerie, doch Ihr Vater hat uns schriftlich

mitgeteilt, dass Sie im elterlichen Betrieb noch immer unabkömmlich sind?! Sie bestätigen das!? *„Mmm, äh, nein, nein, zieht's mich nur ein!"*
Für einige Sekunden herrschte Schweigen, man hätte eine Stecknadel fallen hören können, gleichzeitig riss es dem Schreibenden wie an der Reisleine gezogen, den Kopf herum! *„Äh, äh,-- sind Sie sicher?"*, meinte dieser mit hochgezogenen Augenbrauen. *„Ja, ja, zur Luftwaffe möchte ich gern!"*
Mein heimlicher Gedanke, in Neuburg gab es noch keine Luftwaffe, jedoch der „Flugplatz - Manching", war nur knappe zwanzig Kilometer entfernt! Da könnte ich zum Militär gehen, war jedoch gleichzeitig von meinem Spotz'l nicht weit entfernt! *„Tja, das können wir ihnen nicht versprechen"*, meinte einer knapp, während sie ohne weitere Worte aufstanden. Beim Hinausgehen legten sie noch kurz militärisch grüßend die Hand an den Hut, was mir irgendwie grotesk vorkam! Neugierig durchs Fenster spähend, sah ich sie mit einem Brezelfenster-VW Nummer „Y", davon knattern. Ganz olivgrün das Auto, sogar die Stoßstangen hatten die gleiche Farbe!
Erst später fielen mir die Worte wieder ein, wie war das? Man wollte mich schon mal zur „Arie" (Artillerie) einziehen, davon wusste ich gar nichts! Also hatte Vater abgelehnt und es mir einfach verschwiegen, verdammt, es wurde wirklich Zeit endlich volljährig zu sein, damit diese dauernde Bevormundung ein Ende nahm!
Übrigens, nach dem Verlauf der Befragung erkundigte er sich nie, nahm wohl wie selbstverständlich an, dass ich wie angeordnet ausgesagt habe! *"Hmm, mm"*

In meinem neuen Zimmer hatte ich mich inzwischen eingelebt, besonders gut gefiel mir der Umstand, aus Vaters unmittelbarem Einzugsbereich verschwunden zu sein. Auch Mutti konnte mich nun nicht mehr so leicht zu Hilfe holen! Bekam außerdem Krach, Unmut, Saufereien etc. nicht mehr so lebensnah mit und konnte ohne mulmiges Gefühl heimkommen, wann ich wollte, das hatte was für sich!
Als sich alles eingelaufen hatte, sollte natürlich Renate mein neues Domizil sehen. Also wartete ich den Tag ab, an dem die Damen zu „Tante Irma" „Rommé" spielen gingen, wonach sie meistens erst sehr spät heimkamen!
Da es von der Stadt nicht sehr weit war, gingen wir nach Einbruch der Dunkelheit eng umschlungen in Richtung Wohnhaus. Mein Zimmer war selbstverständlich extra schön aufgeräumt und warm, sodass wir alsbald schmusend und kuschelnd auf meinem Bett lagen.
Leider blieb die Zeit nicht stehen, Renate drängte zum Aufbruch, denn eigentlich sollte sie schon zu Hause sein! Da hörten wir zu unserem Schrecken meine Mitbewohner kommen, die wiederum konnten einen unerlaubten Damenbesuch nicht akzeptieren, es hätte als Kuppelei ausgelegt werden können!

Unser normaler Weg nach draußen war jetzt jedenfalls versperrt, also eilten wir schnell in den Keller, während man oben schon die Haustür öffnete! Mit angehaltenem Atem warteten wir bis Geräusche in der Küche zu hören waren. Jetzt schnell auf den Waschtisch gestiegen, dass darüber liegende Kippfenster entriegelt, welches sich zum Glück auf der Höhe des hinteren Gartens befand. Behände kletterten wir ins Freie, geschafft, es wäre auch alles gut gegangen, wenn ich nicht zu allem Überfluss das Fenster wieder schließen wollte! „Peng, klirr“, mit lautem Krachen schlug es auf den Betonsims, die Scheibe zerbarst in tausend Stücke!
Stille, dann laute Stimmen, welche alsbald nebst einem Taschenlampenlicht im Keller erschien. Eng an die Wand gepresst, hielten wir den Atem an, vorn konnten wir nicht raus, da man den einzig möglichen Fluchtweg von innen sehen konnte! Zu allem Überfluss hörte ich meine Mutter rufen *„Erna, es muss ein Einbrecher sein, das Kellerfenster ist eingeschlagen, ruf die Polizei an!“*
Das war unsere Chance, ans Telefon gehen und gleichzeitig aus dem Fenster schauen ging nicht, also schnell abhauen! Mit klopfendem Herzen geduckt, eilten wir nach draußen, dann schwitzend über die Donaubrücke. Wie auf dem Präsentierteller dachten wir, hier war niemand unterwegs, wenn da die Polizei käme, kontrollierten sie einen bestimmt!
Doch alles ging gut, ins Haus konnte Renate unbemerkt hinein, zum Abschied meinte sie allerdings noch: *„So schnell gehen wir aber nicht mehr zu dir!!“*
Als ich leidlich entspannt zu Hause ankam, waren die Damen immer noch sehr aufgeregt. Berichteten ausführlich, dass sie dachten, es seien Einbrecher im Haus, dabei wäre nur das unverriegelte Kellerfenster vom Wind aufgestoßen worden!
"Stell dir vor, aus lauter Angst, hätte Erna beinahe die Polizei angerufen!!!" meinte meine Mutter! „Pffft“

Messe Hannover, Neuburg- Helo im Vordergrund, Großauftrag, technische Betriebsleitung, Werkstatt, Willi, Adi, Lo, Charley, Chefbüro, Lothar 18.

V. Wehrpflicht

Unruhig, jedoch immer etwas freudig angespannt ging ich Woche für Woche zum Briefkasten, irgendwann musste der Brief von der Bundeswehr doch kommen!
Endlich, Ende September kam er, allerdings durch den Briefträger, per Einschreiben, die lang erwartete „Einberufung“ zur Luftwaffe, am 03. 11. 1958. Allerdings nicht nach Manching wie erwartet, sondern "Heimat fern" wie damals üblich, nach Goslar im Harz!
Egal, ich machte einen Luftsprung, endlich raus, weg vom Alten, den Problemen, der Firma, meinen Müttern, der Stadt. Ein neuer Lebensabschnitt begann! Wo kam man damals schon für längere Zeit, versorgt, bezahlt, woanders hin?! Und mit Renate, das würde ich schon irgendwie schaukeln, so dachte ich!
Die nächsten Wochen vergingen schnell, es gab tausend Dinge zu erledigen, angefangen von der Arbeit mit den Zeitvorgaben, welche nun Kollege Karl allein übernahm. Weiter ging's mit der Verabschiedung von Freunden, Verwandten und Bekannten, mein alter Freund „Luggi“ brachte mir noch schnell die perfekte Kehrtwendung bei, was nicht umsonst war, wie sich später herausstellen sollte! Die diversen Tanten erinnerten sich noch an frühere Verabschiedungen von irgendwelchen Soldaten, schließlich war der Krieg erst dreizehn Jahre vorbei. Gottlob hatten sie alle noch den alten Spruch im Ohr *„Wollt ihr euren Sohn noch retten schickt ihm Geld und Zigaretten!“* Rauchen tat ich zwar nicht, doch ein paar Mark in die Hand gedrückt, ebenso wie die Wünsche, auf mich aufzupassen, die festen Umarmungen mit ein paar Tränen taten gut! Sogar mein Alter war auf einmal recht zugänglich, verteilte auch gute Ratschläge nebst einigen Mark, sodass ich schließlich ein nettes Sümmchen, ich glaube, es waren 100 Mark auf mein Postsparbuch einzahlen konnte. Beim Postamt war damals die einzige Möglichkeit jederzeit an jedem Ort, mit einer zusätzlichen Legitimation, Geld abheben zu können!
Ein bisschen traurig fiel die Verabschiedung von Renate aus, welche kurz vorher ihre Gesellenprüfung bestanden hatte und nun als Friseuse ihr eigenes Geld verdiente. Tröstend nahmen wir beide jedoch an, dass ich in ein paar Wochen, spätestens aber an Weihnachten wieder zu Hause sei, denn es war ja bereits Ende Oktober!
Einige Tage vor der Abreise wurde, schon etwas aufgeregt, am Bahnschalter der erhaltene Bezugsschein gegen eine Fahrkarte getauscht und dann war er da, Montag der 03.11.1958 mein erster Tag als "Soldat"!
Meinen alten Pepita gemusterten Plastikkoffer in der Hand, den Kragen hochgeschlagen, stand ich am Bahnsteig. Wo sich der junge Tag mit kaltem, leichtem Nieselwetter nicht von der besten Seite zeigte. Charley, der mich netterweise schon um 6 Uhr hergefahren hatte, meinte: *„Also Servus Lothar, mach's gut!“*

Verschwand knatternd mit seinem beigefarbenen VW in der Ferne. Allein zu sein, gefiel mir jetzt besser, denn Abschiedsszenen in der Öffentlichkeit waren mir ein Graus. Auch Gedanken an die letzten Tage wurden schnell, mit leichtem Herzklopfen, von denen an das neue Ziel, die **„10. Kompanie des Luftwaffen-Ausbildungs-Rgt. 3"** im 500 Kilometer entfernten Goslar, ersetzt!
Endlich glaubte ich den Duft der Freiheit zu spüren, wie lange hatte ich als vom Vater unterdrücktes Einzelkind darauf gewartet, von zu Hause fort, mit anderen Kameraden oder Freunden in einer echten Mannschaft, Bande oder Clique zu sein! Immer war es misslungen, erst bei der HJ, wo das Alter nicht passte, dann als Ministrant, wo es der falsche Glaube war, oder vor einigen Jahren der Gang ins Internat, den Vater mit dem Hinweis vereitelte, ich würde nur alle blamieren! Stets bemäkelte er meine besten Freunde, ekelte sie raus, oder verbot mir gar den Umgang mit ihnen! Zwar war ich mit meinem Kölner Abenteuer erstmals dem Druck entflohen, doch auch dort war ich, von den Mädchen abgesehen, ohne echte Kumpels!!
Während mir solches durch den Kopf ging, fuhr endlich der Zug ein, rein ins Abteil, Türen zu, ein Pfiff, der Zug ruckte an, Neuburg und die Gedanken blieben zurück.
Zum Lesen viel zu aufgeregt, betrachtete ich zuerst die Landschaft, musterte dann die Fahrgäste und versuchte dabei junge Männer auszumachen, welche vielleicht ebenfalls einrücken mussten! Die Schaffner kontrollierten meist grinsend mit einer mehr oder weniger mitleidigen Bemerkung!
Meinen Einberufungsbescheid dagegen las ich mindestens zwanzigmal durch, während erst der Personenzug, dann zwei D-Züge und schließlich wieder ein Personenzug über die damaligen Schienenstöße ratternd, ihr monotones Lied sangen.
Erst eine gute Stunde vorm Ziel gelang es mir, einen zukünftigen Kameraden auszumachen und siehe da, kaum hatten wir ein paar Sätze gewechselt, gesellten sich immer mehr Einberufene in unser Abteil, als wenn es nur jemand gebraucht hätte, der mit dem Thema anfing! Nun war das Eis gebrochen, es stellte sich heraus, dass fast jeder von irgendwo anders angereist war. Nun wurde erzählt, Gelächter kam auf, sich selber Mut machend gestalteten sich die Gespräche immer lauter, so verging die Zeit wie im Fluge. Als am späten Nachmittag aber der Zug in Goslar einlief, schnappte sich jeder sein Gepäck und es wurde merkwürdig still!
Durch die Fenster sahen wir auf dem Bahnsteig in gleichmäßigen Abständen verteilt, statisch die ersten Soldaten stehen, Hände auf dem Rücken verschränkt, ernste Gesichter, Mütze tief im Gesicht, graue Uniform, umgeschnalltes Koppel, schwarze Stiefel!

In die angespannte Stille hinein, meinte einer mit typischen Mannheimer Dialekt *„Och gugge mool, dass müsse de Schleifer sei!“* Worauf ein befreiendes Gelächter, durch den Gang erschall.
Quietschend hielt der Zug, die Türen schwangen auf und sofort empfing uns vielfaches Geschrei, in die Soldaten am Bahnsteig war plötzlich Leben gefahren, jeder war zur nächsten Waggontür geeilt. Der unsere stand etwa zwei Meter davor und schrie immer wieder:
„Wehrpflichtige raus treten, Beeilung, vorm Bahnhof sammeln, Beeilung!!“ Mit meinem neuen Bekannten wollte ich noch gemütlich, ratschend zum Sammelplatz schlendern, doch weit gefehlt überall standen Uniformierte und forderten uns auf schneller zu gehen, so als wenn wir etwas versäumen würden?!
Vorm Bahnhof, standen dann etliche Stadtbusse aufgereiht mit Schildern 8, 9 oder 10 Kompanie „LW Ausb.Rgt.3“, die Soldaten davor, laut und unpersönlich:
„Wehrpflichtige nach Kompanien aufteilen, los, los, Beeilung, aufsitzen meine Herren etwas schneller als sonst und zusammenrücken, nicht so lahmarschig!“
Alle rückten so gut es ging eng zusammen, Koffer auf den Knien, Hüte wurden zerknautscht, Mäntel zerdrückt, die Scheiben liefen an, warmer Mief. Als der Bus endlich voll war, sprang als letzter ein Begleiter auf und los ging's.
Nach etwa zehn Minuten Fahrt wurde viel geredet, immer noch geschoben, auch gemosert, da stand der vorn sitzende etwas ältere Soldat auf.
„Ruhe Männer, Ruhe, (lauter) *mal herhören, mein Name ist "Feldwebel Krause", ich bin einer ihrer Zugführer, wir befinden uns auf der Fahrt zur Unterkunft. Wenn wir dort in etwa einer halben Stunde ankommen, will ich Sie sofort, in Dreierreihen sauber aufgestellt sehen, ohne Gequatsche, denn Sie sind hier nicht Waschweiber, sondern ab sofort Männer der 10.Kompanie. Den Ausdruck „Soldaten“ müssen sie sich erst verdienen! Hat einer hierzu Fragen!??"*
Im hinteren Wagenteil wedelte einer mit seiner Einberufung! *„Bitte, bitte, Herr Krause auf meinem Schein steht aber 9.Kompanie!?“*
„Ach wie schön, da haben wir schon den ersten Schlafwandler, also Mann, erstens heißt es Herr Feldwebel, zweitens, wenn wir ankommen bewegen Sie Ihren Arsch zum rechten beleuchteten Bau und melden sich dort.
Bewegen heißt bei mir im Laufschritt, verstanden?"
Antwort leise: *„Mach ich Herr, Feldwebel Krause“*
Der knurrte: *„die Antwort heißt* ***jawoll Herr Feldwebel!!****“*
Den Rest der Strecke schwiegen alle beeindruckt, draußen war es mittlerweile dunkel geworden. Nach etwa zwanzig Minuten Fahrt kam das hell beleuchtete Kasernentor in Sicht, die Schranke ging hoch, der Wachsoldat grüßte. Nach weiteren langen Minuten endlich, hielt der Bus auf einer Zufahrtsstraße, von welcher aus man den beleuchteten Vorplatz einer Kaserne, ausmachen konnte.
„Alles aussteigen Männer – Endstation!“

Nur mit Mühe konnten wir mit Gepäck, dem flotten Feldwebel hinterher eilen, versuchten aber willig wie geheißen, uns einigermaßen aufzustellen.
Als erstes wurden Namen verlesen, wer aufgerufen wurde, musste sich gegenüber zu einem anderen Haufen stellen. Dabei halfen ihm robust bis rüde vor Ort stehende Uniformierte, alle Wehrpflichtigen nach Größe zu sortieren, sodass drei Blöcke genannt der 1., 2. und 3. Zug entstanden!
Feldwebel Krause, welcher alles notiert hatte, befahl uns lautstark, sich Platz und Nebenmann genau zu merken, derweil wir uns in Zukunft immer genau so und nicht anders aufzustellen hätten, danach verschwand er im Gebäude!
Kurze Zeit später kam er mit dem Ruf *„Spieß kommt!!“* wieder heraus geeilt, woraufhin sich die übrigen Soldaten sofort rechts von uns in Dreierreihe formierten. Etliche Kommandos wurden gebrüllt, die Soldaten nahmen stramme Haltung ein.
Energischen Schrittes kam ein älterer Soldat mit einer gelben Kordel um die Achsel aus der Eingangstür, tauschte einen militärischen Gruß mit dem uns nun schon bekannten Feldwebel. Welcher nun seinerseits die neuen Wehrpflichtigen meldete, um sich dann ebenfalls zu den anderen zu stellen. Der Ältere grüßte ebenfalls und ließ die Soldaten bequem stehen!
„Guten Abend Männer!“, meinte nun der Kordelmann ziemlich laut, allgemeines Gemurmel antwortete ihm!
„Ich bin für die nächsten zwei Monate ihr Kompaniefeldwebel, mein Name ist Oberfeldwebel Stricker und ich möchte nie wieder ein solch greisenhaftes Gemurmel von ihnen hören!“ „Die Antwort heißt in Zukunft laut und deutlich „Guten Abend Herr Oberfeldwebel“ und das üben wir gleich mal!“
„Guten Abend Männer!“ Wir: *„Guten Abend Herr Oberfeldwebel“ „sie schlafen wohl schon alle, was?“,* brüllte er plötzlich, *„Also nochmal!“* Und so ging es drei, viermal weiter, bis wirklich jeder aus vollem Hals *„Guten Abend Herr Oberfeldwebel“* brüllte! *„Na also geht doch!“,* war seine Abschlussbemerkung, wonach er endlich zur Sache kam!
Wir erfuhren, dass er für alle Soldaten der 10. Kompanie der Ansprechpartner wäre und wir jederzeit mit Kummer aller Art zu ihm kommen könnten, weswegen man den „Spieß“, auch die „Mutter der Kompanie“ nennt, die Brust würde er jedoch keinem geben! *„Ha, ha ,ha!“*
Weiter befahl er für diesen Tag:
„Im Anschluss, sofort Stuben beziehen, Verteilung erfolgt durch Feldwebel Krause, danach gemeinsam zum Essen und zurück geführt vom „UvD“, eine Stunde später Bettenbau, Einweisung durch die Gruppenführer, um 22 Uhr Zapfenstreich, spätestens dann, liegt alles im Bett und auf den Stuben sind die Lichter aus!“

Morgen - Wecken, um sechs, den Dienstverlauf für den ersten Tag, erfahren sie ausnahmsweise durch ihre Gruppenführer, steht sonst am Schwarzen Brett, dort zu lesen ist die tägliche Pflicht eines jeden!
Hat jemand hierzu Fragen? Nein, gut, dann Ausführung, Feldwebel Krause übernehmen Sie im „rührt Euch!“
Nickte kurz und verschwand, wie er gekommen war, so blieb Zeit die neue Umgebung zu betrachten.
Der ganze Kasernen-Komplex vor dem wir standen, bestand aus mehreren Gebäuden und bot Platz für zwei Kompanien. Ein Bauwerk stand links, eines rechts des Zufahrtsweges, darüber spannte sich eine Brücke, welche die Gebäude miteinander verband. Davor eine schön bepflanzte Grünfläche mit Bäumen, auf welche etliche weiße Fenster blickten.
Es handelte sich um eine gut erhaltene, sogenannte „Herman Göring“ -Kaserne, welche etwa aus dem Jahr 1940 stammte.
Einstöckig, ziemlich großzügig angelegt, stieß man als erstes auf ein breites zweiflügeliges Pendeltor. Es fiel auf, dass dieses mit starken Rohrgriffen, Gittern vor den Scheiben sowie im Unterteil mit starkem Blech bewehrt war! Dahinter kamen ein paar Meter Fläche, dann eine breite graue Steintreppe, welche ins Hochparterre führte. Oben angekommen tat sich nach links ein kurzer Gang mit Türen und Treppe zum ersten Stock, sowie rechts ein breiter langer Gang auf. Boden und Wände waren überall, bis auf Mannshöhe grau gekachelt. Rechte Seite dann, besagte Fenster nach draußen, links eine Reihe gleicher Zimmertüren.
Wir ersten etwa 45 Mann, nunmehr der „erste Zug“ genannt, folgten auf Geheiß einem der Gruppenführer, welcher Namen verlas und dabei jeweils auf eine der Türen deutete. Bei der vierten, rief er neben drei weiteren Männern, auch meinen auf. Ich betrat einen etwa 5x6 Meter großen, hohen Raum, Parkettboden, Wände weiß gestrichen unten mit einem 1,5Meter hohen grauen Ölsockel versehen, durch zwei große mit einfachen Vorhängen behangene Doppelfenster, konnte man auf einen begrünten Innenhof blicken.
Die Einrichtung des Zimmers bestand aus vier holzfarbenen Spinden einem schmalen Besenschrank, zwei mal zwei Mann-Stockbetten und einem Resopal beschichteten Tisch, mit vier Holzstühlen in der Mitte. Auf jedem Federrahmen lag eine Matratze, ein Packen Bettwäsche nebst olivfarbenen Handtüchern, zwei Wolldecken sowie ein Schaumgummiblock als Kissen. Nach einigem unsicheren Suchen, belegte jeder ein Bett, stellte seinen Koffer vor einen der Schränke ab, um sich nach kurzem Rundblick den anderen vorzustellen.
Meine Kameraden hießen Schaffner Ludwig, Söhne Paul und Bertel Werner, noch während sich alle bekannt, beziehungsweise mit den Gegebenheiten des Zimmers vertraut machten, tönte vom Gang her Trillerpfeife, *„Türen auf, Türen auf“* was wir sofort taten. Ein Soldat angetan mit Helm, Koppel, Stiefeln und

blauer Kordel lief den Gang entlang und brüllte immer wieder *„Kompaniiiee, raustreten zum Abendessen!“* Er verschwand im hinteren Gang, kurz darauf hörten wir ihn im oberen Stock weiter brüllen.
Natürlich kamen wir der Anordnung sogleich, zwar weiter ratschend nach, dennoch empfing uns draußen lautstark Feldwebel Krause *„In Formation wie vorhin antreten, ohne Palaver! Beeilung, Beeilung, meine Herren, ab morgen will ich das alles sehr, sehr viel schneller sehn!“* Mittlerweile stand auch der Soldat mit der Trillerpfeife neben ihm *„Der Gefreite UA Möller führt sie jetzt zum Essenfassen und zwar ohne einen Laut, sie erschrecken die Leute, durch ihr Erscheinen sowieso schon genug, also Abmarsch, UvD übernehmen!“*
„Kompanie rechts um, ohne Tritt folgen!“ brüllte nun dieser wieder.
Es dauerte, als sich schließlich alle halbwegs eingereiht hatten, sah man einen bunten, ungeordneten Haufen zum Speisesaal wackeln.
Ein wirklich großer, schöner Saal, dessen Wände mit Fahnen dekoriert und der von drei mächtigen Lustern beleuchtet war, empfing uns. Unterteilt von etlichen großen Tischen um welche jeweils 14 Stühle standen! In der rechten äußeren Ecke befand sich eine lange, mit Edelstahl verkleidete Theke, hinter welcher man eine große Küche mit werkelndem Personal sehen konnte.
Auf den Tischen bereits hergerichtet, mehrere mit Tee gefüllte Edelstahlkannen, nebst Brot in der Mitte, außerdem für jeden Tasse, Serviette, Besteck und ein Teller mit Wurst und Käse. Toll, dachte ich, so kann's weitergehen. Nicht wissend, dass man diesen Service, dem einfachen Soldaten nur an diesem ersten Tag bot. In Zukunft musste man anstehen, das Essen selbst holen und hinterher die Tische nebst Besteck säubern!
Hungrig machten sich alle über das reichliche Abendessen her, erste Gespräche wurde geführt, Kontakte geknüpft, es war warm und gemütlich, wir wären gern geblieben. Doch da tauchte der kleine stämmige UvD schon wieder auf *„10. Kompanie in 5 Minuten draußen antreten“* ,rief er laut in den Saal, unerbittlich aber auch der Kerl!
Kaum wieder zurück in unserem Zimmer, erschien ein Soldat in unserem Alter, er hatte einen Streifen auf den Arm und gab sich kumpelhaft.
„N'Abend Männer, mein Name ist „Gefreiter Rabe“, ich bin euer Gruppenführer, werde euch während der ganzen Ausbildung begleiten, ihr seid 14 Mann und wir zusammen sind die erste Gruppe im ersten Zug, der 10 Kompanie, das solltet ihr aufschreiben!“
„Heute zeige ich euch den Bettenbau, ab morgen macht das jeder selbst, also aufgepasst Leute!“
Danach folgte eine Einweisung wie die Teile über- oder eingezogen wurden und schließlich wie das korrekte Bett des Soldaten, über den ganzen Tag auszusehen hatte! Obwohl es erst 21 Uhr war, hatten wir von diesem Tag genug, nach kurzer

Wäsche, kletterte jeder todmüde ins Bett, Licht aus um 22Uhr, brauchte jedenfalls, keiner mehr überwachen!
Frühmorgens um 6 Uhr, erschrocken fielen wir nun fast aus den Betten, als der UvD seine Trillerpfeife einsetzte, sein „*Kompaniiiee, aufstehen*“ hallte wiederholt durch die Gänge und während wir uns noch aufrappelten, wurde schon die Tür aufgerissen, ein Helm mit Kopf blickte herein und brüllte: *„ Los, los meine Herren aufstehen und Fenster auf, hier stinkt's ja wie im Hühnerpuff! “*
Kaum gewaschen, angezogen, der Bettenbau blieb im Versuchsstadium stecken, hieß es schon wieder raustreten, zum Überlegen kam man da erst gar nicht!
Beim diesem ersten Frühstück, bekam jede Gruppe ihren Tisch und wie erwartet einige Aufgaben dazu.
So musste unter anderem derjenige, welcher die letzte Tasse entnahm, die nächste volle Kanne holen. Was nach ein paar Tagen dazu führte, dass mehrere Kannen am Tisch standen, in denen jeweils nur eine Tasse war, um auf jenen zu warten, der endlich eine frisch gefüllte holte! Außerdem musste täglich reihum, einer nach der Mahlzeit den Tisch säubern, während die anderen schon an einem außerhalb angebrachten Becken, ihr Besteck säuberten.
An diesem Nachmittag wurden wir zur Kleiderkammer geführt, jeder bekam zwei graue Uniformen, überrascht stellte ich fest, dass es sich um exakt die gleichen handelte, welche mir Vaters Freund "Ottele" schon vor zwei Jahren im Boeker-Lager angezogen hatte! Dazu gab's Hemden, Mützen, Socken, Unterwäsche, Koppel, Stiefel, Sportzeug, Seesack, Rucksack etc. Kurze Zeit später, sahen wir im ebenfalls empfangenen, olivgrünen Arbeitsanzug zumindest, wie halbe Soldaten aus. Selbst zu stellen, hatte man Papier, Bleistift, sowie ein Stück Schnur, Dinge, welche neben dem Truppenausweis stets am Mann sein mussten! Zu guter Letzt, erhielten wir unser Gewehr, oder wie unser Spieß zu sagen pflegte „Die Braut des Soldaten“! Eine alte Braut, diese „Canadian Rifle“, ein viel gebrauchter englischer Karabiner, von dem böse Zungen behaupteten, man hätte damit bereits auf unsere Väter geschossen! Oder die Version, weil die Alliierten noch immer Angst vor den Deutschen hätten, bekäme die Bundeswehr vorerst nur alte Waffen! Was davon stimmte, wusste allerdings keiner!
Am nächsten Tag mussten alle mit Unterhose bekleidet, zur Erst-Untersuchung beim Truppenarzt, erwähnenswert, die Station „Blutentnahme“.
Immer jeweils vier Mann durften eintreten, in der Mitte des Raumes standen zwei Stühle, auf einem saß schon etwas bleich mein Vormann, auf dem anderen ein Sanitäts-Gefreiter. Mit einer Vakuumnadel versuchte dieser nun, Blut aus der Armvene zu entnehmen, welche jedoch mit einem hörbaren „knack“, abbrach! Mit einer Pinzette fummelte er nun den Rest heraus, beim zweiten Versuch, sein Patient war vor Angst schon klein geschrumpft, knackte es wieder! Als dann beim dritten Mal die Prozedur endlich gelang, tat es hinter mir einen furchtbaren Schlag, der hinterste Mann, war ohnmächtig zu Boden gegangen!

Man kann sich leicht vorstellen, dass wir diese Station, nach der eigenen Behandlung, schnellstens verließen!
Heimwärts, zum Essen oder sonst wo hin, mussten wir ab sofort, zugweise marschieren, wobei uns immer einer der Ausbilder fürchterlich brüllend führte. Gerade unser Zug, in welchem sich die größten der Kompanie befanden, tat sich mit dem Gleichschritt am schwersten. Unser linker Flügelmann, auf den es bei jeder Marschformation ankommt, wie auf den Schlagmann beim Rudern, fing nach fünf, sechs Schritten regelmäßig zu latschen an, wodurch alle aus dem Tritt kamen! Das wiederum konnte man schon von Weitem sehen, denn gut marschiert, schwingen alle Köpfe im gleichen Rhythmus, bei unserem Haufen war es nur ein unruhiges Auf und Ab.
Etliche liefen dabei auch noch zu dicht auf den Vordermann auf, was das Chaos perfekt machte. Dafür durften wir meist einige Extrarunden drehen, da es dem wütenden Ausbilder öfters, wiederum harsche Kritik seiner Vorgesetzten einbrachte!
Neben verschiedensten Unterricht und Belehrungen, lernten wir unser erstes Lied *„Es scheint der Mond so hell.....“*, danach musste der erste Zug mit 42 Mann auf den Speicher, um dort Marschieren mit Gesang zu lernen! Begründung, wir wären so schlecht, dass uns kein Zivilist sehen dürfte, bevor die ganze Sache nicht militärisch einwandfrei ablief!
Kaum zu glauben, doch der Speicher unserer Kaserne war wirklich so groß, dass dort ein ganzer Zug marschieren konnte, verwunderlich, dass der Bau nicht zusammenbrach oder wenigstens Risse bekam!
Die Dienstgrade im Anfang der BW besaßen mehr Möglichkeiten, größere Entscheidungsfreiheiten, hatten weniger Papierkrieg, als die heutigen, was natürlich je nach Fall, Vor- bzw. Nachteile in sich barg!
Unsere Dienstgrade, etwa vom Feldwebel an aufwärts, waren meist zwanzig Jahre älter als wir, zum Großteil mit Kriegserfahrung und wurden vom Bund, einen Dienstgrad höher eingestellt. Für uns also Vaterfiguren, bei denen das Parieren, der Glaube an das Gesagte, der Respekt gegenüber Älteren, wie von zu Hause gewohnt, nicht so schwer fiel!
In unserem Alter, waren nur die unteren Chargen Gefreiter bis Unteroffizier, wobei letztere oftmals vom Grenzschutz kamen, nur einige neue UA's, sowie angehende Offiziere bis Leutnant, waren schon selbst ausgebildet!
Die Ausrüstung am Mann, ebenso wie die Einrichtungen der Kaserne steckte oft unvollständig, oder mangelhaft im Anfangsstadium.
So hing zum Beispiel im Lehrsaal, der sich auf dem Speicher befand, nur eine große Tafel, die Bestuhlung fehlte völlig. Zum Unterricht musste also jeder seinen Stuhl aus der Stube mitbringen, um ihn nachher wieder mitzunehmen! Man kann sich vorstellen, was für ein Geschiebe, Krach und Einsatz der Ausbil-

der es bedurfte, bis jeder der etwa 140 Mann, seinen Sitzplatz hatte, auch wenn Markierungen am Fußboden halfen!
Endlich, allerdings erst nach etlichen Tagen, heute vermutlich undenkbar, lernten wir unseren Kompaniechef kennen!
Mitten während irgendeines Unterrichts, wurde hastig die Tür aufgerissen, ein Feldwebel kam mit den Worten *„Chef kommt!"* hereingeeilt! Unser Dozent zählte schnell die anwesenden Ausbilder, da flog auch schon erneut, diesmal aber krachend die Tür auf *„Kompanie Achtung!"* Dass nun alle aufspringen und strammstehen mussten, hatten wir schon gelernt. *„Kompanie mit 9/140 beim Unterricht!"* Ein untersetzter grauhaariger Oberleutnant in grauer Dienstuniform, mit kantigem Gesicht, welchen wir schon ein paar Mal aus der Ferne sahen, nahm grüßend die Meldung des Feldwebels ab und stampfte mit festem Schritt nach vorn. Wobei auffiel, dass er die Mütze nicht so wie fast jeder von uns, nach "Ami-Vorbild" tief im Gesicht, sondern wie beim alten Militär, schräg nach hinten gezogen hatte!
Schwer verständlich schnarrte er *„Augiiien geradiiie asss, rührt euch"* *„Morgen Soldaten!"* Wir: *„Guten Morgen, Herr Oberleutnant!"* *„Da haben wir uns wohl eine Horde von flüsternden Kastraten eingefangen, wass?"- „Guten Morgen, Soldaten!"* Obwohl wir unser *„ Guten Morgen Herr Oberleutnant"* nun aus vollem Hals brüllten, mussten wir es noch zwei Mal wiederholen, bis endlich ein *„Na also, setzen"* folgte!
Als nächstes schritt er zur Tafel, seine mit Wildlederhandschuh bewehrte Hand ergriff ein Stück Kreide, das beim ersten kräftigen, senkrecht geführten Strich abbrach, der nächste waagrechte saß jedoch!
„Hier der erste Mann, was ist das?" Der sprang auf. *„Ein Plus, Herr Oberleutnant!"- „Quatsch, setzen!"* *„sie da oben!"*
„Ein Kreuz, Herr Oberleutnant!"
„Richtig, so heiße ich, Oberleutnant Kreuz, merkt euch das!"
Danach stellte er sich als Kompaniechef vor und erklärte, was er von uns im Speziellen, sowie der Standort "Goslar" im Besonderen, von den ersten deutschen Soldaten nach dem Krieg, erwarten würden! Ganz nebenbei wies er, die hiesige Weiblichkeit betreffend, darauf hin, dass sich in der Stadt auch andere Uniformierte herumtrieben, wir uns aber nichts denken bräuchten, derweil es sich hierbei nur um Polizisten handeln würde!
Tatsächlich gab es in Goslar eine Einheit von Grenzschützern, welche sicherlich eine weit härtere Ausbildung absolvierten als wir!
Nach weiteren Informationen, gewürzt mit kernigen Soldatenwitzen, gewann unser Kompaniechef zunehmend Sympathie! War er doch der erste, welcher uns in diesem Alter, als wie gleichwertige Männer, ja sogar als Kameraden behandelte, auf die er sich im Ernstfall verlassen wollte!

Nebenbei bemerkten alle, natürlich staunend, seine vierreihige circa 10 cm lange Ordensspange, etwas Ähnliches trug sonst niemand in der ganzen Einheit!
Seine Ansprache zog einen so in Bann, dass sich alle mucks Mäuschen still verhielten! Als er nach einer knappen Stunde endete, würde fast jeder Mann für ihn alles getan haben, wie auch immer der Befehl lautete!
Jetzt aber übernahm erstmal der Ausbilder wieder das Kommando, der Chef verließ, während wir bei *„Achtung"* alle wie ein Mann aufsprangen, mit schneidigem Schritt, die Hand an der Mütze, lässig grüßend den Saal!
So hatte uns bis jetzt keiner mitgerissen, im Laufe der Grundausbildung sollte sich die Bewunderung noch steigern, vor allem als uns der ein oder andere Vorgesetzte, weitere Details seiner Heldentaten erzählte! Hier besonders gern gehört, die interessante Geschichte, wie er seinen Offiziers-Dienstgrad erhielt!
"Bei der Schlacht um Kreta wurde er nämlich als Batterieführer einer Fallschirmjägereinheit vom Feldwebel zum Tapferkeitsoffizier befördert!
Frei stehend im Granathagel brachte er, die sich fürchtenden Männer seiner Geschütze dazu, ihre Deckung zu verlassen, um einen Angriff der überlegenen Engländer zurückzuschlagen. Wodurch er einen ganzen Abschnitt halten konnte, Kameraden vor Verlusten bewahrte und das Ganze auch noch, ohne selbst verletzt zu werden!!"
Mit diesem Wissen im Kopf unterstützte natürlich jeder den Vorschlag, für unsern Chef, ein spezielles Lied zu lernen. Wenn unsere Kompanie danach von irgendeinem Dienst kam, wurde stets vor dem Passieren seines Fensters, der Befehl gebrüllt: *„Kretalied!"* Aus vollem Hals, mit extra gutem Marschtritt, erklang dann *„Auf Kreta bei Sturmwind und Regen, da steht ein Fallschirmjäger auf der Wacht……"*.
Wie er darüber dachte, erfuhr man leider nie, die Kameraden der Nachbarkompanie erzählten jedenfalls ein wenig neidvoll, wie toll sich das Ganze immer wieder anhören würde und was für ein schneidiger Haufen wir seien!
Ich muss allerdings gestehen, dieses Lied danach nie wieder, bei der Bundeswehr gehört zu haben!
Schon nach den ersten Tagen stand regelmäßig Sport auf dem Dienstplan, zum Abschluss jeden Abend laufen, laufen, laufen. Für unsere Generation ganz ungewohnt, sportlichen Aktivitäten fanden bis dato, meist auf der Straße statt. Schulsport war nach dem Krieg selten, in meiner Heimatstadt stand, von ausgebildeten Lehrern sowieso abgesehen, nur eine Turnhalle zur Verfügung!
Hier nun durften wir nach diversen Turnübungen, beim ersten Mal zur Belohnung, Raufball (Rugby) spielen. Noch nie gehört, meinten einige, unser Ausbilder erklärte den einfachen Ablauf, zwei Mannschaften spielen gegeneinander, ein großer schwerer lederner Medizinball, sollte unter Körpereinsatz ins gegnerische Tor befördert werden, was der jeweilige Torwart als Letzter verhindern sollte.

Zehn, zwölf Mal, wogte das Spiel hin und her, mein Stubenkamerad war einer der Schlussmänner, ein Knäuel von Männern warf sich schnaufend auf ihn, da, ein hässliches Krachen, ein Aufschrei......*„Sein Bein war gebrochen"*, die Sportstunde damit beendet!
Kurzzeitig verloren wir deshalb „Schaffner" aus den Augen, doch bevor man ihn im Krankenrevier besuchen konnte, war er wieder da! Nun allerdings, als Innendienstler in die Schreibstube verdonnert, während unsere Ausbildung meist im Freien weiterlief. Ehrgeizig wollte er nun, alles über unsere Fortschritte erfahren, trotz Gipsbein, musste man ihm deshalb, oft unter Gelächter, Grüßen, Kehrtwendungen etc. abends, auf der Stube beibringen! Wir wiederum erfuhren viel Internes, über zukünftige Dienstpläne, Übungen oder Urlaubseinteilungen!
Zum Glück fragte er mich eines Abends *„Gerhard, hast du deine Einteilung zum Extradienst schon gesehen!?"* Ungläubig mit heißen Ohren eilte ich sogleich zum Schwarzen Brett, tatsächlich stand dort „Flieger Gerhard (LvD) bei Ofw. Obalski (OvD)"! Puh, was sollte das nun wieder?
Aufgeregt meldete ich mich, mit noch sehr unbeholfenem Gruß, am nächsten Morgen beim Spieß, um Näheres zu erfahren.
„Haben Sie schon Kampfanzug und Helm empfangen?", schnarrte dieser. *„Nein Herr Oberfeldwebel!"* - *„Dann los Mann, im Eilschritt zur Kleiderkammer, sofort fehlende Ausrüstung empfangen, ich melde sie an!"* *„Um Punkt 13:00 melden Sie sich dann im Arbeitsanzug mit Stiefel, Koppel, Helm im Stabsgebäude „OvD-Zimmer" Oberfeld Obalski, Abmarsch!"*
Auf der Kleiderkammer wurde gerade die „9 te" eingekleidet *„Eeh, eeh, du, hinten anstellen!"*, ertönte es mehrfach, doch der Kleiderbulle, wie man den Chef dort nannte, wusste Bescheid und drückte mir nach kurzem Kontrollblick, die gewünschten Sachen in die Hand.
Toll, jetzt war ich der erste Rekrut in unserer Kompanie, welcher einen Helm besaß! Eigentlich waren es zwei, ein innerer leichter aus grauem Kunststoff mit Kopfeinsatz, über welchen man im Ernstfall einen zweiten leeren aus Stahl setzte. Damit musste sich doch schnell irgendwas anstellen lassen, schoss mir durch den Kopf. Bisher trug in unserer Kompanie nur der UvD im Dienst den Leichten! Kurz entschlossen setzte ich den gleichen auf, riss die Tür der Nachbarstube einen Spalt auf, sodass man innen nur den helmbewehrten Kopf sehen konnte!
„Aa-achtung", scholl es mir entgegen, alle sprangen auf, nahmen Haltung an, der „Stubenälteste" wollte gerade wie gelernt Meldung machen, da ging die Tür unerwartet weiter auf! Als die Kameraden ihren Irrtum bemerkten, flogen, begleitet von wüsten Beschimpfungen, Schuhe, Stiefel, Putzzeug und Ähnliches in meine Richtung! Schnell ging ich hinter der Tür in Deckung und verschwand flugs in der eigenen Stube!

Nach dem Essen, angetan mit lauter neuen Klamotten, dem Helm unterm Arm, eilte ich klopfenden Herzens ins Stabsgebäude, um mich im OvD-Zimmer zu melden!
„Nock, nock“ *„Herrrein“ „Flieger Gerhard meldet sich wie befohlen als LVD zur Stelle!“* Diesen Satz hatte mir unser Gruppenführer vor Dienstantritt noch schnell eingebläut, ebenso, dass „OvD“ übersetzt, Offizier vom Dienst und „LVD“ Läufer vom Dienst heißt!
„Na Jinglchen dann komm nur herein, ich bin Oberfeldwebel Obalski, wir werden zusammen Dienst tun, setz dich hier an den Tisch, kannst ein wenig lesen und wenn ich dich brauchen tu, wer ich's dir schon sagen.“
So klang es mir in bestem ostpreußischem Dialekt entgegen. Am Tisch saß im Dienstanzug mit angeknöpfter Silberkordel, ein etwa 45 Jahre alter Oberfeldwebel, welcher mich väterlich, freundlich anlächelte. Etwas hölzern stakste ich zum bezeichneten Tisch, auf dem ein paar alte Zeitungen lagen. Irgendwann stand er auf, gab mir eine weiße LvD- Armbinde nebst dem Schlüssel zum Dienstfahrrad, mit welchem ich anfallende Aufträge zu erledigen hatte.
Es wurde Abend, langsam tropfte die Zeit dahin. Er sprach kaum, schrieb einige Sachen in ein Buch oder machte stets angetan mit Pistole und Helm, diverse Kontrollgänge, während ich eigentlich nur herumsaß und auf den ersten Auftrag wartete.
Tee nebst Geschirr stand auf dem Tisch, das Abendbrot heute Margarine, Brot, Käse, Wurst, in zwei Portionen von der Küche angeliefert. Fernseher gab es keinen, zum Glück dudelte wenigstens das Privatradio des Oberfelds.
Langsam taten mir die Füße weh, die neuen Schaftstiefel, früher "Knobelbecher" genannt, wurden eng verpasst, damit sie später im eingelaufenen Zustand nicht rutschend Wasserblasen erzeugen! Doch nun sperrten mir die starrigen Dinger zunehmend das Blut ab, sodass ich öfters aufstand, um herumzulaufen.
„Na Jinglchen tun dir wohl die Fieße weh, kannst deine neuen Stiefel ausziehn und dich aufs Ohr hauen, ich weck dich, wenn was los is!“ Auf meinen ungläubig, fragenden Blick: *„Geh nur, Jinglchen, ich kann sowieso nicht schlafen!“*
Dankbar mit heißen Ohren tat ich wie mir erlaubt und legte mich auf das in der Ecke stehende, mit einer grauen BW-Decke bezogene Feldbett, welches eigentlich nachts, als Ruheliege für den OvD gedacht war! An Schlafen war natürlich nicht zu denken, deshalb stand ich gegen Mitternacht während einem seiner Rundgänge auf, um mich an unseren Tisch zu setzen. Nach seiner Rückkehr fragte ich vorsichtig, ob er im Krieg gewesen sei? Als wenn man einen Hahn geöffnet hätte, begann er zu erzählen von vielen Einsätzen, Verwundungen in den verschiedensten Ländern. Zur Untermalung nahm er vorsichtig mehrere abgegriffene Bilder aus der Brieftasche, welche ihn als jungen Soldaten zeigten. Es fiel auf, dass er außer etlichen Abzeichen auf beiden Ärmeln der Uniform, mehrere kleine Panzer aufgenäht hatte, welche ich zuvor noch nie gesehen hatte!

Auf meine Frage, erklärte er bescheiden, dass man diese Aufnäher für jeden, durch eigenen körperlichen Einsatz vernichteten Feindpanzer bekam. Also nur, wenn direkt, am unter oder von oben, mit Handgranaten, Haftmine oder sonstigem Sprengmittel, zerstört!
Man muss sich das bildlich vorstellen, er hatte sich im Gefecht zum Beispiel, aus der Deckung heraus angeschlichen, beziehungsweise überrollen lassen. Brachte entweder eine Haftmine an, schob irgendetwas zwischen die Ketten oder kletterte meist während der Fahrt auf den Panzer, befestigte Minen am Turm, falls sich der Deckel öffnen ließ, warf er Handgranaten hinein!
Stille, dann die Antwort auf mein ehrfürchtig, erstauntes Gesicht:
„Ach, weißt du Jinglchen, is nich so schwer, wenn man nah genug dran ist, dann sehen einen die im Panzer gar nicht!“
Na Mahlzeit, vor mir saß also ein wirklicher Draufgänger und Held, von Haus aus etwa 1,90, für mich nun über 2 Meter groß!
Meine Kameraden würden sicher über den Bericht staunen, vermehrt, wenn sie hörten, dass „Oberfeld Obalski“ ab sofort unser neuer Zugführer ist!
Schnell verging durch diese mehr als spannenden Geschichten die Zeit, zu tun gab's wenig, zuletzt fuhr ich als sein „LvD“, jetzt besonders stolz, mit dem Dienstfahrrad nur noch einige Schriftstücke aus! Durch diese Kurierfahrten etwas ausgeweitet, konnte man gleich, zumindest einen Teil der Kasernenanlage kennenlernen!
Das Ganze war früher ein perfekt getarnter Militärflugplatz mitten im Wald, alles war da, von der Reparaturhalle, bis zum Benzinbunker, nur die mit Gras bewachsene Startbahn fehlte! Auf dieser hatte die Stadt Goslar nach dem Krieg, eiligst, etliche Häuser bauen lassen, wodurch als Torso, ein Flugplatz ohne Startbahn entstand!!
Tage vergingen, langsam lebte man sich ein, lernte die anderen Kameraden kennen und wurde dabei ständig bewegt, um nicht zu sagen gedrillt. Doch es war sehr abwechslungsreich, zwischen Geländedienst, Waffenkunde, Formalausbildung, Marschieren immer mit Gesang zu jeder Gelegenheit sogar zum Essen! Vorher jedoch wurden Hände, Fingernägel und das Besteck auf Sauberkeit überprüft, was regelmäßig zu Gelächter führte, weil man dabei allerlei „Spaßetteln“ der Ausbilder über sich ergehen lassen musste.
Wer allerdings mit irgendetwas negativ auffiel, bekam die so genannte „Feuerwache“ aufgebrummt. Dieser unbeliebte, um nicht zu sagen Strafdienst, dauerte von abends nach Dienst, bis morgens zum Dienstbeginn oder am Sonntag auch den ganzen Tag! In dieser Zeit musste man bekleidet mit Arbeitsanzug, Koppel, Stiefeln, stets abrufbereit seien. Die Kaserne durfte nicht verlassen werden, auch der Gang zur Kantine, unserem täglichen Treffpunkt, war nur einzeln, für ganz kurze Zeit mit Genehmigung des UvD gestattet. Nachts war ruhen, bekleidet, ohne Stiefel, auf dem mit einer Wolldecke verkleideten Bett angesagt.

Irgendwann im Laufe des Tages oder auch, allerdings selten nachts, brüllte dann der UvD *„Feuerwache raustreten!"*, woraufhin sich jeder den Stubeneimer schnappte (sollte zum Feuerlöschen dienen), um damit schnellstens vor dem UvD-Zimmer anzutreten! Der UvD, meistens ein Ausbilder, kontrollierte dann Schnelligkeit, Vollzähligkeit und Aussehen der Männer, dieses Spiel konnte er, nach Lust und Laune, beliebig oft wiederholen.
Eine lustige Sache dagegen, die meist mittags, von der angetretenen Kompanie mit Spannung erwartete Postverteilung, durch unseren Spieß!
Dazu rief er den Namen des in seiner Hand befindlichen Briefes auf, worauf der Betroffene *„Hier Herr Hauptfeldwebel"* rief, schnellstens zu ihm hin sprang, strammstand, die Post in Empfang nahm, eine möglichst perfekte Kehrtwendung machte, um schnellstens seinen angestammten Platz wieder einzunehmen!
Ab und zu, wenn es sich um eine Karte handelte, las er schon mal mit nachgestellter Fistelstimme etwas vor, wie *„Ach mein lieber Josef ich habe so Sehnsucht nach dir... ha, ha, ha!"* Bekam einer womöglich mehrere Sendungen, musste er meist für jedes Teil extra raustreten, manchmal auch unter dem Gelächter aller, mit den Worten *„Aaach, der Müller, schon wieder unser „Heiratsschwindler"* oder ähnlichem begrüßt!
Nach zwei Wochen durften wir erstmals die Kaserne verlassen dazu gab's vorerst Ersatzausweise sowie am Sonntag Ausgang bis 22 Uhr. Nach dem Mittagessen am Samstag zogen also Gruppen von jeweils fünf bis sechs Mann erstmals los, um die Stadt zu erkunden. Die erste Überraschung, wir mussten etwa zwei Kilometer laufen, ehe das äußerste Tor erreicht war, an welchem sich die Haltestelle für den Stadtbus befand. Die zweite, der Torposten kontrollierte argwöhnisch die Klamotten! Dabei stellte er fest, dass dreiviertel von uns Uniformteile anhatten, das fing bei Halbschuhen oder Socken an und hörte bei Hemden nebst Handschuhen auf! Mit dummen Gesichtern mussten die Erwischten nun zum eventuellen Umziehen wieder den langen Heimweg antreten. Ich selbst hatte Glück, trug nur den grauen Pullunder, welcher unter dem Mantel nicht zu sehen war, die Frage nach Tragen von BW-Klamotten, verneinte ich.
Endlich draußen mussten wir noch auf den Bus warten, als dieser dann endlich kam, dauerte es nochmals zwanzig Minuten, bis man in der Stadt war. Doch nun blieb nicht mehr allzu viel Zeit, derweil wir ja spätestens um halb zehn, wieder in der Kaserne sein mussten, um wenigstens für eine Katzenwäsche, sowie für ein kurzes Stuben- oder Revierreinigen, Zeit zu haben!
Jeder Stube wurde, ein sogenanntes Revier zugeteilt, in unserem Fall war es die Hälfte des langen Außenflurs, beides wurde jeden Abend vom UvD kontrolliert. Das lief so ab, um 22 Uhr mussten alle Mann im Bett sein, wobei sich jeder sogleich schlafend stellte, damit man nicht bei Bedarf, womöglich einen Reinigungsdienst aufgebrummt bekam! Nur der Stubendienst des jeweiligen Tages musste angezogen auf die Kontrolle warten.

Wenn der UvD erschien, grüßen, Haltung annehmen und etwa so melden: *„Stube 64 belegt mit 4 Mann, Stubendienst Flieger Gerhard, Stube gereinigt und gelüftet, alle Mann anwesend“* worauf dieser ebenfalls grüßte *„Na Gerhard wirklich alles sauber???“ „Jawohl Herr Gefreiter“* danach folgte meistens ein aufmerksam nach Dreck spähender Rundgang durch die Stube. Wenn man Glück hatte, war's das und er verließ einen, etwa mit den Worten *„Na dann gute Nacht, Flieger, Licht aus und ab in die Falle!“*
Ziemlich am Anfang, ich hatte Stubendienst, da ging er zu meinem Bett, hob samt dem darüber schlafenden Kameraden ein Bein des Stockbetts zehn Zentimeter hoch! Der Bodenteller fiel ab und --baaafff-- was war denn das, da rauschten doch tatsächlich etwa 30 oder mehr Kippen, Asche nebst Streichhölzern aus dem Rohr!!
„Na, Mann, das nennen Sie sauber?“, meinte er mit hochgezogenen Augenbrauen *„Ka, kann ich mir auch nicht erklären, Herr Unteroffizier, von uns beiden raucht keiner!“ „Papalabap wie ist Ihr Name, wir brauchen immer Leute, die Samstag, Sonntag Feuerwache machen!“*
Sprach's schrieb mich in sein Notizblock und verhalf mir so, zu meinem ersten Strafdienst am Wochenende!
Kriminalistisch lösten wir am nächsten Tag das Rätsel, vor uns schliefen schon welche hier, wobei der Oberste rauchend im Bett, das Standrohr als Aschenbecher benutzte. Dazu hatte er vorher den Bügel abgehoben, seitwärts gestellt, um ihn danach wieder aufzusetzen! Unser UvD, der Schlawiner, musste selbst Raucher sein, sonst hätte er diesen raffinierten Dreh nicht gekannt!
Derweil wechselte sich jeden Tag Unterricht, Waffendrill, nebst Geländeübungen ab, auch Formalausbildung (früher exerzieren) gab's genügend.
Zum Beispiel "Griffe klopfen" wie es früher hieß. Unter anderem, gab es den abgemilderten Befehl "Gewehr abnehmen". Hierzu straffte man mit rechts den Riemen, wodurch das Gewehr nach vorn in die linke Hand flog, mit der rechten griff man darüber, um es mit einer Rechtsdrehung nach unten auf dem Boden hart abzusetzen.
Das sollte sich beim ganzen Zug wie ein Schlag anhören! Stuffz. Schmitz übte mit uns, immer wieder brüllte er *"Männer, nochmal, das hört sich ja an, als wenn eine Ziege aufs Trommelfell scheißt!"....."Nur Mut, nur Mut, ich zahle jedem ein Bier der den Kolben sprengt!"* Was leider nie passierte!
Eine andere Übung, die „Grüßen“ hieß, militärischer Gruß durch Handanlegen an Kopf oder Kopfbedeckung. Zwei Reihen standen sich im Abstand gegenüber und mussten im Vorbeigehen einander grüßen. Alles ging gut, bis auf einmal unser schwarzes Schaf, Kamerad „Haug“ dem Ausbilder auffiel. Ein Bauernbub aus Westfalen, ein wenig einfältig, aber sehr willig, kameradschaftlich und dienstbeflissen. Leider stets mit einem latschenden Gang, so als würde er hinterm Pflug hergehen!

„Mensch Flieger Haug, nehmen Sie endlich Schritt auf und spreizen sie beim Grüßen den kleinen Finger nicht so ab, Sie grüßen ja wie der General!“ „Entschuldigung Herr Gefreiter, aber ich habe mir als Kind den Finger gebrochen und kann ihn nicht mehr anlegen!“ „Reden Sie keinen Quatsch Mann, is ja unmöglich das, melden sie sich nachher bei mir!“
Tatsächlich fand unser Ausbilder eine Lösung, Haug musste von da an, während des Dienstes, einen dünnen Verpackungsgummi um die Finger tragen, welcher somit alle zusammenhielt!
Die Geschichte machte nicht nur die Runde, sondern seit diesem Tag kannten ihn fast alle Ausbilder, stand mal wieder der Finger weg, hieß es, *„Flieger Haug, Se ham wohl wieder ihren Gummi vergessen, was, ha, ha, ha!?“*
Doch es kam noch dicker, eines Tages kam unser Kompaniechef geladen wie eine Haubitze mit hochrotem Kopf in unseren Unterrichtsraum gestampft. Nach der üblichen Begrüßung schnaubte er wütend *„nur die Stärke“*, was für ihn ganz ungewöhnlich war! Kaum vorn an der Tafel begann er, mit sich fast überschlagender Stimme!
„Also Männer, alles, was recht ist, ihr habt doch schon gelernt, wo man grüßt und wo nicht!?"
"Da komm ich doch am Sonntagmorgen ins Pissoir, steht dort einer, hat die linke Hand am Schwanz und grüßt, während er pinkelt, auch noch mit abgespreiztem Finger militärisch und brüllt „Guten Morgen Herr Oberleutnant!“, also Männer ich will gar nicht wissen, wer's war, aber so etwas will ich nicht nochmal erleben müssen!“
Sprach’s rauschte hinaus und knallte die Tür hinter sich zu, --Stille-- dann brach mehrstimmiges Gelächter aus, was der Ausbilder nur mit etlichen Befehlen wie *„Achtung“* und mehrmaligem *„Aufstehen“*, *„Hinsetzen“* wieder in den Griff bekam! Von da an kannte wirklich jeder unseren Bauern Haug, welcher freilich die ganze Sache nur mit einem verlegenen Grinsen quittierte!
Anderer Tag, frühmorgens erster Unterricht, leider saß ich ganz vorn, als der Spieß hereinkam, um drei Freiwillige zum Kartoffelschälen zu suchen. Natürlich fanden sich keine, er musste auswählen und obwohl möglichst unschuldig zu Boden blickend, zählte ich zu den Auserwählten.
Mit langsamen Schritten trotteten wir also zur Küche, dort Hektik, der Küchenfeldwebel drückte jedem ein Messer in die Hand. *"Und hat von euch schon mal einer bei Muttern Kartoffeln geschält?"* Wir verneinten, eine kurze Einweisung folgte, dann setzte er jeden vor einen riesen Bottich mit gewaschenen Erdäpfeln, in einer Ecke der Großküche. Nach einem *"aber Beeilung meine Herren"*, ließ er uns allein. Stinkig fingen wir an zu schälen, war ja fürchterlich, wie Akkordarbeit! Aus den großen Kartoffeln wurden meist kleine, endlich 9Uhr, die sogenannte "NATO-Pause", es gab Brotzeit für alle. *"Na wie kommt ihr voran?" "Nnjaa so lala..."* - *"Gut ich schau später nach euch"*, meinte der FW. Doch er

vergaß uns, nach einer Stunde fragten wir erneut nach Stärkung und bekamen Wurstsemmeln. Nach einer weiteren Stunde kam der Küchenchef vorbei: *"WAAAS, ist das alles, was ihr zusammengebracht habt, nur 7 Eimer und soviel Abfall?! Also nach dem Essen braucht ihr nicht mehr kommen, euch kann man ja wirklich vergessen!"* Nicht gerade bedrückt, schlichen wir davon um uns nachmittags, zurück zum Unterricht zu melden.
Unsererseits, gab es jedoch ebenfalls einiges auszusetzen und zwar an mehreren Teilen, der empfangenen Ausrüstung! Aber die Macher wollten ja, den "Bürger in Uniform" schaffen, hatten deshalb absichtlich auf erprobte, gute Erfahrungen verzichtet! Etliche Firmen drehten der Armee aus diesen oder anderen Gründen, teilweise auch aus Unwissenheit, unerprobten Schrott an, womit wir Soldaten letztlich fertig werden mussten!
Manche Teile erzeugten Heiterkeit, andere weniger, von den lustigen sind mir einige besonders in Erinnerung geblieben!
Die erste Sache begann ganz harmlos, am Schwarzen Brett hing der Befehl, ohne Angabe des Grundes natürlich, man dürfte die empfangene Arbeitsmütze nicht waschen, sondern nur reinigen lassen! Kaum einer wäre zuvor auf die Idee gekommen, seine Mütze zu waschen, bevor man sie nicht bemängelt hätte! Doch nun standen aus Neugierde freiwillig, am Wochenende erst einer, dann immer mehr Kameraden im Waschraum und wässerten ihre Mützen! Nach dem Trocknen kam der Grund auf, die Dinger gingen ein, die Besitzer besaßen danach nur mehr, kleine, lustige Kapperln! Weil es sich schnell herumsprach, fanden sich immer mehr die es ihnen zum Gaudium, gleichtaten! Unser Spieß fauchte, konnte aber nicht rügen, weil es angeblich bei einsetzendem Regen passiert sei!
Passend zum Thema, die Arbeitshose vom Flieger Bühn. Das Beschaffungsamt hatte offensichtlich Probestücke, einfach zur allgemeinen Ausrüstung hinzugefügt und eben ein solches Teil hatte er empfangen. Diese extra weite, olivfarbene Hose, welche sich wie Gardinenstoff anfühlte, bildete beim Sitzen starke Ziehharmonikafalten, die bei jedem Schritt auf und niederhüpften, sodass meist lautes Gelächter seinen Vorbeimarsch begleitete! Ihm machte es nichts aus, er meinte: *"Mei Hos ajo aller, de tausch ich erscht uf Befehl!"*
Eine andere Sache, die uns länger verfolgte, waren des Bundes eigene Badehosen, wollig, blau, dick gewebt, sahen aus, als wenn sie Oma in der schlechten Zeit, selbst gestrickt hätte!
Zur Sportausbildung gehörte natürlich auch Schwimmen, dazu durften wir Goslars schönes altes Jugendstil-Schwimmbad benutzen. Für uns nicht extra gesperrt, dafür am Vormittag benutzt, um die anderen Besucher weniger zu stören. Mit Trainingsanzug über der Badehose bekleidet, karrte man uns auf Lastwagen das erste Mal dorthin. Das Kommando hatte diesmal Leutnant „J.Kuhlmann“,

wovon wir zwei hatten, Jürgen und Armin, mit gleichen Nachnamen, ohne miteinander verwandt zu sein.
Nach dem Antreten im Bad mokierte er sich als erstes über mehrere private Badehosen, auch ich hatte meine eigene an! Grund, die Empfangenen saßen nicht nur schlecht, sondern kratzten so fürchterlich, dass man es schier nicht aushalten konnte. Einwände kamen, welche er natürlich nicht gelten ließ, sondern stattdessen befahl, beim nächsten Mal nur noch mit Dienstbekleidung zu erscheinen.
Dann hieß es: *„Nichtschwimmer nach links, Schwimmer rechts aufstellen!“* Das war eine Zwickmühle, denn dazwischen gab's nix, ich konnte mich zwar halbwegs über Wasser halten, doch richtiges Schwimmen war das nicht! Also sicherheitshalber lieber zu den Nichtschwimmern, doch was für eine Schande, vor den zuschauenden, zivilen Badegästen, mussten wir unter der Leitung eines Ausbilders, Schwimmbewegungen im Kinderbecken üben!
Man stand also bis zur Hose im extra warmen Wasser, um auf laut befohlenes *„1 -- und 2 -- und 3 --“* mit gebeugtem Oberkörper die entsprechenden Übungen mit den Händen zu machen!
Später hielten jeweils zwei, gefaltete Hände unter den Bauch eines dritten, während dieser zu Schwimmen versuchte! Wobei so mancher hustend, reichlich Wasser schluckend, für vermehrte Heiterkeit unter den Zuschauern sorgte!
Fast jeder froh, dass uns hier keiner kannte, schämten wir uns doch gewaltig!
Beim nächsten Mal schwor ich mir jedenfalls, ein „Schwimmer“ zu sein, denn diese praktizierten ganz normales Brustschwimmen ohne Stress!
Irgendwann wurde es aber auch für uns noch eine lustige, unvergessliche Badestunde! Die kratzigen Militärbadehosen wurden nämlich im Wasser allmählich um ein Drittel weiter und keiner der Träger konnte mehr aus dem Becken, ohne sie zu verlieren! So rettete schließlich nur der befohlene Sondereinsatz, der mit Handtüchern bewaffneten Privathosen, die heikle Situation!
Abschließender Erfolg, der Leutnant nahm nicht nur obigen Befehl zurück, sondern verfügte, dass man bis zur weiteren Klärung der Sachlage, nur noch mit eigener Badehose am Schwimmen teilnehmen durfte!
Für mich wiederum, ergab sich die Gelegenheit als „Schwimmer“ aufzutreten schon in der darauf folgenden Woche. Allerdings diesmal bei Leutnant "A.Kuhlmann", welcher zwar ein lässig, gut aussehender, aber sehr sportlicher Kerl war und wie man hörte, angeblich als Fallschirmjäger ausgebildet wurde!
Doch da hatte ich mir diesmal was eingebrockt, zum Schauen was die anderen taten, kam man gar nicht, denn schon nach kurzem Abfrischen, ging alles nur noch mit Tempo.
Die erste Aktion zugleich vom Beckenrand zu springen war, da noch harmlos, gleich darauf, mussten alle aufs 3-Meter-Sprungbrett, aber *„Tempo, tempo, Männer!“*

Niemals vorher stand ich auf einem Sprungbrett, zögernd in die Tiefe blickend grauste mir. *„Los, los, Mann, vorwärts nur Mut!“*, tönte es von unten. Zum Überlegen blieb keine Zeit, ein kurzer Stoß des Hintermannes beendete mein Zögern! Als Bombe sprang ich hinunter, „Plumps“, das Wasser schlug über mir zusammen, Schlucken, Strampeln, Panik, schon klatschte der Nächste herunter. Halb geschwommen, halb im Hundstrappler, nur weg, raus aus dem Hexenkessel. Puh - -, geschafft, doch kaum am Rand hörte man schon wieder *„Auf geht's Leute Bewegung, Bewegung, jeder steigt da raus, wo er gerade ist!“*
Habt ihr schon mal probiert vom Wasser raus, auf den Rand zu kommen? Nein, ich vorher auch nicht, ohne blaue Flecken auch kaum möglich!
Doch zum Jammern blieb keine Zeit. *„Auf, auf, Männer, keine Müdigkeit vortäuschen, das gibt Muskeln“* wurden wir da schon wieder angefeuert!
Jedenfalls kam mächtig Schwung in unsern Haufen und nach dem dritten Sprung, verlor fast jeder seine Angst, soweit vorhanden!
Zum krönenden Abschluss der ganzen Hektik zeigte er uns, neugierig gemacht, auf allgemeinen Wunsch, eine kleine Mutprobe der Fallschirmjäger!
Etwa 20 Mann setzten sich jeweils nebeneinander, untergehakt, mit dem Rücken zum Beckenrand, dann gab er dem ersten einen Stoß! Wie eine Kette fielen alle, sich gegenseitig mitreißend, rückwärts ins Wasser. Strampeln, Abstoßen, Untergehen, soviel Chlorwasser hab ich niemals wieder geschluckt, trotzdem war's toll, das meiste meiner Wasserangst hatte, ich an diesem Tag verloren!
Nach diesen ganzen Aktivitäten wurde zur Entspannung noch kernig Wasserball gespielt. Unser Leutnant mitten drin, dass ich mich dabei mit einer Hand am Beckengeländer festhielt, merkte zum Glück keiner.
Fast alle Kameraden waren begeistert von diesem Training, dass es Kraft gekostet hatte, konnte man spätestens am Nachmittag merken! Beim politischen Unterricht schlief mindestens die Hälfte kurzzeitig ein, was beim ungewohnten, bewegungsreichen Tagesablauf an der frischen Luft, fast regelmäßig passierte!

In der folgenden Woche empfingen wir die Gasmaske, Verzeihung hieß jetzt "ABC-Schutzmaske". Man hatte überhaupt den Eindruck, dass nichts mehr auf das alte Militär hinweisen sollte! Erinnerte mich aber trotzdem an meine Kindheit, denn die Dinger sahen noch immer aus, wie beim Luftschutz in Breslau.
Natürlich sollten sie wenigstens einmal probiert werden. Also stand irgendwann, nach vorheriger Einweisung versteht sich, ein Test auf dem Dienstplan.
Bartträger und schlecht rasierte Rekruten wurden witzelnd, augenzwinkernd von den Ausbildern schon mal vorgewarnt, von wegen Undichtheiten und deren Folgen!
Am Tag der Übung marschierte unser Zug zu einem alten Bunker mit einer Stahltür, Aufschrift: "Vorsicht Gas - Eintritt nur mit Schutzmaske erlaubt". Davor stand als "Hiwi" (Hilfswilliger, alter Ausdruck für helfende Gefangene) ein

UA aus der Schreibstube abkommandiert. Ohne eigene Maske, lachend und feixend mit den Worten: *"Nur herein meine Herren, schnell eintreten und schön tief einatmen",* öffnete er für jeweils drei Mann die Tür welche er sicherheitshalber zur Seite gehend, sofort wieder verschloss.
Mit mulmigem Gefühl traten wir ein. Im Inneren war es dunkel, schemenhaft konnte man in der Mitte des Raumes einen Behälter erkennen, aus welchem weißer Rauch kokelte. --- "**Tränengas**".
Mehrmals mussten wir ihn, wie die Indianer das Lagerfeuer umkreisen, dabei immer wieder über ein paar aufgestellte Hindernisse klettern. Nach einer bestimmten Zeit konnte man erleichtert an einer anderen Stelle, den Raum wieder verlassen. Wieder im Freien merkte man nicht viel vom Gas, nur wer leichtsinnigerweise mit den Händen an die Klamotten kam und sich dann ins Gesicht fasste, dem brannten Gesicht und Augen höllisch. Das Gas hatte sich für längere Zeit, in jeder Falte der Uniform eingenistet.
Unser Gruppenführer, dem der spöttelnden Türsteher bereits anfangs ein Dorn im Auge war, ging kaum draußen, lachend auf ihn zu und meinte, dabei den Widerspenstigen plötzlich fest umarmend: *"Komm an Vaters Brust mein Sohn und schööön tief einatmen!"*
Woraufhin dieser nicht nur schimpfend zurücksprang, sondern sich hustend und weinend die brennenden Augen rieb.
Das Verspotten der nächsten Männer ließ er freilich, von da an sein!

So vergingen schnell die ersten Wochen, jeden Abend fielen wir todmüde ins Bett, nur selten wurde die Kantine zum Spielen, Quatschen oder Biertrinken aufgesucht. Einzige Ausnahme, unser ruhiger Kamerad Bertel, der verschwand meist ohne ein Wort gleich nach Dienstschluss, um erst kurz vor Zapfenstreich, zurückzukehren. Meist still vor sich hinlächelnd, war er immer hilfsbereit, sprach wenig, rauchte rücksichtsvoll nur außerhalb der Stube und es dauerte lange, bis wir merkten, dass Bertel ein stets angesoffener "Alki" war!
Nach einem Monat Dienst, kam endlich die Grußabnahme, das heißt, wir konnten richtig Grüßen! Kurz danach folgte die feierliche Vereidigung, man sagte, nun erst könnten wir uns als Soldaten bezeichnen! Nebeneffekt des ganzen Vorganges, von da an durften wir den Rest des Vierteljahres, die Kaserne nur in Ausgehuniform verlassen oder betreten!
Zuvor jedoch war an diesem besonderen Tag, ein längerer Marsch mit Gesang, zum großen Exerzierplatz angesetzt. Dort stand vor der leeren Flugzeughalle ein Rednerpult, flankiert von zwei MGs als einzige Deko!
Aufstellung der drei Kompanien im Karree bei eiskaltem Dezemberwind, kurze Ansprache des Kommandeurs. Truppenfahne gehalten von einigen Kameraden, Nachsprechen der Eidesformel, Rückmarsch, gutes Essen und Nachmittag zur freien Verfügung.

In Ermangelung der vollständigen Ausrüstung trugen wir zu diesem Anlass, Hemd, Krawatte, scheckigen Kampfanzug, darüber unser bestes Stück den bereits blauen, schweren Tuchmantel nebst Koppel. Auf dem Kopf unseren Plastikhelm, welchen manche schon, so auch ich, mit "Brisk" Haarcreme zum Glänzen gebracht hatten!
Die Füße steckten entweder in Schnürschuhen mit Gamaschen aus Leinwand, welche durch zwei Lederriemchen gehalten wurden, wohl noch eine Mangelidee vom letzten Krieg oder in den neuen ledernen Kampfstiefeln. Hierbei war uns offiziell freigestellt, welche wir davon tragen wollten, allerdings nur so lange, bis unser Kompaniechef das erste Mal, die unterschiedliche Zusammenstellung der angetretenen Männer sah!
Der Zugführer bekam einen Anschiss, zu uns gewandt, brüllte er mit hochrotem Kopf, *„Ich will niemals mehr, egal wo auch immer, nicht einen von euch, mit diesen verfluchten Majotschenko-Socken sehen!"* („Majotschenko" angeblich japanischer Heerführer?!) Dass die Dinger offiziell erlaubt waren, interessierte unseren „Oberleutnant Kreuz" nicht die Bohne! Die Kompanie musste sofort wegtreten, um sich wenige Minuten später einheitlich, in Stiefeln zu präsentieren!
Unser Aussehen war trotzdem, für spätere oder gar heutige Ansprüche, eine recht abenteuerliche Auslegung der sogenannten Anzugsordnung!
Beim ersten Wochenende nach der Vereidigung kam, die bis dato kaum getragene Ausgehuniform, zum Einsatz. Diese Montur wiederum, ein Kapitel für sich. Etwa drei, vier Jahre vorher, konzipiert für die neu entstehende Bundeswehr, sollte sie jaaa nicht zu militärisch wirken!! Deshalb für alle Waffengattungen gleich, nur durch Kragenspiegel zu unterscheiden! Denn wir sind ja „Bürger in Uniform", nur nicht auffallen, war die Devise!
Als Grundfarbe wählte man ein tristes dunkelgrau, für die kurze nur bis knapp über die Hüfte reichende, taillierte Jacke (Spitzname "Affenjacke"). Keine aufgesetzten Taschen, dafür schräg angeordnete blinde bronzefarbene Metallknöpfe, dazu eine ganz normale graue Hose. Darunter ein grau meliertes Hemd, bei uns mit blauer Krawatte, einzige Zierde, die schwarzen Ärmelstreifen mit Schwinge sowie die bis heute gültigen, gelben Spiegel der Luftwaffe.
Zu allem Übel gab's die Klamotten nur in Einheitsgrößen, meine Jacke saß schlecht und die Hose war scheinbar für einen Kerl mit zweimal so großem Hintern geschneidert.
Irgendjemand im Generalstab hatte scheinbar doch gemerkt, dass so armselig kein junger Mann lange herumlaufen würde! Vermutlich auch mit Blick auf die Soldaten der jetzt verbündeten Nationen zeigten sich die empfangene neue Schirmmütze, ebenso wie der bereits erwähnte schwere Wintermantel, in einem ansehnlichen Luftwaffenblau! Außerdem empfingen wir neben einer blauen Bergmütze, ein schickes Schiffchen, welches leider nie getragen werden durfte,

vermutlich erinnerte es zu sehr ans alte Militär! Inzwischen wird es jedoch seit Jahren, wie selbstverständlich bei der LW getragen!
In diesem Zusammenhang, interessant die Mützenhierarchie, wir trugen zum täglichen Arbeitsanzug in oliv, eine gleichfarbene deutsche Mütze (modifizierte Bergmütze). Ausbilder dagegen vom Gefreiten bis zum Stabsunteroffizier eine Bergmütze aus blauem Stoff, ab Feldwebel Schirmmütze, ebenso Offiziere jedoch mit Silberemblem nebst Kordel in der gleichen Farbe.
Einzige Ausnahme bildete unser „Stabsunteroffizier Schmitz“, ein kleiner älterer "Kommisskopf", allerdings nicht weiter befördert, warum auch immer, fühlte sich selbst als „fast“ Feldwebel und durfte scheinbar mit Billigung des Chefs, ausnahmsweise Schirmmütze tragen!
Jedenfalls hatte man zu unserem ersten Ausgang, vorsorglich einen großen Spiegel im Vorraum aufgestellt, an dem auf entsprechender Höhe kleine Schilder hingen, wie *„Mütze gerade, Hemd sauber, Krawatte korrekt, Knöpfe zu, Schuhe geputzt?“*
Unser Spieß meinte schmunzelnd, als er bei der ersten Musterung, prüfend vor der Front stand *„Männer klebt mir beim ersten Ausgang, bloß nicht so aufm Haufen, wir wollen doch die Leute in der Stadt nicht gleich zu sehr erschrecken!" "Ha, ha, ha!“ - "Und Leute ich will keinen mit Sonnenbrille, Einkaufstüte oder gar Regenschirm sehen! Das Fräulein Braut wird auch nicht liebestoll umschlungen, sondern darf sich am angewinkelten rechten Arm unterhaken, dann braucht ihr nicht so schnell Kinderwagen schieben, ha, ha, ha, denn das, Leute, geht in Uniform, - garnicht!!!"*
So ging es weiter mit diversen Verhaltensweisen in der Öffentlichkeit. Nebenbei erfuhren wir, dass es nicht erwünscht sei, das Lokal „Bei Tante Mary“ in Uniform zu besuchen, weil es sich hierbei um ein halbseidenes Etablissement handeln würde! Nachdem man den Hinweis auch als Empfehlung auslegen konnte, er außerdem kein anderes, besseres Lokal genannt hatte, war die Neugierde geweckt. So trafen sich die Mutigeren, zu denen auch ich gehörte, wie nicht anders zu erwarten, schon am ersten Sonntagnachmittag, genau dort! Gerammelt voll, Männer mit und ohne Uniform, Rauch, Alkoholdunst, Stimmen, Gelächter, laute Musik aus der Musikbox, am Rand volle Kleiderständer, welche durch die schweren Wintermäntel fast umfielen. Erst beim Gehen merkten wir, wie verzwickt es war, unter lauter gleichen den eigenen zu finden, in den Mützen waren wenigstens Namenschilder, aber bei den Mänteln?!
Inmitten des ganzen Chaos lachend, ja fast jeden wie einen alten Bekannten begrüßend, oder gar umarmend, eine kleine ältere üppige Frau mit tiefem Ausschnitt, man wusste sofort, das muss „Tante Mary“ sein! Dazu drei, vier, etwas schriller geschminkte Mädels, welche mit wippenden Hüften bedienten, jawohl---, Teufel noch mal, hier war was los, das war die richtige Soldatenkneipe!

Je später der Abend, je schöner die Gäste könnte man sagen, denn die Stimmung stieg beim Eintreffen, von weiterem weiblichen Publikum! Leider mussten wir uns verabschieden, als es am schönsten war! Aller spätestens jedoch, gegen einundzwanzig Uhr, um nach Bus, Weg, eventuellem Putzdienst, Körperpflege etc. pünktlich zum Zapfenstreich in der Falle zu liegen!
Grinsend, lässig, abwartend an die Theke gelehnt, verfolgten ein paar Ausbilder, den meist hastigen Aufbruch, sie hatten bis 24 Uhr Ausgang oder je nach Dienstgrad, sogar bis zum Wecken! Einer von ihnen meinte einmal salopp: *„Abmarsch Leute, keine Sorge, wir übernehmen die vorgewärmten Mädels, ho, ho, ho!“*
Natürlich gingen nicht alle jedes Wochenende dort hin, sondern, wie damals üblich ins Kino. Die normale holde Weiblichkeit der Stadt traf man sowieso, wie fast überall, eher in der Gegend ums Lichtspieltheater! Leider musste die 18:00 Uhr Vorstellung stets unsere letzte sein, ansonsten hätte man es auch wieder, nicht rechtzeitig zur Kaserne geschafft!
Einmal kam ich zufällig dazu, neben einer recht hübschen Maid zu sitzen. Nachdem sie mir schon vorher einige Male zugelächelt hatte, wagte ich während des Films, allmählich meine Hand auf ihre zu legen, da sie keinen Rückzieher machte, kamen wir hinterher schnell ins Gespräch!
Bald trafen wir uns öfters zur gleichen Zeit, am gleichen Ort. Nach Kino oder Stadtbummel begleitete ich sie, dann ein Stück durch den Stadtpark nach Hause! Zwar ist mir ihr Name schnell wieder entfallen, doch eine Eigenart, welche mich fast immer zum unterdrückten Lachen reizte, vergesse ich nie! Beim längeren Küssen breitete sie plötzlich die Arme ganz weit aus und ließ sich halb durchsacken. Alles, was sie dabei in den Händen hielt, wie Schirm oder Handtasche, fiel zu Boden!
Nach dem dritten, vierten Mal, eröffnete sie mir flüsternd *„... Komm, verlob dich mit mir, dann bin ich sofort zu allem bereit, die bestehende Verlobung mit dem Bereitschaftspolizisten, werde ich auch sofort lösen!“*
„Puh“, das fuhr mir nun doch gewaltig in die Glieder, wurde alles viel zu eng, und weil mich sowieso ein schlechtes Gewissen gegenüber Renate plagte, versetzte ich sie öfters, bis ich aus Goslar verschwand!

Eine andere Sache, welche bei der BW laut Spieß unerwünscht war, betraf das Abhören des "Freiheitssenders 904“ aus der DDR, deren Grenze sich in wenigen Kilometern Entfernung befand. Woraufhin natürlich auch hier wieder, jeder der ein Kofferradio besaß, heimlich, meist erst nach Dienstschluss, immer wieder mal reinhörte! Es war interessant, aber auch erschreckend, derweil einige Durchsagen unsere Einheit betrafen! Das Wissen der anderen Seite, selbst von Kleinigkeiten, führte einem deutlich vor Augen, dass sich direkt in unserem Bereich, Spitzel oder zumindest Informanten tummeln mussten?!

So hieß es zum Beispiel: *„Kameraden der Bundeswehr, heute gratulieren wir dem Feldwebel Müller von der Elften, zur Beförderung zum Oberfeldwebel"* oder *„Aufgepasst Kameraden der Neunten, warm anziehen, am 22 findet euer Nachtalarm statt!"*
Man konnte zwar nicht nachprüfen, ob alle Durchsagen der Wahrheit entsprachen, aber auch unser Dienstplan wurde überraschend geändert. Unter anderem, weil ein bereits angesetzter Alarm, durch den Radiosender, schon eine Woche früher bekannt wurde! Es stimmte, denn wir erfuhren es vom Stubenkamerad „Schaffner", welcher es auf der Schreibstube während des Dienstes mitbekommen hatte!
Apropos Nachtalarm, wir übten schon fleißig für den ersten, ab sofort musste jeder den so genannten „Alarmstuhl" bereithalten. Obenauf lag die Unterwäsche, darunter Hemd Pullover, sowie als letztes der Kampfanzug nebst Koppel. Vor dem Stuhl standen die Stiefel mit Socken, das Gewehr, nebst der mit Wasser gefüllten Feldflasche befanden sich im, das Marschgepäck und Helm griffbereit, auf dem Schrank.
Eines Nachts, alles schlief tief, müde von den Übungen des Vortages, als plötzlich gegen zwei Uhr, Trillerpfeife und Geschrei erklangen! Türen wurden aufgerissen, Licht angeschaltet *„ALAAARM, ALAAAARM, Kompanie raustreten, los, los, los, auf Männer, Bewegung ALARM, draußen antreten!"*, brüllten die verschiedenen Ausbilder um die Wette, dabei antreibend, wie hetzende Hunde immer wieder, in den Stuben auftauchend.
Verschlafen taumelten wir hoch, jeder versuchte, aufgeschreckt, schnell, mit fahrigen Händen, seine Montur anzuziehen, nur vom Gedanken getrieben, so schnell wie möglich nach draußen zu kommen!
Kalter Regen und ein heilloses Durcheinander auf dem hell beleuchteten Antreteplatz empfing einen. Dazwischen grobe, schiebende, schimpfende Ausbilder, welche versuchten, Ordnung, in die Aufstellung ihrer Gruppen oder Züge zu bringen.
Als die meisten endlich halbwegs auf ihren Plätzen standen, tauchten noch immer teils schlecht angezogene Nachzügler auf. Es wurde abgezählt! Ach du Sch…. ausgerechnet in unserer Gruppe fehlte einer!
„Stube 64 verdammte Kiste, wo ist ihr dritter Mann?" Dann laut zu allen: *„Gegenseitige Hilfe ist Kameradschaftspflicht, Stuben treten in Zukunft nur noch vollzählig an, verstanden?!"*
„Stubenältester holen sie ihren Kameraden, aber dalli, dalli, Abmarsch!" brüllte unser Zugführer weiter.
„Paul Söhne" lief los, es war „Bertel" der fehlte, zum Glück kam er ihm auf halben Weg entgegen, trotzdem waren wir die letzten, was uns prompt, gemeinsame Feuerwache am Wochenende, sowie eine saftige Strafpredigt am nächsten Tag einbrachte.

Das ganze Prozedere lief noch zwei, dreimal ab mit der zusätzlichen Variante, dass im hellen Licht des Vorplatzes unser Kompaniechef sichtbar unzufrieden, mit der Uhr in der Hand stand und schnarrend nochmaliges Weg- und wieder Antreten verlangte, bis es endlich den von ihm gesteckten Zeitrahmen erfüllte!
Jeden Tag Waffendrill, Formalausbildung, Marschieren, Singen, nunmehr auf einen Übungsplatz außerhalb der Kaserne. Dazu bekam ich eines Tages den Befehl das „Marschsicherungsgerät“ beim Nachschub zu holen, unschlüssig stand ich da, meine Lehrzeit fiel mir ein, wo wir die Jüngsten damit verscheißerten, im Lager einen „Böschungshobel“ zu holen, ein Gerät, was es nicht gab und nur für Heiterkeit über den Blödmann sorgen sollte!
Zum Glück sagte einer: *„Mensch, Gerhard, geh, das Gerät gibt es wirklich!“*
Tatsächlich bestand das Ganze, aus einigen gestreiften Armbinden sowie zwei großen Achtungsschildern, für Brust und Rücken des ersten bzw. letzten Mannes, zum Schutz der Kolonne im Straßenverkehr.
Um das Übungsgelände zu erreichen, führte unsere Marschroute erst über etliche Kilometer Landstraße, danach durch die Vorstadt von Goslar, um letztlich nochmals nach einem Stück Landstraße zu enden. Da unsere Einheit noch keine Lastwagen besaß, war der wöchentliche Geländedienst mit diesen zusätzlichen Marscheinlagen schon heftig, allein das Singen gegen Schmerz und Müdigkeit richtete einen irgendwie wieder auf!
Leutnant A.Kuhlmann begleitete uns auf seiner privaten 250er BMW, lässig trug er die blaue Bergmütze mit Silberkordel zum Tarnanzug, Helmpflicht gab's es noch nicht. Immer wieder überholte er die Kolonne, um weiter vorn, an der nächsten Kreuzung, mit einer irgendwoher besorgten Kelle, den Verkehr zu regeln!
Vor der Stadt führte die Straße durch einen Einschnitt, auf welchem oben ein kleines einzelnes Haus stand. Insider und scheinbar auch unsere Zugführer wussten, es war "Tante Marys" kleiner "Puff"! Jedenfalls rief stets der führende Ausbilder *„Lied aus, ein neues Lied, „Nuttenwalzer“, Männer"*, woraufhin wir die dritte Strophe unseres erst gelernten Liedes anstimmten! *„Drei blanke Taler, die geb ich dir, wenn du mich schlafen, lässt heut Nacht bei dir, nimm deine Taler, scher dich nach Haus, ja Haus, such dir zum Schlafen eine andre aus!“*
Dann die nächste *„Du wirst noch weinen und traurig sein, dass du mich schlafen, lässt heut Nacht allein, du wirst noch sagen oweh, oweh, oweh, hätt ich die Taler nur im Portemonnaie!“*
Manche wollten winkende Bewohnerinnen hinter den Gardinen erblickt haben?! Eine "Fata Morgana", keine Ahnung?!
Welche man dagegen gut sehen konnte, waren einige Kilometer weiter, die Frauen an den Fenstern, der Schuhfabrik „Salamander“. Jedes Mal, wenn wir singend vorbeimarschierten, winkten uns mindestens fünfzig Weiber freundlich zu! Da riss sich jeder zusammen, auf dem Heimweg verflog sogar die Müdig-

keit, der Gleichschritt klappte, unser Lied kam klar und deutlich aus über hundert Männerkehlen!
Hatte man den Übungsplatz, ein sehr weitläufig unebenes, zu einem Wald hin ansteigendes Gelände endlich erreicht, erwartete uns eine derbe Grasnarbe, auf der es dann richtig zur Sache ging!
Bald merkten wir, dass der Zugführer nicht zu viel versprochen hatte, als er anfangs behauptete:
„Glaubt mir Männer, nach ein paar Wochen, kennen euch hier alle Maulwürfe beim Vornamen, ha, ha, ha!“
X- mal wurden die Steigungen mit „tiefkriechen“ früher robben oder „hinlegen“ und „Sprung auf“ überwunden. Als alles ein wenig perfekter lief, kam vor dem Aufspringen ein bis zweimal Abrollen als Variante hinzu! Um so dem bösen Feind ein schlechteres Ziel zu bieten, hieß es!
Wir empfanden das Ganze als Schleiferei, welche auch später angeblich verboten wurde! Obwohl ich gestehen muss, wenn man oben als Verteidiger wartete, merkte man schnell, dass ein sich so bewegender Angreifer, schlechter zu treffen war, als ein einfach nur gebückt laufender!
"Stabsunteroffizier Schmitz" hatte, um die Sache zu steigern, die grandiose Idee, statt Kommandos, Stimmbänder schonend, die Trillerpfeife einzusetzen! Einmal für hinlegen, zweimal für aufstehen, offensichtlich ein Relikt aus alter Kommisszeit!
„Rrrrrt, ----rrrrrt, rrrrt, ----rrrrrt ----rrrrrt, rrrrt“ klang es übers Gelände!!!
Einmal hatte als Zugführer,der mir inzwischen näher bekannte "Ofw.Obalski", unseren Haufen. Als er vorbei kam, hatten wir gerade Verteidigungsstellung bezogen. Nun schon etwas mutiger, fragte ich: *„Herr Oberfeldwebel, wie muss man sich das vorstellen, wenn jetzt durch diesen etwas weiter entfernten Hohlweg, Panzer kommen??“*
Was ich gehofft hatte, trat ein, als wenn man ein Ventil geöffnet hätte, fuhr ein Ruck durch ihn. *„Alle zu mir, mal Halbkreis Männers“* rief er laut und fing gestenreich an, vor unseren Augen, das Szenario eines Panzerangriffs entstehen zu lassen!
Die Zeit verging im Nu, jeder war begeistert, merkte: Der wusste wovon er sprach! Da plötzlich vom oberen Hang ein Pfiff, Rufen des Leutnants *„Kompanie - Übung einstellen, sammeln!“*
„Also Männers jetzt müsst ihr euch ein wenig schmutzig machen, damit keiner sagen tut, der Zug Obalski hatt hier nichts gemacht!“
Das brauchte er nicht zweimal sagen, jeder schmiss sich voll Begeisterung, auf dem Weg zum Sammelplatz noch einmal richtig in den Dreck!
Danach konnte man denken, jetzt kommt die kämpfende Truppe, sodass die andern meinten:*„Mensch euer Oberfeld muss ja ein schlimmer Schleifer sein!“*

Verschworen, schmunzelnd, ließen wir die bewundernden Blicke der Kameraden über uns ergehen.
Eines aber konnte man als Soldat nach diesen Übungen "Schlafen" in jeder Situation und Stellung. Erstens nach Anstrengungen sowieso, zweitens beim oftmaligen Warten, ob stehend, liegend, kauernd, sitzend, kurzum in jeder Lebenslage!
Denn der alte Spruch, "*Die Hälfte seines Lebens wartet der Soldat vergebens*" stimmt wirklich!

Durch den verbotenen „Freiheitssender 904“ vorgewarnt erwarteten wir, irgendwann einen erneuten Nachtalarm, zwar stimmte das Datum nicht, doch was dann folgte, war heftig!
Wie schon erlebt, mitten in der Nacht, Trillerpfeife, Geschrei! Schüsse, starkes Knallen, Gebrüll: *„ALAAARM, ALAAAARM, Kompanie raustreten!!“* Hastig sprangen wir aus den Betten, doch als einer den Schalter betätigte, war der Strom weg, dafür flog die Tür auf! Im Licht der Taschenlampe schemenhaft, unser Gruppenführer *„Los, los, los, Männer auf, Bewegung, ALARM, draußen antreten!“*
Gehetzt versuchte jeder schnellstens in seine Klamotten zu kommen und seine Ausrüstung samt Gewehr aufzunehmen. Schon wollte ich losstürmen da fiel es mir heiß ein: *„Werner, wie weit bist du, ist alles klar bei dir?“ - „Jo, jo, ich kemm scho, geht's nu zo!“* Im gleichen Moment kam unser Ausbilder wieder reingestürmt, mit der Taschenlampe ein Bild des Jammers beleuchtend! Bertel saß auf seinem Bett, hatte die Kampfjacke an, den Stahlhelm auf, unten jedoch die Schlafanzughose nebst Hauspuschen! *„Männer, macht mir keinen Ärger, zieht den Mann an, seid nicht wieder die Letzten!“* rief er hinauseilend! Im Dunkeln schnappten wir uns tastend den Kameraden, steckten, zerrten ihn, irgendwie in seine Hosen nebst Stiefeln und hängten der wankenden Figur, die restliche Ausrüstung um, nebenbei seine starke Alkoholfahne bemerkend!
Gemeinsam hakten wir uns unter, um ihn nach draußen zu schieben, dachten für die halbe Stunde Appell, wird es schon reichen.
Am Gang knallte es erschreckend weiter, dass es sich um Silvesterkracher nebst Kanonenschlägen handelte, sickerte erst später durch!
Nirgends Licht nur aufblitzende Taschenlampen warfen lange Schatten an die Wand, dazwischen immer wieder kleinere, größere Explosionen. Die Krone des Ganzen „Stuffz. Schmitz“ stand wie eine Statue, breitbeinig mitten im Gang, beleuchtete mit der Taschenlampe von unten sein Kinn, er sah wie ein Dämon aus! *„ALAAARM Beeilung, Beeilung, ich will nur ein Blätterrauschen hören und wehe einer berührt mich!!!“* brüllte er.

Schnell drückten wir uns wackelnd an ihm vorbei, stolperten die Treppe hinunter, doch draußen war auch alles dunkel! Es dauerte, bis endlich jeder auf seinem Platz stand, Gott sei Dank, wir diesmal nicht als letzte!
„Also Männer, der böse Feind greift von Osten aus an, Mot- Einheiten wurden bereits am Ortsrand von Goslar gesichtet, die Zehnte bezieht vorgegebene Stellungen. Zug und Gruppenführer sind eingewiesen, selbstständig übernehmen, Ausführung!"
So oder ähnlich lauteten die lautstarken Befehle unseres Kompaniechefs im spärlichen Licht der Taschenlampen. Oh weh, wer bis jetzt gedacht hatte, er könne wie beim letzten Mal zurück in die warme Falle, war schief gewickelt! Wir zogen los in die fast stockdunkle, windige kalte Novembernacht, erst gemeinsam, später irgendwie aufgeteilt, mit dem jeweiligen Gruppenführer, welcher mit Marschzahlen, Karte, Kompass hoffentlich nicht nur den richtigen, sondern auch den kürzesten Weg fand!
Nach einiger Zeit fingen Gewehr, Helm, Rucksack an zu drücken, kalte Nässe kroch in die Klamotten, ergeben trotteten wir mit monotonem Schritt, dem Tagesanbruch entgegen.
Etwa zwei Stunden mochten so vergangen sein, als sich hinten irgendwie Unruhe bemerkbar machte! *„Vorne halten"*, hieß es plötzlich. Die Ursache ward schnell ausgemacht, Kamerad „Bertel" konnte nicht mehr! Kein Wunder, barfuß in Stiefeln, statt Unterwäsche im Schlafanzug, geschwächt vom Bier, kurzum, er war erledigt.
„Also Männer, ein Kamerad ist verletzt, ab sofort wird abwechselnd sein Rucksack getragen, der vorderste fängt an, die letzten zwei nehmen den Mann stützend in die Mitte, einer davon trägt sein Gewehr, Ausführung..... und weiter geht's, wir wollen hier nicht übernachten!", befahl unser Gruppenführer!
„Puh", da hatten wir den Salat, ich bekam den Rucksack vorn an den Bauch gehängt, eine echte Plackerei, nach dessen Weitergabe man allerdings, wie auf Wolken lief, zumindest ein Stück weit! Und unser Bertel, *"halb zogen, halb trugen sie ihn, mehr als dass er humpelnd lief"*!
Zum Glück kannte der Gefreite Rabe einen Teil des Weges von seinem täglichen Dauerlauf her, sodass wir gegen zehn Uhr, ziemlich abgeschlafft, die Kaserne erreichten! Bertel wurde im Revier zum Verarzten seiner Wunden abgeliefert, für uns folgte ein besonderes Frühstück, Milchkaffee nebst Ei mit Speck, denn unterwegs hatte man nur Wasser aus der Feldflasche genießen können!
Der Rest des Tages ging dann mit verlängerter Putz- und Flickstunde, meint Reinigen mit abschließendem Appell von Waffe und Ausrüstung, soweit keine Beanstandung vorlag, gemütlich zu Ende.
Ein späterer, ganz spezieller Unterrichtstag soll jedoch nicht vergessen sein! Wieder einmal musste improvisiert werden, als auf dem Dienstplan das Thema "Panzerabwehr mit der Bazooka" stand. Leider waren bis jetzt nur eine große

englische Sprengzeichnung sowie einige in Papphülsen verpackte Übungsraketen von dieser Waffe vorhanden! Nun dürfte unser Zugführer nicht Obalski geheißen haben, wenn dem an Mängel gewöhnten alten Soldaten, dazu nichts eingefallen wäre. Nach kurzer Einweisung im Schulungsraum ging es überaschenderweise ins Gelände, wo er bei einem seiner sonntäglichen Spaziergänge auf dem Horstgelände in einem Ruinenteil, doch tatsächlich ein Fass mit einem Rest alten Brandöls entdeckt hatte!

Nicht wissend, wieso, marschierten wir also mit einer Kiste leerer Flaschen und den bewussten Papphülsen ins Gelände. Bei der alten Ruinenmauer angekommen staunten wir nicht schlecht, als er die Gruppenführer die Flaschen mit besagtem Öl füllen ließ. Diese sodann mit Korken nebst getränkten Stofffetzen versah um die erste Flasche nach Entzünden des Stoffes gegen die Mauer zu werfen. Mit einem "Wuff" breitete sich mit viel Rauch, eine ganze Feuerfläche über die Wand aus. Wir staunten nicht schlecht, wer wollte, durfte es dann selbst versuchen. *"Merkt euch, Männers, auch wer nur ne Flasche Sprit hat, kann einen Panzer vernichten wenn er damit, zum Beispiel den Motor trifft!"*, meinte unser kriegserfahrener Zugführer. Ich glaube, wir sind immer noch die einzigen Luftwaffensoldaten, die in ihrer Dienstzeit gelernt hatten "Molotowcocktails" herzustellen und zu werfen!

Danach marschierten wir zu einer Engstelle, an der uns der Oberfeld zeigte wie man eine gut getarnte Panzerfalle baut und mittels Drahtkontakt die Raketen auch aus der Verpackung schießen kann, falls einem das dazugehörige Gerät fehlt.

Das Ganze jedenfalls ein unvergessener Ausbildungstag, um den uns andere Kameraden beneideten. Als "I-Punkt" der ganzen Sache aber, in unseren Wehrpass wurde eingetragen, ausgebildet an der Panzerabwehrwaffe "Bazooka"?!

Etliche Tage später kam Freude auf, als es zwischen langweiligem Unterricht über Politik, Religion, Soldatengesetz, Vorgesetztenverhältnis etc. das erste Mal zum Schießen ging!

Zum vorgesehenen Termin traf eine ganze Kolonne neuer geländegängiger Fahrzeuge ein, wie der etwas kleinere „Unimog" und der damalige Ford-Laster, genannt „NATO Ziege". Wobei man letztere bald wieder ausmusterte, weil sie als Benziner zu viel Sprit brauchten, beziehungsweise im Gelände leicht umfielen, was bei uns jedoch zum Glück, nie geschah!

Am Schießplatz durfte dann jeder fünf Schuss aus seiner betagten "Canadian Rifle (Baujahr 1940)" abgeben. Wobei mir sogar ein paar recht gute Treffer gelangen, während unser Oberleutnant zusah.

„Geben Sie mir mal ihr Gewehr, Flieger", schnarrte er. Ich tat wie mir geheißen, während man ihm Munition gab, doch dann mit Schuss um Schuss ...... erzielte er weit schlechtere Ergebnisse! Woraufhin er sich das Gewehr genauer

besah, dann unfreundlich mit hochrotem Kopf *„Lassen sie das Ding justieren Mann, der Schießprügel ist ja total verstellt!“*
Etwas belämmert blickte ich drein, des Rätsels Lösung, wie sich später herausstellte, verkantete ich wegen meines schlechten Auges, unbemerkt! Blickte also schräg mit dem anderen ebenfalls drüber, aber dafür passte zufälligerweise das verstellte Visier!
Als zweite Übung hatte man "MG-Schießen" angesetzt, Befehl: "Fünf Schuss drei Feuerstöße" ist fast ein Witz! Leider produzierte das amerikanische MG ständig Hülsenreißer, so dass wir abbrechen mussten! *"Mit Platzpatronen geht's prima"*, knurrte der zuständige Feldwebel auf Kritik seines Chefs.

Schneller als gedacht, verlief die Zeit während der Grundausbildung, der anfängliche Muskelkater verflog, wir fühlten uns topfit!
Privat wurde fleißig nach Hause, an die Eltern oder Renate geschrieben, dazwischen kamen Briefe, manchmal Päckchen von dort, meist mit Kuchen oder ähnlichem bestückt! Ich glaube Mutter meinte, es sei noch wie früher, als Soldaten wenig von solchen Dingen erhielten, das Gegenteil war der Fall! Dessen ungeachtet freute man sich, ebenso wie die nicht so verwöhnten Stubenkameraden, welche natürlich daran teilhaben durften. Alles wurde geteilt, denn was „Kameradschaft“ ist, hatten wir inzwischen gelernt, doch klar, oder?
Erwartet und dann doch etwas aufgeregt sahen wir unsere Namen das erste Mal auf dem Wachplan. Die begann dann mit Vergatterung (Erkennungswort, Einweisung Aufgabenbereich der Wache, als Vorgesetzter aller Soldaten, Waffengebrauch etc.). Angetreten wurde im sauberen Kampfanzug, mit Helm, Koppel, dazu auf Hochglanz geputzte Stiefel. Mittlerweile hatten wir wenigstens das passende olive Trikothemd dazu erhalten, gegen die Kälte allerdings, musste in Ermangelung von einem Parker, der blaue Ausgehmantel getragen werden, immer noch ein ziemlich eigenartiger Aufzug!
Dennoch waren wir zumindest beim ersten Mal recht stolz, denn *„Wachdienst ist Ehrendienst“* hatte man uns gesagt! Erlebte man, wenn zwei von uns, morgens die Bundesflagge hissen und am Abend wieder einholen durften, wobei alle vorbeigehenden Soldaten solange grüßend, im Stillgestanden stehen bleiben mussten, bis die Zeremonie beendet war!
Außerdem musste jeder, egal welchen Dienstgrad, den Torposten grüßen, das beste jedoch, mittags brauchte sich kein Mitglied der Wache beim Essen anstellen und am Abend bekamen wir es sogar geliefert!
Für das Gewehr gab es kurz vor dem Wachgang, fünf Schuss scharfe Munition, welche ins Magazin kam, durchladen durfte man auch bei Gefahr erst nach dreimaligem Anruf. *„Halt, wer da!“*
Mein Pech, mit zwei weiteren Kameraden, weit draußen zur Bewachung des Benzinbunkers, eingeteilt zu sein! Da unsere Einheit noch keine Fahrzeuge be-

saß, musste vom Wachlokal aus, erst zwei Kilometer hin und später wieder zurückgelatscht werden, was von der Ruhezeit abging! Außerdem ging man allein auf Wache, heute schickt man zur Sicherheit, Doppelposten!
Unser Bereich befand sich inmitten einer durch Straßenlampen hell beleuchteten Fläche, von etwa hundert mal fünfzig Metern. In der Mitte ein halb im Boden eingelassener Tank, sichtbar nur durch einen mit Gras bewachsenen Hügel. Drumherum führte ein gepflasterter Weg, auf welchem der jeweilige Wachsoldat nachts, zwei Stunden lang seine Runden drehte, bevor er für vier Stunden Pause hatte, um danach wieder anzutreten.
Unheimlich war es schon, durch die Helligkeit des Platzes konnten einen alle schon von Weitem sehen, man selbst sah jedoch nur, so weit, wie das Licht der Lampen reichte! Man versuchte deshalb, nicht nur ständig angespannt, die Dunkelheit mit Blicken zu durchdringen, sondern erschrak zusätzlich bei jedem kleinen Geräusch! Den „Hit" aber, dass der Benzintank zu dieser Zeit total leer war, erfuhren wir erst später! Zum Glück brauchte die Station nur nachts gesichert werden, am Tag halfen wir beim wesentlich interessanteren stark frequentierten Haupttor.
Hier wurde nach der Ausweiskontrolle, mit einem freundlich, militärischen Gruß gedankt. Neben Soldaten, Angestellten, kamen verschiedene Handwerker, welche in einigen Gebäuden der Kaserne noch werkelten. So tauchte im Laufe des Vormittags, auch ein Maler mit voll beladenem Kombi auf, höflich fragte der Posten nach dem Ausweis nebst Passierschein, doch der hatte nichts dabei! Führerschein Fehlanzeige, der Posten bedauerte, fragte den Wachhabenden mit dem gleichen Ergebnis, ohne Papiere durfte man nicht passieren!
„Das ist ja schlimmer wie beim Hitler, ihr habt sie doch nicht alle!", brüllte er uns zu, um nach dem Wenden, mit quietschenden Reifen davon zu rauschen!
„Der kommt wieder, Jungs, wartet ab, den kauf ich mir selber", meinte Uffz. Asmussen, wobei er nach einer Weile, bedächtig, Mantel, Helm, Koppel mit Pistole anlegte!
Eine knappe Stunde später kam der Maler wirklich, mit dienstlicher Miene übernahm unser Uffz. selbst die Kontrolle *„Guten Tag, Ihre Papiere bitte, danke, --- fahren Sie bitte rechts ran und öffnen die Heckklappe, --- was sind das für Kisten, bitte ausladen, öffnen, die Eimer auch raus, ---- danke, Sie können wieder einladen und passieren, wünsche einen schönen Tag!"*
Zähne knirschend, schwitzend, mit hochrotem Kopf, ohne ein weiteres Wort, war der dicke Malermeister den Aufforderungen nachgekommen. Nun stieg er ein um durch den jetzt geöffneten Schlagbaum, von dannen zu fahren!
„Seht ihr, Männer, so macht man das, immer höflich bleiben, wette, der vergisst in Zukunft weder seine Papiere, noch beleidigt er jemals wieder den Torposten!" Bewundernd sahen wir ihn an, was er seinerseits spürbar genoss!

Nicht so glimpflich wäre es um ein Haar, einige Tage später, bei einer der nächsten Wachen ausgegangen. Ein sehr eifriger OvD wollte seine Männer kontrollieren, fuhr dazu in die Nähe des Benzinbunkers, stellte vorher sein Rad ab um sich das letzte Stück, beobachtend anzuschleichen!
Der Posten hörte ein Knacken im Dunkeln, riss das Gewehr von der Schulter, zielte in die Richtung des Geräusches, lud ruck zuck die Waffe durch, noch während er dreimal *„halt wer da"* rief!
Der OvD bekam nun seinerseits Hosenflattern, warf sich flach auf den Boden, schrie die Parole des Tages und dann: *„Nicht schießen, nicht schießen, ich bin's der OvD!"*
Wir fanden's lustig, nicht so der Kommandeur, ab sofort bekamen die Wachen keine Munition mehr! Noch schlimmer, was wir überhaupt nicht verstanden, ab sofort musste das Gewehrschloss offenbleiben, wodurch selbst ein Amateur von Weitem sehen konnte, *"die Waffe des Postens ist ja gar nicht geladen!!"*

In den ruhigen Stunden bekam ich vermehrt Sehnsucht nach Renate, ja Herzklopfen, wenn mir mein „Spotzl" einfiel. Ein Kosename, welchen ich später leider nicht mehr verwenden durfte, weil sie zufällig bemerkte, dass ich ihn für die Verflossenen ebenfalls benutzt hatte!
Unter uns, damals war er sehr praktisch, um ein Verwechseln diverser bekannter Mädchennamen zu vermeiden!
Ab und zu telefonierten wir, leider sehr umständlich und nur vom Münzfernsprecher aus möglich. Indessen aber alle Kameraden das gleiche Problem hatten, bildeten sich vor den wenigen Telefonhäuschen im Kasernenbereich, lange Schlangen. Verabredete Anrufzeiten konnte man kaum einhalten. Umgekehrt erreichte man einen Soldaten von außen nur im Notfall über die Kompanie, oder sonntags über den UvD, immer vorausgesetzt es war nicht besetzt!
Dafür gingen Briefe hin und her, zum Advent schickte mir Renate ein Päckchen mit Plätzchen nebst einem zerlegten kleinen Adventskranz, welcher zur Freude meiner Stubenkameraden, sofort einen Ehrenplatz auf unserem Tisch inmitten der kahlen Bude bekam. Wenn wir dann abends beim Schein der Kerzen drum herum saßen, hätte ich nie erwartet, dass so ein kleines Teil solche Stimmung verbreiten kann! Durfte man doch, in der "Kaserne-Goslar", die Stuben oder Schränke weder mit Bildern, Plakaten, Tapeten oder sonstigem "Dekomaterial" verschönern!
Zum krönenden Abschluss, der sich allmählich dem Ende zuneigenden Grundausbildung, wurde ein vier Tage dauerndes Manöver auf dem circa 100 Kilometer entfernten Truppenübungsplatz „Celle" angesetzt. Fit, wie wir waren, harrten wir gespannt der Dinge, die da kommen sollten!

Der Winter, bis jetzt ohne Schnee, zeigte sich nicht allzu streng. Ferner sollte in festen Unterkünften (Baracken) übernachtet werden, so konnten wir noch fehlende Ausrüstung, wie Parker oder Schlafsack verschmerzen.
Am Abend vorher trudelten die georderten Laster, Sankas, Jeeps, ein. Morgens nach dem Frühstück, etwa um sieben wurde aufgesessen.
Auf den mit ihrer jeweiligen Nummer versehenen Laster, nahm je eine Gruppe (ca.15 Mann), auf den seitlich befestigten Lattenbänken der Ladefläche Platz. Der persönliche nach Vorschrift gepackte Rucksack kam unter den Sitz, die Gewehre in Halter an der vorderen Bordwand. Ausbilder durften vorn beim Fahrer sitzen, bei uns waren die hinteren zwei, zugigen Plätze meistbegehrt, da nur diese, Aussicht nach draußen hatten! Hin und wieder wurde uns sogar gewunken, was die Sehenden, freudig erwiderten.
Stinkende Auspuffgase, vor allem der Zweitakter DKW-Jeep, (richtige Bezeichnung MUNGA) waren ständige Begleiter der relativ langsamen Kolonnenfahrt, welche Stunden über Landstraßen oder durch Ortschaften führte.
Angeführt wurde der Trupp vom Jeep des Kompaniechefs, danach folgten zwei der Zugführer, dann zehn Lastwagen, der Sanka und als gekennzeichnetes Schlusslicht der Wagen unserer Leutnants mit Fahrer.
Gegen Mittag erreichten wir irgendein Kaff, durften etwa 45 Minuten absitzen um in der Nähe des jeweiligen Fahrzeugs, die empfangene Kaltverpflegung nebst Tee aus der Feldflasche zu genießen.
Nahezu unbemerkt entfernte sich inzwischen der Kompaniechef nebst Leutnant, Spieß und etlichen Zugführern mit ihren Geländewagen!
Nach der vorgegebenen Dreiviertelstunde ließ der bei uns verbliebene Feldwebel aufsitzen, doch nichts geschah, wir warteten. Nach einer längeren Zeitspanne wurde wieder abgesessen und erlaubt, sich neben den Fahrzeugen auf Länge der Kolonne frei zu bewegen. Dadurch sprach sich alsbald herum, dass unsere Führungsspitze irgendwo unterwegs war, warum, wieso, weshalb, wusste keiner!
Die Zeit verging, langsam kroch kalte Dunkelheit in die Klamotten, ein paar Unentwegte, welche überall schlafen konnten, schlummerten auf den Fahrzeugen.
Plötzlich Lichter in der Ferne, Gehupe, Geschrei, endlich, da kamen sie! *„Aufsitzen, sofort aufsitzen, Beeilung, Kolonne folgen!“* Schemenhaft sah man unsere Leitenden winkend vorbeifahren, dem Gebrüll nach, ziemlich angesoffen!
Doch was war das, der letzte Jeep total verbeult, ohne Verdeck, die Scheibe zerbrochen und der Beifahrer mit Gipsarm!
Allein zum Wundern blieb keine Zeit, die bisherigen, apathischen Bewegungen waren schlagartig vorbei, alle sprangen auf. Die Fahrer starteten und mussten sofort aufs Tempo drücken, um den Anschluss nicht zu verpassen, was ihnen aber offensichtlich entgegen kam, denn nun war fast alles erlaubt!

Meist mit überhöhter Geschwindigkeit brauste die Kolonne jetzt durch die verschlafenen Ortschaften. Wie beim Rennfahren wurde immer wieder lautstark hochgeschaltet, oder bergab die Zündung unterbrochen, damit sich unverbrannte Benzindämpfe im Auspuff sammelten, um nach dem Einschalten mit lautem Knall zu explodieren!
So entstand, verstärkt vom Echo der Häuser, mehr Höllenlärm als auf mancher Rennpiste und der riss sicher nicht nur unsere Dauerpenner, aus dem ersten Schlaf!
Eine Zeit lang ging die Fahrt ganz flüssig vonstatten, bis wir die holprigen Wege des Übungsplatzes erreichten. Von da an flog man nicht nur nach rechts und links, sondern knallte auch noch bei jedem Schlagloch nach kurzer Schwebephase, krachend auf die harte Holzbank. Was dem jeweiligen Fahrer oftmals, den von fünfzehn Kehlen gebrüllten Titel „Kiesfahrer" einbrachte. Unregelmäßigen Kurzstopps nebst gebrüllten Wortfetzen ließen außerdem vermuten, dass sich die Kerle nicht nur einmal verfuhren, sodass wir erst spät nachts, im Lager eintrudelten!
Schlaftrunken wurde nun samt Ausrüstung auf einem von trüben Straßenlampen beleuchteten Antreteplatz, inmitten mehrerer Baracken, Aufstellung genommen. Der neue Spieß, welcher erst einige Tage zuvor unseren alten abgelöst hatte, teilte mit kratziger Stimme den Gruppen die jeweilige Baracke zu. Zuvor ließ er noch wissen, dass wegen unseres späten Eintreffens, die Küche zu sei und wir deshalb leider ohne Abendverpflegung auskommen müssten!
Griesgrämig da übermüdet, bezogen wir die eiskalten Buden, für jede Gruppe gab es einen Raum, ein Tisch ein paar Stühle in der Mitte, ein jetzt allerdings kalter Kanonenofen, Kohleeimer nebst Holz lagerte daneben. Decken und Bettwäsche lagen auf jedem, der zwei oder sogar drei übereinander gebauten Stockbetten.
Die Gruppenführer tauchten auf, um in jedem Raum einen Heizer einzuteilen, welcher über Nacht, den Ofen zu schüren hatte, ein Scheiß Job! Noch schnelle Katzenwäsche, in einem spartanischen eingerichteten Waschraum, während der eingeteilte versuchte, den Ofen in Gang zu setzen.
Als wir danach endlich fröstelnd in rauchiger Bude, in frisch bezogenen Betten lagen, tauchte der Spieß auf. *„Na Männer, alles klar?!"* - *„Also frieren tun wir hier schon sehr, Herr Oberfeldwebel!"*, meinte einer stink sauer. *„Ach was, Mann, furzen Sie unter der Decke, dann wird Ihnen schon warm!"*, meinte er sarkastisch lachend, bevor er verschwand.
Nächster Tag, Wecken um sechs, Morgengrauen, eiskalter Nebel waberte über den Platz, jedoch bereits vermischt mit dem betörenden Duft von Kaffee nebst Ei mit Speck, womit die Welt des Soldaten eigentlich wieder in Ordnung sein musste, die Übung konnte beginnen!

Alles zu berichten, würde den Rahmen dieses Buches sprengen, weshalb ich meine Erzählung auf einige Begebenheiten beschränken will!
Zwei Tage Manöver hielten wir in Celle ab, mit verschiedenen Gefechtssituationen, wobei die Bösen natürlich stets die „Roten“ waren und meist aus Kompasszahl „16“ also aus „Osten“ angriffen.
Am zweiten Tag kam ich wieder mit meinem alten Freund und Weggefährten „Manfred Klaer“ zusammen, welcher ein paar Stuben weiter wohnte.
Beide gehörten wir zu den „Blauen“ und wurden im Wechsel als Maschinengewehrschützen 1 & 2 eingeteilt, das hieß „1“ schoss, „2“ führte Munition, also den Patronengurt zu! Als Waffe bekamen wir ein altes, ausgeleiertes, schweres amerikanisches MG, das schon beim Probeschießen mit Platzpatronen, ständig Hülsenreißer produzierte. Also Ladehemmungen verursachte, welche unser Waffenmeister mühevoll mit Schraubenzieher oder Zange beheben musste.
Eine sehr „zuverlässige“ Waffe also, sarkastisch gemeint, welche wir zwei, nun abwechselnd auf der Schulter, bis zu der weit entfernten, angeblich strategisch wichtigen Stellung, schleppten.
Der Platz selber war nicht schlecht gewählt, vorgeschoben auf einem höher gelegenen Hügel, selbst gut gedeckt, bequem in einer Mulde liegend, ergab sich ein freier Blick über ein mit wenigen Büschen bewachsenes Feld, welches sich über 500 Meter bis zum Wald ausdehnte. Unter uns, etwas vorgelagert, ein übel riechender, braungrüner Tümpel, in dem etliche Hinterlassenschaften, von früher hier lagernden "Saubärn", schwammen.
Den ersten Gurt in die Waffe eingelegt, den zweiten griffbereit im Blechbehälter, mehr als 50 Schuss hatte die arme Bundeswehr, sowieso nicht für unseren Platzpatronenkrieg, harrten wir der Dinge die da kommen sollten!!
Da endlich nach Stunden, Manfred entdeckte sie am Waldrand, fünf Mann Stoßtrupp, geduckt von Busch zu Busch springend! Als sie näher kamen erkannten wir sie, es waren die allseits respektierten, um nicht zu sagen gefürchteten Schläger, aus der Maurerstube 55! Nun nah genug hatte ich sie voll im Visier und begann in Feuerstößen zu schießen!
Dass MG hüpfte, bloß jetzt kein Hülsenreißer, doch es ratterte weiter. Normalerweise wären alle tot umgefallen, doch diese Burschen gingen einfach feixend weiter zum Tümpel, entnahmen bedächtig, einige mit Jauche gefüllte, rostige Armeedosen und warfen sie zu uns herauf! Es spritzte und stank so fürchterlich, dass wir nach der vierten, "Hasenpanier" gaben und eilends in eine Ausweichstellung, nach weiter hinten verlegten, um dort zu warten, doch nun blieben sie verschwunden!
Das Beste an der Geschichte aber kam am Abend bei der Schlussbesprechung. Unser Kompaniechef, welchem scheinbar die draufgängerischen Kerle imponierten, da diese wohl nach seinem Gusto waren, lobte öffentlich, dass mutige Beseitigen eines feindlichen MG- Nestes.

Betröpfelt standen wir da, Enttäuschung im Gesicht, man hörte uns nicht mal zu, die Zuhörer lachten ob des Husarenstreichs, nur wir konnten es nicht fassen!
Am nächsten Tag bekam jeder fünf Platzpatronen für seinen Schießprügel, offensichtlich hatten diese, die BW aus Restbeständen von den Engländern gekauft.
Interessant dabei, es waren richtig nachgebildete Patronen, Messinghülsen, die selbstredend nach Gebrauch einzusammeln waren, statt Blei jedoch, mit einer Weichholzkugel versehen. Letztere zerlegte sich beim Abschießen, in kleine spitze, nicht ungefährliche Holzspreißel! Ein Ausbilder demonstrierte die Wirkung an einem Busch, in dessen Blattwerk nach einem Schuss, lauter kleine Löcher entstanden! Weshalb es umgehend den Befehl gab, innerhalb von fünf Metern, auf niemand zu schießen!
Doch weiter, zusammen mit einem anderen Kameraden, diesmal als vorgeschobener Feldposten eingeteilt, sahen wir schon nach kurzer Zeit, feindliche Späher heranschleichen! Da sie uns nicht bemerkten, konnten wir sie überrumpeln und festnehmen. Gewehre hatten sie zwecks besserer Beweglichkeit keine dabei! Leider handelte es sich wieder um zwei Kameraden aus der berühmt, berüchtigten Maurerstube, welche sich natürlich nur widerstrebend festnehmen ließen!
Was half's, einer von uns musste sie nun schnellstens zurück, zur etwas weiter entfernten Sammelstelle bringen!
Mit mulmigen Gefühl, Gewehr im Anschlag, Finger am Abzug, führte ich sie also mit barschem Kommando ab!
Anfangs wurde sonst nichts geredet, erst als wir uns ein Stück weit im Wald befanden, drehten sie sich plötzlich um! *„Also, Freinderl, entweder lasst uns jetzt laufen, oder wir verhaun dich und nehmen dir s Gewehr weg!“*
Sprachlos ob der Frechheit, sagte ich gar nichts, lachend ließen sie mich daraufhin einfach stehen, um flugs im Dickicht zu verschwinden!
Das Gewehr blieb mir, scheinbar fürchteten sie doch, es könnte sich ein Schuss lösen und jemanden verletzen, denn mein Finger befand sich verkrampft am Abzug!
Im Ernstfall hätte ich wohl geschossen, doch hier hatten sich die Kerle wieder einmal einen unfairen Vorteil verschafft, erwähnt wurde nichts, sonst hätten die auch noch die Lacher auf ihrer Seite gehabt.
Später wurde die Einheit zusammengezogen, wir mussten die Anhöhe „312“ verteidigen! Um den Feind in die Irre zu führen, hatte sich unsere Führung eine besondere Finte ausgedacht! Weiter oben, in der Mitte des Hanges, auf dem Rand eines Schützengrabens wurden Helme ausgelegt, während wir uns selbst seitwärts im Unterholz versteckten. Bei der Einweisung erhielt jeder nochmals drei Schuss, mehr war leider nicht vorhanden, weshalb wir bei Bedarf ohne Munition weiter feuern sollten. Beim Schnackeln des leeren Bolzens sollte man

„Peng, peng, peng" rufen, was etliche, so auch mich, zu unpassendem Gelächter reizte!
Letztlich aber fiel der böse Feind auf unsere List herein und verlor das letzte Gefecht! So hatten, entsprechend des Manöverzieles, die „Blauen" gegen die „Roten" wieder einmal gewonnen!

Die Rückfahrt ging problemlos vonstatten, nach ein paar Stunden, diesmal ohne Zwischenstopp, erreichten wir wohlbehalten die Kaserne.
Als Gerücht mit hohem Wahrheitsgehalt sickerte später durch, dass unser neuer Spieß auf Kreta, Geschützführer unter unserem Chef war, weshalb die ganze Führungsmannschaft auf der Hinfahrt, die gelungene Anforderung des Oberfelds feiern musste! Derweil man offensichtlich auch die Fahrer eingeladen hatte, fuhr später einer angesoffen in den Graben, warf den Jeep um, wobei sich sein Beifahrer unter dem demolierten Fahrzeug, den Arm brach! Bis dieser dann im Krankenhaus verarztet war, das dauerte eben, deshalb unsere lange Wartezeit!
Unser Oberleutnant ward, was immer er auch tat, von allen, aber wirklich von allen nicht nur wegen seiner barschen Art geliebt und gefürchtet. Halt ein richtiger Haudegen und „Kompanie Chef" der alten Schule, dass er auch echter Kamerad sein konnte, erlebten wir am Fall des Soldaten „Klein"!
In unseren Reihen befand sich dieser etwas ältere Kamerad, schon verheiratet, mit Kind. Besagter war eines Tages verschwunden, große Aufregung, überall wurde nach ihm gesucht, etwa Selbstmord?? Doch man fand ihn nirgends, auch am nächsten Tage nicht! Endlich gegen Dienstschluss des dritten, tauchte er plötzlich schuldbewusst, auch noch in Zivil auf und musste selbstverständlich sofort zum Chef.
Nur ein paar Stunden später wäre es Fahnenflucht gewesen, damit meldepflichtig und nur noch ein Fall für die Feldjäger! Danach wiederum hätte er trotz sechsjähriger Verpflichtungszeit, vermutlich niemals mehr beim Bund etwas werden können!
Unseren Chef jedenfalls hörte man nach seiner Rückkehr, mindestens eine Stunde lang immer wieder selbst durch die verschlossenen Türen wie einen Stier brüllen! Später konnten alle erleben, wie unser nunmehr sehr stiller Kamerad zwei Tage und Nächte Wache schob, wozu noch zwei Wochen Ausgangssperre kamen! Ob dass rechtens war, bezweifle ich!
Bei späterer Gelegenheit erzählte Schaffer, noch immer in der Schreibstube tätig, vertraulich, Klein hätte durch Annahme dieser Strafe erreicht, dass unser Oberleutnant über den Vorfall, (Kind krank, Sorgen hatten den jungen Vater nach Hause getrieben) nichts in seine Papiere schrieb, um damit, die Zukunft des Zeitsoldaten nicht zu verbauen! Was alle, einfach „stark" fanden!!
Mittlerweile der 18. Dezember, alles freute sich auf Weihnachten, kurz davor sollte noch, als besonderer Abschluss der infanteristischen Ausbildung, eine

Weihnachtsfeier mit Besuch des kommandierenden Generals „Trautloff" stattfinden.
Tage vorher hatte es noch lange Gesichter gegeben, als bekannt wurde, dass ein Teil der Kompanie entweder an Weihnachten, an Neujahr, oder gar keine Wache schieben musste! Wer, das sollte abhängig von der jeweiligen Entfernung zum Heimatort entschieden werden! Die Distanz, ab welcher man ganz befreit wurde, rutschte in immer weitere Ferne und hielt schließlich bei 450 Kilometern an. Wer weiter weg wohnte, bekam zusammenhängenden Urlaub, „jaaa" und da gehörte ich dazu!
Zur Weihnachtsfeier hatte sich alles herausgeputzt und obwohl Diensthemd nebst Krawatte, noch im ersten, grauen „Andernacher-Ausgehanzug" steckten, konnte man bei den Offizieren erstmals schon die neuen, bis heute aktuellen, blauen Luftwaffenuniformen, bewundern!
Im weihnachtlich, dekorierten Speisesaal waren die Tische als großes „U" aufgebaut, am oberen Teil saß der Chef mit den Ausbildern. Nach gutem Sauerbraten, Plätzchen, Obst und Tee mit einem winzigen Schuss Rum standen bereits am Tisch, erschien der angekündigte General!
Alle durften sitzen bleiben, nur unser Chef eilte ihm entgegen, Gruß, schneidige Meldung, Händeschütteln, private Worte, währenddessen, wir konnten es genau beobachten, der General höchst beeindruckt, die mehrzeilige Ordensspange unseres Oberleutnants studierte! Kein Wunder, hatte er selbst, doch nur das „deutsche Sportabzeichen" an der Brust! Reden folgten, deren Inhalt ich vergessen habe. Endlich, nachdem der hohe Besuch wieder verschwunden war, begann der gemütliche Teil des Abends.
Die verschiedenen Ausbilder setzten sich zwischen ihre Männer, es wurde gescherzt, gelacht, gemeinsam Erlebtes, Vergangenes, leicht übertrieben wiedererzählt, doch am Ende galt es, Lebewohl zu sagen!
Etwas wehmütig erahnten wir erstmals, den beim Militär immer wiederkehrenden Moment des Abschieds, von seinem Haufen, den neuen Freunden oder Kameradschaften, welche durch gemeinsame Erlebnisse ebenso entstanden waren, wie durch Sympathien! Im neuen Jahr, das wussten wir, musste man auf sich allein gestellt, irgendwo anders hin, das Verlassen auf Bewährtes oder Bekanntes war vorbei, kurz, das eigene Gehirn musste wieder eingeschaltet werden!
Zuvorderst aber, überwog die Freude, endlich nach sechs langen Wochen nach Hause zu kommen! Durch viele neue Eindrücke, die gelernten Verhaltensweisen, oder den umgestellten Tagesablauf, kam einem die verflossene Zeit wie eine Ewigkeit vor!
Etwa zwei Tage vor Weihnachten bestieg die Hälfte unser Kompanie fröhlich, vom Rest des Haufens beneidet, die bereitstehenden Militärbusse zum Bahnhof. Auf dem Weg dorthin konnte man in einem der Feldwebelzimmer Gläserklirren, laute Stimmen nebst Gelächter hören! Schnell fanden sich ein paar Gleichge-

sinnte, welche die gute Idee eines Kameraden aufnahmen, unserem „Stuffz. Schmitz", dem alten Schleifer, noch einen Schabernack zu spielen! Fluchs trugen wir zu sechst seine „BMW Isetta", die breite Steintreppe bis ins Hochparterre hinauf, um sie dort unbemerkt vor bewusster Tür abzustellen und lautlos zu verschwinden! Die Zeit war knapp, doch der Coup gelang. Anschließend saßen wir übermütig lachend, uns gegenseitig auf die Schulter klopfend, im sich schnell entfernenden Bus!

Mit dem Befehl in den nächsten sechs Wochen, die Kaserne nur in Uniform zu verlassen oder wieder zu betreten, hatte ich kein Problem, denn um mich der Familie, Freunden oder Arbeitskollegen zu zeigen, wollte ich sie ohnehin tragen! Bei Dienstreisen auf Militärgutschein, egal ob nach Hause, bei Versetzungen o. Ä. hatte man ohnehin auch zukünftig, immer Uniform zu tragen!

Obzwar darauf vorbereitet, kam dann doch erstmals am Bahnhof, unter so vielen wartenden Menschen, ein komisches Gefühl auf! Vor allem, wenn man bemerkte, dass einen etliche entweder heimlich, manche auch unfreundlich beobachteten oder anstarrten! Weshalb wir Uniformierte in dem Fall, ausnahmsweise egal von welcher Truppengattung, uns am liebsten in einem Wagen oder Abteil zusammenrotteten! Dabei immer nach der, damals sehr präsenten, uns kontrollierenden „MP" Ausschau haltend, eingedenk der Mahnung unseres Kompaniechefs!

„Passt mir bei den Feldjägern auf, Männer, gehorcht ihnen, bevor ihr nämlich einmal „Arschloch" sagt, hamse euch schon eingesperrt!"

*

Nach x-mal Umsteigen und mindestens sieben Stunden Fahrt, näherten wir uns endlich dem Neuburger Bahnhof. Meine Nachricht mit der Ankunftszeit war augenscheinlich an der richtigen Stelle gelandet, derweil man durchs Zugfenster schon von weitem, meinen alten Kollegen Scherzer im Schein der Beleuchtung sehen konnte! Karl, welcher mich vor zwei Monaten hier abgeliefert hatte, begrüßte mich freundlich. Etwas reserviert, scheinbar durch meine Uniform leicht irritiert, eine Reaktion welche man auch hier wieder bei manchen Menschen, feststellen konnte! Zudem war er ebenfalls Flüchtling, fünf Jahre älter und hatte bis zum Kriegsende bei der „HJ" als Flakhelfer gedient. Ferner muss man bedenken, dass wir „1958" fast die ersten Soldaten nach dem Krieg in Deutschland waren! Die Bundeswehr selbst, erst gut zwei Jahre vorher aufgestellt, in der Bevölkerung umstritten, es waren ja noch nicht mal alle früheren Landser zu Hause, außerdem beherbergte Neuburg, wie auch andere Städte, im Gegensatz zu später, noch keinerlei Militär!
Zu unserem Leidwesen war mit der ersten Kluft nicht viel Staat zu machen, in den sogenannten Affenjacken nebst den grauen, meist zu weiten Hosen, sahen wir scheinbar gewollt, eher wie schlecht gekleidete Zivilisten aus! Nur solange Winter befohlen war, verbesserte rein äußerlich, der erwähnte, blaue Wintermantel nebst Schirmmütze, das Gesamtbild des neuen deutschen Luftwaffensoldaten!
Zuhause herzlich begrüßt wie ein alter Krieger, führte mich der erste Weg natürlich zur Freundin, welche erst spät abends für mich Zeit hatte. Im Salon war wie immer, vor Feiertagen der Teufel los, weshalb es leider nur zu einer kurzen innigen Begrüßung, an der Hintertür reichte. Trotzdem auch von den Mädels bemerkt, sorgte ich schnell für Aufsehen, fast alle kamen auf die Ausgangstreppe, um der Kollegin ihren „Flieger" zu sehen! Geschnatter, Gelächter, bis die Chefin ziemlich ungehalten mit zornigen Bemerkungen, die fröhliche Runde beendete!!
Der nächste Tag wurde dazu benutzt, meinen Eltern die Freundin anzukündigen, von der sie zwar schon oft gehört hatten, die sie jedoch persönlich noch nicht kannten! Gleichzeitig wollten wir uns verloben, natürlich diesmal ohne vorher zu fragen, denn endlich „21", damit volljährig und Herr der eigenen Entschlüsse!
Verloben, weil ich natürlich erstens sehr verliebt war, ihr zweitens Sicherheit geben wollte, drittens Angst hatte, dass sie während meiner Abwesenheit, dem Drängen der Schwester nachgab und nach Amerika auswandert!
Vater, bei guter Laune erwischt äußerte sich kaum, nur die Mütter meinten, ob es nicht etwas mehr Zeit bräuchte, um das Mädchen richtig kennenzulernen?! Nun, ich verneinte nicht nur, sondern wollte für beides gleich den Heiligen Abend benutzen, hatte dabei allerdings nicht mit dem Widerstand der ganzen

Familie gerechnet. Man argumentierte, dass ihnen Renate noch zu fremd wäre, was ich akzeptieren musste, sollte nicht die ganze Feier platzen!
So einigten wir uns auf den ersten Weihnachtsfeiertag, bitter, dachte ich, vor allem für Renate, die somit den "Heiligenabend" allein auf ihrem Zimmer verbringen musste! Zu meiner Überraschung jedoch war sie nicht traurig, sondern im Gegenteil froh, erst mal richtig ausschlafen zu können, um ausgeruht zu kommen. Sicherlich würde an diesem Tag, die letzte Kundin erst am späten Nachmittag den Laden verlassen!
An meinem Geburtstag erstanden wir noch schnell, in ihrer dafür fast zu kurzen Mittagspause, beim Juwelier gleich nebenan, zwei passende Ringe.
Nun endlich war er da, der erste Weihnachtsfeiertag des Jahres 1958. Angetan mit weißem Hemd, Krawatte, in meinem besten, weil einzigem Anzug, das heißt, mit der Uniform waren es jetzt zwei, holte ich am frühen Morgen, recht aufgeregt, meine hübsche Braut ab. Vater hatte mir dazu sogar seinen „Kapitän“ gegeben, ja manchmal, wenn man es am wenigsten erwartete, konnte er recht nett sein! Gott sei Dank, war gerade seine trockene Phase, sodass es wirklich ein sehr schöner Tag mit Mittagessen, Unterhaltung und herzlichem Kennenlernen wurde!
Die restlichen Urlaubstage waren herrlich, wir liebten uns heftig, als Verlobte konnten wir jetzt, nicht nur auf ihr oder mein Zimmer gehen, sondern dort auch länger bleiben, was wir da taten, ging keinen mehr was an! Natürlich genoss ich dieses eheähnliche Verhältnis, sodass die wenigen Tage viel zu schnell verrannen! Eh ich mich versah, saß ich mit meinem „Pepita-Koffer“, schon wieder im Zug, Richtung Goslar!
Gut, dass ich erst zwei Monate später rein zufällig erfuhr, dass meinem Clan die offizielle Vorstellung scheinbar nicht genügt hatte, derweil meine beiden Mütter, sicherlich auf Anweisung vom Alten, Renates Zimmer inspizierten! Das Ganze während ihrer Abwesenheit, angeführt von einer indiskreten Chefin bzw. der sogenannten Tante! Renate nahm’s locker, ich schimpfte wie ein Rohrspatz, ja empfand es, als eine Frechheit sondergleichen!
In Goslar angekommen, mussten wir uns diesmal selbst mit Taxi oder Bus durchschlagen, nicht als Haufen, lautstark abgeholt wie beim ersten Mal!
Nur die graue Kaserne im nassen Winterlicht, war äußerlich die gleiche, innen jedoch zwischen den alten, neue fremde Gesichter, Ausbilder! Der erste Weg natürlich, ins Soldatenheim wie sich die Mannschaftskantine neuerdings nannte. Im dichten Zigarettenqualm saßen hier, die da gebliebenen, früher zurückgekehrten, sowie die langsam eintrudelten Rückkehrer zusammen.
Herzliche Begrüßung mit großem „Hallo“ und Erzählungen von wahren, halb gehörten, erfundenen, kombinierten, sowie weitergesagten Geschichten, den sogenannten „Scheißhaus Parolen“. Natürlich interessierte brennend unsere Aktion „Isetta“, hier war zu erfahren, dass die angeheiterten Feldwebel spät

abends, das Fahrzeug unter großem Klamauk, in Ermangelung von anderen Helfern, allein die Treppe heruntertragen mussten! Stuffz. Schmitz hatte lauthals angedroht, sich die Übeltäter persönlich vorzuknöpfen, war jedoch inzwischen auf den lang erwarteten Feldwebellehrgang abkommandiert!
Begeistert berichteten einige von „Tante Marys“ Geschenkkörben voll Obst und Backwerk, welche sie am „Heiligen Abend“ mit drei ihrer Damen beim Torposten für die Weihnachtswache ablieferte! Eventuell in diesem Zusammenhang soll es auch ein Wachvergehen gegeben haben! Der Posten am hintersten Zaun wurde angeblich während des Dienstes vom OvD erwischt, als er gerade eine Maid, welche sich auf der anderen Seite mit nacktem Hintern gebückt hatte, durch den Maschendraht vögelte! Die größte Kunst dabei, malten wir uns aus, war wohl dabei, nicht an den eiskalten Draht zu kommen! Zum Schluss die aktuellste Nachricht, dass fast alle aus unser Kompanie in den nächsten Tagen, mit einer Versetzung in andere Standorte zu rechnen hätten, derweil ab Wochenmitte schon wieder neue Wehrpflichtige einrückten!
Hektik am nächsten Morgen bei der Parole, andere Vorgesetzte gleiches Ritual, unser Spieß diesmal sehr bestimmt, ohne Späßchen, verlas Namen und Standorte. Mit drei Kameraden musste ich nach Karlsruhe zur „Fernmeldebetriebskompanie 121“, prima, auch mein alter Kamerad Manfred war dabei!
Dann musste alles sehr schnell gehen, Papiere, Fahrschein holen, Klamotten in See- und Rucksack packen, Zivilklamotten in den Koffer, Gewehr und Kampfanzug abgeben, Laufzettel, ja nichts vergessen! Der Tag ging schnell vorbei, noch einmal unruhig in der nun ganz leeren Bude schlafen! Wecken, Frühstück, Bettwäsche abgeben, Papiere, Geld holen, Aufregung, schwitzen, vor der Tür wartete bereits der KvD mit seinem oliven „NATO-Ford“! Aufladen, rauf auf die Pritsche, möglichst ohne die saubere Uniform, den schönen Wintermantel, zu beschmutzen!
„Vorwärts Männer, Beeilung, der Zug wartet nicht auf Euch!“, tönte es da schon wieder! Hände griffen helfend zu, schon ging die Ladeklappe nach oben, krachend fuhren die Riegel in die Halterungen und während man noch versuchte, vorsichtig über das Gepäck der anderen zu steigen, fuhr der Fahrer betont ruckend an, um die Unerfahrenen, welche ihren Platz auf der Pritsche noch nicht erreicht hatten, taumelnd auf den dreckigen Boden zu befördern!
Ja, ja, das waren halt so die Späßchen, mit denen man beim Barras, vor allen den Frischlingen das Leben versüßte, schließlich sollten die Altgedienten abends am Stammtisch, ja auch noch was zum Lachen haben!
Warmer, feuchter Mief im Bahnhof, Rucksack am Rücken, Seesack und Koffer in den Händen, erreichten wir letztlich schwitzend unseren Bahnsteig!
Lautstark wurden die freien Abteile besetzt und als sich der Zug in Bewegung setzte, hatten sich passende Gruppen schon wieder gefunden!

Gespräche, Erzählungen über das Erlebte, gewürzt mit Übertreibungen, dem sogenannten „Soldatenlatein", verkürzten die Bahnfahrt, unterbrochen nur vom Umsteigevorgang, erreichten wir letztlich zu viert, erwartungsfroh den neuen Standort Karlsruhe!
Etwas ernüchternd dann, der abendliche Empfang, das Wetter kalt, regnerisch, der Abholer mürrisch! Ein wartender KvD im VW-Kombi, deutete sitzend mit dem Daumen zur hinteren Ladefläche, sollte heißen, da kommt das Gepäck hin! Während der Fahrt fiel kaum ein Wort, und da er Gefreiter war, trauten wir Grünlinge uns auch noch nichts zu fragen.
Die relativ große Kaserne unweit der Innenstadt, direkt an der Kaiserallee gelegen, vorn ein alter Ziegelbau, daneben ein Neubau, dazwischen der Haupteingang, sah auf den ersten Blick nicht schlecht aus!
Schlagbaum, Posten, Kontrolle, „Klaer" und ich hatten Glück und wurden vorm neuen Bau abgeladen.
Danach folgte, Meldung beim UvD, kurze Einweisung, Essenmarken, Stubennummer, wobei wir zwei leider aufgeteilt wurden! Unsere Namen standen schon auf der jeweiligen Tür, dem Schrank ebenso wie auf dem Bett, worauf überdies Handtuch, Essbesteck sowie Bettwäsche bereitlagen.
Meine Sechsmannbude empfing mich mit miefiger Raucherluft, erzeugt von einem Kameraden namens „Kukuschenski", ein kleiner, quirliger, jedoch recht freundlicher Berliner, welcher scheinbar schon länger bei der Kompanie weilte. Ging gleich nochmal mit mir zum Essen, redete dabei wie ein Buch, sodass ich in kürzester Zeit über alles wichtige und unwichtige Bescheid wusste! Einer, der Gefreite „Böheim" hatte Bereitschaft und Kamerad „Delong" war im Urlaub, zwei weitere Kameraden, auch Neue sollten erst später eintrudeln!
Sah alles nicht übel aus, die nigelnagelneue Toilette, Waschraum, sowie die Duschen mit fließend Warm- und Kaltwasser, konnte ich noch am Abend ganz allein, genüsslich nutzen!
Nächster Morgen, etwas aufgeregt als einer der Ersten auf. „Ortwein" und „Schmid", zwei neue Kameraden waren erst spät nachts gekommen, ihr Lärm hatte mich zwar geweckt, doch umdrehen und weiter pofen hatten wir gelernt! Stubenkamerad Böheim, der als Schichtdienstler noch schlafen durfte, entpuppte sich zu meiner Überraschung als der brummige Abholer vom Bahnhof!
Nach dem üblichen Dienstbeginn für Soldaten, also Frühstücken, Parole, etc. hatten wir uns im großen Unterrichtsraum einzufinden. Spieß „Bramus", ein untersetzter, unfreundlicher Hauptfeldwebel, mit seitlich hochgeschorener, veralteter Frisur, meldete nach einer knappen Stunde des Wartens, leicht ölig (Radfahrer, dachten wir) die "30 Neuen" einem etwas hochnäsigen, unsympathischen Major „Koch", unserem neuen Kompaniechef. Dass meine Einschätzung der beiden nicht zu subjektiv war, sollte sich bald herausstellen.

Chef: *„Guten Morgen, hmm, hmm“,* stockt, schnüffelt, verzieht das Gesicht, hinter seinem Rednerpult.... *„Aha, aha, typisch, typisch, riecht nach Soldatenschweiß!!“ „Sie da, machen Sie mal alle Fenster auf.....!“* Waren die ersten Sätze seiner langatmigen Antrittsrede! Einige sahen sich leicht irritiert an, kamen wir doch alle frisch angezogen und geduscht zum ersten Treffen! So ein Spinner, nun ja, wenigstens erfuhren wir von ihm, unseren geplanten Ausbildungsweg bei seiner Fernmeldeeinheit.
Als er geendet und hinaus gerauscht war, kam der Spieß an die Reihe, welcher als erstes die Zugführer vorstellte, um dann wie üblich die unerwünschten Lokale der Stadt zu nennen, natürlich wieder ohne andre vorzuschlagen! Eines auf seiner roten Liste, hieß auch noch „Oberbayern“, dort ging's gar lustig zu, wie man hörte, es lag zu allem Überfluss, fast gegenüber der Kaserne und eben das, sollte auch mir zum Verhängnis werden.
Der Dienst begann, die ersten 14 Tage vergingen überwiegend mit Innendienst, das hieß Unterricht, über diverse Fernmeldegeräte, deren Bedienung nebst Zubehör, theoretisches Verhalten bei Kriegsszenarien, Religion auch Anzugsappell, früher Maskenball genannt, also umziehen in kürzester Zeit und wieder antreten, waren sehr beliebt. Draußen, Formalausbildung oder etwas Sport, ansonsten ging es im Vergleich zur Grundausbildung, streng bis unpersönlich zu. Mittags zum Beispiel mussten wir stets in Dreierreihe marschieren, vorgeschriebener Anzug immer Dienstanzug, bei Arbeitsanzug also Olivträgern, Uniformjacke drüber. Vor dem Abmarsch kontrollierte der jeweilige OvD, ob Hände und Besteck sauber waren, wenn nicht musste man nachreinigen, die anderen warten, was gnadenlos von der einstündigen Mittagszeit abging. Damit wir es nicht verlernten, wurde zum Essen grundsätzlich singend marschiert, stets etwa einen Kilometer rund um den großen Innenhof, obwohl sich Speisesaal nebst Küche nur wenige Meter schräg gegenüber befanden.
In die Stadt durfte man natürlich nur in Uniform, etwas gelangweilt wurden meist sonntags, Geschäfte, Sehenswürdigkeiten besichtigt oder das ein odere andere Lokal besucht. Am nettesten, die neu entstandenen „Espressobars“ wo man das schwarze Gebräu an der Theke, auf einem Barhocker genießen konnte, während man aus dieser Position, Kommen und Gehen der netten Mädels beobachten konnte! Weil wir sehr wenig Geld hatten, kam einer auf die Idee, immer wieder Kondensmilch aus den vor uns stehenden Kännchen nachzufüllen. So gelang es, da der leichtere Espresso oben schwamm, die Verweildauer bei einer Tasse auf etwa eine Stunde zu verlängern!
An einem solchen Nachmittag, wir hatten verdeckt die Stiefel hinausgeschmuggelt, um verbotenerweise mit gekürzter Hose herumzulaufen, weil es militärischer aussah! Den Urlaubsschein, offiziell für eine Fahrt nach Hause beantragt, nur so erhielt man Ausgang bis Sonntag 24 Uhr! Prompt landeten wir, es musste früher oder später so sein, im offiziell geächteten „Oberbayern“.

Mann, da ging der Bär ab, der große Saal eingerichtet, geschmückt wie ein echtes Bierzelt, Stimmengewirr, Gläserklingen verstärkten den Eindruck! Durch die dichten Rauchschwaden, welche wie Schleierwolken über den Tischen waberten, konnte man sogar eine gerade, pausierende Trachtenkapelle ausmachen! Ein Platz war schnell, bei einigen älteren Männern gefunden, welche zwar rückten uns aber kritisch, jedoch nicht unfreundlich beäugten. Wir kannten und übersahen es, die ersten Biere flossen, erlebte Abenteuer der Grundausbildung wurden gpfefferter erzählt. Witze, dann viel Gelächter, am meisten, als der grandiose Einfall aufkam, sich gegenseitig aus gefaltetem Stanniolpapier, Schulterstreifen anzuheften!

„Ja, sagt's einmal ihr Zivilsoldaten, fällt euch nix Dümmeres ein, als wieder zum Barras zu laufen, wo unsere Kameraden noch nicht mal alle vom Krieg daheim sind?!" „Wieso, was wollt's denn, wir sind Wehrpflichtige und müssen Soldaten sein!"

So oder ähnlich begann das Gespräch, welches aber nun schnell das Eis brach, die Männer beruhigten sich, ja bestellten uns sogar Freibier! Dann berichteten sie ihrerseits von spannenden, gefährlichen, meist weniger schönen Kriegserlebnissen!

Während der angeregten, immer lauteren werdenden Unterhaltung, fiel uns irgendwann ein junger Kerl auf, welcher uns ständig beobachtend, erst weiter weg saß und nun immer näher rückte! Wir hielten ihn für einen Neugierigen, um den man sich nicht weiter kümmern brauchte, bis er auf einmal ziemlich laut äußerte, wir sollten gefälligst die „OA-Streifen" von den Schulterklappen nehmen!

Mittlerweile durch das spendierte Bier schon etwas, in Österreich würde man sagen *„a weng eingspritzt"*, konnten wir erstens mit der Bemerkung nichts anfangen, zweitens hatten wir bereits überall dicke Muskeln, ergo, ignorierten wir ihn einfach!

Nach einiger Zeit ging der ganze Tisch zum Pinkeln, logisch, echte Kameraden tun das gemeinsam! Die Toilette befand sich im Keller, wir waren noch nicht ganz fertig, als bewusster Kerl mosernd zur Tür rein meckerte, er sei auch Soldat und wir sollten schleunigst in die Kaserne verschwinden!

Allerdings hatte keiner, auch wir nicht, mit dem Elan der neuen, alten „Kameraden" gerechnet. Mit den Worten *„Was will denn deeer schon wieder von euch?!"*, kurzerhand hakten ihn zwei verkehrt herum unter, um ihn letztlich unsanft, vor die Tür der Gaststätte zu befördern!

Leider war danach, irgendwie die Stimmung weg, Bedenken kamen auf, und weil es sowieso Zeit war, verabschiedeten wir uns kurzerhand, um den Heimweg anzutreten.

Draußen an der frischen Luft ließen wir lachend, nichts Böses ahnend, auf dem kurzen Weg zur Unterkunft, den ganzen Abend noch einmal Revue passieren. Das letzte Stück marschierten wir sogar übermütig im Gleichschritt, mit einem

Fuß auf dem Gehsteig, bis mir unverhofft mit einem hässlichen „blofff“, der Fuß umknickte! Postwendend konnte ich vor Schmerz kaum gehen, lachend hakten mich deshalb zwei meiner Kameraden unter, sodass wir es im Eilschritt gerade noch, bevor der Urlaub endete, also *"5 vor 12"*, durch die Wache schafften!
Dass ich mir da ein größeres Ding eingebrockt hatte, konnte man nächsten Morgen leicht, am warmen geschwollenen Knöchel feststellen! *"Sei nicht zimperlich"*, sowie *„Ach, das vergeht schon wieder“*, dachte ich. Da zurzeit nur Unterricht angesetzt war, welchen man natürlich nicht versäumen sollte, gab es keine Krankmeldung! Stattdessen humpelte ich notgedrungen mit geweitetem Schuh durch die Gegend! Schlechtes Gewissen, sogenannten "Muffengang" hatten wir allemal, vermehrt als einer von uns den Typen vom Samstag, als Gefreiten beim Nachschub entdeckte! Die leise Hoffnung, dass er nichts weitersagt, erwies sich schon am dritten Tag als falsch! Der Spieß meinte bei der Parole lakonisch *„Nun Gefreiter Sempell zeigen Sie mal die Leute!“* Worauf dieser die Front abschritt und auf jeden von uns mit dem Finger deutete! *„Die vom Gefreiten bezeichneten Männer melden sich, nach der Parole, sofort bei mir!!“*
„Scheibenhonig“, nun hatten wir den Salat, trotteten wie befohlen zum Geschäftszimmer, auf dem Weg dorthin trafen wir unseren neuen Zugführer Oberfeld Sauer, welcher ein gutmütiger „Radfahrer“ war, es meint, er tat alles übereifrig, was der Spieß von ihm verlangte, außerdem lispelte er, was einen schon mal zum Lachen reizte! *„Also Männer, habe schon von Entgleisung gehört, macht euch auf was gefasst, ihr müsst zum Chef, redet aber nicht alle auf einmal, sondern lasst einen reden, aber sagt nicht, dass ihr das von mir habt!“*
„Gerhard, das machst du“, meinten meine Kameraden einstimmig!
Stramm knallten wir vor dem Spieß die Hacken zusammen (außer mir), grüßten militärisch und legten eine erstklassige Meldung hin, doch diesmal beeindruckte es wenig! *„Wartet hier ich, melde euch beim Chef!“* Eine halbe Stunde später fing mein Fuß an zu schmerzen. Weshalb ich mich entlastend, verdeckt hinter den anderen, wie ich glaubte unbemerkt, auf die Ecke eines kleinen Ecktisches lehnte! *„Gerhard, lümmeln Sie hier nicht rum, stellen Sie sich anständig hin, oder sind Sie schon müde?“*, raunzte Spieß Bramus. *„Entschuldigung Herr Hauptfeldwebel, habe mir den Fuß verstaucht*!“ - *„Ach was beißen Sie die Zähne zusammen, hat doch am Samstag auch nicht gestört, oder?!“*, blaffte er höchst unfreundlich.
Endlich rief der Chef *„Reinkommen“*, wieder Meldung, dann: *„So, nun berichtet mir mal genau, was sich da am Samstag im Oberbayern abgespielt hat!?“*
Also begann ich, wie beschlossen, möglichst genau der Reihe nach zu berichten. Als etwa die Hälfte erzählt war: *„Was soll dass Gerhard, machen Sie sich hier zum Sprecher der anderen, oder was?!“*, raunzte der Chef. Erschrocken hielt ich inne, Kamerad Klein sprach weiter fast bis zum Ende, auch er bekam einen Anschiss verpasst, nur der kleine „Ortwein“ war schlauer als wir, da es ja fast

nichts mehr zum Erzählen gab! *„Tut mir leid Herr Major, war falsch von uns, kommt bestimmt nicht wieder vor!"*
Eine geharnischte Strafpredigt folgte mit dem Ergebnis, Klein und ich bekamen jeweils 14 Tage keinen verlängerten Nachturlaub (über 22 Uhr hinaus), das hieß auch keinen Wochenendurlaub in dieser Zeit, Ortwein ging leer aus!
Geknickt, erschreckt, bedrückt mit schlechtem Gewissen schlichen wir die nächsten Tage zum jeweiligen Unterricht. Der Fuß war dick und schmerzte, deshalb setzte ich mich bei Religion ganz nach hinten, um meinen Fuß zur Entlastung auf den vorderen Stuhl zu legen. Den Militärpfarrer störte es nicht, dagegen einen weiter vorn sitzenden „UA" (Unteroffizieranwärter) sehr wohl, einige Male bedeutete er mit Handzeichen, ich solle den Fuß vom Stuhl nehmen, worauf ich meinerseits durch Gesten zu erklären versuchte, dass ich Schmerzen hätte! Auf einmal sprang er auf, entschuldigte sich beim verblüfften Pastor, baute sich vor mir auf mit den Worten *„Ich gebe Ihnen hiermit den dienstlichen Befehl, folgen Sie mir sofort zum Spieß!"* Da musste ich gehorchen, unter den „Buhrufen" der Anwesenden verließen wir den Raum. Wortlos marschierte er den bekannten Weg neben mir her, ich versuchte zu erklären, ja bat ihn, nicht wieder zum Spieß zu müssen, erzählte von meinem schmerzenden Fuß, vergeblich, *„Das hätten Sie sich früher überlegen müssen"*, war sein einziger Kommentar.
„Ah, der Gerhard wieder, passt grad, geh mer gleich zum Chef!"
Der hörte sich die Geschichte an und wollte flugs eine „Befehlsverweigerung" daraus machen! Doch da läuteten bei mir alle Alarmglocken und ich verlangte meine Kameraden als Zeugen zu vernehmen, was er aber ebenso wie den kranken Fuß wortlos ignorierte!
Ein paar Tage später erhielten wir, wie umseitig ersichtlich, die in einigen Punkten nicht der Wahrheit entsprechende "Aktennotiz"!
Der Ausdruck *"Antimilitaristen"* zum Beispiel gehörte nicht zu unserem Wortschatz, auch die Bemerkung *"Wir wollen mit dem Haufen nichts zu tun haben"* wurde nie gesagt, dennoch trotz Widerspruch nicht entfernt! Augenfällig, er hatte hier nicht wie beim zweiten Teil, den Denunzianten als Zeugen genannt! Eine Einweisung ins "Beschwerderecht" gab es damals kaum!

Flg. Gerhard

1. Fernmeldebetriebskompanie 121
- Der Kompaniechef -

Karlsruhe, den 21. Januar 1959

Aktennotiz

Die Flieger Klein, Rudolf, Gerhard, Lothar und Orthwein, Horst haben sich am Samstag, den 17. Januar 1959 in der Gaststätte "Oberbayern" in Karlsruhe äußerst undiszipliniert verhalten, indem sie aus Stanniolpapier sich OA-Streifen auf die Schulterklappen geheftet und Reden geführt haben, wie: "Was können wir dafür, daß wir Wehrpflichtige sind, wir sind Antimilitaristen und wollen mit dem Haufen nichts zu tun haben."

Aufgrund ihrer kurzen Dienstzeit sah ich von einer disziplinaren Würdigung ab, habe die Betreffenden jedoch schärfstens verwarnt und dem Flg. Klein auferlegt, in der Zeit v. 21.1.59 - 10.2.59 einschließlich keinen verlängerten Nachturlaub einzureichen, damit er in dieser Zeit lernen soll, wie man sich als Soldat in Uniform in der Öffentlichkeit zu benehmen hat.

Der Flg. Gerhard zeigte sich kurz nach seiner Anhörung durch mich erneut aufsässig, indem er dem Befehl des Gefr.UA Justke, die Füße vom Stuhl zu nehmen, erst nach einigen Minuten und äußerst widerwillig nachkam. Ich habe dem Flg. G. auferlegt, vom 21.1.59 - 17.2.59 einschließlich keinen verlängerten Nachturlaub einzureichen, da Nachturlaub über 22.oo Uhr hinaus von mir als Anerkennung für einwandfrei geleisteten Dienst betrachtet wird. Ich gebe dem Flg. Gerhard hiermit Gelegenheit, sich in dieser Zeit neben den Rechten, auch über die Pflichten des Soldaten klar zu werden.

Von einer fühlbaren Belehrung des Flg. Orthwein, Horst nahm ich Abstand, da dieser bei der Befragung durch mich seine Verfehlung zugab und Reue zeigte, während die anderen beiden Soldaten sich bis zuletzt uneinsichtig zeigten.

Koch

(K o c h)
Major

*

Etwas mehr als eine Woche nach unserem Ausrutscher: Ich fühlte mich ungerecht behandelt, auch das ständige Anmeckern wegen des kranken Fußes, hing mir zum Hals raus! Weshalb ich mich gleich nach dem zweiten Anschiss krankgemeldet hatte und dachte schadenfroh, *„Das habt ihr nun davon!“*
Als erstes wurde der schmerzende Fuß vom Arzt auf eine Winkelschiene bandagiert, dann legte man mich zu einem wortkargen, dauernd schlafenden Kameraden aufs Zimmer, ohne je zu erfahren, was ihm eigentlich fehlte!
Stinklangweilig war's, nach Hause sowie an Renate hatte ich schon geschrieben, auch zweimal lange telefoniert, öfters war leider zu teuer! Zum Unterricht durfte ich, auch nicht humpelnd, ebenso natürlich nicht in die Kantine! Fernsehen, Fehlanzeige war damals nur wenigen vorbehalten, mein Kofferradio stand daheim, Illustrierte zu teuer, nur etwas Lernstoff der Lehrgänge, sowie ein Buch waren die einzigen Abwechslungen an diesen trüben letzten Januartagen!
So muss man sich wohl im Gefängnis fühlen, dachte ich. Am allerschlimmsten das Wochenende, zwar besuchten mich meine Kameraden, doch auch die hatten letztlich was Besseres vor! Um das Maß vollzumachen, erschien irgendwann mein lispelnder Zugführer, um mir mitzuteilen, dass unser Zug in der übernächsten Woche nach Mannheim verlegt wird! Falls ich bis dahin nicht gesund sei, müsste ich eben hier bleiben, daran könne er leider nichts ändern!
Nun, die Lauferei klappte zwar schon zeitweise, ganz vorsichtig ohne Schiene, jedoch in Ordnung war die Sache noch nicht! Deswegen schlug mich die Nachricht fast nieder, bei diesem Chef nebst Spieß bleiben, welche mich so auf der Latte hatten, „oh Gott“ hilf!
Als wenn er es gehört hätte! Bei der Visite am nächsten Tag kam ein älterer Zivilarzt, *„Herr Doktor, meine Kameraden werden verlegt, ich möchte mit, können Sie mich nicht wenigstens Innendienst tauglich schreiben?“* - *„Na gut, junger Mann, wenn Sie auf dem kranken Fuß ein paar Meter hüpfen können, dann sollte es sich machen lassen!“*
Ich fasste mir ein Herz und sprang mit dem gesunden, was soll man dazu sagen, *„Ha, ha“?* Er bemerkte es jedenfalls nicht und unterschrieb die gewünschte Entlassung!
Meine Kameraden empfingen mich mit großem „Hallo“ und halfen mir freundschaftlich, wo es nur ging, um die nächsten Tage zu überbrücken!
Dazwischen empfingen wir gerade noch rechtzeitig, die lang ersehnten, allenthalben bei Offizieren schon gesehenen, neuen blauen Uniformen! Mit Langjacke, wie jetzt noch üblich. Allerdings aus dickem Stoff, mit bronzenen anstatt silbernen Knöpfen, dafür mit Ärmelbändern, wie sie heute nur noch für einige Traditionseinheiten, sowie das Wachbataillon erlaubt sind!
Die auf Taille geschnittenen Jacken, Dicke gab es damals kaum, wurden diesmal sogar richtig anprobiert und nicht wie beim ersten Mal, mit einem „Passt“ vom

Kleiderbullen einfach zugeteilt! Nur eine gut sitzende Hose zu ergattern, gelang mir nach zweimaligem Umtausch, erst Monate später!
Endlich sahen wir wie Soldaten aus, weil aber das neue Stück nochmal zum Aufnähen der Bänder fort musste, was wieder dauerte und weil man mich sowieso mit Hausarrest belegt hatte, versuchte ich selbst, wovon man besser die Finger lässt!
Einige Tage später, Packen, Transport mit Bus nach Mannheim und schon befanden wir uns in einer passablen Fliegerkaserne aus den 40er Jahren, bei der „Fernmelde- Ausbildg. Abteilg.121“, inmitten eines wohl früher zur Tarnung angelegten Parks. Die Gebäude nicht groß, die Zimmer ungewohnt klein, höchstens für drei bis vier Mann, die Waschräume großzügig, das Ganze augenscheinlich, als Offiziersschule gebaut.
Unser neuer Spieß, ein netter väterlicher Typ, ließ uns drei Kandidaten schon am ersten Tag in seinem Büro antanzen, wollte die Sache mit der Bestrafung hören! *„Nun gut Männer, ich kenne den Haufen in Karlsruhe“*, meinte er danach zweideutig, zwinkernd. *„Führt euch bei mir anständig auf, dann verschwindet die Aktennotiz in meiner Schublade und wir reden kein Wort mehr darüber!“ „Danke, Herr Hauptfeldwebel, Sie werden nichts mehr von uns hören!“* antworteten wir breit grinsend und verschwanden, natürlich nicht ohne vorher besonders schneidig gegrüßt zu haben.
Die nun folgende Zeit in Mannheim gestaltete sich pfundig, der abwechslungsreiche Dienst gefiel den meisten. Neben der Fernmeldeausbildung marschierten wir nur bei passablem Wetter mit Gesang, außerdem gab’s vielfältigen Sport und gutes Essen!
Mein Fuß wurde von Anfang an im "San- Bereich", regelmäßig von einem Oberfeldwebel massiert, schon komisch, grüßen, melden, hinsetzen, behandeln lassen, abmelden, grüßen! Er hatte es jedoch nicht schlecht gemacht, denn nach zwei, drei Wochen war die Sache fast ausgestanden und ich mit elastischer Binde, wieder voll dienstfähig!
Auch ein attraktives Mannschaftsheim, mit fairen Preisen privat bewirtschaftet, gehörte zur Kaserne. Unvergessen dabei, unsere ersten Besuche dort! Fleißig warfen wir Münzen in die neue Musikbox und wunderten uns, dass die alten Hasen, jedes Mal lachten! Seltsam kam es uns schon vor, dass sie selbst, stets zu dritt vor dem Automaten standen, wenn einer die nächste Serie wählte! Endlich, als sie den Standort verließen, zeigte einer Herz und wies uns in ihr Geheimnis ein! Auf einer Seite des Automaten fehlte, bis jetzt scheinbar unbemerkt, eine Glasscheibe! Nun brauchte man nur mit langem Arm, ein flaches Messer hinter das Register halten, ein Magnet zog an, während vorn „Bitte wählen“ erschien, die restlichen Kameraden dienten nur als Deckung vorm Wirt! So ließen die Spitzbuben das Ding ständig umsonst laufen, lachend über jeden Blödel, der hier sein Geld einwarf!

Die Kameradschaft untereinander passte, auch auf den Stuben fühlten wir uns bald heimisch, durfte man doch das erste Mal selbst dekorieren!
"Nur Bilder von nackten Weibern, Männer will hier keiner sehen!", betonte unser Spieß!
Die neue Unterkunft hatte eine Besonderheit, hinter unserer Vierer Stube befand sich noch eine kleinere für zwei Mann. Einstmals eventuell als kleine Unterkunft für höhere Offiziere benützt, sollten die Räume nun, für sechs Mann herhalten! Also mussten die Nachbarn ständig durch unsere Bude laufen, egal ob sie auf den Hauptgang, zum Waschraum, zur Toilette oder einfach nach draußen wollten oder zurück kamen!
Kamerad „Ortwein" war mit einem gewissen „Meier" im kleinen Raum eingezogen und feixte anfangs noch, über sein schönes Apartment. Freilich nur solange, bis er die Macken seines Mitbewohners näher kennenlernte! Letzterer sah zwar recht gut aus, gab sich als Lebemann, trank des Öfteren einen über den Durst, schleimte mit dem Zugführer, räumte aber nicht auf oder ließ ständig sein Zeug irgendwo liegen! Was letztlich nicht nur Horst missfiel, sondern auch zu Ermahnungen für alle, durch den UvD führte!
Langsam verschlechterte sich deshalb das Verhältnis zu uns, bis es schließlich in einem Wochenende gipfelte, an welchem er sich einen Urlaubsschein zur angeblichen Heimfahrt erschwindelte! Erst weit nach Mitternacht konnte er deshalb heimkehren, angesoffen betrat er die erste Stube, machte wie wir es alle handhabten kein Licht, um die Schläfer nicht aufzuwecken! Nach ungeschickten Versuchen gelang ihm sogar nahezu ungehört, die Nebentür zu öffnen und wieder zu schließen.
Etwa eine halbe Stunde später wurde man, durch lautes Geschrei vermischt mit unflätigen Flüchen geweckt!
„Ja du Drecksau, ich schlag dich tot!" Dazwischen kläglich: *„Helft's mir, helft's mir!"* dann Horst wieder, *„schifft mir doch diese Sau in mein Bett, ich bring dich um, du Mistkerl!"*
Poltern, klägliches Wimmern, wir wachten alle auf, einer hatte inzwischen Licht gemacht, der nächste riss die Nebentür auf!
Im aufflammenden Licht sahen wir die Bescherung. Der kleine, aber kräftige Ortwein saß auf dem Rücken, von dem am Boden liegenden Meier. Hielt ihn beim Genick und wischte mit dessen Gesicht, trotz bereits stark blutender Nase, eine große Pfütze am Boden auf!
Plötzlich von hinten energisch *„Auseinander, was ist denn hier los, lassen Sie sofort den Mann los, die anderen sofort ab in die Koje!"* Alle parierten verdattert, der UvD, hatte scheinbar den Krach bis ins Wachzimmer gehört.
„Ihr Name" - „Ortwein" - „Was fällt ihnen ein, wieso verprügeln Sie den Mann hier mitten in der Nacht?" - „Der kam heim Herr Unteroffizier und pinkelte in mein Bett, das muss ich mir doch von dieser Sau nicht gefallen lassen!" Wollte

den anderen, welcher sich gerade sein blutendes Gesicht abwischte wieder packen! *„Aufhören, hab ich gesagt, Ortwein! Meier, was soll dass?“* Der, weinerlich, allem Anschein nach inzwischen stocknüchtern! *„Es tut mir ja leid, Herr Unteroffizier, aber ich dachte im Dunkeln, ich sei im Pissoir!“*
Man merkte, der Uffz. konnte sich nur mit Mühe, ein erleichtertes Lachen verkneifen! *„Männer, hier herrscht ab sofort wieder absolute Ruhe und Licht aus!“*, versuchte er nun besonders streng zu sagen!
„Die Sache wird ein Nachspiel haben, meine Herren,.... Flieger Meier, Sie nehmen Ihre Sachen und schlafen heute Nacht auf der Pritsche im UvD-Zimmer, morgen sehen wir weiter!“ Damit verschwanden die beiden. Natürlich konnten wir trotz Licht aus lange nicht einschlafen, zigmal erzählte Horst, nun leise, die Version seines Erlebnisses, während er nebenbei immer noch aufgebracht, die nasse Bettdecke nebst Laken des unteren Stockbettes abzog!
Nächster Tag Sonntag, am Nachmittag erschien als Friedensstifter, extra alarmiert, unser Gruppenführer mit dem geknickten Meier, welcher sich formell entschuldigte. Ortwein, ein gutmütiger Kerl, sonst selbst kein Kind von Traurigkeit, verzieh ihm notgedrungen, zähneknirschend!
Ein kameradschaftliches Verhältnis wollte dennoch nicht mehr aufkommen, so blieb Meier bis zum Ende des Lehrgangs ein Außenseiter, auch in unserer Stube!

*

Im Anfang der Weiterbildung gab es hauptsächlich Unterricht nebst Übungen im Fernmeldewesen. Nach ein paar Wochen teilte man uns auf in Bautrupp oder Funktioner auf, bei welchen ich nach gelungenem Sprechtest landete! Aus etwa vierzig Mann konnte man anhand von Sprechproben, nur etwa sechs, für den Vermittlungsdienst brauchen!
Der Test selbst, eigentlich eine lustige Sache, wenn man die verschiedenen teilweise schwer verständlichen Dialekte, zu hören bekam! So sollte man unter anderem, selbstständige praxisnahe Gespräche, zwischen verschiedenen Stationen führen, auf welche sich wiederum zeitweise unbemerkt, ein mithörender Ausbilder aufschaltete!
Der, hörte dann etwa Folgendes: *„Ai jo aller, hier sprich de Oddo Bühn as Mannem, wos gibds heit zum Esse, Aller?“* Antwort, *„O godalah na, do wois ma ja net, was ma sage soll!".... „Hören Sie, hier* <u>Foxtrott</u>, (Deckname der Station) *wer spricht da, Name?“ - „Ah, Äh Flieger Bühn, un, un, Flieger Mändel!“ - „Halten Sie Sprechdisziplin ein!“ - „Verdammte Kiste!“*, brüllte plötzlich unsichtbar, als dritter im Bunde, der Prüfer dazwischen! Auch aufmerksames Zuhören sowie exaktes Weitergeben von Nachrichten wurde geübt. Dazu mussten sich jeweils fünf Mann nebeneinander, zwischen zwei Klapptafeln setzen. Auf

der Rückseite der einen, stand eine Meldung, welche der erste Mann ablesen musste, um sie daraufhin leise ins Ohr des Nachbarn zu sagen. Dieser wiederum, teilte es dem nächsten mit und so weiter bis zum letzten, welcher schließlich das Gehörte auf die zweite Tafel schrieb, danach wurden die Texte verglichen!
Lauthals gelacht über den so entstandenen Blödsinn, wurde nur ein paar Mal, denn als bis zur sinngemäß richtigen Wiedergabe, auch über die Pausen hinweg, geübt werden musste, verflog die Heiterkeit!
Es freute mich natürlich, beim Vermittlungspersonal gelandet zu sein, derweil verlegen und wieder abbauen von Fernmeldekabel, oft in Knochenarbeit ausartete. Ganz zu schweigen, von der Suche, nebst Beheben raffinierter, von den Ausbildern versteckt angelegter Kabelfehler! Was bei späteren Übungen sogar nachts, manchmal sogar unter Gefechtsbedingungen gefordert wurde!
Schon beim Aufbau musste der Bautrupp verschiedene Kabel verlegen entweder Erdkabel, mittels Karre zu diversen Hauptstellen, oder dünne Leitungen, mit langen Stangen auf etwa drei Meter Höhe! Und das, nicht nur von Baum zu Baum, sondern auch markiert über Straßen oder Wege. Mehrfach sogar über weite Strecken getarnt, bis zum Telefon irgendeines Feldpostens!
Bei dem, meist sechs Mann starken Bautrupp, zogen zwei mit Haken die Äste herunter, während der dritte dazwischen mit aufmontierter Öse, die Leitung führte. Ein vierter spulte diese, langsam vorwärtsgehend von einer Trommel ab, welche sich in einem Gestell bewegte, das man ähnlich einem Rucksack tragen konnte. Die restlichen Soldaten schleppten Feldtelefone oder sicherten bewaffnet, die Aktion nach allen Seiten ab!
In der Zwischenzeit richteten wir unsere Vermittlung ein, zur Sicherheit vor Überfällen stets weit hinten. Entweder in einem gut getarnten Unterstand mit Zelt, oder festmontiert, im geländegängigen Kastenwagen.
Ein mit Trassierband markiertes rundum Vorfeld, gehörte zu unserem Sicherheitsbereich, von Posten bewacht, durfte er nur von bestimmten Personen betreten werden!
Während des Aufbaus brauchten wir dann, meist bequem am Gerät sitzend, nur die Namen, nebst Meldungen des jeweiligen Verlegtrupps zu protokollieren, welcher entweder den Beginn einer neuen Rolle meldete, oder den vorgegebenen Zielpunkt erreicht hatte!
Zu schnell verging die sorglose Zeit in Mannheim, wo wir allerdings außer bei einem 30-km-Marsch zum Rhein, oder dem Informationsbesuch des Frankfurter Flugplatzes, nicht viel zu sehen bekamen!
Mannheims Innenstadt erkundete ich leider, nur zwei bis drei Mal. Allerdings konnte ich an mehreren Sonntagen, während meine uniformierten Kameraden auf ihren Spaziergängen, nicht immer freundlich betrachtet wurden, Renates Mutter, im fünfzehn Kilometer entfernten Frankenthal besuchen! Letztere war vor etlichen Jahren nach der Scheidung, mit ihrem zweiten Mann dort hingezo-

gen. Bei ihnen lebten, neben Renates, zwei Jahre älterer leiblicher Schwester, noch vier Halbgeschwister.
Derweilen von meinem Schatzl, brieflich oder telefonisch bereits angemeldet, empfing man mich mit großem „Hallo“, umarmt, bewirtetet, mit einem Wort, aufs herzlichste verwöhnt!
Auf dem Weg, durch die lange, schmale Siedlungsstraße, in deren letztem Drittel sie wohnten, beäugten mich, sowohl Straßenkinder wie Anwohner neugierig. Besonders fiel auf, wenn Engelbert der Stiefvater spaßhalber, schon von Weitem rief, *„Ah, da kommt ja unser **NATO-Willi** wieder!“* was mir gleichwohl irgendwie schmeichelte!
Besonders gern beantwortete ich später, meist nach dem Essen, im Zusammenhang mit der Bundeswehr, eine Menge neugieriger Fragen der halbwüchsigen Nachbarjungen. Beim Besuch des immer offenen Hauses (Wohnung) wurden sie ebenfalls großzügig, von meiner sehr gut kochenden (möglichen) Schwiegermutter bewirtet!
Nicht nur zu meinem Bedauern ging bald, diese nette Zwischeneinlage in Form eines „Familienanschlusses“, für einen hungrigen Soldaten vorbei! Wir mussten nach etwa sechs Wochen, mit gemischten Gefühlen, wieder zurück zur alten Einheit, nach Karlsruhe in die Dragonerkaserne!!

*

Zum Glück erwies sich die mulmige Vorahnung von uns drei, eigentlich zwei Verknackten als unbegründet! Der fiese Spieß war auf Lehrgang, nun vertreten durch einen unbekannten Oberfeldwebel, den Kompaniechef hatte man versetzt und vorläufig durch einen „Oberleutnant Kugler“ ersetzt!
Beide nahmen die jeweilige Meldung freundlich entgegen, beglückwünschten uns sogar zur bestandenen Prüfung und wussten offensichtlich nichts von unserem Fehltritt!
Im zweiten Stock bekamen wir die „Stube 36“, die gleiche wie beim ersten Mal. Diesmal jedoch zusammen mit „Horst Ortwein“, „Manfred Klaer“, den bekannten Kraftfahrern „Böheim“ und „Delong“ sowie dem ersten Einweiser „Karl Kukuschenski“. Drei hatten Einzelbetten, die anderen Stockbetten, wobei das unter Karl zum Glück, wie sich später herausstellen sollte, frei blieb! Manfred, der Glückspilz, unter dem ich schlief, war besonders glücklich, wieder in Karlsruhe zu sein, nicht nur, dass er als einer der wenigen hier wohnte, auch seine sehr blonde Freundin lebte am Standort!
Zusammengerauft hatte sich die neue Stube schnell, kein Wunder, nachdem die meisten von uns im Schichtdienst arbeiteten, wodurch selten alle zugleich anwesend sein konnten!

Doch der Reihe nach: Im Zuge der üblichen Laufzetteltour erhielten wir den Befehl, *„Die Flieger Klaer & Gerhard melden sich, morgen um 07:00 Uhr, in der Fernmeldestelle bei Ofw.Kron zum Dienst“*!
Nächster Tag, im Parterre des Nachbarblocks fanden wir schnell, die durch Eisentür mit Gitterluke verschlossene Fernmeldestelle. Nach Drücken der Klingel öffnete sich die Luke, es folgte namentliche Meldung, Vergleich mit Vorlage, dann durften wir eintreten.
Gedämpftes Stimmengewirr, aus dem Nebenraum drang leises Rattern von Fernschreibern, „Oberfeldwebel Kron“, ein sympathischer, freundlicher etwa fünfzigjähriger Dienststellenleiter empfing uns im großen Hauptraum. Milchige, vergitterte Fenster, verbreiteten diffuses Licht über die dominant, zentral stehende Vermittlung. Ein mächtiges Gerät, das etwa die Form eines zwei Meter hohen Klaviers besaß, jedoch fast zwei Mal so lang war. Davor saßen, eifrig hantierend vier Soldaten, alles Gefreite, welche Kopfhörer mit angebautem Mikrofon aufhatten. Der Oberfeld erklärte, dass es sich hier um die Hauptvermittlung der Kaserne handelte, von wo man zweihundert Telefone paarweise untereinander schaltete, sowie jedes einzelne, über eine der zwei Amtsleitungen, beziehungsweise der drei Bundeswehrleitungen, nach draußen vermittelte!
Nach weiterer knapper Einweisung mussten wir uns hinter das sogenannte Vermittlungspersonal stellen, um zuschauend zu lernen. Er begab sich inzwischen an seinen erhöht stehenden Schreibtisch, von wo aus alles überwacht wurde!
Die diensttuenden Kameraden, erklärten ausführlich ihre einzelnen Arbeitsschritte, jetzt am frühen Morgen, gab es noch nicht so viel zu tun, aber so ab 10:30 Uhr ginge es hier so richtig los, prophezeiten sie!
Vor ihnen, wenn wir bei dem Vergleich „Klavier“ bleiben, lugten aus dem (Tastendeckel), im Abstand von circa 10cm aus einer Metallplatte, circa 30 Garnituren. Jeweils bestehend aus einem roten und schwarzen Klinkenstecker, welche miteinander durch ein von unsichtbarem Zug, stramm gehaltenes, versenktes Kabel verbunden waren. Dazwischen befand sich ein kleiner Kippschalter, der, wenn unbenutzt, in Mittelstellung stand.
An der großen Vorderwand des Gerätes konnte man etwa 200 kleine Lämpchen, nebst Klinkensteckdosen ausmachen, unter denen jeweils eine Nummer stand. Hob jemand seinen Hörer ab, leuchtete eins der Lämpchen auf, der Operator stöpselte sofort den schwarzen Stecker ein, zog den Kippschalter nach hinten, woraufhin er den Anrufer auf seinen Kopfhörern hatte!
„Vermittlung“, - „Bitte geben Sie mir 118“ - „118, ich rufe!“.
Schon während der letzten Ansage, schob er den roten Stecker in die Buchse "118", drückte den Kipphebel nach vorn und verursachte, so ein Klingelzeichen. Hob nun dieser Teilnehmer den Hörer ab, leuchtete sein Lichtzeichen auf, brannten beide, war die Verbindung hergestellt.

Wurde nach dem Gespräch aufgelegt, fingen deren Lämpchen zu blinken an, erst jetzt konnte man die Verbindung trennen. Das hieß, Stecker raus, worauf die Lichter erloschen, losgelassene Stecker fielen federnd in die Halterungen zurück!
Keines der angeschlossenen Telefone konnte selbst wählen oder war amtsberechtigt, weshalb sämtliche Auswärtsgespräche auf die entsprechenden Standleitungen von Bund oder Post, nach Anmeldung, vermittelt werden mussten. Dazu füllte der Operator einen Formzettel aus, worauf er, Datum, Uhrzeit, Grund, Dienstgrad sowie den Namen des Anzurufenden, festhielt. Diese Belege wurden neben den internen Telefonaten, der Reihe nach abgearbeitet.
Hörte sich einzeln erklärt halb so schlimm an, doch mittlerweile hatte sich die Anzahl der Anrufe vervielfacht, sodass es unversehens, eine Menge aktiver Steckverbindungen gab, ein ganzes Gespinst von Kabeln bildete sich! Schnell wurde es immer umständlicher weitere Verbindungen zu stecken oder beendete zu trennen! Hektik kam auf, der Oberfeld eilte herbei, schob uns auf die Seite, klopfte jedem seiner Männer auf die Schulter, worauf diese wussten, dass er helfend die Trennungen übernahm, um sie zumindest von dieser Arbeit zu befreien! Die Betriebsamkeit steigerte sich immer weiter, bis sie gegen halb zwölf nachließ, um gegen zwölf ganz einzuschlafen!
„Puh“ wir staunten nicht schlecht, ja, waren fast selbst ins Schwitzen geraten, das war ein anderes Arbeiten, als wir es an unserer kleinen Feldvermittlung geübt hatten!
Oberfeldwebel Korn schienen wir nach dem ersten Eindruck offensichtlich geeignet, denn er teilte uns gleich zum ersten, festen Testdienst ein. Leider in zwei verschiedene Gruppen, sodass wir zwei nur noch selten, etwas zusammen unternehmen konnten. Außerdem durfte Manfred schon bald als Ortsansässiger, mit Sondergenehmigung, wie sonst nur das Stammpersonal, am Wochenende zu Hause bleiben!
Andere, schon länger dienende Kameraden beneideten uns, da sie wussten, dass Vermittlungsdienst eine saubere, mit besonderen Privilegien versehene Arbeit war!
Unser neuer Vorgesetzter, obwohl als netter Kerl bekannt, nicht jeden aufnahm und Versager, gnadenlos zurück zum Bautrupp schickte!
Beim ersten Dienstantritt nahm er mich auch prompt zur Seite und schärfte mir ein dass ich voll konzentriert; rege, höflich und penibel genau zu arbeiten hätte! Sowie außerhalb dieser Mauern, über alles hier Erfahrene, Gehörte oder Gelesene, absolute Geheimhaltung einzuhalten hätte! Als Konsequenz von gravierenden Verfehlungen, welche sowieso hauptsächlich der „Dienststellenleiter“ ausbaden müsste, würde der Schuldige, dann nicht mehr angefordert! Ansonsten seien wir hier eine eingeschworene Crew, der er sich nicht nur als Vorgesetzter, sondern in erster Linie als verlässlicher Kamerad mit stets offenem Ohr, ver-

pflichtet fühle. Ferner würde er, auch über das Militärische hinaus, jedem mit Rat und Tat, zur Seite stehen!
Mit roten Ohren setzte ich mich danach ans Gerät, in mir den heißen Wunsch im Herzen, alles zu tun, um möglichst schnell bei diesem Haufen zu landen! Dass es so ein freundliches, kameradschaftliches Verhältnis zum Vorgesetzten gab, hätte ich nie geglaubt!
Der Schichtplan für die Profis umfasste vier Tage, am ersten „Frühschicht 07:00-15:00", am folgenden „Swingschicht 15:00-23:00" zuletzt „Nachtschicht 23:00-07:00", danach hatte man diesen Tag, zum Schlafen frei, bevor am vierten, alles von vorn begann! Diese Regelung verschob sich jedoch oftmals durch Krankheit, Urlaub oder sonst wie geartetem Personalmangel.
Seinerzeit hatten wir Soldaten am Wochenende nur jeden zweiten Samstag ganz frei! Aus diesem Grund war die Hälfte der Kompanie in eine rote bzw. blaue Gruppe aufgeteilt, wovon jede alle 14 Tage bis Mittag Dienst hatte. Meistens wurde an diesem Tag neben Kleider- oder Waffenappell, ein großes Revier- und Stubenreinigen durchgeführt. Den Kontrollgang hielt häufig unser Kompaniechef, mit zwei weiteren Vorgesetzten ab. Man inspizierte zusätzlich Bett, Spind und Zubehör, zum Schluss gab es entweder ein „ok", Nacharbeit über Mittag hinaus, oder bei gröberen Schlampereien, diverse andere Strafen! Leider hatten wir am Samstag keine Ausbildung in der Vermittlung, weshalb man wohl oder übel, beim Kompaniedienst mitmachen musste!
Als Wermutstropfen, zu den sonst so positiven Aussichten meiner weiteren Dienstzeit kam, dass der ungute Spieß „Bramus" vom Lehrgang zurückkam, um welchem aber auch andere Kameraden, einen großen Bogen machten! Meine „Manschetten" vor ihm waren allerdings erheblich weniger geworden, seit ich wusste, dass jetzt zumindest unter der Woche, „Oberfeld Kron" zwischen uns stand!
Schnell waren mir die notwendigen Handgriffe am Vermittlungsschrank vertraut, die notwendige Flexibilität im Gespräch vorhanden, wie es schien, bereits in die Wiege gelegt! Somit gehörte ich in kürzester Zeit nicht ohne Stolz, zum hoffnungsvollen Nachwuchs des Oberfelds, wie er sagte!
Natürlich Fehler, bisweilen recht lustige, kamen immer vor, so konnte es passieren, dass man in der Hektik des Tages beim schnellen Trennen auch einige noch sprechende Teilnehmer auseinander riss! „Puh--"! Um es nun rasch, möglichst unbemerkt zu beheben, steckte man hastig im Glauben *"Da war's"* vereinzelt die falschen zusammen. Mit dem Erfolg, dass plötzlich zwei ganz andere miteinander sprachen, wobei natürlich jeder von etwas anderem erzählte! Hörte man zur Kontrolle in so eine Verbindung hinein, konnte man die wüstesten Beschimpfungen über uns, das *„blöde Vermittlungspersonal"* hören!
Nebenbei gesagt, war dieses Mithören, eines der interessantesten Dinge, welche man an diesem "Vorkriegsmodell" tun konnte. Durch Ziehen des kleinen Kipp-

schalters nach hinten (sonst Abfrage), war es möglich, völlig unbemerkt bei jedem Gespräch mitzuhören! Sollten wir zwar nicht, taten es aber doch wenn Zeit dazu war, mit Vorliebe.
Die Wissenden unter den Teilnehmern wiederum riefen zuweilen *„Vermittlung raus!“*, wodurch hauptsächlich die Anfänger, furchtbar erschraken! Bis auch sie wussten, dass es nur auf Verdacht geschah, ohne den Operator wirklich wahrzunehmen! Spätere, neue V-Schränke hatten zum Schutz einen sogenannten „Ticker“ eingebaut, welcher hörbar tickte, solange sich die Vermittlung aufschaltete!
Bei allen Auswärtsgesprächen ob über Bundeswehr- oder Postnetz, mussten wir den bereits erwähnten Formzettel ausfüllen, welchen der Oberfeld nachträglich auf Zulässigkeit prüfte und eventuell berechnen ließ.
Spannender, ähnlich einem Puzzlespiel, gestalteten sich die Verbindungen übers eigene, meist überlastete Bundeswehrnetz! Man musste, oftmals über mehrere andere Vermittlungen gehen, um die Zielperson zu finden, an Anrufer rückvermitteln! Damit man hier, wie erwartet, gute schnelle Ergebnisse erzielen konnte, war "Charme" kombiniert mit Überredungskunst gefragt. Besonders natürlich, wenn man auf Frauen traf, welche mancherorts an Knotenpunkten als Zivilangestellte, Dienst taten. Dringende Verbindungen kamen oftmals, bei den häufig belegten Direktleitungen, nur durch williges Weiterreichen über Umwege zustande!
„Hallo Erding, einen wunderschönen guten Morgen, habt ihr Lechfeld frei?“ „Morgen Karlsruhe, tja mal sehen, was ich für dich tun kann, --- ja jetzt, ich rufe“ - „Vermittlung Lechfeld“ - „Guten Morgen, hier Karlsruhe, ich bräuchte Oberfeld Müller“ „Morgen, schon so eilig Karlsruhe und keine Nummer? "Na ja, gut --- Oberfeld Müller, ich rufe!“ - „Oberfeld Müller am Apparat“, - „Hier Dragonerkaserne Karlsruhe, ich verbinde mit Herrn Hauptmann Steiner“ --- „Steiner“ - „Ihr Gespräch, Herr Hauptmann!“ und raus!
So oder ähnlich kam oftmals erst nach etlichen Versuchen, eine Verbindung zustande. Zusätzlich kompliziert, wenn ein niedriger einen höheren Dienstgrad anrief, dann musste z. B. der Unteroffizier bereits am Apparat sein, wenn sich der verlangte Oberleutnant meldete!
Für die Zusammenarbeit mit diversen NATO-Stationen, deren Vermittlungspersonal meist nur französisch oder englisch sprach, Deutsch verstanden sie angeblich nicht oder taten zumindest so! Für solche Kontakte hatten wir, mit den relevanten Sätzen extra Handblätter aufliegen! Bei solchen Gesprächen, ergaben sich häufig recht lustige Momente, zumindest für die Zuhörer, weniger für den geforderten, nervösen Vermittler, derweil fast keiner von uns Sprachen richtig beherrschte, woher auch?!
Manche Teilnehmer, zeigten sich recht ungeduldig, titulierten schon mal das Vermittlungspersonal, als „Schlafmützen“ oder verlangten gleich den Dienststel-

lenleiter um sich zu beschweren! Dieser stellte sich jedoch meist vor seine Männer, knickte jedoch leider bei höheren Chargen, bisweilen ein!
So erinnere ich mich unter anderem nur zu gut, an den bekannten Dauermeckerer „Major Hausmann“. An jenem Tag hatten wir wirklich viel zu tun, es war kurz vor Mittag und ich durfte unter Aufsicht selbst rann!
Der Major wartete seit fast zwei Stunden auf sein Auswärtsgespräch, was keine Seltenheit, eher die Regel war!
„Vermittlung, hier spricht Major Hausmann, was ist los, haltet ihr den Schlaf des Gerechten, oder ist bei euch schon Mittagspause, da wird gleich der Blitz dreinschlagen, wie ist Ihr Name?“, brüllte es mir aus dem Hörer entgegen. *„Flieger Gerhard, Herr Major“ - „Na los, Gerhard, geben Sie mir Ihren Dienststellenleiter, aber flott!“* Mit heißen Ohren vermittelte ich zum Oberfeld!
Mein Einweiser, der Gefreite Senkel, welcher alles mitgehört hatte, meinte, sich vorbeugend, leise zum Nebenmann: *„Karl, schau mal, wann Freund Hausmann dran ist?“ - „Als nächster!“ - „Ok, schieb ihn schnell um ein paar Scheine nach unten!“*
Kaum geschehen, kam der Oberfeld angesaust. *„Ähm, Männer, wo steckt die Anmeldung vom Major Hausmann?“* Mein Nachbar zählte scheinheilig. *„Noch fünf vor ihm, Herr Oberfeldwebel!“ - „Ähm, ähm, den nehmt ihr als nächsten, klar!“* Sprach’s und verschwand.
„Eäääh“, da war’s wieder schade, zwar taten wir wie geheißen, der Major wäre normalerweise sowieso jetzt dran gewesen, unser Oberfeld aber, hatte nunmehr nicht nur, in meiner Achtung einen Kratzer weg!
Obwohl ab sofort, zum Dauerdienst bei der Vermittlung eingeteilt, wenn auch vorerst nur zum Tagdienst, interessierte mich natürlich neben dem Essensplan und Sonstigem, ebenso der Dienstplan der übrigen Kameraden. Deshalb und überhaupt war das tägliche Studium des Schwarzen Bretts, interessante Pflicht!
Eben dabei stolperte ich über einen Aufruf zum Blutspenden der Blutgruppe „0“ und die hatte ich! Wer mitmacht, hieß es da, meldet sich bei „Uffz.Herkes, Zimmer 15“, gut, gelesen, getan!
„Zimmer15“, anklopfen, *„Herein“,* grüßen, Hacken zusammen. *„Flieger Gerhard meldet sich zum Blutspenden!“* Vor mir saß ein braun gebrannter breitschultriger etwa 28- jähriger Soldat am Schreibtisch, unser "Sport-Uffz", wie ich später erfuhr.
„Prima Gerhard, Sie haben Blutgruppe 0“?! - „Jawoll Herr Unteroffizier“ - „Sehr gut, Sie sind der dritte!“ - „Also, Treffpunkt, kommender Freitag, 09:30 vorm Geschäftszimmer, in Ausgehuniform, von dort aus gehen wir geschlossen ins städtische Krankenhaus!" - "Nach dem Spenden ist für alle Teilnehmer dienstfrei, - Fragen?!“ „Nein“ - „Uuund --- Abmelden beim Zugführer nicht vergessen!!“
Beiderseitiges Grinsen, grüßen, Hacken zusammen, kehrt und raus.

Am Freitag warteten, wie verabredet fünf sauber gekleidete Soldaten, auf ihren ebenfalls pünktlichen Unteroffizier, um in halbmilitärischer Ordnung, mit gemischten Gefühlen, zum Blutspenden zu gehen.
Weil keiner genau wusste, was da auf ihn zukommt, lauschten alle bewundernd unserem zügig voranschreitenden sportlichen Vorgesetzten. Er mit vorgeblicher Erfahrung konnte natürlich vor uns Anfängern prahlen, wie einfach ja schmerzlos das Ganze sei und überhaupt könnte man so, anderen helfend, ein gutes Werk tun!
So präformiert erreichten wir das Krankenhaus, Hinweisschilder führten uns in einen sehr großen Saal, wo bereits etliche Spender auf einer Art Feldbett lagen. Rotkreuz-Schwestern, damals noch in der gestreiften Einheitstracht mit weißer Haube nebst Schürze, empfingen uns. Jeder sollte sich auf ein freies Bett legen, und den Oberkörper freimachen.
Kaum hatte ich mich ausgezogen, eilte eine nette dunkelhaarige Schwester auf mich zu und meinte fürsorglich *„Oje, Sie sehn aber blass aus, ist Ihnen wohl schwindlig?" - "Legen Sie sich nur gleich hin!“*
Mir wurde eher heiß, bekam rote Ohren wegen der falschen Anschuldigung, über ihre Schulter sah ich zufällig gegenüber, unsern sportlichen Uffz. halb ohnmächtig wanken! Eine der Schwestern stützte ihn bereits, offensichtlich konnte er kein Blut sehen!
„Ich glaube, Schwester, Sie sollten sich besser um die braun gebrannten Männer kümmern!“, erwiderte ich, während mein Kinn auf unseren Vormann deutete. Woraufhin sie mit erschrockenem Ausruf davon eilte, um ihn gemeinsam mit ihrer Kollegin hinauszuführen. Unters Sauerstoffzelt, wie man später erfuhr, an diesem Tag freilich ließ er sich verständlicherweise bei uns nicht mehr blicken!
Wir jedenfalls überstanden die Prozedur unbeschadet, ja, fühlten uns danach großartig! Genossen erst ein Glas Rotwein mit eingequirltem Ei, um danach übermütig feixend, wortlos die Hand aufzuhalten, als die Schwester fragte: *„Wollt ihr ein Fresspaket oder lieber dreißig Mark?!“* Immerhin war das damals ein halber Monatssold!!
Sofort stellte sich die Frage, was tun mit so „viel“ Geld, die Antwort war schnell gefunden! „*Wer weiß, was es heute zu essen gibt?“* - *„Heute gibt es Linseneintopf mit Würstel!“*, meinte einer lachend. Man hätte darauf wetten können, dass selbst bei einer kleinen Ansammlung von Soldaten, immer einer wusste, was es zu essen gab, wenn er nicht sogar den Speiseplan der Woche auswendig kannte!
„Also darauf pfeif ich heut, mir hat einer erzählt, in der Innenstadt hätte das Lokal „Zur Post“ eröffnet,--- wer geht mit zum Steak essen?“
Drei schlossen sich mir an, einer wollte das Geld lieber sparen! Also zogen wir vier wohlgelaunt los, um die wenigen Kilometer bis ins Zentrum zu überwinden. Das neue Restaurant befand sich im ersten Stock, direkt gegenüber der altehrwürdigen Hauptpost, hatte eine große etwas schräg gestellte Fensterfront, hinter

welcher man von unten die vorderen Tische sehen konnte. Es erinnerte stark an den „Königshof“ in München, in welchem ich öfters mit meinen Eltern gespeist hatte! Das Lokal hier sah, nicht nur toll, sondern ebenso edel aus, als wir nun sehr beeindruckt davor standen, hätte uns beinahe der Mut verlassen!
Als offensichtlich Erfahrenster marschierte ich, den anderen, Rückgrat gebend voraus, um einen Tisch vorn am Fenster zu wählen, von welchem aus man das pulsierende Leben, im Zentrum der Stadt betrachten konnte.
Dicke Teppiche, teure Lüster, seltene Pflanzen, jedoch nur wenige Gäste an den weiß gedeckten Tischen! Ein im Frack gekleideter Ober legte die Speisekarten vor, gut, dass wir zu unserer neuen Kluft das weiße Privathemd anhatten, sonst wären wir wohl ganz klein geworden!
Stille -- *„Oh je, habt ihr schon gesehen, was es hier kostet?!“* - *„Ach was, heut lass mers krachen!“* So oder ähnlich begann die Unterhaltung, --- *„Haben die Herren schon gewählt?“* - *„Also mir bitte ein Pfeffersteak, medium und ein Helles, Herr Ober!” --- „Also, mir auch, -- mir auch -- mir auch!“*
Nach dem wirklich guten Steak und einem zweiten Bier lief die Unterhaltung besser, langsam kam Stimmung, wenn nicht sogar Übermut auf! Dann kam das dritte Bier. *„Also i han fei blos no sechsadreßg Markl im Sackl“,* meinte plötzlich einer, Kassensturz, „Oh“, mehr als vierzig, hatte keiner dabei! *„Herr Ober, bitte zahlen!“ „Zusammen die Herren?“ „Ja, - ja!“* Er rauschte herbei, die Rechnung im Umschlag auf dem Teller, -- „Puh“--, jeder hatte 37,50 zu zahlen!
Nun ging das Gerechne los, 50 Pfennig Trinkgeld mussten reichen, jeder gab alles und wenn wir auch nur noch etwa fünf Mark insgesamt besaßen, waren alle erleichtert, dass es gereicht hatte!
Aufgekratzt, scherzend betraten wir den großen gepflasterten Innenbalkon vor dem Lokal, von welchem einen der Fahrstuhl nach unten brachte. Genau vier gingen da rein, wir fuhren los, kurz bevor wir unten anlangten, fiel mir ein einmal beobachtet zu haben, dass man jederzeit die Richtung ändern konnte, wenn man zuvor den „Nothalt“ Schalter betätigte!
Gesagt getan, erst erschraken die Kameraden, dann lachten sie, also fuhren wir übermütig immer wieder, rauf und runter!
Mittlerweile hatten sich mehrere Leute angesammelt, welche mit dem Fahrstuhl nach oben wollten. Durch die Glastüren konnten sie uns immer wieder sehen, allerdings ohne Kopf da ich den Elevator immer etwa einen halben Meter vor dem Boden stoppte, um sogleich wieder nach oben zu entschweben!
Nach einem ersten Schmunzeln kam Unmut auf, die ersten begannen schimpfend an die Tür zu klopfen, da fühlten wir, dass es nun wohl an der Zeit sei, den Rückzug anzutreten! Also rauf in den zweiten Stock, aussteigen und über Treppe nebst Hinterausgang, unbemerkt verschwinden!
Diese Geschichte verband, wir wurden Freunde, die sich gelegentlich, irgendwo, gegenseitig einen Platz frei hielten oder in der Kantine erzählend zusammensa-

ßen, um auch andere an der lustigen Geschichte: *„Von den Spendern der Blutgruppe 0“* teilhaben zu lassen!

*

Etwa ein Drittel der Wehrpflicht musste vergehen, ehe sich endlich die Osterzeit näherte und damit seit Weihnachten der zweite Heimaturlaub anstand. Freudig erregt fielen mir immer öfter, die kommenden freien Tage ein, welche ich natürlich mit meiner Freundin verbringen wollte!
Oft hatte sie nach Feierabend angerufen, leider konnte auch ich nur beim UvD telefonieren, im Dienst durfte man keine Privatgespräche führen. Dennoch sprachen wir meist sehr lange miteinander, sodass häufig ihr ganzes Trinkgeld dabei draufging!
Bevor wir in den Osterurlaub gehen durften, ermahnte der Kompaniechef in einer extra anberaumten Infostunde, dass wir Uniformträger ein sichtbares Aushängeschild der Bundeswehr wären und somit in allen Lebenslagen, Vorbild sein müssten! Besonderes Augenmerk darauf hätten, gerade jetzt die an den verschiedensten Stellen präsenten "Feldjäger", deren Befehlen unbedingt Folge zu leisten wäre! Bis jetzt kannten wir sie noch immer nur vom Hörensagen, weshalb wir wieder einmal neugierig Ausschau hielten!
Anfangs waren wir mehrere Uniformierte, welche sich unter Gleichgesinnten in einigen Nachbarabteilen zusammenrotteten, bevor es durch Um- oder Aussteigen immer weniger wurden.
Zu guter Letzt stieg ich in Ulm, als Einziger in den Eilzug nach Neuburg, der hielt diesmal auf einem der neuen höher gelegten Bahnsteige, wodurch man innen etwa auf gleicher Ebene, wie draußen stand!
Weil es sehr warm war, beschloss ich meine Jacke, nebst Krawatte abzulegen, auf den Haken in der Ecke zu hängen. Um das Geschehen am Bahnsteig besser beobachten zu können, wurden die Ärmel des weißen Privathemdes hochgekrempelt, um mich dann bedenkenlos auf das nicht ganz saubere, heruntergelassene Abteilfenster lümmeln zu können.

„Baff“, wenn man an nichts Böses denkt !
Da kamen sie auch schon angeschlendert, zwei Feldjäger, zu jener Zeit wie bei den Amis, große breite Kerle, damit auch schon der Gedanke, sich mit ihnen anzulegen, im Keim erstickt wurde! Ausgerüstet mit weißer Schirmmütze und ebensolchem Koppelzeug, woran Pistole nebst gedrechseltem Holzknüppel hing, welchen der größere von beiden, lässig in der Lederschlaufe am Handgelenk baumeln ließ! Obwohl mich ihr strenger Blick kurz streifte, musste ich grienen, weil sie wie Gockel an mir vorbeistolzierten. Das Lächeln gefror jedoch, der Puls ging schneller, als einer von ihnen plötzlich fünf Schritte rückwärts ging,

neben mir stehen blieb, um mit dem Knüppel, etwa dreimal gegen die Scheibe zu stoßen!
„Sie schließen sofort ihr Hemd, machen die Krawatte um und ziehen ihre Uniformjacke an!“ In der Gewissheit wie ein normaler Zivilist auszusehen, protestierte ich: *„Wie kommen Sie denn darauf, ich bin doch.....“* - Der Rest blieb ungesagt! *„Tun Sie's freiwillig oder muss ich reinkommen?!“*
Hastig kleidete ich mich korrekt, wie befohlen, während er draußen wartete! *„Wie haben Sie denn das gemerkt, Herr Feldwebel?!“,* fragte ich kleinlaut, während er nun seinerseits grinsend, wortlos weitergehend, auf die untere Kante des Fensters zeigte!
Als der Zug anfuhr, überlegte ich immer noch, wieso, bis mir als des „Rätsels Lösung“, mein „Hosengürtel“ einfiel, welchen man von draußen, scheinbar gerade noch entdecken konnte! Wir besaßen ihn in grau, mit silberner Doppelschließe, den man privat nirgends kaufen konnte!

Endlich in Neuburg angekommen, abgeholt von meinen Müttern, wollte ich mich überall, natürlich erst mal bei Renate, im neuen Fliegerblau sehen lassen, weswegen der erste Weg zum Salon führte!
Dort war wie immer vor Feiertagen die Hölle los, soll heißen, sie hatten viel zu tun. Trotzdem, kaum hatte mich eine der Mädels an der Hintertür erspäht, kamen der Reihe nach wieder alle zum gucken. Luftwaffe gab es in Neuburg noch nicht und in der neuen Blauen mit weißem Hemd sah ich, im Vergleich zum ersten Mal, scheinbar recht passabel aus! Also kurz gesagt, sie ließen Kunden, Kunden sein, schnatterten munter mit mir, bis wie immer die Chefin auftauchte um alle zurück zu stampern! Mir warf sie dabei, einen freundlich, bedeutsamen Blick zu, was er wohl ausdrücken sollte?! Renate blieb nur einen Augenblick länger, ließ sich kräftig drücken und busseln, um ebenfalls, eilends zu ihrer Kundin zurückzukehren! Leider musste sie mich auf 21 Uhr vertrösten, denn früher würde sie kaum fertig sein!
Zu Hause zeigte sich Vater wohl weil ich länger fort war, von seiner netten Seite, stellte mir sogar ungefragt nach Feierabend, den Lieferwagen wieder zur Verfügung! Offensichtlich gerade in der Trockenphase, lud er an einem der Feiertage, nach München ins Theater ein! „Madam Skandalös“ mit „Zarah Leander“, wurde gegeben und ich, durfte sogar seinen neuen „Opel-Kapitän“ steuern!
Nach der Vorstellung führte er zum Essen ins „Schweizerhaus“, ein sehr originelles Lokal im Hüttenstiel mit reichlich Holz eingerichtet, eben wie in der Schweiz, so auch die Preise! Anfangs total verspannt fürchtete ich wie zu oft erlebt, Vaters plötzlichen Sinneswandel, oder gar das Abgleiten in eine neue Trinkphase, was ich meiner Braut nicht nur ersparen, sondern auch verheimlichen wollte! Jedoch alles ging wider Erwarten gut, es wurde ein toller Abend, ja,

für damalige Zeiten, ein großes Erlebnis, besonders für Renate, von welchem sie noch nach Jahren, schwärmte!
Leider konnten wir Verliebten, außer an zwei, drei, Tagen, nicht viel unternehmen! Renate bekam einfach nicht frei und zum Fortgehen war es nach der Arbeit, meist zu spät! Zum Glück durfte sie mich jetzt wenigstens, offiziell bis 22 Uhr, mit aufs Zimmer nehmen. Durch heimliches Runterschleichen wie früher, konnte ich natürlich meist länger bleiben!
In meine Bude dagegen kam sie ungern, die Eltern wohnten zwar noch woanders, dafür lebte Mutter nebst Tante Erna mit mir im Haus! Ich fand es zwar nicht schlecht, derweil mich die beiden bedienten, bekochten, umsorgten und man auch gehen oder kommen konnte wie im Hotel!
Leider eiferte Mutter nicht nur, sondern hätte zu gern, am Lebensstil ihres inzwischen 21-jährigen Sohnes, etliches bemängelt. Was sie jedoch, bedingt durch meine kurze Anwesenheit, nebst den sicher ausgelösten heftigen Reaktionen, tunlichst unterließ!
Nachdem fast der ganze Bekanntenkreis meine neue Kluft begutachtet hatte, sollte sie eigentlich bis zur Rückreise im Schrank verschwinden! Dieser Beschluss ward jedoch schnell geändert, als mir zu Ohren kam, dass in die neu erbaute Kasernenanlage am Burgwaldberg, just in dieser Woche, das Heer einziehen sollte und zu diesem Zweck, mit Musik durch die Stadt zog!
Da musste man als „Bundeswehrler“ natürlich dabei sein, erstens aus Dazugehörigkeitsgefühl, trotz der alten Rivalität zwischen den Teilstreitkräften, zweitens um neben grau auch blau zu zeigen!
Apropos Farbe, bei uns grassierte der bissige Spruch: *"Dem Heer hätte man zu hellen Jacken dunkle Hosen verpasst, damit die Kerle wissen was man oben und was man unten trägt!"*
Dennoch Spaß beiseite ich stand am Straßenrand, bewunderte die andere Waffengattung, wie sie schneidig vor großem Publikum, als erste Soldaten nach dem Krieg, mit klingendem Spiel durch unsere kleine alte Garnisonsstadt marschierten.
Mir persönlich brachte der Auftritt natürlich auch was, derweil man im Laufe des Tages, man nicht nur die aufmerksamen Blicke der Bürger, sondern im Besonderen, die der grauen Kameraden auf sich zog, welche später ausschwärmten, um den neuen Standort zu erkunden!

*

Die schöne Urlaubszeit war vorbei, Abschied mit Wehmut nicht ohne im Stillen, jene Wehrpflichtigen zu beneiden, die man heimatnah eingezogen hatte. Nach der meist verschlafenen Heimfahrt, weil müde von der Liebe, zurück in der Einheit. Als erstes, musste ich auf dem Dienstplan, von einer Geländeübung lesen, an welcher die ganze Kompanie teilnehmen musste!
Einen extra heißen Tag hatten sie auch noch ausgesucht, doch das Schlimmste an der Sache, als unser Gruppenführer entpuppte sich "Justke" der Denunziant beim Religionsunterricht!
Schon am nächsten Tag ging's los, inzwischen war der damalige "UA" nun "Unteroffizier", na das konnte ja heiter werden! Anfangs tat er so, als würde er mich nicht erkennen, doch schnell sollte ich merken, dass er nichts vergessen hatte!
Nach einem längeren Marsch mit und ohne Gesang erreichten wir ein Wäldchen. In mehrere Gruppen aufgeteilt, wurden verschiedene Übungen ausgeführt. "Uffz. Justke" scheuchte uns in einen kleinen Seitenweg, neben welchem sich rechts und links, relativ dichtes Unterholz, mit Büschen abwechselte. Dort ließ er Schützenreihe rechts und links, neben besagtem Weg bilden, auf welchem er einherstelzte, um dabei im schnellen Wechsel *„Stellung"* (hinlegen), *„tief kriechend vorarbeiten"* und *„Sprung auf, marsch, marsch"* (aufstehen, weiterlaufen) zu befehlen, was wir besonders korrekt auszuführen hatten.
Wir schwitzten um die Wette, Spinnweben, Dreck, der Helm verrutschte ständig, Brennnessel bissen, Äste zerkratzten nicht nur Gesicht oder Hände, sondern, wegen des schlecht sitzenden Kampfanzugs, auch noch Bauch und Brust.
Nach einer ganzen Weile, ich hatte wohl beim Befehl „Stellung", einen Schritt mehr als mein Nebenmann gemacht, brüllte er plötzlich:
„Dieser Befehl gilt ***nicht*** *für den Flieger Gerhard!"..... "Alles auf, vorn am Hauptweg sammeln und dort auf weitere Befehle warten!"*
Als sich die anderen entfernt hatten:
„So Gerhard und jetzt zu Ihnen, Sie werden sich jetzt ständig auf meiner Höhe, parallel zum Weg, durch das Unterholz tief kriechend vorarbeiten, (neuer Ausdruck für „robben") *Ausführung!"* Also kroch ich, nur seine, sich immer weiter bewegenden Stiefel im Blick, fast bis zur völligen Erschöpfung!
Da plötzlich aus der Ferne, Trillerpfeife und den Befehl zum Sammeln! *„Aaaah endlich"* schoss es mir durch den Kopf, während ich ausgelaugt, einen Augenblick zum Verschnaufen liegen blieb.
„Was ist los Gerhard, schlafen Sie nicht ein, haben Sie nicht gehört, sammeln ist befohlen!" krächzte es da schon wieder!
In diesem Moment durchströmte mich unendlicher Hass, ein Gefühl, das ich so, noch nie erlebt hatte! Nur ein Gedanke trieb mich jetzt mit letzter Kraft hoch, diese blöde aalglatte Fresse zu zerschlagen! Mit den heiser gebrüllten Worten

„Ich komm ja schon Herr Unteroffizier“, sprang ich taumelnd auf den Weg, riss mein Gewehr hoch und stieß es, mit dem Kolben auf sein Gesicht zu! ...... „Gott sei Dank“ hielt ich etwa zehn Zentimeter davor, abrupt inne!
Sah aufgerissene Augen, seine Nase wurde blass *„Iss ja gut, is ja gut, Gerhard, nehmen Sie Ihr Gewehr runter und gehen Sie zu den andern“*, meinte er beruhigend kleinlaut.
Total aufgewühlt, setzte ich das Gewehr ab, um mit weichen Knien zu meinem Haufen zu wackeln, wo wir unbehelligt bis zum Abmarsch, unsere Klamotten in Ordnung bringen durften.
Zur Anhörung des Vorfalls sah ich mich halb resignierend, schon wieder beim Chef landen, doch es geschah nichts, im Gegenteil, von diesem Tag an, nickte mir Justke, bei jeder Begegnung freundlich zu!
Als wir Monate später einmal zusammen Wachdienst hatten, fragte er mich sogar unüblich, ob ich lieber Außen- oder Torposten gehen wollte! Über den Vorfall selbst jedoch verlor keiner mehr ein Wort!
Eigentlich hatte ich mich nach dem Ausflug ins Gelände auf, das für einige Tage später angesetzte Schießen gefreut, doch zu meiner Überraschung, meinte der Spieß bei der Parole, *„Flieger Gerhard“* - *„Hier“ „Sie sind ab heute wieder zum Dienst in die Standortvermittlung abgestellt, anschließend sofort beim Oberfeldwebel Korn melden, verstanden?“* -- *„Jawohl, Herr Hauptfeld!“*
Also meldete ich mich wie befohlen in der Vermittlung. Der Oberfeld begrüßte mich recht freundlich, um mir ganz nebenbei mitzuteilen, dass er mich wegen Personalmangels, ab sofort im vollen Schichtdienst, also auch nachts, einsetzen müsse! Er wisse zwar, dass mir dafür noch die vollständige Ausbildung fehle, doch weil dazu keine Zeit mehr sei, freute er sich, dass ich es dennoch machen wolle! Gesagt war das zwar schnell, am Tag auch kein Problem, man konnte, fragen, hatte Hilfe, doch des Nachts wenn man allein war, hing über einem, wie ein „Damoklesschwert“, selbst für alte Hasen ein Horror, der „Alarmfall“! Wobei es neben der einfachen Übung, leider auch den komplizierteren NATO-Alarm gab! Für jeden dieser Fälle lag extra ein versiegeltes Kuvert mit geheimen Anweisungen bereit. Nach Öffnen bei Alarm musste man ganz auf sich allein gestellt schnellstens, in der richtiger Reihenfolge, die vorgeschriebenen Leute alarmieren!
So schwitzte ich mich anfangs sehr aufgeregt durch erste Nachtschichten. An ein „Ruhen“ (nicht schlafen!), wie man es auf dem in der Vermittlung stehenden Feldbett durfte, war deshalb nicht zu denken, jedoch es passierte nichts Dramatisches!
Die große Überraschung, auf welche ich beinahe vergessen hätte, der in der Zwischenzeit neu installierte Vermittlungsschrank! Etwas länger, halb so hoch, im modernen hellen Holz-Metalldessin, dominierte er im neu geweißelten Arbeitsraum. Jetzt konnten sich alle internen Apparate untereinander automa-

tisch selbst kontakten! Sprechende Teilnehmer machten sich, auf dem großen Anzeigenfeld, durch Aufleuchten der entsprechenden Nummern bemerkbar. Im Kasernenbereich brauchte man jetzt nur noch Gespräche von oder nach draußen vermitteln, ein heimliches Zuhören, wie bisher, war nicht mehr möglich. Ein hörbarer Ticker zeigte an, wenn sich die Vermittlung in der Leitung befand!
Nun, nach ein paar Wochen war alles Routine, man wurde sicherer, das Feldbett wanderte abends direkt vor den Vermittlungsschrank, wodurch man doch ruhend, schlafen konnte. Den Rufton stellte man auf laut, damit innerhalb von ein zwei Minuten jemand am Apparat war, sonst gab's Ärger!
Ansonsten war es ein einsamer, aber toller Dienst, nicht einmal den Kontrollgang des OvD, brauchten wir zu fürchten! Auch er musste sich erst anmelden oder konnte läuten, worauf man das vergitterte Fenster öffnete, um nach dem Begehr zu fragen, was wiederum manchem Dienstgrad so gar nicht passte, jedoch die Vermittlung, war eben eine Welt für sich!
Im Laufe der Zeit entdeckte ich, dass man immer vorausgesetzt es war kein Dienststellenleiter anwesend, durch eine leider des Nachts verschlossene Tür, die Fernschreibstelle besuchen konnte!
Hier gab es viel Interessantes zu erfahren, schriftliche Nachrichten, wie Beförder- oder Bestrafungen, vorgesehene Alarmübungen, neue Befehle sowie allerlei Geheimes! Selbstverständlich schwiegen wir, allerhöchstens wurde mal augenzwinkernd, ausgewählten Personen etwas umschrieben! Als Gegenleistung für solche brisanten Infos ließen wir unsere Nachbarn, schon mal, nicht notierte, private Ferngespräche führen, so wusch halt eine Hand die andere!
Eines Nachts, es war wohl gegen Mitternacht und ich studierte gerade das neueste „Mickey Maus“ Heft, als eine Fernleitung summte:
„Vermittlung, Dragoner Kaserne“ „Salut, bonsoir, mon ami! Ca va?“, tönte mir eine samtig, weibliche Stimme ins Ohr, verdammt, wo war das Blatt mit den französischen Übersetzungen, (such, ich nix verstehen, verdammt), da war endlich die Vorlage, nun stockend, stammelnd, abgelesen *„Je suis désole mais je ne vous comprends pas. Parlez allemand, s'il vous plait!“ „Oh la la, mon Chérie, vous avez une belle vois! Ca va? Avez-vous le temps de causer avec moi? “*
Ich wieder, nun leicht verzweifelt *„Hier „Vermittlung Dragonerkaserne“, ich nix verstehen, bitte allemand sprechen!“*
„Oh, ja das kann isch natürlisch Chérie, isch möschte misch nur ein bisschen unterhalten mit dir, die Nacht ist sooo lang und draußen icht es so schon warm!“
Mit klopfendem Herzen, nun leicht beruhigt, lauschte ich ihrem schönen französischen Akzent. Plötzlich noch, während ich ihrem Geplapper lauschte und mir dabei verträumt vorstellte, wie sie wohl aussehen mochte, hätte ich beinahe das Blinken auf der anderen Leitung übersehen! Verwirrt, entschuldigend, hastig: *„Bleiben Sie bitte am Apparat, ein Gespräch, bin gleich wieder da!“* Verdammt,

schnell mit dem anderen Kopfhörer der Tagschicht, auf die zweite Leitung *„Vermittlung“ - „hier Feldwebel Heinrich, Krankenrevier, ja Vermittlung schlafen Sie schon oder was ist da los bei Ihnen? Ich brauch den Oberfeldarzt Meier in Erding, aber etwas flott mein Lieber!“*, tönte es mir sehr barsch entgegen, ich inzwischen wieder gefangen, freundlich, sachlich. *„Einen Moment bitte, rufe Erding, Herr Feldwebel!“*
Mit heißen Ohren, so schnell wie möglich wurde das Gespräch abgewickelt, doch zurück in der anderen Leitung, empfing mich nur noch ein monotones Rauschen! Indessen mir nicht bekannt, woher der Anruf kam, war auch ein Rückruf unmöglich, schade! Zwar wartete ich aufgeputscht, jedoch leider vergebens, den Rest der Nacht auf ein erneutes Summen!
Bei der Ablösung wurde natürlich sofort alles, dem erfahrenen Kameraden berichtet, worauf dieser wiederum lachend erzählte, dass solche Anrufe, fast schon ein jeder, während der Nachtschicht erlebt hatte. Es jedoch seines Wissens nach, noch keinem gelungen sei, eine Adresse oder Telefonnummer der Damen zu erhalten! Einige wollten sich angeblich schon mal mit den Mädels verabredet oder getroffen haben, aber ob es wirklich stimmte, konnte er auch nicht sagen!
Eine Zeit lang, häuften sich die Anrufe dieser Mädels oder Frauen, deren Vorname meist Babette, Brigitte, Linette, Mirele oder ähnlich lautete, mehr verrieten sie nicht, fragten uns aber im Gegenzug gerne aus.
Ihren größten Spaß hatten sie scheinbar daran, einen heißzumachen, indem sie mit heiserer Stimme und französischem Akzent seufzten *„Oh, oh, Chérie, wärscht du doch schetzt bei mieer!“* Oder sie beschrieben auf Nachfrage, mit hintergründigem Gekicher, nach etlichem Hin und Her, mit Verstehen oder nicht Verstehen, ihre angebliche Figur, nebst Alter, welches vermutlich ebenso geschönt war! Doch egal, die Zeit wurde kurzweilig und die ansonsten langweilige Nachtschicht, verging wie im Flug!
Die Mädels, vergaßen offensichtlich keinen Vornamen von sympathisch, charmanten Stimmen und weil ihnen unsere Nummer bekannt war, verlangten sie schon mal, den ein oder anderen persönlich! Was jenen wiederum in den Augen der neidischen Kameraden, zum tollen Hecht stempelte.
So aufregend diese besonderen Erlebnisse gestalteten, am unbeliebtesten, blieb trotzdem, die „Nachtschicht“ von Samstag auf Sonntag! Da fiel, die verdiente Freizeit auf einen sowieso freien Tag, *„tja, eben Pech gehabt“*!
Doch wozu war ich „NATO-Willi“, wenn mir nicht auch dazu, etwas Positives eingefallen wäre?! Nach einigem Nachdenken bot ich unserem Feldwebel an, alle vierzehn Tage, diese Schicht freiwillig zu übernehmen, wenn er mich dafür am freien Wochenende, zum Nachtdienst von Donnerstag auf Freitag einteilte! Der Hintergedanke das ergäbe alle zwei Wochen, ein Drei Tage Wochenende von Freitagfrüh bis Montag zum Wecken! Was mich wiederum in die Lage versetzen könnte entweder, wenn finanziell möglich, mit Zug, oder bei geeigne-

tem Wetter mit dem Roller nach Neuburg zu fahren! Da scheinbar sonst keiner auf diesen Gedanken kam, man außerdem dadurch eine der ungeliebten Schichten freiwillig besetzte, willigte der FW gerne ein!
Eine nicht bedachte Schwierigkeit, der Urlaubsschein musste stets ein paar Tage vorher beantragt werden, damit er am ersten Urlaubstag vorlag! In meinem Fall sofort, wenn das Geschäftszimmer öffnete, weil ich nur so mit der Straßenbahn meinen ersten Zug erreichen konnte. Hierbei hatte ich jedoch die Rechnung ohne den mittlerweile allseits beliebten Spieß „Bramus" gemacht! (Sarkastisch gemeint!)
„Ja, wen seh ich denn da....., der Flieger Gerhard wieder, als Erster, schon am Freitagfrüh einen Urlaubsschein haben wollen, na da kommen Sie mal schön später wieder!"
„A aber Herr Hauptfeldwebel, will doch heimfahren, und erwisch sonst meinen Zug nicht!" „Papalapap, Gerhard wer möchte denn nicht gern schon jetzt ins Wochenende abhauen, kann ich auch nicht, also später wiederkommen, verstanden?!"
Zähneknirschend *„Jawohl Herr Hauptfeldwebel!"* Grüßen, kehrt und raus.
Eine halbe Stunde später, die Tram ging in zehn Minuten, Koffer vor die Tür, wieder rein zum Spieß, der war zum Glück beim Chef, der Schreibstubenbulle hatte mehr Verständnis, gab mir fix den U-Schein und draußen war ich! Im Laufschritt ohne Kontrolle vorbei am großzügig grüßenden Wachposten konnte ich gerade noch die letzte passende Straßenbahn erwischen.
Endlich abgehetzt im hinteren Wagen, geschah auch noch, das schlimmste was einem Soldaten in Uniform passieren kann, ein altes Mütterchen meinte treuherzig, *„Ach Herr Schaffner, einen Fahrschein zum Hauptbahnhof, bitte!" „Schaun Se ich habs passend!"* Knurrend *„Muuuttchen, ich bin von der Luftwaffe, nicht von der Straßenbahn!" - „Ach Entschuldigung, junger Mann, wissen Se, für mich sind alle Uniformen gleich!"*
Den Rest des Weges konnte ich nur noch mit rotem Kopf, wortlos aus dem Fenster starren, *„In Karlsruhe, verwechselt mit einem Straßenbahnschaffner, also so was, aber auch!!!"* Endlich die Haltestelle, raus Fahrkarte kaufen, laufen, um für diesen Tag bedient und erledigt in den Sitz des Zuges zu fallen, welcher kurz darauf abfuhr!
Von diesem überraschend erwirkten, freien Wochenende, wusste außer meiner Renate niemand, offiziell war ich also gar nicht in Neuburg! Da mich, die wenigsten in Uniform kannten, gelang mir ohne Umwege, unseren Treffpunkt, das „Hotel Rennbahn", sozusagen inkognito zu erreichen!
Ziel der ersten Aktion war es, zwei schöne Nächte gemeinsam mit meinem „Spotzl" zu verbringen! 1959 kein leichtes Unterfangen, in unserem Alter unverheiratet, ein Doppelzimmer zu bekommen. Zum Glück kannte ich die Wirtin von gelegentlichen Lokalbesuchen meines Alten, sodass sie mir schmunzelnd,

wissend ganz oben unterm Dach, das gewünschte, versteckt liegende Zimmer, vermietete!
Leider kam Renate am Freitag erst spät und müde aus dem Geschäft, auch Samstag bekam sie nur ein paar Stunden eher frei, sodass die Zwischenzeit mit Lesen totgeschlagen werden musste, wobei ich bestimmt hundert Mal auf die Uhr sah!
Bedauerlicherweise aber verständlich wollte sie nicht zum Frühstück bleiben. Vermutlich, anzügliche Bemerkungen oder Blicke der Wirtin fürchtend. Zwar waren wir beiden verlobt, sie hatte im Oktober ausgelernt und war 18, aber das "Kleinstadt Gerede" eben!
So wurde daraus, zwar ein sehr schönes, liebesvolles, aber leider sehr kurzes Beisammensein, der letzte Zug Richtung Karlsruhe, ging leider schon am Sonntagnachmittag! Der einzige Trost, in ein paar Wochen war Jahresurlaub angesagt und den wollten wir uns, ganz gewiss von niemand nehmen lassen!

*

Mittlerweile gehörte ich zu den erfahrenen Funktionern, obwohl fast ein halbes Jahr vorbei, jedoch immer noch „Flieger“! Eigentlich sollte die erste Beförderung zum „Gefreiten“ in greifbarer Nähe gerückt sein. Die Dienstzeit der vorigen lief nämlich langsam aus, wir rutschten nach, wurden aber unsererseits sukzessive, durch Wehrpflichtige des nächsten Quartals ersetzt.
Unser „Oberfeld“, nun häufig mit dem Aufbau einer neuen Vermittlung bei der „Luftwaffengruppe Süd“ im früheren „Hotel Reichshof“ beschäftigt, überließ immer öfters, den alten Hasen, Einweisung und Ausbildung der neuen Soldaten! Bei unserer automatischen Anlage gab es jetzt, wie schon erläutert nur noch Gespräche von und nach draußen zu vermitteln. Die anfallende Arbeit wurde somit weniger, anderseits drückte man aber der Tagschicht zuweilen, gleich drei bis vier Mann zur Ausbildung aufs Auge, sodass irgendwann, zwangsläufig „Langweile“ aufkommen musste! Zwar erzählte jeder neue erst mal seine Geschichte, wir unsererseits glänzten mit den Vorkommnissen aus Zeiten der alten Handvermittlung. Irgendwann jedoch, wollten sie selbst mal ans Gerät, derweil aber Professionalität bei uns stets Vorrang hatte, gelang es nur selten einen von ihnen, aus dem Stegreif heraus einzusetzen! So blieb wohl oder übel für den Nachwuchs nur der Stuhl hinter uns sowie die zweite beziehungsweise dritte Arbeitsgarnitur, um erst mal passiv hörend zu lernen!
Mitleid packte mich an solchen, womöglich auch noch besonders ruhigen Nachmittagen weshalb ich, wenn möglich zur selbst entwickelten, sogenannten aktiven Ausbildung griff! Wobei in Wirklichkeit zum Gaudium der Anwesenden, verschiedenste Amtsgespräche geführt wurden, bei denen sich die Zuhörer zeitweise lachend, schnaubend, kichernd, fast auf dem Boden wälzten!
Das hörte sich, nachdem man irgendeine Fantasienummer gewählt hatte, mit verstellter dunkler, mühsam ernster Stimme, dann etwa so an:
„Ja guten Tag, hier spricht Müller, von der Firma „Kohlen-Maier“, wir liefern jetzt den bestellten Lastwagen „Eierkohlen“ und möchten wissen, wo wir abladen können?!“ … Pause, erschrockene manchmal leicht hysterische Stimme… *„Um Gottes willen, nein, nein, wir haben keine Kohlen bestellt und gar keinen Keller, das muss ein Irrtum sein………..!“* Das Gespräch wogte hin und her, bis man es mit irgendeiner Floskel beendete.
Oder es wurden etliche Friseure der Stadt kontaktiert immer mit der Frage, nach dem Fräulein „Julia“, bis wir endlich fündig wurden. Die zwar selbst nicht sprechen durfte, uns aber dafür einen Anschiss der Chefin einhandelten, welche sich verbat, dass ihre Mädels während der Arbeit von irgendwelchen Herren, angerufen würden!!
Beliebt war auch *„Guten Tag, hier spricht Hansen, Prüfungsstelle Fernamt. Zur Beseitigung von Fehlern wird eine Widerstandsmessung durchgeführt, dazu*

benötigen wir die Länge ihrer Hörerleitung, also messen sie bitte die Länge des Kabels, von ihrem Hörer bis zum Telefon!"
„Oh je, oh je, da muss ich erst mein Metermaß suchen, bitte warten Sie....", es dauerte, die Leute schnauften, fluchten, bis es endlich gelang! Nachdem ich gesagt hatte, dass sie auf einen Jux hereingefallen seien, lachten allerdings die wenigsten!!
Gemeiner war da schon, wenn man sich als Beerdigungsinstitut *„Graue Linde"* vorstellte, um nach der Lieferadresse für den bestellten Eichensarg zu fragen! Zurückverfolgen konnten man solche Anrufe nicht und für eine größere Aktion amtlicherseits falls bei der Post angezeigt, waren unsere Possen sicher zu harmlos! Weshalb wir auch weiterhin, wenn die Aufsicht fehlte, ungestraft, diesen Späßen weiter frönen konnten!
Meine Idee mit dem langen Wochenende klappte im Übrigen großartig, nur das Geld fehlte um jede zweite Woche heimzufahren, weshalb ich versuchte die ergatterte Freizeit irgendwie anders, unterhaltsam zu verbrauchen.
Wir Schichtdienstler hatten sowieso des Öfteren frei, wenn die anderen Dienst schoben und umgekehrt, was nicht immer lustig war, indessen kaum einer der Kameraden auf unser Ruhebedürfnis, z. B. nach Nachtschichten, Rücksicht nahm! Auch die Vorgesetzten sahen es nicht besonders gern, da wir ihrem Befehlsbereich, irgendwie entzogen waren. Dass wiederum schweißte zusammen und weil wir kaum am normalen Kompaniedienst teilnahmen, also ein Trupp, in der Truppe waren, wurde öfter etwas gemeinsam angepackt.
Stand zum Beispiel ein freies Wochenende an, wurde generell ein Urlaubsschein für angeblichen Heimaturlaub eingereicht! Mit diesem, zwar unerlaubten Trick, verlängerte man den Nachturlaub! Ansonsten hätte man am Samstag bis 22 Uhr in der Kaserne sein müssen, so dagegen hatten wir unbegrenzt bis Sonntag um 24 Uhr Ausgang!
Zusätzlich ging man „außer Verpflegung", das hieß, wir gaben gleichzeitig für diese Tage die Essensmarken ab, wofür „4,50 DM" pro Tag gutgeschrieben wurden. Gegessen wurde dann, zum Frühstück außer Kaffee nur Brot mit Marmelade, mittags Suppe und Brot, abends Tee und Brot oder was die Kameraden so übrig ließen oder verschenkten, denn alle sonstigen Zutaten oder Hauptgerichte, waren markenpflichtig.
All, das war zwar gängige Praxis, erwischen lassen sollte man sich aber, etwa, bei einer Kontrolle durch den OvD, dennoch nicht!
An jenem Wochenende war es wieder einmal soweit! Zu viert verabredet und weil die neuen blauen Uniformen so "chic" waren, wollte man nicht nur die Stadt erobern, sondern gleich nach hübscher Weiblichkeit, Ausschau halten! Längere Wegstrecken, gingen wir meistens wie gelernt im Gleichschritt, denn so sah, meinten wir ein uniformierter Haufen, gleich viel besser aus! Nachdem,

Geschäfte, Kinobilder und Sonstiges betrachtet waren, landeten wir früh am Abend, als erste Gäste in einem zufällig entdeckten Jazzkeller!
Toll, altes verräuchertes Gewölbe, Steinfußboden, derbe Bestuhlung, schummriges Licht, genau wie man sich so was vorstellt. Eine nette, hübsche Bedienung brachte schnell das bestellte Bier. Bescheiden hatten wir uns an einen der hinteren Tische gesetzt. Während des fröhlichen Anstoßens wurden die Musiker beobachtet, welche ihre Instrumente trimmten. Etwa eine Stunde später legten sie locker ein erstes Stück auf.
Langsam füllte sich der Keller mit jungem Publikum, welches scheinbar hauptsächlich aus Studenten bestand. Stimmung kam auf, es gefiel uns ausnehmend gut hier, wann bekam man schon mal, so tolle Musik, „live“ zu hören?!
Unerwartet nach etwa zwei Stunden oder dem zweiten Bier, mehr als vier hätten wir uns eh nicht leisten können, kam verlegen die Bedienung an unseren Tisch und meinte unsicher: *„Entschuldigung meine Herren, aber ich darf Ihnen leider nichts mehr bringen, hier sind Uniformen unerwünscht, bitte austrinken und den Keller verlassen! Es tut mir selbst sehr leid, aber einige Gäste haben sich schon beschwert!“*
Wir sahen sie sprachlos an, der „Gefreite Malz“, welchem allerdings diese Art von Musik sowieso nicht gefiel, sprang sofort mit rotem Gesicht auf, zahlte und verschwand wortlos.
Wir anderen wussten nicht wie uns geschah war es doch grade so schön hier, gerade mal 21:30 Uhr und vor allem, was sollte man mit dem angebrochenen Abend tun?!?
„Zieht doch die Jacken aus und bleibt einfach sitzen!“, meinte, da freundlich ein etwas älterer Mann vom Nebentisch, der die Sache mitbekommen hatte! Das ist eine gute Idee, so dachten wir, zogen nicht nur die Jacken aus, sondern legten gleich die Krawatten dazu und betrachteten die Sache damit als erledigt. Zeit verging, Bier war alle, aber die Bedienung kam nicht mehr, da schaltete sich der Nachbar erneut ein, indem er "Fräulein" rief und fragte, wieso man uns nicht bedient?
„Es geht nicht, man sieht immer noch die Uniformen der Herren!“ Also drehten wir zähneknirschend das Futter nach außen, die Stimmung schwand, zum Glück setzte sich alsbald der Tischnachbar samt Freundin zu uns und lud zum nächsten Bier ein! Dank guter Musik, toller Atmosphäre, sowie der folgenden Gespräche, nebst seinem Interesse an der neuen Bundeswehr, wurde es dann doch, wenn auch mit etwas bitterem Nachgeschmack versehen, ein unvergesslicher Abend.
Eines hatten wir allerdings gelernt, zukünftig ohne Uniform auszugehen, erstens war die Tragepflicht vorbei, zweitens gab außer den eigenen Erlebnissen, die Geschichte des mittlerweile in der ganzen Kompanie bekannten Saubären „Kukuschenski“ den Rest! Dass er Berliner war wusste jeder, man konnte es leicht an seinem Dialekt hören. Dass die Bundeswehr nach dem "Vier-Mächtestatus",

keine Wehrpflichtigen in Berlin einziehen durfte, war bekannt. Somit gab es nur Freiwillige von dort, welche in Berlin jedoch nie in Uniform auftreten durften! Das Tollste aber diesen Kameraden war ebenfalls verboten in Zivil, weder per Bahn noch mit dem Auto, durch die Zone zu fahren!
Kuki rühmte sich deshalb, anstatt wie wir jährlich nur drei Freifahrten für die Bahn zu erhalten, selbst gratis nach Berlin fliegen zu dürfen!
Jedenfalls überraschte dieses „Vogerl", so könnte man ihn auf Bayrisch nennen uns alle, immer wieder aufs Neue!
Diesmal verblüffte, der sonst meist in der KFZ-Staffel als sogenannter „Schmiernippel“ beschäftigte, mit der Teilnahme an einer der auch für mich, seltenen Geländeübung!
„Entfernungsschätzen“, war an diesem heißen Sommertag, nach einem längeren Marsch angesagt! Am Ziel angekommen, lautete der erste Befehl unseres Zugführers: *„Kukuschenski können Sie, in der Richtung die ich zeige, am Hang gegenüber, den größeren verbrannten Fleck im Gras, ausmachen?“ - „Jawohl Herr Feldwebel!“ - „Gut, Sie marschieren jetzt dort hin, machen dabei etwa einen Meter lange Schritte, wir schätzen von hier aus die Entfernung, rufen Sie später zurück um im Vergleich mit ihrer Zahl den Besten zu ermitteln, Fragen? Nein, dann Abmarsch!“* „Kuki“, setzte sich wie befohlen mit langen Schritten in Bewegung, während wir es uns im Gras bequem machen durften.
Nach einer knappen Stunde, während die Gruppenführer weiterhin, namentlich die geschätzten Daten notierten, wechselte unser Feldwebel mehrmals unruhig werdend die Position. Mit dem Fernglas beobachtete er augenscheinlich seine Zielfigur, welche am zugewiesenen Platz, bequem auf dem Rücken liegend, die Sonne anbetete!
Plötzlich laut durch seine zum Sprachrohr geformten Hände:
„Mann Kukuschenski, liegen Sie in der Scheiße????“
Der sprang auf, nahm Haltung an und brüllte seinerseits zurück: *„Jawohl Herr Feldwebel!!!“ - „Kommen Sie sofort zurück, Sie Nachtwächter!“*
Alle mussten lachen, als unser Saubär nach Kuhscheiße stinkend, angetrottet kam. Er hatte doch wirklich, fast eine Stunde in der prallen Sonne, auf den Resten eines abgeräumten Misthaufens verbracht! Auf Fragen nach dem „Warum“, antwortete er grinsend, auf echt berlinerisch:
„Na mein Junge, da kiekste, so macht man dat, Befehl is eben Befehl!“
Einen ganzen Roman könnte man über diesen kleinen fetten, schmierigen, meist schwaßelnden, jedoch immer lustigen Kerl schreiben, den auch schon die „Feldjäger“ kannten!
Bei unserer Ausrüstung befand sich unter anderem ein schickes blaues, sogenanntes „Fliegerschiffchen“, welches leider wegen der damals typisch, ängstlichen Einstellung der obersten Führung, nicht getragen werden durfte! Grund, wir sollten nicht zu militärisch wirken oder gar den früheren Soldaten ähnlich

sehen, deshalb „Trageverbot“! Offiziell zugelassen wurde diese Kopfbedeckung tatsächlich, erst Jahre später!
Unseren „Kuki“ jedoch focht das nicht an, er schmuggelte die nicht zum Ausgehanzug gehörigen Teile in einer großen Tasche durch die Wache zum Bahnhof. Deponierte dort Schirmmütze, Mantel nebst Halbschuhen in einem Schließfach, legte Schiffchen, Stiefel, Koppel nebst ein paar selbst gekaufte Wildlederhandschuhe an um dann, nun sehr schneidig aussehend, durch die Stadt zu stolzieren! Wohl mehr der Show halber grüßte er, dienstbeflissen jeden anderen Soldaten vorschriftsmäßig, bis er den „Feldjägern“ in die Arme lief!
Diese Kameraden hatten natürlich kein Verständnis für seinen Aufzug und brachten ihn samt seiner eingeschlossenen Sachen, zurück zur Kaserne. Es erfolgte Meldung, Anhörung. Resultat: zehntägiger Hausarrest wegen eines Verstoßes gegen die „Anzugsordnung in der Öffentlichkeit“!
Das Ganze wäre sicher halb so schlimm ausgegangen, wenn nicht damit auch sein samstags übliches Abmelden zum "Kfz waschen" oder sich zu „verpissen“ wie es so im Jargon hieß, vereitelt worden wäre! Diesmal musste er beim ungeliebten Stubendurchgang da sein, dem sich wie üblich, bei anwesenden Soldaten eine Spindkontrolle anschloss. Als seine Stubenkameraden hatten wir uns wohl oder übel an den muffig, säuerlichen Geruch gewöhnt, den sein Schrank beim Öffnen verströmte, jedoch der Spieß schien es das erste Mal zu riechen! Da Kuki's Schrank, ansonsten einen ordentlichen Eindruck machte, wollte er dann doch die Schubladen darunter, speziell das Schmutzwäschefach begutachten.
„Baff.....iiii,“ Was war das denn??? Jetzt fing es erst richtig an zu stinken, oben auf der zusammengedrückten benützten Wäsche, wurde eine dicke pelzig grünliche Schimmelschicht sichtbar!
„Pfui Deibel aber auch, so eine Sauerei!“ Wüstes Geschimpfe folgte, jetzt war aber der Bock fett, alles musste raus und wiederholt gereinigt werden. Während wir ins Wochenende gehen durften, musste er sich auf den Rest des Tages verteilt, noch etliche Male der Kontrolle des UvD unterziehen! Natürlich hatte die Sache ein Nachspiel, verlängerter Hausarrest, Feuerwache, sporadische Spindkontrolle sowie vermutlicher Eintrag in seine Papiere!
Doch Kuki wäre nicht das allseits bekannte listige Ferkel gewesen, wenn ihm dazu nichts eingefallen wäre! So trug er fortan um Reinigung nebst Arbeit des Einsortierens zu sparen, außerdem immer appellfähige Wäsche zu besitzen, statt Unter- oder Schlafhosen, nur noch ein und dieselbe der damals, neu aufgekommenen gestreiften „Latex Badehosen“! Mit dem Erfolg, dass sich nach etlichen Tagen, bei jedem Ausziehen ein starker Geruch von Pisse verbreitete. Einige Kameraden beschwerten sich schriftlich, woraufhin Kuki, in den anderen Bau, zur Kfz-Staffel verlegt wurde.
Dort allerdings sollen sie alsbald kurzen Prozess gemacht haben, indem sie ihn eines Nachts überfielen, dabei einen Schuhbeutel über den Kopf zogen, um wäh-

rend sie ihn festhielten, seinen Pimmel mit schwarzer Schuhcreme einzuschmieren! Die anschließende Reinigung wie man hörte, soll sehr gründlich ausgefallen sein und hielt wohl auch etwas länger an, wie man sich gut vorstellen kann!
Ob er danach allerdings geheilt war, weiß ich nicht, derweil wir ihn irgendwann aus den Augen verloren!

*

Selbstverständlich wollte ich möglichst oft vor allem, an den ergatterten langen Wochenenden, von Sehnsucht getrieben zur Verlobten! Leider gab es, die unbegrenzten gratis Heimfahrkarten für Soldaten noch nicht. Da eine bezahlte Fahrt das Budget aber meist überschritt, beschloss ich mit dem Roller zu fahren. Die Kosten hielten sich in Grenzen, die Maschine verbrauchte gerade mal 3 Liter Gemisch auf 100 km! Bei „Wetter halbwegs“, sollte es dann, eigentlich kein Problem seien.
Zusätzlich brachte es weitere Vorteile, so brauchte ich, Renates Freizeit im Auge, erst im Laufe des Vormittags loszockeln, womit schon mal das frühe Gesuch beim Spieß entfiel. Natürlich wurde auch die verbleibende Zeit bis Montag zum Wecken (06:00) voll genützt. Weshalb ich am Sonntag die Rückfahrt immer weiter hinauszögernd, müde von den vergangenen Nächten, leichtsinnigerweise, erst spät abends startete!
Schnell waren deshalb meine Leistung, sowie die der Lambretta mit ihren gerade einmal 66 km Spitze, ausgereizt! Die Fahrzeit für die 260 Kilometer, welche unter anderem, über bergige Strecken in der Nähe von Stuttgart führten, betrug allemal etwa sechs bis sieben Stunden, ohne Pause versteht sich! Gewiss, die Jugend ließ alles unberücksichtigt, so konnte es nicht verwundern, dass mein Schutzengel öfters auf Herz und Nieren, geprüft wurde! Wie bei jenen zwei Begebenheiten, welche mir bis heute unvergessen bleiben!
An einem der wunderschönen Sommerabende, ich fuhr etwa gegen sieben Uhr in die heraufkommende Nacht hinein. „Sonnenuntergang“! Mit nichts lässt sich die Natur, samt ihrer Gerüche, Temperaturunterschiede so erleben, wie auf dem Motorrad, wo sich kalte Zonen im Wald, mit kühlen im Tal so angenehm abwechseln!
Träumend vergingen die Stunden des Fahrens, als ich plötzlich bis ins Mark erschrocken, durch unregelmäßiges Springen meines Rollers, aus dem Kurzschlaf gerissen, mich „zig zack“ fahrend auf dem grasbewachsenen "Mittelstreifen" der Autobahn wiederfand, wo es gerade noch gelang, rutschend, schlingernd zu stoppen!
Zum Glück trennten zu dieser Zeit, keine Leitplanken die verschiedenen Spuren. Verkehr war in diesem Moment auch keiner, sodass ich schlagartig hellwach

vom Schock leicht zitternd, die Fahrt fortsetzen konnte um eilends die nächste Raststätte aufzusuchen!

Eine hübsche, freundliche Bedienung, nahm die Bestellung auf bevor sie jedoch, den Wunsch nach einer Tasse starken Kaffee erfüllen konnte, war ich schon über den Tisch gebeugt, eingeschlafen! Verständnisvoll ließ sie mich gewähren, nach etwa zwei Stunden wachte ich glücklicherweise von selbst auf, gerade noch rechtzeitig, um gegen 05:30, eine halbe Stunde vorm Wecken, die Wache zu passieren!

Ein anderes Mal, diesmal allerdings auf der Heimfahrt, gefror mir fast das Blut in den Adern, als plötzlich ein schwerer großer Lastwagen neben mir, scheinbar aus Jux hupend überholte und mich erschrocken ins Trudeln brachte. Vor mich hinträumend, hatte ich nur die singenden Reifen auf dem Asphalt gehört und sah kurz danach nur noch den lachenden Beifahrer aus dem Fenster winken, als sie an mir vorbei den langen steilen Berg hinunter brausten!

Des Rätsels Lösung, manche Laster fuhren ohne eingelegten Gang bergab, also im Leerlauf, ging schneller, spritsparender aber auch gefährlicher! Ein unkontrollierter langer Bremsweg entstand, was heute sicher verboten oder gar nicht mehr möglich wäre!

Wie auch immer, nach mehrmaligen Fahrten, wurde endlich dem Gezockel ein Ende bereitet, indem der lang ersehnte, Jahresurlaub anstand! Unerfreulich erging ausgerechnet eine Woche vorher, folgender Befehl ein, welcher vom Spieß verlesen, sowie zum Nachlesen am Schwarzen Brett, rot umrandet aushing:

„Wegen erhöhter Motorradunfälle von Bundeswehrsoldaten besteht ab sofort für alle Helmpflicht!" "Die Kasernen dürfen somit auf Motorrädern, nur mit Helm verlassen oder befahren werden!“

Das war ja eine schöne Schei…., bis dahin fuhren alle nur mit Mütze und Brille, nur ein paar Angeber besaßen einen Helm, ich hatte gar kein Geld dafür! Nun war guter Rat teuer, unsere Privatfahrzeuge hatten genehmigte Plätze im Innenbereich um so gegen Diebstahl oder Beschädigung gesichert zu sein. Doch wie sollte man jetzt damit raus- oder reinkommen?? Die Emotionen kochten hoch und wurden so, scheinbar auch der obersten Führung bekannt, woraufhin gestattet wurde, ersatzweise den Plastikhelm zu benützen, allerdings nur in Verbindung mit dem großen Dienstanzug!

„Na Bravo“, was sonst nicht erlaubt war, durfte jetzt geschehen, ich muss schon sagen, so sah man wirklich martialisch aus, blaue Uniform, umgeschnalltes Koppel, Kampfstiefel, Helm und Handschuhe, mir gefiel’s gut und sonst, na ja, da staunten sie!

So ausgestattet kam ich, zur besonderen Freude meiner Renate, an einem schönen Sommertag im Juni 1959, zum zweiwöchigen Jahresurlaub nach Neuburg! Übrigens trug ich jetzt zu Fuß ohne Helm, ebenfalls unerlaubt, wie seinerzeit belächelter "Kuki", Schiffchen, statt vorgeschriebener blauer Bergmütze!

Der folgende Jahresurlaub sollte einer der schönsten werden! Mit Sack und Pack, sprich Zweimannzelt, Koffer und Campinggeschirr, das Maximum für Gepäckträger und Roller, ging es schon am übernächsten Tag los. Zum „Titisee“ wollten wir, einen Ort, von dem irgendjemand geschwärmt hatte!
Für die anstehenden 290 km, brauchte unser Gefährt den ganzen Tag. Das tolle Panorama, des zwischen den Bergen eingebetteten Sees mit dem wunderbar parkähnlichen Zeltplatz, ließ alle Strapazen schnell vergessen.
Leider war der See zum Baden zu kalt, das Wetter nicht besonders, doch Spaziergänge, Pläne schmieden, Erzählungen oder einfach nur auf dem Rücken liegend Wolken beobachten, verknüpft mit der verliebten Zweisamkeit, wärmten und entschädigten für alles!
Früh gab’s Kaffee vom „Esbit-Kocher“, mittags kochte Renate auf einem der vorhandenen Herde, doch nachts oder bei Regenwetter auch am Tag, wurde natürlich intensiv der Liebe gefrönt!
Derweil besonders die Nächte sehr kalt waren, entschlossen wir uns fürs letzte freie Geld, einen mit Spiritus betriebenen Heizofen zu kaufen! Wärmen tat er und lachend betrachteten wir gegenseitig, an manchem Morgen recht unbedarft, unsere rußigen Nasenlöcher nicht wissend, dass man an dem offensichtlich, fehlerhaften Gerät auch hätte ersticken können!
Wie immer wenn’s schön ist, kam auch hier brutal schnell, das Ende dieser wunderbaren gemeinsamen Zeit, in welcher wir uns erstmals richtig kennen und lieben lernten! Schade auch, dass es bereits nach einer Woche sein musste, derweil mein Schatzl nicht länger Urlaub bekommen hatte.
Zuhause angekommen wurden die ersten Tage schlecht gelaunt vertrödelt. Um auf andere Gedanken zu kommen, beschloss ich deshalb in Uniform, unserer Firma einen Besuch abzustatten! Natürlich mit dem Hintergedanken die bewunderten Blicke der Damen, sowie die, der möglicherweise etwas neidischen Mannsbilder auf mich zu ziehen.
Zuerst musste ich natürlich, meinem Chef und Vater eine Aufwartung machen, zumal wir uns schon länger nicht gesehen hatten!
Durch den Haupteingang der Firma kommend, betrat man als erstes das Büro, wo ich nicht nur wie erwartet, freundlichst begrüßt, sondern außerdem mit Fragen überhäuft wurde. Während meiner Ausführungen hörten natürlich die Anwesenden auf zu arbeiten, um alles mitzubekommen.
Etwa eine Viertelstunde später kam mein Alter mit einem Schriftstück herein stutzte einen Moment, drückte einer der Schreibkräfte den Bogen in die Hand, gab dazu einige barsche Anweisungen, streifte mich kurz mit einem, kritisch, finsteren Blick und rauschte die Tür vernehmlich schließend, wieder hinaus!
„Auweh“, seine Laune schien nicht die Beste zu sein, dass hatten wohl auch die Bürodamen gemerkt, denn sie setzten sofort mit Maschinengeklapper, ihre Arbeit geflissentlich fort.

Nun gut, also auf in die Höhle des „Löwen“, ich klopfte an und betrat nach einem überdeutlichen *„Herrrein“* sein Büro.
„Wollte nur mal allen „Grüß Gott“ sagen, mich melden und hören, wie es euch so geht!“ - *„Hallo, sicher nicht so gut wie dir, wir müssen uns bemühen, die Brötchen zu verdienen!“ „Zurzeit arbeiten wir an einem großen BW-Auftrag mit 800 Arbeitsplatzleuchten, da muss man höllisch aufpassen, damit nichts schief geht!“* Wohl um das Gesagte zu unterstreichen, arbeitete er mit übertriebener Geschäftigkeit weiter, indem er einige Papiere hin und herschob. Eine Weile sah ich ihm zu, da er mich aber weder zum Setzen, noch zum Bleiben aufforderte oder gar Interesse zeigte das Gespräch fortzusetzen, wollte ich nur schnell wieder raus!
„Also auf Wiedersehen, ich schau nochmal bei meinen Kollegen vorbei und verschwinde dann wieder!“
„Na gut, aber bleib nicht zu lange, halt mir die Leute nicht auf, die haben Wichtigeres zu tun!“
Unbeeindruckt davon, schlenderte ich erst einmal durch die verschiedenen Arbeitsstätten, sprach mit dem oder jenem ein paar Worte, manche grinsten oder der ein oder andere ließ ein *„Ah, der Junior ist wieder da, wie geht's denn so?“* hören.
Einen kleinen Stich gab's mir ins Herz, als ich in der Pförtnerloge, das Fehlen meines alten, väterlichen Freundes „Luggi“ bemerken musste. Wie ich erfuhr, hatte er inzwischen einen neuen Job als Angestellter auch noch auf einer „Fernmelde-Vermittlung“, in der Neuburger-Heereskaserne gefunden!
Am Ende meines Rundgangs landete ich im technischen Büro beim Betriebsleiter Kollegen Charley. Während er mir die letzten „Betriebs-News“ erzählte, kam geschäftig tuend, meine ehemalige Freundin „Susi“ herein. Nach Ablage von Schriftstücken, sowie einem schnippischen *„ah, Servus“* rauschte sie wieder hinaus, nicht ohne mich seitlich von oben bis unten zu mustern! Ganz nebenbei erfuhr ich, dass sie ihren Verehrer den älteren Bauunternehmer bald heiraten wollte!
Bei all meinen Gesprächen, auch später fiel mir auf, dass männliche Gegenüber, meist an einem vorbei sahen, ja es vermieden normal zu schauen, offensichtlich irritierte die Uniform, seltsam?!
Zum Abschluss meines Besuches musste ich natürlich noch meine Mütter besuchen. Mami im „Einkauf“ sah ich ja öfters, doch Mutti im „Verkauf“, erwartete schon ein längeres Gespräch. Wie üblich beschönigte sie Vaters unfreundliche Art, welche angeblich nicht so gemeint sei, in Wirklichkeit würde er mich sehr vermissen, litt aber vermehrt an starken Herzschmerzen! Im Übrigen hätte er die tollsten Dinge mit mir vor, wenn ich nur endlich wieder zurückkäme, dann solle alles anders werden und trinken tät er jetzt auch weniger! Um die Wahrheit des Ganzen zu unterstreichen, steckte sie mir 50 Mark zu, angeblich auf Anordnung

von Vater, welche ich natürlich egal woher, gerne annahm, auch ohne das Gehörte zu glauben!
Auf dem Heimweg schaute ich noch bei Tante Irma vorbei, welche mir wie im Stillen erhofft, in Erinnerung an frühere Soldaten, die scheinbar auch immer knapp bei Kasse waren, noch einen „Fuffziger“ zusteckte!
Zu schnell ging der Urlaub zu Ende, am schwersten fiel mir natürlich der Abschied von Renate. Zu allem Überfluss musste sie am letzten Samstag bis spät abends arbeiten und sonntags zu einer großen Hochzeit, um Braut, Brautjungfern, Gästen, mehrmals am Tag die Frisuren aufzufrischen. Einziger Trost, es half ihr, das vom Urlaub noch leere Portemonnaie etwas aufzufüllen!
Deshalb fuhr ich diesmal gleich nach dem Mittagessen, zwar bei schönem Wetter, allerdings mit traurigem Herzen zu meiner Einheit sowie dem nunmehr gar nicht mehr so berühmten Dienst zurück.

*

Ziemlich brummig betrat ich am Sonntagabend unsere Bude, einfach fiel es nicht, der Wirklichkeit des Alltags beim Kommiss, wieder ins Auge zu schauen! Von den anderen war keiner da, so konnte ich unbeobachtet, weiter die Nase hängen lassen. Gedankenverloren beobachtete ich durchs Fenster den dahinziehenden Verkehr auf der Kaiserallee, als unversehens die Tür aufging und voller Elan mein alter Kamerad „Klaer", Abwechslung durch sein unverhofftes Auftauchen brachte.
„Servus Lothar, bist du schon zum Schichtdienst eingeteilt?" - *„Keine Ahnung hab nicht nachgeschaut, warum?"*, knurrte ich *„Mensch Junge, komm mit, wenn du nicht auf dem Dienstplan stehst, kannst du dich ebenfalls für die Parade, auf dem Karlsruher-Flugfeld in 14 Tagen einschreiben! Neben Amis, Kanadiern, Franzosen sollen wir ebenfalls einen großen Trupp stellen, der unter dem Motto „Partner für Frieden durch NATO" an hohen Offizieren vorbeimarschiert! Hinterher soll's ein Big- Fest für alle Teilnehmer mit Essen und Freibier geben!"*
Nun das hörte sich nicht schlecht an, von seiner Begeisterung angesteckt, eilten wir zum Schwarzen Brett hinunter. Tatsächlich, mein Name stand noch nicht auf dem Plan, also schrieb ich ihn ebenfalls auf die Liste der freiwilligen Marschierer!
Ab Montag stand da zu lesen, sollte die nächsten 7 Tage, täglich Vor- und Nachmittag mehrere Stunden erst im Drillich mit Stiefeln, dann im großen Dienstanzug und zum Schluss zusätzlich mit Gewehr in Zehnerreihen marschiert werden!
Formalausbildung eigentlich nicht so mein Fall, außerdem drückte mich ein wenig das schlechte Gewissen, unser Oberfeld würde Augen machen, wenn gleich zwei seiner erfahrenen Männer, eine Woche nicht greifbar sind!
„Ach", meinte Manfred locker schmunzelnd, *„Da merkt er erst mal, was er an uns hat!"* Und dabei blieb es!
Der Spieß staunte nicht schlecht *„Beispielhaft, hätte ich gerade von euch nicht erwartet!"*, meinte er während der Parole, wohlwollend gütig, offensichtlich um damit weitere noch fehlende Männer anzulocken.
Eigentlich hätte ich's mir denken können, eine echte Plagerei das Ganze, unter dem Gebrüll der Ausbilder, bei heißem Sommerwetter unter mitziehendem, aufgewirbeltem Staub, des mit Splitt belegten großen Kasernenhofes, schwitzten wir um die Wette und probierten und exerzierten und.....
Anfangs nur in vierer Reihen a'10 Mann nebeneinander, fiel schon das Schwenken einer geraden Linie oder der Gleichschritt schwer, bis jedoch letztlich aus verschiedenen Einheiten 24 oder 30 Reihen zusammengesetzt, also etwa 300 in Größe, Ausrichtung und Schritt passten, das war hart. So manches Mal bereute ich meinen Entschluss und dachte, wie manch anderer, wie kann man nur so blöd sein, freiwillig..., das schaffen wir doch nie!

Das einzig Positive bei der Sache, man musste vorher zur Kleiderkammer um die Ausgehuniform zu überprüfen, so kam ich endlich neben der bereits gut sitzenden Jacke, zu einer passenden Hose!
Am Tag der Parade waren alle sehr aufgeregt, auf frisch gewaschenen Lastwagen oder Bussen in sauberster Montur, karrte man uns auf's ehemalige Flugfeld. Am Anfang der Starbahn, formierten sich bereits die Soldaten der anderen Nationen, dann zog vor jedem Block die entsprechende Militärkapelle auf und spielte die jeweilige Nationalhymne.
Stauben würde es heute bestimmt nicht, denn es regnete zur Abwechslung, trotzdem warteten Tausende Zuschauer auf das Ereignis!
Warten, endlich ging es los, ein jeder riss sich zusammen besonders beim Vorbeimarsch an der Tribüne, auf welcher, neben den amerikanischen, kanadischen, französischen Kommandeuren, unser Oberst.i.G. "Aldinger" stand. (Späterer bekannter BW-General)
Nachdem das vorgegebene Programm abgespult war, ging es muffig, feucht in die Fahrzeuge zurück. Hatte bis dahin einer geglaubt, nun würde die große internationale Party abgehen, sah er sich getäuscht! Nach der Heimkehr einrücken in den Speisesaal, als besonderer Dank Schnitzel mit Kartoffelsalat nebst einem Bier pro Mann, außerdem einige Tage später ein Tag frei, sowie schriftliches Lob vom Kommandeur, das war's!
Zum Glück stand mein Name für die nächste Woche auf dem Dienstplan der Vermittlung, so konnte ich zumindest, dem normalen Kompaniedienst entfliehen!
Unangenehm überrascht musste ich allerdings feststellen, dass neuerdings neben uns, zumindest am Tag Zivilangestellte Dienst taten. Damit war nicht nur unsere Lockerheit, sondern auch der Ulk am Telefon vorbei. Außerdem blieb fast nichts mehr zu tun übrig, derweil sich diese Leutchen in ihrer Probezeit stark ins Zeug legten! Auch die bisherige kameradschaftliche Verbundenheit zu den benachbarten Fernschreibern litt darunter, derweil die Zivilen nicht die gleiche Sicherheitsstufe hatten, wurde die Zwischentür verschlossen und wir somit der attraktiven Infoquelle beraubt. Zwar durfte nach wie vor der Wochenend- sowie Nachtdienst nur von uns gestellt werden, aber wie lange noch?
An einem dieser langweiligen Tage, kam der Befehl durch *„Flieger Gerhard, sofort zum Chef"*, ich bekam heiße Ohren, als der Oberfeld auch noch feixte *„Na, na, Gerhard was haste denn wieder angestellt?!"* Aufgeregt eilte ich ins Geschäftszimmer, der Spieß nahm meine Meldung nicht besonders freundlich entgegen, sodass mein Puls merklich schneller schlug, als er mich kurz darauf ins Allerheiligste schob!
Mein neuer Kompaniechef „Hauptmann Burger", ein drahtiger, brau gebrannter, sympathischer Mann, welcher die Kompanie während meines Urlaubs übernommen hatte, kannte ich bisher nur aus der Ferne. Verschmitzt lächelnd nahm

er meine Meldung entgegen, kam dann hinter seinem Schreibtisch hervor, gab mir die Hand und meinte:
„Flieger Gerhard, ich befördere Sie hiermit zum Gefreiten“ danach folgte Überreichung der Urkunde, wohlwollende Konversation, welche mit dem Befehl endete *„So Gerhard, in 30 Minuten möchte ich Sie hier mit Streifen am Ärmel als Gefreiter wiedersehen!“*
Glücklich und aufgewühlt eilte ich nach draußen, aber „Mann, oh Mann“ wie sollte ich das denn schaffen???
Als erstes zur Kleiderkammer, die gaben mir zwar Streifen, aber aufnähen, *„mindestens drei Tage!“,* meinte lakonisch der Kammerbulle! Also zurück zur Bude gehetzt, Nähzeug raus schnell mit ein paar Stichen, ziemlich unkommod um nicht zu sagen „beschissen“ die Dinger angeheftet. Dann schwitzend Spurt zum Geschäftszimmer, mittlerweile waren „45 Minuten“ vergangen! Rein zum Chef, Meldung:
„Na Herr Gefreiter, das hat aber seeehr lange gedauert!“ - *„Entschuldigen sie Herr Hauptmann aber ich habe es nicht schneller geschafft“* - *„Ja, man sieht's Gerhard, wie geht's denn einfacher und schneller hmm??“* Ratlos, die Antwort schuldig bleibend, blickte ich ihn fragend an?
„Mann, da geht man einfach zum nächsten Kameraden und leiht sich dessen Jacke, - na alles klar?!!“
Danach durfte ich mit rotem Kopf neben der Gewissheit abtreten, sicher nicht den hellsten Eindruck hinterlassen zu haben!
Nichts desto trotz, freute ich mich mit fünf weiteren Kameraden, davon zwei aus meiner Bude über die Beförderung. Stolz trugen wir die, damals noch am Ärmel aufgenähten, Gefreiten-Streifen!
Natürlich musste so was gebührend gefeiert werden und da ich zufällig auch noch am Samstag freihatte, sollte ab 17 Uhr auf unserer Bude die Post abgehen! Derweil die anderen Kameraden übers Wochenende sowieso außer Haus waren, konnten wir im zweiten Stock ungestört feiern!
Großen Aufwand bedurfte es nicht, als Brotzeit gab jeder seine Abend-Kaltverpflegung bestehend aus Wurst, Käse, Margarine, Semmel auf ein Brett. Dazu kauften wir zwei Kästen Bier, zu welchen jemand eine Flasche Feuerwasser stiftete!
Wie zu erwarten stieg die Stimmung schnell, bereits nach einer Stunde hatten Erlebnisse aus der Grundausbildung, gewaltige Ausmaße angenommen. Nach zwei, ertönten lautstark "Soldatenlieder", nach drei folgte "Kampfgeschehen"! Mittels der sich am Gang befindlichen Eimerlöscher mit Pumpe wurde ein "Wasserangriff" auf die im Raum Verbliebenen geführt, welche Deckung unter oder hinter den Betten suchten, um sich ihrerseits mit Kissen, Besen oder Schaufeln, zur Wehr zu setzen.

Nach vier Stunden Lärm erschien der UvD mit Trillerpfeife und sorgte mit Kommandostimme nicht nur umgehend für Ruhe, sondern befahl den verwüsteten, etwa zwei Zentimeter unter Wasser stehenden Raum, innerhalb einer halben Stunde, wieder in den Urzustand zu versetzen! Was ohne zu murren, kameradschaftlich gemeinsam, umgehend befolgt wurde!
Bei der schon angedrohten Kontrolle um 22:00 waren alle, zwar noch immer feixend, bei „Licht aus“ im feuchten nach Bier nebst Zigaretten stinkenden Raum, wie befohlen in der Falle.
Derweil aber aus verschiedenen Stuben, nicht jeder im eigenen Bett, doch das hatte er nicht bemerkt...........! Kurz darauf ging die unvergessene Feier zur ersten Beförderung "leise, leise" weiter, bis einer nach dem anderen einschlief!

*

Mit den neuen Zivilangestellten machte Dienst in der Vermittlung wie erwähnt wenig Spaß, da es sich durchwegs um ältere handelte. Diese hatten natürlich ihre eigenen Probleme, Interessen, Gespräche und Ansichten, welche sich naturgemäß von denen junger Soldaten, doch sehr unterschieden! Aussicht auf baldige Besserung versprach unser Dienststellenleiter, der unseren Frust wohl verspürte. Sollte geschehen mit der Versetzung seiner Besten, wie er schmeichelte, zur neuen Vermittlung, im ehemaligen „Hotel Reichshof“, nunmehr Sitz des Generalstabs „Luftwaffengruppe Süd“!
Allerdings gab es dort nur noch Tagschichten, innerhalb der normalen Dienstzeit von Montag bis Freitag! Jeden zweiten Samstag dann Kompaniedienst, was Revier- oder Klamotten reinigen mit anschließendem Appell bedeutete, um den wir uns bisher meist erfolgreich gedrückt hatten!
Aus diesem Grund nutzte ich vierzehntägig noch zwei, drei Mal die Möglichkeit, eines verlängerten Wochenendes zur Heimfahrt, wobei zuletzt der Roller daheimblieb!
Eine Woche Heimaturlaub nebst Freifahrt blieb schließlich noch übrig, welche unbewusst ausgewählt, bedauerlicherweise auf ein allgemeines Ferienwochenende fiel. Verabredet mit einem Kameraden aus Donauwörth, wollten wir zum letzten Urlaub unserer Dienstzeit, nochmals in Uniform reisen, staunten jedoch nicht schlecht, als die Züge total überfüllt waren! Nachdem wir deshalb einen Teil der Strecke stehend auf dem Gang verbringen mussten, gelang es nach etlichen Stationen, zwei frei werdende Sitzplätze in einem Abteil zu ergattern.
Mit misstrauisch, ja neugierigen Blicken von den übrigen Reisenden beobachtet, unterhielten wir uns anfangs allein, bis irgendjemand eine Bemerkung unserem Gespräch hinzufügte. Daraus entwickelte sich wiederum, eine allgemeine Unterhaltung. Leider wie so oft, stets nach dem gleichen Muster, erst Fragen nach dem woher, wohin, dann wie es bei der Bundeswehr so zugeht und letzt-

lich, wieso man denn schon wieder Soldaten brauchte, wo doch der letzte Krieg erst einige Jahre vorbei sei!
Unserem jugendlichen Elan jedoch fiel es nicht schwer die Unterhaltung schon bald, auf einige, allerdings etwas aufbereitete, lustige oder rühmliche, selbst erlebte Soldatengeschichten zu lenken! In der so entstandenen guten Stimmung im Abteil liefen wir in einen größeren Bahnhof ein, wenn ich mich recht erinnere, könnte es Stuttgart gewesen sein.
Da der Aufenthalt etwa 30 Minuten betragen sollte, sich die Kehlen vom Erzählen schon ganz trocken anfühlten, hätten wir gern etwas zu trinken gehabt! Zehn Minuten standen wir suchend herum, bis wir erfuhren, dass es nur im Hauptgebäude einen Kiosk gab!
Also los, Treppe runter im Eilschritt durchs Gewühl, an den Bahnsteigen vorbei zum Hauptgebäude, wo wir tatsächlich auf die Schnelle, zwei Cola ergattern konnten. Während wir zurückspurteten, fiel uns ein, dass wir verbotenerweise ohne Mützen rumliefen, na hoffentlich begegnete uns kein Feldjäger! Außer Atem erreichten wir den Zug, welcher sich kaum eingestiegen in Bewegung setzte! In der Meinung im richtigen Waggon zu sein, schlängelten wir uns an den im Gang stehenden Reisenden, nebst ihren Koffern vorbei.
Das gab's doch nicht, hin, zurück, wir fanden weder unser Abteil, noch bekannte Gesichter! Aufgeregt wurde daraufhin mehrmals der halbe Zug durchsucht, bis uns zufällig ein fremder Schaffner über den Weg lief. Schnell stellte sich heraus, dass wir uns im sogenannten Entlastungszug befanden, dieser fuhr dem ersten hinterher, teilte sich den Aufenthalt! Während unserer Abwesenheit hatte man ihn offensichtlich gegen den unseren ausgetauscht!
Nun war guter Rat teuer, erst mal wurde einem abwechselnd heiß und kalt, Mützen weg, Koffer weg, der wäre für ein paar Tage zu verschmerzen, aber „ohne Mützen“ in „Uniform“, unmöglich!
Der Beamte ein sehr verständnisvoller Mann erkannte das Problem sofort und versprach beim nächsten Halt anzurufen, damit die fehlenden Sachen spätestens in Donauwörth, aus dem Zug geholt würden!
Aufs Äußerste angespannt, unruhig erreichten wir Stunden später endlich, das gemeinsame Ziel. Ein ganzer Strom von Reisenden bewegte sich auf den Ausgang zu und da, ich wollte meinen Augen nicht trauen, mittendrin wie ein Fels in der Brandung, eine Faust mit zwei Fliegermützen, hoch über den Köpfen der Menge gehalten, stand ein „Bahner“, welcher da selbst nicht groß, sich extra auf eine Kiste gestellt hatte!
Endlich wieder Mützen auf, nun fühlten wir uns nicht mehr nackt, allerdings eine Order für die Koffer hatte er angeblich nicht erhalten, da musste erst wieder telefoniert werden! Na ja!

Letztlich stand mein Koffer drei Tage später, dank des beim Militär vorgeschriebenen hölzernen Namenschildes, bei der Gepäckausgabe zur Abholung bereit!
Froh, meine einzige Jeans nebst Lederjacke wiederzuhaben, derweil ich bis jetzt, nur mit einer meiner zwei Anzugshosen oder in Uniform rumlaufen konnte, mehr besaß ich nicht für meine jetzige Größe!
Wir Wehrpflichtigen mit unseren 60DM Monatsgehalt, das heißt nun 75DM als Gefreite, witzelten 1959 sowieso immer etwas sarkastisch:
"Drückeberger, Freunde, Bekannte, die nicht zur Bundeswehr mussten, konnten sich in der Zwischenzeit, wenigstens einen Anzug verdienen, während wir den vom Staat, nur leihweise bekamen!"

*

Der allerletzte Urlaub war verbraucht und nur noch ein knappes Vierteljahr Dienstzeit lag vor mir. Als erstes erwartete mich die schon angekündigte Beorderung zur Generalstabs-Vermittlung ins umgebaute "Hotel Reichshof".
„Gerhard, nur die Besten kommen dort hin“ meinte der Oberfeld zum Abschied! Nur dafür konnte man sich nichts kaufen, denn schon die Dienstzeit war mehr wie besch…eiden!
So musste man in der Früh, zwanzig Minuten vor Dienstbeginn am „Bus-Stopp“ sein, mindestens eine Viertelstunde dauerte die Fahrt durch die Stadt. Das Ganze zweimal mittags, sowie einmal nach Dienstschluss, verlängerte die nicht vergütete Dienstzeit, täglich um eine Stunde! Doch damit nicht genug, das Schlimmste die Mittagspause! Nach Rückkehr waschen, eiligst in den Speiseraum, dort anstehen, bis man, natürlich nicht bevorzugt, endlich sein Essen erhielt, alles schnell runterwürgen und zurück zum Dienst! Morgens, kaum ausgestiegen auf dem Weg zur Vermittlung, dauernd grüßend den Arm oben, derweil einem so hohe Dienstgrade entgegen kamen, wie man sie sonst nirgends auf einem Haufen sah!
Die Arbeit selbst hektisch, nervig aufreibend, wieder zusammen mit Zivilisten, zum Quatschen blieb wenig Zeit, für Späße schon gar nicht! Schnell merkte ich, das war auf die Dauer nichts, für meines Vaters Sohn!
Als ich auch noch erfuhr, dass andere Kameraden, Tenor Feldwebel, die „Schlechteren“, bei der ersten Fernmeldeübung in „Fontainebleau“, bei Paris mitmachen durften, stank es mir gewaltig!

Von dieser Übung erzählte man sich später, augenzwinkernd folgende Geschichte. Beim abendlichen Ausgang im Ort soll einer der Kameraden, ein entgegenkommendes, hübsches Mädchen mit den Worten:
„Bonsoir Mademoiselle, voulez vous se promener, avec moa?“
Gefragt haben, worauf diese überrascht ausrief,
„Oooh, ooh... Allemand??!“, worauf er eiligst versicherte:
„Non, non, Mademoiselle nur ich allein, die anderen gehen ins Kino!!“

Einige Tage nach deren Rückkehr sickerte durch, dass unsere Einheit ein Sportfest mit den in Karlsruhe stationierten Franzosen abhalten sollte, dem in Bälde eine FM-Übung im Schwarzwald folgte! Nun war aber der Ofen aus, kurzum der Punkt für meinen Ausstieg gekommen!
Bei der nächstbesten Gelegenheit ging ich mit etwas schlechten Gewissen, zu Oberfeld Korn und bat ihn, nicht mehr zum Vermittlungsdienst eingeteilt zu werden! Ich wolle in den mir verbleibenden Monaten, bei Aktionen meiner Kompanie mitmachen! Er bedauerte, hoffte aber für mich, dass alles gut überlegt sei, wie er meinte! Konnte es letztlich aber verstehen und wünschte mir, für

den Rest der Dienstzeit alles Gute! Zum Abschluss meinte er kameradschaftlich, ich könnte mich jederzeit, sollte ich etwas auf dem Herzen haben, bei ihm melden. Er würde mir steht's, im Rahmen seiner Möglichkeiten, mit Rat und Tat zur Seite stehen!…Tat mir gut!
Leider sollten sich die gehegten, freudigen Erwartungen, als ein wenig zu rosig herausstellen! Verwöhnt vom eingerissenen Schlendrian beim Vermittlungsdienst, wollte der normale Militärdienst nicht so recht schmecken! Hier wechselte, Unterricht mit Sport, Formaldienst mit Appellen, sowie gleich zu Beginn, ein Tagesmarsch in die nähere Umgebung mit anstrengender Gefechtsübung.
Nach Rückkehr mussten wir ungewohnt feststellen, dass man während unserer Abwesenheit, die Bude auf den Kopf gestellt hatte! Halb volle Abfalleimer umgekippt, schlecht gemachte Betten aufgedeckt eine darin versteckte Tabakschachtel geöffnet, sowie diverse Dinge welche unter den Betten lagen, auf dem Tisch zu einem unordentlichen Berg angehäuft! Kurz, hier hatten ein paar Ausbilder, ganze Arbeit geleistet! Über die aus diesem Grunde, verhängte Feuerwache samstags, konnte auch der Spaß, den wir mit dem neu zugeteilten Revier „Toilette“ erleben sollten, nur wenig trösten.
Anfangs machten wir lange Gesichter, als gerade unsere Bude den bis dato vernachlässigten Toilettenraum, zum täglichen Säubern aufs Auge gedrückt bekam. Es handelte sich hierbei um einen etwa 80 m² großen hellen Raum, mit Oberlicht, dessen geriffelte, graue Bodenfliesen mit einer Hohlkehle in die glatten, beigen Wandplatten überleiteten, die bis zur Decke reichten. In der Mitte befanden sich zwei Abflüsse, an einer Wandseite zwei Waschbecken mit Spiegel nebst Eimerbecken, an der anderen drei Pissoirs, entlang der dritten Wand fünf WC-Kabinen. Allerdings brauchte man Pissoir und Kloschüsseln nicht reinigen, das wiederum machte ein Zivilangestellter, es sei „Soldaten unwürdig“ hieß es, eine Aussage, die auch wir zum ersten Mal überrascht vernahmen!!
Beim jeweiligen Großreinemachen am Samstag, gestaltete es sich erst recht mühsam, mit mehreren Eimern Wasser nebst Schrubber die Sache anzugehen. Zu allem Übel stank es fürchterlich, da etliche Kameraden frei und deshalb Zeit zur Dauersitzung beim Kacken hatten oder im Jargon "einen Neger abseilten"!
Hier half auch der Ruf: *„Los, los, Männer, aufwachen, abzwicken, rauskommen, wir müssen sauber machen!“* Nichts, die ließen sich nicht stören, brüteten weiter und maulten noch, beim Rausgehen!
Erstmalig, wenn mir zu dieser Problematik nicht irgendetwas einfiele. Hatte ich doch drei Meter weiter im Flur, hinter einer Klappe einen aufgerollten, angeschlossenen 16er Feuerwehrschlauch mit Spritze entdeckt!
"Mit dem sollte es wohl schneller gehen", meinte ich zu einem der Neuen! *„Muss man da nicht erst fragen, ob wir ihn benützen dürfen!?“*
„Junger Kamerad merke dir, fragste, sagt der Spieß sicherlich NEIN, dann darfste natürlich nicht! Aber so, wenn einer mault, dann haste eben nix gewusst

... alles klar? So funktioniert's beim Barras, kapiert?!" Das verstehende Grinsen des jüngeren, folgte wie eine bewundernde Antwort! Gleich nächstes Wochenende sollte das Ganze, in die Tat umgesetzt werden!
Nach langweiligem Normaldienst während der Woche erwarteten wir am folgenden Samstag unruhig das Ende der Parole, um danach sofort die Treppen hinauf zu stürmen und schnell, bevor es jemand merkte, den Schlauch auszurollen! Tatsächlich waren noch vier Kabinen besetzt, als ich die Spritze waagrecht auf den Boden drückte. Nach dem vereinbarten *„Wasser marsch"*, fuhr der Wasserstrahl zischend über den Boden unter den Trennwänden hindurch, um dann mindestens einen halben Meter spritzend die Wand hinauf zu schießen!
Etwa zwei Sekunden herrschte Stille, dann Fluchen, Rumpeln, Gebrüll, wüste Beschimpfungen und da sprangen die Stinker auch schon heraus. Im Schlafanzug mit nassen Hausschuhen, die feuchten „Mickey Maus" oder „Bill Jenkins" Hefte in der Hand, grotesk hüpfend um möglichst schnell über den sich bildenden See, nach draußen zu kommen!
Noch auf den Buden schimpften sie hörbar, ja schworen ewige Rache, doch wir lachten erst mal lauthals über die gelungene Aktion, ich glaube keiner von uns hatte zuvor, zumindest nicht beim Militär, je so gelacht!
Angestachelt von unserem Erfolg, wollte Kamerad „Delong", welchem man als Revier den langen Gang vorm Geschäftszimmer zugeteilt hatte, ebenfalls einen Scherz anbringen! Es ärgerte ihn, dass sich die „Bürohengste" oftmals am Gang unterhielten, er deshalb beim Kehren immer wieder *„Bitte zur Seite treten"* sagen musste! Um hier Abhilfe zu schaffen, montierte er kurzerhand, eine Fahrradklingel an den Besenstiel und klingelte nun „auf Teufel komm raus" jeden an, der ihm in die Quere kam! Natürlich konnte, das nicht lange gut gehen, „Spieß Bramus" welcher sich massiv in seiner Ruhe gestört fühlte, kam wutschnaubend herausgeeilt und fragte ihn, ob er schon total verblödet sei, er solle sofort, aber sofort diese Klingel abbauen, was unseren Kameraden wiederum, zutiefst beleidigte!
Endlich nach ein, zwei Wochen des Wartens, stand offiziell etwas über den deutsch- französischen Sportwettkampf am Schwarzen Brett, von dem wir durch unsere Informationsquellen, schon längst wussten!
Man wollte eine Art halbmilitärischen Wettkampf durchführen, bei dem nicht gegeneinander, also Franzmänner gegen Deutsche, sondern Schulter an Schulter im Sinne der NATO, jeweils zwei Mann miteinander gegen die anderen punkten sollten. Freiwillige wurden gesucht, der größte Teil unserer Bude war dabei, ebenso mein alter Kamerad Klaer!
Leider wieder typisch für unsere Einheit, es wurden über zwei Wochen jeden Tag Übungsstunden auf dem Sportplatz angesetzt, jedoch aus allen möglichen Gründen, höchstens die Hälfte davon abgehalten! Einen ähnlichen militärischen Hindernisparcours, wie der auf dem das Ganze stattfinden sollte, bekamen wir

überhaupt nicht zu Gesicht! Die Einweisung darauf sollte erst kurz vor dem Wettkampf in der französischen Kaserne erfolgen!
Am Tag der Übung warteten die sauber gewaschenen, besten Mercedes-Busse auf uns, bekleidet mit Kampfanzug, Koppel, Stiefeln, Papphelm, wie man ihn nannte, Bergmütze in der Tasche, so fuhren wir mit gemischten Gefühlen, zu besagter, einige Kilometer entfernten Kaserne!
Obwohl aufs Herzlichste empfangen, merkten wir schnell, dass hier eine ganz andere Armee Dienst tat! Straffe Organisation, strenge Disziplin, es ging einfach militärischer zu, etwa so wie man uns die frühere deutsche Wehrmacht geschildert hatte! Wir wurden aufgeteilt, der mir zugeteilte Kamerad „André“ war ein feiner Kerl aus dem Elsass, der fließend Deutsch sprach, ein Glück, das nicht jeder von uns hatte!
Die versprochene Einweisung, musste wie befürchtet schnell vonstattengehen, wobei man nur ganz kurz die verschiedenen Hindernisse probieren durfte! Die Aufsichten an den Stationen waren redlich bemüht, wobei sich nicht nur bei den etwa 40 cm hohen Betonkegeln, auf welche man abwechselnd mit einem Fuß springen musste, unsere Stiefel als Handicap erwiesen! Die Franzosen hatten ähnlich den Amerikanern oder der BW heute, Schnürstiefel, allerdings mit oben angesetzten, verschnallten Ledergamaschen, die leichter waren und mehr Halt gaben!
Der neue Kamerad erteilte mir jede Menge wichtiger Tipps, unter anderem beim Erklimmen, der freihängenden Strickleiter oder bei der etwa 4 Meter hohen Mauer, von welcher man letztlich den Abschlusssprung in eine Sandkuhle wagen musste, danach abrollen (vorher nie geübt), ohne sich dabei die Knochen zu brechen! Angst? Nein, etwas mulmig ja, schließlich waren wir wenig trainierte Luftwaffensoldaten, die anderen dagegen Stoppelhopser, topfit!
Also „langer Rede kurzer Sinn“, Helm auf und los ging's. Angefeuert von den Zuschauern, mitgerissen vom eigenen Ehrgeiz, sowie der Begeisterung des Gefährten, gab man sein bestes! Wir krochen unter Drähten hindurch, kletterten über Mauern, überwanden ausgemauerte Gräben, robbten durch enge Röhren, zogen uns mit Strick oder Leiter über Bretterwände, schwangen uns am Seil wie Tarzan über Morast, liefen über Balken, hüpften über die bewussten Sockel! Genau da, rutschte ich ab knallte mit dem Schienbein gegen die Kante, meine Schaftstiefel, ich sage nie mehr was dagegen, sowie die allezeit helfende Hand meines Kameraden, bewahrte mich vor Schlimmeren! Endlich das Ende der Strecke in Sicht, die sehr hohe Wand von hinten leicht ansteigend, *„is ja gar nicht so schwer“*, dachte ich, doch dann ausgepumpt oben stehend, in die Tiefe blickend *„Allmächt!!“* würden die Nürnberger sagen.
„André" zögerte nicht, er sprang sofort, verflucht war das hoch, ich setzte mich zögernd auf die Kante. *„Vite, vite, sauter, sauter, spring, Lotaar“*, tönte es mit französischem Akzent von unten, *„Scheiß drauf“*, dachte ich, schloss die Augen

und stieß mich ab ......“Rumms“, es krachte, tat einen fürchterlichen Schlag, Schmerz, Funken, es rammte mir die Beine in den Leib, ein Knie ans Kinn geknallt, sodass ich zum Schluss glaubte, nunmehr einen halben Meter kleiner zu sein!

Aber „Geschafft“ im doppelten Sinn des Wortes!

Danach konnte man sich nur noch schwer atmend aufrappeln, benommen Sand im Mund, mit letzter Kraft zehn Schritte weiter taumeln, um auf den angrenzenden Rasen zu sinken. Einige von uns lagen schon dort und lauschten dankbar, dem jovialen aufbauenden Zuspruch der Teamkameraden!

Während wir dem Nächsten anfeuernd zusahen, erholte man sich zunehmend und erfuhr, nicht ohne innerlichen Stolz, dass es nicht alle Teams geschafft hatten! Zum Abschluss wäre duschen angesagt, doch die meisten strebten wie wir, neugierig zum sogenannten „Kasino“, bevor das Essen nebst Siegerehrung im Speisesaal begann. Als erstes konnte man jedoch feststellen, dass sich dieser Soldatentreff, bis auf die bei uns unübliche, martialische Deko, nicht so wesentlich, allerdings von den guten BW-Kantinen unterschied. Nur die Küche differierte total, wartete mit erschwinglichen, mehrgängigen Menüs auf und anstatt überwiegend Bier, gab’s verschiedene Weinsorten, ja sogar Champagner für 5 DM, die Flasche versteht sich!

Lange Zeit hatten wir leider nicht, denn schon bald traf man sich im großen Speisesaal, wo nach Ansprachen der Kommandeure, welche vor allem die neue Kameradschaft zwischen Franzosen und Deutschen beschwor, die Siegerehrung erfolgte. Wir zwei hatten es ins gute Mittelfeld geschafft, war auch nicht schlecht, oder?!

Später konnte man sich noch an einer großen Theke, bestückt mit uns teilweise unbekannten Gerichten, teils sich selbst oder von Köchen bedienen lassen! Es war das erste Mal ein solches Büfett zu erleben, damals, sicher nicht nur in meinem Leben!

Weil die Fahrt des letzten Busses auf 23:00 angesetzt war, konnte man noch etwas Zeit im Kasino verbringen, wo nun erst der richtige Kameradschaftsabend begann. Mit Händen und Füßen, sowie mithilfe einiger deutsch sprechender Franzmänner wurde versucht, die gegenseitige Neugier über alles Mögliche zu befriedigen! Dienst, Sold, Verpflegung, Ausrüstung, Urlaub, alles interessierte, ab einem bestimmten Dienstgrad sollte es bei denen sogar Gutscheine für ein fahrbares „Puff“ geben, welches in Abständen auftauchte?!

Während lautes Stimmengewirr, nebst Rauchschwaden wie eine Wolke im Raum schwebte, floss Wein, vor allem Champagner, man könnte sagen in Strömen! Da für uns ungewohnt, stachelte alles Neue die Fantasie an, unsere Muskeln wurden zumindest im Kopf immer stärker! Vor allem interessierten natürlich die Kriegseinsätze in Indochina sowie der Dienst in der Legion, „der Eliteeinheit", bei welcher viele Deutsche dienten und von der selbst die neuen Kame-

raden, nur voll Hochachtung sprachen! *"Herrgott, das wäre, doch was, anstatt dem blöden Platzpatronenkrieg"*. Wir steigerten uns immer lauter werdend in tolle Abenteuer in fernen Ländern hinein! Endlich nicht mehr so lascher Friedensdienst wie bei uns. Während unsere Begeisterung immer höhere Wellen schlug, verhielten sich die Franzosen bei diesem Thema wesentlich leiser!
Mittlerweile hatte sich aus den letztverbliebenen Soldaten ein harter Kern gebildet. Etwa eine Stunde bevor wir gehen mussten, rutschten sie plötzlich achtungsvoll zusammen, um einem etwas älteren, schneidig aussehenden „Sergent" in ordengeschmückter Ausgehuniform Platz zu machen!
„Allo, gut Kamerad „allemands", wie isch öre, wollt etwas gern erleben, bon, kommt sur Legion, isch kann elfen!" - „Hmm ja, warum nicht, ein Versuch wäre, es wert, eventuell nach unserer Dienstzeit, dachte nicht nur ich?!"
Die Unterhaltung wogte hin und her, mit heftigen Gesten unterstrich er spannende Geschichten von vergangenen Siegen der Legion, welche mit Ruhm und Auszeichnungen belohnt würden! Einfach fantastisch, mit glänzenden Augen staunten wir ihn an.
Nach einer Weile *„Sacre bleu, mon ami, (er schnalzte mit den Fingern) un moment, isch ole Papier, ne plus que signatur, bekommt gleisch Geld und abt tolles aventure! Vouloir wu, oui?.....un' moment!"*
Nun stand er auf, eilte davon um besagte Papiere zu holen! Kaum jedoch draußen sprang plötzlich André auf:
„Seid ihr Kerle denn total verrückt? Kommt sofort mit nach draußen, glaubt mir, ihr werdet mir euer ganzes Leben dankbar sein!...... Wenn ihr das unterschreibt, verschwindet ihr auf nimmer Wiedersehen!"
„Ach komm, wir sind doch noch bei der Bundeswehr!"
„Er scheißt auf eure Bundeswehr, erhält Kopfgeld für jeden! Hier seid ihr auf französischem Boden, bekommt einen neuen Namen und verschwindet noch heute Nacht, morgen weiß kein Mensch mehr was von euch, glaubt mir!!!
Also los jetzt, schnell weg hier, raus aus dem Bau auf zum Bus!"
Irgendetwas in seiner Stimme ließ uns aufhorchen und da der Tag sowieso fast zu Ende war, trotteten wir folgsam etwas ernüchtert, hinter ihm zum Bus, welcher schon vor der Kaserne wartete!
Zum großen Abschied blieb leider kaum noch Zeit, doch André sollte recht behalten, wir alle sind ihm heute noch genauso dankbar, wie ich es bedaure, ihn aus den Augen verloren zu haben!

*

Nach diesem unvergesslichen Sportfest machte sich neben Muskelkater, ein leicht schmerzender Backenzahn bemerkbar. Ein Gefreiter aus der Schreibstube, der das mitbekam, gab mir den Tipp, noch bei der BW zum Zahnarzt zu gehen, derweil der Bund weit bessere Leistungen böte als die normale Krankenkasse! Also meldete ich mich ab, obwohl kaum einer gern dort hinging, denn unter Soldaten war bekannt, dass Truppenärzte wenig konnten, jedoch zu unserem Glück das meiste an private Ärzte überwiesen!
Solches geschah, zur Erleichterung auch in meinem Fall! Nach der Begutachtung machte ich mich auf, zu einem, nicht weit von der Kaserne praktizierenden Zahnarzt. Als ich eine Weile im Wartezimmer saß, kam ein sehr hübsches blondes Mädchen in meinem Alter herein, sie grüßte, ich nickte, danach vertiefte sich jeder in eine Zeitung. Zugegeben ob ihrer Anmut, über den Rand des Blattes öfter von mir gemustert, was sie aber scheinbar nicht bemerkte!
Der Zahnarzt ein freundlicher junger Mann setzte mir wirklich zwei Goldplomben, eine als neue Füllung, die andere als Ersatz für eine alte, es war nebenbei gesagt, das erste Gold in meinen Zähnen! Insgesamt hatte ich vier Termine, beim zweiten begegnete mir wie zufällig der Engel mit den langen Haaren, ähnlicher Verlauf, beim dritten Mal leider nicht mehr!
Als nach etwa zwei Wochen die Behandlung beendet war, erzählte mir der Zahnarzt, dass ich auf eine seiner Patientinnen großen Eindruck gemacht hätte, woraufhin sie ihn bat, uns miteinander bekannt zu machen, was er jedoch ablehnte! Weil sie ihn aber so inständig darum bat, zumal ihr der junge Mann, also ich so gut gefiel, hatte er sich bereit erklärt ihre Telefonnummer weiter zuleiten! Was ich damit anfinge, sei ihm egal, er wolle jedoch nicht den *„Postillon d`Amour"* spielen! Dankend mit leichtem Herzklopfen ging ich innerlich erfreut von dannen.
In den nächsten Tagen, nahm ich den Zettel immer wieder zur Hand, überlegte, zögerte, stand schon vorm Telefonhäuschen! Doch irgendwann fiel mir Renate ein und während der Zettel in den Treteimer flatterte, dachte ich erleichtert *„Spotzl, dir zuliebe!"*!
Am nächsten Tag konnte mich ein Stubenkamerad als Beifahrer anfordern, wodurch ich leichter wieder zum Bundeswehralltag zurückfand!
Mit dem damaligen „Borgward MTW", einem großen olivgrünen Geländewagen mit Faltverdeck, gedacht für eine Gruppe (9 Mann mit Ausrüstung) brachen wir abgeplant am frühen Morgen, bei schönstem Wetter auf.
Diese Fahrt mit offenem Wagen, wurde zum echten Highlight, als erstes hielten wir am Randstreifen der Autobahn an, um ein paar Fotos fürs Album zu schießen (damals möglich!), dann ging es weiter auf etlichen Umwegen nach und durch Baden-Baden. Wo wir gemütlich durch die Stadt zockelten, hupten, wink-

ten Mädels zu und benötigten so, um die Mannschaft einer Funkstation abzuholen, letztlich die doppelte Zeit, wie später für den Heimweg!
Hektisch dagegen, die folgenden Wochen, es begann mit zusammenstellen von Material und Ausrüstung, für die große Fernmeldeübung "Donauquelle" am „Brend“ im Schwarzwald, die letzte in meiner Wehrpflicht!
Etwa zwanzig geländegängige Lastwagen, einschließlich der Spezialfahrzeuge für Küchen-, Sanitäts-, Telefon- sowie Richtfunkstationen, dazu etliche DKW „Munga“, standen in Reih und Glied geordnet auf dem großen Kasernenhof bereit. Fieberhaft wurde beladen, sowie immer wieder gewissenhaft kontrolliert, damit man auch wirklich alles dabei hatte!
Ferner wurde jede Gruppe in mehreren Unterrichtsstunden auf die bevorstehenden Aufgaben vorbereitet, nebst zusätzlichen Anweisungen oder Kontrollen, der persönlichen Ausrüstung. Gleichzeitig empfing man sein Gewehr (mittlerweile das amerikanische „M1“, mit welchem wir allerdings noch nie geschossen hatten!) sowie von der Kleiderkammer, einen knielangen Parker, beides wurde wegen Vorratsmangel nur für Übungen ausgegeben!
Endlich der Tag des Abmarsches, Wecken 04:00, Abrücken 05:00, der Himmel dunkel, trüb, das Wetter kalt bis regnerisch. *„Aufsitzen!“* Von den etwa 130 Mann, kletterten Gruppen zu jeweils vierzehn auf die Ladeflächen der Lastwagen, wo man sich gegenseitig wärmend, auf den seitlich befestigten Lattenbänken, Platz nahm!
"Abmarsch", Auspuffgase strömten unter die Plane, zum Glück fuhr vor uns kein „Munga“, der Zweitaktergestank dieser Dinger konnte man auf Dauer nur schwer zu ertragen! Feldjäger schon am Vorabend angerückt, fuhren voraus, regelten den Verkehr und eskortierten, den aus 30 Fahrzeugen bestehenden, kilometerlangen Konvoi, durch die Stadt.
Nachdem sich die erste Aufgeregtheit gelegt hatte, versuchte sich jeder irgendwie einzuwickeln, zu pennen vor sich hin zu dösen oder seinen Gedanken nachzuhängen, um so halbwegs die nutzlose Zeit totzuschlagen. Die Stunden verrannen langsam, mit monotonem Geschaukel, Gebrumm und dem Gestank von Abgasen oder dem Furzen der Kameraden. Unterhaltung kam wenig auf am abwechslungsreichsten, stellten sich die etwas kälteren Plätze am Ende der Ladefläche heraus. Die dort sitzenden Männer konnten hinausschauen und dabei von oben, den vorbeiziehenden Verkehr beobachten, was ihnen teilweise interessante Einblicke in das Innere der mehr oder weniger schnell fahrenden Autos erlaubte. Sie unterhielten den Rest der Mitfahrer, mit allerlei Beschreibungen des Erspähten! Vollends aus dem Häuschen kamen sie jedoch, wenn weibliche Knie sichtbar wurden auf denen womöglich, die Hand des Fahrers ruhte oder wenn ihnen gar ein hübsches Mädchen freundlich zuwinkte, das ließ dann den verrücktesten Fantasien freien Lauf!

Nach etlichen Stunden Fahrt hielten wir in einem kleinen Städtchen, dessen eine Seite der Hauptstraße, die lange Kolonne fast ganz belegte.
„Absitzen" wurde befohlen um die Füße zu vertreten, die erhaltene Kaltverpflegung zu verspeisen oder den Tee aus der Feldflasche zu trinken. Nur der Inhaber eines kleinen „Tante Emma" Ladens, welcher von den Nächststehenden besucht werden durfte, wusste nicht, wie ihm geschah, und machte gewiss das Geschäft seines Lebens!
Vor der Rast saß ich auf dem zweiten Platz, derweil aber mein Nebenmann nun genügend durchgefroren war, konnte ich mit ihm tauschen! Die Fahrt ging weiter, die Gegend wurde bergiger, irgendwann am Nachmittag bogen wir langsam in eine kleine Seitenchaussee ein, offensichtlich näherte sich das Ende unser Tour und da, direkt an der Ecke, sah ich sie stehen, eine winkende, bildhübsche Bedienung im Garten einer Waldwirtschaft! *„Mensch, Karle, schau",* dabei stieß ich meinen Nachbarn kräftig in die Rippen, *„die besuchen wir"*, alle lachten!
Nach circa einer weiteren Viertelstunde, bergauf durch Wald und Feld hatten wir endlich unser Ziel, das „Naturfreundehaus" am Brend erreicht!
Nun galt es schnellstens alles aufzubauen, Fahrzeuge wurden kreisförmig, ähnlich einer Wagenburg in den Wald rangiert, Zelte aufgebaut und alles mit Tarnnetzen und Ästen getarnt! Die Zufahrtsstraße durch eine Schranke gesperrt, die erste Wache zog auf, während mehrere kleine Gruppen sichernd, die unmittelbare Gegend nach dem bösen Feind durchkämmten!
Bei einem der Trupps befand ich mich und hatte das Pech, längere Zeit mit dem Gewehr im Anschlag durch ein kleines Bachbett waten zu müssen, dessen Wasser die guten, stets trockenen immer nur auf Glanz gewienerten Knobelbecher eines „Fernmelders", nicht allzu lange standhielten! Auch dass es vermutlich die „Breg" war, ein Ursprungsflüsschen der Donau, deren Wasser irgendwann in meiner Heimatstadt vorbeikam, konnte auch nicht gegen die nassen Füße helfen!
Kaum zurückgekehrt überstellte mich unser Zugführer zur Vermittlung, ein guter Befehl, dem ich nach den bisherigen Erlebnissen, freudig nachkam!
Wie sich schnell herausstellte, hatte ich wieder mal Glück, ein „Operator" war ausgefallen, oder fehlte! Der Dienststellenleiter ein großer, blond gelockter „Gefreiter-UA", zwar technisch begabt und fleißig, jedoch ein wenig lispelnd, weshalb er neben dem Telefon, vor allem die Vermittlung, wie der Teufel das Weihwasser mied! Nach meiner Meldung an der Station, ebenfalls erleichtert, begrüßt vom neuen Kameraden „Burger", mit dem ich während der Übung den Dienst teilen sollte, er hatte noch ein halbes Jahr Dienstzeit vor sich, war aber noch ziemlich neu im Geschäft!
Die FM-Station, welche bereits sauber getarnt im Unterholz stand, befand sich auf einem großen, schweren geländetauglichen MAN-Lastwagen, mit abplanbarem Führerhaus. Welcher hinten, anstelle der üblichen Ladefläche, einen ge-

schlossenen Aufbau montiert hatte. Solche Fahrzeuge wurden sonst üblicherweise nur für Küchen, Sani-Stationen o.Ä verwendet und sahen hinten kurzen Waggons ähnlich. Allerdings seitlich mit kleinen Scheiben, von denen sich zwei halb aufschieben ließen, zum sonstigen Lüften, stand eine Dachluke zur Verfügung!

In diesem sogenannten „Koffer“, außen olivgrün, innen weiß befand sich unsere Vermittlung „Marke Eigenbau“. Deren Zugang nur durch die hintere Eisentür nach einer Eisentreppe möglich war. Innen zwei festgeschraubte Bürostühle, vor einem selbst gebauten Tisch aus Winkeleisen, auf dem man mangels Besserem, verschiedene Bausteine einiger Feldvermittlungen montiert hatte, um so zwei Arbeitsplätze zu schaffen!

Die Kontaktleitungen waren miteinander verbunden und führten, als gemeinsame Leitung nach draußen, um nach wenigen Metern am sogenannten „Abspannbock“ zu enden! Jener befand sich am Rand der, für fast alle gesperrten Zone, welche rund um die Vermittlung durch Trassierband markiert war. Telefonleitungen, welche in die verschiedensten Richtungen führten, wurden an diesem Bock angeschlossen und nahmen genau hier ihren Anfang!

Meine erste Amtshandlung, persönliche Ausrüstung vom Laster holen um sie in einem der mit ein großen Kiste überbauten Radkästen unseres Wagens, zu verstauen. Umziehen, denn Funktioner durften statt Kampfanzug, den bequemeren Arbeitsanzug tragen. Danach sofort Dienst am Gerät, um Zeit und Ort des laufend gemeldeten Kuppelns von Kabelrollen, verschiedener Bautrupps zu notieren, sowie die angelegten Stationen nach Prüfung, mit Decknamen am Klappenschrank zu versehen!

Knapp zwei Tage vergingen insgesamt, bis alles, auch ein eigenes Stromnetz stand! Fernschreiber oder Telefon über Richtfunk mit allen militärischen Einrichtungen, Verbindung aufnehmen konnten! Getarnte Außenposten und patrouillierende Wachen schützten Tag und Nacht die gesamte Stellung.

Geschlafen wurde in großen Zelten, auf ehemaligen „Ami-Liegen“ mit "BW-Decken", derweil deutsche Feldbetten nebst eigenen Schlafsäcken noch fehlten! Waschraum und Toiletten dagegen fanden wir im Naturfreundehaus, sodass uns der sonst übliche "Spatengang" (Kacken im Wald, in selbst ausgehobenes Loch mit Zufüllen) erspart blieb!

Das wichtigste aber für den Soldaten, die Feldküche brutzelte und kochte, weit schmackhafter als sonst! Verteilte außerdem, fast den ganzen Tag aus ihrem getarnten Zelt, appetitanregende Gerüche über die Gegend!

Angespannt gab jeder sein bestes, als diese große Fernmeldeübung namens „Donauquelle“ anlief! Mittendrin im Geschehen unsere Vermittlung, Deckname „Teichfrosch“, über die alle Telefonate, zwischen den Kommandostellen zu den Außenposten ebenso, wie über BW-Leitung oder notfalls über normales Netz vermittelt werden mussten!

Interessant natürlich, dass man bei der Feldvermittlung wieder unbemerkt mithören konnte, was wir natürlich nur, wenn es die Zeit gerade zuließ, verbotenerweise taten! Vor allem Gespräche, welche übers Postnetz hinausgingen oder hereinkamen, machten neugierig, derweil diese nur von einem bestimmten Personenkreis in wichtigen Fällen, geführt werden durften.
Auf diese Weise konnte ich gleich am ersten Tag, als ich ein Privatgespräch an unseren „Leutnant, Deckname *Samaria*“ vermittelte, folgendes hören: Sehr aufgeregt: *„Hallo, Hallo hier spricht Heinz Mengele aus Ettlingen Karlsbaderstraße, spreche ich mit Herrn Bernd?“ - „Ja am Apparat!“ - „Sie kennen mich sicher, ich bin ihr Mitbewohner aus dem ersten Stock“ „Ja natürlich kenne ich Sie Herr Mengele was ist denn so dringend, woher haben sie meine Nummer?“ - „Von ihrer Frau, sie müssen unbedingt gleich nach Hause kommen!“ „Wieso, was ist denn los?!“ „Ja, mmh, wie soll ich's ihnen sagen, ihre Frau ist stark alkoholisiert, heult, schreit hysterisch herum, schlägt mit den Türen, sodass es das ganze Haus hört, wir haben Angst, dass ihr etwas zustößt, ihre Kleine brüllt auch wie am Spieß, kommen sie bitte unbedingt, gleich!!!“*
„Ja, ja, nun ich weiß gar nicht was ich sagen soll Herr Mengele, danke jedenfalls das sie mich informiert haben, ich kann hier kaum weg, aber versuche natürlich mein Möglichstes, ist es wirklich so arg?!“
„Ja, ja, glauben sie mir, kommen sie schnell, bevor Schlimmeres passiert, auf Wiederhören.“
Interessantes Gespräch, hörte sich dramatisch an, kurze Zeit später, rief er von einem anderen Apparat bei meinem Kameraden an und verlangte die Verbindung zu einer Privatnummer, auf der sich jedoch, trotz mehrerer Versuche, niemand meldete!
Eine halbe Stunde später dann, gesichtet von unserem Vormann, verließ „Leutnant Bernd“ mit Fahrer, im Wagen vom Chef, die Stellung, während der laufenden Übung! Schau an, schau an, was in höheren Kreisen alles möglich ist!! (so dachten wir!)
Nun denn, bei uns jedenfalls ging der Dienst weiter, wir bereiteten uns auf die erste Nachtschicht vor, dieser Dienst fiel natürlich auf mich! Unser UA drückte mir kurzerhand einen Stapel Papiere, nebst verschlossenen Kuverts in die Hand „Was zu tun ist, wenn!“ Kannte ich ja, hoffte nur, ungeschoren davon zu kommen, indem keiner der Sonderfälle, meist überraschender „NATO-Alarm“ oder ähnliches, eintrat, denn dann würde es echt stressig!
Als meine Kameraden gingen, schloss ich vorschriftsmäßig die Eisentür zu! Das Wetter draußen, mittlerweile unangenehmer Regen, sodass ich froh war, statt im kalten Zelt, jetzt in der Vermittlung zu sitzen! Ein Elektroheizer sorgte hier für angenehme Wärme, eigentlich nur, damit die Anlage einwandfrei funktionierte! Später schaltete ich noch auf Notlicht um, legte mich auf einen der Radkästen,

wo, eigentlich zum sitzen, zwei Decken lagen, denn offiziell durften wir nur ruhen, nicht schlafen!!

Wohlig rekelnd konnte man in dieser Nacht ohne Betrieb, dem klopfenden Regen am Dach zuhören. Unterschwellig nahm ich die Schritte des Postens auf der Treppe war, welcher beim Rundgang durchs Fenster, sicherlich neidisch, auf den privilegierten Vermittlungsmann blickte!

Am nächsten Morgen, stand plötzlich Leutnant Bernd vor unserer Stellung, musste, unbemerkt in der Nacht eingetrudelt sein! Nun verlangte er nach dem „Gefreiten UA Würmser", so hieß unser Vormann, den wir allerdings, wenn's keiner hörte, inzwischen mit Horst anreden durften!

Letzterer eilte, sicher ebenso nichts Gutes ahnend, hinaus. Verflixt, anscheinend war unsere Abhöraktion bemerkt worden!? Doch beim hinschauen merkte man alsbald, wie sich seine Haltung während des Gesprächs entspannte!

Locker, lachend kam er zurück. *„Also Männer, wir bekommen hohen Besuch der Kommandeur und einige Offiziere, erscheinen zu einem Kontrollbesuch! Unser Loutennen, der mich anfangs sehr kritisch musterte, dass mir ganz heiß wurde, hat sich heute Nacht, zum bleichen Gesicht ein paar dicke Augenschatten zugelegt, aber sonst nichts bemerkt!*

Doch jetzt kommt's Männer, er erwartet, dass während des Besuches, unsere Vermittlung richtig brummt, meint, viel zu tun hat! Wie wir das machen, ist unsere Sache, er setzt auf Loyalität!"

„Also passt auf, wir haben beim UAL (Unteroffizier-Anwärter-Lehrgang) *unseren Kommandeur, immer den Decknamen „Klappspaten" gegeben, von dem er natürlich nichts wissen durfte, versteht sich, das werden wir auch hier tun! Ich werde also alle FM-Stationen verständigen, wenn dieser Name fällt, dann müssen die telefonieren, was das Zeug hält, bis die Gefahr vorüber ist!"*

„Ok, jetzt muss uns nur noch ein triftiger Grund für Anrufe einfallen, damit wir auch was zu sagen haben!??? „Mmm, mmh, die Kameraden draußen, haben ja nur Platzmunition, aber in echt würde man vielleicht, den Munitionsbestand abfragen" meinte ich. *„Mensch Gerhard, das ist die Idee des Tages, so machen wir's, ich informier gleich alle!!!"* Sprach's setzte sich schnurstracks ans extra Telefon, um alle Stationsleiter sofort zu informieren!

Etwa zwei Stunden später kam die Meldung *„Klappspaten gesichtet!"*, sofort setzten wir zwei, unsere Kopfhörer mit Mikro auf und gaben das Stichwort weiter, daraufhin vielen weinige Minuten später, fast alle Klappen!

„Hoppla, die Geister die wir selbst gerufen…", so war das nicht gedacht, zum Glück dauerte es ein wenig, bevor die Herren eintrafen, so konnten wir, die plötzlichen Aktivitäten wenigstens einigermaßen, in geordnete Hektik bringen! Fünf Herren, drei davon im feinen Zwirn (meint), in neuer blauer Uniform, erklommen die Treppe zu unserer Vermittlung, Horst sprang auf legte die Hand grüßend an den Kopf, um Meldung zu machen.

„Danke, danke Gefreiter, weiter machen, keine Meldung nur Einweisung!“ meinte gedämpft der Kommandeur, um unsere Arbeit nicht zu stören. Also erklärte Horst fast flüsternd, Zweck und Aufbau der Stellung. Derweil fielen die Anrufklappen ständig *„hier Teichfrosch, rufe Goldfisch, ja habe verstanden, hier Teichfrosch, rufe Bärensee, hören sie Seerose bitte Munitionsstand durchgeben, ich wiederhole 200 Schuss Gewehr, 70 Granaten, 150 Schuss Pistole, hier Teichfrosch, rufe Mooswiese!“* Man muss sich vorstellen so oder ähnlich, ging es zu, nur dass zwei zugleich, redeten!
Es roch nach Rasierwasser, beinahe andächtig standen die Herren im Raum und lauschten unseren Aktionen. Plötzlich lief bei mir der Anruf eines Stationsleiters für unseren Vormann auf, da zu vermuten war, dass es privat ist, versuchte ich den Anrufer unauffällig abzuwimmeln, doch da dieser gleich unhöflich, dienstlich wurde, vermittelte ich mit heißen Ohren, zur Nebenstelle!
Unser Dienststellenleiter meldete sich korrekt *„Hier Fangnetz, ja, ja, habe verstanden, kümmere mich sofort darum, rufe zurück, Ende!“* Entschuldigend informierte er den Kommandeur, dass es ein Problem gäbe und er den Störungstrupp informieren müsste! *„Gut, gut, danke, Gefreiter Würmser, lassen sie sich nicht stören, sie haben ihren Betrieb sehr gut im Griff, gefällt mir, machen sie weiter so, danke Männer weitermachen“*, mit angedeutetem Gruß verließen die Offiziere unsere Vermittlung, gerade rechtzeitig um nicht zu bemerken, dass wir mittlerweile, die Menge der fallenden Klappen nicht mehr in Griff bekamen!
Erst nachdem die Inspektion die Stellung verlassen hatte, kehrte wieder Ruhe ein, wir konnten zu normalem Dienstbetrieb übergehen.
Abends tauchte unser Koch auf und musste wegen großem Liebeskummer, unbedingt mit seiner Freundin sprechen! Es war zwar verboten, aber Horst war gerade nicht da und wir ließen uns erweichen, von unserer Nebenstelle aus, ging das schon Mal. Zum Sichtschutz freilich musste er sich auf den Boden setzen, während einer von uns draußen Schmiere stand! Eine Wurstplatte für den Nachtdienst hatte er vorsorglich gleich mitgebracht, wie gesagt, es konnte nie schaden, sich mit dem Koch gut zu stellen!
Die dritte Nacht brach herein, gern unterstützte ich meinen Kameraden, zu seiner Erleichterung, sowie zu meinem Wohlbehagen, derweil ich sowieso lieber in der Vermittlung als im Zelt nächtigte.
Am nächsten Tag merkte man dann schon deutlich, dass die Übung auslief. Vormittags kam noch ein Reporter vom „Südkurier“ aus Furtwangen vorbei und machte eine Reportage über die Übung. Da ich gerade allein am Gerät saß, befahl sein Betreuer, einem x-beliebigen Wachsoldaten, die Jacke auszuziehen und sich neben mich zu setzen, als wenn er mitarbeiten würde! Es ärgerte mich sehr, da der Zeitungsmann Fotos schoss, mein einzig späterer Trost, als Überschrift des Berichts, hatte er den Wortlaut einer gerade, von mir abgesetzten Meldung gewählt: „Teichfrosch“, ruft „Samaria“!!

Tatsächlich endete die Übung am späten Nachmittag, wir bekamen frei, unser Spieß hatte einen Tag vorher im nächsten Ort, beim Gasthaus „Zum Ochsen", einen „Manöverball" plakatieren lassen, die Teilnahme daran, war jedoch jedem freigestellt! Also überredete ich drei Kameraden, welche sich ebenso, an die hübsche Bedienung vor der "Eckwirtschaft" erinnerten, dorthin zu latschen. Im Kampfanzug mit Stiefeln und Koppel, ich hatte noch das verbotene Schiffchen dabei, sahen wir wirklich schneidig aus. Obwohl es schon ziemlich frisch war, blieben die Parker zu Hause, sie hätten auch das ganze Outfit zerstört!
Lachend brachen wir auf, anfangs wurden noch alle möglichen Späße gerissen, später nicht mehr, denn der Weg zog und zog sich, keiner hätte gedacht, dass es so weit ist! Zwei wollten schon umkehren, als wir endlich die Wirtschaft in der Ferne sahen.
Polternd traten wir ein, außer dem zunächst etwas mürrisch wirkenden Wirt, saß noch das bewusste, sehr freundliche Fräulein am Tisch. Wir tranken Bier, nebst meiner versprochenen Runde Schnaps, ein, zwei weitere folgten vom Haus. Der ein oder andere machte Brotzeit, allmählich hob sich die Stimmung, der Wirt setzte sich dazu, ich äugelte mit der Bedienung, sie lächelte zurück!
Irgendwann sollte irgendwas geschehen, viel Zeit blieb nicht mehr, deshalb nahm ich mir ein Herz, ging hinaus und wartete am Gang zur Toilette. Kurz darauf kam sie hinterher und bedeutete mir, mit Finger auf dem Mund, ihr schweigend ins Freie zu folgen! Hinter dem Haus befand sich ein schöner, gut getarnter, aber recht zugiger Platz!
Willig ließ sie sich in den Arm nehmen, nach dem ersten prüfenden Kuss, poussierten wir heftig, sie stöhnte leise, lehnte sich schwer werdend an mich. Selbst als sich meine kalte Hand unter ihren Pulli, an ihren vollen, warmen Busen schob, zuckte sie kaum!
Mittlerweile jedoch kam heftiger Wind auf, es war kalt Ende Oktober, verdammt, wo hin mit ihr? Mein dünner Kampfanzug wärmte wenig, der innige Kontakt erhitzte zwar, dennoch fing ich an, ungewollt, schnatternd zu zittern, wahrscheinlich war's die Aufregung?! „Was soll's", für ne schnelle Nummer, war ich noch zu unerfahren! Vor allem, die Zeit drängte, wir konnten ja nicht ewig wegbleiben, also brach ich ab, auch wenn man ihr, die Enttäuschung deutlich anmerkte, leider, schade, so ein hübsches Weib!!!
Als wir zurückkamen, wollten die Kameraden gerade gehen und grinsten um die Wette. *„Komm, komm Lothar auf geht's, oder willst du hier übernachten???" "Der Rückweg ist lang, um zwölf ist Zapfenstreich!"*
Schnell verabschiedeten wir uns, der nunmehr sehr launige Wirt wünschte „alles Gute", „Elfi" sagte nichts mehr, vermied es tunlichst, mich anzuschauen, tja leider, schnell waren wir draußen!

„Nun aber sportlich Männer“ meinte einer, tatsächlich mussten wir streckenweise Laufschritt einlegen, um rechtzeitig, das heißt gerade noch, um 23:50, in der Stellung einzutrudeln!
Am nächsten Tag zeitiges Wecken, aufgewacht, nachgedacht, einerseits erleichtert weil Renate treu geblieben, dann „Abbau“.
Dazwischen machte, das „Neueste von gestern“ die Runde! Der vom Spieß angezettelte „Manöverball“, ein Reinfall, es kamen nur fünf Mädels! So kam es hauptsächlich zum Gelage mit Gesang, außer an den Tischen der unverwüstlichen, ewigen Skatbrüder!
Anders erging es nur „Willi“ unserem „Casanova“, fast jede Kompanie hatte so einen!
Sein Erlebnis: Er hatte selbstredend auch diesmal eins der Mädels aufgerissen! Spazierte mit ihr zur Stellung und glaubte sie dort ungesehen, ungestört, weil durch patrouillierenden Außenposten beschützt, unter einem der seitlich abgestellten Lastwagen, vernaschen zu können! Allerdings hatte er die Rechnung ohne den Wirt, in der Gestalt unseres hinkenden (weil kriegsversehrten) Oberfeld „Pfannenschmidt“, gemacht! Jener musste ihn, in seiner Funktion als diensthabender „OvD“ gesehen haben! Hinkte nämlich, kurz vor Schluss, zu bewusstem Laster, klopfte mit seinem Krückstock hörbar gegen die Felge und meinte laut *„Fertig werden, fertig werden, in 20 Minuten ist Zapfenstreich!“*
„Mensch Männer glaubt mir,“ kommentierte Willi gestenreich, *„Ich war grad so schön mittendrin, wirklich, als das Mädel während des Klopfens unter mir zur Salzsäule erstarrte und dann...., dann wollte sie nur noch weg! ....Dieser blöde humpelnde Arsch aber auch!“*
Die ganze Kompanie lachte natürlich, über diese allerbeste, unvergessene Manövergeschichte vom Brend im Schwarzwald!!

Wieder am Standort standen alsbald alle Fahrzeuge sauber aufgereiht am Kasernenhof, Dienstschluss, Wochenende. Wer konnte, fuhr zu den Seinen oder ging aus, der Rest traf sich in der Kantine.
Alle möglichen Geschichten kreisten, als plötzlich unser zweiter Koch auftauchte! *„Wer van eich Luscht hat, kimmt in ner halben Stund, unauffällig in Kichenwogn, für Esse und Trinke ischt gsorgt“* meinte er gedämpft, sich dabei nach allen Seiten, sichernd umschauend!
Alle am Tisch blickten überrascht auf, war er doch keiner, welcher durch Großzügigkeit von sich reden machte, eher vom Gegenteil! Derweil aber sonst nichts anlag, fand sich alsbald der Rest der Truppe, vor seinem Wagen ein. Auf Klopfen geöffnet, angetan mit neuer Schürze, bedeutete er, möglichst schnell einzutreten, während er von oben, die Umgebung im Auge behielt!
Ein großes Brett voll Brot, Wurst, Margarine, sowie Teller mit Käse, Obst, Kuchen, umrahmten sechs Flaschen etikettlosen Rotwein mit dazugehörigen Glä-

sern! All diese leckeren Dinge standen auf einer, mit weißem Bettlaken eingedeckten Biertischgarnitur, welche in der Mitte zwischen den engen Küchenzeilen gerade noch Platz fand!
Er grinste breit, als er die erstaunten Gesichter wahrnahm *„gey, da schaugts, greifts zur, seids einglodn!"* Das ließen wir uns nicht zweimal sagen, handelte es sich doch um Dinge, welche man sonst nur, auf bitten, gute Laune des Küchenpersonals vorausgesetzt, nachfassen konnte!
Die Stimmung stieg, vor allem durch den reichlichen Genuss, des für uns ungewohnten Rotweins. Wobei es sich freilich um einen herben Säuerling, handelte, welcher erst nach mehreren Gläsern zu schmecken begann!
Leider kam das Ende der kleinen Feier, wie immer, viel zu schnell, spätestens um 22:00, musste in der Kaserne, Schluss mit allem sein, also „Zapfenstreich"!
Diesmal fast, im wahrsten Sinne des Wortes, stammte dieses Zitat doch, vom alten preußischen Militär! Wenn damals, die Wache durch die Kneipen zog und der Wachtmeister mit der Gerte über den Zapfhahn strich, durfte nichts mehr ausgeschenkt werden, deshalb der Name!
„Wo hast denn den Roten her?" wollte ein Neugieriger noch schnell zum Abschied wissen *„Jo wasch denkscht, den hat mer der Alte gebn, ha, ha, ha, hat gmoint i solldn ins Rotkraut schüttn, ja bin i denn blöd, hab i dacht und hab dafür a Wasser neigossen, ha, ha, ha, drum hama jetscht wasch zum saufa ghabt ha, ha, ha,.... a gurts Nächtle!"*
Na dann war ja alles klar, jetzt wussten wir wenigstens, warum das Rotkraut während der Übung, so fürchterlich geschmeckt hatte!

*

Die vorletzte Woche begann grau in grau, alle mussten ran, Übungsgerät oder Fahrzeuge reinigen. Meine Gruppe, „die Kabelreiniger“, sollte mit wenigen Lappen, der Nachschub hatte mal wieder kaum welche, nebst blankem Wasser die verdreckten schweren Kabel von Hand säubern, so dass wir am Ende schlimmer aussahen, wie die Kabel vorher, eine besch… Arbeit!
So kam es mir gerade recht, dass ich an einem der folgenden Tage erstmals zum Wachdienst eingeteilt wurde. Die Kaserne in Karlsruhe lag wie berichtet, fast mitten in der Stadt, wurde von allen Seiten entweder von hohen Mauern oder Maschendraht umgeben, einzige Ausnahme die Vorderseite entlang des Bürgersteigs. Hier hatte man wie bei alten Kasernen üblich, zwischen Säulen aus gebrannten Ziegeln über einem höheren Sockel, einen etwa zwei Meter hohen Zaun aus Schmiedeeisen angebracht, dessen einzelne Stäbe wie Lanzen aussahen.
Um ein besseres Bild abzugeben, gingen sowohl Streifen wie die Torposten im sogenannten großen Dienstanzug, also mit Helm, Stiefel und Koppel zur Uniform. Als Waffe erhielten wir eine schwere amerikanische Pistole im Lederholster mit großer „US“ Prägung auf der Klappe, deren Bezeichnung, glaube ich, „US 1911 A1“ war. Mit dem Gewicht von einem Kilo zog sie das Koppel stets nach unten, womit wir eher den Eindruck eines Westernhelden hinterließen, als den eines korrekt gekleideten deutschen Soldaten! Im Übrigen hatte keiner je eine Ausbildung an diesem Ding erhalten, geschweige denn damit geschossen! Der Wachhabende ein Jung-Uffz. erklärte zwar zu Beginn schnell die Waffe, damit wir einigermaßen damit umgehen konnten!
Das Witzige daran, durch ständiges Laden bzw. Entladen, hatten sich die Patronen so abgenutzt oder ausgeleiert, dass bei einigen, die Kugeln aus den Hülsen fielen! Dann sollte man sie halt von Hand wieder hineindrücken und hoffen, dass die Dinger solange hielten, bis man sie der nächsten Wache aufs Auge drücken konnte.
Am Tag gab es wenig zu tun, da nur am Schlagbaum kontrolliert wurde, ab Einbruch der Dunkelheit musste man im ganzen Kasernenbereich, Einzelposten gehen. Wegen des relativ einfachen vorderen Zaunes war unter der Hand bekannt, dass gerade hier, Kameraden *„über den Zapfen hauen“*! Meint, zu spät kommen. Und um einer Bestrafung zu entgehen, dann verbotenerweise über den Zaun klettern!
Für den jeweiligen Posten, stets ein großes Problem! Den Mann festnehmen, was wenn er wegläuft, laufen lassen wäre Wachvergehen! Was wenn er sich der Festnahme wiedersetzt, einen eventuell angreift, sich wehrt? Schießen? Auf Kameraden? - Nein? Womöglich ist es aber einer, der Böses will! Hält der dann etwas in der Hand, ist es ne Waffe oder ein Regenschirm?!

Leider gab es hierzu stets nur ungefähre Anweisungen, bei Fehleinschätzungen, stand man später vorm Kadi wahrscheinlich allein?!
Mit diesen Gedanken im Kopf ging ich als Posten an der erwähnten Vorderseite. An diesem Abend herrschte leichter Nebel mit Nieselregen, Sprech- oder Funkgeräte um Verstärkung zu holen, besaßen wir nicht!
Etwa gegen 23:20 fiel mir auf der Straße ein Schatten auf, welcher immer wieder verschwand, wenn ich im Schein der Platzleuchte auftauchte! Verflixt jetzt war guter Rat teuer, was tun? *„Komm dreh dich einfach um, und geh weg"* dachte ich, ist bestimmt einer von uns, - aber wenn nicht?!
Also verzog ich mich in die äußerste Ecke meines Bereiches und spähte angestrengt aus der Dunkelheit ins Helle, tatsächlich da lief doch einer, dann war er wieder weg!
Unruhig, aufs Höchste angespannt ging ich in Richtung des ersten Gebäudes, zog sicherheitshalber die Waffe, hielt sie nach vorn im Anschlag, allerdings ohne durchzuladen, so konnte man damit höchstens drohen oder zuschlagen, doch daran dachte ich in diesem Augenblick wirklich nicht!
Ganz langsam, bewegte ich mich auf den nächsten Eingang zu … „schwitz"…. hatte sich da etwa jemand versteckt?
Nein, aber da… flammte plötzlich im zweiten Stock das Ganglicht auf, „puuuh", ein Stein fiel mir vom Herzen, also war's doch nur ein „Spätheimkehrer"!
Natürlich erzählte ich's keinem, behielt die Sache zum Selbstschutz lieber für mich. Eigentlich hätte es als „besonderes Vorkommnis" gemeldet werden müssen, allein, womöglich hätte man eine Untersuchung mit Scherereien für alle Beteiligten ausgelöst und das auf meiner letzten Wache!?
„Nein, wirklich nicht!"
Zwei Tage später sollten sich die Gefreien Klaer und Gerhard beim Chef melden, ein etwas mulmiges Gefühl, beschlich mich, wird doch nichts, herausgekommen sein, war mein erster Gedanke?!
„Spieß Bramus" bei der Meldung, wie immer unfreundlich und barsch, dagegen unser Kompaniechef „Hauptmann Burger", sehr kameradschaftlich, lobte die geleistete Arbeit und ließ uns sogar wissen, dass wir sehr gute Beurteilungen von unseren Vorgesetzten erhalten hätten! Außerdem interessierten ihn, unsere Erfahrungen beim Bund und ob wir uns nicht weiter verpflichten wollten, derweil so wörtlich, *„solche Männer, bei der neuen deutschen Armee gebraucht würden"*!!! Als wir verneinten, erkundigte er sich, welchen Weg jeder einschlagen wolle, wobei er Verständnis für unsere Entscheidungen zeigte.
Als Abschiedsgeschenk erhielten wir das „Lesebuch für Deutsche", mit einem Grußwort des damaligen Inspekteurs „General Kammhuber", was, ich gestehe es, bis heute ungelesen im Schrank steht!

Mit gemischten, auch ein wenig traurigen Gefühlen, packten wir drei Tage vor Ende der Wehrpflicht die Ausrüstung zusammen um sie bei der Kleiderkammer abzugeben.
Nicht wenig überraschte mich, als ein paar der neuen Kameraden in unsere Bude auftauchten, um einen Teil ihrer schlecht sitzenden Uniformteile speziell gegen meine tauschen zu wollen! *"Derweil ich immer so schneidig ausgesehen hätte"*, meinten sie! Na so was, hatte mir vorher auch noch keiner gesagt! Seltsam, nun wieder in Zivil, kamen wir uns innerhalb der Kaserne, wie Außenseiter vor, schnell merkte man, wir gehörten einfach nicht mehr dazu! In der Kantine saßen wir am extra Tisch und über unsere lustigen Reservistenhüte, welche einer besorgt hatte, lachten hauptsächlich wir selbst!
So begann, der von so manchem lang erwartete letzte, eigentlich vorletzte Tag, frühmorgens mit der Parole. Wir Reservisten in Zivil, mussten uns als extra Häuflein, am rechten Ende der Kompanie aufstellen. Weil keiner genau wusste, wie man sich jetzt verhält, hatten wir vorher vereinbart, dass wir da ja nun Zivilisten, wenn *„stillgestanden"* befohlen wird, im *„rührt euch"* stehen bleiben! Als nun der entsprechende Befehl gegeben wurde, fiel dem Spieß sofort auf, dass in der vorderen Reihe nur ich das Ritual nicht befolgte, die anderen verhielten sich, von mir unbemerkt, nicht so wie vorher besprochen!
„Gerhard was soll das, sie haben's wohl nicht mehr nötig, oder wollen sie mich provozieren, ich darf Sie darauf aufmerksam machen, dass sie noch bis morgen Soldat sind, hätte gute Lust sie heute noch nicht zu entlassen!" kam es prompt! Ich bekam heiße Ohren, wollte etwas sagen, aber eine Antwort war nicht möglich, weil er einfach weiter sprach!
Später warteten wir auf Abruf, um den Papierkram zu erledigen im Schulungsraum, wo sich alsbald einer um den anderen verabschiedete. Der harte Kern von etwa acht Kameraden versprach sich zum Schluss mit Ehrenwort, diesem gemeinen Spieß etwas „Böses" anzutun, wo auch immer er uns begegnen sollte!
Tatsächlich war ich am späten Nachmittag der Letzte, welcher seine Unterlagen bekam, wahrscheinlich hoffte er, dass ich so den Zug verpassen würde, doch mittlerweile gab's spätere Verbindungen! Sehen ließ sich der Kerl nicht mehr, hatte mir aber tatsächlich noch, schnell eine schlechte Beurteilung in die Papiere reingefriemelt, dieser gemeine Schuft!!
Zwei meiner Kameraden, Manfred aus Karlsruhe und Jochen, der erst am nächsten Tag fahren konnte, warteten, begleiteten mich zum Bahnhof, winkten zum Abschied und schossen die letzten Bilder!
Als der Zug vermehrt Fahrt aufnahm, stimmte es mich melancholisch, die Kameraden meiner Einheit, in der Ferne entschwinden zu sehen!
Ein Lebensabschnitt war wohl nun zu Ende, die eigentlich schöne Zeit als Soldat, mit der immer gesuchten und erlebten Kameradschaft, das relativ freie, sorglose, dennoch umsorgte Leben, war, vorbei, - schad drum!

Eine Menge würde sich nun ändern, die Grenze vom Jugendlichen zum Erwachsenen hatte ich überschritten, der Ernst des Lebens begann schon jetzt, man musste sich wieder um alles selber kümmern!!
Vor allem aber, die Aussichten auf die zukünftig, tägliche Arbeit, unter meinem schwierigen immer noch trinkenden Vater, würde auf Dauer sicher nicht gut gehen?!
Bedrückende Gedanken, die ich ein Jahr lang weggeschoben hatte, holten mich jetzt wieder ein, was wohl alles auf mich zukam?! Das ich nur drei Jahre später, als Freiwilliger wieder zurückkehren sollte, ahnte ich da noch nicht!
Aber sei's drum, die Vorfreude auf meine Renate, der Gedanke an ihr liebevolles Wesen und die schönere Zeit, welche durch unser Zusammensein anbrechen sollte, konnte schließlich den dunklen Trübsinn mit jedem Kilometer, aufhellen!
Dann endlich mit dem Zug in Neuburg eingetrudelt, eilte ich freudig zu ihr, vorsichtshalber Nebenstraßen benutzend, damit mich nicht irgendein Bekannter sah. Denn offiziell wurde ich ja erst am 31.10.1959 entlassen und kam deshalb eigentlich erst morgen nach Hause!
Renate freute sich riesig und da die letzte Kundin gerade ging, konnte ich sogleich, wiederum unbemerkt auf ihr Zimmer schleichen!

In dieser Nacht der großen Wiedersehensfreude gründete ich, natürlich ohne es zu wissen, meine eigene Familie! Fand dabei Liebe, Zuneigung, Kameradschaft, Freundschaft und vieles mehr, doch dass lieber Leser ist eine ganz andere Geschichte...

"Ein Mann sollte, einen Sohn zeugen, ein Haus bauen,
einen Baum pflanzen und ein Buch schreiben!"

Volksweisheit

Auf Wache, Stubenkameraden, Ol.Kreuz, Renate, letzte große Übung, Feldvermittlung, Gefreitenfeier, Ausbilder Hfw.Bramus, Reservisten das wars!.

VI. Nachwort:

Ausgerechnet mir, musste zehn Jahre später „Spieß Bramus“ über den Weg laufen! Inzwischen zum Hauptmann avanciert, diente er auf dem Neuburger-Flugplatz! Mein Groll war seltsamerweise verflogen, eigentlich freute ich mich sogar, ihn zu sehen, begrüßte ihn herzlich, doch er gab sich wiederum reserviert, mit seinem unnahbaren Pokergesicht, leider immer noch so mufflig wie damals!
Wieder ein paar Jahre später aber heiratete einer meiner besten Freunde seine Tochter. Nun war „Gerhard“, so sein Vorname, ein recht verrückter Kerl, 3-Jahre jünger als ich, hatte ebenfalls bei der LW gedient.
Eines Abends holte er seine damalige Freundin zum Tanzen, dabei stach ihm an der Garderobe, die Uniformjacke seines zukünftigen Schwiegervaters ins Auge. Kurz entschlossen nahm er sie mit, um sich unter dem Hallo seiner Spezl im „Hertlein“, einem recht lockeren Jugendlokal als Hauptmann feiern zu lassen! Sie tranken, tanzten oft und übermütig, nach seiner Heimkehr zu später Stunde, hing er das gute Stück einfach wieder an den Haken!
Unser „Bösewicht“ merkte nichts, schnappte sich am Morgen seine Jacke und fuhr zum Fliegerhorst, wo er an der Wache, sicherlich bis ins Mark erschrocken, dass Fehlen seines Ausweises, ja der ganzen Brieftasche bemerkte! Nun war guter Rat teuer, der Sicherheitsoffizier musste kommen, damit er überhaupt zum Dienst in die Basis durfte. Mit großem Aufwand wurde als nächstes ein provisorischer Ausweis erstellt, sowie der alte gesperrt!
Die ganze Sache landete letztlich beim Kommandeur und gipfelte später darin, dass Kinder die Brieftasche in einer Regenrinne auf der Straße um nicht zu sagen, in der „Gosse“ fanden! Sie dann bei der Polizei abgaben, welche das „Corpus Delicti” wiederum zum Fliegerhorst brachten. „Peinlich, peinlich!“
Ich möchte nicht in seiner Haut, als Berufssoldat gesteckt haben! Übrigens, auf welche Weise sie verloren ging, erfuhr er meines Wissens, niemals!

*

"Man könnte also abschließend sagen, dieser Schurke, hat die Strafe für seine Falschheiten, wenn auch auf Umwegen, doch noch erhalten"!!!

L.G.